재난, 그 이후

FIVE DAYS AT MEMORIAL

재난,
그 이후

시스템이 붕괴된
사회에서
삶과 죽음의
책임은
누구에게 있는가?

셰리 핑크 지음 | 박중서 옮김

RHK
알에이치코리아

일러두기

• 이 책의 각주는 모두 옮긴이 주입니다.
• 사건과 관계된 등장인물의 영문 성명 및 직책, 인물관계 정보는 주석과 함께 수록하였습니다.

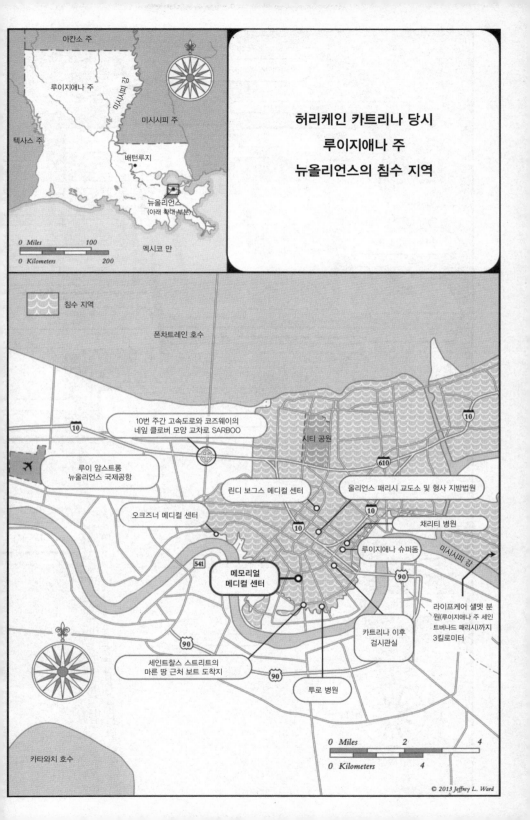

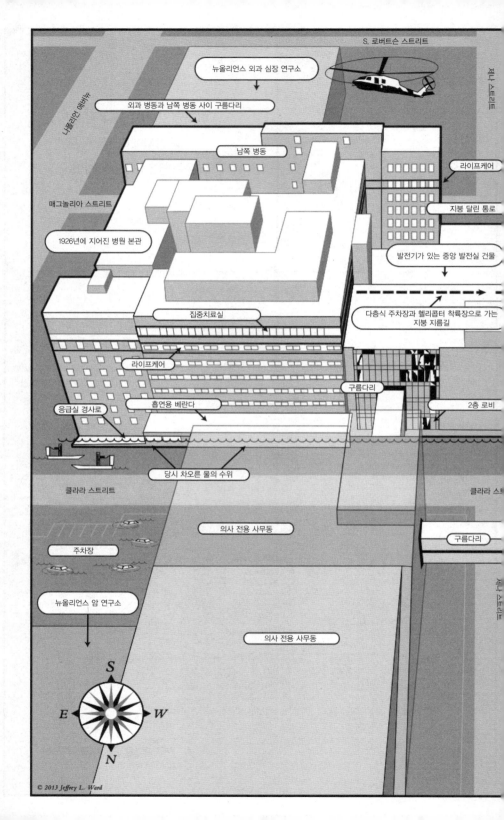

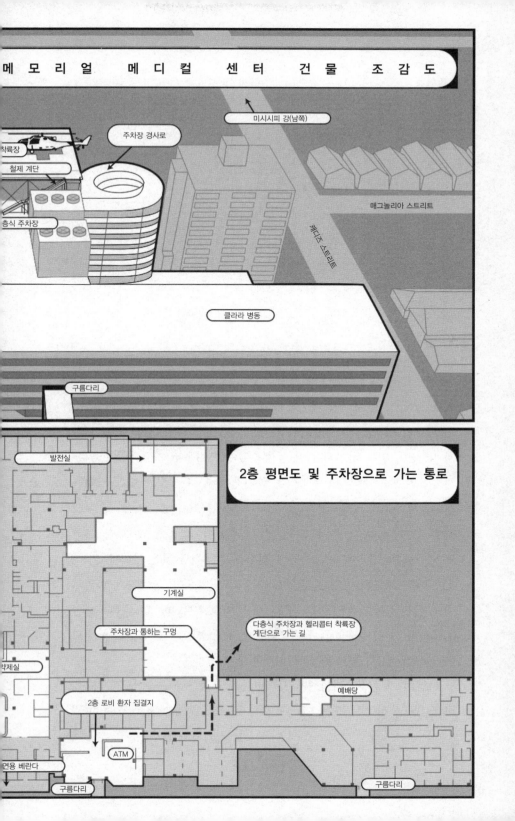

이 책은 2005년 8월에 허리케인 카트리나가 뉴올리언스를 덮쳤을 당시와 그 이후 메모리얼 메디컬 센터에서 벌어진 일을 서술하며, 특히 이 재난의 여파로 벌어진 여러 가지 사건을 추적한다. 당시 의료 전문가 몇 명이 일부 환자의 죽음을 재촉했다는 이유로 기소되었다. 많은 사람이 이 이야기의 한 부분씩을 증언했기에, 나는 수백 명에 달하는 사람들과 500회 이상 인터뷰를 했다. 의사, 간호사, 병원 직원, 병원 고위층, 환자, 가족, 정부 관리, 윤리학자, 변호사, 연구자 등이었다. 물론 내가 그 당시 병원에 있으면서 상황을 직접 목격한 것은 아니다. 이 사건에 대해 조사를 시작한 것은 2007년 2월이었으며, 2009년에 이르러 이에 관한 기사를 써서 '메모리얼의 치명적인 선택(The Deadly Choices at Memorial)'이라는 제목으로, 탐사 뉴스 전문 사이트인 프로퍼블리카(ProPublica)와 〈뉴욕 타임스 매거진〉에 동시 게재했다.

사람의 기억이란 희미해지거나 변화하는 경우가 종종 있기 때문에, 사고 당시부터 그 직후에 이르는 기간 동안 나온 원(原)자료는 특히 귀중하다. 예를 들어 사진, 비디오테이프, 이메일, 메모, 일기, 인터넷 게시물, 기사, 그리고 다른 기자와 수사관이 작성한 인터뷰 녹취록이 그러했다. 이 책의 서술 과정에서는 일기 예보, 건축 도면, 전기 회로도, 민사 소송 과정에서 원고 및 변론 전문가 등이 준비한 보고서 등의 도움도 받았다. 그리고 나는 이 병원을 비롯해 이 책에 나오는 여러 장소를 직접 방문했다.

이 책에서 따옴표 안에 넣은 대화는 인터뷰 중에 증언자가 한 말이라든지, 녹취록이나 다른 1차 자료에 나온 말을 그대로 옮긴 것이다. 만약 어떤 사람이 중요한 대화를 언급한 경우, 나는 관련자 모두와 접촉했지만, 그중 일부는 발언을 거부했으며 때로는 서로의 기억이 상충되기도 했다. 본문과 후주에서는 논란이 현저한 부분을 부각시키는 한편, 내가 직접 한 인터뷰가 아닌 곳에서 가져온 발언의 경우에는 그 출처를 밝혀놓았다. 인용한 이메일에서는 해당 이메일을 작성하던 당시의 긴박함을 전달하기 위해서 오타를 고치지 않고 그대로 남겨두었다.[*]

이 책은 이 사건에 휘말린 사람들의 생각, 인상, 의견을 전달하는데, 이것이야말로 아마도 서술 보도의 가장 위험한 측면일 것이다. 이 책에 서술된 생각이나 느낌은 등장인물 가운데 누군가가 인터뷰에서 공유했거나, 메모 또는 일기, 원고에 적어놓았거나, 내가 인터뷰한 다른 사람들에게 표현했던 생각이나 느낌을 반영하고 있다. 대부분의 책이 저자의 해석과 통찰을 한데 엮어 넣는 것과 달리, 나는 그런 요소들을 최대한 구분하려고 노력했다. 혹시 오류가 있다면 모두 저자인 내 불찰일 것이다.

---

[*] 저자는 긴박감을 살리기 위해 맞춤법이 틀린 부분을 그대로 놓아두었다고 하지만, 번역 과정에서는 부득이하게 모두 수정해서 옮겼다.

차 례

메리 핑크에게
살아 있는 매 순간 감사를 드립니다.

제1부

치명적인
선택

DEADLY CHOICES

시력 상실이 퍼져나가고 있었다. 앞에 놓인 모
든 것을 쓸어가버리는 홍수처럼 퍼져나갔다기
보다는, 오히려 일천 개에다 한 개의 거친 개울
이 천천히 땅을 적시다가 갑자기 땅을 뒤덮어
버린 것처럼 은근한 침투를 통해 퍼져나갔다.

— 주제 사라마구, 『눈먼 자들의 도시』 중에서

프롤로그

마침내 깨진 창문을 거쳐 헬리콥터와 에어보트의 프로펠러 진동이 전달되었고, 여름날 아침의 공기는 구출에 대한 희망으로 들썩이기 시작했다. 허리케인 카트리나 때문에 홍수가 밀어닥치면서, 병원 안에는 수백 명의 사람이 벌써 나흘째 갇혀 있었다. 의사들과 간호사들은 고약한 냄새가 풍기는 2층 로비를 바쁘게 오갔다. 폭풍이 닥친 이후 잠을 거의 제대로 못 잤고, 그저 잠깐씩 눈을 붙이고, 병에 담긴 물을 마시고, 헛소문을 견디면서 버텨야만 했다. 이들 앞에는 병원에서도 가장 나이 많은 환자 열댓 명이 아주 지저분하고 땀이 흠뻑 배어든 들것 위에 누워 있었다.

이 남녀 환자들은 대피 준비를 위해 들것 대용품인 침대 시트에 실린 채, 각자의 병실에서 나와 계단을 통해 아래층으로 이송된 뒤, 초록빛이 시들어가는 화단과 ATM 근처 바닥에서 대기 중이었다. 이제는 직원들과 자원봉사자들이(대개는 이 병원을 피난처로 삼아 찾아온 의료진의 자녀와 배우자 등이었다) 노쇠한 환자들 위로 상체를 숙이고, 물을 조금씩 나눠주거나 판지 조각으로 부채질을 해서 냄새를 쫓고 있었다.

바닥에는 물품 상자, 사용한 고무장갑, 텅 빈 포장지 등이 잔뜩 깔려 있었다. 기운이 없는 환자들은 치료를 거의 받지 못했으며, 피부를 만지면 뜨거울 정도로 열이 났다. 일부는 탈수 증세로 인해 맥박이 빨라지면서 약해졌다. 또 일부는 혈압이 너무 낮아서 맥박을 느낄 수조차 없고, 오로지 호흡만이 생명이 유지되고 있음을 보여주는 유일한 증거였다. 손으로 휘갈겨 쓴 대피 우선순위 꼬리표가 이들의 환자복이나 간이침대에 테이프로 붙어 있었다. 이 꼬리표를 보면, 병원에서 가장 상태가 위중한 이 환자들을 맨 나중에 대피시키기로 한 의사들의 결정을 알 수 있었다.

그중 한 명은 네 자녀의 어머니인 이혼녀로, 재혼을 앞두고 약혼까지 한 상태에서 간 질환 때문에 입원해 있었다. 또 한 명은 은퇴한 교회 관리인으로, 여섯 자녀를 둔 아버지였는데 자동차 사고의 충격으로 입원해 있었다. 한 명은 WYES 공공 텔레비전 자원봉사자로 중피종(中皮腫) 때문에 입원했는데, 최근에 프로그램 크레디트에서도 이름이 빠져버렸다. 한 명은 제2차 세계대전 당시 '여성 기계공' 출신으로, 뇌졸중 때문에 말하는 데 어려움이 있어 입원해 있었다. 한 명은 머리를 길게 땋은 병약한 노부인으로, 별명이 '마디어(Ma'Dear)'이고, 요리 솜씨가 좋은 것으로 유명하며, 열두 자녀와 수많은 손자손녀를 키우는 것도 모자라 혈연이 아닌 사람들까지 자기 집에 들여 키웠다.

이른 오후, 이들 곁에는 의사 존 틸이 서서 환자들을 지켜보고 있었다. 월요일에 카트리나가 닥친 이후 틸은 24명의 환자로 이루어진 조를 담당하고 있었는데, 목요일에 이르자 그중 맨 마지막 사람까지 병원을 빠져나갔다(안전한 장소로 옮겨진다고 추정되었지만, 정확한 행선지는 아무도 몰랐다). 그중 두 사람은 구조되기 전에 사망해, 복도를 따라 몇 걸음 더 가면 나오는 (그리고 지금은 임시 영안실로 사용 중인) 원내 예배당에 시신이 안치되어 있었다.

틸은 중증 폐질환 전문 의사였다. 땅딸막한 체구에 둥그스름한 얼굴과 배, 반바지 아래로 앙상한 다리가 드러난 그는 종종 '티 선생(Dr. T)'으로 불렸으며, 친구들 사이에서는 조니로 통했다. 또 미소를 지을 때면 잔주름 때문에 눈이 거의 감기다시피 했다. 뉴올리언스 토박이인 그는 스무 살에 결혼해 세 아이를 두었다. 골프를 좋아하고 뉴올리언스 세인츠 풋볼 팀의 팬이었다. 엘비스의 노래를 들으며 좋은 시가를 맛보는 취미도 있었다.

주위에 있는 병원 직원 가운데 상당수와 마찬가지로, 메모리얼 메디컬 센터에서 그가 경력을 쌓기 시작한 것은 수십 년 전의 일이었다. 그는 1977년 루이지애나 주립대학교 의과대학원생 시절 이곳으로 실습을 나왔다. 그의 학교 동기가 훗날 회고한 바에 따르면, 존 틸은 의과대학원생 모두가 바라마지않던 바로 그런 모습의 의사가 되었다. 즉 친절하고 점잖고 이해심 많은 의사가 되었는데, 어쩌면 본인이 여러 해 동안 알코올과 우울증으로 고생했기 때문에 더욱 그런 성향을 갖춘 것인지도 몰랐다. 여자 간호사 옆을 지나칠 때면, 티 선생은 종종 상대방의 이름을 부르면서 등을 한 번 토닥이거나 상대방을 "꼬마"라고 장난 삼아 부르기도 했다.

틸은 수련 기간의 얼마 동안 규모가 큰 공립 채리티 병원에 있었는데, 이곳은 미국 내에서도 가장 바쁜 외상 전문 병원 가운데 하나였다. 이곳에서 그가 배운 바에 따르면, 구급요원 여러 사람이 연이어 응급실로 들이닥치면 가장 위험한 환자를 맨 먼저 살펴야 했다. 그렇기 때문에 이곳 메모리얼에서 가장 많이 아픈 사람을 구조에서 맨 나중으로 우선순위를 매긴 것을 보니, 이상한 생각이 들 수밖에 없었다. 틸이 참석하지 않았던 어느 모임에서, 환자 본인이나 환자 가족과 상의조차 없이 몇몇 의사들이 이런 결정을 내렸는데, 그래야만 장기적으로 생존 가능성이 더 높은 사람을 살릴 수 있으리라는 계산에서였다. 메모리얼의 의사들도 재난 대비 훈련을 했지만, 그것은 어디까지나 사린가스 공격으로 수많은 환자가 한꺼번에 병원으로 몰려들 경우를 대비하는 시나리오에 불과했다. 틸이 의사로 일하는 동안 이렇게 비상 전력도 나가고, 수돗물도 끊어지고, 교통도 두절된 상태를 대비한 구체적인 훈련을 한 적은 단 한 번도 없었다. 인생이란 경험을 토대로 문제 해결 방법을 터득하는 것이나 다름없다. 예를 들어 타이어에 바람이 빠질 경우, 틸은 이 고장을 수리할 방법을 알고 있었다. 누군가가 폐색전증을 앓을 경우, 그는 이 질환을 치료할 방법을 알고 있었다. 하지만 지금 그가 지켜보고 체험하는 상황에 관한 대비는, 그의 이력이나 교육에서 전혀 제공된 바가 없었다. 이제는 그의 능력 범위를 완전히 넘어선 상황이었다.

틸은 일요일날 병원에 도착했다. 그는 오는 김에 친구를 한 명 데려왔는데, 친구는 폐렴에서 회복 중이라 너무 쇠약해 도시 전체에 내린 시장의 의무 대피령을 따를 수가 없었다. 병원은 의무 대피령에서 예외였다. 월요일 일찍부터 틸은 사람들의 고함 소리에 깜짝 놀라 잠에서 깼다. 그가 있던 4층 한구석의 사무실이 마치 흔들리는 듯한 기분이었다. 바닥부터 천장까지 이어진 유리창은 두께가 엄지손가락만 했는데도 거센 바람에 앞뒤로 들썩였고, 거의 수평으로 내리치는 비바람이 그 틈새로 새어 들어왔던 것이다. 그는 동료들과 함께 컴퓨터를 옮겨놓고, 환자 검사실에서 가져온 시트와 환자복을 가지고 바닥에 고인 물을 훔친 다음, 쓰레기통에다 물을 짜냈다.

허리케인 때문에 도시 전체가 정전이었다. 병원의 비상 발전기가 있었지만 에어컨을 켤 만큼 넉넉한 전력을 제공해주지 못해, 병원 내부의 온도가 점점 올라갔다. 단열이 잘되어 있던 병원 내부는 금세 습하고 축축해졌다. 틸은 벽에서 물이 줄줄 흘러내리는 것을 알아챘다. 화요일이 되자 침수 수위가 더 높아졌다.

수요일 아침 일찍, 메모리얼의 발전기가 결국 고장 나, 병원 전체가 어둠에 잠긴 것은 물론, 환자의 생명을 유지해주던 기계에도 전력 공급이 두절되었다. 자원봉사자들이 구조 집결지까지 환자들을 옮기는 일을 도왔지만, 헬리콥터는 가끔씩만 왔다. 그날 오후, 틸은 응급실 앞 경사로에서 시가를 피우며 잠시 쉬고 있었는데, 함께 있던 내과 의사 존 코키머는 의사들에게는 맨 마지막으로 떠나야 할 의무가 있다고 말했다. 어째서 그러냐고 묻자, 이 친구는 중지를 뻗어서 반대편 팔꿈치의 구부러진 부분에 갖다 대고는 주사 놓는 시늉을 했다.[1] 틸은 무슨 뜻인지 대번에 알아들었다.

"이런, 제발 그런 상황까지는 안 갔으면 좋겠는데." 틸이 말했다. 나중에 코키머는 결코 그런 몸짓을 취한 적이 없었다고, 즉 자기는 대부분 멀쩡한 환자 수백 명을 보트에 태워(이 보트는 병원을 떠나 물에 잠긴 거리를 10여 블록 지난 뒤, 마른 땅까지 걸어서 갈 수 있는 지점에 사람들을 내려놓을 예정이었다) 대피시키는 일을 하느라 업무 시간 내내 건물 밖에 있었다고 말할 것이었다. 그때쯤 자기는 더 이상 환자를 생각하고 있지도 않았고, 너무 바빴기 때문에 병원 안에서 무슨 일이 벌어지는지 걱정할 수도 없었다고 말할 것이었다.

수요일 밤, 틸은 병원 밖에서 총성을 들었다. 그는 사람들이 서로를 죽이고 있다고 확신했다. 폭도들은 길 건너편에 있는 신용협동조합 건물 근처처럼 가까운 곳에서 출몰했다. 틸은 병원이 폭도들에게 점령당할지도 모른다고, 그럴 경우 병원 안에 있는 사람들은 스스로를 방어할 방법이 전혀 없을 것이라고 생각했다. 그는 칠흑같이 어두운 계단에서 발을 헛디뎌 콘크리트 바닥에 곤두박질하려다 간신히 손잡이를 붙잡았다. 겁에 질려 이러다 죽을 수밖에 없겠다는 확신이 들자, 그는 가족에게 작별인사를 하려고 휴대전화로 통화를 시도했다.

틸은 버림받은 기분이었다. 심지어 이런 생각마저 들었다. '내가 지금까지 꼬박꼬박 세금을 낸 것은, 이런 재난 상황에서 정부가 나를 돌봐주리라 확신하기 때문 아니었나?' 또 한편으로는 의아한 생각이 들었다. '메모리얼의 소유주인 테닛은 텍사스에 본사를 둔 대규모 병원 체인인데, 어째서 아직까지 아무런 구조대를 보내지 않는 걸까?'

목요일 아침, 본사에서는 마침내 임대 헬리콥터를 여러 대 보내왔고, 해안경비대와 공군과 해군 소속의 비행기도 여러 대 공중을 선회하다가 메모리얼의 헬리콥터 착륙장에 차례로 내려앉았다. 에어보트도 요란한 엔진 소리를 내면서 오갔다.

조종사들이 비행기나 배에 애완동물이 함께 타는 것을 금지했기 때문에, 폭풍을 피해 애완동물을 병원으로 데려온 병원 직원들은 난감한 상황에 처하고 말았다. 젊은 내과 의사 한 명이 샴고양이를 한 마리 붙잡고 있는 동안, 틸은 그놈의 가슴뼈와 갈비뼈를 손으로 만지면서, 의과대학원 시절 해부학 실습 때 본 해부구조를 떠올렸다. 그는 염화칼륨이 들어 있는 주사기를 고양이의 심장에 찔러 넣었다. 이 짐승은 발버둥 치며 의사의 손아귀를 벗어나더니, 땀에 흠뻑 젖고 지저분한 틸의 셔츠를 발톱으로 할퀴어 찢어놓았다. 그놈의 허여스름한 털가죽이 그에게 딱 달라붙다시피 했다. 두 사람은 고양이를 다시 붙잡아 안락사시키고, 거기서 복도를 따라 불과 5~6미터 떨어진 2층 로비에는 환자들이 누워 있었다. 그야말로 미쳐 돌아가는 상황이었다.

한 여자 의사가 눈물을 글썽거리며 틸에게 찾아와 소식을 전했다. 무게가 10킬로그램이나 되는 섀틀랜트십도그종의 아름다운 애완견과 함께 보트에 타고 이곳을 빠져나갈 기회가 생겼다는 것이었다. 그녀는 재빨리 애완견에게 더플 백 안에 가만히 있으라고 훈련을 시켰다. 동료 몇 사람이 반드시 그녀를 함께 태우고 가야 한다고, 그렇지 않으면 자기들도 안 간다고 버텼다. 병원이 침수된 이후 이 의사는 위통을 앓기 시작했고, 이후 계속 겁에 질려 있었다. 그녀는 기회가 있을 때 빠져나가고 싶었지만, 동료들이며 남은 환자들을 버리고 가는 것에 죄책감을 느꼈다. "울지 말고, 그냥 가." 틸이 말했다. "애완동물은 어린애와 같으니까." 그는 그녀를 위로했다. "자네가 없어도 우리는 잘 해낼 수 있을 거야. 약속해."

틸은 병원과 자기 사무실을 오가는 동안 2층 로비를 여러 차례 지나다녔다. 시간이 흐르면서, 누워 있던 환자들에게 부채질을 해주던 자원봉사자들도 지시에 따라 아래층 응급실로 내려가 피난민 대열에 줄지어 섰다.

틸은 아직 남아 있는 열댓 명의 환자와 일면식도 없었지만, 그들은 그에게 뚜렷한 인상을 남겼다. 폭풍이 닥쳐오기 전까지만 해도, 저 불쌍한 환자들에게는 생존 가능성이 조금이나마 있었다. 하지만 이처럼 지옥 같은 상황에서 며칠 동안 버티면서 약품이나 주사액도 거의 또는 전혀 투여받지 못하자, 이들의 상태는 급속히 나빠지고 말았다.

바깥에 오가는 에어보트의 소음이 워낙 커, 틸은 청진기조차 사용할 수가 없었다. 진료 기록도 찾아볼 수 없는 상황이었지만, 굳이 그런 걸 보지 않아도 그는 이 환자들이 죽어가고 있음을 확신할 수 있었다. 그가 전혀 모르는, 키가 작고 머리가 적갈색인 어떤 여자 의사가 이 환자들을 담당했다. 그는 나중에 가서야 그녀의 이름을 알게 되었다. 두경부외과 전문의 애너 포였다.

포는 마치 질식할 것만 같은 병원 내부에서 여전히 환자들을 돌보고 있는 몇 안 되는 의사 가운데 하나였다. 일부 의사는 이미 병원을 떠났다. 아직 떠나지 않은 의사들도 대부분 더 이상 진료를 하지 않았다. 이제는 단지 환자를 옮기는 역할만 담당하거나 병원 내부보다 오히려 더 시원한 외부에서 대피를 감독하는 것에 만족할 따름이었다. 그러니 틸이 보기에 포는 마치 여성판 '론 레인저(고독한 감시원)'나 다름없었다. 힘겨운 나흘 낮밤을 거의 잠도 못 자고 버텼는데도, 그녀에겐 상태가 가장 나쁜 환자들을 돌볼 힘과 결의가 있었다. 나중에 그는 자기네 앞에 놓인 이 환자들을 병원에서 다른 곳으로 옮기지 않을 것이라던 그녀의 말을 기억하게 될 것이었다. 그녀가 스스로 결정해서 한 말인지, 아니면 행정 직원으로부터 그렇게 하라는 이야기를 들었는지는 그도 알수가 없었다.

병원 CEO인 L. 르네 구는 이날 밤이 되기 전에 모든 사람이 병원을 떠나야 한다고 틸에게 말했다. 재난 관리 담당자이기도 한 간호부장 수전 멀더릭 역시 틸에게 똑같은 메시지를 전달했다. 이 2명의 지도자는 나중에 가서 자기네 말뜻은 그게 아니었다고, 즉 어디까지나 대피 중에 지친 동료들에게 초점을 맞추라는 뜻이었다고 주장할 것이었다. 하지만 이들의 발언을 듣고 나자, 틸은 의문이 들었다. 만약 모두가 병원을 떠나야 한다면, 과연 이 환자들은 어떻게 되는 것일까?

그는 병원에 아직 남아 있는 애완동물들에 대해서도 의문이 들었다. 원래는 사람들이 떠날 때 알아서 살아남도록 그놈들을 우리에서 풀어주기로 되어 있었다. 그놈들은 가뜩이나 배가 고플 것이었다. 아울러 향정신성 약품을 노리고 병원을 약탈할 또 다른 종류의 '짐승들'이 있으리라는 것을 틸은 확신했다. 훗날 그는 당시에 떠올린 의문을 다음과 같이 회고했다. "그들이 과연 무슨 일을 저지를까 싶었습니다. 그 모든 세월 내내 백인들에게 억압되어왔다고 생각하는 저 미친 흑인들이 말이에요. (……) 저 바깥에 있는 저 미친 사람들이, 여기서 죽어가는 이 환자들에게 무슨 짓을 할지는 아무도 모를 일이었습니다. 이들을 난도질할 수도, 강간할 수도, 고문할 수도 있었습니다."

그렇다면 환자의 가족은 틸이 어떻게 해주기를 바랄까? 이제는 이런 물음에 답할 사람도 남아 있지 않았다. 환자가 곧 구조될 예정이라는 다짐을 듣고 나서, 환자 가족들은 모두 이미 병원을 떠났기 때문이다.

최우선은 다름 아닌 황금률이라고, 그는 생각했다. 즉 남이 나에게

재난, 그 이후

해주었으면 하고 바라는 일을 나도 남에게 하라는 것이다. 틸은 가톨릭 신자였고, 예수회 소속 사제인 해리 톰슨 신부로부터 영향을 받았는데, 이 스승은 살아가는 법과 사람 대하는 법을 그에게 가르쳤다. 틸은 또한 의과대학원에서 배운 좌우명을 갖고 있었다. '치유는 자주 하고, 치료는 가끔 하고, 위로는 항상 하라.' 그러니 위로를 제공하는 능력을 제외하고는 상황 통제력을 모조리 박탈당한 상황에서, 그가 무엇을 해야 하는지는 빤한 일이었다.

그가 할 일은 일반적인 위로가 아니고, 그가 어느 일주일짜리 과정에서 배운(덕분에 그는 완화 치료를 다른 치료보다 우선시하기로 결정한 환자들의 치료법을 가르칠 수 있는 자격을 얻었다) 완화 치료도 아닐 것이었다.

2층 로비에 임시로 만든 간호사실에는 주사기와 모르핀과 간호사가 있었다. 그가 여러 해 동안 알고 지낸 집중치료실 간호사 셰리 랜드리도 있었다. '야간 근무의 여왕'이라는 별명으로 통하는 그녀가(체구가 작고, 얼굴이 큰 케이즌 혈통의 여성으로, 바로 이 병원에서 태어났다) 이미 ICU(집중치료실)에서 약품을 가져다놓았을 것이다. 틸은 왜 이 약품이 여기 있는지 알았다. 그는 현재 벌어지고 있는 일에 동의했다. 그러나 다른 사람들은 동의하지 않았다. 고양이를 안락사시킬 때 그를 도와주었던 젊은 내과 의사도 이 일에만큼은 끼이지 않으려 했다. 그는 그녀에게 자기와 다른 사람들이 이 문제를 처리할 수 있으니 걱정하지 말라고 말했다.

폭풍이 닥친 날 이후, 뉴올리언스는 비합리적이고 비문명화된 환경으로 변해버렸다. 틸이 보기에는 기존 법률과 일반적인 의료 행위가 더 이상 적용되지 않을 것만 같았다. 그가 생각하는 적절한 연명 중단 조치를 제공할 만한 시간 여유가 없었다. 그는 환자를 움직일 수 없다는, 그러나 직원들은 병원을 떠나야 한다는 전제를 받아들였다. 달랑 모르핀 점적 장치를 걸어놓고 병원을 떠나면서, 부디 환자가 사망하기 전에 그 약물이 다 떨어지는 일은(그리하여 환자가 사망할 때까지 극심한 고통에 시달리는 일은) 벌어지지 말기를 바라는 것만으로 자기 행동을 정당화할 수가 없었다. 자기가 이제 하려는 일이 단순히 안락 치료라는 일반적인 과정을 더 축약한 것에(즉 일종의 지름길에) 불과하다는 식으로 본인의 행위를 정당화할 수도 있었지만, 그는 이 일이 엄밀히 말해 범죄임을 잘 알고 있었다. 그 당시에는 자기 혼자만이라도 그곳에 계속 남아 환자들이 자연사하는 것을 지켜보아야겠다는 생각이 떠오르지 않았다. 왜냐하면 그렇게 하려면 결국 자기 목숨을 걸어야 하기 때문이었다고 그는 훗날 말했다.

그는 포에게 도와주겠다고 제안했지만, 그녀는 처음에 틸의 제안을 거절했다. 그녀는 거듭해서 그곳을 떠나라고 그를 설득했다. "나는 여기 있고 싶습니다." 그는 고집을 부렸고, 결국 그곳에 남았다.

아직 남아 있던 의사와 간호사 가운데 몇 명과 함께, 틸은 투여량이 얼마나 되어야 할지 논의했다. 그가 생각하기에는, 다른 사람들이 모두 병원을 떠나기 전에 환자가 확실히 사망할 수 있도록 충분한 분량의 약품을 투여해야 할 것만 같았다. 그는 모르핀 10밀리그램과 (빠르게 작용하는 진정제인) 버스드 5밀리그램을 투여할 것이었고, 필요한 경우에는 분량을 더 늘릴 것이었다. 버스드에는 FDA에 의해 최고 등급의 주의사항인 '블랙박스' 경고 문구가 붙어 있었는데, 이 약품은 호흡을 중지시킬 수도 있으므로, 환자 상태를 면밀히 살펴볼 수 있는 환경에서만 사용하고, 아울러 의사도 여차하면 환자를 소생시킬 준비를 하고 있으라고 권고하는 내용이었다. 하지만 이곳의 상황은 그렇지가 못했다. 이 환자들 대부분은 'DNR(심폐소생술 거부)' 요청을 한 상태였다.

약품을 혼합하고, 정맥주사를 놓고, 주사기를 준비하는 데는 시간이 좀 걸렸다. 그는 환자들을 바라보았다. 호흡을 제외하면 이들은 마치 생명이 없는 것처럼 보였다. 일부는 과호흡 상태였고, 일부는 불규칙적으로 숨을 쉬었다. 어느 누구도 말을 하지 않았다. 한 사람은 혼미한 상태에서 신음을 내뱉었지만, 왜 그러느냐고 누가 물어보더라도 대답을 내놓지 못했다.

그는 로비에서도 유리창 쪽으로 줄지어 누워 있는 환자 4명을 담당했다. 3명은 나이 지긋한 백인 여성이었고, 1명은 몸집이 큰 흑인 남성이었다.

결국 일이 여기까지 온 셈이었다. 틸의 머릿속에는 한 가지 의문이 떠오르기 시작했다. 어쩌면 이 과정을 밟기 전에 자기들이 차마 고려하지 못했던 다른 대안들이 있을지도 모른다는 어렴풋한 자각 때문인지도 몰랐다. 어쩌면 그는 막상 행동에 나선 순간에 가서야, 이전까지는 옳아 보이던 행동이 그리 옳지 않게 느껴진다는 사실을 깨달았을지도 몰랐다. 즉 생명을 끝내는 일에서는 그 이론과 그 실천 사이에 상당한 간극이 존재한다는 것이었다.

그는 자기 옆에 있는 사람을 돌아보았다. ICU의 간호실장인 이 여성은, 동시에 이 병원의 생명윤리위원회의 위원장이기도 했다. 캐런 원은 생명을 끝내는 상황에서의 조치와 관련된 가장 어려운 문제에 대해 판결을 내리는 데 익숙했다. 그녀 역시 수십 년째 이 병원에서 일하고 있었다. 이 세상에 캐런보다 더 훌륭한 사람은 없었다. 바로 이 가장 절망적인 순간에도, 그는 그녀를 믿고 이런 질문을 던졌다.

"우리가 이렇게 해도 되나요?" 하지만 훗날 그는 당시에 자기가 그녀에게 던진 질문은 정확히 다음과 같았다고 주장했다. "우리가 정말로 이렇게 해야만 하나요?"

1장

어떤 뉴올리언스 사람들에게 메모리얼 메디컬 센터란 멕시코 만의 만곡형 해류가 마치 핀볼처럼 이 도시를 향해 날려 보내는 허리케인이 몰려올 때마다 재난을 이겨내기 위해 찾아갈 만한 장소였다. 하지만 이곳을 메모리얼 메디컬 센터라고 부르는 사람은 많지 않았다. 오히려 '뱁티스트(Baptist, 침례교)'라는 별명으로 부르는 경우가 많았다. 이곳은 본래 '서던 뱁티스트 병원(Southern Baptist Hospital)'이었기 때문이다. 병상 317개 규모의 뱁티스트 병원에서 허리케인을 피한다는 것은, 다시 말해 아이와 부모와 조부모와는 물론, 개와 고양이와 토끼 같은 애완동물과, 갖가지 파티 음식이 가득한 냉장고며 비닐봉지와 함께 지낸다는 의미나 다름없었다.[1] 만약 여러분이 이곳 직원이라면, 여러분은 아마 근무일이 아니더라도 허리케인을 피하러 이곳에 와 있을 것이다. 만약 여러분이 의사이고 상태가 좋지 않은 외래 환자를 돌봐야 한다면, 여러분은 뱁티스트 병원이 그들의 집보다는 더 안전한 피난처라고 믿어, 외래 환자 역시 이곳에 머물게 할 것이다. 그런 다음에 여러분은 간이침대나

재난, 그 이후

에어매트 위에 자리를 잡고 누울 것이고, 항상 밤에만 닥치는 것처럼 보이는 저 허리케인은 병원을 향해 격하게 불어대다가 결국 떠날 것이었다. 다음 날이 되면 태양이 떠오르고, 여러분은 쓰레기 치우는 일을 돕고 나서 퇴근할 것이다.

강철과 콘크리트로 뼈대를 만들고, 적갈색 벽돌의 태피스트리를 바탕에 깔고 회색 석재를 곁들여 외부를 무장했으며, 인근의 클레이번과 나폴리언 애버뉴 위로 우뚝 솟은 모습의 이 병원은, 거의 80년 가까이 멕시코 만의 기후가 휘두르는 강펀치에 맞서서 항상 내부의 사람들을 보호해주었다. 1965년에는 "이 세기 최악의 폭풍이 몰려오는" 상황, 즉 "마치 육중한 선박과도 같았던" 허리케인 베치와 맞선 상황에서도, 안에 있던 1천 명 넘는 사람을 보호해주었다고, 그곳의 병원장은 병원 소식지에서 자랑했다. 카트리나보다 한 해 전에는 "허리케인 아이번이 맹타를 가했지만, 메모리얼은 끄떡없이 버텼다". 이미 성인이 된 딸이 카트리나의 위협 앞에서 걱정하자, 외과 집중치료실에서 일하는 간호사 캐시 그린은 이렇게 말했다. "설마 뱁티스트 병원에 있는 내가 곤경에 처한다거나, 뱁티스트 병원이 잘못되는 일이야 있겠니. 도시 전체가 파괴되지 않고서는 그럴 리 없을 거야."

이 병원에 대한 전적인 믿음은 창립 때로 거슬러 올라간다. "저는 거의 폭발적이라 할 만한 낙관을 갖고 있습니다." 서던 뱁티스트 병원 이사회의 대표이사는 1926년 2월 병원장에게 쓴 편지에서 이렇게 말했다(그로부터 한 달도 지나지 않아, 이 병원의 지하식당에서 간단한 만찬과 함께 예배당의 헌당식이 열림으로써, 이 병원이 정식으로 개원할 예정이었다). "내 소견에 따르면, 우리가 뉴올리언스에서 시작한 이 병원은 남부 전역에서 가장 위대한 병원이 될 운명인 것 같습니다."[2]

이 도시에서 이 병원이 차지한 두 블록의 땅값만 200만 달러에 달했다. 1926년 3월 14일자 〈뉴올리언스 아이템 트리뷴〉에는 개원에 관한 다양한 뉴스며, 거기 첨부된 광고가 무려 세 면을 가득 차지할 정도였다. 이 신문은 이 '위풍당당한' 병원의 원장이며 50세인 루이스 J. 브리스토의 약력을 소개했으며, 브리스토가 이 병원을 위해 신중하게 고른 (심전도 측정기에서부터 감자 껍질 제거기에 이르는) 50개 이상의 장비를 몇 단에 걸쳐 소개했다. 장차 이곳의 후원자가 될 사람들이 알게 된 바에 따르면, 이 병원은 마치 현대식 호텔이나 개인 저택과 같은 외관을 갖고 있었고, 뉴올리언스의 더 오래된 병원에서는 결여되었던 "전반적으로 쾌적한 분위기"를 제공했다. 거의 한 면 전체가 병원 내부 묘사에 할애되었는데, 매우 미세한 세부사항까지 묘사되어 있었다. 예를 들어 "넉넉한 밝기에도 불구하고 눈부심이 없는" 조명장치라든지, 각 층마다 구비된 증기가열식 이불 보온장치며, 이 병원의 1인용 병실에 마련된 병상 옆 탁자에 놓인 "우아한 전기 독서용 램프" 같은 것들이었다. "각 층마다 모든 환자에게 공급할 만큼 넉넉한 양의 각얼음을 얼려놓고 있었다."고 한 기사에서는 신나서 말했다. 뉴스라기보다는 오히려 보도자료나 광고문구에 더 가까워 보이는 이런 이야기들은 어쩌면 병원장인 브리스토가 직접 썼거나, 그의 딸이며 작가인 그웬이 썼을지도 모른다. "새로운 시설은 현대적인 편의라는 점에서는 남부의 그 어떤 병원도 따라잡지 못할 정도이다."

전기가 발명된 시대다 보니, 의사들이 점차 과학에 더 많이 근거한 각자의 시술에서 새로운 기술을 응용하게 되었고, 그 덕분에 환자들은 편안한 상태에서 회복이 가능해졌다. 최신식 설비를 제공하는 업체들은 서던 뱁티스트 병원과 자사의 연관성을 부각시키는 광고를 〈아이템 트리뷴〉에 도배하다시피 했다. 애크미 엑스레이 판매 회사는 이 병원에 정밀급 무(無)코로나 뢴트겐 장비를 설치했는데, 이것이야말로 "국제적으로 인정받은 최고의 엑스레이 장비"라고 했다. 그래비어 스트리트에 있는 반스 전기 설비 회사는 이 병원의 전기 및 전화 배선을 담당했을 뿐만 아니라, 음악이 흘러나오는 벨소리와 묵음 발광 표시기를 결합한 형태의 호출장치도 설치했다. 모든 수술실에 압축공기 및 진공설비가 마련되어 있었다. 이 병원의 설계 중에는 환자들을 남부의 폭염으로부터 보호하기 위해 "여름마다 시원한 공기를 만들어내는 통풍 방법"도 포함되어 있었다.

'뉴올리언스 공공 서비스 회사(New Orleans Public Service Inc.)', 일명 NOPSI는 당시 새로 통합된 공공기업인데, 자사가 서던 뱁티스트 병원 전 층에 프리지데어 전기냉장고를 설치했다고 아예 전면광고를 내서 알렸다. "만약 이 병원이 '프리지데어'의 보호를 '반드시' 받아야 한다면, 여러분의 가정과 상점과 식당 역시 이 제품을 보유해야 '마땅할' 것입니다." 아이스박스밖에 가지고 있지 않은 가정이 여전히 많다 보니, 이 냉장고의 낮고도 일정한 온도가 식품의 변질은 물론 "세균의 초기 발달"까지 막아준다는 광고문구만 보면 마치 건강보험의 일종처럼 여겨질 지경이었다.

서던 뱁티스트 병원은 자체 발전소도 갖고 있었다. 그 위로는 7층 높이의 굴뚝이 서 있었다. 담당자들은 일주일에 2만 갤런의 기름을 병원의 아궁이에 집어넣을 준비가 되어 있었다.

그로부터 7년 전에 도시 선교사 클레멘타인 모건 켈리는 어느 교회의 집회에서 사람들 앞에 서서, 자기가 "기도로 가득한 연구와 깊은 생각과 힘든 노력"과 의료 구빈원 방문 등으로 몇 년을 보낸 끝에 도달한 결론을 이렇게 말했다. "지금 가장 시급한 것은 뉴올리언스를 위한 침례교 병원입니다."[3] 그녀가 말했다. "뉴올리언스에 그리스도의 순수한 복음을 전하고자 하는 우리 목표의 진지함을 이 도시에 납득시키기 위해서는, 반드시 우리가 침례교 병원을 통해 선교사업을 해야만 합니다." 즉 그리스도께서 하셨던 것처럼, 침례교도들도 치료에 전념함으로써 사람들의 마음을 그리스도께 돌려놓을 수 있으리라는 것이었다.

켈리의 아이디어는 남부 침례교의 언론을 통해 퍼져나가면서, 이미 병원 건립 운동을 추진 중이던 눈치 빠른 한 교회에까지 전해졌다. 다른 종교를 믿는 뉴올리언스 사람들도 이 아이디어를 지지했다. 거의 800명의 시민이 이 새로운 병원이 들어설 땅을 구입하라며 기부금을 내놓았다.

이 병원의 개관식이 있던 토요일 오후, 클레멘타인 모건 켈리의 꿈을 결실로 맺게 해준 병원장 브리스토가 자리에서 일어났다. "서던 뱁티스트 병원의 목표는 한마디로 말해, 하느님께 영광을 돌리는 것입니다." 그가 말했다. 가난한 자선 진료 환자들이라 하더라도, 별도의 병동에 마련된 빈민 구역에 머무는 것이 아니라, 오히려 부유한 사람과 마찬가지로 각자의 입원실을 얻게 될 것이었다. "우리는 인류의 고통을 이용하는 것이 아니라, 오히려 인류의 고통을 구제하기를 소망합니다." 이 병원은 '고통의 경감, 생명의 연장, 고통의 구제'라는 세 가지 목표에 봉사하기 위해 문을 연 것이었다.

그렇다고 해서 이 기관이 하염없이 자비로운 것은 아니었다. 자선 진료를 받고자 하는 빈곤 가정에서는 일단 출석 교회로부터 이 가정의 빈곤을 확증하는 동시에 병원에 대한 기부를 약속하는 증명서를 받아 제출해야만 했다. "출석 교회에서 도움을 거절한 사람들까지 우리가 도와줄 수는 없다." 브리스토는 이렇게 썼다. 여기서 처음에는 자선 진료에 대한 정의가 협소했고, 주로 과부와 고아와 노인에만 제한되어 있었다. 아내를 치료하고자 하는 가난한 집 남편은 우선 자선이 그의 존엄을 박탈할 것임을 알려주는 강연을 들어야 했다. 브리스토는 서던 뱁티스트 병원에 대한 기부를 독려하는 소책자 지면에 종종 자선 환자들의 (특히 어린이들의) 이야기를 가득 채우곤 했다. 그는 서던 뱁티스트 병원이 수행하는 중요한 선교사업을 부각시켰는데, 그건 바로 이 병원이 개종자를 얻는 한편, 뉴올리언스의 '백인 침례교도들'의 위상을 높여준다는 것이었다. 하지만 이 도시에 있는 28개 침례교회에서 백인은 소수에 불과했으며, 이들의 총회에서는 노예제와 짐 크로 법*과 인종 분리를 지지한 역사가 있었다.

새로운 병원은 (마치 지하수면 아래 있는 지하실처럼) 지대가 이 도시에서도 가장 낮은 곳 가운데 하나에 해수면보다 낮게 자리 잡고 있었다. 그래서 빗물을 모으고, 흘려보내고, 펌프를 이용해 위로 끌어올려 인근의 여러 호수로 내보내야만 했다.

20세기 초에 이르러, 미시시피 강과 폰차트레인 호수 사이에 놓인 습하고 장티푸스와 말라리아가 만연하던 땅을 현대적인 도시로 바꿔놓는 과정에서, 무려 1530만 달러의 비용이 이곳의 하수구, 수로, 펌프에 투입되었다. 이후 개발이 신속하게 이루어지면서, 한때 빗물을 흡수하던 맨땅이 포장도로로 바뀌었지만, 이 도시의 펌프 역량은 10년 동안 더 이상 늘어나지 않고 있었다.

서던 뱁티스트 병원이 속한 지역은 이 도시의 외곽 하수 처리 구역에 해당했는데, 인구가 밀집된 약 1432만 평의 지역에는 펌프장이 단한 군데뿐이었다. 그나마 이곳에서 퍼낸 물은 홍수 방지용 수로를 통해또 다른 펌프장으로 가게 되고, 거기서 또다시 높은 곳까지 퍼내야만비로소 폰차트레인 호수에 들어가는 식이었다. 이 지역의 펌프와 수로역량 개선 작업은 본래 개발 사업과 발맞춰가야 한다고 지적되었지만, 실제로는 건설이 이루어지는 동안에도 지하 관련 사업은 전혀 이루어지지 않았다. 강력한 폭풍이 불지 않는 상황이다보니, 개선 작업이 우선순위에서 밀려났던 것이다.

---

* 남부 연맹에 속한 주의 모든 공공기관에서 합법적으로 인종 간 분리를 허가한 법.

계절에 걸맞지 않게 더운 날씨가 누그러지자, 상쾌한 오후에 몇몇 가족은 리틀록을 상대하는 그 지역 마이너리그 구단 뉴올리언스 펠리컨스 타자들을 응원하기 위해 하이네만 야구장으로 향했다. 다른 사람들은 커넬 스트리트를 따라 있는 시내의 극장들 가운데 한 곳에서 펼쳐지는 쇼에 입고 갈 정장과 드레스와 모자를 꺼내놓았다. 또 수천 명은 전차를 타고 뉴올리언스의 거대한 유원지인 시티 공원까지 갈 예정이었다. 마침 이날이 올해 첫 개장일이었다. 스포츠 행사, 음악 공연, 보드빌 공연, 영화 등이 사람들의 스케줄을 가득 메웠다. 저녁이 되면 축제 참석자들은 한 야외 열주랑(列柱廊)에 있는 이오니아식 기둥들 사이에서, 호치토치 재즈 악단의 음악에 맞춰 몇 시간씩 춤을 출 것이었다. 이들의 머리 위에서는 '중국 거미', '은색 혜성', '터키식 십자가', '보석 상자', '회전 불꽃', '대형 폭포', 그리고 100개의 불꽃으로 이루어진 꽃다발을 비롯해, 휘황찬란한 불꽃놀이가 하늘을 물들일 것이었다.

그런데 오후 3시가 지난 뒤 이 도시에 폭풍 구름이 모여들기 시작했다. 아직 개원한 지 2개월도 되지 않은 서던 뱁티스트 병원이 자리한 외곽 지역에서는 빗방울이 타르 칠한 지붕의 경사진 옆면이며 새로 만든 포장도로에 떨어져 내렸고, 그 빗물이 모여 생긴 물줄기가 여럿 합쳐지며 금세 개울로 변했다. 천둥소리에 창문이 덜덜 떨렸다. 기온은 거의 섭씨 4도로 떨어졌다. 폭풍이 시작되고 나서 4시간 동안 쏟아진 비의 양이 거의 15센티미터에 달해, 기록적인 수준이었다. 수챗구멍이 쓰레기로 막히는 바람에 빗물이 하수로로 들어가지 못했다. 거리에 흐르던 개울은 점점 늘어나 급류로 변했다. "마치 뉴올리언스 안으로 강물이 흘러 들어온 것 같은 광경이었다." 부동산 중개업자 해리 래터는 자기가 집에 가던 중에 본 광경을 이렇게 묘사했다.

앞을 가리는 빗속에서 열차 한 대가 자동차 한 대와 충돌해 2명이 사망했다. 수천 개의 방부 처리된 목제 포장 블록이 물을 먹고 불어나면서 도로가 울퉁불퉁해지고, 끊어지고, 떠내려갔다. 자동차도 꼼짝달싹 못하게 되었다. 라디에이터 밑으로 물이 스며들면서 전선이 젖어버렸기 때문이다. 주인 없는 자동차들이 거리를 막아서자 전차조차 다닐 수 없게 되었다. 일꾼들이 폭풍 속에서 밧줄을 몸에 두르고 자동차를 견인해야만 했다. 결국 전차는 운행이 중단되었고, 사람들은 집이며 교회며 공공장소에 갇힌 채 꼼짝달싹 못했다.

시티 공원에서는 갑작스러운 범람 때문에 야구며 테니스며 골프 경기가 중지되고, 수많은 사람이 야외 음악당에 들어가 비를 피했다. 음악가 한 사람이 무대에 올라가 공연을 시작했지만, 폭풍이 점점 더 거세지자 축제 자체가 중지되고 말았다.

야외 열주랑 위의 어두워진 하늘에서는 5월 축제의 불꽃놀이 대신에 번개가 춤을 추었다. 오후 8시쯤 '전화 교환소' 인근에 벼락이 떨어지는 바람에, 1300개의 회선이 불통되고 말았다. 물이 맨홀로 흘러 들어가면서, 도시 간 전신선이 들어 있는 관에도 물이 들어차고 말았다.

서던 뱁티스트 병원 부지에서는 새로 만든 정원에 물이 허벅지 높이까지 차올랐다. 근처의 나폴리언 애버뉴와 매그놀리아 스트리트에 주차된 차체 높은 자동차들조차 좌석에서 불과 몇 센티미터 아래까지 물에 잠겨 있었다.

병원 안에도 지하실로 물이 쏟아져 들어와서, 침례식을 거행해도 될 만큼 빠른 속도로 차올랐다. 지하에 보관된 진료 기록, 식료품, 약품, 의료장비, 의류 및 침구, 병원의 주방과 식당이 모조리 침수되었다. 루이스 브리스토와 다른 의사들은 둥둥 떠다니는 의자들을 헤치고 물속으로 뛰어들어 손상되지 않은 방수 물품함을 건져내 간호사들에게 건네주며 정리하게 했다.

조명은 계속 켜져 있었지만, 엘리베이터는 작동이 멈췄다. 100명의 방문객과 비정규직 간호사 역시 그날 밤을 꼼짝없이 서던 뱁티스트 병원에서 보내야만 했다. 이들은 가족에게 연락하려고 수화기를 들었지만 전화는 불통이었다.

소방관들이 출동해서 자기네 펌프를 이용해 병원 지하층에서 물을 빼냈다. 다음 날 오전 5시 30분이 되자, 마침내 지하층에 물이 들어오는 속도보다 더 빨리 물을 하수구로 내보낼 수 있게 되었다. 직원들과 간호학교 학생들은 각층에 마련된 비좁은 규정식 조리실에 모여, 환자용 쟁반에다 임시로 만든 식사를 준비했다(십중팔구 '프리지데어' 냉장고에서 재료를 꺼내지 않았을까). 운행이 중지된 전차 선로를 운영하고 있던 NOPSI는 재빨리 서던 뱁티스트 병원에 찾아와, 가스를 사용하는 이곳의 주방설비를 교체해주었다.

별다른 보호장치가 없었던 약품 및 물품 수백 종이 파손되고 말았다. 새로 문을 연 이 병원은 결국 이 도시의 여러 사업체 중에서도 유독 큰 피해를 입은 셈이었으며, 금액으로는 최초 집계 당시 4만 달러 내지 6만 달러에 달했다[4](2013년 시세로 바꾸면 53만 5000달러 내지 80만 달러에 달한다[5]).

병원장 루이스 브리스토는 대중을 안심시키려고 노력했다. 〈뉴올리언스 아이템〉의 기사를 통해 병원의 각층에는 몇 주일 동안 정상 운영이 가능할 정도로 충분한 약품과 물품이 있다고, 그리고 혹시나 모자란 물품은 구입하면 된다고 말했다. "우리 병원은 평소와 같이 운영 중입니다." 그가 말했다. "환자 가운데 단 한 명도 이번 일로 불편을 겪지 않았습니다. 우리 직원들은 눈부신 솜씨로 위기 상황에 대처했습니다."

일요일 오후 중반부터 월요일 오후 중반 사이 22센티미터 넘는 비가 내렸다. 기상청에서 이때까지 55년간 작성한 뉴올리언스의 기록 가운데 시간당 강수량 최대치를 기록했으며(거의 8센티미터에 달했다) 도시의 일부 지역에서 측정된 강수량만 놓고 보면 역대 하루 강수량에서 1, 2위를 다툴 지경이었다. 이 도시의 하수 처리시설을 통해 그 역사상 가장 많은 양인 60억 갤런 이상의 물이 폰차트레인과 보르네 호수로 흘러 들어갔다. 하지만 하수 처리시설은 폭풍의 기세를 따라잡지 못해, 이에 대한 항의가 빗발쳤다. 홍수로 피해를 본 거주민 수천 명이 시 당국에 항의 전화를 걸었다. 가장 심하게 피해를 본 지역을 대표하는 한 단체에서는 이 재해에 책임 있는 공무원, 도급업자, 직원은 물론 심지어 하수 펌프장 근무자까지 모조리 조사하라고 요구했다.

폭풍이 지나간 직후, (하수 처리시설의 건설과 관리와 운영을 전담하는) '뉴올리언스 상하수도위원회'는 하수도와 수챗구멍에 쓰레기가 끼도록 방치해두었다는 이유로, 뉴올리언스의 신임 시장인 아서 오키프로부터 질타를 당했다. 위원회 측은 이에 반발했고, 오히려 대중이 "거리에 무분별하게 쓰레기를 투기했고" 시 당국이 거리를 깨끗이 청소하지 않았으며, 대자연이 번개를 내려 펌프장 가운데 일부에 전력 공급이 두절된 것이 문제의 원인이라고 거꾸로 비난을 가했다.

오랫동안 위원회의 총감독관을 역임한 조지 G. 얼은 이 도시의 하수 처리시설이 아주 많은 비를 감내할 역량은 되지 않는다며 이미 10년 내내 경고한 바 있었다. 그러나 계획 단계에 있던 시설 확충을 완료할 만한 자금 지원이 없는 상태다. 따라서 도시의 저지대에서 홍수가 일어난 것은 불가피한 일이었지만, 거주민들은 그런 일이 실제로 일어나자 깜짝 놀라고 말았다. "항상 어떤 서비스가 실패를 거두고 나야만, 비로소 그걸 향상시키기 위한 수단을 공급하자는 데 생각이 미치게 마련이다." 얼은 이렇게 말하며 한탄했다. 서던 뱁티스트 병원 인근의 나폴리언 애버뉴야말로 그의 입장에서는 가장 확실한 사례가 아닐 수 없었다. 훌륭한 정치인이라면 응당 그러하듯이, 그는 이 기회를 빌려서 더 많은 자금 지원을 위한 자신의 요구를 되풀이했다.

하수 처리시설 개선 자금을 조달하려면 채권이 필요했지만, 도시의 채무를 크게 늘리려면 우선 법률에 의거하여 부가세를 부과하고, 나아가 주 입법부로부터 승인을 받아야만 했다. 지역 신문인 〈아이템〉과 〈모닝 트리뷴〉은 이 도시가 자금을 빌릴 수 있도록 허락하라고 당국자들에게 촉구했다. "오래되고 완숙한 도시라면 끄떡없을 것이고, 그 채무를 변제할 수 있을 것이고, 빌리기를 멈추고 계속 나아갈 수 있을 것이다. 뉴올리언스는 광범위한 단독 개발 사업을 진행하며 이 나라와 전 세계의 주목을 받는 상황이므로, 필요한 자금을 마련해서 앞으로 나아가야만 한다."

당시 이 유명한 도시의 사업가들이 품은 감정은 한 기사에 요약되어 있었다. "뭔가를 반드시, 그리고 더럽게 빨리 해야만 한다." '뉴올리언스 공인중개사협회 회장인 찰스 로스는 뉴올리언스 사람들을 "물과 진흙에서 벗어나게" 할 수만 있다면, 이 도시가 얼마든지(필요하다면 5천만 달러라도) 빚을 져도 상관없다는 입장이었다. "이번 홍수가 우리의 가정과 거리에, 그리고 우리의 사업체와 공공시설에 가한 손상으로 말하자면, 정확한 집계가 나오기 전에 어림으로만 따져보아도 그 비용의 몇 배에 달하기 때문이다."

부동산 중개업자인 해리 래터도 이에 동의했다. "이 모두는 부동산의 가치에 매우 유해한 영향을 끼치는데, 부동산이야말로 모든 부의 기반이 아닌가."

총감독관 얼은 홍수를 방지할 수 있는 몇 가지 선택지를 제안했다. 대략 50만 달러만 있으면, 상하수도위원회가 펌프 역량을 향상시킬 수 있다는 것이었다. 그리고 300만 달러만 있으면 수로를 확장할 수 있었다. "대중은 얼마나 투자하기를 원하는가?" 그는 물었다. "그것이야말로 결정해야만 하는 진짜 문제이다." 조치는 재빨리 이루어져야 하는데, "그래야만 최대 다수에게 최대 이익을 안겨줄 수 있기 때문"이라고 했다.

얼은 이 도시가 보통 세기의 폭풍을 상대하는 정도로 역량을 향상시키는 것을 목표로 삼았다. 그는 최악의 홍수를 가정하고 범람 방지를 도모하는 것은 "물리적으로나 재정적으로나 비현실적"이라고 주장했는데, "왜냐하면 이 도시 역사상 그런 폭풍이 발달한 경우는 거의 없었기 때문"이었다. 또 다른 전문가는 지난 일요일에 닥친 것처럼 강력한 태풍을 상대하려면, 현재보다 8배나 많은 펌프 장비와 역시 8배나 많은 유출 수로 용량이 필요하다고 추산했다. "이런 예상을 좋아할 만한 납세자는 아마 뉴올리언스에 단 한 명도 없을 겁니다." 그 전문가가 기자에게 한 말이었다.

하수 처리시설 공사에 대한 열의는 재빨리 식어버렸다. 그해 말이 되어서도 납세자들은 심지어 얼이 제안한 선택지 가운데에서 비교적 덜 야심만만한 것조차 아직 승인하지 않은 상태였다. 채권은 발행되지 않고 있었다. 상하수도위원회의 1926년도 건설 부문 지출액은 1925년도와 거의 비슷했다. 얼은 연말보고서에서 자신의 짜증을 이렇게 표현했다. "전반적인 상황은 전혀 바뀌지 않았다." 그리고 그는 이렇게 썼다. "최근의 사건들이 실제로 일어났다는 사실에도 불구하고 결코 변화가" 없었다는 것이다.

이듬해 봄, 미국 중서부의 북쪽에서 생겨난 폭풍들이 미시시피 강에 막대한 양의 비를 뿌렸고, 그 물이 넘실거리며 멕시코 만과 뉴올리언스로 흘러왔다. 이 홍수는 지나가는 곳마다 크고 작은 도시와 마을을 휩쓸었다. 그 도착에 앞서 시 당국자들은 곧 다가올 재난을 거뜬히 버틸 수 있을 만큼 자기네 방비책이 충분히 강력하다면서 뉴올리언스 사람들을 안심시키려고 시도했다. 왜냐하면 공포는 사업에도 좋지 않을 것이기 때문이었다.

부활절 주말에 결국 폭풍이 도시를 덮쳤는데, 강물이 불어나리라고 예상한 날보다 며칠 앞선 상황이었다. 하루가 채 되기 전에 강우량이

35.5센티미터에 달했다. 이곳에서 기상 측정이 이루어진 반세기 동안 가장 많은 하루 강우량이었으며, 웬만한 해의 강우량 전체의 4분의 1에 해당하는 양이었다. 1927년 4월 16일 뉴올리언스에서 세워진 이 기록을 뛰어넘는 강우량은 이후 80년 사이 딱 한 번 더 있을 예정이었다.[6]

또다시 거리가 물에 잠겼고, 이 도시의 하수 펌프장은 늘어나는 물의 양에 맞춰 처리 속도를 높이려고 안간힘을 썼다. 자정 무렵 폭풍이 더 격렬해졌고, 상하수도위원회의 하수 처리시설에 동력을 공급하는 주요 송전선과 이어지는 NOPSI 소유의 1만 3천 볼트짜리 고압 전선이 번개에 맞았다. 그로 인해 스파크가 생기면서 합선이 일어났고, 급기야 하수 처리시설의 전력 개폐기가 고장 나고, 전기를 분배하는 지하 케이블이 손상되고, 이 도시의 상하수도 체계 전체에(아울러 소방서에 용수를 지급하는 고성능 펌프에) 동력을 공급하던 6천 킬로와트짜리 발전기 두 대 가운데 한 대가 불타버렸다. 전선은 재빨리 수리됐지만, 발전기 코일은 교체하는 데만 몇 주일이 걸릴 것이었다. 그리하여 이 도시 당국자들은 얼기설기 기워놓은 송전선에다, 평소의 절반에 불과한 전력 공급만 가지고, 뉴올리언스 역사상 가장 많은 강우량을 상대해야 하는 신세가 되었다.

다음 날 아침, 시장 이하 당국자들은 송전선 사고 현장으로 가서, 하수 처리장 쪽에 추가 전력을 공급하라고 NOPSI 측에 요구할 예정이었다. 하지만 두 발전기는 서로 다른 주파수로(즉 25헤르츠와 60헤르츠로) 가동되는데, 적절한 변압기가 없어 송전이 불가능했다. 설상가상으로 시장이 탄 차량은 불어나는 물에 잠겨 아예 출발조차 못하고 말았다. 결국 그는 물에 둥둥 뜬 채로 구조를 기다려야 하는 상황이 되었다.

도시 곳곳에서 수백 대의 차량이 이와 유사하게 갇혀 있었고, 전차 노선은 모두 운행을 멈추었다. 일부 지역에서 물이 점차 빠졌지만, 다른 지역에서는 물이 다시 차올랐다. 폰차트레인 호수의 물이 제방을 넘어온 데다 도시를 가로지르는 하수 수로에서 물이 흘러나왔기 때문이다.

물은 이 도시의 극장 무대 위까지 차오르고, 공동묘지를 뒤덮고, 상점을 점령하고, 긴급 신고를 받고 출동하던 소방차를 멈춰 세웠다. 침대 위까지 흘러넘친 물 때문에 잠에서 깨어난 도시 거주민들은 경찰에 전화를 걸어 도움을 요청했다. 한 지역에 살던 주민들은 관심을 끌기 위해 공중에다 총을 쏘기도 했다. 한편 무장 강도 여러 명이 보트를 타고 다니면서 빈집을 연이어 털기도 했다. "걱정하는 어머니들"이 〈타임스 피커윤(Times-Picayune)〉 신문사로 연이어 전화를 걸어 "아이들이 먹을 우유와 식품이 부족해 고통을 겪는다는 끔찍한 이야기들"을 전해 주었다. 경찰은 경찰 예비대를 출동시켜 보트를 징발하고 물품을 전달하도록 했지만, 도움을 필요로 하는 사람이 너무 많다보니 힘에 부칠 수밖에 없었다. 신문에서는 "사실상 시 당국에서는 구조 제공에 완전히 실패한 셈"이라고 단언했으며, 이런 비난에 대해서 신임 시장은 "워낙 명백하게 사실도 아니고 공정하지도 않은 주장이기 때문에, 굳이 공식 입장 표명도 필요하지 않을 것"이라고 반박했다. 대신 시장은 작년에 했던 것처럼 상하수도위원회에 책임을 전가했다. 그러자 이 위원회의 선임 공학자는 거리가 물에 뒤덮인 것은 "주로 하느님의 역사(役事)" 때문이었다고 받아쳤다.

시 당국자들은 적십자와 주 방위군의 지원을 거부했다. 지원 자체가 불필요하고 지원을 수락하는 행위 자체가 "전국적으로 체면이 깎이는 짓"이라는 이유였다. 도시 곳곳에서는 임시로 생겨난 연락선의 선장들이 바닥이 납작한 통나무배에다 사람들을 태우고 다녔다. 어머니들은 딸들의 치마를 걷어 올려 핀으로 고정하고, 아들들의 바짓단을 걷어 올려 접어서, 각각 물을 건널 수 있게 해주었다. 일요일에는 한 노부인이 치마를 높이 치켜들고, 식구들과 함께 종아리까지 차오른 물을 건너 부활절 산책을 즐기는 모습이 어느 신문기자의 카메라에 포착되기도 했다. 길이 2미터의 악어 한 마리가 거리를 유유히 헤엄치다가 붙잡혀서 오듀본 파크 동물원으로 옮겨지기도 했다.

또다시 행동을 요구하는 목소리가 등장했다. 큰 피해를 본 레이크뷰 지구의 주택소유자연합회에서는 제방을 더 높이라고, 그리고 하수 처리시설을 더 강화해 "인간의 손이 소홀하게 해서 생긴 결과 때문에 종종 '하느님의 손'을 비난하는 일이 없도록" 하라고 요구했다. 아울러 이 단체에서는 대규모 자금 재조달 계획에 대한 주 의회의 승인만 기다릴 것이 아니라, 차라리 자체적인 징세권을 이용한 긴급 채권을 발행해 공사를 시작하라고 시 당국에 요구했다. 〈타임스 피커윤〉의 한 사설에서는 이 제안을 지지했다. "이처럼 일시적이지만 혹독한 홍수 문제를 충분히 적절하고 효과적으로 방지하는 데 필요한 금액이라면, 뉴올리언스 사람들도 얼마든지 기꺼이 지불할 채비가 되어 있다고 우리는 믿어 의심치 않는다."

총감독관 얼도 이 제안에 동의했다. 그는 시의 부채 한도를 그 평가 가치의 4퍼센트에서 5퍼센트로 올리자고 주장했다(카트리나 당시의 부채 한도가 사실상 35퍼센트였던 것과 비교하면, 이 정도 변화는 사실 미미한 편이었다).[7] 또한 얼은 더 높고 더 튼튼한 제방을 세우자고 주장했다. 자기네 위원회는 이 도시의 제방시설에 대해서 아무런 책임도 없었지만, 제방이 제 역할을 하지 못하는 것도 이 도시에서 물을 빼내는 자기네 위원회의 역량에 영향을 끼치기 때문이었다. 또한 그는 미국의 내륙 수로를 사용하는 이송 회사들이 점점 늘어남으로써, 장차 뉴올리언스의 인구가 급격히 늘어날 것임을 예견했다. 그는 이 도시가 확장되고, 폰차트레인 호수에서 흘러넘치는 물이 고이던 땅을 개발하러 제방을 쌓으면, 결국 호수의 수면이 높아지지 않을까 우려했다.

시 공무원들은 폭풍이 지나간 뒤 며칠 동안 쓰레기를 치우고, 배수로를 파고, 죽은 동물을 파묻고, 고인 물에 소독제를 뿌리는 등의 일을 했다. 대부분 지역에서는 물이 많이 불어나지도 않았고, 금방 빠져버렸다. 절반의 동력밖에 얻지 못한 펌프장이 나름의 역할을 해준 덕분이었다.

하지만 서던 뱁티스트 병원 인근 지역은 (거기서 더 북쪽의 레이크뷰나 더 동쪽의 젠틸리와 마찬가지로) 물이 더 오랫동안 불어났고, 이 도시의 다른 어느 곳보다 높은 수위를 기록했다. 물은 나폴리언 애버뉴를 따라 2미터까지 불어나서, 집집마다 1층이 물에 잠기고 말았다. 서던 뱁티스트 병원의 지하실에는 물이 2.5미터나 차올랐다. 이 병원의 가뜩이나 짧은 역사에서 무려 두 번째로, 홍수로 인한 피해가 발생한 것이었다.

폭풍이 닥친 성(聖) 금요일로부터 2주 뒤, 이번에는 미시시피 강 상류에서 흘러온 물이 루이지애나 주에 도달했다. 루이지애나 주 정부의 명령으로 투입된 작업반은 뉴올리언스 하류의 제방을 다이너마이트로 폭파해 이 도시를 보호하는 제방에 가해지는 압력을 줄였다. 즉 뉴올리언스 엘리트 사업가들의 요청에 따라 이 대도시를 구하는 대신, 세인트 버나드와 플라케민스 패리시*를 희생시킨 셈이었다(하지만 이 사업가들은 애초에 약속했던 배상금을 결국 지불하지 않았다). 이 사건이 남긴 원한은 심지어 다음 세기까지도 계속되었다. 1927년 미시시피 강이 홍수의 영향으로 그 당시로선 가장 많은 예산이 책정된 평화 시 입법 발의 가운데 하나가 나오게 되었으니, 바로 1928년에 제정된 홍수조절법(Flood Control Act)이었다.[8] 이 법률에 의거하여, 육군 공병대가 미시시피 강 하류의 제방 및 홍수 조절 설비를 개선시켰으며, 이후 이 강에 대한 책임은 완전히 연방 정부가 맡게 되었다(나아가 육군 공병대는 개선 작업 이후

---

* '패리시(Parishes, 敎區)'는 미국 남부의 여러 주에서 사용하는 행정 단위로서, 다른 모든 주에서 사용하는 행정 단위인 '카운티(郡)'에 해당한다.

에 생겨날 수도 있는 손상 책임으로부터 완전히 자유롭도록 보장받았다). 그로부터 수십 년 뒤, 이 공병대는 뉴올리언스 시 자체의 홍수 방지 프로젝트에 또다시 개입하게 되는데, 이때는 폰차트레인 호수로 이어지는 하수 수로도 개선되었다.

1927년의 폭풍 이후 수년, 그리고 수십 년이 지나는 사이 상수도위원회는 뉴올리언스의 하수 처리 설비를 향상시키기 위한 자금을 얻게되었다. 이 위원회의 공학자 가운데 한 사람이 세계 최대 규모의 펌프를 설계했고, 그런 펌프 14대가 이 도시를 위해 주문 제작되었다. 하수 처리 역량은 20세기 말에 이르러 거의 4배인 초당 1270세제곱미터로 늘어났다.

하지만 프레릿 지역에 있는 서던 뱁티스트 병원 인근은 이후로도 여전히 최악의 홍수로 꼽히는 사례를 몇 번이나 겪고 말았다. 시 당국도 이 문제를 해결하지 못했기에, 병원 측에서는 이 문제에 대한 나름의 대처법을 고안해야만 했다. 21세기가 시작되고 나서 몇 년 사이, 직원들은 중간 정도의 폭풍에도 메모리얼 메디컬 센터 주위의 거리에 물이 들어차기 때문에, 자동차를 한 블록쯤 떨어진 "중립 지역"에(즉 골목 사이의 높은 갓길에) 주차해야 한다는 사실을 알게 되었다. 병원의 관리 및 보수 담당자들은 매번 방수복을 입고, (평소에는 지하 주차장 천장에 매달아놓는) 낡아빠진 금속제 고기잡이 보트를 저어서 직원들을 일터까지 데려다주었다. 장비, 물품, 식량, 기록, 의류 및 침구는 여전히 지하실에 보관되었다. 메모리얼의 직원 가운데 상당수는 이미 오래전부터 물을 중대한 위협으로 간주하지 않게 되었기 때문이다.

재난, 그 이후

2장

폭풍이 밀려오기 전
2005년 8월 27일 토요일

지나 이스벨은 넉넉한 체구 위에 하얀색 수술복 셔츠와 감색 바지를 끌어올려 입었다. 마흔 살의 이 공인간호사는 그날 아침 집에 있다가 상사로부터 걱정스러운 전화를 막 받은 참이었다. 멕시코 만에서 선회하는 허리케인 카트리나가 밤사이 더 강해져, 지금은 루이지애나 주 남동부로 향할 가능성이 높다는 것이었다. 그로 인해 해안 지역에 광범위하게 허리케인 주의보가 내려진 상태였다.[1] 카트리나의 강도는 '새피어심슨 허리케인 풍속 척도(Saffir-Simpson Hurricane Wind Scale)'로 3등급에 속했는데, 이후에도 무시무시한 4등급, 어쩌면 파국적인 5등급까지 거세질 것으로 예상되었다.[2] 기상학자들은 상륙 날짜를 월요일로 예측했으며, 허리케인의 영향은 일요일 밤부터 받게 될 가능성이 있다고 보았다.

이스벨의 집과 가족, 그리고 근무지인 병원 모두 세인트버나드 패리시에 있었다. 이스벨이 간호부장으로 근무하는 특수화 병원 '라이프케어'는 버추 스트리트 소재 샐멧에 있는 단층 건물을 차지하고 있었다.

이제는 만일에 대비해 환자들을 더 안전한 어딘가로 옮길 것이냐 말 것이냐를 생각할 때였다. 한쪽에는 혹시라도 잘못된 경보에 의거해 상태가 위중한 환자들을 옮길 경우에 생길 위험을, 또 한쪽에는 만약 그 예보가 정확해서 그 건물의 지붕까지 침수됐을 경우에 생길 위험을 놓고 저울질하는 것이었다.

세인트버나드는 1927년 홍수에서 뉴올리언스를 구하기 위해 희생되었다가 천천히 재건되어왔지만, 이후 여러 차례의 연이은 재난 때문에 주민들은 기상 재난의 위협이 발생할 때마다 불안해했다. 많은 사람이 1965년의 3등급 허리케인 베치 당시 제방이 무너진 것이며, 파멸적인 홍수며, 펌프장의 오작동을 여전히 기억하고 있었다. 따라서 세인트버나드의 주민들은 사실 공무원이나 제방이 자기들을 보호해줄 것이라고는 신뢰하지 않았다.

그러니 환자들을 옮기는 것이 현명할 듯싶었다. 더 확실한 예보가 나오기를 기다리다보면, 막상 행동에 돌입할 시간이 더 줄어들 것이고, 구급차를 확보하기도 더 어려울 것이었다.

라이프케어는 이 지역에 다른 병동도 갖고 있었는데, 이 도시의 경관이 아찔하게 펼쳐지는 메모리얼 메디컬 센터의 고층에 있는 임대 공간도 그중 하나였다. 이 "병원 안의 병원"은 상태가 위중한, 대개는 나이 많고 쇠약한 환자들에게 장기 치료를 제공했다. 그중 상당수는 의료용 인공호흡기에 의존하고 있었다. 이들은 혼자 힘으로 숨을 쉰다거나 집 또는 요양시설로 돌아간다는 목표를 가지고 라이프케어에서 재활 중이었다. 라이프케어는 호스피스가 아니었다. 이곳에는 독자적인 행정가들, 간호사들, 약사들, 그리고 물품 조달 경로가 있었다. 직원들은 이 병동을 여전히 "라이프케어 뱁티스트"라고 불렀다. 사실은 '테닛 보건의료 회사(Tenet Healthcare Company)'가 건물주인 병원을 매입해 그 이름을 '메모리얼'이라고 바꾼 지 10년은 되었는데 말이다. 여하간 세인트버나드의 환자들 대부분을 그리로 옮기고 나머지 몇 명은 인근의 또 다른 병원으로 옮기자는 것이 라이프케어 고위층의 결정이었다.

이스벨은 허리케인 철이 시작되면서 자기가 A팀에 배정한 간호사들에게 전화를 걸었다. 그들은 폭풍 중에 라이프케어 뱁티스트에서 그녀와 합류할 예정이고, B팀은 폭풍이 지나간 뒤에 이들과 교대할 예정이었다. 이스벨이 A팀에 배정한 간호사들은 하나같이 힘이 좋았고, 협조적인 사람들이었으며, 스트레스 가득한 시기에 그녀가 옆에 두고 싶어할 만한 사람들이었다. 그들은 이 팀에 배정되기를 자원한 바 있었다. 친숙하지 않은 병원에서 일한다는 것 역시 이 도전을 더욱 만만찮게 만드는 요인이었다.

이스벨은 다른 건강 전문가들조차 꺼릴 만큼 여러 가지 중병을 앓고 있는 환자들을 돌보는 일에 열정을 품고 있었다. 그 환자들 가운데 19명을 뱁티스트 병원의 병동으로 옮기는 일은 해가 떨어지고 나서야 완료되었다. 그러나 스무 번째 환자는 이송 중에 그만 사망하고 말았다.

환자들은 여럿이 한꺼번에 이송되었으며, 구급차가 부족해 한 대에 최대 4명까지 타야만 했다. 약사가 미리 준비해놓은 환자들 각자의 약품도 함께 옮겼다. 하반신 마비 환자인 에밋 에버릿은 체중이 170킬로그램에 달했기 때문에, 그가 사용하던 "초대형" 병상도 함께 옮겨야 했다.

엘리베이터 문이 7층에서 열리면 라이프케어의 철학이 다음과 같이 새겨진 벽이 나왔다.

라이프케어 병원
희망을 회복하고
열망을 주입하고
확신을 재건한다

라이프케어는 메모리얼 메디컬 센터 7층의 긴 복도 구역 세 개를(즉 북쪽, 서쪽, 남쪽을) 차지하고 있었다. 동쪽 통로는 메모리얼 메디컬 센터의 마케팅 부서가 차지하고 있었다. 이스벨은 입원실과 간호사실 사이를 계속 누비고 다니면서, 자기가 담당한 환자들이 제대로 입원 조치되고 배치되었는지 확인했다. 그녀가 이렇게 분투할 때마다 둥근 뺨에는 예쁜 분홍빛이 감돌았다. 그때 전화가 걸려왔지만, 이스벨은 너무 바빠서 받지 못했다. 대신 그녀는 전화한 사람에게 메시지만 남겨달라고 했다. 이때 전화한 사람은 이스벨이 각별히 좋아하는 환자 가운데 하나인 아흔 살 먹은 앨리스 허슬러의 딸이었다. 이 환자는 7305호로 옮겨졌는데, 서쪽의 복도 구역에 있는 이 넓은 방에는 텔레비전 두 대, 시계 하나, 그리고 또 다른 연로한 여성 환자 로즈 사부아를 포함해 다른 환자 3명이 있었다. 이스벨은 여러 번 입원한 허슬러를 잘 알았고, 그녀를 "미스 앨리스"라고 친근하게 불렀다. 간호사가 보기에 미스 앨리스는 이송으로 인한 스트레스에도 불구하고 쾌활했다. 여기서 말하는 "쾌활"은 물론 상대적인 표현이었다. 허슬러는 심장 질환, 당뇨, 치매, 뇌졸중으로 인해 몸이 부분적으로 마비되어 있었으니까. 이제 그녀는 요양원에서 옮은 폐렴과 욕창에서 회복 중이었다. 허슬러가 살아서 요양원으로 돌아갈 가능성이 높다는 사실이야말로, 가뜩이나 관심 많고 사랑이 깊은 그녀의 가족에게는 중요한 일이라는 사실을 이스벨은 잘 알고 있었다. 간호사는 허슬러의 딸에게 안심시키는 메시지를 전해달라고 다른 직원에게 부탁했다. "어머님은 여기 계시니까, 제가 잘 돌봐드리겠다고 전해줘요.".

그날 밤, 라이프케어가 세인트버나드 패리시에 있던 단층짜리 병원에서 환자들을 옮긴 것은 매우 올바른 선택처럼 보였다. 국립기상청에서는 뉴올리언스에 대한 허리케인 주의보를 '경고'로 상향 조정했다는 소식이 섬뜩한 대문자투성이 전송문을 통해 전달되었는데,[3] 이것은 그야말로 옛날 옛적의 텔레타이프에 사용되던 문서 형식이었다.[4] "결국 카트리나는 강력하고 위험한 허리케인으로 발달해 멕시코 만 연안 중북부를 향할 것이며 (……) 이를 매우 심각하게 받아들여야만 할 것임."[5] 앞으로 24시간 이내에 많은 비가 내릴 것으로 예상되었다.

3장

일요일 아침, 거대한 총천연색의 소용돌이가 되어 멕시코 만을 가득 채운 카트리나의 모습이 메모리얼 메디컬 센터 곳곳의 텔레비전 스크린에 나타났다. 새피어심슨 척도에서 가장 높은 강도에 해당하는 5등급 폭풍이었다. 불길한 예보는 최고의 숙련자들에게조차 충격적이었다. "대부분의 지역이 몇 주일간 거주가 불가능할 것이며 (……) 어쩌면 더 오랫동안 그럴 수도 있다"[1]고 국립기상청의 뉴올리언스 지사는 경고했다. 카트리나는 "유례가 없었던 힘을 지닌 가장 강력한 허리케인"으로, 앞으로 12~24시간 내에 닥쳐올 것이 확실하다고도 했다. "튼튼하게 지어진 주택 가운데 최소한 절반쯤은 지붕과 벽에 손상을 입을 것이고, 박공지붕은 모두 파손되며 (……) 집들은 극심하게 손상되거나 파괴될 것이다. (……) 전력 공급도 몇 주일 동안 계속 중단될 것이다. (……) 대부분의 전신주가 쓰러지고, 변압기가 파괴될 것이기 때문이다. 물 부족 때문에 벌어지는 주민들의 고통은, 현대의 기준으로는 차마 믿을 수 없을 정도일 것이다."

지역 지도자들이 텔레비전에 나와서 주민들에게 현재 거주지에서 떠날 필요가 있다고, 당장 떠나야 한다고 말했다. 뉴올리언스 인근 한 패리시의 단체장은 아예 굳은 표정으로 조언을 내놓았다. 계속 머물고자 하는 사람은 도끼와 곡괭이와 망치를 구입해야 할 것이며, 그래야만 (일찍이 허리케인 베치 때 많은 사람이 당했던 것처럼) 다락방에서 굶어죽지 않고 직접 무너진 지붕을 헤치고 밖으로 나올 수 있을 것이라고 말이다. 나아가 그는 "옛날 방식을 상기하라"[2]고, 즉 위층 욕조에다 미리 물을 채워놓으라고 말했다. 폭풍이 지나가고 나면 거기 들어 있는 물이 음료수, 목욕물, 심지어 변기물로 사용할 유일한 수원이 되리라는 것이었다.

뉴올리언스 시장 레이 네이긴이 주민들에게 내놓은 조언은 옛날 방식이 아니었다. 그는 주민들에게 떠나라고 명령했다. 오전 10시경, 그는 이 도시로부터 모두 즉시 대피하라는 내용의 명령서에 서명했다. 하지만 그가 훗날 시인한 것처럼, 이 명령은 귀중한 몇 시간 동안 지연되었다. 그의 참모들이 물류 및 법적 문제 몇 가지를 해결하려고 시도했기 때문이다. 예를 들어 그가 과연 이런 명령을 내놓을 만한 법적 권한을 가지고 있는지 여부도 그런 문제 가운데 하나였다.[3] 그가 아는 한, 뉴올리언스의 전직 시장들 가운데 어느 누구도 대피 명령을 내린 적은 없지만, 주 법률에서는 주지사나 패리시 대표에게 그럴 권한을 허락하고 있기 때문에, 그 연장선상에서 시장 역시 할 수 있다고 본 것이다.

네이긴은 루이지애나 주지사 캐슬린 바비노 블랑코와 함께 참석한 기자회견에서 명령서를 큰 소리로 사람들에게 읽어주었다.[4] 흰색 폴로 셔츠를 입은 그는 불가사의한 모양의 뉴올리언스 시의 문장(紋章) 앞에 섰다. 꿈틀거리는 어떤 초록색 형체 위에 로마의 바다신 넵투누스를 상징하는 인물이 그려진 모양이었다. 바다신이 한쪽 팔에 끼고 있는 항아리는 기울어져, 그 내용물이 흘러나오고 있었다. "폭풍으로 인한 파도 때문에 우리의 제방 시스템이 무너질 가능성이 대단히 높습니다." 네이긴이 경고했다. "우리가 직면한 폭풍은 우리 대부분이 오래전부터 우려해왔던 종류입니다." 그리고 블랑코는 홍수가 일어나면 물이 5~6미터까지 차오를 수 있다고 덧붙였다.

시장은 모두에게 떠나라고 명령했지만, 상당수의 주민들은 대피를 위한 자동차나 다른 수단이 없었다. 공무원들도 이들의 이송을 돕기 위한 시 당국의 계획에 중대한 허점이 있음을(예를 들어 운전기사가 충분하지 않다는 것도 그중 하나였다) 잘 알고 있었다. 혼자 힘으로 대피할 수 있는 주민들도 이미 시외로 통하는 주간(州間) 고속도로 상의 교통체증 때문에 꼼짝달싹 못하고 있었다. 결국 뉴올리언스 세인츠 풋볼 팀의 홈구장인 대형 경기장 슈퍼 돔이 '최후의 피난처'로 결정되었다. 도시를 벗어날 방법이 없던 뉴올리언스 사람들은 그곳까지 가는 셔틀버스를 탈 수 있었다. 네이긴 시장은 특히 주민 일부에게 이렇게 호소했다. "의료 질환이 있으신 분들, 즉 투석이나 기타 질환이 있으신 분들이 계시면, 신속히 슈퍼 돔으로 오시기 바랍니다." 하지만 과연 사람들이 이곳에서 어떤 종류의 도움을 받을 수 있는지에 대해서는 차마 언급하지 않았다.

수많은 관광객 역시 비행기가 취소되는 바람에 그곳을 벗어날 방법이 없기는 마찬가지여서, 이들에게 서비스를 제공할 호텔 직원 가운데 필수 인원은 대피명령에서 예외로 해주었다. 또한 패리시 교도소에서 죄수들을 감시할 필요가 있는 교도관 가운데 필수 인원도 예외로 해주었다. 그들 역시 다른 곳으로 움직이지 않을 것이었다.

기자회견에서 한 질문자가 명확한 설명을 요구했다. "그렇다면 병원에 있는 사람들은 계속 그대로 머물러야 합니까…… 아니면 어떻게 해야 합니까?" 시장은 병원과 그곳 종사자들은 명령에서 예외로 두었다고 대답했다. 허리케인 때문에 부상자가 나올 수도 있었다. 그러니 만약 병원 문을 닫고 부상자를 치료하지 않는다면, 그건 '매우 위험한 상황'을 만드는 꼴이 될 거라고 그가 말했다.

하지만 병원 문을 계속 열어놓고 있다보면 병원 내부에서도 매우 위험한 상황이 발생할 가능성이 충분히 있지 않을까? 문제의 논의를 위해서 기자회견에 참석했던 공무원 가운데 일부가 바로 그 순간 그런 생각을 떠올렸다. 2001년 9월 11일의 공격과 그 뒤의 탄저균 소포 배달 사건이 벌어진 이후, 루이지애나 주의 여러 병원이 생물학 테러와 기타 긴급상황에 대비하도록 보조한다는 명목으로 연방기금 프로그램으로부터 1700만 달러 이상을 받았다.[5] 기자회견에서 FEMA(연방 재난관리청)의 대표자는 이 주에서 홍수 가능성이 높은 지역의 병원들 가운데, 지하 말고 지상에 자체 발전기와 전기 개폐 장치를 가진 곳이 얼마나 되는지 알고 싶어 했다. 뉴올리언스 내부 및 인근 지역의 병원 열댓 군데 가운데 오로지 두 군데만 그런 시설을 갖추고 있었다. 그리고 메모리얼은 거기에 포함되지 않았다.

미국 질병통제예방센터에서 온 긴급상황 대응 지도자는 그로부터 몇 시간 뒤 동료 몇 명에게 보낸 이메일에서 이 문제에 관한 경고를 적었다. "현재 예상되는 물의 수위를 고려해보면, 병원 가운데 상당수의 발전기가 작동을 멈출 것 같음".[6] 그는 카트리나가 다가오는 상황에서도 약 2500명의 입원 환자가 뉴올리언스에 여전히 남아 있다고 보고했다. 그것은 놀라운 일도 아니었다. '허리케인 팸(Hurricane Pam)'이라는 가상 재난 상황을 놓고 (한동안 중단되었던) 계획회의가 1년 넘도록 이어져 왔는데, FEMA는 바로 그 주 초에 뉴올리언스의 긴급상황 대비 훈련을 후원했다. 이 시나리오에서는 파국적인 허리케인 와중에 무려 2천명 이상의 입원 환자가 뉴올리언스에 있을 것이라고 가정했다. 그런데 홍수 상황에서 그렇게 많은 환자를 대피시킬 방법을 아직 아무도 생각해내지 못했고, 연방 보건 공무원은 가장 최근의 계획회의에 아예 참석조차 하지 않았다.

그 지역에서 가장 큰 구급차량 회사인 어케이디언에는 자칫 위험할 수도 있는 병원, 요양원, 주택으로부터 환자를 이송해달라는 전화가 폭주했다. 이 회사가 동원할 수 있는 20여 대의 구급차 가운데 상당수는 가뜩이나 붐비는 주간(州間) 고속도로에서 꼼짝달싹 못하고 있었다. 시간을 줄이기 위해 일부 구급차들은 환자들을 시외로 옮기는 대신에 슈퍼 돔으로 옮기기 시작했다.

세인트버나드 패리시의 가장 중요한 병원인 샬멧 메디컬 센터는 대피를 시작했지만, 중환자 몇 명을 1차로 이송하기 위해 떠난 구급차는 이후 돌아오지 않았다. 뉴올리언스 한 병원의 행정가들은 상태가 가장 위중한 환자 9명을 루이지애나 주 서부로 옮기고 싶어 했다. 하지만 긴급 상황에만 사용 가능하고 비용도 비싼 항공 이송이 아닌 한, 너무 지체될 가능성이 높았다. 도로마다 피난민이 가득 들어차 있었기 때문에, 가뜩이나 허약한 환자들이 자칫하면 하루 온종일 구급차 안에 갇혀 있을 가능성도 있었다. 한 요양원에서는 허리케인 철이 오기 전에 일찌감치 긴급 상황에 대비해, 뉴올리언스의 한 관광 회사에 1400달러를 주고 대형버스 일곱 대를 동원해 자기네 거주자들을 미시시피 주로 옮기기로 계약했었다. 하지만 토요일 밤에 관광 회사에서는 자기네가 동원할 수 있는 버스가 겨우 두 대뿐이며, 그나마 운전기사도 전혀 확보하지 못했기 때문에, 이 계약을 이행할 수 없다고 알려왔다.

◇ ◇ ◇

정오 무렵 리넷 버지스 기다가 자기 어머니가 있는 메모리얼 메디컬 센터의 집중치료실로 들어오더니, 얼른 침대 곁으로 달려갔다. 그녀는 어머니의 얼굴에 입을 맞추었다. 재니 버지스는 커다란 아몬드 모양의 눈을 뜨고는 머리를 베개에서 들더니 기쁜 표정을 지었다. "리넷?"

"예, 엄마, 저예요. 제가 왔어요. 이젠 어디에도 안 갈 거예요." 버지스 기디는 어머니의 자궁암이 전이되어 더 이상 치료가 불가능하다는 소식을 듣고 네덜란드의 집에서 출발해 바로 전날 밤에 도착했던 것이다. 그녀는 어머니의 양손을 내려다보며 깜짝 놀란 척했다. "손톱이 완전히 엉망이네요, 엄마. 매니큐어라도 발라야겠어요."

재니 버지스는 평생 립스틱과 파우더와 매니큐어를 제대로 사용할 줄 아는 여성으로 통했다. 이제는 일흔아홉 살이고 뚱뚱해졌지만, 젊은 시절에는 키도 크고 몸매도 날씬했으며, 언니 글래디스가 운영하는 미용실에 수도 없이 드나들곤 했다. 그녀는 젊은 시절에 폭력적인 남편과 이혼했으며, 하나뿐인 아들을 베트남에서 잃었다.[7] 하지만 그녀는 인생의 즐거움이 무엇인지 잘 알았고, 향수 뿌리는 것을 좋아했으며, 종종 딸 리넷을 붙잡고 이렇게 말하곤 했다. "우리 춤추자, 춤을 추자고!"

의식이 오락가락하는 이 나이 많은 여성은 나름의 역사를 가지고 있었다. 마치 연극배우 같은 버지스의 딸은 마침 자기 어머니를 그날 돌보기 위해 배치된 젊은 검은 머리 간호사에게 그 내용을 이야기해주고 싶어 안달이었다. 간호사는 사실 다른 걱정거리로 정신이 팔려 있었다. 남편이 걸음마쟁이 아들을 데리고 병동으로 찾아왔기 때문이다. 남편은 안전을 위해 자기랑 같이 시외로 나가자고 부탁했지만, 간호사인 그녀는 남아서 근무해야만 했다.

리넷 버지스 기디는 이런저런 이야기를 간호사에게 늘어놓았다. 재니 버지스가 뉴올리언스의 여러 병원과 요양원에서 무려 35년간 근무한 공인 간호조무사라는 사실을 알고 있느냐고 물었다. "아, 진짜요?" 간호사가 대답했다. "전혀 몰랐네요."

버지스는 택시 회사의 배차원과 장의사의 비서 같은 여러 가지 직업을 거친 뒤, 아이들을 키우기 위해 간호사 일을 택했다. 하지만 20세기 중반 뉴올리언스에서 간호조무사란 직업은 연갈색 피부를 가진 버지스 같은 여성에게는 해소 불가능한 역설을 제기했다. 즉 그녀는 여러 개인 병원에서 환자들을 간호할 수는 있었지만, 반대로 그곳에서 자기가 간호를 받을 수는 없었던 것이다.[8] 재니 버지스는 1926년생이었고, 그녀가 태어나기 몇 달 전에는 메모리얼이 서던 뱁티스트 병원이라는 이름으로 개장한 바 있지만, 그녀가 그곳의 환자가 될 수 있었던 것은 그로부터 무려 40년이 더 흐른 뒤였다.

실제로 서던 뱁티스트 병원은 인종통합정책을 맨 마지막에 가서야 받아들인 남부의 병원 가운데 하나였다.[9] 노인 의료보험인 메디케어와 다른 연방 병원 프로그램들이 1960년대 중반에 도입되면서, 환자를 차별하거나 인종에 따라 분리하는 병원은 불이익을 받았다. 그런데도 서던 뱁티스트 병원은 이 프로그램에 가입하지 않았다. 1966년 이 병원의 성명서는 이렇게 말했다. "우리는 병원의 운영 조건과 상태를 지시하는 정부의 속박에서 자유로운 상태로 남아 있어야만 비로소 우리가 모든 사람에게 더 잘 봉사할 수 있다고 확신하는 바이다."

뉴올리언스 사람들은 이 병원의 운영자에게 격려 편지를 보냈다.[10] "사회주의의 명령에 굴복하지 않는 사람들이 여전히 있다는 것을 깨닫게 되어 마음이 든든합니다." 어떤 사람은 이렇게 썼다. "이 나라에서 사업가와 전문가의 권리를 깡그리 빼앗아버리려는 연방 정부의 압력이 점점 커지는 중에도 고결성을 유지했다는 사실에 축하를 보냅니다."

이 병원에서는 1968년부터 흑인 환자들을 조용히 받아들이기 시작했는데, 이는 남부 침례교 총회에서 새로 채택한 차별 금지 선언문에 발맞춘 조치였다.[11] 이 종파의 역사는 인종 차별과 뒤얽혀 있지만, 이제 그들의 입장이 압력 아래 변화하고 있었다. 이듬해 11월 이 병원은 메디케어에 대한 반대를 옆으로 제쳐두고, 노인을 위한 건강보험 프로그램에도 가담하기 시작했다.[12] 운영자는 "노인 환자를 위한 재정적 부담을 완화하기 위해서"라고 병원 소식지에 설명을 내놓았다. 1969년에 연방 정부는 서던 뱁티스트 병원이 1964년의 민권법을 준수한다고 발표했다. 메디케어를 받아들이기로 한 결정은 사업에 유리했다. 처음 두 주 동안 서던 뱁티스트 병원을 찾는 예순다섯 살 이상 환자가 무려 세 배로 뛰었던 것이다.

긴장감은 여전히 남아 있었다. 그로부터 10년 뒤인 1979년부터 1980년 사이에, 최소한 6명의 직원이 (1964년 민권법의 집행에서 핵심 역할을 담당하는 기관인) '평등고용기회위원회'를 통해 이 병원을 인종 차별 혐의로 고발했다(이 가운데 최소한 두 가지 사건에서는 인종 차별 주장이 사실이라고 믿을 만한 원인을 이 기관도 전혀 발견하지 못했다).[13] 이들 가운데 흑인 기술자 아이작 E. 프레젤은 서던 뱁티스트 병원 주식회사를 연방 지방법원에도 고발했다.[14] 즉 이 병원이 자기를 '비정규 근무 교대'에 수습사원으로 배치하고, 승진도 외면하더니, 결국 해고하는 등 불법적인 인종 차별을 자행해 1866년과 1964년의 민권법에 의해 보장된 자기 권리를 침해했다고 주장했다. 이 고발에서 그는 백인 동료가 자기와 똑같은 잘못을 저질러도 처벌받지 않았다고 주장했다. 병원 측 변호사들은 불법 행위가 발생한 적이 전혀 없다고 대응했다. 이 고발은 법정 밖에서 확인되지 않은 금액에 합의로 끝나버렸다.

재니 버지스가 뉴올리언스의 여러 병원에서 간호사로 근무하며 형편없는 대우를 받았을 때, 그녀는 자기가 꼭 해야 한다고 생각하는 일을 했다. 즉 속으로는 이를 갈면서도, 겉으로는 미소를 지으며 하던 일을 계속했다. 그녀는 오랜 세월 일했고, 은퇴 후에는 플린트굿리지 아파트에 있는 양로원으로 거처를 옮겼다. 민권 이전 시대에만 해도 이곳은 플린트굿리지 병원이었고, 한때는 뉴올리언스에서 유일하게 '검둥이' 환자들조차 치료를 받을 수 있고, '검둥이' 의사들조차 전문의 실습을 받을 수 있는 개인병원이었다.[15] 버지스는 병을 앓는 형제를 자기 집에서 간호하기도 했다. 나이가 들면서 점점 더 살이 물렁거리고 뚱뚱해졌다.

수술과 화학치료 덕분에 그녀의 자궁암은 진행이 정지된 상태였다.[16] 그녀는 회복되어 2년 동안 잘 살았다. 2005년 8월, 그녀는 다리가 말을 듣지 않아 메모리얼 메디컬 센터에 입원해 이런 극심한 쇠약의 원인을 검사했다. 장 폐색이었다. 의사가 그녀의 복부를 절개하자 간에서도 암이 발견되었다. 종양은 차마 제거할 수가 없었다. "기계에 의존해 살고 싶지는 않아요." 그녀의 말에, 담당 의사는 그녀를 '심폐소생술 거부' 환자로 분류했다. 아마도 수술 때문인 듯한 감염 증상이 생기더니, 결국 그녀의 콩팥에도 이상이 나타났는데, 어쩌면 감염을 치료하기 위해 사용한 항생제의 합병증일 수도 있었다. 신장이 기능을 멈춘 상황에서 계속 살아가려면 투석으로 혈액을 깨끗하게 할 수밖에 없었다. 그러나 어떤 상황에서도 자기는 그걸 원치 않는다고 그녀는 말했다. 버지스와 그녀의 자매, 그리고 효심 깊은 조카딸과 상의한 끝에, 의사는 의학적 문제의 치료 쪽에서 편안함의 보장 쪽으로 치료의 목표를 바꿨다. 그녀는 병상이 비는 대로 집중치료실에서 나와 일반 병실로 옮겨질 예정이었다. 고통을 조절하는 데 필요할 경우 소량의 모르핀을 투여할 수 있도록 지시가 내려져 있었다.

버지스의 딸 리넷은 무려 20년 넘게 이탈리아인 남편과 함께 해외에 살고 있었다. 엄마와 딸은 자주 이야기를 나누었지만, 직접 방문은 드물었고 종종 좋지 않은 결과로 끝나기도 했다. 재니 버지스가 뉴올리언스의 여러 병원에서 인종 통합에 기여했던 것처럼, 그녀의 딸은 '뉴올리언스 플레이보이 클럽'에서 똑같은 역할을 담당해 1973년에 이곳 최초로 '흑인 바니'가 되었다.[17] 딸이 '광신자'라고 부를 정도로 독실한 가톨릭 신자였던 어머니에게는 이런 사실이 부끄러울 수밖에 없었다. 여러 해에 걸쳐 긴장이 지속되었다. 오늘의 방문은 일종의 화해인 셈이었다.

시장이 뉴올리언스 주민들에게 시외로 대피하라고 명령하자, 리넷 버지스 기디를 병원까지 데려다주었던 친척들은 한시라도 빨리 서쪽으

재난, 그 이후

로 피난을 가고 싶어 조바심을 냈다. 이제는 떠나야 했다. 그녀는 어머니에게 사랑한다고, 그리고 지금까지 키워주고 이런 사람으로 만들어 준 것에 감사한다고 말했다. "그냥 다 잊어버려요." 리넷은 어머니에게 이렇게 말했다. 그러고는 수요일에 다시 뵈러 오겠다고 덧붙였다.

◇ ◇ ◇

메모리얼 메디컬 센터에서 허리케인에 대비해 일하기로 지명된 모든 직원은 점심때쯤 출근해 손목 밴드와 방 배치를 받아야만 했다.[18] 이들은 자동차를 홍수 다발 구역에 있는 다층식 주차장에 세웠다. 자동차 트렁크에 싣고 온 허리케인 대비용 물품을 모조리 꺼내 빌려온 카트에 담아 병원 복도를 따라 밀며 걸어갔다. 애완동물을 데려온 사람들은 운반 상자와 필수적인 3일 치 먹이를 가지고 지하층의 의료기록과로 가서, 짐승의 울음 소리가 가득한 방에다 자기 애완동물을 투숙시켰다. 애완동물의 이름을 확인용 서식에 적은 다음, 짐승을 환자 구역에 들여 놓지 않겠다고 약속했다.

다른 많은 사람과 달리, 애너 마리아 포 선생은 일요일 오후 일찍 메모리얼 메디컬 센터에 출근할 때 자기 물건을 별로 가져오지 않았다.[19] 가족도, 애완동물도, 간식과 인스턴트식품이 잔뜩 들어 있는 아이스박스도 없었다. 이 병원에 와서 처음 맞이하는 허리케인이었기 때문에, 외과 의사인 그녀의 눈에는 도착 당시 병원에서 벌어지는 활동이 너무나 혼란스러워 보였다. 그녀는 숙련된 수술실과 회복실 담당 간호사들을 찾아가서, 장비 옮기는 일을 도와주겠다고 자청했다. 1926년에 지어진 건물과 이후에 덧붙인 별관 건물을 합친 형태의 병원 본관은 메모리얼의 새로운 외과 병동과 떨어져 있었는데, 행정가들은 양쪽을 이어주는 구름다리가 이번 폭풍에 무너질지 모른다며 우려하고 있었다. 포는 물품과 장비를 질질 끌고 새로운 건물에서 본관에 있는 오래된 수술 시범 강의실로 갔다. 그녀는 폭풍이 몰려온 상황에서 필요할 경우, 자기뿐만 아니라 다른 어떤 외과 의사라도 그중 하나에 들어가 수술을 할 수 있도록 방 안을 정리했다.

다른 의사들은 개인 사무실에 들어가 잠을 자고 있었지만, 포는 그 순간만큼은 그러지 않기로 작정했다. 일하러 출근한 것이었으니까. "여러분하고 같이 들것 위에서 잠깐 눈을 붙이면 돼요." 그녀는 간호사들에게 말했다. 이들은 비어 있는 내시경 검사실로 들것을 가져가서 임시 침실을 만들었다. 직원들은 탁자를 펼쳐놓고, 마치 소풍이라도 나온 것처럼 많은 음식물을 풀어놓았다. 이들은 사흘 치 식량을 가져오라는 지시를 받았는데, 평소에 그 지역 병원 및 종사자들이 긴급 상황에서 자급자족해야 하는 기간이 대략 그 정도였기 때문이다. 이들이 지켜보는 가운데, 포는 짐을 풀고 생수 여섯 병, 크래커, 참치 캔, 그리고 뭔가 반짝이는 물건을 꺼냈다. "그게 뭐죠?" 한 간호사가 포에게 물었다. "통조림 따개예요." 포가 대답했다. 정말 이것만 있으면 될 거라고 생각했단 말인가? 간호사가 크게 웃음을 터뜨렸다.

하지만 포가 집에서 가져올 수 있었던 물건은 생수와 참치와 크래커가 전부였다. 그녀는 원래 요리를 하지 않았다. 예쁘고, 재미있고, 천성적으로 사교성이 좋았지만, 당시 마흔아홉 살이었던 그녀의 삶은 항상 외과 의사로서의 경력을 중심으로 돌아가고 있었다.

애초부터 의사가 되기로 작정한 것은 아니지만, 그녀의 초등학교 동창들조차 이렇게 공부 잘하고 세심한 여자아이라면 결국 아버지의 발자취를 따를 것이라고 예상할 수밖에 없었다.[20] 프레더릭 포 선생은 도미니카 공화국에서 태어나 뉴올리언스에서 자란 내과 의사로 이 지역 사회에서 제법 명성을 떨쳤지만, 폰테인블로 드라이브에 있는 커다란 2층짜리 흰색 식민지 시대풍 집에는 있는 시간보다 없는 시간이 더 많았다. 그의 아내 지넷은 시칠리아 출신 이민자의 딸이었다. 아내는 11명의 아이를 낳았고, 남편은 식구를 먹여 살리기 위해 쉬지 않고 일했다. 이 도시 반대편에 있는 노동자 거주지인 바이워터에 있는 길모퉁이 건물에 그의 병원이 있었다.[21] 때로는 밤 10시까지도 진찰 예약이 되어 있었기 때문에, 결국 자정이 넘어서야 집에 돌아와 저녁식사를 할 수 있었다.

프레더릭 포는 주말마다 왕진을 다녔기 때문에, 그의 아내는 아이들이 아버지와 함께 있는 시간을 조금이라도 만들어주고 싶은 마음에 애너 마리아와 다른 자녀를 딸려 보내곤 했다. 이런 식으로 해서 포는 의사라는 직업이 무엇인지 일찌감치 알게 되었다.

아이들은 서로서로 도우며 자랐다. 일곱째인 애너는 어려서부터 오빠와 언니로부터 귀여움을 독차지했다. 한 언니는 동생에게 인형 옷을 입힌 다음, 잔디밭을 지나고 가로수 우거진 넓은 거리를 지나, 세인트리타 가톨릭 학교를 구경시켜주었다. 포는 나중에 초등학생이 되었을 때 그곳에서 수녀 교사들의 말에 귀를 기울이게 되었다. 그들은 연옥에 관해서, 그리고 착하게 행동하는 것의 중요성에 관해서 이야기했다. 한 수녀 교사는 눈사람 그림을 보여주며 이렇게 말했다. 그건 바로 순수하고 새하얀 영혼이라는 것이었다. 그러더니 수녀 교사는 그 위에 검은색으로 흉측한 자국을 냈다. 죄가 하는 일이 이렇다는 거였다.

포는 가톨릭 계열의 여자 고등학교인 메리 아카데미를 다녔는데, 이곳의 마스코트는 발을 높이 쳐들고 걷는 푸들이었다. 포와 그 자매들은 인기 좋고 매력적인 아이들로 통했지만, 체격은 아버지와 똑같이 작은 편이었다(아버지는 가족 중에서 가장 작았다). 형제자매 대부분은 갈색 머리카락, 긴 속눈썹, 짙은 눈썹과 복숭앗빛 피부까지 서로 매우 닮은 것 같았다. 애너는 거기다가 무도회의 여왕 특유의 보조개 달린 미소를 환하게 짓곤 했다. 그녀는 '발렌시아 사교 클럽'에 자주 가서 그 지역의 십대들과 어울렸다. 다들 학교에서 돌아오는 길에 그곳 식당에서 군것

질을 하고, 저녁이면 밴드가 공연하는 음악에 맞춰 파티를 했다.

나이가 들면서 이제는 애너가 어머니를 도와 동생들을 돌보고, 방과 후 활동을 위해 동생들을 차로 태워다 주고, 식사 준비를 해야만 했다. 다른 사람들을 돌보는 것은 일종의 가풍이었고, 선행의 방법으로서 그녀의 부모가 직접 가르치고 모범을 보였다. 남동생들이 친구와 함께 집에 와서 놀면, 애너는 이들을 따뜻하게 맞이했다. 그리하여 남자아이들 가운데 몇 명은 그녀를 짝사랑하기도 했다.

루이지애나 주립대학교에 다닐 때, 포는 의예과 과정을 시작했지만, 아버지의 조언에도 불구하고 전공을 바꾸었다. 의사가 되는 대신에 병원 실험실에서 의료 기술자가 되어 감염 검사를 수행했던 것이다. 이런 직업상의 방향 전환 때문에 아버지는 크게 실망했다. 그러면서 네가 과연 그걸로 만족할 수 있겠느냐고 딸에게 물었다.

1970년대 말 어느 따뜻한 날, 포는 폰차트레인 호수 건너편에 재건된 한 플랜테이션 저택 마당에서 벌어진 파티에 참석했다.[22] 참석자들은 이십대의 대학생들이었는데(그들은 스스로 '변두리 패거리'로 자처했다) 모두 포와 마찬가지로 이 도시의 서부에 자리한 미시시피 강변에서 자란 사립학교 및 가톨릭 학교 졸업생들이었다.

긴 수영장의 시원한 물이 모두의 관심을 끌었다. 어떤 청년이 또 다른 청년에게 내기를 걸었다. 누가 더 오래 숨을 참으면서 물속에서 헤엄칠 수 있을까? 이들은 술을 홀짝이고 나서 물에 뛰어들었다.

두 사람은 수영장 저편까지 헤엄쳐서 다녀오기로 했다. 그런데 돌아오는 길에 한 사람은 숨을 쉬기 위해 수면 위로 올라오고 말았다. 또 한 사람은 경쟁자를 따돌리고 출발 지점까지 돌아왔지만, 고개를 들지 않은 채 물 위에 둥둥 떠 있기만 했다.

친구 한 명이 수영장에 뛰어들더니, 장난삼아 승자를 물속에 더 밀어 넣었다. 여전히 그는 다시 나오지 않고 물속에 있었다. 잠시 후에야 모두들 그가 더 이상 숨을 쉬지 못하고 있음을 깨달았다. 장난이 아니었다. 그는 의식이 없었고, 얕은 물에서 자칫 익사할 위험에 처해 있었다.

누군가가 수영장에서 그를 건져냈다. 피부가 창백하게 변해 있었다. 파티장에는 의사가 아무도 없었다. 오로지 아이들뿐이었고, 대부분 술에 취해 있었으며, 일부는 약에 취해 있었다. 수의학 전공자가 하나 있었지만, 실제로 행동에 나선 사람은 따로 있었다.

애너 포는 청년 옆으로 달려가더니 그의 몸을 뒤집고, 그의 입에 자기 입을 갖다 댔다. 그녀는 인공호흡을 실시해 재빨리 그를 살려냈다. 아울러 곧장 병원으로 가라고 조언했다. 그러나 그는 이 조언을 생각해보는 듯하더니 다시 술을 한 잔 집어 들고 배구를 하러 가버렸다.

친구들은 그 당시 포가 매우 빨리 상황을 장악했다는 사실을 두고두고 입에 올렸다. 그로부터 몇 년 뒤 그녀는 아버지가 옳았다는 사실을 깨달았다. 실험실의 기술자가 되는 것만으로는 성취감을 느낄 수 없었다. 그녀는 아버지와 삼촌이 다녔던 루이지애나 주립대학교의 의과대학원에 지원해서 합격했다. 당시 서른 살이었다.

의과대학원에 다니던 어느 날 밤, 포는 레지던트들이 모이는 야외 돼지 바비큐 파티에 참석했다. 거기서 그녀는 친구 중 한 사람을 만나게 되었다. 키가 크고 잘생긴 그 남자 약사는 단발 프로펠러 경비행기를 타고 날아다니는 취미가 있었다. 두 사람은 멋진 커플이 되었지만, 성격만큼은 양쪽의 키 차이만큼이나 현격히 달랐다. 포는 사교적이고, 극적이고, 가끔은 성미가 급하기도 했다. 그녀는 즐겁게 일하고 즐겁게 놀았다. 반면 빈스 파네핀토는 똑똑하고 매력적이었지만, 약간 수줍은 성격이었다. 술을 몇 잔 마신 뒤에야 그는 비로소 그녀에게 춤 신청을 할 수 있었다.

이후 관계가 지속되는 몇 년 동안, 포의 경력이 더 앞서나갔다. 그녀가 멤피스에서 외과 인턴 과정을 마치고, 피츠버그에서 힘들고 어려운 레지던트 과정을 거치며 이비인후과, 즉 '눈과 코와 목' 분야를 전공하는 동안, 파네핀토는 그녀를 따라 전국을 돌아다녔다. 피츠버그에서의 마지막 해에, 그녀보다 다섯 살 많은 오빠가 폐암으로 사망했다. 그는 겨우 마흔세 살이었다. 포는 오빠가 '병으로 고생하던' 모습이 아직도 눈에 선하다고 말했다.

오빠가 아픈 사이, 포는 두경부외과에서 암을 수술하는 세부 전공 자격을 얻기 위한 또 다른 훈련 프로그램에 지원했다. 그녀는 인디애나 주의 한 병원에서 일하라는 통보를 받았다. 다시 이사해야 한다는 의미였지만, 그녀의 남편 파네핀토는 더 이상 그녀를 따라가지 않기로 작정했다. 대신 뉴올리언스로 돌아가서 그녀의 훈련이 끝날 때까지 기다리기로 했다.

이 세상에 좋은 일을 하기 위해 나선 탐구의 길이었지만, 포는 사실상 그 일을 극단으로 몰아가고 있었다. 이비인후과 의사 가운데 상당수는 귀와 코의 일반적인 질환을 치료하는 경력에 만족하게 마련이었다. 이 분야는 의사들 중에서도 일과 생활의 균형을 비교적 잘 맞출 수 있는 외과의 전문 분야 가운데 하나라는 평을 얻고 있었다. 반면 인디애나 주까지 가서 포가 훈련받은 분야는 이 전공의 스펙트럼에서도 가장 끝에 있었다. 미세혈관 재건 수술은 성형 수술과 암 수술이 조합된 것으로, 체력적으로도 힘들고 기술적으로도 어려웠다. 어떤 수술은 하루 온종일 걸리기도 했다.

이 분야 수술은 종양이 있는 환자, 또는 혀나 목구멍이나 후두에 (또는 머리와 목의 다른 부분에) 부상당한 환자에게 말하고 삼키고 숨 쉬는 능력을 회복시키는 것이 목표인 경우가 대부분이었다. 포는 신체의 다른 조직을 가져와서 손상된 조직을 고치는 방법을 배웠다. 예를 들어 팔뚝의 피부를 조금 떼어다가 잃어버린 얼굴 피부를 대체하는 식이었다. 다리뼈나 엉덩이뼈를 조금 떼어다가 턱을 재건하기도 했다. 그녀는 현미경을 들여다보면서 작은 혈관과 신경을 꿰매어 조직이 살아나고 기능을 회복하게 만들었다.

포가 진입한 의료 교육계에서는 완전하게 훈련받은 외과 의사들이 (일명 '교수님들'이) 수술 시범 강의실을 지배했다. 더 젊은 레지던트 의사, 의과대학생, 간호사 등은 이들 아래에 배치되어 명령을 따라야만 했다. 대가족 출신인 포는 사람들과 잘 지내는 방법을 알았지만, 위계질서에 대한 그녀의 존중에도 한계가 있었다. 환자에게 잘하는 교수들에게는 그녀도 남부 특유의 매력과 예절과 존경을 드러냈다. 이들 의사 가운데 일부는 그녀에게 애정 어린 조언자가 되었다. 하지만 환자보다 자기 경력에만 더 신경 쓴다고 판단되는 의사들에게는 오로지 불신과 무례만 베풀었다.

마침내 훈련을 끝낸 1997년, 포는 무려 마흔한 살이었다. 그녀는 그사이 자녀를 하나도 낳지 않았다. 가뜩이나 힘든 병원 일에서부터, 이미 신경 쓸 조카가 워낙 많다는 사실에 이르기까지, 고려해야 할 요소가 너무 많았기 때문이다. 그녀는 자기 어머니가 자식 여럿을 키우면서 얼마나 힘들어했는지 직접 보았다. 물론 그렇게 키운 자식 중에는 은행원, 간호사, 부동산 중개업자 등이 있었다. 그 많은 자녀가 종종 어머니인 지넷 포에게 자부심과 행복을 안겨주었다. 포 집안의 딸들 가운데 3명은 이름만 보아도 이탈리아계인 (파네핀토, 페리노, 파팔라르도 가문의) 남자들과 각각 짝을 맺었는데, 시칠리아계 미국인 어머니에게는 이것 역시 기뻐할 만한 일이 아닐 수 없었다. 하지만 애너 마리아는 아이들이 종종 어머니의 가슴을 미어지게 할 수 있다는 것도 잘 알았다. 포 집안의 아이들 가운데 셋은 이미 사망했고, 한 명은 중한 질병으로 진단을 받았고, 아직 살아 있는 형제 중 가장 나이 많은 오빠는 마약 밀매 혐의로 연방 정부의 수배를 받고 멕시코로 도피한 상태였다.[23] 헌신적이고 사랑 많은 어머니였던 지넷 포는 이런 재난 속에서도 꿋꿋이 가족을 이끌어나갔다. 애너 포는 자기 환자에게 상당한 헌신과 사랑을 베풀었다. 두 여성 모두 강인함과 끈기를 이용해 각자의 소명에 응했다. 가족 중에 다른 사람들은 이들 모녀를 가리켜 '강철 목련'*이라고 불렀다.

훈련을 마치고 나서 포 부부는 텍사스 주의 섬 갤버스턴에 새로운 집을 얻었다. 텍사스 대학 부속병원의 분원으로부터 일자리를 제안받았던 것이다. 그녀는 갤버스턴 섬의 유일한 대형 병원에서 일했다. 이 병원은 한 세기 넘게 그곳에 있었으며, 텍사스에서 훈련받은 의사들 가운데 4분의 1은 그곳에서 공부한 바 있었다. 다른 대학 부속병원과 마찬가지로 이곳에서도 일종의 거래가 이루어지고 있었다. 대부분 가난한 환자들은 치료비 지급 능력과 무관하게 치료를 받았다. 그 대가로 신출내기 의사들이 이들을 상대로 진료하면서 기술을 연마하는 식이었다. 이 병원은 교도소 수감자들도 진료했다. 포에게는 적격인 자리 같았다. 그녀는 학생 가르치는 것을 좋아했으며, (자기 아버지가 그랬던 것처럼) 가난한 사람들을 치료하고자 하는 열정이 있었기 때문이다.

포가 채용되고 나서 이듬해, 이 병원은 차마 치료비를 지출할 여력이 없는 사람들을 위한 치료를 제한하기 시작했다.[24] 8천만 달러의 적자에다가, 주 정부의 지원도 거절당한 상황이었기 때문이다. 그 환자 가운데 4분의 1 이상은 건강보험에 가입되어 있지 않았고, 나머지 가운데 상당수도 건강보험 적용 대상이 제한적이었다. 이제는 환자 하나하나의 경제 능력을 검증하는 한편, 의사를 만나기 전에 접견비를 부과하는 상황이 되었다. 돈을 낼 수 없거나, 이미 치료비가 밀려 있는 환자는 발길을 돌릴 수밖에 없었다. 법적으로 정해진 것처럼, 어린이 환자와 긴급 환자만이 이런 조치에서 예외였다. 그 외 거의 모든 환자에 관해

---

* 전통적인 여성성과 보기 드문 용기를 겸비한 미국 남부 여성의 전형을 가리키는 비유적 표현이다.

서는, 의사와 행정가로 구성된 위원회가 치료 여부를 선택했다. 위원들은 매달 2만 5천 달러의 예산을 배정하고, 어떤 가난한 환자에게 약품과 수술과 기타 치료를 실시할지 결정해야만 했다. 어떤 면에서는 그로부터 수십 년 전에 서던 뱁티스트 병원에서 루이스 브리스토가 어떤 신청자에게 자선 진료 여부를 결정한 것과도 유사했다.

포가 여러 해 동안 공부해서 터득한 복잡한 암 수술은 비용이 매우 비쌌다. 환자 각각의 회복 여부도 단순히 그녀 혼자만의 기술과 노력에 따라 좌우되는 것이 아니었다. 방사선 치료에서부터 재활 치료에 이르기까지, 대여섯 가지 분야의 의료 훈련을 받은 전문가들이 팀을 이루어 수술해야 하는 경우도 종종 있었다. 건강보험도 없는 환자들을 이런 방법으로 치료하도록 지원을 받는 것은 어려운 일이었다. 포는 친구들과의 전화통화에서 종종 자기가 처한 곤경을 이렇게 표현했다. "정말 최악이야!" 이렇게 이야기를 시작했지만, 머지않아 그녀의 짜증은 의외로 흥미진진한 고생담으로 변해버리곤 했다. "오늘 같은 날은 정말 평생 처음이라니까!" 그러면 친구들은 포의 삶에서 진짜 최악의 날이 과연 언제인지 궁금해지곤 했다. 덜 친한 사람들은 그녀가 이야기를 지나치게 극적으로 꾸며내고 과장하는 경향이 있다고 생각했다. 특히 환자와 관련해서 뭔가 잘못된 경우, 아무개 선생이 충분히 신경을 안 써서 그렇다느니, 일을 제대로 못해서 그렇다느니 하고 너무 성급하게 책임을 남들에게 돌렸다. 그러다보니 작은 문제도 졸지에 큰 문제로 변하곤 했다. 협업을 할 때도 다른 전문가들에게 순순히 일을 맡기고 물러나는 성격이 아니었기 때문에, 그중 일부는 포가 지나치게 일을 좌지우지한다고 여겼다.

팀 내에서도 항상 최선을 다하는 한 사람이 되겠다는 태도 때문에, 그녀는 환자 입장을 강력히 대변하게 되었다. 그리고 얼마 지나지 않아 두경부외과의 실장이 되었다. 그녀는 갤버스턴에서 좋은 친구들을 많이 만났지만, 그래도 항상 일이 우선이었다. 그곳으로 이사한 지 거의 2년이 지나서야 포는 동료를 자기 집으로 초대했다. 오븐을 예열하고 얼마 지나지 않아 온 집 안에 연기가 가득했다. 아직 뜯지도 않은 포장재가 그 안에 들어 있었던 것이다.

또 한 번은 어떤 외과 의사의 부인이 여성 봉사 단체인 '주니어 리그' 일을 도와달라고 부탁해, 포는 빽빽한 일정에도 불구하고 이를 승낙했다. 외과 의사의 부인은 행사를 알리는 우편물을 발송하기 위해 주소를 인쇄해달라고 요청했다. "우리 할머니가 들으셨으면, 무덤에서 벌떡 일어나셨을 거예요." 포가 말했다. 뉴올리언스에서는 지금도 초대장을 친필로 써서 보내곤 했기 때문이다. 외과 의사의 부인은 '여기는 텍사스'라고 상기시켰다. 하지만 상관없었다. 포는 결국 밤마다 남는 시간을 총동원해 봉투에 하나하나 친필로 주소를 적었다.

포는 천상 여자였다. 낮에는 줄곧 수술에 매달렸지만, 텍사스의 미용실 가운데 마음에 드는 곳을 꼬박꼬박 찾았다. 미용실 주인은 계피색 직모를 더 적절한 머리 모양으로 만들어보라고 그녀에게 권했다. 정장을 차려입어야 할 때마다 포는 뉴올리언스 특유의 풍성함에다 고전적인 상류층의 느낌을 덧붙여서, 진주 귀고리와 목걸이를 이용해 자기 모습을 돋보이게 했다.

텍사스 주에서 지내던 동안 포의 아버지가 사망했고, 그녀의 어머니는 뉴올리언스에서 혼자가 되었다. 그리고 포의 부서에서 모두가 좋아했던 부장이 퇴임했다. 그는 이 분야의 혁신자였으며, 포에게 조언을 해주면서 그녀의 경력에 큰 관심을 쏟았다. 새로운 부장은 내부 승진한 인물이었다. 그는 포보다 네 살이 적었고, 의학 학위뿐만 아니라 박사 학위도 갖고 있었다. 두 사람은 서로 가까운 사이가 아니었다. 그곳의 프로그램은 이전과 다른 방향으로 향하는 것만 같았고, 오히려 연구에 더 중점을 두었다. 환자를 치료하는 데 열의를 지닌 포는 결국 떠나기로 작정하고 멀리 샌디에이고에서 온 제안까지도 고려했다.

여러 해에 걸쳐 자기 전공 분야의 전국 회의에 여러 차례 참석하면서, 포는 루이지애나 주립대학교의 이비인후과 총책임자인 대니얼 W. 너스와 친해졌는데, 그는 메모리얼 메디컬 센터 안에서 개인병원을 운영하고 있었다. 너스 역시 두경부외과에서 암을 치료했으며, 특히 (포가 관심을 갖는 분야인) 종양과 재활에 초점을 맞춘 프로그램을 만들었다. 그는 프로그램을 통해 ('채리티 병원'이라는 이름으로 더 잘 알려진) 뉴올리언스 소재 루이지애나 메디컬 센터에 있는 환자들을 치료하고 있었으며, 또한 교도소 수감자와 건강보험이 없는 기타 환자도 치료를 받고 있었다. 두 사람 모두 뉴올리언스에서 성장하고, 피츠버그에서 훈련을 받았다는 공통점도 있었다. 너스의 형제 가운데 한 명이 포의 자매 가운데 한 명과 잠깐 사귄 적도 있었다. 너스는 혹시 뉴올리언스로 올 생각이 없느냐고 몇 번이나 포에게 물어봤었다. 이제는 포도 '그렇다'고 답변할 의향이 있었다.

"포 선생, 우리로선 반가운 기회로 생각하며, 당신을 우리 교수진에 초빙하게 되어 매우 기쁘게 생각합니다."[25] 너스와 LSU 의과대학원 학장 명의로 된 공식 채용 제안서에는 이렇게 적혀 있었다. 포는 2004년 4월에 정식으로 계약을 맺었다.

주립대학교가 포를 채용하고, 책임 보험도 제공했지만, 실제로는 메모리얼 메디컬 센터에서 그녀의 이직에 중요한 기여를 했다. 즉 외과 의사로서 그녀가 벌 수 있는 미래의 수익에 대한 보증금과 첫 해의 봉급을 합쳐 35만 달러 이상을 대신 지불한 것이다. 그 대가로 포는 메모리얼의 의료진에 이름을 올리고, 근무 중에는 추가 수당 없이 응급실에서도 환자를 봐야 했다. 메모리얼 메디컬 센터의 소유주인 테닛 보건의료 회사로서는 수익을 중요시하기 때문에 밑질 것 없는 거래였다. 대학은 이 보증금을 결국 상환할 것이며, 메모리얼 메디컬 센터는 대학 소속 의사를 의료진으로 삼음으로써 부속병원으로서의 자격을 얻는 동시에, 이후 노인 의료보험인 메디케어로부터 추가 자금 지원을 받을 수도 있었다.

2004년 9월 1일, 포는 LSU 뉴올리언스 캠퍼스의 부교수 자리를 얻었다. 그녀는 10월부터 환자를 보기 시작했다. 이번의 이직은 영구적인 것으로 여겨졌다. 11월에 파네핀토는 병원 근처에 34만 9천 달러짜리 주택을 구입했는데, 그 대금의 80퍼센트는 대출로 마련했다.[26] 2005년 초에 두 사람은 갤버스턴에 있던 주택을 매각했다.

포는 메모리얼을 둘러보고 수술실의 간호사들과도 인사를 나누었다. "푸 선생님?" 누군가가 물었다. "아뇨, 포라고 합니다." 그녀는 자기 집안 특유의 발음에 따르면, '토(toe, 발가락)'와 마찬가지로 '포(Poe)'라고 읽어야 한다고 설명해주었다. "죄송합니다." 간호사가 말했다. 그녀는 포를 이리저리 훑어보았다. 아무리 봐도 여행용 가방을 하나 끌고 들어오는 덩치 작은 아주머니였다. 과연 이 사람이 그 소문만 무성하던 새 외과 의사란 말인가? "진짜 희한하다니까!" 그 간호사는 자기 동료에게 이렇게 속삭였다. 외모로만 놓고 보면, 간호사들은 이 덩치 작은 의사가 그토록 힘들고, 맥 빠지고, 사람 지치게끔 하루 종일 걸리는 수술을 감당할 수 있다는 걸 믿을 수가 없었다. 그녀에게는 그만 한 일을 하기에 충분한 체력이 없는 것처럼 보였다.

포는 자기 능력을 입증해야만 했다. 이제껏 만난 모든 사람을 한눈에 자기편으로 끌어들이지는 못했기 때문이다.

◇ ◇ ◇

호러스 볼츠는 카트리나가 몰려오던 당시 일흔한 살이었고, 이 병원에서 가장 오래 근무한 의사들 가운데 하나이고, 한때 이곳 의료진의 대표이기도 했다. 그는 서던 뱁티스트 병원 시절부터 메모리얼 메디컬 센터 시절에 이르기까지 무려 40년 이상 환자를 치료했으며, 지금도 기본적인 혈액 검사까지 직접 수행했다(다른 의사들은 실험실에 검사를 의뢰했다). 그의 사무실에는 하얀 캡을 쓴 간호사가 간이침대에 누운 남자 노인의 입에 물컵을 대주고 있는 광경을 찍은 커다란 흑백 사진이 있었다. 그와 이 간호사는 1965년에 허리케인 베치가 지나간 직후 함께 피난민을 돌보는 일을 한 적이 있었다.

볼츠는 영화 상영 기사의 아들로 태어났고, 다섯 자녀 가운데 막내였으며, 가족 중에서 처음으로 대학에 갔다. 그는 고등학교 시절 근처 약국에서 배달원으로 일하면서, 종종 애너의 아버지 프레더릭 포를 위해 약을 조제하던 것을 생생히 기억하고 있었다.

자부심 넘치고, 활기차고, 절도 있는 사람인 볼츠는 이 지역 사회의 '의료 분야의 거인들'이 서던 뱁티스트 병원의 복도를 활보하던 시절을 회고하기를 좋아했다. 오랜 경력 동안 그는 의료 분야에서 두 가지 중대한 변화를 목도했다. 하나는 치명적인 질환이 있는 환자를 돕기 위한 첨단기술의 도입이었다. 서던 뱁티스트 병원은 미국 남동부에서 최초로 '이동식 충격 장치'를 구입한 병원이라는 이야기가 있었다.[27] 코드 블루가 뜨면 이 장비를 재빨리 끌고 가서, 호흡을 멈추거나 심장 박동이 멈춘 환자를 소생시키는 데 사용했다. 이 장치에는 여러 가지 약품을 비롯해, 폐에 산소를 채우는 데 사용하는 인공호흡기, 기도를 뚫는 데 사용하는 흡출기, 심장의 전기 리듬을 확인하는 심장 박동 측정기, 심장 박동을 자극하기 위한 조절 장치, 죽어가는 심장에 충격을 주어 본래 리듬으로 돌려놓기 위한 충격기가 달려 있었다. 워낙 중대한 구매였기 때문에, 1967년에는 지역 신문에 이를 환영하는 기사가 실리기도 했다. 이와 동시에 서던 뱁티스트 병원은 그 기반시설을 확장해서 산소 공급용 배관을 설치하고, 심장 질환 환자를 위한 집중치료실을 만들고, 부정맥과 다른 긴급 상황의 경우에 직원들에게 경보를 보내는 장치까지 완벽하게 갖추었다. "시 전체의 전력이 나가더라도, 각 층에는 자체 비상 전력이 공급되어, 치료에 아무런 차질이 없을 것입니다." 서던 뱁 티스트 병원의 운영자가 1967년 소식지에서 남긴 말이다.

당시에는 집중치료가 메모리얼 메디컬 센터를 비롯한 전국 병원에서 점차 주된 전공 분야가 되고 있었다. 이와 함께 새로운 윤리적 논란이 일었으며, 이른바 의료에서의 '이례적 조치'에 대한 정의도 변하게 되었다. 생명 보조 장치는 과연 언제 투입해야 하는가? 중환자 치료, 이식 수술, 그리고 다른 새로운 진료는 비용이 비쌌다. 그리하여 이런 새로운 발명에 따른 두 번째 큰 변화가 찾아왔다. 비용에 대한 의식과 영리 목적 진료의 대두였다. 1980년대 초에 이르자, 보건은 곧 의료 시장이었다. "우리 가운데 상당수는 직업윤리보다는 오히려 의료에서의 사업적 동기를 받아들이는 과정이 더 힘들었습니다."[28] 볼츠는 1980년대 중반에 서던 뱁티스트 병원의 소식지에 실린 인터뷰에서 이렇게 말했다. 서던 뱁티스트 병원은 여전히 비영리 기독교 병원이었지만, 급속도로 상업화되는 환경에서는 경쟁하지 않을 수 없었다. 이곳의 의사들은 (전국의 다른 의사 상당수와 마찬가지로) 어떤 환자에게 어떤 검사와 치료를 실시할지를 회계원이나 다른 비(非)의료인으로부터 지시받는 사태가 올까봐 두려워했다.

의사들이 점점 더 기계에 의존하고, 사업에 초점을 맞추게 되면서, 볼츠는 서던 뱁티스트 병원의 동료들에게 이 직업의 윤리적 신조를 상기시키려고 애썼다. 의료진 대표로서 그는 동료들에게 동정심을 유지하고, 새로운 기술을 채택할 때는 각별히 주의하라고 촉구했다. 볼츠는 병원 안에 윤리연구회의 설립을 독려했으며, 특별히 충격적인 사례가 있을 때는 토론에도 참여했다. 한번은 로스앤젤레스의 한 병원에서 클러런스 허버트라는 쉰여덟 살의 혼수상태 환자를 의사들이 죽이려고 생명 유지 장치와 정맥주사를 제거한 적이 있었다.[29] 한 간호사가 불만을 제기해 조사가 시작되었는데, 이는 연명 중단이라는 어려운 결정이 자칫 의사와 간호사 사이에 분열을 일으킬 수 있다는 암시였다. 가족들 역시 의사들이 허버트의 회복 가능성을 의도적으로 잘못 해석해서, 결국 생명 유지 장치의 제거에 동의할 수밖에 없게 만들었다고 주장했다. 의사들에 대한 고발은 결국 기각되었다. "임종의 수단과 방법은 신중하게 고려해야 한다"[30]고 볼츠는 소식지에서 언급했다.

여러 해 동안이나 볼츠는 동료들과의 대화를 이어나갔다. 1997년에 라이프케어가 병원 본관의 7층을 임대해, 병원 내에 장기 급성 치료 병원을 또 하나 만들었다. 노인 의료보험인 메디케어의 지급 변화에 따라, 이와 같은 유형의 사업 계약이 촉진될 만한 유인이 생겨났고, 전국 병원마다 이런 사업이 급증했다. 볼츠는 라이프케어의 십중팔구 나이 많고 허약한 환자들에게 과도한 자원을 투입하는 문제를 놓고 종종 커피를 마시며 동료들과 열띤 토론을 벌였다. "우리는 그 늙은이들에게 너무 많은 비용을 들이고 있어요." 누군가는 이렇게 말했다. "차라리 죽게 내버려둬야 한다니까요."

"도대체 자네가 무슨 권리로 누구는 살리고 누구는 죽이라고 결정한단 말인가." 볼츠는 이렇게 대답하곤 했다. 이런 대화를 통해, 그는 동료 의사 가운데 일부는 이른바 '람 주지사의 철학'을 고수하고 있음을 깨닫게 되었다. 1984년에 콜로라도 주지사 리처드 람은 예산 적자와 의료비 지출 급증 상황에 직면하자 값비싼 첨단의료를 이용해 일부 환자를 그 나이나 예후와 무관하게 계속 살려두는 행위를 비판했다. '콜로라도 보건의료변호사협회'의 모임에 참석한 람은 시카고 대학교의 저명한 생명윤리학자 리언 R. 카스 박사가 노화 방지 연구에 대해 쓴 비판을 인용함으로써 자기주장을 뒷받침했다. "우리에게는 죽을 의무가 있다."[31] 람은 이렇게 말했다. "그러니 온갖 기계와 인공심장과 기타 등등으로부터 벗어나, 다른 사회가 즉, 우리 아이들이 온당한 삶을 건설하도록 하자."

마침 〈덴버 포스트(Denver Post)〉의 명민한 기자가 람의 발언을 보도함으로써 온 나라가 이 문제로 들썩였다. 1960년대와 1970년대에 이동식 충격 장치의 등장과 집중치료 진료가 확장되면서, 병원들은 아픈 환자를 더 오래 살려놓는 일에 익숙해진 상황이었다.[32] 메디케어는 새로운 기술의 비용을 무조건 메워주었으며, 1980년대가 되자 정책 입안자들 가운데 일부는 앞으로 예상되는 의료 지출 증가를 우려했다. 람의 발언은 한편으로 이 문제를 대중이 자각하게 만들었으며, 한편으로는 '사업적 동기'와 의료의 갓 피어난 연명 중단 딜레마 사이의 긴장이 어떤 것인지 보여준 셈이었다.

람의 배급 치료 명령은 여러 가지 이유로 논란을 일으켰다. 생명을 구하는 치료를 제한한다는 것은, 자칫 위험에 처한 개인을 구출하려는 인간의 충동을 부정하는 꼴이 될 것이었다. 생명을 연장할 수도 있는 새로운 치료를 환자가 받지 못하게 한다는 것 역시 불멸의 영약을 찾으려는 영원한 갈구를 부정하는 꼴이 될 것이었다.

아울러 이는 자본주의에도 좋지 않을 것이었다. 그 당시에는 미국과 소련의 전쟁 욕구가 기술적 혁신을 위한 전투로 승화되고 있었다. 우리는 앞으로 달에도 갈 것이다. 그런데 왜 암 치료나 사망자 부활은 안 된단 말인가?

또한 비교적 최근에 우생학 및 나치가 과학과 의학을 악용한 사례가 있기 때문에(즉 '살 만한 가치가 없는 생명'에 대한 개념이라든지, 다수의 건강을 향상시킨다는 미명으로 그 구성원 가운데 일부를 제거하는 사회에서 내세우는 혐오스러운 논리 때문에) 미국인은 특정한 생명에 더 낮은 가치를 부여한다는 사실 자체에 혐오를 느꼈다.

또 한편으로는 작동이 중지될 위험에 놓인 신체기관을 고치거나 대체하는 방법을 약품과 장비 개발자들이 알아냄으로써, (신체적으로나 실

재난, 그 이후

존적으로나) 생명 유지 시술이 고통 경감 시술보다 더 부각된 탓도 있었다. 환자가 치명적인 질환을 앓는 경우 이런 새로운 의료 가운데 과연 어느 정도까지 원하는지 직접 말할 기회는 사실상 없었으며, 따라서 차마 자기 입장을 대변할 수조차 없었다.

그리고 더 깊고 더 불편한 질문이 생겼다. 이제는 죽음을 어떻게 정의할 것인가? 생명 유지 치료를 보류하거나 (더 노골적으로 말해서) 제거하는 것이 허용 가능한, 심지어 옳은 때는 과연 언제라고 봐야 할까? 람의 발언이 언론에 보도되고 나서 몇 주일 동안은 모든 미국인이 이 문제를 직시했다.

그리고 얼마 지나지 않아 모두가 외면해버렸다.

◇ ◇ ◇

볼츠는 2004년 가을에 애너 포가 메모리얼 메디컬 센터에 도착하자마자 그녀의 존재를 알게 되었다. 그의 환자 가운데 한 명은 식도에 일종의 주머니가 생겨서, 음식이 거기 걸리는 바람에 뭘 먹거나 삼키는 데 문제가 있었다. 그리하여 이비인후과 진료를 위해 포가 나서자, 볼츠는 그녀에 관해서 간호사들에게 물어보았다. "저 사람이 누구죠? 어떤 사람인 것 같나요?" 그러자 간호사들은 모두 난감한 표정을 지었다. 이들이 드러낸 반응을 토대로 볼츠는 간호사들이 포를 뭔가 일촉즉발의 물건, 즉 피해야 할 사람으로 간주하고 있다고 넘겨짚었다.

볼츠의 환자를 진료하기 위해 찾아온 포는 단순히 자기 의견만 내세우는 데에서 그치지는 않았다. 그가 보기에 그녀는 마치 사령관처럼 행동했으며, 이 환자의 진료에서 중요한 몇 가지 측면을 함께 논의하려 들지 않았다. 볼츠는 그녀가 유능하지만 사람 대하는 수완은 부족하다고 판단했다. 이 사건 이후 그는 그녀에게 몇 가지 건설적인 비판을 제기하는 의무를 도맡았다. 평소에도 볼츠는 주위 사람들의(특히 더 젊고 새로운 의사들의) 업무를 향상시키는 일을 습관처럼 해왔기 때문이다. 포도 그의 말을 경청하는 것처럼 보였다.

일반 병원과 많이 달랐던 갤버스턴에서 7년을 보내고 나니, 새로운 병원의 문화와 예절과 도구와 시스템에 적응하는 것이 쉽지 않을 수밖에 없었다. 뭔가에 열의를 느낄 때면 포는 (자기가 옳거나 틀리거나 간에) 마치 특정 세력을 지지하는 토크쇼 진행자처럼 자기 신념을 솔직하게 털어놓았다. 확신을 투사하는 것이야말로 의사 가운데 일부가 수련 과정에서 터득하게 마련인 방어 수단이었는데, 때때로 교수들이 그들을 '괴롭히는', 즉 회진 중에 동료들 앞에서 유독 어려운 문제를 퍼붓는 상황이 있었기 때문이다. 때로는 아직 명료한 답변을 내놓을 수 없는 상황에서, 환자나 그 가족이 명료한 답변을 요구할 때도 있었다.

어느 날 포는 메모리얼에서 수술 후 회복 중인 환자를 담당하는 간호사를 닦아세웠다. "이렇게 하면 안 돼요!" 전날 밤에 그녀가 담당한 환자 가운데 하나가 수술 이후 정신이 혼미해졌다. 그는 병상에서 빠져나와 자기 목에 연결된 호흡 튜브를 빼내려다가 간호사들에게 들켰다. 한 간호사가 그날 당직인 레지던트를 호출해서 긴 끈이 달린 부드럽고 느슨한 수갑을 가져오게 했다. 간호사들은 그 끈을 병상에 묶고, 부드러운 수갑을 환자의 양쪽 팔목에 채웠다. 이렇게 하면 그의 움직임이 제한되어, 그가 덜 쑤석거릴 때까지는 안전해질 수 있었다. 다음 날 아침에 출근해서 자기 환자가 묶인 모습을 본 포는 불쾌해했다. 그녀는 병원의 보험 담당자에게 부탁해서, 하루 24시간 동안 이 환자 옆에 붙어 앉아 있으면서, 이 환자가 어딘가에 묶여 있지 않도록 감시하는 임무를 담당할 인력을 요청하라고 수간호사에게 지시했다. 이것이야말로 흔치 않은 요구였다. 그로 인해 포는 이 환자를 담당한 간호사로부터 존경을 얻었다. 간호사가 보기에 포는 자기 환자에게 동정심을 품고 있는 듯했기 때문이다.

수술 시범 강의실에서 악랄하거나 조급하게 굴어 자기 권위를 드러내는 다른 외과 의사와 달리, 체계적인 것을 좋아했던 포는 레지던트와 간호사들에게 항상 모든 것을 자세히 설명해주었다. 그녀는 마치 학교 선생님처럼 말하는 버릇이 있었고, 음절 하나하나를 길게 발음하면서 강조의 의미로 고개를 끄덕이곤 했다.

주위의 모든 사람에게 가장 깊은 인상을 남긴 것은, 바로 포가 치료하는 환자의 유형이었다. 이런 환자들은 단순히 암과 싸우는 것뿐만 아니라, 그로 인해 얼굴이 망가지는 비극과도 싸워야 했다. 어떤 사람은 기침을 하며 가래를 뱉어내기 때문에 말하기조차 쉽지 않았다. 포는 자기 시간을 쪼개가며 몇 군데 병원을 돌았다. 채리티 병원에서는 머리와 목에 암이 있는 저소득 환자를 위한 진료소를 만들어서, 이들이 고급 치료와 복원 수술을 받을 수 있게 했다. 그녀는 여러 의사와 치료사에게 부탁해서, 추가 비용 없이 이들에게 이런 서비스를 제공하게 했다.

2005년 1월 15일, 포는 뉴올리언스 리츠칼튼에서 열리는 연례 연회에 참석했다. 메모리얼 메디컬 센터에서 새로 선출된 의료진 대표자들의 취임을 축하하는 자리였다.[33] 이날의 행사는 크리스털 샹들리에 아래에서 진행되었다. '블랙큰드 블루스 밴드(Blackened Blues Band)'가 록, 블루스, 솔 음악을 연주했다. 커다란 쟁반에 담긴 굴과 새우가 놓인 식탁 옆에는 백합과 극락조화와 붓꽃으로 가득한 화환이 놓여 있었다. 디저트 식탁은 마디그라 구슬 목걸이, 마스크, 촛불로 장식되어 있고, 타르트가 놓인 쟁반이 깔려 있었다.

포는 소매가 짧은 팬츠슈트에다 진주 목걸이와 귀고리를 걸고, 머리는 턱 길이까지 내려왔다. 그녀는 그날 저녁 다른 의료진 및 그 배우자들과 어울렸고, 행사를 기록하는 사진사 앞에서 환하게 이빨을 드러내며 미소를 지어 보였다.

의사들의 호화스러운 파티는 메모리얼 메디컬 센터의 모회사인 테닛 보건의료 회사가 겪는 곤란한 상태와 현저히 대조되었다. 여러 계열 병원에서 벌어진 사기 및 불필요한 수술 등의 혐의에 대한 벌금과 합의금으로 빚이 수억 달러에 이르렀던 것이다. 테닛은 주가 하락에 직면해 있고, 수십억 달러의 영업 손실을 보고 있으며, 메디케어에 과도한 금액을 청구했다는 이유로 연방 정부에 고발을 당한 상태였다. 또한 투자자들을 오도했다는 혐의로 주주들로부터 집단 소송까지 당했다. 이렇게 골치 아픈 역사로부터 적극적으로 벗어나려는 조치의 일환으로, 테닛은 본사를 캘리포니아에서 남부의 멕시코 만 연안 지역인 댈러스로 옮겼고, 스물일곱 개나 되는 병원 가운데 재정적 목표를 달성하지 못한 곳을 매각하려는 절차를 밟고 있었다.[34]

메모리얼에 있는 의사들도 이 소식을 듣기는 했지만, 이들에게는 축하해야 할 일이 여전히 너무 많았다.[35] 새로운 외과 센터가 문을 연 지 겨우 3년밖에 되지 않은 상태에서, 이제는 1800만 달러를 들여 지은 새로운 암 연구소가 본관 바로 건너편에서 중역진이 참석한 성대한 행사와 함께 문을 열었기 때문이다. 또한 500만 달러를 들인 출산 센터의 개선 작업이 완료되었다. 메모리얼은 병원 중간 인증 평가도 통과했는데, 다른 주에 있는 테닛 산하 병원 열댓 개 가운데 일부 항목에서 가장 높은 직원 만족도를 달성했다고 자랑하고 있었다. 메모리얼의 직원들에게는 2005년이야말로 전망이 밝아 보였다.

◇ ◇ ◇

카트리나의 위협이 대두할 때, 마침 포는 자기 부서에서 당번 근무 중이었다. 다시 말해 허리케인이 닥쳤을 때도 병원에 머물러 있어야 한다는 뜻이었다. 이 부서의 부장인 대니얼 너스가 그녀에게 전화를 걸어서 우려를 나타냈다. "이번에는 진짜로 위험할 것 같아." 그가 말했다. 이들이 담당한 수술 후 회복 중인 환자들은 여러 지역 병원에 분산되어 있었는데, 이 가운데 어느 누구도 심각하게 아프지는 않았다. 너스는 이 환자들의 치료를 다른 의사들에게 맡기라고 포를 재촉했다. 그녀의 남편 역시 이에 동의했다. 그 주말에는 레지던트 2명이 포와 함께 근무 중이었다. 그녀는 이들을 집으로 돌려보내, 각자의 가족과 함께 있도록 해주었다. "아예 시외로 나가요." 그녀가 이들에게 조언했다. 일요일 오후 4시에 국립 허리케인 센터에서는 카트리나의 바람 때문에 더 강해진 파도와 높아진 물결이(평소 수위보다 무려 8미터나 더 높이 치솟았다) 이 도시를 에워싼 일부 제방을 넘어올 수도 있음을 처음으로 경고했다. 포는 혹시나 이 도시에 갇힌 사람 가운데 누군가가 특별한, 즉 자기나 극소수의 다른 동료만이 해줄 수 있는 치료를 필요로 할 때를 대비해 이곳에 머물러 있어야 한다는 의무감을 느꼈다. 포의 부서에서 매년 약 천 번에 달하는 메모리얼 전체 수술의 대부분을 담당했기에, 그녀는 병원에 계속 머물기로 작정했다.

일요일 저녁에 의료진이 숙소로 사용할 내시경 검사실에 자리를 잡았을 때만 해도, 마치 밤샘 파티와 유사한 분위기가 조성되었다. 간호사 중 상당수는 포와 비슷한 연배였다. 이들은 똑같이 뉴올리언스에서 자라고, 사립 및 가톨릭 학교를 다녔기 때문에, 시간이 나서 이야기를 하다보면, 어느새 자기들이 공통점 많은 친구임을 깨닫곤 했다. 간호사들은 포가 처음으로 깊게 사귄 남자친구가 누구인지도 알았다. 왜냐하면 그가 마침 메모리얼에서 마취과 의사로 근무하고 있었기 때문이다. "이제 와서 딱 마주치면 어쩌려고요!" 간호사들은 그녀를 놀렸다. 그는 덩치가 좋고 개구쟁이 같은 눈에, 사과 같은 뺨에 뒤틀린 미소를 짓는 사람이었고, 지금은 아내와 세 딸을 두고 희끗희끗한 머리카락은 점점 줄어들고 있었다. 포는 립스틱을 꺼내 발랐다. "지금 뭐 하시는 거예요?" 간호사 한 명이 그녀에게 물었다. "지금 한밤중이잖아요! 도대체 뭐 하시는 거냐고요?"

포는 혹시나 그와 딱 마주치더라도 최대한 멋진 모습을 보여주고 싶어서 그런다고 대답했다. 그러자 간호사들은 자지러지게 웃으며 그녀를 안심시켰다. 그가 최근에 병원을 그만두었다고 말이다.

바깥은 더웠지만 병원 내부는 서늘했다. 시에서 제공하는 전력을 아직 쓸 수 있을 때까지는 병원을 최대한 시원하게 만들기 위해 발전실 직원들이 최대한 온도를 낮추었기 때문이다. 만약 허리케인 때문에 공공시설이 파괴되면 에어컨 사용도 불가능해질 것이었는데, 이 병원의 자체 발전 시스템은 냉방 장치까지 감당할 정도로 규모가 크지 않은 까닭이었다. 이전의 경험 덕분에 간호사들은 병원 내부가 금방 더워진다는 것을 잘 알고 있었다. 포는 친구와 가족에게 몇 번인가 전화를 걸었다. 혹시 좋지 않은 일이 발생한다면, 언제든지 병원으로 자기를 찾아오라고 그녀는 밝은 목소리로 덧붙였다. "거기서 뭐 하는 거야?" 휴스턴에 사는 한 친구가 무시무시한 일기예보를 접하고는 이렇게 물었다. "거기서 당장 피해!" 하지만 포는 마음을 바꾸지 않았다. "나는 계속 있을 거야." 그녀가 말했다.

폭풍이 다가오는 상황에서, 메모리얼 메디컬 센터에는 약 183명의 환자가 있었고(폭풍 상황에서 수용 가능한 환자의 정원을 약간 웃도는 숫자였다) 의료진이 데려온 애완동물의 숫자도 대략 이와 맞먹었다.[36] 라이프케어-뱁티스트에도 55명의 환자가 있었다. 그중에는 간호부장 지나 이스벨이 세인트버나드 소재 분원에서 옮겨온 환자들도 포함되어 있었다. 직원 약 600명이 진료를 위해 병원에 도착해 있었고, 이들의 가족과 지인 수백 명도 함께 있었다. 메모리얼은 다양한 고객에게 봉사하고 있었으며, 고급 동네의 멋진 저택들로부터도 가까웠고, 공영 주택 프로젝트로부터도 겨우 수백 미터 떨어져 있었다. 어떤 사람들은 이곳을 단지 대피소로 생각해서 찾아오기도 했다. 행정가들은 현재 메디컬 센터 건물에 있는 사람들의 숫자를 대략 1800명에서 2천 명 사이로 추산했다.

　어두운 밤하늘에 번개가 번쩍였다. 빗방울이 가로등 아래 도로 위에 떨어지고 흔들리는 바람에 밀려서 창문을 때렸다.

　포는 이런 상황에서 자연스럽게 하는 행동을 했다. 그리고 이후 며칠 동안 그녀는 이 행동을 여러 차례 거듭할 수밖에 없었다. 그 행동이란 바로 기도였다.

둘째 날
2005년 8월 29일 월요일

오전 2시 11분, WWL 뉴올리언스 라디오에서는 다음과 같은 방송이 흘러나왔다.[37]

　"앨런을 불러보겠습니다. 앨런, 지금 서던 뱁티스트 병원 6층에 나가 있다고요. 지금은 창문도 약간씩 흔들리고 있을 것 같은데요, 그렇지 않습니까?"

　"예, 그렇습니다. 저는 12시 45분경부터 계속 이곳에 머물러 있는데요, 그야말로 난리가 났습니다. (……) 그사이 엄청난 소나기가 무려 세 번이나 내렸어요."

　"6층 창문이 벌써부터 흔들리고 있다고요? 아시다시피 앨런이 지금 있는 곳은 지상에 비해 바람이 더 강할 텐데요."

　"그렇습니다. 이 병원에 있는 사람들 모두가 확실히, 아주 확실히 알고 있는 한 가지 사실이 바로 그겁니다. 그래서, 음, 현재 이곳에서 돌보고 있는 환자 대부분은 창문 쪽에서 멀찍이 자리를 옮긴 상태입니다."

　"과연 그 창문이 언제까지 버틸지 짐작이 가나요?"

　"전혀요. 그리고 저로선 그걸 굳이 알아보고 싶지도 않습니다."

　"당연히 그렇겠죠. 하지만 결국에는 알기 싫어도 알게 될 겁니다."

뉴스 아나운서는 뉴올리언스의 한 요양원에서 배턴루지의 어떤 교회로 향하는 긴 탈출 행렬 중에 있던 버스 안에서 3명이 사망했다고 보도했다. 생존자 가운데 상당수도 탈수 증세를 보인다고 전했다. 나머지 자세한 내용은 아직 확인되지 않고 있었다.

카트리나는 분노 가운데 일부를 멕시코 만에 퍼부었고, 북쪽으로 선회하면서 그 거대한 손아귀로 해안을 모두 감싸기 시작했다. 그 지역 주민들이 방송국으로 전화를 걸어와, 앞으로 무슨 일이 벌어질지 우려를 나타냈다. 아나운서들은 이렇게 물어보았다. 이것은 단순히 이들이 목격한 폭풍 중에서 최악의 사례가 되고 그칠 것인가, 아니면 대규모 홍수를 발생시킴으로써 진정으로 최악의 시나리오가 실현될 것인가? 주 방위군은 뉴올리언스를 떠나지 않은, 또는 떠날 수 없었던 2만 5천 명 이상의 주민이 슈퍼 돔에 집결해 있다고 추산했다. 그들 역시 이 질문의 답변을 기다리고 있었다.

◇ ◇ ◇

오전 4시 30분,
메모리얼 메디컬 센터 4층

뭔가 갈라지는 듯한 소리가 요란하게 나자, 수전 멀더릭은 깜짝 놀라 잠에서 깼다. 그녀는 벌떡 일어나 바닥부터 천장까지 이어진 전면 유리가 설치된 곳에서 얼른 피했다. 그녀와 가족들은 각자 자기 물건들을 챙긴 다음 그녀의 사무실에서 나와 복도로 갔다. 멀더릭의 어머니는 일흔여섯 살로 반백의 머리카락에 풍성한 실내복을 입은 미망인이었는데, 다른 사람들만큼 잽싸게 움직이지는 못했다.

멀더릭은 밖으로 나오자마자 방문을 걸어 잠갔다. 혹시 창문이 완전히 박살날 경우 그 파편이 날아와서 복도를 지나던 사람을 다치게 할까

봐서였다. 튼튼한 건물 전체가 심하게 흔들렸다. 눈에 보이지 않는 균열을 통과하는 바람 소리가 공포스러운 분위기를 만들었으며 마치 유령이 내는 것 같은 신음 소리의 곡조가 높아졌다 낮아졌다 했다.

보도에서는 당황한 발전실 직원들이 멀더릭 쪽으로 달려오고 있었다. "건물 전체에서 유리가 깨져나가고 있어요!" 그들이 소리를 질렀다. 그녀는 이 상황을 통제하는 책임을 맡고 있었다. 과연 이들에게 무슨 일을 시켜야 할까?

순번제 병원 관리자 중에서 오늘 근무 중인 멀더릭은 이른바 '사고 대응 지휘관'으로서 메모리얼의 허리케인 대응 작전을 이끌어야만 했다. 그녀는 모든 환자와 직원과 방문객에게 책임을 느꼈다. 멀더릭의 임무는 모든 응급 수술을 감독하고, 회의를 주재하고, 병원의 최고 중역과 함께 결정을 내리는 것이었다. 쉰네 살의 이 간호부장은 이 일에 제격인 것처럼 보였다. 32년간 이 병원에서 일하면서 상당한 권위를 축적한 까닭이었다(역시 그곳에 있던 CEO L. 르네 구도 2003년에 테닛에서 메모리얼 메디컬 센터의 운영을 위해 파견된 인물에 불과했다). 멀더릭은 16개 간호 부서를 지휘했으며, 병원의 비상위원회에서도 무려 15년 이상 일한 경험이 있었고, 현재 그 위원회를 이끌고 있었다. 허리케인 아이번이 뉴올리언스를 위협하다가 결국 빗나가버렸던 한 해 전에도 그녀는 조타수 노릇을 한 바 있었다. 물론 메모리얼의 재난 관리 계획에서는 전형적으로 CEO가 사고 대응 지휘관 역할을 맡도록 규정해놓았지만 말이다.

멀더릭은 또 다른 종류의 재난 관리 경험도 있었는데, 이것은 가족과 관련된 경험이기도 했다. 포와 마찬가지로 그녀는 가족이 많고, 가톨릭 학교에서 양육된 뉴올리언스의 집안 출신이었다. 하지만 성장 과정에서는, 비록 완벽하고 잘 어울리는 부활절 드레스와 보닛을 차려 입고 시티 공원으로 나들이를 다닐 때나, 그녀와 하얀 벽널 너머, 그리고 높은 천장과 크리스털 샹들리에 아래에서나 간에, 어떤 혼란이 상존하고 있었다. 일곱 자녀 가운데 셋째로서 종종 더 어린 형제자매들을 돌보는 책임을 떠맡은 덕분에 그녀는 유난히 강인하고 차분한 성격으로, 즉 관리자이며 응급 상황 대비자의 모습으로 유년기를 보냈다.

멀더릭이 간호 경력을 시작한 것은 1973년 뱁티스트 소재 ICU에서였으며, 그녀는 이후로 한 번도 이곳을 떠나지 않았다.[38] 자녀를 키우고, 취미로 그림을 그렸지만, 무려 30년이 넘도록 그녀는 남은 시간 대부분을 병원에 바쳤다. 휴가를 떠나는 경우도 거의 없었다. 한번은 휴가를 갔다가 무시무시한 폭풍에 생명을 잃을 뻔했다.[39] 1982년에 그녀는 서던 뱁티스트 병원 및 인근의 다른 지역 병원에 근무하는 친구들과 함께 5년이나 별러오던 라스베이거스 여행을 떠났는데, 막판에 초과 예약된 비행기에서 좌석을 얻지 못하는 바람에 자기네 짐을 이미 실어놓은 팬암 759편을 먼저 보내야 했다. 그 비행기에 탄 145명의 승객, 그리고 지상에 있던 다른 8명의 사람은 이른바 '순간 돌풍'이라고 불리는 강한 바람 때문에 보잉 727-200기가 이륙하자마자 추락하며 모두 사망했다. 멀더릭은 그로부터 15분 뒤 친구들과 함께 탄 비행기 창밖으로 숲 저편에서 피어오르는 연기를 보았다. 냉철한 성격에 걸맞게, 멀더릭은 친구들이 혹시라도 걱정할까 봐 자기가 본 광경을 굳이 말해주지 않았다.

병원에서의 생활과 가정에서의 생활이 뒤섞였다. 멀더릭의 형제 가운데 한 명은 척추 수술을 받고 나서 메모리얼에서 사망했다. 자매 가운데 한 명도 메모리얼에서 호러스 볼츠의 도움을 받아 출혈성 뇌동맥류에서 벗어났다. 또 다른 자매는 이 병원에서 중역 비서로 근무했고, 멀더릭의 하우스메이트는 간호 조정실장으로 일하고 있었다. 멀더릭은 간호부장이라는 직위를 10년 이상 지켰는데, 그러는 동안 상당한 변화가 있었다. 재정 압력 때문에 서던 뱁티스트 병원은 1990년 초에 뉴올리언스 가톨릭 병원, 일명 '머시'와 합병하지 않을 수 없었고, 이후 두 병원은 1995년에 거대 영리 기업인 테닛 보건의료 회사에 또다시 매각되었다.[40] 머시-뱁티스트의 대표는 이 매각에 대한 자신의 열의 부족을 군이 숨기려 하지 않고, 마치 예언과도 유사한 말로 다음과 같이 선언했다. "시장 주도에 의한 보건 개혁 때문에, 독립적인 지역 병원의 시대에도 제한이 가해지고 말았다."

크리스마스 장식 경연대회와 수십 년째 지속되던 좌우명인 "인류의 상처를 치료한다."는 모두 사라지고 말았다.[41] 서류상에 '뱁티스트'라는 이름도 사라지고 말았다. 그리하여 이 병원을 옛날 이름으로 지칭하는 것은 사소하지만 만족스러운 하나의 반항법이 되었다. 이제 언론 보도는 메모리얼 메디컬 센터의 재정적으로 건전한 동업 관계와 더 튼튼한 재정 상태에 관해서 이야기했다. 환자 담당 관리자들은 이제 매월 예산과 생산성 목표를 받게 되었고, 그 목표를 달성하지 못하면 견책을 받았다. 목표를 달성해봤자 돌아오는 보상이라고는 점점 더 빠듯한 예산뿐이었다. 멀더릭은 이런 상황에서 적응하고 생존했다.

키가 크고 하얀 피부에 붉은 직모를 짧게 잘라 안말이로 한 그녀는 강인하고 현실적인 태도를 지니고 있어서 일부 직원들은 위협마저 느낄 정도였다. 아울러 압력 아래에서도 차분하고 냉정하다는, 심지어 차갑다는 평판을 듣고 있었다.

유지 담당 직원들이 달려와서 유리가 깨지고 있다고 알려온 직후, 멀더릭은 셰리 랜드리와 통화했다. 집중치료실의 이 고참 간호사는 매그놀리아 스트리트 건너편에 새로 지은 외과 병동에 머물고 있었는데, 마침 포와 그녀의 작업조도 거기 있었다. 멀더릭은 두 건물을 연결하는 다리가 무너지거나 그곳의 유리가 박살나기 전에, 거기 있는 모든 사람을 밖으로 피신시키라고 랜드리에게 말했다. 그러려면 직원과 그 가족들은 무시무시하게 흔들리고 덜걱거리는 다리 발판을 뛰어서 건너야 할지도 몰랐다.

애너 포는 다리를 건너가기 전에 자기 자매 가운데 한 명에게 전화를 걸었다. "구름다리가 자칫하면 무너질 수도 있어. 하지만 나는 그걸 건너가야 해." 그녀가 말했다. "다들 나와도 되는지 그냥 확인만 하러 가는 거야." 그녀는 자매 가운데 한 명인 투석 담당 간호사가 도시를 떠나지 않았으며, 홍수가 잦은 폰차트레인 호수 근처 레이크뷰 지역에 머물고 있음을 알게 되었다. 포는 그녀가 강인하다는 것을 알았지만, 그래도 일단 그녀를 위해 기도했다.

멀더릭은 관리 담당 직원들과 함께 병원을 조사하러 나섰다. 이들은 위험 구역을 폐쇄하고, 환자들을 바람에 노출된 구역에서 안쪽의 복도로 옮겨놓았다. 재니 버지스와 20여 명의 환자들이 머물고 있는 꼭대기 층의 ICU에서는 작은 병실들이 건물의 외벽을 따라 줄지어 늘어서 있었다. 대부분의 환자는 산소 공급기며, 정맥주사 펌프며, 심전도 측정기와 연결되어 있었으며, 이 기계들은 또다시 콘센트와 연결되어 있었기 때문에, 이들을 창문 쪽에서 다른 곳으로 옮기는 일이 쉽지 않았다. 그리하여 (이들이 기억하는 바에 따르면 역사상 처음으로) 관리 담당 직원들은 건물 안쪽에서 판자를 이용해 유리창을 아예 막아놓았다.

창문 중에서도 바람에 노출된 부분은 인근의 건물 옥상에서 바람에 날아온 돌멩이 세례로 이미 박살나 있었다. ICU는 비명으로 가득했다. 판자도 결국 비에 젖어 굽었다. 물이 안으로 스며들어 바닥에 웅덩이가 생겨 또 다른 위험이 되었다. 근무 중인 한 간호사의 아버지가 마침 딸을 따라서 이 병원에 피신해 있었는데, 그는 딸이 일하기 위해 그 구역에 들어서는 것조차 말리려고 애썼다. 금속제 창틀이 뒤틀리며 끽끽 소리를 내는 것이 마치 영화 〈타이타닉〉의 한 장면 같아서, 한 의사는 얼른 자기 일을 마무리하자마자 아래 층으로 내려가버렸다.[42] 이 병원에는 경찰관도 몇 명 피신해 있었는데, 한 환자의 아들이 그중 한 명을 위층으로 데려와서는 자기 어머니를 안전하게 복도로 옮겨달라고 부탁했다. "그분을 다른 어디로 옮길 곳이 있었다면 제가 당연히 그랬겠지요." ICU의 간호실장 캐런 윈은 짜증을 내면서 말했다. "이건 의료적 결정이에요. 저분이 내릴 수 있는 결정이 아니라고요. 우리는 환자를 안전하게 보호해야 하지만, 동시에 의료적으로 적합하게 조치해야 한다고요." 경찰관은 그녀의 말을 이해했지만, 환자의 아들은 그렇지 않았다. 환자 가족의 분노는 재난 상황에서 혼돈을 일으킬 위험이 있었다. "그쪽이 계속 문제를 일으키겠다면, 그쪽이 데려온 이 경찰관들에게 부탁해 여기서 내보내달라고 하겠어요." 급기야 윈이 이렇게 말했다. 하지만 이 일 말고도 이미 여러 문제가 일어나고 있었다.

오전 4시 55분에 병원으로 들어오던 시의 전력 공급이 끊어져 입원실에 있던 텔레비전이 모두 꺼져버렸다. 메모리얼의 비상용 발전기는 이미 털털거리며 돌아가기 시작해, 폭풍의 째지는 소리에 맞춰 소음을 내뱉었다. 이 시스템은 오로지 비상용 조명과 일부 중요한 장비, 그리고 각 층의 몇몇 콘센트에만 전력을 공급하게 되어 있었다. 에어컨 작동도 중지되어 간호사들은 각자 맡은 환자에게 선풍기로 바람을 부쳐주었다. 하지만 그마저 개수가 충분하지 않았다.

새로 고친 6층 산부인과 바깥의 가족 대기실 창문이 매우 심하게 흔들리더니 마치 초음속 충격파 비슷한 소리를 내면서 산산조각 나버렸다. 카펫 위로 비가 잔뜩 쏟아져내렸다. 다른 곳에서도 깨진 창문과 우그러진 좁은 알루미늄 블라인드 사이로 바람이 뚫고 들어왔다. 의사들은 사무실에서 전망창에다 커튼을 치고, 물이 새는 곳에는 병원용 가운과 침대 시트를 가져다 막아놓았다. 시커먼 바깥에서는 천둥번개가 번쩍거렸다.

오전 6시가 막 지난 뒤 3등급 허리케인이 된 카트리나의 눈이 육지에 도착해 남동쪽으로 100킬로미터 떨어진 루이지애나 주 뷰러스에서 뉴올리언스를 흘끗 바라보았다. 동이 트고 나서 폭풍의 기세가 더 세졌다. 창문 가까이 갈 만한 용기를 낸 사람들의 눈에 비친 메모리얼 바깥의 풍경은 마치 뚫고 나갈 수 없는 흰색 이불이 둘러진 것 같았다. 오전 9시 30분에는 시간당 220킬로미터의 질풍이 예상되었다.

소나기 사이사이에는 응급실 경사로 바깥에 나가 서 있거나, 육중한 기둥 뒤에서 저편을 내다보는 것도 가능했다. 미국 국기와 루이지애나 주기(州旗)가 회색 하늘을 바탕으로 깃대 위에서 미친 듯이 펄럭였다. 클라라 스트리트를 따라 마치 강처럼 물이 흘러갔다. 붉은색 승용차 한 대와 붉은색 밴 한 대가 바퀴 중간까지 물에 잠겨 있었다. 바람 때문에 흰 파도와 물보라가 일어났다.

지하실에도 물이 들어오기 시작했다. 1926년과 마찬가지로 이곳에는 식량이 가득했다. 최소 이틀, 최대 닷새를 버틸 수 있는 양이었으며, 배급을 실시한다면 최대 닷새에서 이레까지 버틸 수도 있었다. 사고 대응 지휘관인 멀더릭은 물품을 포장해서 운반차에 실어 위층으로 나르는 일을 도와주었는데, 운반차가 부족해 이 힘든 일에 몇 시간이 걸렸다.

홍수 물이 1층에 도달할 수도 있어 응급실에 있는 환자 10명은 물론, 진료 기록과에 있는 애완동물들의 '노아의 방주'에 대한 우려가 커졌다. 하지만 지금 당장은 응급실 환자를 그냥 방치해야 했다. 외과 의사인 애너 포는 자원봉사자 여러 명과 주 방위군과 함께 애완동물이 들어 있는 우리들을 계단으로 들어 날랐고, 8층 ICU 뒤에 있는 낡고 사용하지 않는 수술실에다 가져다놓았다. 그 구역은 이내 우리들로 가득 들어찼고 겁에 질린 짐승들의 귀가 떨어질 듯한 울음소리와 고약한 악취가 공기를 가득 메웠다.

멀더릭의 1층 지휘본부는 4층의 간호사 연습실로 자리를 옮겼다. 또 다른 문제는 약품 보관소였다. 다른 여러 현대식 병원과 마찬가지로 메모리얼은 약품을 굳이 많이 보관해두지 않았고, 대신 '적시 배달' 시스템을 이용했다. 약제과장은 토요일에 공급업체인 매케슨에 보관용 응급약품을 요청했지만, 이 업체의 근로자들은 폭풍이 닥치기 전에 그 지역의 창고를 떠난 것으로 보였다.[43] 결국 약품 배달은 이루어지지 않았다. 월요일 아침이 되자, 일부 약품은 하루분밖에 남지 않았다. 화요일 아침까지 메모리얼에는 추가 물품이 필요했다.

현장에 있던 메모리얼의 CEO인 르네 구는 이 문제를 댈러스 소재 테닛 보건의료 회사의 중역진에게 공유하라고 자신의 지역 홍보실장인 샌드라 코드레이에게 지시했다. "르네의 주된 우려는 폭풍과 홍수와 전력 공급 중단 후 환자에 대한 간호 문제입니다."[44] 그녀는 테닛의 최고운영책임자와 다른 중역들에게 보낸 이메일에서 이렇게 말했다. "우리는 환자 대피라는 선택지를 고려할 것입니다. 물론 원래는 사용하지 말아야 하는 것이지만요."

일부 환자들은 아예 진찰이 불가능했다. 담당 의사가 자리를 비웠고, 전화로도 연락이 불가능한 까닭이었다. 진료부원장 루벤 L. 크레스트먼 3세는 휴가 중이었다. 그가 부재중일 때는 메모리얼의 진료 부서 세 군데 중 하나의 대표인 내과 과장 리처드 E. 다이크먼이 대신 의사들을 이끌었다. 그들 대부분은 애너 포와 마찬가지로 대학에 근무하는 의사들이거나, 계약직 의사 자격으로 환자를 진료하는 경우였기 때문에, 이병원에 직접 고용된 신분은 아니었다. 메모리얼에서는 허리케인에 대비해 대부분의 의료 전문의들에게 대기 지시를 내리지는 않았다. 이 의사들은 (예를 들어 포의 경우처럼) 주말 근무를 하러 나온 경우이거나, (예를 들어 존 틸의 경우처럼) 지난 여러 해 동안 허리케인 주의보와 위기일발 상황에 익숙해져 이번에도 폭풍이 지나갈 때까지 자기 사무실에 죽치고 있으려던 사람들이었다.

이전의 허리케인 때에 비하면 이번에는 더 많은 의사가 병원에 나와 있었다. 폭풍이 하필 주말에 닥치는 바람에, 어쩌면 근무가 끝난 사람도 계속 눌러앉아 있기로 작정했을 것이다. 그중 몇 사람은(예를 들어 다이크먼과 볼츠처럼) 내과 의사였다. 틸은 3명의 폐 전문의 가운데 한 명으로, ICU에서 상태가 위중한 환자들을 치료했다. 다른 사람 중에는 신장 전문의, 감염성 질환 전문의, 응급의학 전문의, 그리고 가장 어리고 가장 아픈 아기들을 돌보는 신생아 전문의도 있었다. 다이크먼은 이 임상 의사들을 여러 간호사실에 배치해 각각 15명의 환자를 담당하게 했다.

카트리나는 상륙한 이후부터 급격히 힘을 잃었다. 오전 늦게 들어서부터 비도 덜 내리고 바람도 수그러들었다. 메모리얼 바깥에 차오른 물의 깊이는 1미터 정도였다. 관리 담당 직원들은 지붕의 손상과 깨진 유리창, 떨어져나간 천장 타일, 물에 젖은(그리고 날씨가 더워지면서 곰팡이가 생겨난) 카펫 등을 조사하기 시작했다.

오후 중반쯤 되자 바깥에 고인 물도 빠지기 시작했다. 사람들은 애완동물과 식품을 다시 아래층으로 옮겼다. 간호사들은 몇 시간 동안이나 바닥을 걸레질 했고, 결국 빗물과 천장의 누수 모두 완전히 멈췄다. 환자들은 가족에게 전화를 걸어서 무사한 지 확인했고, 자기들도 무사히 이겨냈음을 알려주었다. 세인트버나드 패리시에서 라이프케어로 이송된 체중 170킬로그램의 환자 에밋 에버릿은 아내의 휴대전화가 연결되지 않자, 담당 간호사에게 걱정된다고 말했다.[45]

저녁이 되자 홍수는 완전히 사라졌고, 이제는 개를 데리고 밖에 나갈 수 있게 되었다. 집이 가까운 의사 몇 명은 쓰레기가 수북한 거리를 조심스럽게 헤치고 자기 집 상태를 확인하러 갔고, 심지어 그날 밤을 집에서 보내기도 했다. 다른 직원들도 새로 지은 외과 병동에 있는 자기네 야영지로 다시 건너갔다. 카트리나는 도착하기도 전에 약해졌으며, 오로지 1등급 또는 2등급의 바람만 이 도시에 가했다. 일기예보관의 불길한 예언대로 5등급 폭풍까지는 아니었다. "우리는 총알을 피한 거야." 사람들은 지쳤지만 안심이라는 듯한 표정으로 서로 이렇게 말했다. 메모리얼은 비록 손상을 입었지만, 그래도 비상 전력으로 계속 가동 중이었다. 얼핏 보기에, 병원은 또 한 번의 폭풍을 무사히 이겨낸 것만 같았다.

4장

셋째 날

2005년 8월 30일 화요일

"응급실(ER)에 코드 블루."

캐런 윈은 어두운 방 안에서 눈을 떴다. 그리고 주위를 손으로 더듬어 자기 신발과 양말을 찾았지만, 잡히는 것은 십대인 딸이 신던 샌들뿐이었다. 일단 그거라도 대강 신고 나서, 그녀는 신축 외과 병동에서 구름다리를 건너 병원 본관까지 두 블록을 뛰어간 다음, 거기서 다시 1층의 응급실로 내려갔다. 혹시 넘어지지 않도록, 또는 깨진 유리를 밟아 발에서 피가 나지 않도록 조심했다.

달려가는 도중에도 ICU의 간호실장인 그녀는 적잖이 어리둥절한 느낌이었다. 시간은 오전 4시, 아니면 5시쯤이었다. 그런데 왜 응급실에서의 코드 블루 상황에 굳이 그녀를 호출한 것일까? 응급실 직원들이라면 환자 소생을 자기네 힘으로도 충분히 할 수 있었다. 게다가 시민 대부분이 대피한 상황에서 누가 굳이 병원에 온단 말인가?

그녀는 숨을 헐떡이며 응급실에 도착했다. 사방팔방이 피투성이였다. 바퀴 달린 들것 위에 한 여성이 누워 있었다. 나이는 육십대 후반쯤 되어 보였다. 환자를 응급실 경사로로 밀고 들어온 손자가 어떻게 된 상황인지 설명했다. 술자리가 있었다고 했다. 곧이어 그 여성의 딸이 술에 취해 싸우다가 부엌칼로 어머니의 가슴을 찔렀다는 것이었다. 손자는 도움을 요청하러 달려 나갔고, 다행히 경찰관을 만났지만, 지금은 구급차가 전혀 없기 때문에, 환자를 병원으로 운반하려면 다른 방법을 찾아내야 할 것이라는 이야기만 들었다.

총칼로 인한 사고는 쉼없이 일어났고, 심지어 큰 허리케인이 지나간 지 불과 몇 시간 안 된 상황에서도 마찬가지였다.

삐삐 호출 담당자는 의사를 모두 응급실로 불러 모았다. 내과 의사 호러스 볼츠는 맨발에 흰색 가운만 걸치고 나타났다. 급한 마음에 이 나이 많은 의사는 반바지 위에다 그냥 외투만 걸친 뒤, 검은색 옥스퍼드화를 신고 달려온 것이었다.

처음에는 환자가 의식도 있고 대답도 했지만, 점점 숨 쉬기 힘들어 했다. 원의 짐작으로는 칼이 들어간 구멍을 따라 공기가 들어가서, 결국 그녀의 폐가 찌부러진 것 같았다. 혈압도 점점 떨어지고 있었다.

어쩌면 심장 주변 주머니에 피가 고이면서 결국 심장을 압박해 펌프질하는 능력을 제한하는 것일 수도 있었다. 누군가가 초음파 기계 기술자를 불러 이 문제를 확인해보라고 말했지만, 지금으로선 그 결과를 기다릴 시간 여유가 없었다. 한 의사가 이 여성의 갈비뼈 가운데 두 개 사이를 절개한 다음, 뭉툭한 도구를 이용해 조직을 벌리고, 튜브를 흉강(胸腔)으로 집어넣어 혹시 가스가 찼으면 빼내려고 했다. 또 다른 튜브는 목구멍으로 집어넣은 다음, 기계식 인공호흡기를 연결해서 숨 쉬는 것을 도와주었다.

초음파 검사 결과 다행히 칼이 심장 주위의 막을 관통하지는 않은 상태였다. 개복 수술까지는 필요가 없을 것이었다. 의사들도 기껏해야 비상 전력만 있는 상태에서 그런 수술을 시도한다는 생각을 별로 좋아하지 않았다. 윈이 속한 ICU에 남은 침상이 하나 있었다. 이 여성은 엘리베이터를 통해 11층으로 옮겨졌다.

야간 근무조에 속한 ICU의 간호사들이 이 새로운 환자를 받은 시간은 오전 6시였다. 간호사들은 환자의 신체 곳곳에다 여러 가지 장비를 연결하기 시작했다. 환자의 호흡을 돕고, 정기적으로 혈압을 재고, 맥박을 확인하고, 혈관에 주사액을 흘려보내고, 모세관의 산소 농도를 측정하는 기계들이었다. 이런 조치만 놓고 보면, 마치 이곳에는 허리케인이 전혀 닥친 적이 없는 것만 같았다.

한 간호사가 카트를 하나 밀고 그 여성의 병상 곁에 오더니, 그 위에 놓인 컴퓨터에다 환자의 진행 상태를 기록하기 시작했다. ICU의 간호사들 가운데 일부는 각자의 카트에 라디오도 싣고 다녔다. 대개는 인기 좋은 5만 와트짜리 라디오 토크쇼 방송인 WWL에 주파수를 맞추었는데, 이 방송국은 자체 발전기로 현재 방송 중이었다.[1]

라디오에서는 인근의 제퍼슨 패리시의 단체장이 계엄령을 선포하는 내용을 전했다.[2] 방송 진행자들도 그의 메시지를 반복해서 전했지만, 엄밀히 말해 재해 지역에는 아직 계엄령이 선포되지 않은 상태였다(이는 결국 군대가 경찰 역할을 담당하는 지극히 드문 사례로서, 그러기 위해서는 의회의 결의가 필요했다).

한 주민이 방송국에 전화를 걸어서는 뉴올리언스에 약탈이 극성이라고 불평했다. 자기가 그걸 어떻게 아는지는 미처 설명하지 않았지만, 라디오 진행자들은 그녀의 말을 곧이곧대로 받아들였고, 그녀의 분노를 수천 명의 청취자에게 증폭시켰다. "혹시라도 누군가가 가게에 들어와서 물건을 약탈한다면, 그런 놈들은 총으로 쏴죽여야 합니다." 진행자가 말했다. "지금 이곳에는 계엄령이 발효되어 있으니까요."

이른 아침 내내 수많은 주민이 전화를 걸어서 이보다 더 끔찍한 이야기들을 전해주었다. 폭풍으로 불어난 물이 여전히 거리에서 빠지지

재난, 그 이후

않고 있다는 것이었다. 한 주민은 이 도시의 하수 펌프가 돌아가는 소리가 들리지 않았다면서 어리둥절해했다. "제가 묻고 싶은 것은 이겁니다." 그가 진행자에게 말했다. "우리 집이 하수처리장에서 겨우 한 블록 떨어진 곳에 있는데, 만약 하수처리장이 제대로 작동했다면, 왜 우리 집에 물이 들어왔겠습니까?"[3] 그러자 진행자도 아무 대답을 내놓지 못했다.

"우리는 너무 무섭습니다."[4] 프레디라는 남자는 차분하게 자기 상황을 설명했다. 그는 폰차트레인 호수 인근의 젠틸리라는 동네에 있는 자기 집 다락에 앉아 있는데, 집 주위에는 깊이 3미터의 물이 들어차 있다고 했다. 이곳은 1927년에 심한 홍수가 발생한 지역 가운데 하나였으며, 메모리얼에서 북동쪽으로 불과 몇 킬로미터밖에 떨어져 있지 않았다. 그곳에는 그 이외에도 4명이(그중 한 명은 갓난아기였다) 더 있다고 했다. 그들은 지붕에 구멍을 냈고, 촛불과 랜턴과 플래시를 이용해 4시간 동안이나 헬리콥터의 구조를 기다리며 신호를 보냈다.

"그러면 혹시 물이 계속 불어나고 있습니까?" 진행자가 그에게 물었다.

"예, 꾸준히 불어나고 있습니다."

"물이 불어나고 있다고?" 메모리얼의 내과 ICU에 있던 간호사 한 명이 큰 목소리로 반문했다. 이건 앞뒤가 맞지 않았다. 병원 주위의 거리를 채웠던 홍수 물은 이미 사라져버렸기 때문이다. 밤사이 짬을 내어 밖에 나갔다 온 사람이라면 누구나 거리가 텅 비고 고요하다는 것을 알고 있었다. 그러니 이런 소식은 당혹스러우면서도 걱정스러웠지만, 이들에게는 할 일이 따로 있어 더는 신경 쓰지 않았다.

해가 뜨고 나서도 메모리얼 주위의 거리는 여전히 마른 상태였다. 창밖의 하늘은 새파랬다. 오전 7시, 그러니까 칼에 맞은 환자가 들어온 직후에, 간호실장 캐런 원은 재난지도부의 이날 첫 번째 회의를 위해 4

층의 새로 옮긴 지휘본부로 향했다.

이날의 회의는 '간호 자료 센터'라는 표찰이 붙어 있는 넓은 사각형 방에서 열렸다.[5] 흰색 리놀륨 탁자 위에는 컴퓨터가 여러 대 놓여 있었는데, 평소에는 견습 간호사들이 사용하던 것이었다. 이 컴퓨터들은 인터넷이 가능했고, 비상 발전 시스템으로 가동되는 붉은색의 비상용 콘센트에 연결되어 있었다.

방 안에는 어쩐지 한적한 느낌마저 감돌았다. 편안한 분홍색, 주름 커튼 달린 창문이 안마당 쪽으로 나 있었고, 저 너머에는 오래된 병원 건물의 벽돌로 이루어진 적갈색의 태피스트리가 보였다. 이 병원의 최고재무책임자인 커티스 도시는 V자 모양의 안테나가 달린 텔레비전 수상기를 가져와 낮은 탁자에 놓더니, 붉은색 콘센트에 플러그를 꽂았다. 직원들은 몸을 웅크려가면서 유심히 바라보았지만, 화면에는 거의 아무것도 나오지 않았다.

수전 멀더릭이 이 회의를 진행했다. 윈은 오랫동안 자기 상사였던 멀더릭을 신뢰했다. 윈이 경력을 시작한 1980년대에 멀더릭은 그녀를 간호사로 고용한 바 있으며, 윈이 임신해서 자리에 누워 있을 때쯤 그녀를 실장으로 승진시키기도 했다. 다른 사람들은 멀더릭을 오로지 전문적이고 위협적인 존재로 인식한 반면, 윈은 자기 상사가 내면으로는 부드럽고 온화한 사람이라는 것을 잘 알고 있었다. 멀더릭은 항상 명확한 기대치를 설정해놓았고, 윈이 이 목표를 달성하는 데 필요한 자유와 지원을 제공해주었다. 윈은 멀더릭을 좋아했으며, 그녀의 지성과 창의성을 존경했다.

지휘본부는 이제부터 병원의 운영이 '위기 단계'에서 '생존 단계'로 바뀌었다고 알렸다. 이 비공식적인 명칭은 이 회의가 열리기 몇 분 전에 들은 소식을 반영한 셈이었다. 이곳에 머무르던 어케이디언 소속의 구급차 직원이 자기네 배차원을 통해 확인한 바에 따르면, 뉴올리언스의 운하 가운데 제방 한 곳이 터졌다고 했다. 다시 말해 병원 쪽으로 물이 밀려올 가능성이 있다는 뜻이었다. 메모리얼의 직원들은 이미 지친 상황이었지만, 자기네 환자를 B조에 인계하고 집에 돌아가는 대신, 차라리 한동안 계속 병원에 남아 있는 편이 더 나을 것임을 깨닫기 시작했다.

원과 다른 부서장들의 발언이 이어졌다. 이들의 보고는 비교적 낙관적이었다. 더위에도 불구하고 병원은 거의 정상 가동되고 있었다. 관리 담당 직원들은 쓰레기를 쓸어 담고, 배수구를 청소하고, 강풍으로 도관이 떨어져나가면서 뚫린 천장을 때우고, 바닥을 물로 청소했다. 주방 담당 직원들도 스티로폼 컵에다가 계란과 베이컨 요리를 담아서 건네주었다(중역 가운데 한 사람은 한 환자에게 줄 식사를 찾기 위해 주방에 내려왔다가, 그 무더위 속에서 저임금 요리사들이 동여맨 머리와 너덜거리는 옷소매와 낡아빠진 바지 차림으로 불 앞에 서 있는 모습을 보고는 질겁하고 말았다. 그러자 한 요리사가 그를 바라보며 물었다. "뭐 필요한 것 있으세요?" 마치 평상시와 다를 바 없다는 투였다).

환자뿐만 아니라 거기 모인 모든 사람에게 식사를 제공할 경우, 병원을 대피소 삼아 모여든 수백 명의 가족 및 병원 인근 주민들의 불안을 진정시키는 데 도움이 될 것이라고 생각되었다. 거리에는 가로수와 전선이 쓰러져 있고, 불과 몇 블록 떨어진 곳에서는 홍수 소식이 있었다. 따라서 이곳을 떠나는 게 아직 안전한 일은 아니지만, 상당수는 이미 돌아가려고 시도하고 있었다. 몇 사람은 거기서 여덟 블록 떨어진 불 꺼진 윈딕시 슈퍼마켓으로 가서, 기저귀와 식량과 음료를 잔뜩 들고 돌아왔다. 어떤 사람은 이를 가리켜 "영혼의 생존, 영혼을 위한 생존"이라고 불렀다.[6] 하지만 다른 사람들은 이를 약탈로 여겼다.

회의가 끝난 직후, 지휘본부가 결정한 내용을 강조하기 위해 쪽지 지시문이 전달되었다. "사고대응지휘본부에서는 현재 메모리얼 메디컬 센터에 생존 단계를 발령함."

모든 직원과 의사는 병원에 계속 남아 있으라는 지시를 받았다. 가족들 역시 계속 남아 있으라는 권유를 받았다. 병원에서는 홍수를 충분히 예상하고 있었다. 응급 이외의 수술은 하지 않을 것이고, MRI, PET 스캔, CT도 하지 않을 것이었다. 의료적으로 안정적인 환자는 퇴원시킬 수도 있지만, 그들은 막상 갈 곳도 마땅치 않고 갈 방법도 없었다. 일부는 휠체어를 타고 로비로 내려와서 기다렸다. 약제과장은 여전히 간당간당한 약품을 채우기 위해 공급업체에 헬리콥터를 이용한 항공 수송을 요청하려고 애쓰고 있었다.

각 부서는 정오까지 현재 병원 내에 있는 직원 및 가족의 명단과 함께, 이용 가능한 약품과 물품과 장비와 휴대전화의(왜냐하면 병원의 일반 전화는 되다 안 되다를 반복했기 때문이다) 목록을 작성해서 지휘본부에 보고해야 했다. 지휘본부는 또한 신장 투석 실시 경험이 있는 간호사를 찾는 중이었다. 신장 질환이 있는 환자는 며칠에 한 번씩 여러 시간 동안 투석을 받아야만 혈액이 깨끗해지고 신체에서 액체를 제거할 수 있었는데, 이 도시의 투석 전문 병원은 문을 닫은 상황이었다. 원래 그곳에 다녔던 환자들마저 결국 이곳으로 몰렸지만(샐멧에서 이송된 새로운 환자들도 거기 포함되어 있었다) 메모리얼과 라이프케어 환자들을 담당하던 투석 전담 간호사는 단 한 명뿐이었다. 라이프케어에서 온 간호부장과 또 다른 간호사 한 명이 돕겠다고 자원했다. 이들은 신장 전문의에게 요령을 가르치기도 했다(전문의는 투석을 지시하는 데는 능숙했지만, 직접 투석을 실시한 적은 없었기 때문이다).

투석을 실시하려면 물이 필요했지만, 수돗물은 화학약품과 박테리아로 심하게 오염되어 있었기 때문에 이용하기에는 위험할 수밖에 없었다. 그러나 의사는 수돗물을 쓰기로 결심했다. 투석을 못 하면 환자들은 죽을 것이며, 이들을 메모리얼 아닌 다른 곳으로 옮기기까지 시간이 얼마나 걸릴지 불분명했다. 그러니 수돗물을 걸러내 사용하고, 부디 좋은 결과가 있기를 바랄 수밖에 없었다. 직원들은 줄줄이 늘어서서 전자레인지를 이용해 물을 끓였고, 그렇게 소독한 물을 다른 용도로도 사용할 수 있도록 모아놓기도 했다.

병원 창밖으로 사람들이 월그린 편의점을 약탈하는 모습이 보였다. 메모리얼의 행정 직원 가운데 한 명이 오전 10시 20분경 가족에게 보낸 이메일을 보면, 경비실장에게 들은 이야기가 이렇게 적혀 있었다.

약탈자가 못 들어오도록 병원 문을 꼭꼭 걸어 잠갔대요. 지금 계엄령이 내려졌기 때문에, 우리 경비원은 필요할 경우 발포할 수도 있대요.

◇ ◇ ◇

주 방위군 소속 병사 한 명이 병원 바깥에 모여 있던 사람들 쪽으로 달려왔다.

"여기 책임자가 누구죠?" 그가 물었다.

"접니다만." 키는 작아도 근육질인 사십대 초반의 남자가 대답했다. 에릭 얀코비치는 메모리얼의 발전실장이며, 이 병원의 비상지도부의 일원이었다. 그는 카트리나로 인해 병원이 입은 피해(강풍에 날아간 창문과 무게가 가벼운 설비들. 무너진 차양. 구부러진 안테나와 노출된 지붕 접합부 등)를 사진으로 기록하기 위해 바깥에 나와 있는 중이었다.

주 방위군 병사는 뉴올리언스를 보호하던 제방이 터졌다고 그에게 알려주었다. "물이 5미터쯤 차오를 예정이니 대비하시기 바랍니다." 그가 말했다. "예, 알겠습니다." 얀코비치가 중얼거렸다. 곧이어 그는 이 병사의 말이 결코 농담은 아니라는 것을 깨달았다. "우리 지휘본부에 잠깐 들어와주시겠습니까?" 얀코비치가 부탁했다. "그런 소식을 저 혼자만 가서 알릴 수는 없어서 그럽니다."

얀코비치는 자기들이 곤경에 처해 있음을 알고 있었다. 메모리얼의 비상 전력 시스템에는 홍수가 빈번한 곳에서 흔히 생겨나는 한 가지 결함이 있었는데, 이 문제에 관해서는 주 및 연방 정부의 긴급 상황 관련 공무원들도 폭풍 직전 전화 회의에서 논의한 바 있었다. 2001년에 열대 폭풍 앨리슨이 휴스턴을 덮쳤을 때, 미국에서 가장 큰 의료 복합 건물인 텍사스 메디컬 센터에서는 전력이 완전히 두절되어버렸다.[7] 비상용 발전기며 기타 여러 가지 전자 장치들이 홍수로 불어난 물에 그만 잠겨버렸기 때문이다. 이 사건에 대한 소식이 전해지자 뉴올리언스의 보건국장 케빈 스티븐스 박사는 경각심을 갖게 되었다. 이듬해 그는 이 도시의 모든 병원 대표자를 대상으로 설문조사를 실시했으며, 수위 5미터의 홍수에도 거뜬히 버틸 수 있는지, 만약 발전기를 더 높은 곳으로 옮겨야 한다면 어느 정도 비용이 드는지, 개선을 위해 필요한 연방 정부의 자금 지원 가능성을 시 정부에서 알아봐주었으면 좋겠는지 여부를 물어보았다. 메모리얼의 비상위원회 위원장 수전 멀더릭도 이와 관련한 편지를 받은 바 있었다.

그런데 병원들의 반응은 뜨뜻미지근했다. 자기들이 지출할 수 있는 것 이상의 비용이 예상되었고, 한 병원의 경우 최소한 수백만 달러가 들 것으로 보였기 때문이다. 결국 이 발의는 아무런 결실도 맺지 못했고, 카트리나가 상륙하기 전날 연방 재난관리청장에게 들어온 보고에 따르면, 뉴올리언스의 병원 가운데 발전기와 변전기 가운데 어느 하나, 또는 양쪽 모두가 지상에 설치된 곳은 겨우 두 군데에 불과했다.

메모리얼 역시 전력 시스템이 취약했다. 2004년 9월에 허리케인 아이번이 과녁을 살짝 벗어난 직후, 이 병원의 고위층은 허리케인 대비 계획을 재검토했다. 에릭 얀코비치는 미국 육군 공병대에서 개최한 회의에 참석해 정부의 폭풍 해일 예상 모델―이른바 '허리케인으로 인한 바다, 호수, 육상 해일(sea, lake, and overland surges from hurricane)'의 머리글자를 따서 SLOSH라고 부른다―을 살펴보았다. 허리케인의 강풍에 의해 육지로 밀려오는 물 장벽의 높이를 추산하는 방법이었다. 그는 만약 4등급이나 5등급의 폭풍이 도시를 덮쳐 호수나 강에 홍수가 일어나면, 깊이 4미터에서 5미터에 달하는 어마어마한 물이 메모리얼 메디컬 센터 주위에 차오를 것이라는 사실을 알게 되었다.

육군 공병대의 회의가 끝나고 나서, 얀코비치는 가로줄이 쳐진 종이를 한 장 꺼내, 병원의 여러 군데 입구와 중요한 야외 시설물의 높이를 표시한 다음, 병원 뒤쪽으로 이어지는 나폴리언 애버뉴에서 직각 방향으로 뻗어 있는 좁은 도로인 매그놀리아 스트리트의 한가운데 높이와 비교해보았다. 그의 계산에 따르면, 거리에 물이 겨우 1미터만 차오른다고 가정해도, 그 물이 하역장을 지나 병원 안으로 흘러 들어올 수 있었다. 그는 병원의 비상용 발전기가 2층에 있기 때문에 그 정도 높이면 안전했지만, 비상 전력 분배 시스템 가운데 일부 중요한 부분은 지하에 자리하고 있거나, 지하에서 불과 몇 센티미터, 또는 몇 미터 높이에 불과해 위험하다는 사실을 알고 있었다.

이런 사실이 전하는 메시지는 명백하고도 우울했다. "이것만 놓고 보면, 물이 깊지 않게 고여도 메디컬 센터의 대부분은 사용 불능 상태가 되고 말 것입니다." 얀코비치는 카트리나가 닥치기 몇 달 전에 자기 상사에게 제출한 보고서에서 이렇게 썼다. 아울러 재난 시에는 병원 본관에 전력이 끊길 것이므로, 모든 환자를 비교적 새 건물인 (따라서 그가 생각하기에는 전기 회로망도 더 안전하리라고 예측되는) 클라라 병동으로 옮겨야만 할 것이라고 예측했다.

얀코비치의 부서에서도 병원의 방비를 단단히 하기 위해 몇 가지 조치를 나름대로 취하기는 했는데, 그중에는 배수구를 증설하고 지하 디젤 연료 탱크의 환풍구를 더 높이는 것도 포함되었다. 하지만 실제로는 이보다 더 광범위한 작업을 할 필요가 있었다. 얀코비치는 지하와 지상의 비상 전력 변환 개폐기와 (호흡 관련 문제를 겪는 환자들에게 필요한 의료용 공기 및 진공 흡입기와 연결된) 펌프까지도 더 높은 곳으로 옮기자고 제안했다. 하지만 전기 관련 설비 가운데 일부를 옮기는 비용만 해도 25만 달러 이상이 드는 것으로 추산되었다. "자본 부족을 고려해볼 때, 이 가운데 어느 것도 지금 당장은 승인이 어려우리라 사료됩니다." 얀 코비치는 최근의 보고서에서 이런 결론을 내렸다. "다만 향후의 고려를 위해서 계속 기록해두겠습니다."

따라서 비상 발전 시스템은 이곳의 가장 큰 약점이나 다름없었다. 만약 홍수 물이 메모리얼로 향할 경우, 바로 이 시스템이야말로 이 병원의 아킬레스건이 될 것이었다. 결국 모든 사람이 병원 밖으로 나와야만 할 것이었다. 얀코비치는 이런 사실을 알고 있었다. 수전 멀더릭도 알고 있었다. 그녀는 메모리얼의 CEO인 르네 구에게 이 문제를 이미 지적했으며, CEO는 또다시 댈러스에 있는 테닛의 상사들과 이 문제를 이야기한 바 있었다. 즉 그는 재난 시 대피 가능성이 있다고만 그들에게 보고했다.

◇ ◇ ◇

"빈스는 어디 있어요?"

간호사가 걱정스러운 얼굴로 애너 포의 남편에 관해 물었다. 빈스 파네핀토는 전날 밤 병원으로 찾아와서 포를 깜짝 놀라게 만들었다. 경비원이 원내 방송으로 그녀를 호출했다. 파네핀토는 포며 외과 간호사들과 함께 내시경 검사실에서 하룻밤을 보냈다. 키가 큰 그는 꼭 끼는 작은 들것 위에 누워서 잤다. 그는 진중하고 멋진 외모로 간호사들에게 호감을 샀으며, 이들은 모두 포가 예전 남자친구와 헤어지기를 잘했다고 입을 모았다.

파네핀토는 그날 아침에 메모리얼에서 1.5킬로미터 떨어진 곳에 있는 구입한 지 얼마 안 되는 집을 살펴보러 떠났다. 그는 포가 함께 가길 바랐지만, 그녀의 환자들이 여전히 병원에 있었으며, 직원들은 이곳을 떠날 수가 없었다. "금방 돌아갈게. 왜 벌써 오느냐고 물어볼 정도로 금방." 그녀가 말했다.

"아이고, 이런. 남편을 붙잡아두셨어야죠." 간호사가 말했다. "밖을 좀 보세요." 포는 간호사가 서 있던 창가로 다가가 클라라 스트리트를 내다보았다. 하수구에서 물이 콸콸 솟아오르고 있었다. 이들은 차마 믿을 수 없다는 표정으로 그 모습을 지켜보았다. 잠시 후 두 사람은 계단을 세 층이나 지나 8층까지 올라가서, 인근을 더 자세히 살펴보았다. 병원 바로 북쪽에 있는 도로며, 도시의 주요 동맥인 클레이번 애버뉴를 따라서 물이 콸콸 흐르고 있었다.

메모리얼 곳곳의 창문마다 사람들의 얼굴이 보였다. 몇몇 의사들이 나중에 한 말에 따르면, 허리케인으로 인해 생긴 쓰레기를 앞장세우고 병원 쪽으로 물이 밀려오던 그 광경은 마치 영화 속의 한 장면 같았다. 즉 1960년대의 SF 스릴러 영화에 나오는 괴물 아메바 덩어리라든지, 세실 B. 드밀의 『십계』에서 각 가정의 장남을 죽이기 위해 이집트의 거리를 배회하던 '죽음의 천사'의 안개 같은 모습과도 유사했다는 것이다. 라이프케어에 있던 환자의 딸인 앤절라 맥마너스는 당시 메모리얼의 흡연용 베란다에 있었는데, 땅을 뒤덮은 시커먼 물이 마치 구름의 그림자 같았다고 말했다.

한 의사가 ICU 간호사 캐시 그린에게 물이 다시 차오른다고 말했다. "물이 다시 차오른다고요?" 그녀가 반문했다. "강물이 넘친 건가요?" 아니라고 의사가 대답했다. 미시시피 강에서 온 물이 아니라, 호수에서 온 물이라고 말이다. "호수에서요? 우리 호수에서요? 그러니까 폰차트레인 호수, 우리 호수에서요?"

의사가 한 말에 따르면, 시 북쪽에 있는 거대한 바닷물 하구인 그곳의 물이 이미 클레이번 애버뉴까지 흘러온 것이라고 했다. 그린은 나름대로 계산을 해보았다. 호수와 병원 사이의 거리는 대략 50블록쯤 되었다.

결국 이 물은 단순히 흘러가버릴 것이 아니라는 이야기였다. 상황은 작년 12월에 그녀가 TV에서 본 뭔가와 비슷했다. 인도양의 해수욕객들이 호기심 어린 눈으로 멀리 있는 강한 파도를 지켜보는 모습이었다. 육지에 도달한 뒤에도 그 기세가 줄어들지 않고 해변 곳곳을 강타하게 될 파도, 즉 잠시 후 이들을 덮치려고 모여드는 쓰나미의 급류를 말이다.

그린이 보기에는 ICU의 환자들이 죽음을 향해 '폭주하고' 있음을 보여주는 확실한 징후들이, 파멸적인 징후들이 적지 않았다. 우리는 총알을 피한 게 아니었어. 그녀는 이렇게 생각했다. 폰차트레인 호수의 물이 도시로 쏟아져 들어오고 있었다. 아주 나쁜 소식들이 쏟아져 들어오고 있었다. 모든 것이 바뀐 순간이었다.

애너 포는 계속 남편의 휴대전화로 연락을 취했다. 하지만 그에게서는 아무런 응답도 없었다.

◇ ◇ ◇

홍수에 관한 소식이 전해지자, 오전 중반쯤 지휘본부에서 계획에도 없던 회의가 열렸다. 날씨가 워낙 더워서, 누군가가 높이 2미터짜리 금속제 산소 탱크를 가지고 붙박이 창문을 깨버리고 말았다. 수전 멀더릭은 병원 주위로 깊이 5미터의 물이 차오를 것으로 예상된다고 발표했다. 메모리얼의 전력 시스템 침수 가능성이 이미 예견되었는데도 불구하고 정작 이곳의 방대한 비상계획에서는 현재 이들이 직면하고 있는 상황과 완전히 똑같은 시나리오는 고려된 적이 없었다. 어쩌면 너무 끔찍한 내용이라 차마 생각하기도 싫었던 까닭인지도 모른다. 멀더릭의 비상위원회는 허리케인, 홍수, 전력 두절을 최우선 비상사태로 정해두었지만, 허리케인 대비 계획에서는 홍수를 미처 예견하지 못했다. 홍수

재난, 그 이후

대비 계획에서는 대피 필요성을 미처 고려하지 못했다. 대피 계획에서
는 전력이나 통신 두절 가능성을 미처 예견하지 못했다. 가장 치명적인
대목은, 허리케인 대비 계획조차 어디까지나 병원 내부의 발전기가 최
소한 72시간 동안 가동된다는 가정에 근거하고 있었지만, 정말로 그렇
게 오랫동안 가동될 수 있는지는 아직 한 번도 시험해본 적이 없다는
것이었다. 모두 273페이지에 달하는 책자에는 20가지에 달하는 계획
이 나와 있지만, 예를 들어 완전한 전력 공급 두절에 대처하는 방법이
라든지, 거리가 침수되었을 때 대피하는 방법에 대한 안내까지는 나와
있지 않았다. 또한 병원 안에 있던 사람들을 대피시키는 과정에서 헬리
콥터를 사용하는 방법에 대해서도 아무런 언급이 없었다. 그리고 이들
에게 헬리콥터 구조를 제공해줄 업체와의 연락이나 계약 사항도 전혀
없었다.

　메모리얼의 인증 평가를 담당한 기관인 '보건의료기구평가합동위원
회(Joint Commission on Accreditation of Healthcare Organization)', 일명
JCAHO에서 온 조사관들은 그해 5월 말에 사흘 동안 이 병원을 샅샅이
뒤졌으며, 계단통의 표지판에서부터 환자 진료 기록에 이르는 모든 것
을 조사한 바 있었다.[8] 이들은 거의 20여 개에 달하는 부문에 개선이 필
요 또는 권장된다고 확인했는데, 이 정도면 비교적 괜찮은 편이었다.[9]

　하지만 메모리얼의 비상계획과 관련된 결함은 전혀 지적되지 않았
다. 메모리얼의 의사들이 치료에 대한 환자의 사전 동의를 기록하지 못
한 실수라든지, 진척 사항과 치료 지시를 간호사가 읽기 쉽도록 기록하
지 못한 실수라든지, 규제 약품이 가득 들어 있는 마취용품 카트를 열
어서 방치한 실수 같은 것은 쉽게 지적할 수 있지만(그리고 지난번의 조
사에서 모두 지적되었지만) 재난 관리 계획은 막상 실제로 필요해지기 전
까지는 적절한 판정을 내리기가 어려웠다. "그걸 엄격하게 시험해볼 수
있는 좋은 방법 자체가 없으니까요." 시카고 인근의 JCAHO 본부에서

재난 관리 관련 전국 기준을 도입한 로버트 와이즈라면 아마 이렇게 말했을 것이다.

JCAHO는 미국 내 대부분의 병원들과 마찬가지로 메모리얼이 3년에 한 번씩 인증 평가를 위해 고용하는 비영리 기관이었다. 이 기관으로부터 '인증 확인서'를 받고 나면, 환자 치료에 관한 주(州) 면허와 메디케어 및 저소득층 의료보험인 메디케이드(Medicaid)의 상환으로 가는 길이 열렸다.[10] 하지만 인증 확인서는 그다지 얻기 힘든 자격이 아니었다. 병원 가운데 무려 99퍼센트가 인증을 받게 마련이었으며, 조사 당시 발견된 결함의 구체적인 내용은 일반 대중에게 공개되지 않았다. JCAHO의 수익 대부분은 바로 이 기관의 인증 평가를 받는 병원이 내는 요금에서 나왔다. 심지어 이곳의 조사반이 병원의 심각한 문제를 미처 못 보고 넘어갔다가, 뒤늦게야 법 집행기관이 밝혀내는 경우도 일부 있었다.

구체적인 재난 관리 기준은 비교적 최근에 생겼다. 1990년에 국방부와 보훈처 소속의 재난 전문가들은 병원 역시 미국 영토에 대한 공격 위협 증대에 대비할 필요가 있다며 JCAHO에 경고했다. 소련의 생물학 무기 프로그램에 관한 폭로가 1992년에 있었다. 이듬해에는 세계무역센터에 대한 최초의 공격이 벌어졌으며, 1995년에는 오클라호마시티에서 폭파 사건이 일어나고, 도쿄에서는 옴 진리교가 사린가스로 지하철을 공격해 13명이 사망하고 수천 명이 병원 신세를 졌다. 미국의 해외 소유물에 대한 폭탄 공격도 이어져, 1998년 8월에는 케냐와 탄자니아의 미국 대사관이, 2000년 10월에는 예멘에서 미국 해군 전함 '콜'호가 공격을 받아, 향후 미국 내에서 유사한 사건이 일어날 것에 대한 우려가 커졌다.

1990년에는 JCAHO의 두툼한 병원 인증 평가 기준 설명서에서 재난 대비 태세에 관한 분량이 겨우 한 페이지도 안 되었는데, 이것이야말로 매력 없는 분야로 여겨졌기 때문이다. 재난 관리자란 그저 성실하기만 한 사람으로, 즉 주로 지하 사무실에서 비상계획을 고안한 다음, 굳이 남의 일을 방해하면서까지 화재 대피 훈련을 실시하는 괴짜 정도로 인식되고 있었다. 병원 고위층도 이들과는 거리를 두고 있었다.

JCAHO가 2000년대 들어 새로운 비상 기준을 제안하자, 미국 전역의 병원 중역진들은 이에 저항했으며, 자칫 값비싸고 보조금도 없는 의무사항이 되지 않을까 우려했다. "우리를 그냥 내버려두세요!" JCAHO 관리들에게 보내는 이들의 메시지는 딱 이런 식이었다. "우리도 나름의 대비는 하고 있으니까."

JCAHO의 운영위원회에서는 기준 초안에 대해서 거부권을 행사할 수 있고, 실제로도 위원 대부분은 업계의 여러 강력한 조직들을(예를 들어 '미국병원협회'와 '미국의학협회'도 거기에 포함되어 있었다) 대표하는 사람들이었다. 하지만 위원회는 병원의 재난 대비가 중요하다는 것을 충분히 인식했고, 그리하여 2001년 1월자로 이 비상 기준 초안이 정식 발효되었다. 그리고 9개월 뒤인 2001년 9월 11일에 테러리스트의 공격이 있었다.

비상 기준 작성자인 로버트 와이즈는 그 내용이 실제 증거에 기반을 두고 있지는 못하다는 점을 시인할 수밖에 없었다. 그로서도 과연 이 기준을 실제 적용한 병원이 재난에 더 잘 대비되어 있을지 여부를 확신하지는 못했다. 그와 그의 동료들은 실제로 재난이 일어날 때까지 기다려보기로, 그리고 피해를 입은 병원에서 들어온 보고를 바탕으로 그 기준 가운데 거품과 현실이 어느 정도인지 확인하기로 작정했다.

새로운 기준은 병원들이 위기 시에 사고 대응 지휘 체계를 갖추도록 의무화했으며, 현재 카트리나에 대처하여 멀더릭이 주도하는 지휘본부도 그래서 생겨난 것이었다. 병원들은 또한 지역 사회와도 조정 계획을 마련하도록 권장되었다. 시 전체에 전력 및 수도 공급이 두절된 상황에서, 홍수로 인한 고립 상황 대비란 이치에 맞지 않았다.

9·11 공격, 그리고 이후에 정치인과 언론기관과 기타 다른 곳에 배달된 탄저균 편지로 인해 환자가 20여 명 가까이 발생하고, 그중 5명이 사망하자, 이번에는 병원의 대비책도 특별한 유형에 초점이 맞춰졌다. 2005년에는 전국 약 5천 개 병원을 대상으로 생물학 테러 대비를 촉진하기 위해 10억 달러 이상의 예산이 배정되었다.[11] 메모리얼의 역사상 가장 구체적이고 가장 오래된 비상계획 시나리오도 바로 2001년 공격 직후에 작성되었다. 따라서 생물학 테러 대비 계획은 무려 101페이지에 달한 반면, 허리케인 대비 계획은 겨우 11페이지에 불과했다.

비상계획이 얼마나 현실적이어야 하는지에 관해서는 JCAHO도 전혀 할 말이 없었다. 성서 구절과 마찬가지로, 이 기준 역시 상당히 폭넓은 해석이 가능한 방식으로 작성되었다. 대개의 경우, 조사관은 그 기준을 이행할 수 있는 자원을 병원이 보유하고 있는지 여부는 굳이 확인하지 않았다. 하지만 JCAHO의 새로운 기준은 연방의 의무 규정을 훨씬 뛰어넘는 것이다보니, 이런 새로운 의무 사항의 이행을 회피하는 방법을 찾는 병원 고위층들이 JCAHO 말고 다른 경쟁 업체로부터 인증 평가를 받으려 할 가능성도 있어 보였다.[12]

병원의 비상계획은 여러 가지 잠재적인 비상상황이나 '위험'에 대한 약점을 매년 분석한 결과에 근거하기로 되어 있었다. 2001년부터 매년 멀더릭은 메모리얼의 재난대비태세위원회의 회의를 주재했고, (화산 폭발에서 화재경보기 미작동까지, 그리고 'VIP 상황'이라고만 지칭되는 불특정 상황에 이르는) 모두 47가지의 사건을 다룬 3페이지짜리 유인물을 훑어보았다.[13] 다른 병원과 달리, 메모리얼은 이 일을 위해 컨설턴트를 한 번도 고용한 적이 없었다. 대신 멀더릭과 위원회가 자체적인 대비 태세를 평가했는데, 가뜩이나 위로부터 돈을 아끼라는 압력을 받고 있는 실정이었기 때문이다. 이때 위원회가 사용한 지침은 인터넷에서 무료로 다운받은 것이었으며, 뉴올리언스의 다른 병원들도 마찬가지였다. 멀더릭과 위원회는 각각의 사건이 일어날 확률, 위험, 대비 태세를 추산할 수 있는 수십 개의 도표를 만들어냈다. 그러나 가장 최근의 평가 내용을 보면 다수의 오류가 포함돼 있었다.

멀더릭의 위원회에서는 전력 공급 차단, 발전기 가동 실패, 홍수에 대한 이 병원의 대비 태세를 '좋음'으로 평가했다. 즉 평가 척도에서 최고 수준이었다. 위원회의 구성원들이 나중에 한 말에 따르면, 이들은 계획을 만드는 과정에서 '미래에' 일어날 수도 있는 최악의 상황보다는, 오히려 '과거에' 이미 일어난 여러 가지 비상사태를 더 많이 생각했다.

루이지애나 주에서 화산 폭발이 일어날 '확률'과 '위험'과 '대비 태세'에 대해 점수를 매기는 것이 재난 대비 태세에 대한 진정한 기여인지의 여부는 충분히 의문을 제기해볼 만했다.

카트리나가 휩쓸고 간 뒤 여러 해가 지나, 밥 와이즈는 메모리얼의 20가지 별도의 재난 대비 태세 계획을 비판적으로 바라보게 될 것이었다. "그 계획들은 서로 아무런 관계가 없었습니다." 그는 이렇게 말할 것이었다. "어느 누구도 이렇게 많은 계획을 알 수가 없었습니다." 그가 생각하기에 메모리얼은 JCAHO의 새로운 대비 태세 기준의 핵심을 놓쳐버렸으며, 서로 중첩되는 '모든 위험'에 대한 대비 태세에 집중하는 대신, 인증 평가에 통과하는 데 필요한 내용을 문서로 작성했을 뿐이다. "그 사람들이 당연히 해야 하는 일의 핵심은 그게 아니었습니다. 단지 꼼수를 부린 것뿐이었어요. 결국 그거였습니다." 그는 이런 상황을 너무 자주 발견하곤 했다.

메모리얼은 이제 처음으로 진짜 재난을 직면하고 있었다. 여러 해에 걸친 재난대비태세위원회 회의와, 병원의 재난 대비 계획 개정에도 불구하고, 여러 면에서 이 병원은 임기응변을 발휘해야만 하는 상황에 놓여 있었다.

◇ ◇ ◇

ICU의 간호실장 캐런 윈이 느끼기에는, 서둘러 소집된 회의에서 홍수가 머지않았다는 수전 멀더릭의 발표가 있던 바로 그 순간, 지휘본부의 분위기는 단순한 병원의 비상사태에서 졸지에 군사 작전으로 변모한 것만 같았다. 이제는 한 가지 목표밖에 없었다. 전력이 차단되기 전에 재빨리 움직이는 것이었다.

거의 200명에 달하는 메모리얼의 환자를 안전한 곳으로 옮겨야만 했다. 멀더릭은 가장 많이 아픈 사람, 즉 생명 유지 장치나 기계의 도움을 가장 필요로 하는 사람을 맨 먼저 옮겨야 한다고 주장했다. 다시 말해 ICU에 있는 20여 명의 환자, 신생아실에 있는 비슷한 수의 아기들, 고위험 임산부, 그리고 (폭풍 이후로 더 많이 찾아온) 대여섯 명의 투석 환자를 의미했다. 또한 골수 이식 환자 2명도 점차 강력해지는 감염에 특히 취약한 상태였다. 만약 전력이 모두 차단된다면, 이들을 이곳에서 돌보기는 무척 어려울 것이었다. 지휘본부 회의에 참석한 다른 사람들도 이에 동의했다.

가장 어려운 문제는, 과연 이들을 어떻게 옮기느냐였다. 수전 멀더릭은 점차 다가오는 파국이 메모리얼의 전 직원이 대처할 수 있는 규모를 훨씬 웃돈다는 사실을 알고 있었다. 허리케인이 왔을 때 주 방위군 1개 분대가 메모리얼에 머물러 있었으며, 응급실 경사로에는 어케이디언 소속의 구급차도 몇 대 주차되어 있었다. 멀더릭은 어케이디언이 더 많은 구급차를, 그리고 가능하다면 헬리콥터까지 제공해줄 수 있는지 물어보았다. 그녀는 헬리콥터 이송 회사의 구매 담당자인 전남편에게 이메일을 보내, 혹시 헬리콥터를 하나 수배해서 이곳에 올 때는 의약품을 가져다주고, 이곳을 떠날 때는 환자를 이송해줄 수 있겠느냐고 물어보았다. 전남편은 자기 회사가 이미 다른 사립 병원인 툴레인과 계약해서 환자들을 대피시키고 있다고 답장을 보내왔다. 그러면서 주 방위군 항

108

공대 소속 소령의 전화번호를 알려주었는데, 현재 민간 및 군사 관련 대피 작업은 이 사람이 모두 조정하고 있다고 덧붙였다.

캐런 원은 헬리콥터를 이용한 대피 가능성에 의문을 품었다. 메모리얼의 헬리콥터 착륙장은 실제로 사용하지 않은 지 여러 해 되었다. 그녀가 기억하기로 가장 최근에 사람이 그곳에 올라간 일은 1987년 비상훈련 때였는데, 당시 교황 요한 바오로 2세가 뉴올리언스를 방문했기 때문이다. 이 문제에 대한 고려는 다른 사람들에게 맡긴 채, 그녀는 대피가 곧 이루어질 것이며, 따라서 환자의 진료 기록과 의약품을 챙겨야 한다는 사실을 직원들에게 알리기 위해서 ICU로 돌아갔다.

◇ ◇ ◇

원내 방송으로 다음과 같은 공지가 나갔다. "기도회를 엽니다. 시간은 오전 10시 30분입니다." 병원 내 모든 사람이 참석하라는 권유가 뒤따랐다.

존 마스 신부는 폭풍이 일어난 동안 메모리얼에 머물러 있던 유일한 원목이었다. 그는 이곳에서 봉사하라는 하느님의 목소리를 듣고 계속 머물기로 작정한 터였다. 이제 이 가톨릭 신부는 자신의 성찬용구와 성구집(聖句集)을 가지고 어둑어둑한 '마이런 C. 매든 예배당'에서 걸어 나왔다(이 예배당은 창문이 없고, 나무로 된 출입문 양쪽에는 폭이 좁은 스테인드글라스가 장식돼 있었다). 그는 불이 환히 켜진 병원 입구의 로비에 모인 수십 명의 사람들 앞에 섰다. 마스 신부는 남부 특유의 길게 늘어뜨리는 말투로 재빨리 말하면서, 마태복음 한 구절을 읽었다.

그때 마침 바다에 거센 풍랑이 일어나 배가 물결에 뒤덮이게 되었는데 예수께서는 주무시고 계셨다. 제자들이 곁에 가서 예수를 깨우며 "주님, 살려주십시오. 우리가 죽게 되었습니다." 하고 부르짖었다. 예수께서 그들에게 "그

렇게도 믿음이 없느냐? 왜 그렇게 겁이 많으냐?" 하시며 일어나서 바람과
바다를 꾸짖으시자 사방이 아주 고요해졌다.

우리는 바로 이 폭풍 속에 있다고, 마스는 자기 앞에 모인 사람들에
게 짧게 설교를 했다. 그리고 그 결과가 어떻든지 간에, 예수께서 우리
와 함께 계시다고 덧붙였다.

자기가 설교하는 그 짧은 시간 동안에도, 출입구의 유리문 밖 소화
전 높이의 절반까지 물이 금세 차오르는 것을 마스는 눈치채지 않을 수
가 없었다.

카트리나 대응 연락관으로 지명된 지역 홍보실장 샌드라 코드레이
는 이후의 모든 지휘본부 회의 때마다 참석하시라고 마스에게 권했다.
메모리얼은 최대한 모든 힘을 끌어 모을 필요가 있었기 때문이다.

메모리얼이 운용할 수 있었던 또 다른 힘은, 이곳이 마침 병원 체인
에 합병된 덕분에 새로 얻은 힘이기도 했다. 코드레이는 메모리얼의 모
회사인 테닛 보건의료 회사에 있는 중역들과의 연락을 담당하고 있었
다. 전화 연결이 어려워진 다음에도 이메일은 여전히 가능했기 때문에,
그녀는 메모리얼의 지하실에 물이 차오르고 있으며, 이후로도 며칠 동
안 계속 수위가 오를 것 같다며, 도움을 요청하는 이메일을 보냈다. 이
병원은 지역에서 약탈 보고가 들어와 문을 닫았다고 하면서, 다른 병원
들도 현재 대피 중이라고 덧붙였다. 그녀는 주 방위군이 현재 병원에
있다면서, 멀더릭의 전남편으로부터 받은 주 방위군 항공대 소령의 전
화번호를 중역진에게 전달하고는, 혹시 본사에 있는 누군가가 그와 접
촉해줄 수 있는지 물어보았다. 또한 뉴올리언스의 점점 우려되는 상황
에 관해서 들은 이야기를 공유했다.

보낸 사람: 샌드라 코드레이

보낸 날짜: 2005년 8월 30일, 화요일, 오전 11:00

제목: 상황 보고

　　툴레인 인근의 교도소를 재소자들이 장악했다는 보고가 들어옴.

보낸 사람: 샌드라 코드레이

보낸 날짜: 2005년 8월 30일, 화요일, 오전 11:07

제목: 회신) 상황 보고

　　17번 스트리트의 수로 제방이 터짐. 폭 60미터.

　　뉴올리언스 전체가 물바다.

　테닛에 보낸 코드레이의 이메일에는 시시각각 당혹감이 늘어만 갔다. 메모리얼의 최고업무책임자(COO)인 숀 파울러는 그녀 옆에 의자를 바짝 당겨 앉아, 그녀가 메일을 쓸 때마다 일일이 옆에서 지시했다. 메모리얼은 환자를 대피시킬 필요가 있었다. 메모리얼은 의약품과 혈액 제품을 받을 필요가 있었다. 테닛이 현재 확보한 물품과 의약품과 물과 식량은 무엇인가? 회사에서는 그것들을 얼마나 빨리 보내줄 수 있는가? 현재 본사에서는 어떤 종류의 항공 및 지상 지원을 준비하고 있는가?

　환자들을 여기서 당장 데리고 나가야만 합니다!

　제발 환자를 데려가주세요.

　저희 말 들립니까?

　테닛 본사의 중역 가운데 하나인 마이클 아빈이 답장을 보내왔다. "그곳 시내로 들어가는 일은 불가능하다는 이야기를 계속 듣고 있다네. 혹시 주 방위군과는 접촉해보았나?" 이건 뭔가 좀 이상한 질문이었다.

주 방위군 가운데 일부가 병원에 있다는 이야기는 이미 코드레이가 아빈에게 전달한 바 있었기 때문이다. 하지만 워낙 소수 병력이었기 때문에, 그들의 힘만으로는 이 모든 문제를 해결할 수가 없었다.

텍사스에 있던 아빈은 재난 관리 경험이 전혀 없었다.[14] 원래 그의 담당 임무는 본인이 '시장'이라고 부르는 멕시코 만 연안 지역에서 테닛을 위한 사업 개발을 지휘하는 것이었다. 그랬던 그의 임무가 정말이지 눈 깜짝할 사이 긴박하게 바뀌어버린 셈이었다. 불과 이틀 전에 아빈은 댈러스의 한 컨트리클럽에서 아이들과 테니스를 치다 말고 전화 회의를 하게 되었는데, 카트리나가 해안으로 다가오는 상황에서 멕시코 만 지역에 있는 테닛 병원들의 CEO들이 모두 호출되어 있었다. 그런데 불과 이틀 만에 허리케인의 영향권 내에 있는 테닛의 병원 여섯 군데 가운데 세 군데에서 대피가 불가피해진 것이다.

테닛은 의료 전문 이송 회사와 사전 계약을 맺지 않은 상태였다. 본사에는 비상상황에 대비한 사고 대응 지휘 체계 자체가 없었다. 이곳의 중역 가운데 한 사람은 주 방위군에 복무한 적이 있었기 때문에 재난 관리에 대해서 어느 정도 알고 있었지만, 마침 휴가 중이어서 오리건 주에 있는 한적한 해안 별장에서 휴대전화를 통해 몇 가지 귀띔만 해주고 있을 뿐이었다.

아빈은 본사에서도 메모리얼에 보낼 의약품과 혈액을 확보하기 위해 노력 중이라고 코드레이에게 알렸지만, 과연 그렇게 확보한 물건을 어떻게 현지로 보낼 것인지는 여전히 막막했다. 다시 한 번 그는 주 방위군 이야기를 꺼냈으며, 메모리얼의 자매 병원인 테닛 산하 '린디 보그스 메디컬 센터'도(이곳은 원래 가톨릭 병원인 '머시'였다) 병력이 도착하기를 기다리는 중이라고 설명했다.

그러니 자네들도 똑같이 하기를 제안하는 바이네. 자네들이 자체적인 대피 계획을 일단 실시하고 나면, 주 방위군이 조정에 들어갈 걸세. 행운을 비네.

그러자 코드레이는 차마 믿을 수 없다는 어조로 답장을 보냈다.

결국 알아서 하라는, 그러니까 본사에서는 도와줄 수 없다는 뜻인가요?

◇ ◇ ◇

오후 12시 28분, 메모리얼의 상황관리실장은 이 문제를 자기가 직접 해결하기로 작정했다. 그녀는 이메일의 제목을 '도와주세요!!!!'라고 적은 다음, 뉴올리언스 이외의 지역에 있는 전국의 테닛 병원에서 일하는 동료들에게 전송했다. 그녀는 병원에 깊이 5미터의 물이 들어 찰 예정이며, 현재 집계상으로 187명에 달하는 환자를 옮길 장소를 찾아야 한다고 설명했다. 이들을 받아줄 수 있는 병원에서는 테닛 본사의 아빈에게 연락해달라고 적었다.

아빈 앞으로 답장이 폭주했다. 여러 병원이 공간을 제공할 수 있다고 응답했고, 최소한 한 군데에서는 구조반을 보내주겠다고 제안했다. 하지만 아빈 역시 자기 나름대로 지원 방법을 마련해보려고 노력 중이었으며, 휴스턴과 내커도치스에 있는 테닛 산하 병원들과 접촉 중이었다. 그리하여 애초에 비상경보를 누른 메모리얼의 행정 직원에게 도착한 그의 답장은 오히려 퉁명스럽게만 보였다.

요청이 있을 경우에는 나와 밥 스미스한테만 보내게. 자네가 계열사 전체에 보낸 '구조 신호' 때문에 지금 우리 업무가 마비되게 생겼어!

구조요청에 응답한 병원 중에는 애틀랜타 메디컬 센터도 있었다. 메모리얼과 마찬가지로, 애틀랜타 역시 원래는 1900년대에 설립된 침례교 병원이었다가, 지금은 테닛에 합병된 경우였다.[15] 이곳의 중역들은 이메일과 전화로 지원을 제안했으며, 심지어 메모리얼의 환자 대피를 돕기 위해 헬리콥터도 제공하겠다고 했다.

하지만 마이클 아빈은 이들의 열의를 도리어 억누르면서, 지금은 모든 구조 노력을 주 방위군에서 조정하고 있다는 말만 되풀이했다. 애틀랜타의 CEO도 이에 곧바로 승복했다.

마이클, 방금 이야기한 것처럼, 우리는 일단 '가만히 대기하도록' 하겠습니다. 당신이나 댈러스 본사의 누군가가 환자 대피 지원 필요성에 관해 연락을 줄 때까지 말입니다.

◇ ◇ ◇

메모리얼에서는 현재 손이 빈 의사와 간호실장 모두 클라라 스트리트를 접하고 있는 응급실 구급차용 경사로에 모이라는 이야기가 전해졌다. 애너 포가 푹푹 찌는 병원에서 밝고 약간 산들바람도 부는 바깥으로 걸어 나갔다. 길 건너편의 작은 주차장에서는 자동차 바퀴가 다 잠길 정도로 물이 불어나고 있었다.

내과 과장인 리처드 다이크먼은 병원 전체가 대피할 예정이라고 의사들에게 말했다. 그러니 가장 아픈 사람부터 이송할 준비를 해야 한다는 것이었다.

다이크먼은 거기 모인 사람들을 살펴본 다음, 의사 2명이 한 조를 이루어 각각 병실 열다섯 군데씩 담당하게 했다. 일이 겹치는 경우를 방지하자는 호러스 볼츠의 제안에 따라서, 의사들은 각자의 담당 환자를 더 이상 찾아가지 말기로 했다(다만 새로 담당하게 된 병동에 마침 그 환자가 있는 경우는 예외로 쳤다). 의사들은 지금부터 환자들을 분류해서 오후 4시까지 집계를 완료해야 했다. 몇 군데 진료 장소, 예를 들어 ICU,

일반 병실, 재활 시설, 요양원 중에 환자를 이송할 곳을 표시하기로 했다. 퇴원해도 되는 환자는 일주일분 약을 내준 다음, 임시 대피소로 이송할 예정이었다. 의료진은 환자의 복장을 갖추도록 확인하고, 이송 명령을 실시하기로 되어 있었다.

포는 서른다섯 살의 내과 의사 캐슬린 푸르니에와 한 조를 이루어 4층으로 갔는데, 마침 이곳에는 자기가 담당한 외과 환자도 몇 명 있었다. 그녀는 이곳의 간호사들과도 잘 알았다. 간호사 중 한 명이 이곳의 직원과 환자 상당수가 병원 밖에 있는 집과 가족 때문에 걱정이 태산이라고 포에게 털어놓았다. 그녀는 간호사들과 만나서 최대한 안심시키려고 애썼다.

포와 푸르니에는 환자를 한 사람씩 찾아다니면서, 각각의 상태를 평가하고 분류했다. 환자는 20여 명이 전부였다. 그중 다수는 휠체어를 타고 있어서, 간호사실로 끌고 가서 선풍기 앞에 앉혀놓았다.

간호사들은 진료 기록을 복사하고, 더 아픈 환자 몇 명을 먼저 내보낼 준비를 했다. 이날 하루 종일 포는 4층을 이리저리 오가며, 자기가 들은 새로운 소식을 모조리 간호사들에게 전해주었다.

메모리얼의 중증 질환 담당 의사 중에서도 고참이었던 유잉 쿡은 원래 존 틸의 예전 단짝이었던 호흡기내과 의사였다. 쿡은 4층에 있는 또 다른 구역을 담당하고 있었는데, 역시나 의사였던 아들이 엊저녁에 집에 돌아갔다가 홍수로 인해 병원에 올 수 없게 되자 대신 그가 투입된 것이었다. 간호사들에게 주는 부담을 줄여주기 위해, 쿡은 가장 필수적인 치료와 간호를 제외한 나머지 모든 조치를 중지시켰다. 그때 새로운 입원 환자 전문의 프로그램의 일환으로 최근에 메모리얼에 합류한 서른다섯 살 내과 의사 브라이언트 킹이 나타났다.[16] 병원에 머무는 동안 다른 의사의 환자만 돌보다가, 이제야 이곳에 있는 자기 환자를 확인하러 온 것이었다. 오로지 새로 배정받은 병실에 있는 환자들만 돌보라는 지시를 어기면서까지, 평소와 마찬가지로 자신의 기존 환자를 처방할 권리를 주장할 생각이었다. 급기야 그는 자기 환자의 심박 측정기를 꺼놓으라는 선임 의사의 지시를 듣지 않았다. 쿡은 이 사실을 알고 격분했다. 그는 이 후임 의사가 현재 상황을 제대로 이해하지 못한다고 생각했으며, 자기 지시를 다시 이행하라고 간호사에게 지시했다. "이 층은 지금 내가 담당하고 있네." 그는 킹 앞에 서 있는 간호사에게 말했다. "그러니 내가 시키는 대로만 하게. 다른 의사가 뭐라고 해도 상관없네. 어서 하게나."[17]

병원 밖의 응급실 경사로에서는 관리 담당 직원들이 발전기 연료를 공급하러 달려오는 유조차를 지켜보고 있었다. 반짝이는 크롬 트럭은 물이 더 얕은 차선을 골라 나폴리언 애버뉴를 역주행하며 병원 쪽으로 조금씩 다가오고 있었다. 곧이어 모퉁이를 돌아 매그놀리아 스트리트로 들어선 유조차는 병원에서 100미터쯤 떨어진 곳까지 오다가 멈추더니, 도로 후진해서 결국 돌아가버렸다. "이런, 세상에." 연료 공급도 불가능한 상황이 되자, 전기 담당 기사가 낙심한 듯 말했다. 운전기사는 더 가까이 다가가면 유조차가 완전히 물에 잠기고 말 것이라고 판단한 것으로 보였다.

관리 담당 직원들은 소규모의 도로 침수에 대비해 구비해놓았던 작고 바닥 납작한 보트 가운데 하나를 타고 응급실로 들어온 다음, 배를 구급차가 있는 (그리고 아직까지는 말라 있는) 경사로로 올려다놓았다. 수전 멀더릭은 짓궂게도 최고재무책임자인 커티스 도시와 함께 배 안에 들어앉아서, 관리실장의 카메라를 향해 노 젓는 시늉을 해 보였다. 이들의 뒤편 클라라 스트리트는 이미 물이 불어나 호수가 되어 있었고, 어쩌나 잔잔한지 얼룩진 푸른 하늘의 영상이 그대로 비치고 있었다. 나폴리언 애버뉴를 따라 늘어선 느릅나무들의 구불구불한 가지들이며, 길 건너편 암 연구소 두 개 층의 모습까지 수면에 비치는 가운데, 주차장에 세워진 자동차는 문손잡이 부분까지 물에 잠기고 있었다.

아래층의 지하실에서는 바닥에 생긴 웅덩이가 점점 넓어지고 있었다. 관리 담당 직원들은 화재를 막기 위해 일부 조명과 제어판의 전원을 끊어버렸다. 한 전기 담당 기사는 지면 높이에 난 창문의 봉인이 터진 사이로 마치 폭포수가 쏟아져나오는 듯한 소리를 들었다. 목공 담당 기사 2명이 하역장으로 달려가더니, 직접 만든 판자벽을 덧대어 넘치는 물을 막으려 했다. 이들은 물이 샐 우려가 있는 문마다 테이프를 발라 막았지만, 물은 아래로도 스며들었고, 병원 내부로 3미터나 들어온 지점인 구내매점의 바닥 틈새를 통해 분출되고 말았다.

멀더릭과 관리 담당 직원들이 폭풍 동안 지하실에서 꺼내온 물품들을 폭풍이 지나자마자 곧바로 원래 자리로 가져다놓았는데 이제는 자원봉사자 여러 명이 달려들어 그걸 또다시 꺼내야만 했다. 바닥에서는 1926년의 복사판으로 하수구가 역류했기 때문이다.

애완동물들 역시 아래로 옮겨진 상태였지만, 이제는 다시 매그놀리아 스트리트를 마주보는 다층식 주차장 위로 옮겨졌다. 유잉 쿡과 그 부인 미니도 동물과 우리를 들어 나르는 긴 대열에 합류했다. 쿡 부부와 그 자녀와 애완동물은 허리케인 때마다 이곳에 대피하곤 했다. 최근 들어, 그러니까 아들이 의과대학원을 졸업한 지 얼마 안 되었을 때, 유잉은 임상진료에서 은퇴했다. 그는 25년 동안이나 이 병원에서 근무한 뒤, 이제는 최고의료책임자로 일하고 있었다. 미니도 원래는 서던 뱁티스트 병원에서 일하던 간호사였으며, 그녀의 딸들 역시 간호학을 공부하고 어머니의 뒤를 이었다. 딸 가운데 하나는 현재 ICU의 한 곳에서 일하고 있었는데, 그곳의 동료 로리 부도 역시 2대째 공인간호사(RN)로 한때 어머니가 그곳의 간호실장으로 일한 바 있었다.

쿡이 데려온 식구 중에는 딸이 키우는 고양이 세 마리와, 덩치 크고 털이 수북한 뉴펀들랜드종 개 롤피도 있었다. 미니는 고양이 가운데 한 마리를 안고, 롤피를 줄에 매어 끌고 갔으며, 유잉은 그 뒤를 이 개가 들어갈 길이 1.2미터짜리 조립식 금속제 우리를 질질 끌며 따라갔다.

계단 위에 도착하자 미니는 뒤를 돌아보며 유잉을 기다렸지만, 남편과 우리는 보이지 않았다. "쿡 선생님은 경비실에 내려가 계세요." 누군가가 올라와서 이렇게 말해주었다. "얼른 내려가보셔야 할 것 같아요."

예순한 살의 이 의사는 무게 20킬로그램짜리 우리를 들고 계단을 올라가다가 거의 실신할 뻔했다. 마침 경비원 한 명이 그를 부축해서 계단 옆 자기 사무실에 데려다놓았던 것이다.

미니는 남편이 또다시 심장 발작을 일으킨 것인가 하고 생각했다. 이미 두 번이나 그런 적이 있었기 때문이다. 불과 몇 달 전에도 발작을 일으켰다. 그때도 그는 금욕주의자처럼 고통을 최대한 참으면서, 홈디포에 세워놓은 자기 차에 바닥 타일을 실었다. 그러다가 아내가 뒤늦게야 남편의 납빛 얼굴을 보고 어서 병원에 가자고 재촉했었다.

이번에는 열탈진 때문에 평소의 증상이 촉발된 모양이었다. 쿡은 잠시 휴식을 취하고 음료수를 마시고 난 뒤 무사히 회복되었다.

◇ ◇ ◇

녹슨 헬리콥터 착륙장은 병원 부지에서 남서쪽에 자리한 매그놀리아 스트리트 쪽에 있는 이 병원의 다층식 주차장 맨 꼭대기에 있었다. 높이는 해발 35미터였다.[18] 이곳을 사용했던 기억은 마치 그곳의 방수 포장재에 페인트로 적어 넣은 SBH(서던 뱁티스트 병원)라는 글자와 마찬가지로 희미해져버리고 말았다(사실 그 명칭이 사용되지 않은 지 10년도 넘었다).

'헬리스톱'이라고 알려진 이 헬리콥터 착륙장은 1985년에 대대적인 홍보와 함께 가동에 들어갔다. 오로지 병원 소식지에서만 "시간을 절약해주는 것은 물론, 어쩌면 생명을 구해줄 수도 있는 물류 관련 위업"이라고 부른 이 설비를 위해, 병원은 주차장 엘리베이터를 두 층이나 더 높이 가게 개조함으로써, 병원 응급실과 6층 산부인과 병동에서 헬리콥터 착륙장까지 곧바로 갈 수 있게 했다.

헬리스톱에는 특별한 장치가 있었다. VHF 무전기를 특정 주파수에 맞추고, 마이크 스위치를 껐다 켰다 하는 방법을 통해, 착륙장의 조명등을 원격으로 켤 수 있었다. 조명이 들어오면 병원 직원들도 헬리콥터 착륙에 대비할 수 있었다. 사실 착륙은 낮밤을 가리지 않고, 날씨도 가리지 않으며 일어나는 법이었다.

엘리베이터와 착륙장 조명등 모두 전기로 가동되었다. 그런 면에서 보자면, 헬리콥터 착륙장의 설계 자체는 더 이상 시간 절약이나 생명 구제를 위한 위업까지는 아니었다. 주차장 엘리베이터는 비상 전력 시스템과 연결되어 있지 않았고, 따라서 전력이 끊어진 상태에서는 쓸모가 없었다. 따라서 이제는 병원 안에서 헬리콥터 착륙장까지 환자를 옮기는 일 자체가 불가능해졌다.

몇몇 병원 행정가들과 다른 사람들은 현재 상황을 살펴보기 위해 마치 끝도 없어 보이는 다층식 주차장의 계단을 걸어 올라가야만 했다. 이들 앞에 펼쳐진 노후한 모습은 헬리스톱에 대한 더 심각한 질문을 제기했다. 과연 이 구조물이 헬리콥터의 무게를 버틸 수 있을까? 거기 모인 사람들 가운데 기술자들은 차마 확신을 하지 못했다. 이 받침대는 원래 약 9톤의 비행기를 떠받칠 수 있도록 제작되었지만, 최근 병원에서는 그 무게 때문에 아래의 8층짜리 주차장 건물이 무너지지 않도록 하는 데만 무려 10만 달러를 지출한 바 있었다.

다른 사람들이 그곳을 떠난 뒤에도, 의사 한 사람은 계속 그곳을 맴돌았다. 이 병원에서 마취과 의사로 일하고 있는 폴 프리모는 더 이상 수술이 이루어지지 않는 상황 때문에 임상 업무를 하지 않아도 되는 몇 명 안 되는 의사들 가운데 하나였다(나머지는 방사선과 의사 둘과 병리학과 의사 한 명이었는데, 이들은 평소 환자를 직접 보지는 않았지만, 대신 환자에게 필수적인 서비스를 제공해주었다). 프리모는 헬리콥터 착륙장에 한 번도 올라간 적이 없었기 때문에, 어디까지나 호기심에 다른 사람들을 뒤따라간 것이었다.

얇은 착륙장 위에 올라와보니 아찔했다. 그 납작한 가장자리는 마치 뚝 끊겨 있다시피 했으며, 바람이 세차게 그 위를 가로질렀고, 인근 몇 킬로미터 내에는 이보다 더 높은 구조물이 사실상 없었다. 그의 앞쪽, 그러니까 서쪽으로는 프레릿 지역의 거리에 물이 가득 차오르고 마치 거울처럼 길게 뻗어, 나무 꼭대기와 목조주택들의 위쪽 절반을 비추고 있었다. 남쪽으로는 땅이 점차 솟아올라 미시시피 강변으로 이어지고 있었다. 쓰레기가 흩어진 지붕들 위로 교회 첨탑이 솟아올라 있었다. 북동쪽으로는 병원 본관의 위층 너머로 거기서 1.5킬로미터쯤 떨어진 시내의 마천루가, 그리고 이 도시에서 최후의 피난처인 슈퍼 돔이 보였다. 폭풍 때문에 그곳의 지붕에서 번쩍이는 흰색 외장은 대부분 떨어져나가고 말았다. 헬리콥터 착륙장 북쪽으로는 엘리베이터 탑으로 이어지는 통로가 있었지만, 거기에는 깨진 창문에서 떨어져나온 유리가 가득했다.

프리모는 헬리콥터 회전날개 소리를 듣고 하늘을 올려다보았다. 커다란 국방색 군용 헬리콥터가 한 대 떠 있었는데, 앞머리에 '585'라는 숫자가 적혀 있었다. 블랙 호크 기종 같았다.[19] 프리모는 무심코 한 손을 흔들었다. 딱히 신호를 보낼 생각은 없었지만, 그를 본 조종사는 헬리콥터를 착륙장 위로 몰았다.

아무것도 신지 않은 상태에서도 무게가 5톤은 넘을 것 같은 블랙 호크 헬리콥터는 무사히 착륙장에 안착했다. 회전날개를 돌리면서, 푸른 하늘과 성긴 구름을 배경 삼아. 헬리콥터 착륙장은 나름 멀쩡했던 것이다.

조종사는 혹시 대피시킬 사람이 있느냐고 프리모에게 물었다. 의사는 그렇다고 대답한 다음, 아픈 신생아가 있다고 대답했다. 조종사는 자기 지휘관에게 연락을 취한 다음, 한 명은 데려와도 된다는 허락을 얻어냈다. 프리모는 다층식 주차장의 계단을 달려 내려왔고, 사고대응 지휘본부에 급히 연락을 취했다. 그런 다음 많이 아픈 아기들을 이송하기 위해 이동식 인큐베이터나 요람이나 침대 안에 미리 눕혀놓은 신생아 ICU로 달려갔다.

다층식 주차장에 제대로 작동하는 엘리베이터가 없다보니, 산부인과 병동에서 헬리콥터 착륙장까지의 이동은 '즉시 접근'이 아니라 길고도 에두른 여정이 되었다. 첫 번째 아기를 간신히 헬리콥터 착륙장까지 옮기고 나자, 기다리고 있던 조종사는 짜증이 치민 모습이었다. "너무 오래 걸려요." 그가 말했다. 시 전역에서 도움을 기다리는 사람이 수천 명에 달했다. 조종사는 지휘관과 다시 연락한 뒤 다시 이곳에 오지는 않을 거라고 말했다. "이보다 좀 더 나은 시스템을 고안해보세요."

◇ ◇ ◇

"우리 헬리콥터 착륙장은 멀쩡합니다. 공중 지원도 받을 수 있습니다." 메모리얼의 비상 연락 담당자인 샌드라 코드레이는 정오가 막 지난 뒤 테닛의 본사에 있는 이 지역 사업개발본부장인 마이클 아빈에게 이메일을 보냈다. 이송 계획을 위한 호들갑스러운 통화와 이메일이 결과를 만들어내기 시작했다. 배턴루지에 있는 한 병원에서는 메모리얼의 아기들을 모조리 맡아주기로 했다. 아기들 가운데 16명이 심하게 아픈 상태였다. 해안경비대 헬리콥터 여러 대가 오후에 도착해서 아기들과 성인 ICU 환자 몇 명을 데려갈 예정이었다. 이 계획이 조정되기까지는 이곳에 근무하는 간호사의 남편의 도움이 컸는데, 그는 해안경비대 소속 해군 중위 겸 군의관으로 루이지애나 주 알렉산드리아에 있는 비상지휘본부에서 근무 중이었다.[20] 주 방위군도 커다란 타이어와 높은 차체를 보유한 군용 트럭을 동원해 35명의 내과 및 외과 환자를 텍사스 소재 테닛 계열 병원으로 옮겨주기로 했다.

그렇게 하더라도 메모리얼에는 여전히 100명 넘는 환자와 수백 명의 사람들이 남을 것이었다. 그러나 정부 지원이 지속되지 않을 가능성이 있다는 징후는 곳곳에서 보였다. 오후 중반쯤 되자, 아빈과 그의 상사인 밥 스미스는(그는 테닛에서 텍사스 및 멕시코 만 연안 지역의 사업을 관장하는 수석 부사장으로, 이 회사의 최고경영자에게 직접 보고하는 최고위층이었다) 미국병원연맹으로부터 도움을 요청하는 필사적인 간청 이메일을 받았다. "랜드루 상원의원 사무실에서 전화가 걸려와서, 루이지애나에 있는 긴급 구조의 공백을 메우도록 도와달라고 간곡히 부탁했습니다." 그 내용은 이러했다. "그 주(州)의 위기 대응 역량이 크게 떨어지는 것이 분명해 보입니다." 루이지애나 주 상원의원 메리 랜드루는 이튿날 환자 대피를 도울 수 있도록 부상자 수송용 헬리콥터를 빌려달라고 인근 지역의 여러 병원에 요청하고 있었다. 이 이메일을 보낸 사람은 여러 병원에 '최대한 빨리' 답장을 부탁했다.

이 요청에도 불구하고, 그리고 테닛 계열의 일부 병원 중역들이(예를 들어 애틀랜타의 경우처럼) 대피 지원을 제공하려는 의향을 이미 표시했음에도 불구하고, 테닛의 고위층은 여전히 정부 자원에만 의존해 이 위기 상황에 대응하려고 고집했다.

◇ ◇ ◇

오후 중반쯤 되자, 메모리얼을 에워싼 물은 응급실의 경사로를 따라 상승해, 이제는 위장색이 칠해진 주 방위군의 군용 트럭이 주차된 곳까지 도달했다. 응급실에서 나온 환자들 중 일부는 휠체어를 밀면서, 또 일부는 목발을 이용해 트럭에 올랐다. 이들을 돕는 병원 직원은 하나같

재난, 그 이후

이 셔츠와 머리카락 모두 땀에 흠뻑 젖은 상태였다. 애너 포도 거기서 일하고 있었다.

포는 여러 동료와 함께 열댓 명의 사람을 지붕 없는 트럭 짐칸에 태워주었다. 짐칸에 오른 사람들은 초록색 강철 뼈대 아래 있는 투박한 금속제 벤치에 비좁게 앉았다. 파란 방탄조끼를 입은 병원 경비원들도 달려들어 가슴 높이나 되는 짐칸 위로 환자를 들어올렸다. 간호사 몇 사람도 시외로 이송되는 환자들과 동행하기 위해 짐칸에 올라탔다. 그중 한 사람은 더위에도 불구하고 여전히 흰색 스타킹을 신고 있었다.

트럭 너머로는 줄무늬 셔츠를 입은 남자 하나가 물이 가슴 높이까지 찬 나폴리언 애버뉴를 건너오고 있었다. 그러자 메모리얼의 경비원 한 명이 침수된 경사로 가장자리에 우뚝 솟아난 벽돌 울타리를 따라 걸어 갔다. 그러고는 교통 신호판을 단단히 붙잡고 몸을 기울이더니, 물을 건너오는 남자를 향해 저리 가라는 손짓을 했다. 설령 상대방이 이쪽의 말을 듣지 못했을지라도, 그 손짓에 담긴 메시지는 분명했다. 병원에 가까이 오지 말라는, 여기 와도 환영받지 못하리라는 뜻이었다.

트럭의 짐칸 높이와 물의 깊이가 별 차이 나지 않는 상황이었다. 그러니 도로를 이용해 환자를 구출할 시간 여유도 이제 얼마 남지 않은 셈이었다.

오후 4시쯤 트럭의 커다란 바퀴가 물속에서 구르면서, 병원 구관 앞에 있는 여러 그루의 배롱나무를 지나가더니, 곧이어 서쪽으로 방향을 잡았다. 병원 고위층은 이 환자들을 텍사스 주 내커도치스에 있는 한 병원으로 옮기기로 협의한 상태였다. 그리고 두 번째 트럭이 도착하는 대로 27명의 환자를 더 보낼 계획이었다.

◇ ◇ ◇

"갈 시간이에요!" 신생아 ICU에서는 평소에 아기를 산모 방으로 옮기는 데 사용하는 이동식 플라스틱 요람들이 땅 위에 줄지어 늘어서 있었으며, 하나당 아기 2명과 최근의 진료 기록이 들어 있었다. 간호사들로서 천만다행이었던 점은, NICU가 아직까지 차트를 전산화하지 않았다는 점이었다(만약 컴퓨터에 넣어두었다면 그걸 출력하고 정리하는 데만 상당한 시간을 잡아먹었을 것이다). 한 간호사의 남편은 의자에 앉아서 앙상한 몸에 기저귀를 찬 신생아를 가슴에 안고 달래고 있었다.[21] 누군가가 사진으로 찍은 것처럼, 그 아기는 작은 갈색 발 가운데 하나를 죽 뻗어 그 남자의 똥배를 턱하니 밟고 있었다. 이 남자는 의료 이외의 중요한 일들을 하기 위해 자원한 여러 명의 직원 가족들 가운데 하나였다.

가장 아픈 아기들은 이동식 인큐베이터에 넣었다. 이 커다란 일체형 인큐베이터에는 바퀴가 달려 있을 뿐만 아니라, 산소 탱크와 보온 패드, 그리고 정맥주사액을 조절하는 배터리 작동 펌프가 달려 있었다. 아주 아픈 아기 둘이 놓인 이동식 인큐베이터 하나를 직원 한 명이 끌고, 메디컬 센터에서도 더 새것인 클라라 병동에 있는 비상 전력 가동 엘리베이터까지 데려갔다. 인큐베이터의 높이 때문에, 트럭에 실은 상태에서는 다층식 주차장을 지나갈 수 없어서, 직원들이 이 바퀴 달린 기계를 끌고 다층식 주차장의 차량용 경사로를 빙빙 돌아 9층까지 올라가야만 했다. 그러고 나면 땀에 흠뻑 젖은 티셔츠 차림의 남자 5명이 인큐베이터 주위에 몰려들어 번쩍 들고 비상계단 세 층을 지나야 비로소 헬리콥터 착륙장에 도달할 수 있었다. 기계 가운데 하나는 아기에게 산소를 공급하는 장치가 고장 나는 바람에, 간호사 한 명이 남자들을 따라 계단을 오르면서 작은 레몬 정도 크기와 형태의 고무주머니를 계속 눌러 작은 탱크에 있는 산소를 아기의 기도에 넣어주어야만 했다. 그녀는 한 손을 인큐베이터의 둥근 문 안에 집어넣은 채 걱정스러운 표정으로 움직였다.

마침내 이들이 꼭대기에 도달했지만, 오기로 했던 해안경비대의 헬리콥터는 오지 않았다. 늦은 오후에 메모리얼에 있던 누군가가 해안경비대의 대표자에게 자기네 지도와 좌표를 보내주었지만 시외에서 온 조종사들로서는 메모리얼 메디컬 센터를 찾는 과정에서 고생할 수밖에 없었다.[22] 헬리콥터 착륙장에 적힌 글자도 '서던 뱁티스트 병원'이라는 예전 이름이었고, 게다가 오랜 세월 동안 사용 인증도 받지 못한 까닭이었다.

해안경비대의 헬리콥터를 기다리는 동안, 아기들은 지붕이 있는 통로에서 대기했으며, 병원 발전기와 연결된 콘센트에 전원을 연결하고 있었다. 신생아 전문의 한 사람이 초록색 수술복을 입고 대기 구역과 헬리콥터 착륙장 사이를 오갔는데, 시간이 지날수록 점점 더 걱정스러운 표정이 되었다. 아이들은 열이 났다. 그중 한 명은 긴급 수술이 필요할 정도의 합병증을 앓고 있었다. 신생아 전문의인 후안 호르헤 헤르샤니크는 메모리얼을 포위한 물을 내려다보면서, 만약 전력이 차단되면 어떻게 될지 상상해보았다. 아이들은 생존 가능성이 없어 보였다. 그야말로 사형 선고일 것이었다. 그는 마치 영화 속의 한 장면에 있는 것 같은 기분이 들었다.

그는 내과 과장인 리처드 다이크먼을 찾아가서 이야기를 나누려 했다. 다이크먼은 헬리콥터 착륙장에서의 작업을 지시하는 한편, 무전기를 들고 다니며 다른 병원 직원들과 이야기를 나누는 중이었다. 소형 개인용 헬리콥터들이 도착하고 있었으며, 그중 하나는 오랫동안 기다리던 의약품을 전해주고 갔다. 다른 조종사들은 몸이 아픈 노인 환자들을 기꺼이 태워주고 싶어 한 반면, 몸이 아픈 아기들은 더 특별한 보살핌이 필요하다는 이유에서 태우기를 꺼렸다.

그렇다면 다이크먼이 조종사들을 설득해 아기들 먼저 옮기게 할 수는 없을까?[23] "더 이상 기다릴 수가 없어요." 헤르샤니크가 말했다. "제발요, 리처드. 혹시 우리 환자를 태워줄 사람이 있는지 알아봐주세요."

"그게 내 맘대로 되겠나." 다이크먼도 답답하다는 듯 대답했지만, 또 다른 헬리콥터가 착륙하자, 그는 고개를 돌려 헤르샤니크에게 공허한 시선을 던졌다. 신생아 전문의는 그 시선이 무엇인지 몰랐지만 일단 헬리콥터로 달려가 인큐베이터를 무작정 밀어넣으려 했다.

"그건 안 돼요." 조종사가 말했다. 좌석 세 개짜리인 그 헬리콥터 안에는 커다란 인큐베이터가 들어갈 수 없었다. 결국 아기들은 더 기다려야만 했다.

"더는 못 기다려요." 헤르샤니크가 말했다. 헬리콥터 착륙장에서 한 시간이 더 흘렀다.[24] 이제 얼마 있지 않으면 해가 질 것이었다. "솔직히 말해, 이제는 우리에게 시간이 부족한 것 같아요." 그가 말했다.

헬리콥터 착륙장에는 여분의 산소탱크도 부족하기는 마찬가지여서, 신생아실 담당 직원이 몇 번이나 병원으로 내려가서 더 가져와야만 했다. ICU의 노인 환자들에게 배정되었던 산소 탱크 몇 개도 결국 헬리콥터 착륙장으로 가져왔다.

8층 ICU에서는 간호실장 캐런 원이 구겨진 파란색 수술복 차림으로 이리저리 뛰어다니면서 환자를 헬리콥터 착륙장으로 옮기는 일을 돕고 있었다. 에어컨이 하루 넘게 꺼져 있는 상황이고, ICU의 각종 장비에서 열이 발생하다보니, 이곳의 더위는 점점 견딜 수 없는 지경이 되었다. 깨지지 않은 창문은 여전히 닫아놓은 상태였고, 일부는 판자를 덧댄 상태였으며, 병원 안은 축축하고 습했다. 사람들은 땀을 흘렸다. 그녀는 직원들에게도 혹시 반바지가 있으면 갈아입으라고 지시해두었다.

흰색 선풍기가 이리저리 돌아가며 환자들에게 바람을 전해주었다. 이 병동의 환자 가운데 일부는 위중한 상태까지는 아니었지만, 다른 일부 환자는 약한 데다 회복력도 결여된 상태였다. 환경에서 아주 작은 변화라도 생기면 이들의 항상성을 위협할 수 있었다. 지금은 더위가 이들을 위협하고 있었다.

원은 창문 안쪽에 덧대어놓은 판자를 떼어내는 일을 도왔다. 혹시나 그곳에는 바람이 들어올 만한 깨지거나 갈라진 유리가 있나 궁금해서였다. 남성 간호사와 시설관리실장은 번갈아가면서 (평소에는 정맥주사액을 달아놓는 데 사용하던) 긴 쇠막대를 휘둘러, 카트리나에도 멀쩡하게 버텼던 유리창을 마침내 깨버렸다.

캐런 윈이 환자 한 명을 엘리베이터에 실었을 때, 마치 나이아가라 폭포 같은 소리가 들렸다. 엘리베이터 통로 안으로 물이 들어오고 있었던 것이다. 경비원 한 명이 엘리베이터에 타고서, 아무도 지하층으로 가는 버튼을 누르지 못하게 지키고 있었다. 윈은 자기 환자를 8층으로 데려가고 싶어 했다. 이제는 시간이 문제였다. 설령 발전기가 꺼지지 않았다 하더라도, 머지않아 안전을 위해서라도 엘리베이터에 전원을 차단해야 할 것이었다.

헬리콥터 착륙장으로 환자를 더 보내라는 전화 지시가 ICU에도 내려왔다. "몇 사람 더 보내요! 헬리콥터가 와 있으니까!" 하지만 환자 한 명을 헬리콥터 착륙장으로 데려가는 데 45분이나 걸렸다. 외과 ICU 간호사 가운데 고참인 셰리 랜드리가 8층에서 무전기를 담당하고 있다가 동료들에게 그 이야기를 전해주었다. "헬리콥터가 와 있대! 더 빨리 움직여야겠어."

윈의 직원들은 가족들의 도움을 받아가면서 바쁘게 일했다. 한 대뿐인 엘리베이터가 다시 오려면 시간이 너무 오래 걸리기 때문에, 이들은 계단을 통해 환자를 데리고 한 층 아래로 내려가기 시작했다. 이들은 환자를 일단 옆으로 눕히고 땀이 가득한 등 밑에 이불을 넣은 다음, 다시 반대편으로 돌리고 이불을 끌어당겨서 환자를 이불 위에 똑바로 눕게 했다. 그런 다음 자원봉사자들이 이불의 네 귀퉁이를 단단히 붙잡아서, 환자를 병상에서 들어올렸다.

또 다른 외과 ICU 간호사인 로리 부도는 턱밑에다가 작은 플래시를 하나 긴 상태로 환자를 따라 어두운 계단통을 지나가며 길을 비춰주었다.[25] 그녀는 플래시 여러 개와 테이프를 챙긴 다음 다시 올라와 한 자원봉사자에게 그걸 난간에 붙여달라고 했다.

ICU에서 가장 많이 아픈 환자들 가운데 하나는 일흔한 살의 헬렌 브레킨리지였다. 그녀는 원래 커튼 제작업자 겸 인테리어업자였으며, 메모리얼에 입원한 지는 일주일쯤 되었다.[26] 브레킨리지는 폐와 심장 질환에 당뇨병 합병증 증세를 보였으며, 이전에는 다른 병원에서 호스피스 간호를 받은 바 있었다. 다시 말해 그녀가 현재 받고 있던 치료는 생명 연장이 아니라 편의 도모에 초점이 맞춰져 있었다. 그녀는 모르핀과 강력한 진정제를 처방받고 있었으며, 식사를 못 하게 된 뒤로는 (어쩌면 진정제 때문일 수도 있고, 질환이 악화되어서일 수도 있는데) 호스피스에서도 음식물이나 유동식을 제공하지 않았다. 그녀의 형제는 마침 뉴올리언스의 다른 병원에서 의사로 일하고 있었는데, 누이가 하루하루 말라 죽어가는 것을 차마 볼 수 없어 했다. 그는 헬렌이 호스피스 입원에 동의하는 서류에 억지로 서명했다고, 따라서 사실은 그곳에 있고 싶어 하지 않았다고 믿어 의심치 않았다. 급기야 그는 법정 투쟁 끝에 누이를 호스피스에서 퇴원시킨 다음, 메모리얼의 ICU에서 더 적극적인 치료를 받게 했다.

이제 의료진 한 팀이 브레킨리지를 옮기기 위해서 애쓰고 있었다. 한 사람은 수작업으로 그녀의 폐에 공기를 불어넣었고, 다른 사람들은 배터리로 작동하는 여러 개의 (그녀의 연약한 순환계를 조절하는 약을 정맥에 주사하는) 펌프를 눈여겨보고 있었다. 이들은 우선 8층에서 계단을 통해 아래로 내려갔다.

"환자를 다시 위로 올려다놔요." 브레킨리지가 아래로 내려가자마자 한 의사가 말했다. "첫 비행기에는 못 타게 생겼으니까."

이보다 좀 더 일찍 있었던 회의에서 메모리얼의 의사들은 가장 많이

재난, 그 이후

아픈 환자들이라든지, 기계에 의존해 생명을 유지하는 환자들을 최우선으로 한다는 규약에 예외를 설정했다. 이들은 DNR을 요청한 환자 모두를 대피 우선순위에서 맨 나중에 두기로 결정했다. ICU에는 DNR 환자가 4명이었는데, 그중에는 브레킨리지와 재니 버지스도 포함되었다(흑인 간호사였던 버지스는 일찍이 여러 병원에서 환자를 돌보았지만, 인종 차별 때문에 정작 아파도 자기가 근무하는 병원에는 입원할 수 없는 상황을 겪은 바 있었다).

DNR 요청서에는 의사의 서명이 되어 있었는데, 거의 항상 환자 본인이나 보건의료 대리인의 사전 동의가 덧붙어 있었다. 여기서 '사전 동의'란 1950년대 미국에서 수립된 법적 개념이다. 이것은 의료 관련 결정에서 환자의 자율성을 보호하기 위해서 고안되었는데, 바꿔 말하자면 역사적으로 이런 결정에서는 종종 남용이 있어왔기 때문이다. 이 법적 개념이 도입되면서 의사들은 자기들이 제안하는 의료적 간섭의 성격, 위험, 이득, 대안을 반드시 밝혀야 하는 의무를 갖게 되었다. DNR 요청은 심박이나 호흡이 멈춘 환자를 소생시키지 말라는 의미였다. DNR 요청은 사망 선택 유언*과는 달랐는데, 루이지애나 주 법률에 따르면 "말기 및 회복 불가능한 상태"에 있는 환자는 "생명 유지 절차"를 보류하거나 제거하라고 사전 요구할 수 있도록 되어 있었다.[27]

하지만 DNR 요청 환자를 맨 나중에 보내자고 회의에서 제안한 의사가 나중에 내놓은 설명에 따르면, 그는 이를 약간 다르게 이해하고 있었다. 즉 내과 과장 리처드 다이크먼의 생각으로는, DNR 요청서가 있는 환자는 법적으로 말기이거나 회복 불가능한 상태임이 공인된 셈이고, 따라서 만약 재난이 닥칠 경우에도 이들은 다른 환자에 비해서 밀려야 본전이기 때문에 맨 마지막에 보내기로 했다는 것이다.

---

* '존엄사 요청 유언'을 말함.

이 회의에 참석한 다른 의사들도 다이크먼의 계획에 동의했다. 신경방사선과 의사인 빌 아밍턴이 나중에 내놓은 설명에 따르면, 인위적 수단을 이용해 자기 생명을 지속시키지 말라는 희망을 피력한 환자들이라면, 굳이 다른 사람을 희생시키면서까지 자기 생명을 건지고 싶어 하지 않을 것이었다. 물론 DNR 요청서나 메모리얼의 재난 대비 계획 어디에도 이런 사실이 명시되지는 않았지만 말이다. 대피 우선순위와 관련된 이런 결정은 어쩌면 중대한 결정까지는 되지 않을 가능성이 컸다. 적어도 병원이 신속하게 대피에 성공한다면 말이다.

간호실장 캐런 윈은 의사들끼리 내린 결정을 의사 둘로부터(유잉 쿡과 로이 컬로타로부터) 전해 듣고, 이 정보를 수전 멀더릭에게도 공유했다. 이 계획은 또한 브레킨리지의 이송을 돕던 간호사에게도 분명히 전달되었다. 먼저 "가장 구제 가능한 사람이 가야만 한다"는 것이었다.

브레킨리지가 ICU로 돌아왔을 때, 그녀는 간신히 숨을 이어가고 있는 상황이었다. 의료진은 펌프와 투약기를 비상 전력 콘센트에 연결했고, 기계식 인공호흡기도 다시 설치했지만, 환자는 머지않아 사망했다. 그녀의 죽음은 원래에도 임박한 상황이었을지 모르지만, 그럼에도 불구하고 이 병원에서 카트리나로 인해 재촉된 최초의 죽음인 것처럼 보였다. 누군가가 사망 확인을 위해서 호러스 볼츠를 호출하자, 백발의 이 의사는 숨을 헐떡이며 계단을 올라왔다.

이번에는 로드니 스콧이 ICU에서 아래층으로 이송되었다. 예순세 살의 공인 간호조무사인 그는 한때 서던 뱁티스트 병원에서도 일한 적이 있었으며, 심장 발작과 여러 차례의 수술을 겪고 점차 회복되는 중이었다. 하지만 그는 체중이 무려 140킬로그램을 넘었기 때문에, 한 의사는 다층식 주차장으로 환자를 옮기는 데 사용하는 좁은 통로에 환자가 끼여버릴지도 모른다고 우려했다. 자칫 대피 계획 전체에 차질이 빚어질지도 모른다고 생각한 의사는 스콧을 맨 나중에 내보내야 한다고 결정했다. 그리하여 스콧은 4층의 환자 병동으로 옮겨 대기하게 되었다.

◇ ◇ ◇

건물 꼭대기의 헬리콥터 착륙장에서는 신생아 전문의 헤르샤니크가 작은 헬리콥터에 옮길 수 없는 인큐베이터 속의 아픈 아기 2명을 어떻게 조치할지 결정하고 있었다. 치명적 질환을 앓고 있는 아기들을 살리려면 기술에 크게 의존해야 했다. 이렇게 아픈 아기들을 인큐베이터 없이 이송한다는 것은 상상조차 할 수 없는 일이었다.

하지만 이제는 아니었다. 헤르샤니크는 결국 위험을 무릅쓰기로 작정했다. 그는 조종사 바로 옆 좌석에 올라타고는, 이불에 싸인 6주 된 미숙아를 팔에 안았다. '남자아기 S'는 임신 24주째에 태어나, 폐가 심하게 미발달한 상태이고 체중도 1킬로그램이 채 되지 않았다. 헤르샤니크는 신축성 있는 수동 인공호흡기를 눌러가면서 신속하게 산소를 공급하며, 아기의 폐에 산소를 충분히 공급해주었던 정교한 기계의 작동을 최대한 흉내냈다. 인큐베이터에 들어 있던 또 다른 작은 아기는, 헬리콥터 뒷좌석에 앉은 한 간호사가 건네받았다. 그녀는 분홍색과 파란색의 아기 발자국 무늬가 새겨진 자신의 수술복 셔츠 안에 아기를 밀어넣었다.

이륙하자마자 헤르샤니크는 겁이 났다. 헬리콥터 안에 찬 공기가 순환하고 있어서, 자기 몸으로 아기를 감싸려고 노력했다. 주위는 어두워지고 있었다. 그는 손쉽게 (자기도 모르게) 아기의 기관(氣管)에 꽂혀 있던 작은 튜브를 제거해버렸다. 아기의 혈중 산소 농도를 확인하는 기계를 전혀 가져오지 않은 상태였다. 게다가 헬리콥터 회전날개의 소음 때문에 청진기도 소용없었다. 그래서 이제는 아기의 가슴을 통해 숨소리를 듣는 것 자체가 불가능할 것이었다. 도대체 내가 무슨 짓을 한 거지? 그는 의문이 들었다. 내가 과연 옳은 결정을 내린 걸까? 결국 이제 아기가 여전히 살아 있는지 여부를 확인하는 유일한 방법은, 자유로운 한 손으로 아기의 발을 꼬집어서, 과연 아기가 발을 움직이는지 손으로 느끼는 것뿐이었다. 헤르샤니크는 다른 한 손으로 수동 산소호흡기를 재빨리 누르고 있었기 때문에 쥐가 날 지경이었다. 그는 조용한 가운데 맹세를 했다. 만약 이 아기만 산다면, 이후로는 그 어떤 일에 대해서도 불평하지 않겠다고 말이다.

조종사는 연료 보충을 위해 착륙해야 한다고 말했다. 헤르샤니크는 이런 상황을 차마 믿을 수가 없었다. 이들은 석유업계 헬리콥터 전용 급유 시설에 착륙했다. 예정된 5분간의 착륙은 10분으로, 곧이어 15분으로, 곧이어 25분으로 늘어났다. 헤르샤니크는 펜 모양 플래시를 꺼내 아기를 비춰보았다. 아직 살아 있었다. 그는 산소통을 플래시로 비춰보았다. 거의 비어 있었다. 육군 소속 헬리콥터 두 대가 이들보다 더 나중에 착륙했지만, 급유는 더 먼저 받았다. 헤르샤니크가 조종사에게 이의를 제기했다. "선생님, 이러다가 아기들이 죽고 말 거예요." 조종사는 저 육군 헬리콥터 역시 지붕 위에 고립된 사람들을 구출하고 있다고 말했다. "이렇게 하지 않으면, 그 사람들도 죽기는 마찬가지겠지요."

그 순간 헤르샤니크는 더 커다란 현실을, 즉 물이 도시 전체를 질식시키자마자 대두한 상충되는 우선순위를 고려해보았다. 그는 오로지 의사로서의 본능적인 행동을 하고 있는(즉 자기 환자를 보호하려는) 것뿐이었지만, 이제 그는 생명을 구제하려는 분투가 훨씬 더 멀리까지 이어진다는 것을 깨달았다. 즉 현재 헬리콥터에 타고 있는 2명의 치명적인 질환을 앓는 신생아라든지, 메모리얼에 있는 아픈 아기들 전체라든지, 심지어 병원 전체보다도 더 멀리까지 말이다(물론 그가 병원으로 돌아가고 나면, 그에게는 병원이 마치 우주 전체인 것처럼 느껴지겠지만 말이다). 그는 이 지연 상황을 이용해 어렵사리 산소통을 교체했다. 그리고 자신의 조급함에 대해 조종사에게 사과했다.

132

메모리얼의 헬리콥터 착륙장에서는 아직 남아 있는 신생아 ICU의 간호사들이 (마치 지나가는 자동차를 향해 엄지손가락을 세워 보이는 히치하이커마냥) 지나가는 헬리콥터를 향해 손을 흔들고 있었다. 헬리콥터 착륙장 위에서 벌어지는 이런 행동은 병원에 있는 구경꾼 한 무리의 관심을 끌었으며, 이들은 아예 위로 올라와서 이 모습을 구경했다. 워낙 실내가 더운 데다, 시간이야 남아돌았다. 어케이디언에 온 지 얼마 안 되었던 조정실장 한 사람은 이런 혼돈의 분위기를 보고 깜짝 놀랐다. 그는 작은 헬리콥터를 타고 여러 병원을 돌아다니면서 위중한 환자를 실어 나르는 중이었다. 다른 병원들은 여기보다는 좀 더 체계적이었다. 메모리얼의 헬리콥터 착륙장 북동쪽 끝에 그는 냉장고를 하나 내려놓았는데, 그 안에는 고생하는 헬리콥터 조종사들을 위한 샌드위치가 가득 들어 있었다. 하지만 착륙장 위를 배회하던 메모리얼의 직원과 다른 사람들이 곧바로 달려들어 먹을 것을 모조리 가져가버렸다.

헬리콥터 착륙장에 올라가 있던 의사들은 이미 진료에서는 손을 뗀 지 오래였고, 이제는 헬리콥터 안에 환자를 몇 명이나 태울 수 있느냐를 놓고 해안경비대 조종사와 (누구나 최소한 한 번 이상은) 말다툼을 벌이고 있었다. 그러자 이 조종사는 차라리 다른 곳에 있는 사람을 구조하러 가겠다며 떠나고 말았다. 예비역 공군 대위 출신의 한 간호사는 이 광경을 지켜보다가 어처구니없는 말다툼 때문에 졸지에 헬리콥터 한 대를 잃어버리게 되었다며 격분했다.[28] 그녀는 조종사들이 하늘을 지배한다는 것을, 즉 수천 시간 동안이나 수색 및 구조 비행을 해왔기 때문에, 그 안에 태울 수 있는 사람의 숫자에 대해서 누구보다 잘 안다는 것을 알고 있었다. 간호사는 헬리콥터 착륙장을 총괄하는 내과 과장 리처드 다이크먼에게 다가가, 자기가 공군에서 긴급 상황시 비행기 탑승 절차를 통제해본 경험이 있다고 말했다. 의사는 그녀에게 기꺼이 이 임무를 맡겼고, 이 간호사는 유선 헬리콥터 착륙장 위에서 의사와 환자 모두를 내려보낸 뒤 바람을 막아주는 통로 안에 들어가 기다리도록 조치했다. 아울러 조종사들이 계속 착륙할 수 있도록 병원 옥상에서도 사람들을 몰아냈다.

메모리얼의 직원들은 치명적인 질환을 앓고 있는 아기들 가운데 맨 마지막 무리를 헬리콥터 한 대에 태우기 시작했다. 그런데 그 조종사는 메모리얼의 신생아를 받아주기로 합의한 배턴루지의 병원이 아니라, 거기서 더 서쪽에 있는 다른 병원으로 갈 계획이었다.

그러자 신생아 ICU의 간호사들은 이에 항의했다. 과연 그 다른 병원이 가뜩이나 연약한 자기네 신생아의 생명을 유지할 장치를 보유하고 있는지 여부를 모른다는 이유에서였다. 리처드 다이크먼은 그래도 아기들을 보내야 한다고 타일렀다. "조종사가 어디로 가든지, 아기들도 같이 보내도록 하게."[29] 그는 무전기를 통해 간호사들에게, 그리고 병원 안에 있는 간호실장에게 말했다. "지금은 재난 상황이니까."

"그러면 이 아기들을 헬리콥터에서 내리겠습니다." 신생아를 담당한 간호실장이 무전기로 대답했다. 이런 행동은 의사를 더 우위에 놓는 병원 위계질서의 불문율에 정면으로 배치되는 것이었다. 간호사는 조종사가 배턴루지의 예정된 병원으로 가는 길을 찾게 하든가, 그렇지 않다면 신생아를 데려가지 못하게 막을 거라고 고집을 부렸다. 몇 분 지나서야 조종사는 비행 계획을 배턴루지로 바꿔도 된다는 승인을 얻어냈다.

그로부터 몇 시간 뒤 배턴루지에서 문자 메시지가 도착했다. 아기들은 모두 목적지에 무사히 도착했으며, 헤르샤니크가 데려간 아기도 마찬가지였다. 남자아기 S의 도착 당시 혈중 산소 농도는 최신식 기계에 연결되어 있을 때와 비슷했는데, 이것이야말로 생명 유지를 위한 의사의 임기응변 덕분이었다. 아기들은 의사가 상상한 것보다 훨씬 더 회복력이 좋았다.

◇ ◇ ◇

　애너 포가 주 방위군 트럭에다 환자를 태우는 일을 도와주고 다시 병원 안으로 들어오자, 간호사 한 명이 그에게 다가와 이 병원 7층에 세든 장기 급성 치료 병원인 라이프케어에서 코드 블루 의료 긴급 상황이 발생했다고 말했다. "선생님께서 가보셔야 할 것 같아요. 제가 보기에 그 층에는 의사선생님이 아무도 안 계신 것 같아서요." 간호사가 말했다.

　계단에 물이 흥건해 미끄러웠지만, 포는 더위 속에서도 계단을 여섯 층이나 올라간 다음, 아직 작동 중인 하나뿐인 엘리베이터를 기다렸다. 일흔세 살의 남성 환자가 오후 3시 직전에 심박이 매우 느려지고 호흡도 멈추었다는 것이었다. 간호사들 한 무리가 그의 병상을 에워싸고, 그를 소생시키는 데 필요한 용품들이 가득한 이동식 충격 장치를 끌고 왔다. 그곳에 있는 유일한 의사였던 포가 이 일을 떠맡았다.

　그녀는 우선 환자의 병상 뒤로 걸어간 다음, 라이프케어의 호흡기 치료사의 도움을 받아, 환자의 머리를 어렵사리 뒤로 기울였다. 이 환자는 극도로 말랐고, 목은 뻣뻣하고 굽어 있었다. 후두경(喉頭鏡)의 금속제 날을 이용해, 그녀는 환자의 혀를 들어올리고 턱을 벌렸다. 그런 뒤 배터리로 작동하는 후두경의 조명의 도움을 받아, 환자의 성대를 지나 기도로 튜브를 조심스럽게 집어넣었다. 이 튜브는 붉은색 비상 전원에 꽂아놓은 인공호흡기와 연결되어 있었다. 이 기계가 환자의 폐 속에 불어넣는 산소는 이 병원의 벽을 따라 설치된 파이프 안을 흐르고 있었는데, 전기에 의존하지 않는 초대형 압축가스 탱크에서 공급되는 것이었다.

　심전도계에 따르면 이 환자의 심장 아래쪽 심실은 박동을 사실상 멈추었으며 이제는 떨리기, 즉 '세동(細動)'을 시작해 몇 분 만에 죽을 수도 있었다.[30] 그 주위에 모인 의료 팀은 코드를 발동하고, 예정된 순서대로 의약품과 전기 쇼크를 가하고, 심폐소생술(CPR)을 때때로 실시하고, 더 정상적인 심장 박동을 회복시키기 위해 노력했다. 한 응급실 담당 의사가 도착해서 포의 역할을 대신했다. 두경부외과 의사에게 환자의 소생은 그리 손에 익숙한 일까지는 아니었기 때문이다. 생명 구제를 위한 온갖 노력에도 불구하고, 환자는 결국 생존하지 못했다. 그는 존틸의 환자였으며, 당시 라이프케어에는 별도로 의사가 배정되지 않은 관계로, 그날 오전에 틸이 직접 위층으로 올라와서 환자를 살펴볼 때까지만 해도 상태가 안정적이었다.

코드를 취소한 다음, 포는 방금 자기를 도와준 호흡기 치료사와 인사를 나누었다. "좀 어떠세요?" 그녀가 물었다. "이 위쪽은 상황이 괜찮은 건가요?"[31] 다행히도 상황은 괜찮은 편이었지만, 이들은 어쩐지 망각된 듯한 느낌을 받았다. 라이프케어의 진료부장은 물론이고, 이곳의 환자 대부분을 담당하던 의사들은 폭풍이 몰려오는 와중에 부재중이었으며, 현재 병원 내에 있는 다른 의사들 가운데 어느 누구도 병실을 배정받을 때 7층을 적극적으로 책임지려 하지 않았다. 심지어 의사 가운데 하나인 로이 컬로타는 (요양원이 차마 대피를 하지 못한 관계로 이곳에 오게 된) 자기 할머니가 머물 방을 하나 비워달라고 라이프케어 직원에게 압력을 행사하기도 했다. "우리는 어쩌고요?" 라이프케어의 선임 관리자인 간호이사 테레즈 멘데즈가 의사들의 회의에서 이렇게 물었다. 한 여성 의사는 자기 전화번호와 주소를 적어서 멘데즈에게 건네주었다. "대신 사소한 일로는 전화하지 말아주세요." 그녀가 말했다. 그러자 한 남자 의사가 그 여자 의사에게 이렇게 말했다. "굳이 그렇게까지 할 필요는 없잖아. 어차피 당신도 어떤 의무에 얽매인 것은 아니니까."

의사들이 재난 상황에서 라이프케어의 환자보다 메모리얼의 환자를 보살피는 일에 좀 더 의무감을 느낀다는 사실에, 라이프케어의 직원 가운데 일부는 깜짝 놀라고 말았다. 현재 동원 가능한 의사 가운데 상당수는 양쪽 병원 모두의 의료진으로 배정되어 있었다. 그중 일부는 라이프케어에 환자를 두고 있었다. 앞서 틸도 그렇고, 포 역시 지난 주말 동안 턱에 종양이 있는 한 남자 환자를 진료한 바 있었다.

라이프케어의 운영진은 코드 블루에 뒤이은 노력에 고마움을 표시했다. "팀과 의사들의 반응이 놀라웠다." 그중 한 사람은 라이프케어 약제실에 있는 노트북 컴퓨터에 이렇게 기록했다. 정오부터 라이프케어의 직원들은 피시애니웨어라는 (보통은 고객의 컴퓨터에 원격으로 접근하는 고객지원센터 전문가들이 이용하는) 소프트웨어를 이용해 슈리브포트에 있는 회사의 동료들과 이야기를 하고 있었다. 시간이 지나갈수록 라이프케어의 대피 전망에 대해서는 혼란만 더욱 깊어졌다.

임신 7개월째인 라이프케어 부분원장 다이앤 로비쇼는 라이프케어 뉴올리언스 분원의 사고 대응 지휘관 역할을 본인이 떠맡는 대신, 자기 상사인 분원장은 폭풍이 오기 전에 가족과 함께 시외로 떠나도록 조치했다(분원장의 가족 중에는 각별한 보살핌이 필요한 아이가 있었기 때문이다). 이제 비상 전력으로 작동하는 전화와 인터넷 연결이 제한적인 상황에서, 로비쇼는 자기가 있는 메모리얼의 라이프케어 환자들뿐만 아니라, 뉴올리언스 공항 인근에 있는 또 다른 라이프케어 분원 환자들의 대피까지도 관리해야 하는 처지가 되었다.

오전 늦게쯤 그녀는 아래층으로 내려가 메모리얼의 사고 대응 지휘관들을 만나서, 라이프케어에서 가장 위중한 환자 명단을 건네준 다음, 지금 본사는 자기네 환자를 이송하기 위해 최대한으로 노력 중이라고 말했다. 그러자 메모리얼에 대기하던 어케이디언의 구급차 구급요원은 라이프케어가 여전히 본사 중역진으로부터의 지시만 기다리고 있다는 사실에 놀라움을 표시했다. 그러면서 자기가 알기로 어케이디언은 이미 라이프케어와 이송 계약을 맺고 있다면서, 원한다면 얼마든지 도와주겠다고 제안했다.

지휘본부에 모인 메모리얼의 지도자들은 헬리콥터 착륙장이 현재 가동 중이며, 따라서 라이프케어의 헬리콥터도 이곳에 착륙할 수 있다고 로비쇼에게 알렸다. 그녀는 위층으로 돌아와서 컴퓨터 대화창을 통해 슈리브포트 분원에 있는 본사의 연락책인 진료 담당 수석 부사장인 로비 뒤부아에게 소식을 공유했다. 로비쇼는 메모리얼을 꼭 벗어나야만 하는 라이프케어 환자 53명의(원래 55명이었지만, 그중 2명은 이미 사망했다) 목록을 뒤부아에게 보냈다. 가장 상태가 위중한 7명은 인공호흡기에 의존하고 있으며, 1명은 보조호흡기에 의존하고 있고, 5명은 투석이 필요했다.

슈리브포트에서 온 답장이 한 글자 한 글자씩 천천히 스크린에 나타났고, 혹시나 오타가 있을 경우에는 역시나 천천히 뒤로 돌아가서 답답함을 더했다. 슈리브포트의 직원들은 자사가 녹스 앤드리스라는 사람과 계약을 맺었고, 이들이 알기로 그는 배턴루지의 FEMA에서 일하는 것 같다고 전했다. 그러면서 FEMA와 루이지애나 주 보건의료부는 라이프케어의 상황을 잘 알고 있으며, 인공호흡기에 의존하는 환자를 먼저 대피시킬 계획이라고 말했다. 모든 병원이 도움을 요청하고 있기 때문에, 지원대가 정확히 언제 도착할지는 말할 수 없다고도 했다.

그들은 무작정 기다렸다. 슈리브포트의 한 직원은 뉴올리언스 분원의 라이프케어 직원들 가운데 가족에게 괜찮다는 연락을 전하고 싶은 사람이 있으면 대신 전화해주겠다는 제안도 내놓았다. 일부 직원들은 거의 이틀 동안이나 가족과 연락을 할 수 없었다. 컴퓨터 대화창을 통해 여러 개의 전화번호와 메시지가 오갔다. "이베트살아있음사랑해요모두." "난괜찮은데연락안돼서마빈한테사랑한다말해줘."

그러다가 오후 중반쯤 되어 메모리얼에서 다급한 제안이 들어오더니, 곧이어 혼란스러운 상황이 뒤따랐다. 배턴루지로 가는 해안경비대 헬리콥터에다 라이프케어 환자들을 태울 수 있다는 것이었다. 그러면서 환자를 보낼지 말지 20분 안에 라이프케어에서 자체적으로 결정하

138

라고 했다.

이들이 차마 대답하기도 전에, 이 제안은 곧바로 철회되었다. 메모리얼의 대표단은 이미 해안경비대에 보낸 환자 명단 가운데 라이프케어의 환자도 포함되었다고 생각했지만, 알고 보니 그렇지 않았던 것이다. 메모리얼의 사고 대응 지휘관 수전 멀더릭은 이날 오후 일찍 루이지애나 주 알렉산드리아에 있는 해안경비대의 비상지휘본부에 있는 항공대피 조정실장과 전화통화를 했는데, 근무기록에 따르면 그녀는 이때 이송할 사람이 200명이라고 전달했다. 그런데 이 숫자는 메모리얼만의 환자 수를 약간 넘는 정도였다. "라이프케어의 환자들은 포함되지 않음. '반복'한다. 포함되지 '않음.'" 로비쇼는 슈리브포트의 동료들에게 보내는 컴퓨터 대화창 메시지에 이렇게 적었다.

로비쇼의 메시지에 따르면, 메모리얼은 FEMA가 라이프케어의 이송을 이미 준비하고 있다는 가정 하에 움직였던 것이다.[32] 얼핏 보기에 이런 가정은 마치 귓속말 게임과 마찬가지로 메시지 전달 과정의 오해에서 생겨났으며, 라이프케어의 슈리브포트 쪽 대표자와 FEMA에서 일한다는 앤드리스라는 사람 사이에 오간 대화에서 비롯된 것이 아닐까 싶었다. 하지만 문제는 (나중에 밝혀진 바와 같이) 녹스 앤드리스가 사실은 슈리브포트의 한 가톨릭 병원에서 근무하는 간호사였으며, 다만 9·11 이후에 루이지애나 북서부인 자기 지역을 담당하는 병원 재난대비조정실장으로 자원봉사를 하는 것에 불과했다는 점이다.[33] 그의 자원봉사자 직함은 'HRSA 지역 조정실장'이었는데, 이 주(州)에 부여된 연방 병원 생물학테러 대비 지원금에 근거해 신설된 지위였다. 그는 자기가 받은 자격증을 자랑스럽게 보여주었고, 이 역할을 매우 진지하게 받아들였으며, 지역 및 전국 훈련 프로그램에서 연수생으로서나 연설자로 참여했다. 하지만 그는 FEMA에서 일하는 것은 아니었다.

가장 중요한 메시지는 이런 것이었다. "MMC(메모리얼 메디컬 센터)

의 말로는, 자기들이 먼저 간다고 함. 위중한 환자 먼저, 다른 환자 나중." 다시 말해서 메모리얼의 경미한 환자조차 우선순위에서는 라이프케어의 많이 위중한 대부분보다 더 앞서게 된다는 뜻이었다.

슈리브포트의 로비 뒤부아는, 메모리얼로 가는 헬리콥터는 사실 메모리얼과 라이프케어 양쪽 환자 모두를 위한 것이 아니겠느냐고 말했다. "FEMA 쪽 사람들과 이야기를 해봤는데, 우리 역시 그쪽의 이송에 포함되기로 했다고 함." FEMA와 해안경비대가 서로 아무런 조정 없이 따로따로 움직이리라고 상상하기는 어려웠다. 게다가 양쪽 모두 연방 정부의 자원이었다. 그걸 어떻게 메모리얼이 독식할 수 있단 말인가? 만약 위중한 환자를 먼저 데리고 나가는 것이 목표라면, 왜 메모리얼의 경미한 환자가 라이프케어의 위중한 환자보다 더 먼저 탈출해야 한다는 것인가?

오후 5시쯤 되었을 때, 로비쇼는 가족과 함께 미리 대피한 라이프케어 뉴올리언스 분원의 분원장과 이야기를 나누었다. 그녀는 테닛의 환자들이 대피를 위해 이동 중이며, 그로 인해 라이프케어 직원들이 적잖이 낙담하고 있다고 말했다. 또한 로비쇼는 병원 7층에 있는 약제실 컴퓨터를 이용해 슈리브포트에 있는 동료들에게 구체적인 내용을 알아봐 달라고 재촉했다. 정말로 FEMA 쪽에서는 메모리얼에서 이루어지는 해안경비대의 공중 수송에 라이프케어도 포함될 수 있다고 말했다는 것인가?

슈리브포트의 라이프케어 직원 가운데 한 사람이 녹스 앤드리스에게 전화를 걸어 다시 확인했다. "그가 나한테 해준 말이라고는, 자기들이 우리 정보를 갖고 있고, 곧 우리 쪽에 다시 연락을 주겠다는 것뿐임." 그 직원은 로비쇼에게 이런 답변을 보내왔다. "우리도 MMC와 함께 타도 되는지 내가 특별히 여러 번 물어보았지만, 저쪽 대답은 자기들도 우리 정보를 갖고 있으며, 모든 병원을 대피시킬 예정이라는 것뿐이었음." 앤드리스가 그 직원에게 한 말에 따르면, 병원들은 정해진 순서대로 대피될 예정이라고 했지만, 과연 그 '순서'가 무엇인지는 불분명했다.

진료 담당 수석 부사장 로비 뒤부아는 계속 슈리브포트에서 전화를 돌려가면서, 도움이 될 만한 사람 모두와 접촉해보겠다고 알렸다. "그쪽에서도 계속 노력하길." 그녀는 답장과 함께 로비쇼에게 재촉했다. 당신이 직접 헬리콥터 착륙장에 올라가서, 메모리얼 내의 또 다른 병원인 라이프케어도 마찬가지로 대피할 필요가 있음을 해안경비대에게 설명해보라는 것이었다.

뒤부아는 불리한 처지에서 일하고 있었다. 그녀는 여러 해 동안 라이프케어에 근무했으며, 본사가 있는 텍사스 주 플레이노에서 자기 집과 현재 근무처가 있는 슈리브포트까지 320킬로미터를 통근했다. 하지만 그녀의 상사들은 모두 새로 온 사람들이었고, 마침 그 달 초에 라이프케어를 인수한 칼라일 그룹이라는 투자 회사에서 지명한 관리단의 일부였다. 그녀의 직속 상사인 라이프케어의 기업 최고운영책임자를 비롯한 관리단 대부분은 마침 출장 중이어서 그날은 자리에도 없었다.

뒤부아는 어떤 경우에도 새로운 직속 상사에게 연락해 도움을 청하고 싶은 마음이 들지 않았다. 카트리나가 닥치기 전날 오전에 그 상사는 이번 폭풍의 세기를 고려해보면, 샬멧 소재 라이프케어 분원을 대피시키는 것만 가지고 충분하겠느냐고 그녀에게 물어보았다. 허리케인이 지나가고 나서 뉴올리언스 지역의 다른 분원들을 지원하려면 무엇을 해야 하는지에 대한 조언을(예를 들어 슈리브포트나 댈러스의 직원들을 추가로 투입한다든지 하는 답변을) 원했던 것이다. 이에 대한 뒤부아의 답변은 퉁명스러웠다. 병원의 대피는 그리 권장되는 것도 아니며, 각 분원에는 직원이며 물품이 충분하기 때문이라고 했다. 그러면서 그녀는 슈리브포트에서 뉴올리언스로 지원을 나갈 수 있는 직원 명단만 작성해서 제출했다.

하지만 이렇게 좋지 않은 상황에서는, 단순히 지쳐 있는 직원들을 지원한다는 명목 하에 위험을 감수하면서까지 라이프케어 직원들을 더 투입할 수가 없었다. 그리고 뒤부아가 보기에는 상사들도 똑같은 생각을 하고 있었다. 버스를 여러 대 대여해서 대피를 지원할까 생각했지만, 정작 상사들은 뜨뜻미지근한 반응을 보였다. 그녀는 회사의 재난 대응 업무를 혼자 관장하고 있는 셈이었으며, 옆에서 돕는 사람이라고는 슈리브포트의 라이프케어 병원에서 함께 근무하는 품질경영실장 한 명과 정보기술 전문가 한 명뿐이었다. 뒤부아가 이 병원들을 지원하기 위해 자기 능력 안에서 무슨 일이든지 할 것이고, 이에 대한 허락은 나중에야 물을 것이었다. 그녀는 수십억 달러짜리 회사의 고위층에게 굳이 도움을 요청하지 않으려 작정했다. 비록 그들이 더 많은 영향력을 발휘할 수 있고 더 많은 자원을 동원할 수 있는 것이 사실이지만, 실제로는 전혀 도움을 받을 수 없을 것 같다는 느낌이 들었기 때문이다.

뉴올리언스에서는 다이앤 로비쇼가 아래층으로 내려가 메모리얼의 사고대응지휘본부를 찾아갔다. 거기서 돌아왔을 때, 그녀는 연방 기관들 가운데 최소한 한 군데가 라이프케어를 챙겨주고 있다는 생각 때문에 현재 상황을 납득한 것처럼 보였다. "됐음. 다시 확인함." 그녀는 이렇게 적었다. 메모리얼의 한 대표자가 말하길, 자기네 병원은 환자 대피 과정에서 FEMA를 이용하지 않는다고 했다. 대신 자기네는 해안경비대를 이용해 환자들을 배턴루지로 이송한 뒤 테닛 계열의 다른 시설로 보낸다는 것이었다.

우리가 FEMA와 이야기해보니, 우리도 명단에 있더라고 저쪽에 말함. 저쪽에서는 다행이라고, FEMA는 이 지역 다른 모든 병원에도 가지만, 자기네한테는 안 온다고 말함. 그러니 우리도 명단에 있다는 것은, 결국 FEMA가 우리를 데려갈 계획이라는 뜻이라고 함.

하지만 FEMA에는 자체적인 구조용 헬리콥터가 없다는 사실을 과연 로비쇼가, 또는 그녀와 이야기를 나눈 메모리얼 직원이 알고 있었는지 여부는 불분명하다. "만약 우리한테 무슨 문제가 생기면, (메모리얼이) 환자 이송 관련해서 우리를 도와주겠다고 함."

로비쇼는 돌아오자마자 약제실 컴퓨터를 이용해서 직원 가족에게 보내는 메시지를 입력했다. 오후 5시 30분쯤에는 인터넷 연결도 끊어졌다. 병원 일부에는 전력 공급이 차단되었다. 그녀는 인공호흡기에 연결된 환자 2명의 병상이 있는 건물 서쪽으로 달려갔다. 맨 먼저 이곳의 전력이 차단될 것으로 예상되었기 때문이다. 그래서 이들을 같은 층의 북쪽 병실, 즉 다른 발전기를 통해 전기가 공급되는 곳으로 옮기기로 되어 있었다.

불과 몇 분 뒤 조명이 다시 들어왔지만, 어쨌거나 직원들은 환자들을 예정대로 옮겼다.

"앞으로 몇 분이면 서쪽 병실에는 전기가 모두 나갈 예정." 라이프케어의 약사가 문자메시지를 보냈다.

"다시 연락이 되니 반갑네." 바깥의 누군가가 답장을 보냈다. "연락이 없어서 한동안 걱정했음."

상황의 중대함은 시간이 갈수록 더 뚜렷해졌다. 이제는 엘리베이터도 작동을 멈추었는데, 아마도 사람이 그 안에 갇히는 일이 벌어지기 전에 일부러 전력을 차단한 모양이었다. 라이프케어의 환자 2명은 투석을 위해 아래층으로 내려가야만 했다.

"가능하다면 최소한 가장 위중한 환자 몇 명이라도 옮겨달라고 MMC 쪽에다 재촉 중임." 로비쇼는 이렇게 썼다.

뒤부아는 일단 라이프케어 환자들을 헬리콥터에 태워 아무데나 내려놓기만 하라고, 그러면 거기서부터 다른 병원까지는 자기와 동료들이 구급차나 (의료 목적의 무료 항공 이송을 제공하는 회사인) 에인절 항공사를 동원해서라도 추가 이송을 책임지겠다는 답장을 보냈다. 중요한 것은 인공호흡기와 투석을 필요로 하는 환자들을 최대한 신속하게 데리고 나오는 것이었다.

하지만 이 방면에서 로비쇼는 실망스러운 소식을 접하게 되었다. "MMC에서는 보행 가능한 환자의 목록을 먼저 달라고 함." 즉 걸어갈 수 있는 환자를 말하는 것이었다. 이것이야말로 가장 취약하고 의존적인 환자에 초점을 맞춘 원래 생각에서 상당히 분위기가 달라졌음을 보여주는 셈이었다. 애너 포가 소생시키려고 노력한 환자가 끝내 사망한 것이 바로 이때쯤이었다. 라이프케어에서 아직 살아 있는 52명의 환자 가운데 새로운 명단에 들어가는 사람은 겨우 7명뿐이었다. 어쩌면 이들은 보트를 이용해 이송할 수 있을지도 몰랐다. "우리 쪽의 가장 위중한 환자까지는 아니지만, 그래도 최소한 누군가가 나갈 수 있다니 다행임."

하지만 새로 들려오는 소식은 점점 더 암울하기만 했다. 메모리얼의 CEO는 병원 주위에 차오른 물의 수위가 앞으로 5미터는 더 오를 것이라고 경고했다. 육군 공병대가 제방 폭파를 고려하고 있다는, 그리고 그럴 경우에는 도시에 더 많은 물이 흘러들 것이라는 괴소문이 돌았다. 그리고 슈리브포트의 라이프케어 직원들은 울먹이는 녹스 앤드리스와 이야기를 나누었다. 그로부터 알아낸 바에 따르면, 다른 병원들의 상황은 이보다 더 심각한 모양이라고 이들은 문자로 전했다. "완전 난장판이라 함. 병원마다 산소가 떨어졌다고 함. 18시간 넘게 수동 인공호흡기를 누르고, 환자들이 물에 빠졌다고 함."

해가 지기 직전에, 오렌지색과 흰색으로 칠해진 해안경비대 제이호크 헬리콥터 한 대가 메모리얼의 헬리콥터 착륙장 위에 내려앉았고, 그 옆에 이보다 더 작은 개인용 헬리콥터도 한 대 내려앉아 있었다. 라이프케어 서쪽 측면에 있는 간호사실에 있던 직원 누구라도 창문을 통해 그 모습을 볼 수 있었다. 서쪽 측면에 남아 있던 환자들 역시 병상에 누운 채 헬리콥터를 볼 수 있었다. 병원 내의 자원봉사자들이(환자 및 직원 가족들이 자발적으로 이송 전담반을 조직하고 있었다) 환자 한 사람을 들어 올려 제이호크에 태운 다음, 돌아가는 회전날개를 피해 고개를 숙이고 멀리 달음질했다.

하지만 라이프케어의 환자들은 여전히 움직이지 않은 상태였다. 메모리얼이 전해준 내용은 테닛의 본사 고위층이 해안경비대를 통해 라이프케어 환자들도 이송할 수 있도록 허락을 구하고 있다는 것이었다. "저쪽의 승인을 얻기까지의 과정이 너무 길지 않기를 부디 바라고 기도함." 로비쇼는 자기 동료들에게 이런 문자를 보냈다. 라이프케어가 연방 구조 자산을 이용하려는 과정에서, 왜 굳이 테닛이 나서서 허락을 대신 구해야 하는지는 불분명했다. 메모리얼의 4층 지휘본부에서는 지역 홍보실장인 샌드라 코드레이가 라이프케어와 관련해서 테닛 본사의 마이클 아빈에게 메시지를 보냈다. 하지만 그녀의 메시지에는 다급한 기운이 전혀 없었다.

환자들의 우선순위를 정하고 있습니다. 라이프케어 본사하고는 직접 연락 가능하시죠? 감사합니다.

만약 메모리얼이 라이프케어의 환자 52명을 뉴올리언스 외곽의 집결지에 데려다놓기만 하면, 그다음부터는 라이프케어가 구급차를 동원해서 이들을 배턴루지로 옮길 거라고 그녀는 말했다.

오후 7시 30분경에 코드레이는 아빈에게 다시 메시지를 보내, 라이프케어의 로비 뒤부아의 연락처를 알려주었다. 아울러 오늘은 주 방위군 트럭이 더 이상 오지 않을 거라고 그녀는 덧붙였다. 수위가 너무 올라갔기 때문이었다. 이송 환자 두 번째 조는 6시 30분쯤에 내커도치스로 출발했다. "라이프케어 환자들이 어떻게 떠나야 하는지는 정리되는 대로 알려주세요. 감사합니다."

그로부터 한 시간 이상이 지났다. 슈리브포트 라이프케어의 로비 뒤부아는 코드레이에게 이메일을 보내, 구급차를 준비하려면 최소한 몇 시간은 걸릴 테니 어서 승인이 떨어지기만 기다리고 있다고 알렸다. 아빈으로부터는 아직 연락이 없다는 것이었다. 뒤부아는 아빈의 전화번호를 요청한 끝에, 오후 9시가 되어서야 비로소 전화통화를 했다. "테닛과 통화함." 그녀는 로비쇼에게 다시 연락했다. "드디어 우리 환자 차례가 될 것 같음. 물이 너무 불어 트럭을 그쪽으로 보낼 수 없다니 아침에나 가능할 듯. 집결지에 구급차 보낼 예정. 위중 환자 우선 보낼 것. 라이프케어에서 첫 환자 출발하면 저쪽에서 이리 연락 주기로 했음."

로비쇼는 만약 비상 전력이 꺼지면, 컴퓨터 연결도 두절되겠지만, 자기네는 일단 계획대로 진행하겠다고 답변했다. 즉 아침에 환자를 집결지로 보낼 것이며, 위중한 환자를 우선으로 보내고, 이들을 돌볼 직원을 딸려 보낸다는 것이었다. 이들은 환자들이 오전 3시에서 8시 사이에 움직이기 시작할 것이라고 예상했다.

어느 누구도 이 메시지에서 직접 언급하지는 않았지만, 일부 직원들은 어떤 환자가 먼저 나가느냐 하는 선택이 자칫 의료적 결과에 영향을 끼칠 수도 있다는 사실을 걱정하기 시작했다. 메모리얼의 사고 대응 지휘관인 수전 멀더릭도 그날 가서야 비로소 이런 깨달음을 얻었다. 착륙하는 헬리콥터의 크기가 워낙 다양한 데다, 헬리콥터 착륙장까지 환자를 옮기는 데 시간이 워낙 오래 걸렸기 때문에, 그녀로선 한 가지 결론을 내릴 수밖에 없었다. 즉 환자 모두가 생존하지는 못하리라는 것이었다.

　　　　　　　　◇　◇　◇

　　메모리얼의 지휘본부에는 이것이야말로 괴로운 몇 시간이었다. 라이프케어에도 영향을 끼친 짧은 전력 차단 시간 동안, 메모리얼에서는 일시적으로 기존의 장소를 포기하고 경비원들이 사용하는 1층의 한 공간에다 새로운 지휘본부를 차렸다. 그러나 이때쯤에는 병원의 넓은 구내 곳곳에서 사용하던 무전기도 대부분 작동이 중단되었다. 작동 중이던 극소수의 인공호흡기 가운데 하나도 중단되었는데, 하필 취약한 골수 이식 환자들이 있는 병동에서였다. 이제는 그 기계에서 뜨거운 공기만 흘러나왔다.

　　지휘본부와 텍사스의 아빈은 몇 시간이나 고생한 끝에, 환자들을 받아줄 병원들을 찾아냈지만, 이제는 이 모두가 헛것이 되는 듯했다. 오후 9시쯤 되자, 해안경비대에서 사고대응지휘본부로 전화가 걸려왔는데, 그들의 메시지는 마치 이제부터는 환자들을 받아주는 곳이 있다면 아무 병원이나 일단 데려가라는 주지사의 명령이 헬리콥터 조종사들에게 떨어지기라도 한 것 같은 인상을 남겼다. "더 이상 목적지를 우리가 정할 수 없게 되었습니다." 코드레이가 아빈에게 알렸다.

　　그런데 지휘본부에서 미처 고려하지 못한, 어쩌면 미처 깨닫지 못한 사실이 있었다. 이때까지만 해도 이 지역에서 운항하는 의료 이송 헬리콥터 숫자가 매우 적었으며, 뉴올리언스의 병원 대다수가 바로 그 시간부로 대피 필요성을 느끼기 시작했다는 점이었다. 테닛 계열 병원에서 태운 환자 한두 명을 데리고 주 경계선 밖으로 간다면, 비록 그 환자들에게는 최선의 치료를 제공하는 셈이더라도, 그로 인해 헬리콥터마다 몇 시간씩 허비하게 될 터였다. 그래서 일부 조종사들은 고속도로 인터체인지까지 짧은 거리만 가고 싶어 했다. 10번 주간 고속도로와 코즈웨이 대로에 있는 네잎 클로버 모양 교차로는 이 도시의 서쪽 집결지가 되었다. 더 확실한 치료를 받으러 가야 하는 환자들을 '릴리패드(lily pads)'에 내려놓는 계획은 일찍이 허리케인 팸 가상 대응 훈련에도 들어 있었다. 여기서 '릴리패드'란 SARBOO라는 약자로 표시했는데, '수색 및 구조 작전 기지(search-and-rescue bases of operations)'를 의미했다. 하지만 이런 중간 집결지에 대한 지원 및 환자 이송을 위한 시스템은 여전히 계획 단계에만 머물러 있었다.[34]

바로 이 시점에서, 병원의 지휘본부는 메모리얼의 전력이 앞으로 몇 시간 내에 끊길 것이라고 예상했다.

오후 10시쯤 칼에 찔린 환자가 또 한 명 병원을 찾았다. 그는 차오른 물을 직접 건너 메모리얼의 응급실 경사로로 올라왔다. 병원에서는 치료를 위해 그를 받아들였고, 신속히 항공으로 이송해야 한다는 결론을 내렸다. 병원 건물에 헬리콥터가 착륙해 사람들을 실어 나르는 모습은 사방에서 볼 수 있었다. 절박한 상황의 일반 사람들 역시 이에 무척이나 관심을 가졌다. "출입구마다 지키고 서 있음." 메모리얼 직원 가운데 한 명이 그날 저녁에 테닛의 동료들에게 이렇게 알렸다. "이 지역 사람들이 무려 1미터나 되는 물을 건너면서까지 이곳으로 피난하려고 하기 때문임."

마취과 의사인 폴 프리모는 사고대응지휘본부에 나타나서는, 응급실 바깥의 상황이 '점점 추악해지고' 있다고 전했다. 열댓 명의 사람이 아이까지 대동한 채 보트를 타고 찾아와서는 식량과 원조를 요청한다는 것이었다. 주 방위군은 이곳을 떠난 다음이었다. 뉴올리언스 경찰청에서 파견 나온 경찰관 한 명도 곧 이곳을 떠날 예정이었다. 경찰 측에서도 이 사람들을 어디로 보내야 할지 병원 경비원들에게 지시하지 않은 상황이었다.

코드레이가 테닛에 전달한 내용에 따르면, 프리모와 경비원들은 이 가족들에게 식량을 주면서, 이 병원은 더 이상 환자들을 대피시키고 있지 않으니, 더 신속한 대피를 원한다면 여기가 아니라 슈퍼 돔으로(즉

재난, 그 이후

'최후의 피난처'로) 가야 한다고 설득했다. 하지만 이것은 아무런 도움이 못 되는 조언에 불과했다. 슈퍼 돔은 여기서 무려 3킬로미터나 떨어져 있었으며, 코드레이가 귀를 기울이던 WWL 라디오 뉴스에 따르면 그곳의 상황 역시 암울하기는 마찬가지였다. 한 기자는 사람들이 바리케이드를 넘어 홍수 속으로 뛰어들어 도망치는 모습을 이렇게 묘사했다.

사람들의 말에 따르면, 슈퍼 돔의 상황은 악화일로를 걷고 있으며, 그야말로 정신병원이나 다름없다고 합니다. 다시 전해드리자면, 돔에서 떠나는 사람들의 말에 따르면, 이미 두어 건의 살인이 벌어졌고, 베란다에서 뛰어내려 자살하는 사람들이며, 강간이며, 별의별 일이 다 벌어진다는 겁니다.[35]

라디오에 출연한 뉴올리언스 경찰청장은 이런 보도에 대해서 사실이 아니라고 말했다. 하지만 캐슬린 블랑코 주지사는 그날 저녁의 기자회견에서 슈퍼 돔에 있는 약 2만 명의 사람은 전력도 없고, 위생 상태도 저열한데, 특히 환자들의 경우 그곳에서 대피할 필요가 있다고 선언했다.[36] "돔의 열악한 상황이 아주 급속도로 나빠지고 있는데, 그 안에 사람이 너무 많기 때문입니다." 그녀의 말이었다.

메모리얼의 경비원들이 품은 걱정은 댈러스에 있던 마이클 아빈을 통해 루이지애나의 911로도 전해졌다. 아빈은 메모리얼의 대피가 다급하다고 강조했다. 그가 코드레이에게 보낸 답장을 보면, "항공 대피 조정 업무 전체"를 관장하는 사람으로부터 '날이 밝자마자 헬리콥터가 충원될 것'이라는 이야기를 들었다며 안심시키는 내용이었다.[37] 하지만 아빈은 상대방의 말을 잘못 해석했을 것이다. EMS(응급의료출동본부) 조정실장은 이 대화를 단순히 지원 요청으로만 기록했고, 그 요청에 응답하겠다는 약속까지 한 것은 아니었다.

오후 11시가 되기 전에, 해안경비대 장교 한 명이 메모리얼의 지휘본부로 전화를 걸어서 한 가지를 제안했다. 해안경비대에서 메모리얼로 헬리콥터와 보트를 계속 보낼 예정이라는 것이다.[38] "저쪽에서 오늘 저녁 안에 모든 환자를 대피시키려는 노력이 재개되어 최대 다섯 대의 헬리콥터를 동원하고 있다"는 것이 코드레이가 아빈과 다른 사람들에게 보낸 이메일 내용이었다. 해안경비대가 구조를 연장하겠다고 제안한 바로 그때, 지휘본부에 있던 의료진은 마취과 의사인 폴 프리모 혼자뿐이었고, 그는 진심으로 이 계획을 지지했다. "그렇게 해야죠, 당연히!" 원목도 동의했다. "빌어먹을!" 프리모가 나중에 회고한 바에 따르면, 원목은 그 당시 이런 욕설을 내뱉었다고 한다. 하지만 그는 무전기가 없었기 때문에, 아래층으로 내려갔다가, 다시 다층식 주차장으로 들어간 다음, 다시 헬리콥터 착륙장으로 올라가서 대피 담당조에게 이 소식을 알렸다.

기묘한 정적 속에서 이따금 총소리가 울릴 뿐이었고, 어두운 밤 동안 지나가는 자동차도 없고, 에어컨 돌아가는 소음도 없고, 심지어 가로등 불빛도 없었다. 인근의 침수된 주택에서 들려오는 사람들의 목소리며, 누군가가 헤엄치며 철벅거리는 소리가 물 위로 더 증폭되어 들렸다. 헬리콥터 착륙장의 직원들은 산업용 랜턴을 켜고 플라스틱 끈으로 고정해 착륙 지점을 표시해두었는데, 야간 투시경을 낀 조종사에게는 이처럼 환한 불빛이야말로 눈이 멀 것처럼 강하게 느껴진다는 사실을 미처 깨닫지 못했다.

하지만 해안경비대의 제안은 프리모보다 먼저 헬리콥터 착륙장에 도착했으며, 결국 거절당하고 말았다. 누군가가 어둠 속에서 발을 헛딛는 바람에 하마터면 헬리콥터 착륙장 너머로 떨어질 뻔한 것이다. 프리모는 그 위험을 잘 알고 있었다. 앞서 그는 헬리콥터 착륙장 주위에 안전용으로 둘러놓은 울타리를 무심코 밟은 적이 있었는데, 그때도 여차하면 이것이 자기 체중을 이기지 못할까봐 걱정스러웠다. 하지만 기껏

150

찾아온 구조대를 굳이 돌려보냈다는 결정에는 화가 났다.

상태가 위중한 아기 16명과 상태가 위중한 성인 환자 대부분은(모두 합쳐 25명이었고, 칼에 찔려 나중에 들어온 환자도 여기 포함되었다) 안개가 끼어 비행이 어려워지기 이전에 이미 항공편으로 이송되었다. 어케이디언 구급차량 회사의 항공편 조정실장이 밝힌 바에 따르면, 그 회사의 개인용 의료 항공 구급기 편대는 그 수를 늘려도 빨라야 수요일은 되어야 돌아올 수 있었다.[39] 이들의 임무는 상태가 위중하지만 어느 정도 생존 가능성이 있는 사람들을 대피시키는 것이었기 때문에, 자기들이 아는 한 메모리얼에서는 자기네 임무가 이미 끝났다고 본 것이었다. 다른 병원들이 여전히 순서를 기다리고 있었다. 그는 위성전화를 챙긴 다음 지나가는 안개가 걷힐 때까지 기다렸다가, 혹시 헬리콥터가 보이면 조명등을 흔들어서 잠깐 들르게 해서 그걸 타고 시내의 툴레인 병원까지 갈 생각이었다. 그는 이날 밤을 굳이 메모리얼에서 보내고 싶지 않았다. 아래층 응급실에도 내려가보았지만, 워낙 어둡고 심지어 위험해 보였다. 그가 가진 무기란 45구경 권총 하나뿐이었다.

오후 11시쯤 해안경비대의 대형 제이호크 헬리콥터 한 대가 착륙했다.[40] 어케이디언의 조정실장은 자기가 신호를 해서 온 것이라고 생각했지만, 알고 보니 그 헬리콥터는 현재 상공을 비행하며 지상의 수색 및 구조 지시를 전달하는 C-130 허큘리스 수송기의 지시에 따라 메모리얼에 착륙한 것이었다. 해안경비대원은 현재 남은 환자 모두를 헬리콥터로 이송해주겠다고 제안했다. 하지만 헬리콥터 착륙장에 있던 누군가가 대뜸 이렇게 말했다. 지금 당장 떠나야 할 환자는 없다는, 그리고 해안경비대도 날이 밝은 뒤에 돌아오는 편이 최상일 것이라는 말이었다. 해안경비대원 한 명이 자기네 상관과 연락하더니, 대신 어케이디언의 조정실장과 무게 45킬로그램가량의(여러 개인용 헬리콥터에 원래 실려 있었지만, 더 많은 환자를 싣기 위해서 일단 메모리얼에 내려놓고 떠난)

의료 장비를 툴레인 병원까지 실어주기로 허락을 받았다. 결국 해안경비대의 제이호크 헬리콥터는 환자를 단 한 명도 태우지 않은 채 메모리얼을 떠났다.

메모리얼의 환자는 187명에서 130명으로 줄어 있었다. 하지만 메모리얼 직원 460명과 그 가족 447명, 그리고 라이프케어 직원 52명이 여전히 건물 안에 남아 있었다. 7층에는 라이프케어 환자 52명 전원이 그대로 남아 있었고, 그중 7명은 인공호흡기에 의존해 숨을 쉬는 상황이었다.

5장

자정이 지났을 무렵, 집중치료실 담당 간호사들은 8층의 자기네 근무
지에 모두 모였다. 이들은 박수를 치고, 서로의 등을 두들기면서, 서로
를 축하했다. 무더위와 혼란과 육체적 고통에도 불구하고 이들은 DNR
요청 환자 이외의 환자를 모두 안전하게 내보내는 데 성공했던 것이다.
아직 생존해 있는 DNR 요청 환자 2명은 이제부터 간호사 두 사람이
밤새 간호할 예정이었다.[1]

　일부 직원은 남은 힘을 짜내어 매트리스를 청소하고 정렬하기도 했
다. 직원 및 그 가족 모두 이날 밤을 보내기 위해 자리에 누웠다. 이들
은 산소마스크를 주거니 받거니 하며, 거기서 나오는 산소를 얼굴에 맞
으면서 조금이나마 더위를 식혔다. 몇몇 사람은 이 재난의 어마어마함
에 뒤늦게 사로잡혀 이 재난이 자기네를 얼마나 산산조각 냈는지 깨닫
고는, 이처럼 많은 간호사들이 한꺼번에 전문가로서 성장한 병원에서
또다시 누가 일하려 하겠냐고 큰 소리로 묻기도 했다.[2] ICU 간호실장
캐런 윈은 결코 그럴 일은 없을 거라고 생각했다. 반면 그녀 밑에서 일

하는 간호사인 로리 부도는 이에 동의하지 않았다. 자기 어머니도 전직 ICU 간호사였으며, 현재의 간호사 가운데 상당수를 훈련시켰다는 것이었다. "나는 다시 돌아올 거예요." 부도가 말했다.

지난 하루 동안의 일은 텔레비전 드라마로도 만들 법하다고 누군가 말했다. 검은 머리카락에 하트 모양의 얼굴에 짙은 눈썹을 지닌 부도는 나중에 데미 무어가 자기 역할을 맡았으면 좋겠다고 말했다. 그녀의 오랜 야간 근무 동료인 셰리 랜드리는 키가 작아, 땅딸막하고, 눈이 튀어나오고 눈썹이 타원형이며, 매우 똑똑한 인상이었기 때문에, 캐시 베이츠가 어울린다고 했다. 그 외에도 벤 애플렉과 맷 데이먼, 심지어 (그 당시까지는 멀쩡히 살아 있었으며, 마이애미 돌핀스에서 뛰고 있던 스타 라인배커) 주니어 세이오 등이 ICU의 남성 간호사 역할로 추천되었다.* 그들이야말로 무더위 속에서 헬리콥터 착륙장까지 환자들을 들어 나른 강인한 영웅들이었기 때문이다.

부도는 열여덟 살인 딸과 함께 병원에 머무르고 있었다. 이들 모녀가 키우는 줄무늬 고양이 허니는 다층식 주차장에 있는 우리에 들어가 있었다. 이들 모녀는 어둠 속에서 위층으로 몰래 올라가 허니를 보려고 했다. 지금은 애완동물을 병원 안에 들여놓지 못하게 되어 있지만, 부도는 폭풍이 오기 직전인 토요일 야간 근무조로 일하고, 일요일에는 한숨도 못 자고 짐을 챙겼으며, 이후로도 이틀 동안이나 허리케인 관련 업무로 지친 나날을 보낸 상태였다. 이제 그녀는 딸과 고양이와 함께 있어야 할 필요를 느꼈다. 모녀에게 허니는 가족이었다. 동료들이 있는 위층으로 다시 올라가는 동안, 부도는 갑자기 뒤로 돌아서 플래시를 비춰보았다. 나중에 쓴 글에 따르면, 그녀는 바로 그 순간 뭔가 위협적인

---

* 2009년에 은퇴한 미식축구 스타 주니어 세이오(1969~2012)는 몸을 격렬하게 사용하는 종목의 선수들이 종종 겪는 질환인 만성외상성뇌병증(CTE)에 시달리다가 2012년에 자살로 생을 마감했다.

재난, 그 이후

존재가 자기들을 뒤따르는 느낌을 받았다.

◇ ◇ ◇

사고대응지휘본부에서는 아직 제대로 작동하는 휴대전화 몇 대가 계속 울리고 있었다. 해안경비대원들은 밤새 구조를 계속하자는 주장을 고집했으며, 라이프케어 환자 가운데 7명이 인공호흡기에 의존하고 있으며, 수위가 오르고 있으며, 불과 몇 시간 안에 전력 공급이 중단될 예정이라는 사실을 알고 나서는 더더욱 그랬다. 한 의사가 경비원을 보내 리처드 다이크먼을 깨운 다음, 라이프케어 환자들을 위해 헬리콥터를 더 보내겠다는 해안경비대 장교의 제안에 뭐라고 대답할지 물어보게 했다.[3] "아침에 보내라고 하게." 다이크먼이 말했다. 우리에게 과연 선택의 여지가 있단 말인가? 그는 지금 와서 헬리콥터 착륙장을 다시 가동한다는 것은 너무 위험하다고 판단했다. 직원들도 휴식이 필요했다.

메모리얼의 사고 대응 지휘관 수전 멀더릭은 라이프케어의 사고 대응 지휘관 다이앤 로비쇼와 이 문제를 상의했다. 이제는 모든 엘리베이터가 작동을 멈추었다. 로비쇼는 가장 위중한 환자를 아래층으로 무사히 데려가려면 자기네 직원 말고 추가로 도움이 필요하다고 생각했지만, 멀더릭은 동원할 수 있는 인력은 이미 취침 중이라고 대답했다. 로비쇼도 결국 날이 밝을 때까지 기다리기로 했다. 그동안 라이프케어도 환자들을 실어서 다른 라이프케어 병원으로 보낼 구급차를 확보할 시간 여유를 얻게 될 것이고, 각 지역 병원마다 사람이 미어찬 상황에서 환자 이송도 더 원활해질 것이며, 결과적으로는 (로비쇼가 이런 생각까지 실제로 했는지는 불분명하지만) 라이프케어의 환자들을 라이프케어 시스템 내에 계속 둠으로써 회사의 이익에도 기여할 것이었다.

ICU의 간호실장 캐런 윈은 이날의 보상으로 사치를 하나 부렸다. ICU를 벗어나 복도 저편에 있는 의사 휴게실로 가서 샤워를 한 것이었다. 수압이 약하다보니 샤워기 꼭지에서 그저 졸졸 흐르는 정도에 불과했으며, 그나마 이미 오염되어 마실 수 없다고 판정된 물이었다. 하지만 이 정도조차 환상적으로 느껴졌다.

"엄마! 엄마!" 갑자기 윈의 십대 딸이 샤워 시간을 방해했다. "어떤 사람이 막 소리를 질러요. '지금 환자를 옮겨야 한다, 지금 환자를 옮겨야 한다'고요."[4] 그러면서 그 남자는 여자와 어린이를 먼저 불러내고 있다고 했다.

"잠깐 기다려봐. 지금 누가 어딜 간다는 거야." 윈이 말했다. 그는 자기가 불러낸 직원들 모두에게 책임감을 느꼈다. 또한 자기 가족에게도 마찬가지였다. 8층에 있던 집중치료실 환자는 대부분 병원에서 나간 다음이었고, 지금 와서 다른 부서의 환자를 옮기는 일에 자기 직원을 동원할 의향은 없었다. "8층에 있는 사람은 아무도 어디 가지 않아." 그녀가 말했다. 그녀는 재빨리 수건으로 몸을 닦았다. "우리가 이걸 아무렇게나 하는 줄 아나. 우리한테도 지시가 내려와야 한단 말이야." 이 상황에서 그런 지시를 내릴 만하다고 생각되는 사람은 수전 멀더릭 단 한 명뿐이었다. "내가 일단 수전한테 가볼게." 그녀가 말했다.

병원의 다른 여러 곳에서도 웬 남자가 지르는 고함 소리에 가뜩이나 지친 어른들과 아이들이 매트리스며 소파며 진찰대 위에서 몸을 뒤척였다. "모두 일어나요! 모두 일어나요!" 아내며 동료와 함께 자기 사무실 바닥에 누워 얕게 잠들었던 유잉 쿡도 이 고함 소리에 그만 깨어났다. 이들은 플래시를 켠 다음, 흰 옷을 입은 남자가 지친 모습으로 불빛이 희미하게 비추는 호흡기내과 복도를 지나가며 소리 지르는 것을 보았다. 새벽 1시였다. '보트가 밑에 와 있어요! 아래로 내려갑시다! 가방은 딱 하나씩만 챙겨요! 애완동물은 안 됩니다! 1층으로 내려가세요! 밖에 보트가 와 있고, 30분 안에 출발할 예정입니다!'

사람들이 그 남자를 향해 고함을 질렀다. 도대체 애완동물을 놓아두고 어떻게 그냥 가란 말인가? 인도 출신의 호흡기 치료사는 아내와 함께 원칙을 어겨가면서까지 골든리트리버 한 쌍을 병원에 몰래 놓아두고 있었다. 이 응석받이 짐승들은 주인집에서 별도의 방에 놓인 안락한 침대에서 잠을 잤고, 바깥에 나갈 때는 네 짝이나 되는 신발을 신기까지 했다. 이렇게 애지중지 키운 애완동물은 그럼 이제 어떻게 되는 것일까?

직원들은 보험증서며, 필수적인 의약품이며, 각자 보관하던 중요한 문서들을 찾느라 법석을 피웠다. 과연 누가 이때를 대비해 짐을 딱 하나씩만 싸두었겠는가? 모두들 며칠 동안은 버틸 만한 짐을 싸왔던 것이다.

요리사들과 다른 직원들과 가족들이 플래시 불빛에 의존해 아래층으로 내려갔다. 하지만 이들은 수전 멀더릭을 보자마자 우뚝 멈춰 서고 말았다. 그녀는 계단참에 똑바로 서서 권위 있는 모습으로 이들을 마주 보고 있었다. "지금 여기서 뭣들 하는 거죠?" 그녀가 물었다. 그들은 누군가가 아래로 내려가라고 했다고 말했다. 사람들을 여기서 데리고 나갈 보트가 준비되어 있다고 하더라고도 했다. "무슨 보트가요?" 멀더릭이 물었다. "보트는 있지도 않아요." 다른 사람들은 옥상에 와서 기다리는 헬리콥터 소리도 들었다고 주장했다. 멀더릭은 확인해보기 위해 자리를 떴다.

사람들은 졸음에 취한 채 원래 누웠던 매트리스가 있는 위층으로 돌아왔다. 그날 밤의 짧은 평화는 결국 이렇게 산산조각 나고 말았다. 어떤 사람들은 여기 가지고 왔다가 방금 전의 소란 통에 못 챙긴 물건을 그만 잃어버렸다는 소문이 돌았다. 그 남자가 훔쳐간 걸까? 구조에 대한 희망을 미끼로 삼은 사기극이었던 걸까?

결국 그날 밤은 모두들 뜬눈으로 새우고 말았다. 가장 지쳐 있던 사람들조차 도저히 잠을 잘 수가 없었다. 공연히 아래층까지 내려갔다 온 뒤, 유잉 쿡은 또 다른 분노를 느꼈다. 이는 가뜩이나 손상된 그의 심장에 좋지 않았다. 의사는 병원의 발전실 근처에 있는 자기 사무실에서 뜬눈으로 밤을 지새웠다. 그의 귀에는 디젤 발전기의 소음이, 즉 메모리얼의 점차 약해지는 심장 박동 소리가 들려왔다.

◇ ◇ ◇

그 안에서는 발전기를 계속 돌리기 위한 전투가 진행 중이었다.[5] 모두 세 대인 청록색 발전기는 하나하나가 어지간한 성인보다 키가 더 컸다. 거기서 발생하는 전기가 공급 전선, 수직형 회로, 변환 개폐기 등으로 이루어진 복잡한 순환 시스템으로 공급되었다. 보통은 외부의 전기 회사에서 이 750킬로와트짜리 발전기들을 관리해주었는데, 발전기 한 대에서 나오는 동력은 그해의 가장 인기 높은 자동차인 토요타 캠리의 6기통 엔진과 비슷한 정도였다. 병원의 관리 담당 직원이 하는 일이라야 기껏해야 윤활유를 바꿔주고, 한 달에 한 번 한밤중에 시험 가동을 하는 것뿐이었다. 시험 가동 시간조차 길지 않았는데, 이는 병원의 발전기를 마치 (몇 분에서 몇 시간까지 되는 수술 시간 동안 중요한 기능을 지원하는) 인공 심폐 우회 장치와 유사하게 간주하는 국가 규정에 맞춘 것이었다. 이 발전기는 애초부터 지속적인 작동을 위해 설계되지 않았지만, 메모리얼의 재난 대비 계획에서는 이 발전기들이 최소한 3일 동안이나 병원을 떠받치기를 요구하고 있었다. 이미 이 발전기들은 이틀째 연속 가동 중이었다.

메모리얼에 있던 전기 기사나 기타 기술자 가운데 발전기 전문가는 아예 없었다. 앞서 발전기 엔진 하나가 결국 고장 나서, 병원의 일부가 어두워지고 직원들이 급히 환자를 옮겨야 했을 때, 관리 담당 직원들은 아마도 발전기가 과열된 모양이라고 결론을 내렸다. 이들은 플래시 불빛에 의존해가며 라디에이터에 물을 보충한 끝에 발전기를 다시 가동시킬 수 있었다.

그러나 몇 시간 더 지나자 문제가 곱절로 늘어났다. 이번에는 유압이 낮은 것이 문제의 원인 같았다. 기술자들은 디젤유 통을 가져다가 모터에 연료를 채우고 나서 재가동하려 했다. 관리 담당 직원들은 외과 병동으로 이어진 구름다리를 건너가, 그곳에 있는 발전기에서 더 많은 디젤유를 꺼내왔다. 병원의 일부 구역에는 이미 전원이 끊기고, 아직 조명이 남아 있는 구역도 불빛이 희미해지거나 달랑달랑한 상황이었다.

1926년에 지어진 원래의 병원에는 오랜 세월을 거치면서 이런저런 설비들이 더해져, 이곳의 전기 시스템은 마치 한 몸으로 이어진 쌍둥이의 혈관계와도 유사한 상태, 즉 별개이면서도 서로 겹치는 한편, 전체적으로는 그 자체로 독특하다 못해 신비스럽기까지 한 상태가 되어 있었다.

발전기 한 대는 결국 고장 나고 말았다. 다시 가동할 수 없게 되자, 기술자들은 그쪽에 연결된 전선 가운데 일부를 다른 발전기에 연결했다. 이들은 고무창 장화를 신고 무릎 높이까지 물이 차오른 지하실을 달려간 뒤, 몇 계단을 올라가 핵심 전기 건물의 중이층으로 올라갔다.

이들은 병원의 전반적인 부분적 전력 차단 이유를 찾아내려고 노력했다. 물의 깊이가 한 가지 단서를 제공해주었다. 병원 내의 자동 변환 개폐기들(즉 기존의 외부 전력 공급이 차단되었을 경우 자체 발전기를 통해 병원에 전력이 공급되게 해주는 장치) 가운데 3분의 1은 건물에서도 제일 낮은 곳에 있었다. 따라서 그 옆에 있게 마련인 배전반과 함께 물에 잠겨버렸을 가능성이 있었다. 발전실장인 에릭 얀코비치가 이미 수개월 전에 예견한 바로 그 상황이었다.

마치 영화 〈포세이돈 어드벤처〉의 한 장면처럼, 사람들은 전기 제어판이 가득하고, 두 개의 번개 표시와 함께 '주의: 고압전류'라고 적힌 간판이 걸려 있는 좁은 복도를 가득 채운 물속을 철벅거리며 지나갔다. 플래시 불빛에 의지해 이들은 머리 위쪽에서 노란색으로 고무 코팅된 손잡이가 달린 금속제 레버를 찾아냈는데, 거기에는 "우회 작동기"라고 적혀 있었다. 부디 감전 사고가 없기를 기도하면서 한 사람이 그걸 옆으로 움직였고, 그 순간 작동이 멈춘 발전기에 연결된 부하가 아직 작동 중인 발전기로 옮겨졌다.

그런데 측정계에서 아직 작동 중인 엔진에서 너무 많은 전류가 빠져나간다는 사실이 확인되었다. 이는 곧 단전의 징후가 되었다. 기술자들은 자칫 과부하로 인해 화재가 나지 않도록 앞서의 조치를 취소하려고 했는데, 스프링클러 시스템의 펌프가 현재 물에 잠기고, 시내의 소방서도 사실상 활동 불능 상황에서 불이 난다는 것이야말로 끔찍한 일이었기 때문이다. 부하를 좀 더 조절하기 위해, 이들은 병원을 돌아다니면서 현재 사용하지 않는 장치와 기구와 연결된 곳곳의 분기 회로를 모두 꺼버렸다.

또 다른 발전기가 멈춰버렸다. 이번에는 기술자들도 무엇이 문제인지 알고 있었지만, 그걸 고칠 만한 부품이 없었다. 이들은 이미 고장난 다른 발전기에서 부품을 꺼내 쓰려고 했지만, 결국 성공을 거두지 못했다.

발전기를 둘러싼 분투는 두 시간 동안 이루어졌다. 2005년 8월 31일 수요일 오전 2시경에(즉 카트리나가 뉴올리언스 인근에 상륙한 지 약 48시간 만에) 마지막 비상 발전기의 전압이 급상승하더니 곧이어 완전히 잦아들었다.

그 직후의 갑작스러운 고요야말로, 2층의 자기 사무실에 누워 휴식을 취하려고 노력 중이었던 유잉 쿡에게는 자기 인생에서 가장 끔찍한 소리처럼 들렸다.

◇ ◇ ◇

전력 차단에 앞서서 경보 장치가 요란하게 울렸다. ICU 간호사들이 이미 구조된 환자들의 병실에서 밤을 보내던 8층에서는 경보 장치의 불빛과 소리가 요란했다. 간호실장 캐런 윈이 의자에 올라선 다음, 자기 신발로 경보 장치 제어판을 마구 두들겨서 꺼버렸다.[6] 곧이어 그녀는 다른 간호사들에게 최대한 잠을 자두라고 말했다.

바로 아래인 7층에서는 라이프케어의 노트북 컴퓨터에서도 메시지 연결이 끊어지고 말았다. 에밋 에버릿의 거대한 체구를 떠받치던 특수 매트리스도 납작해져버렸다. 환자들이 생명 유지 장치에 연결된 병실에서는 인공호흡기만이 규칙적인 쉭쉭 소리를 내고 있었다. 그 기계들 역시 거기 연결된 배터리 여유분이 다 소진되면 멈춰버릴 것이었다.

◇ ◇ ◇

메모리얼의 5층에는 노트북의 모니터 불빛만이 약하고도 푸르스름하게 번쩍이고 있었다. 야간 당직 간호사인 미셸 피터라이얼스는 배터리가 떨어지기 전에 재빨리 자기 환자의 전자 진료 기록부에 내용을 입력하고 있었지만, 사실 컴퓨터를 켤 수 없게 되면 전자 의료기록 시스템은 이미 쓸모없게 되고 말 것이었다. 이런 재난 상황에서는 종이야말로 첨단기술이 아닐 수 없었다. 피터라이얼스가 소속된 부서에 새로 들인 전자식 약품 분배기 역시 작동을 멈추면 그 안에 들어 있는 약품도 꺼낼 수 없을 것이었다.

피터라이얼스가 갖고 있는 휴대전화는 원래 해안경비대 기지에 근무하는 남편을 둔 다른 간호사의 소유였다. 그런데 그 휴대전화가 갑자기 울렸다. "저희가 헬리콥터 세 대를 보냈는데, 그쪽의 누군가가 오지 말라고 신호해서 돌아왔답니다."[7] 해안경비대 보조요원의 말이었다. 피터라이얼스는 휴대전화를 들고 어둠 속을 걸어가 지휘본부를 찾았다.

"혹시 또 그 해안경비대 사람 전화야?" 간호실장이 이렇게 묻더니, 휴대 전화를 들고 그 사람과 통화하러 어딘가로 사라졌다. 잠시 뒤에 돌아온 그녀는 피터라이얼스에게 두 번 다시는 전화를 바꿔주지 말라고 지시했다. 그 남자는 "우리의 대피 계획에 포함되어 있지 않다."는 것이 그녀의 말이었다.

피터라이얼스는 다시 위층으로 올라갔지만, 곧이어 루이지애나 보건부의 공무원과 해안경비대 장교가 연이어 전화를 걸어왔다. 특히 나중 사람은 간호실장의 지시 따위는 무시하고, 당장 그쪽 책임자를 바꿔달라고 명령했다. 피터라이얼스는 다시 한 번 어두운 계단을 내려갔지만, 간호실장은 전화를 건네받기도 전에 간호사를 따끔하게 야단부터 쳤다. 한 의사가 나서서, 지금은 너무 어둡기 때문에 더 이상 환자를 대피시키지 않는다고 답변했다. 피터라이얼스는 사람들을 깨워서 계단에다가 플래시를 설치하면 된다고 말했지만, 그녀의 의견은 묵살되었다. 그녀가 5층으로 돌아온 뒤 다시 전화가 울렸다. 이번에는 아까보다 더 계급이 높은 해안경비대 장교가 병원 대표자를 바꿔달라고 말했다. 피터라이얼스는 환자를 돌봐야 한다는 핑계를 대고는, 한 간호사의 남편에게 휴대전화를 주면서 자기 대신 아래층으로 가져다달라고 부탁했다. 구조대를 보내겠다는 해안경비대를 향해 자기네 병원 대표자들이 도리어 고함을 지른다는 것이 그녀는 믿어지지 않았다. "저런 사람들이 이곳의 책임자라니, 이러다가 우리 모두 여기서 꼼짝 없이 죽고 말겠어." 그녀가 동료 간호사에게 말했다.

◇ ◇ ◇

8층의 ICU에서는 잠을 자기도 쉽지 않았다. 배터리로 움직이며 더운 공기를 동요시키던 선풍기도 결국 의지를 잃고 한숨을 쉬며 침묵에 빠졌다.

재난, 그 이후

간호실장 캐런 윈은 ICU의 다른 근무자가 챙겨준 에어 매트리스 위에서 뜬눈으로 누워 있었다. 옆에 누운 그녀의 딸만이 유일하게 잠을 잘 자는 사람 같았다.

시간이 좀 지나자 윈은 어두워진 방 안에서 일어났다.

"어디 가시게요?"[8] 내과 ICU의 간호사인 타오 람이 물었다.

"그냥 어떤지 좀 살펴보러 가려고." 윈이 그녀에게 말했다. "잠이 안 와서, 차라리 위에 올라가서 뭐라도 좀 하는 게 낫겠어. 생산적이게 말이야."

"같이 가도 될까요?"

"그래, 같이 가서 놀자고."

윈이 플래시로 앞을 비추며, 두 간호사는 8층의 엘리베이터 로비 근처에 있는 계단으로 걸어갔다. 거기서 겨우 한 층만 내려갔는데도, 두 사람은 곧바로 할 일을 찾아냈다. 7층에서는 라이프케어 직원들이 인공호흡기에 의존한 환자들을 계단으로 옮기고 있었고, 간호사들이 그 옆에서 미식축구공 모양의 수동 인공호흡기를 손가락 사이로 마치 풀무마냥 연신 누르며 산소를 뿜어내고 있었다. 해안경비대가 다시 헬리콥터 착륙장에 도착해 있으며, 환자를 곧장 위로 옮길 수만 있으면 대피도 가능하다는 이야기가 나왔다.

윈과 람도 힘을 보탰다. 이들은 다른 직원들과 함께 병상 위의 환자를 일단 옆으로 굴린 다음, 다시 딱딱한 척추 지지대 위에 똑바로 눕혔다. 그런 뒤 척추 지지대를 대기 중인 들것 위에 밀어 넣고, 환자를 끌고 엘리베이터 구역 옆에 있는 계단으로 향했다. 이들은 척추 지지대를 들것에서 번쩍 들어올린 다음, 환자를 아래층으로 옮기기 시작했다.

람은 척추 지지대를 앞쪽에서 들고 동시에 자기 플래시로 앞길을 비춰주었다. 윈은 뒤쪽에서 들면서 동시에 자기 플래시로 주위를 비추었다. 두세 명의 다른 자원봉사자들이 양옆에서 들고 있었다. 겨우 몇 걸음 가면 계단참이 나와, 이들은 가뜩이나 좁은 계단에서 옆으로 돌아야만 했다. 이들은 환자를 난간 위로 번쩍 치켜 올린 다음, 척추 지지대를 돌려 그다음 계단을 지나갈 수 있게 했다. 이 와중에 누군가는 환자의 폐 안에다 계속 산소를 불어넣는 한편, 환자의 호흡용 튜브가 기도에서 빠지지 않도록 주의해야 했다. 그렇게 이들은 다섯 층을 내려갔으며, 2층 로비가 나오자 이미 가동을 멈춘 발전기가 들어 있는 발전실로 통하는 복도를 지나갔다.

헬리콥터 착륙장이 있는 다층식 주차장과 병원 사이에는 출입구가 전혀 없었다. 엘리베이터가 작동하지 않는 상황에서, 원은 자기들이 일단 밖으로 나가야만 다층식 주차장에 접근할 수 있다고 판단했다. 하지만 물이 차오른 상황에서는 불가능한 일이 분명했다. 발전실장 에릭 얀코비치는 병원 벽에 아예 구멍을 뚫어서 직통로를 하나 만들자고 이야기한 바 있었다. 그런데 사실은 환자를 일단 1층으로 들고 내려온 다음, 두 개의 문을 지나고 또 다른 계단을 올라 2층 계단참까지만 오면, 거기서 다층식 주차장으로 건너갈 수도 있었다. 물론 복잡한 여정이었다. 그런데 얀코비치의 직원 가운데 하나가 숨은 통로를 생각해냈다. 기계실 안에, 그러니까 입구 오른쪽 벽의 커다란 수도관 아래에, 가장자리에는 생 콘크리트가 드러나 있는 직사각형의 가로 1미터, 세로 1미터짜리 구멍이 있다는 것이었다. 평소에는 경첩 달린 철판으로 막아놓는다고 했다. 얀코비치는 아마도 다층식 주차장으로 장비를 가져갈 때 사용하려고 임시로 뚫어놓은 구멍일지도 모른다고 생각했다.

원과 람은 그 구멍을 통과해, 다층식 주차장에서 기다리고 있던 다른 자원봉사자들에게 환자를 인계했다. 통로를 통해 반가운 산들바람이 불어왔다. 원은 이 구멍이 왜 있는지 도무지 알 길이 없었다. 어쩌면 하느님께서 미리 알고 준비해놓으셨는지도 몰랐다.

라이프케어로 돌아와서 환자를 한 사람씩 척추 보호대 위에 굴려서

눕힐 때마다, 그녀는 자기 손에 닿은 환자의 몸이 매우 뜨겁게 느껴진다는 사실을 깨닫고 깜짝 놀랐다. '이런 세상에.' 그녀는 이렇게 생각했다. '여기다 계란 프라이를 해도 되겠네.' 그녀는 노인의 몸이 열 조절에 어려움을 겪는다는 걸 잘 알았다. 뇌졸중이나 두부 외상 같은, 또는 흔히 사용하는 약물 같은 특정한 의료적 상태가 그런 과정에 간섭할 수 있었다.[9] 탈수, 심장 질환, 체중의 미세한 증가 같은 것들도 땀과 다른 메커니즘을 통해 열을 배출하는 신체의 능력을 손상시킬 수 있었다. 그렇게 해서 추가 열이 발생하면, 그 결과 다른 치명적인 질환을 악화시킬 수 있었다.

에어컨이 중단된 이후 이틀 넘도록 환자들의 중심 체온이 올라갔을 가능성이 있었다. 땀의 생산이 역설적으로 중단되면서, 이들은 열에 대한 완충 작용에 실패한 것이었다. 이로 인해 열사증이 발생하면 신체 곳곳에 염증을 일으키고, 여러 기관에 이상을 일으키며, 결국 착란에서 혼수에 이르는 다양한 결과를 낳을 수 있었다. 얼음찜질이나 물수건이나 부채질을 동원하고, 거기다 산소를 공급하고 때로는 주사액까지 이용하면 이 상태를 역전시킬 수는 있었다. 10명 중에 9명은 살 수 있었다. 하지만 캐런 원은 열이 자기가 운반하는 환자들의 세포와 기관에 이미 돌이킬 수 없는 손상을 끼쳤을지 모른다고 우려했다. '여기서라면 머릿속까지 익어버리는 일도 가능할 테니까.' 그녀는 생각했다.

의료 훈련을 받지 않은 사람들조차 라이프케어의 환자들에게 더위가 미치는 영향에 대해 우려하고 있었다. 엘비라 '베라' 르블랑을 전담하는 여성 간병인은 수요일 오전 4시경에 환자의 며느리에게 휴대전화로 연락을 취했다.[10] 간병인은 그곳이 얼마나 더운지 설명했다. "간호사들도 넋이 나가기 시작했어요." 그녀가 말했다. "사람들이 죽고 있어요. 환자를 놓아둘 곳이 없어요." 르블랑의 며느리 샌드라는 구급요원이었다. 그녀는 자기가 뉴올리언스로 가려고, 그리고 병원에 방문하려고 애쓰고 있다고 말했다. "그래서 언제쯤 오실 수 있는데요?" 간병인은 절망적인 목소리로 말했다.

◇ ◇ ◇

알렉산드리아에 있는 해안경비대의 비상지휘본부에서는 해군 중위 (LTJG) 셸리 데커(그녀는 원래 육군 항공대 소속 조종사였다가, 최근에 해안경비대로 자리를 옮겼다)가 라이프케어의 인공호흡기 환자들을 위해서 메모리얼로 헬리콥터를 보내려 애쓰고 있었다. 그녀는 최소한 석 대가 메모리얼로 갔지만, 그쪽에서 손을 저어 필요 없다는 신호를 보냈음을 알게 되었다. "아니, 저쪽에서는 우리가 착륙하기를 바라고 있다니까." 그녀는 비행장에 나가 있는 요원에게 말했다. "다시 돌아가도록 하게." 그 옆에서는 해안경비대 보조요원인 마이클 리처드가 메모리얼의 헬리콥터 착륙장 위에 있는 간호사 대표와 휴대전화로 이야기를 나누고 있었다. 간호사는 당황해하는 것 같았다. 자기는 머리 위로 손을 치켜들고 흔들어서 조종사에게 신호한다고 생각했지, 필요 없으니 가라고 신호한 게 아니었다는 거였다. "헬리콥터가 다시 갈 겁니다." 그가 간호사에게 말했다. "그때는 가만 계세요!"

항공 구조요원은 규정에 따라 하루 24시간 내에 8시간 이상 활동할 수가 없었다. 그런데 지금은 도시 전역에서 수천 명이 도움을 요청하고 있으니 일분일초가 귀중할 수밖에 없었다. 생명 유지 장치에 의존하는 라이프케어의 위중한 환자들에게도 상황은 마찬가지였다. 데커는 계속 간호사의 휴대전화로 수전 멀더릭과 통화함으로써 헬리콥터의 도착에 관해 실시간으로 지시를 내리려고 했다. 구조 노력은 계속돼야만 했다. 인공호흡기 환자 가운데 한 명이 구조를 기다리다 이미 사망했다는 사실을 그녀는 들어서 알고 있었다. 하지만 조종사들에 따르면 헬리콥터 착륙장에는 환자가 전혀 없다고 했다. 어째서 우리는 계속 저쪽 사람들과 손발이 안 맞는 것일까? 데커는 궁금하기 짝이 없었다. 그녀와 다른 2명의 동료는 저쪽과 복잡하기 짝이 없는 의사소통을 하고 있었다. 즉 메모리얼의 휴대전화 석 대와 통화를 유지하는 한편, 비행장에도 연락하고, 무전기를 통해 뉴올리언스 상공을 비행하는 C-130 허큘리스 수송기의 요원들과도 소통한 다음, 그제야 헬리콥터 조종사들에게 임무를 부여하는 것이었다.

몇 시간 전에 어케이디언 구급차량 회사의 조정실장을 태우고 메모리얼에서 툴레인 병원으로 갔던 제이호크 헬리콥터가 다시 한 번 C-130 허큘리스 수송기의 지시를 받고 라이프케어의 위중한 환자를 구조하기 위해 메모리얼로 돌아갔다. 그사이 몇 시간 동안, 구조대는 홍수에 갇힌 주택 지붕에서 몇 사람을 구조했으며, 이들을 뉴올리언스 서부의 네잎 클로버 모양 교차로 집결지에 내려주었다. 한 노인 여성은 걸을 수가 없어서, 수상구조요원 한 명이 풀밭 위로 부축해 걸어서 응급요원에게 인계했다. 그는 자기 앞에 펼쳐진 모습이 걱정스러웠다. 고속도로 남쪽에는 수천 명이 야영하고 있었으며, 그 주위에는 갖가지 쓰레기 더미뿐이었고, 버스는 아예 보이지도 않았다.

조종사들은 지시받은 대로 메모리얼로 날아가서, 한밤중에 만만찮은 기동을 수행했으며, 약간의 뒷바람을 이용해 헬리콥터 착륙장에 무사히 내려앉았다. 그런데 구조대는 이번에도 당장 구조할 만큼 위중한 환자는 없다는, 다만 환자 아닌 사람과 직원들이 이곳을 벗어나고 싶어서 안달하기 때문에 이제는 통제가 불가능한 상황이라는 이야기만 들었다. 그런데 병원 내부에서 연락하는 사람들의 말로는, 여전히 구조를 기다리는 환자가 있다는 것이었다.

사고 대응 지휘관 수전 멀더릭이 어둠 속에서 헬리콥터 착륙장으로 걸어 올라가, 해안경비대와 도대체 무슨 문제가 있는지 확인하려고 했다.[11] 그녀는 환자 아닌 것이 분명한 사람들을 헤치고 지나갔는데, 아마도 폭풍 이전에 메모리얼로 대피한 환자 및 직원 가족이거나 지역 주민들인 모양이었다. 이들은 계단통을 지나, (헬리콥터 착륙장이 여전히 사용 중이던 오래전에 그녀가 직접 구매했던) 지붕과 벽이 있는 연결용 구름다리까지 따라왔다. 이 터널은 원래 헬리콥터 회전날개에서 나오는 허리케인급의 바람을 막기 위해 설계된 것이었다. 그 위에 떠나고 싶다고 소리치는 사람들이 수십 명이나 있었는데, 십중팔구 아까 병원 안을 뛰어다닌 남자 때문에 잠에서 깨어 놀란 사람들일 것이었다.

조종사가 헬리콥터 착륙장에 기체의 무게를 완전히 싣지 않기 위해 계속 회전날개를 돌리고 있어, 그로 인한 소음이 대단했다. 멀더릭은 헬리콥터 착륙장 옆에 서서, 해안경비대의 항공기관사와 이 상황에 관해 이야기를 나누었다. 해안경비대원이 어둠 속에서 그녀에게 소리쳐 질문을 던졌다. 식량과 물이 있습니까? 병원 안은 습하지 않고 말라 있습니까? 멀더릭은 그렇다고 소리쳐 대답했다. "잘 들으세요. 지금 식량을 갖고 계시다면, 그냥 여기 그대로 계세요. 이 헬리콥터를 타고 가더라도 상황이 안 좋거든요!" 항공기관사가 소리를 질렀다. "이걸 타고 가봐야 허허벌판에 내려놓을 겁니다!" 네잎 클로버 모양 교차로에는 아무런 기반시설도 준비해놓지 않은 상황이었다. 이곳은 단지 고속도로 상의 한 지점에 불과했고, 그가 보기에는 콘서트가 끝난 직후의 우드스톡과 다를 바 없었다.* 따라서 민간인은 차라리 메모리얼에 계속 남아 있는 게 나을 것이었다.

헬리콥터 착륙장 옆쪽으로, 멀더릭과 항공기관사는 환자 한 명이 금속제 계단을 통해 위로 운반되는 것을 보았다. 조명이 거의 없다시피 했다. 멀더릭은 채 훈련되지 않은 직원들이 이런 일을 한다는 것이야말

---

* 미국 뉴욕 주의 작은 도시 우드스톡에서는 1969년 8월에 '우드스톡 음악 예술 축제'가 열려 45만 명의 관람객이 몰렸으며, 이는 한 시대를 상징하는 문화 행사로 지금도 널리 기억되고 있다.

재난, 그 이후

로 극도로 위험하다고 생각했다. 그녀는 승무원에게 일단 저 환자까지는 데려가라고, 하지만 메모리얼에는 제발 돌아오지 말라고 부탁했다.

여러 사람이 수동 인공호흡 중인 환자를 데리고 다가왔다. 헬리콥터 착륙장까지 오는 도중에 코드 블루를 겪어서 소생 시술을 해야 했으니, 이 환자는 곧바로 배턴루지의 병원으로 가야 한다는 것이었다. 메모리얼의 헬리콥터 착륙장 위에서 한참 동안 돌고 있던 제이호크는 한계에 가까워지고 있었다. 우선 배턴루지까지 갈 만한 연료가 충분하지 않았다. 아울러 승무원 역시 비행 허용 시간이 다 끝나가고 있었다.

자포자기한 어느 의사는 만약 환자를 제이호크에 태워주지 않는다면, 이 환자를 그냥 헬리콥터 착륙장에 내버려두고 가버리겠다고 위협했다. 결국 한 가지 안이 나왔다. 이들은 이 여성 환자를 허리케인의 습격을 받은 해안경비대 뉴올리언스 비행장으로 데려간 다음, 거기서 다른 비행기에 옮겨 실어주기로 했다. 그렇게 해서 환자와 라이프케어 간호사 한 명이 오전 5시 15분에 메모리얼을 떠났다.

소음이 요란하고 크게 흔들리는 군용 헬리콥터에 환자와 함께 올라탄 간호사는 완전히 겁에 질려서 차마 꼼짝달싹 못하는 지경에 이르렀다. 급기야 해안경비대의 수상구조요원과 이들과 동행 취재하던 젊은 프리랜서 사진기자가 대신 환자를 돌봐야 했다. 그리고 이들은 어찌어찌 환자를 계속 살아 있게 만드는 데 성공했다.

하지만 항공 구조를 끝내기로 한 멀더릭의 결정은 아직 모두에게 전달되지 않았다. 오전 3시 30분에 모바일 소재 해안경비대 훈련용 비행장에서 이륙한 신참 제이호크 승무원들 역시 무전을 통해 지원 요청을 받았다. 뱁티스트 메모리얼에 전력이 끊겨 환자들이 도움을 필요로 한다는 것이었다. 인공호흡기 환자를 한 번에 2명이나 항공 이송할 수 있을까? "있고말고, 빌어먹을!" 헬리콥터에 탑승한 수상구조요원이 조종사에게 말했다. "이봐, 당장 가서 데려오자고."

조종사는 헬리콥터 착륙장이 제이호크의 무게를 견디지 못할지도 모른다고 생각해 계속 공중에 떠 있었고, 수상구조요원 혼자만 메모리얼의 헬리콥터 착륙장에 내리자 열광한 병원 직원들이 그를 에워쌌다. 이번에는 라이프케어의 환자들도 갈 준비를 하고 있었다. 그는 이들이 워낙 허약하고, 의료 장비를 무척이나 필요로 하기 때문에, 옥상 구출에 보통 사용하는 들것에다 이들을 '담는' 일은 위험하기 짝이 없다고 생각했다. 그가 무전으로 지시하자, 상공에서 선회하던 조종사는 착륙을 준비했고, 항공기관사는 바닥에 납작 엎드려 자기 머리를 아래로 내밀어서 헬리콥터가 살며시 내려앉을 수 있도록 도왔다. 헬리콥터는 무사히 착륙했고 착륙한 다음에도 부양력을 유지하기 위해서 회전날개를 계속 돌리고 있었다. 직원들은 재빨리 환자 둘을 헬리콥터에 태웠고, 수상구조요원은 군용 좌석을 접어서 바닥에 자리를 만들었다. 그는 물병과 비상식량을 병원 직원에게 건네주었다. "일단 댁들도 영양을 보충해줘야 할 겁니다." 위기 대응 경력이 풍부한 그가 조언했다. "댁들이 먼저 쓰러지면 아무한테도 도움이 안 될 테니까 말이에요." 그는 한 의사에게 이보다 더 필요한 뭔가를 건네주었다. 그건 바로 휴대전화 크기의 해안경비대 전용 무전기였는데, 비상시에 16번 채널로 맞추면 연락이 가능했다.

헬리콥터는 환자들을 데리고 이륙했다. 조종사는 곧바로 한 시간 정도 떨어진 라파예트에 있는 한 병원으로 갔다. 수상구조요원에게는 일분일초가 마치 영원처럼 길게 느껴졌다. 그는 계속 수동 인공호흡기를 누르면서, 환자의 생명 징후를 확인하고, 마음속으로 간절히 기도했다.

병원 안에서는 라이프케어의 인공호흡기 환자 여러 명이 아래층으로 운반된 다음, 기계실 구멍을 통해 빠져 나가기를 기다리며 줄지어 누워서 대기 중이었다.

그중 한 명은 시트에 몸을 감싼 채, 라이프케어의 호흡기 치료사의

재난, 그 이후

도움을 받아 구멍을 빠져나갔다.[12] 그러자 다층식 주차장에서 대기하던 운반조가 환자를 트럭의 짐칸에 깐 매트리스 위로 옮긴 다음, 트럭을 운전해서 헬리콥터 착륙장까지 올라갔다. "이보다는 더 생존 가능성 높은 환자들이 와야 할 텐데." 치료사는 어둠 속에서 누군가가 하는 말을 들었다. "겨우 이런 환자들만 계속 우리한테 넘겨주면 곤란하죠." 치료사는 이 발언이야말로 사람을 무시하는 한편, 비위에 거슬린다고 여겼다. 왜냐하면 라이프케어에서 그는 '겨우 이런' 환자만을 돌보았기 때문이다.

항공 구조를 중단하기로 한 수전 멀더릭의 결정이 알렉산드리아 소재 해안경비대 지휘본부에 있는 해군 중위 셸리 데커에게 전달된 것은 오전 6시경이었다. 그때까지의 실적은 세 번 출동에, 라이프케어의 인공호흡기 환자 3명과 특수 산소 공급장치 환자 한 명을 구조한 것이 전부였다. 메모리얼의 간호사들은 날이 어두워서 그렇다고 데커에게 설명했다. 자기들은 환자를 계단으로 직접 들어 날라야 하고, 간호사 한명은 내내 옆에서 인공호흡기를 수동으로 작동해야만 한다는 것이었다. "우리도 지쳤어요." 그들의 말이었다. 데커는 병원에 비상 조명이 있다고 가정했다. 그녀는 저쪽의 상황이 어떤지 떠올려보려고 노력했지만, 쉽지 않았다. 그녀는 조명이 밝고 수도와 전기와 전화가 작동하는 방 안에 앉아 있었기 때문이다. 그야말로 초현실적이었다. 그녀는 어설픈 B급 영화를 떠올렸다. 영화 〈LA 탈출〉에 나오는 디스토피아적이고 큰 재난을 겪은 세계 말이다.

메모리얼의 간호사들이 그녀에게 말한 바에 따르면, 나머지 인공호흡기 환자는 'DNR 요청 환자'이므로(하지만 실제로는 그들 '모두'가 DNR 요청 환자인 것은 아니었다) 현재는 이송 작업을 중단하고 오전 9시는 되어야만 재개할 수 있다고 했다. 메모리얼의 한 간호사는 환자들을 계속 수작업으로 인공호흡시키겠다고 말하며 안심시켰다. 데커도 상대방의 말을 이해했지만, 그녀로서는 사실 받아들이기가 어려운 일이었다. 하지만 일단 병원 직원들이 헬리콥터 착륙장까지 환자를 데려다주어야만 구조대를 메모리얼로 보낼 수 있었다.

데커 옆에서 일하던 해안경비대의 자원봉사 보조요원 마이클 리처드는 이런 결정을 더 받아들이기 힘들어했다. 메모리얼의 발전기가 하나하나 고장 나는 상황에서, 그는 환자를 받아줄 다른 병원을 찾아내는 한편, 구조작업을 계속하기 위해 병원 지도자들을 설득하느라 몇 시간을 허비한 바 있었다. 그런데 자기네 병원의 우선순위는 자기네 환자를 맨 먼저 대피시키는 것이라는 한 여성 직원의 말에 그는 깜짝 놀라고 말았다. 상대방의 말은, 자기는 오로지 자기네 병원 환자에 대해서만 책임이 있으며, 다른 시설에 있는 가장 위중한(따라서 어차피 죽게 마련인) 환자에 대해서는 관심도 없다는 것이었다. 빌어먹을. 그는 생각했다. 이 여자는 결국 그들을 죽게 내버려두고 나 몰라라 가버리겠다는 뜻이잖아. 이 모두가 결국 돈 때문인 걸까? "잠깐만요." 리처드가 상대방에게 말했다. 그는 송수화기를 내려놓고, 마치 이 결정을 놓고 자기 상관과 의논하는 척했다. 사실 지금 상황에서 다른 누군가와 굳이 상의해야 한다고 생각하지는 않았다. 리처드는 무엇이 옳고 그른지 잘 알고 있었다. 그는 다시 송수화기를 들었다. "그건 절대 안 됩니다." 리처드가 말했다. "가장 위중한 환자를 맨 먼저 데리고 나와야 합니다." 하지만 병원 직원은 자기가 결정권자라고 대답했다. 그는 그렇지 않다고 상대방에게 말했다. 어쩌면 자기도 결정권자까지는 아닐지 모르지만, 그건 아무래도 상관없다고 말했다. 과연 상대방이 이렇게 통화를 해놓고 나서, 나중에 그의 지시를 준수하기는 할까? 차마 상상이 되지 않았다. 리처드는 이 결정이 그녀의 양심에 상처를 남길 것이라고 생각했다. 그는 기독교 집안에서 자라 가장 도움을 필요로 하는 사람을 돌봐야 한다고 배웠다.

그 시간에 메모리얼에서는 수작업으로 인공호흡을 해야 하는 라이프케어 환자가 또 한 명 늘었다. 여든 살의 존 러셀은 한국전쟁 참전 용사로 간병인들과 농담 주고받기를 잘하는 사람이었다.[13] 다리에 심한 피부 감염이 있어서 치료를 받으러 온 그는 본래 심장 질환 이력이 있었다. 비상 전력이 끊어지고 몇 시간 지난 오전 5시 30분에 그는 호흡이 멈추고, 심박도 멈춘 상태로 발견되었다. 직원들은 코드 블루를 발동해 그에게 튜브를 삽입하고, 약물을 주사해 결국 생존 가능한 심박을 되찾았다. 곧이어 이들은 그를 아래층으로 옮겼다.

라이프케어의 간호부장 지나 이스벨은 이제 2층의 이 환자 옆에 서서, 신축성 있는 수동 인공호흡기를 눌러 일방식 밸브를 통해 그의 호흡 튜브 속으로 공기를 불어넣고 있었다. 이전에도 재난 시에는 병원 직원들이 이런 식으로(그러니까 헤르샤니크가 헬리콥터에서 신생아에게 했던 것처럼) 몇 시간이나 환자들에게 인공호흡을 시킨 바 있었다. 하지만 수작업으로 불어넣는 공기는 그 양과 압력 모두 기계로 하는 것만큼 정확할 수가 없었으며, 오히려 효율이 떨어질 가능성이 컸다.

이스벨의 두 손도 지쳐서, 흰색 수술복 셔츠가 넉넉한 체구에 딱 붙어버렸다. 러셀은 간혹 경련을 일으키기도 했지만 대개는 아무런 반응이 없었다. 이는 결국 그녀의 노력에도 불구하고 그의 두뇌에 충분한 산소가 공급되지 않는다는 뜻이었다. 무더운 복도에서 한 시간 가까이 기다린 다음에야 러셀은 기계실로 들어가 헬리콥터 착륙장으로 향하는 여정에 올랐다. 한 의사가 들것 옆에 멈춰 서서, 환자의 두 눈에 플래시 불빛을 비추고는 그의 신경 기능을 대강 확인해보았다. "지금 이 환자한테 산소가 필요하다는 건 알고 있겠죠." 그가 이스벨에게 말했다.

"예, 선생님."

의사는 병원에 더 이상 산소 여유분이 없고, 더 얻을 가능성도 없다고 말했다. "그러니 이분을 그냥 보내드려야 할 겁니다."

병원에 산소가 전혀 없다는 것은 사실이 아니었지만, 이스벨은 그런 상황을 알 만한 위치에 있지 않았다.[14] 그녀는 불과 몇 시간 전까지만 해도 ICU 간호사들이 산소마스크를 마치 대마초 담뱃대처럼 서로 돌려가며 대고 있었다는 것을 전혀 알지 못했다(벽에서 공급되는 산소도 기계실에서는 이용이 불가능했다). 그녀는 휴대용 산소통이 병원 어디에 있는지도 알지 못했다. 혹시 의사는 알고 있었을까? 어쩌면 그는 산소통을 찾으러 다니는 일이 그리 실용적이지 않으리라 생각했을지도 모른다. 또 어쩌면 산소통이 없다는 이야기를 전해 들었는지도 모른다. 또는 이 환자의 상태가 이미 많이 나빠졌다고, 또는 산소통은 차라리 다른 환자를 위해 남겨두는 게 나으리라고, 또는 공중 구조가 이 사람을 구조할 만큼 제때 맞춰 이루어지지는 못하리라고 생각했는지도 모른다.

산소 부족 문제는 그로부터 몇 시간 뒤에 이 주(州)의 EMS(응급의료 출동본부)*의 근무일지에도 기록되었다. "서던 뱁티스트 병원에 현재 산소가 부족하다고 함. 인공호흡 환자 이송을 최우선으로 하는 중이라고 함."

이스벨은 더 이상 산소가 없다는 그 의사의 말을 곧이들었다. 그녀는 잠시 자기 환자 옆에 가만히 서서 이런 생각을 했다. '어떻게 해야 이분을 보내드릴 수 있을까?' 곧이어 그녀는 수동 인공호흡기 누르는 일을 중단했다. 그리고 노인을 끌어안은 다음, 그가 죽어가는 동안 머리카락을 쓸어주었다.

이스벨은 러셀의 얼굴에 시트를 덮은 다음, 들것을 밀어서 그를 기계실 밖으로 데리고 나왔다. 그리고 사망자의 발치께 주저앉아서, 라이프케어의 간호이사 테레즈 멘데즈가 와서 환자의 시신을 어디로 옮길

---

* 우리나라의 119 구급대와 유사한 조직.

재난, 그 이후

지 지시해주기를 기다렸다. 이곳의 영안실은 8층에 있었고, 냉동실도 더 이상 작동되지 않았으며, 어쩌면 이미 그 안도 꽉 차 있을지 몰랐다. 사람들이 이스벨 곁을 지나치면서, 사망자가 놓인 들것을 가져가도 되겠느냐고 물어보았다. 그녀는 이 질문에 언짢았다. 그녀가 할 수 있는 일이라고는 화를 내며 딱딱거리지 않도록 꾹 참는 것뿐이었다. '딴 데 가서 찾아 쓰세요.' 그녀는 이렇게 말하고 싶었다. '여긴 그냥 내버려두라고요. 돌아가신 분을 존중해주라고요.'

그로부터 한 시간이 지났을 무렵, 병원 원목인 존 마스가 그녀에게 다가왔다.

"나랑 같이 갑시다." 그가 말했다. 이스벨이 자리에서 일어나자, 마스는 그녀와 함께 들것을 끌고 가까이 있는 스테인드글라스 유리창 달린 문으로 들어섰다. 테레즈 멘데즈는 의자를 예배당 한쪽으로 밀어서 공간을 마련했다. 그 안에서 이스벨은 원목의 품에 안겨 울었다. 두 사람은 함께 기도했다. 그녀는 이전에도 환자들이 죽는 걸 본 적이 있었지만, 유독 이 죽음만큼은 다르게 느껴졌다. 평소에 그녀는 사람들에게 살 기회를 부여하기 위해 필요한 것들을 갖고 있었기 때문이다.

원목이 밖으로 나간 뒤에도, 이스벨은 한동안 예배당에 혼자 앉아서 마음을 가라앉혔다. 곧이어 그녀는 멘데즈와 함께 다층식 주차장 4층으로 올라가서, 이스벨의 SUV 안에 들어가 에어컨을 켰다. 그 안에서 두 사람은 잠깐 휴식을 취했다. 이스벨은 밖으로 나가기가 싫었다.

이른 아침에 애너 포 역시 2층에서 라이프케어 환자 한 사람의 수동 인공호흡기를 누르는 작업을 교대로 하고 있었다.[15] 그러다가 간호사 한 명과 또 다른 직원 한 명이 기다리는 것을 보자, 이들과 교대했다. 포가 둘 중 한 사람과 다시 교대하러 가보니, 그 환자는 이미 사망한 뒤였다.

"우리가 여기서 뭘 해야 하는 건가요?" 포와 다른 동료들은 서로 이런 질문을 주고받았다. 평소에 의존하던 도구들이 (심지어 전기와 수도 같은 기본적인 것조차) 없는 상황에서는 자기가 할 수 있는 일이 그리 많지 않다는 생각이 그녀의 머리에 스쳤다. 두경부외과 전문의로서 포는 특히 또 한 가지 문제를 절실히 느낄 수밖에 없었다. 바로 의료용 흡입기가 없다는 사실이었다. 평소에는 (병원 벽을 따라 마치 혈관처럼 이어지는 외부의 진공 펌프와 연결된) 공기 흡입 구멍이 환자의 방에 각각 하나씩 설치되어 있어서, 환자의 기도 위쪽에 끼어 있는 울혈을 깨끗이 빨아내, 환자가 숨을 쉴 수 있게 도와주었다. 하지만 밤사이 포는 환자의 목 뒤를 간지럽혀서 기침을 하게 만드는 원시적인 방법으로 되돌아갈 수밖에 없었다. 그러다가 한 시간쯤 뒤에야 간호사 한 명이 이동식 배터리 충전용 흡입 장치를 하나 찾아냈다.

포는 암 전문 외과 의사 중에서도 상태가 안 좋은 환자에게 마지막 치료를 실시하는, 즉 생존을 위한 모든 최후의 기회까지 모조리 제공하는 편에 속했다. 때로는 다른 의사들이 희망을 버렸을 때조차 혼자 싸우곤 했다. 이제 무기를 빼앗긴 상태가 되자, 의사로서 포의 자신감도 위축되었다. 멀더릭 역시 남은 환자들 중에서 가장 위중한 사람들과 인공호흡기에 의존하는 사람들은 메모리얼을 살아서 나가지 못할 것이라고 결론 내렸다.

해안경비대의 헬리콥터로 떠난 라이프케어의 환자 4명은 성공적으로 다른 병원에 이송되었다. 아직 남은 5명의 인공호흡기 환자는 메모리얼을 살아서 나가지 못했다. 한 명은 계단을 통해 옮기는 도중에 사망했다. 또 한 명인 쉰한 살의 여성 환자는 깊은 혼수상태에 빠졌지만 DNR 요청서가 붙어 있었기 때문에, 7층에서 아예 옮기지도 않았다. 메모리얼의 직원들이 위로 올라와서는, DNR 요청서가 붙은 환자는 갈 수 없다고 말했던 것이다.

해가 떠오르자 덩달아 기온도 올랐다. 병원은 숨이 막힐 정도로 무더웠고, 벽에서는 물이 줄줄 흘러내렸다.[16] 수도꼭지에서는 물이 안 나왔고, 화장실은 막혀버렸으며, 하수구 냄새가 수백 명의 씻지도 못한 땀 냄새와 뒤섞였다. 내부의 통로는 어둠 속에 완전히 파묻혀, 플래시 불빛을 이리저리 비춰야만 겨우 지나갈 수 있었다. 전화, 텔레비전, 컴퓨터, 원내 방송도 없는 상황이라 정보 자체가 드물었다. 중요한 메시지는 입에서 입을 거쳐 위층과 아래층으로 전달되었다.

발전실장 에릭 얀코비치가 수전 멀더릭에게 다가오더니, 병원 앞에 공무원 한 사람이 찾아와서는 지원대라 말한다고 보고했다. 멀더릭이 만난 그 남자는 키가 크고 머리가 벗겨졌으며, 검은색 바지와 노란색 셔츠를 입고, 무전기를 손에 들고 있었다. 자기가 주 정부의 보건의료부 대리인이라고 이름까지 밝혔는데, 워낙 상황이 긴박하다보니 멀더릭은 그 사람의 이름을 금세 잊어버리고 말았다. 그는 이 병원에 남은 사람들을 하루 안에 모두 대피시키는 임무를 띠고 왔다고 말했다. 그러면서 모두에게 떠날 준비를 시키라고 말했다.

오전 7시경에 사고대응지휘본부 회의가 열렸다. 이들은 자원과 환자를 모두 1층과 2층의 출구 근처 공간에 모아놓는 계획을 수립했다. 간호사 한 사람이 응급실로 가서, 병원에서 비상시를 대비해 마련해놓은 부상자 선별용 색깔 완장을 찾아왔다. 그녀는 이 완장을 간호사실마다 나눠주면서 그 사용법을 알려주었다. 혼자 걸을 수 있는 환자는 초록색 완장, 부축을 받아야 움직일 수 있는 환자는 노란색 완장, 다른 사람의 간호에 전적으로 의존하는 환자는 붉은색 완장을 차는 것이었다. 그리고 DNR 요청서가 있는 환자는 검은색 완장을 차도록 했다.

◇ ◇ ◇

　라이프케어의 간호부장 지나 이스벨과 간호이사 테레즈 멘데즈는 이스벨의 자동차 안에서 경험하던 시원한 평화를 떠나, 다시 7층으로 일하러 돌아갔다. 이스벨은 자기 손 안에서 사망한 환자 존 러셀의 진료 기록을 손에 들고 있었다. 그녀는 이 진료 기록을 최근 들어 라이프케어 층에서 자주 보게 된 검은 머리의 젊은 의사 로이 컬로타에게 건네주었다. 그는 폭풍 동안 안전을 위해 자기 할머니를 병원으로 데려온 다음, 라이프케어의 간호사들에게 위탁했다. 컬로타는 이 병원의 호흡기내과 의사였으며, 한 해 전에 진료에서 은퇴한 유잉 쿡 선생의 환자를 담당했다. 이스벨은 러셀이 2층에서 사망했으며, 시신은 예배당에 옮겨다 놓았다고 컬로타에게 보고했다.

　이른 아침이기는 하지만, 이스벨이 자기 층으로 돌아오자, 직원들이 라이프케어 환자 가운데 상당수를 휠체어에 태워서 계단 쪽으로 밀고 가고 있었다. 보트가 곧 도착해서, 환자들을 마른 땅으로 태워갈 예정이었기 때문이다. 환자들은 응급실 밖의 구급차용 경사로에 대기하게 될 것이었다. 이스벨은 밤새 한숨도 못 잤지만, 그럼에도 불구하고 오전 9시 30분에 환자의 간호를 감독하기 위해 아래층으로 내려갔다.

◇ ◇ ◇

　요란한 모터 소리에 메모리얼의 입원 환자 가운데 몇 사람이 병원 창밖을 내다보았다. 곧이어 클라라 스트리트 쪽 구급차 경사로 위에 모여 있던 군중으로부터 환호와 박수와 고함이 터져나왔다. 구조대가 왔다!

　"하느님, 감사합니다!" 누군가가 이렇게 소리쳤다. 작은 회전관람차 크기의 커다란 프로펠러가 달린 바닥 납작한 에어보트 두 척이 병원 쪽으로 오고 있었기 때문이다. "우리가 여기 있는 걸 어떻게 알았나요?"

178

당신들이 여기 있는 걸 우리가 어떻게 '모를' 수 있겠어요? 에어보트에 타고 있던 샌드라 르블랑은 생각했다. 이 병원은 무려 79년째 나폴리언과 클라라 스트리트의 모퉁이에 자리 잡고 있었는데 말이다.

샛노란 색깔의 루이지애나 주립대학교 야구모자를 쓰고 금속제 에어보트에 탄 르블랑은 구급요원인 동시에, 인근의 샬멧 소재 일레인 P. 누네즈 커뮤니티 칼리지에서 EMT(응급의료기술) 프로그램을 담당하는 조정실장이기도 했다. 그녀와 그녀의 남편이 평소에도 자주 다니던 메모리얼까지 찾아오는 과정은 그야말로 오디세이의 여정이 따로 없었다. 이 여정은 딱 하루 전인 화요일에, 도시에 홍수가 일어났다는 뉴스를 들으면서 시작되었다. 마크와 샌드라는 6기통 셰비 실버라도에 짐을 실은 다음, 폭풍을 피해 루이지애나에서 벗어난 뒤 머물던 루이지애나 북부의 친척집을 떠났다. 이들의 목표는 마크의 어머니이며 라이프 케어의 환자인 베라 르블랑과 그 간병인을 구조하는 것이었다. 다시 말해서 이들은 도시로 들어가는 길을 찾아내야만 했다. 우선 수도인 배턴 루지에 있는 주 정부의 응급의료기술국에 들러, 자원봉사자 신분증 배지를 받았다. TV 설교자로 유명한 지미 스워거트 선교회 건물에 세 들어 있는 이 사무실 앞에는 넓은 주차장이 있었는데, 거기에는 수많은 구급차와 구급요원이 마치 지시만 내려달라는 듯 대기 중이었다. 뉴올리언스는 이곳에서 남동쪽으로 120킬로미터나 떨어져 있었다.

샌드라는 한때 주 정부의 EMT 자격시험 관련 업무를 담당한 적이 있었기 때문에, 정부 쪽에 멀게나마 아는 사람이 있었다. EMS 등록 창구에서 그녀는 종이에다가 자기 이름과 가장 가까운 친지의 이름을 적어 제출했다. 하지만 담당 공무원이 이렇게 구체적인 정보를 요구한다는 사실에 깜짝 놀랐다. "어디로 가시려는 거죠?" 한 근무자가 말했다. "그쪽에서는 우리를 어디로 보내려는 건데요?" 샌드라가 대답했다. 그러자 근무자는 뉴올리언스 서쪽에 있는 고속도로 인터체인지 근처에 부상자 집결지가 있다고 말했다. 샌드라는 그쪽으로 가겠다고 대답했다.

응급의료기술국에서는 ID 배지가 떨어진 상태였고, 샌드라는 카트리나 직전에 대피하면서 자기 자격증을 챙기지 못한 상태였다. 중도에 검문소가 있을지 모른다는 우려 때문에, 샌드라와 마크는 일단 셰비를 몰고 뉴올리언스에서 65킬로미터쯤 떨어진 소방서로 가서, 혹시 그곳의 구조대를 따라다닐 수 있는지 알아보았다. 르블랑 부부가 도착해보니, 그곳에는 소방관 수십 명이 하루 종일 대기하면서, 지금쯤 지쳐 있을 동료들과 교대하기 위해 시내로 들어가라는 명령이 떨어지기만을 기다리고 있었다. 하지만 연락은 전혀 오지 않았다. 결국 저녁이 가까워진 상황에서, 조바심 가득한 소방관 몇 명과 지휘관이 직접 부상자 집결지로 가보기로 했다. 르블랑 부부도 이들과 동행해 시내를 향해 나아갔다.

이들은 뉴올리언스 서쪽의 코즈웨이 대로에 있는 네잎 클로버 모양 고속도로 인터체인지에 도착했다. 헬리콥터 착륙 장소를 위해 설치해놓은 조명장치며 온갖 쓰레기 사이의 땅 위에 앉아 있거나, 서 있거나, 아예 누워 있는 수천 명의 사람이 눈에 들어왔다. 샌드라가 보기에는 마치 전쟁 지역처럼 보였고, 그야말로 불가해한 모습이었다. 이들은 그곳에 멈춰 선 다음, 여러 대의 헬리콥터가 착륙해 더 많은 사람을 풀밭 위에 내려놓는 모습을 지켜보았다.

SARBOO, 즉 수색 및 구조 작전 기지에서는 조종사들이 홍수 지역을 오가며 신속한 비행을 하도록 허락하고 있었다.[17] 하지만 공무원들은 허리케인 팸 가상 대응 훈련에서 설명된 개념에서 겨우 절반밖에 실행하지 못하고 있었다. 즉 집결지에 내려놓은 사람들을 데려갈 600대의 버스와 1200명의 운전기사를 제공하는 데는 실패한 것이었다.

샌드라는 다른 의료 인력을 찾아나선 끝에, 한 구급차량 회사의 대표자가 휴대전화에 대고 소리 지르는 것을 보았다. "앞뒤 따질 새가 없다니까!" 그가 말했다. "화장실이 있어야 하고, 식량도 있어야 하고, 물도 있어야 하고, 그것도 당장 있어야 한다고! 버스도 있어야 하고, 간이침대도 있어야 하고⋯⋯." 샌드라는 자신의 EMT 수업을 들은 옛 제자도 몇 명인가 만났다. 하나같이 지친 기색이었다. 그녀는 이들과 함께 부상자 선별을 도왔고, 부상자와 환자, 그리고 손발을 잃어버린 당뇨병 환자를 살펴보았다. 그리고 그중 몇 명을 배턴루지로 가는 구급차에 태웠다.

고속도로 인터체인지 옆에서 야영을 하는 그 많은 사람을 위해 해줄 수 있는 일이 사실상 없었다. 샌드라가 확인한 결과, 그들 대부분은 각자의 집 지붕에서 무시무시한 낮과 밤을 보냈기 때문에, 잠자리와 식량과 물을 다급하게 필요로 하고 있었다. 어떤 사람은 매우 정중한 태도로 다가와 요청했다. "저기 계신 어머니 갖다 드리게 물 한 병만 주세요." 하지만 샌드라는 안 된다고 말했다. 의료진은 사람들이 폭주할지 모른다는 두려움 때문에, 자기네가 사용할 식량과 식수조차 물품 전용 트레일러에 몰래 숨겨둔 상황이었다. "제가 당신께 물을 한 병 드리면, 결국 여기 있는 모두에게 물을 한 병씩 줘야 할 거예요. 그러다보면 여기 있는 모두를 돌보는 데 사용할 물조차 없게 되겠죠." 샌드라는 상대방에게 말했다. 하지만 그녀는 내심 섬뜩한 기분이 들었다. 이거야말로 정신 나간 상황이었다. 왜 사람들에게 줄 식수조차 없는 거지?

이곳에서 일하는 과정에서 샌드라는 시내의 여러 병원에 관한 구조 계획에 대해 아는 사람을 군중 가운데에서 찾아냈다. 그날 오후 일찍, 당국에서는 보트를 가진 사람은 누구라도 뉴올리언스 교외의 대형 마트 샘스클럽 근처로 오라는 안내 방송을 라디오로 내보냈다는 것이었다. "우리에게는 보트가 시급히 필요합니다. 반드시 구조해야 하는 의원님들이 있기 때문입니다."[18] 인접 지역인 제퍼슨 패리시의 단체장인 에런 브루사드가 라디오 진행자에게 말했다. 병원 역시 배편으로 대피가 가능했다. 하지만 저녁이 되어 재난 지역에서 불빛이 사라지고 나서야, 샌드라 르블랑은 보트들이 주간 고속도로 상의 트레일러에 줄지어 실려 있는 모습을 보게 되었다.

샌드라가 그곳에서 일하던 화요일 저녁, 거기서 800킬로미터 떨어진 댈러스에서는 테닛의 지역사업본부장 마이클 아빈이 배턴루지의 EMS 사무실에 전화를 걸어, 그쪽 책임자에게 메시지를 남겼다. 그는 메모리얼을 포위한 홍수의 수위가 빠르게 올라가고 있다고, 아울러 자사의 또 다른 계열 병원인 린디 보그스 메디컬 센터도 상황이 마찬가지라고 전했다. 이들 병원 가운데 한 곳은 전력이 끊어졌으며, 주 정부에도 도움을 요청해두었다고 그는 말했다. 그로부터 한 시간도 채 안 된 화요일 오후 8시 30분, 한 근무자가 주 정부의 EMS 근무 기록에 적은 바에 따르면, 두 군데 병원은 '1순위'로서 대피에서 높은 우선순위를 차지하게 되었다.

그로부터 20분 뒤 EMS 본부에서는 자원봉사자인 칼 크래머를 배턴루지에서 뉴올리언스로 파견했다.[19] 그의 임무는 이미 대기 중인 55척의 보트와 만나, 두 군데 병원에서 대피 업무를 지휘하는 것이었다. 그는 수요일 오전, 그러니까 자정 직후 본부에 상황을 보고했으며, 배턴루지의 근무 기록에는 그가 가져온 새로운 소식이 꼬박꼬박 기록되었다. "보트와 만나지 못했다. 총을 가진 폭도와 어둠 때문에 보트 운행을 멈추었다는 이야기만 들었다." 대신 크래머는 네잎 클로버 모양 인터체인지가 있는 코즈웨이 대로에 가서 다른 EMS 근무자들과 합류했다.

베라 르블랑의 간병인이 한밤중에 샌드라 르블랑에게 전화를 걸었을 때, 샌드라는 트레일러에서 전화를 들고 나와 마침 크래머와 딱 마주쳤다. 두 사람은 주 정부의 EMS 프로그램에서 일할 때부터 안면이 있었다. "지금 무전기로 지휘본부하고 연락할 수 있어요?" 그녀가 물었다. 만약 EMS 담당자들이 간병인의 하소연을 들을 수 있다면, 병원에

재난, 그 이후

있는 사람들을 구조하는 일에 더 열심히 초점을 맞출지 모른다고 그녀는 생각했다. 샌드라의 간청은 수요일 오전 4시 45분의 EMS 근무기록에도 기록되었다. "시어머니로부터 걸려온 다급한 전화. 간호사들이 공황 상태를 보이고 있음. 나폴리언 소재 메모리얼 병원에 있음."

르블랑이 들은 답변은 (어째서인지는 알 수 없었지만) 이 병원이 이제 우선순위에서 '2순위'로 밀려났다는 것이었다. 결국 이곳에 대한 가장 확실한 구조 가능성은, 마치 EMT 강사지만 지금은 주 정부와 아무런 계약도 맺지 않은 상태인 그녀 본인에게 달려 있는 것만 같았다. 무전기 저편에 있던 사람은 샌드라에게 이렇게 말했다. 동이 트는 대로 보트를 인솔해서 가라고, 그리고 보트를 띄우기에 최적인 장소를 찾아낸 다음, 병원에 있는 사람들 모두를 대피시키기 위해 할 수 있는 일은 뭐든지 하라고 말이다.

수요일에 날이 밝자마자 르블랑 부부는 코즈웨이 대로에서 남쪽으로 약 10킬로미터나 달려, 홍수가 시작된 장소 근처인 대형 마트 샘스 클럽 주차장으로 갔다. 이 주차장에서는 수많은 사람과 보트가 대기 중이었다. 르블랑 부부는 두 남자와 이야기를 나누었다. 짧은 모음과 머리가 어지러울 정도로 빠른 사투리로 미루어보건대, 이들은 루이지애나 케이즌이 분명한 것 같았다.[20] 노바스코샤에 살던 프랑스인의 후손인 이들이 여러 세기째 거주하는 어케이디아나 남부는, 멕시코 만 연안을 따라 펼쳐진 늪지와 강어귀로 이루어진 지역이어서, 보트를 타고 지나다니는 것이 최선이었다.

"우리는 병원에 갇혀 있는 사람들을 구출하러 왔어요. 우리가 꼭 해낼 겁니다." 한 남자가 말했다. 양쪽 모두 에어보트를 한 척씩 갖고 있었으며, 어디로 가야 할지 명령을 내려주는 사람을 찾고 있는 중이었다. 르블랑 부부는 마크의 어머니에 관해, 그리고 그 간병인이 묘사한 메모리얼의 끔찍한 상황에 관해 이야기해주었다. 그러자 두 남자는 메모리얼이야말로 자원봉사자가 곧 찾아갈 예정인 병원들 가운데 하나일 거라고 말했다. 둘 중 한 사람이 자세한 내용을 알아보러 갔다. 그가 돌아와서 이렇게 말했다. "저쪽에서 곧 발표하려고 준비 중이라네요."

주차장에 대기하던 보트 조종사들이 둥글게 모여서더니, 한 여자가 트럭 짐칸에 올라서서 모두에게 말했다. 그녀는 우선 최초 목적지까지 가는 길을 미리 확인하고 돌아올 자원봉사자가 필요하다고 밝혔다. 그녀는 몇 군데 목적지의 이름을 불렀는데, 메모리얼은 포함되지 않고 다른 병원들뿐이었다.

그 여자가 말을 마치자마자, 르블랑 부부는 손을 들고 물어보았다. "메모리얼은 어떻게 되었습니까? 서던 뱁티스트 병원은 어떻게 된 거죠?" 그러자 그 여자는 여러 병원 중에서 그곳은 우선순위가 '맨 마지막'으로 밀렸다고 대답했다. 어째서인지는 자기도 모른다고 했다.

르블랑 부부는 도무지 이해할 수가 없었다.[21] 메모리얼에 전력이 끊어졌으며, 그곳 사람들이 공황 상태에 이르렀고, 그야말로 상태가 절망적이며, 심지어 사람이 죽어나가기까지 한다는 이야기를 윗사람들은 깨닫지 못했단 말인가? 뉴올리언스의 다른 병원들 중에서 이만큼 상황이 나쁜 곳이 또 있단 말인가? 도대체 누가 책임자인가? 답변은 어디 갔는가?

혹시 당신들은 그 병원 가는 길을 아느냐고, 케이준 남자 둘 중에 한명이 르블랑 부부에게 물었다. "아, 그럼요." 마크가 말했다. 그는 이 병원이 서던 뱁티스트 병원으로 불리던 시절에 바로 거기서 태어났던 것이다. 그의 가족이 항상 치료받으러 찾던 병원도 바로 거기였다. 바로 며칠 전에도 어머니를 뵈러 다녀왔다. 만약 르블랑 부부가 길만 가르쳐준다면, 자기들이 에어보트를 끌고 메모리얼까지 가주겠다고 두 남자가 말했다.

"우리 보트는 물이 많지 않아도 뜨거든요." 어떤 에어보트 조종사가 말했다. 이들은 트럭을 몰고 홍수 지역으로 들어갈 수 있을 만한 경로를 찾아나섰고, 결국 오크즈너 메디컬 센터에서 동쪽으로 멀지 않은 제퍼슨 하이웨이에서 홍수를 맞닥뜨렸는데, 그 근처에는 철로와 함께 올리언스 패리시 경계선이 있었다. 르블랑 부부는 여기서 메모리얼까지는 고속도로를 따라 직선 경로라고, 그러다가 클레이번 애버뉴로 접어들면 된다고 말했다. 뒤집어 설명하자면, 이것이야말로 르블랑 부부가 며칠 전에 이 도시를 벗어나 대피할 때 사용한 바로 그 경로이기도 했다. 두 남자는 자기네 트레일러를 후진시켜 물가에 갖다 댄 다음, 보트를 물에 띄웠다.

보트 뒤에 달린 커다란 회전날개가 윙 하는 소리와 함께 돌아가며 보트를 전진시켰다. 고속도로를 따라 달려가는 내내 마크 르블랑은 며칠 전까지만 해도 이곳의 중앙분리대에 주차되어 있던 갖가지 자동차들이(고물차에서부터, 재규어며 메르세데스 벤츠 같은 멋진 차들까지도) 지금은 물에 잠겨 있다는 사실을 떠올렸다. 이들이 시내로 더 깊이 들어갈수록, 주위의 풍경은 더 격렬하고 살벌해졌다. 이들은 사람들이 겨우 목만 내밀고 물을 건너다가, 오전 중반에 요란한 소리와 함께 지나가는 에어보트를 돌아보며 손짓하는 것을 지켜보았다. 르블랑 부부가 줄 수 있는 것이라고는 조언뿐이었다. "그쪽으로 계속 가면 마른 땅이 나옵니다! 우리는 가봐야 해요. 병원으로 가는 길이거든요."

중도에 작은 알루미늄제 보트 두 척이 이들과 합류했다. 메모리얼에 도착한 마크는 간호사 한 명으로부터 플래시를 빌리자마자 일곱 층이나 되는 계단을 단숨에 뛰어서 라이프케어로 올라갔다. 그곳에서 맨 먼저 그를 맞이한 것은 더위와 정적이었다. 간호조무사들은 지친 모습으로 책상 앞에서 빈둥거리기만 할 뿐, 환자를 돌볼 생각이 아예 없어 보였다. 그들 중 일부는 그를 보자마자 깜짝 놀랐는데, 폭풍이 닥쳤을 때 메모리얼에 있던 사람이 아니라는 것을 대번에 알았기 때문이다. 그가 지나가면서 본 환자들은 거의 벌거벗다시피 하고 있었다. 여든두 살인 그의 어머니는 땀범벅이 되어서 푹 젖은 병상에 누워 있었다. 그녀는 아들을 보자 환한 웃음을 짓더니, 목이 마르다고 말했다. 그러면서 자기가 '꼴이 엉망'이라면서 차분하게 말했다.

이 광경에 마크는 화가 치밀었고, 샌드라를 찾으러 일단 그곳을 떠났다. 두 사람은 어머니를 위로한 다음, 도대체 여기서 무슨 짓거리들을 하고 있는지 알아보러 나갔다. 이 층의 최고 책임자인 다이앤 로비쇼는 눈에 띄게 배가 나온 임산부였는데, 이들을 자기 사무실로 맞아들여서, 자기도 별로 정보가 많지 않다고 털어놓았다. 르블랑은 자기들이 메모리얼로 에어보트를 가져왔으며, 앞으로 더 불러올 계획이라고 말했다. 이들은 에어보트로 옮길 환자들이 도착할 집결지 위치도 알려주었다. "구급차를 그곳으로 보내, 거기서 환자들을 다시 이송하게 하세요." 샌드라가 말했다.

로비쇼는 구급차를 부르고 싶어도 더 이상은 자기네 본사와 연락할 방법이 없는 형편이라고 설명했다. 르블랑 부부는 이 병원의 모든 사람이 얼마나 체념에 빠져 있는지 깨닫고 깜짝 놀랐다. 그래서 아직 작동하는 자기네 휴대전화를 이용해 구급차를 준비하게 도와주겠다고 제안했다. "좋아요." 로비쇼가 대답했다. "어떤 도움이든 주실 수만 있다면, 감사히 받아야죠."

르블랑 부부는 구급차량 회사에 전화를 걸어 로비쇼를 바꿔주었다. 그녀는 오크즈너 메디컬 센터 인근의 철로 옆 집결지의 위치를 설명해주었다. "정확한 주소가 필요한데요." 구급차량 회사 사람이 그녀에게 말했다. "정확한 주소가 없으면, 아무도 내보낼 수가 없어요."

"음, 정확한 주소는 저도 모르는데요." 로비쇼가 말했다.

"선생님, 그러면 저희가 도와드릴 수 없어요. 정확한 주소를 알려주시지 않으면, 저희도 도와드릴 수가 없습니다." 로비쇼의 동료들이 전

재난, 그 이후

화번호부를 뒤지면서, 그곳 교차로의 정확한 이름이나 다른 건물 주소라도 찾아내려고 애쓰는 사이, 전화 연결이 뚝 끊기고 말았다. 로비쇼가 다시 연락해보았지만 통화가 되지 않았다.

그녀는 라이프케어의 슈리브포트에 있는 본사 대표자와 통화를 했다. 또다시 연결이 끊기기 전에 대화를 마치려고, 로비쇼는 빠른 말투로 혹시 라이프케어가 현재 이전의(즉 네잎 클로버 모양 인터체인지 근처의) 집결지로 보내기로 했던 구급차 일부를 오크즈너 인근의 보트 출발지로 보내줄 수 있느냐고 물어보았다. 그러자 본사 대표자는 일단 노력해보겠다고만 대답했다. 아울러 자기와 다른 동료들은, 이전에 메모리얼에서 나와 다른 라이프케어 병원으로 이송된 인공호흡기 환자들의 현재 소재도 파악하려 노력해보겠다고 대답했다.

르블랑 부부는 다시 아래층으로 내려왔다. 마크는 화가 치밀어 있었다. 자기 어머니에게는 수분 보충을 위해 정맥주사가 필요했고, 치료가 어려운 요로 감염 때문에 항생제도 복용해야 했지만, 확인해본 결과 이 병원에서는 더 이상 정맥주사를 제공할 수 없다는 답변만 들었다.[22] 비록 자기 어머니가 라이프케어 환자이기는 하지만, 마크는 메모리얼의 책임자에게 항의했다. 그러자 이 병원이 현재 생존 목표 상황이지, 치료 목표 상황은 아니라는 대답이 나왔다. "아니, 스위치를 한 번만 돌리면, 그때부터 병원이 병원 아니게 된다는 겁니까?" 마크가 어이없어하면서 물었다.

◇ ◇ ◇

그날 아침에, 부상자 선별용 색깔 완장 정품 보유분이 어디 있는지 찾아내는 과정에서 애먹은 의사들과 간호사들은 자기들이 아래층으로 데려온 100명 넘는 메모리얼 및 라이프케어의 환자들을 분류하기 위한 새로운 방법을 고안했다. 이들은 신속한 대피에 도움을 주기 위해 환자를 세 무리로 나누었다. 비교적 건강이 좋아서 앉거나 걸을 수 있는 사람은 '1등급'으로 놓아, 대피 우선순위 맨 앞에 놓았다. 그리고 더 많이 아파 더 많은 부축을 필요로 하는 사람은 '2등급'으로 놓고, 마지막 무리의 환자들은 '3등급'으로 놓아, 맨 나중에 대피하도록 했다. 여기에는 의사들이 매우 위중하다고 판단한 환자들이며, (화요일에 의사들이 이미 동의한 것처럼) DNR 요청서가 붙은 환자들이 포함되었다.

애너 포는 언제나 가장 어려운 임무를 떠맡고 나서는 사람이었다. 이번에는 환자들의 대량 이송을 조정하는 일을 돕기 위해 뛰어들었다. 숨을 쉴 때마다 고약한 공기를 들이마셔 목 뒤가 따끔거렸다. 포는 현재 병원의 비위생적인 상태가 차마 견딜 수 없을 정도이고, 캄캄한 내부 병실이 특히 위험하다고 판단했다. 그녀가 생각하기에는, 제아무리 건강한 사람이라 하더라도 병이 들어버리고, 더위 속에서 차마 숨 쉬기도 어려울 것 같았다.

포와 다른 직원들은 병원 곳곳을 돌아다니며 간이침대와 들것을 모조리 찾아내, 2층 로비로 끌고 내려왔다. 오전 내내 의료진과 가족들로 이루어진 임시 운반조가 아직 남은 메모리얼과 라이프케어의 환자의 상당수를 그곳으로 데려왔다. 포는 수술복 셔츠의 짧은 소매를 어깨까지 걷어 올리고는, 이들을 맞이할 채비를 하고 서 있었다.

희미한 조명 속에서 순서 매기기가 시작되었다. 환자들이 진료 기록을 펼치고 진단명을 읽었는데, 배터리를 아끼기 위해서 플래시 불빛도 최소한으로만 사용했다. 포와 간호사들은 각 환자에게 셋 중 한 가지 범주를 적용했다. 간호사가 유성 매직펜을 이용해 '1등급', '2등급', '3등급'이라고 종이에 적은 다음, 그걸 환자가 덮은 이불의 가슴께에 붙였다.[23] 다른 환자들은 아예 환자복 위에다 숫자를 적어 넣었다. 1등급 환자의 상당수는(당시 메모리얼과 라이프케어 양쪽 모두를 합쳐 대략 30명쯤 되었다) 응급실 경사로 아래쪽으로 인솔되었다. 에어보트로 이루어

재난, 그 이후

진 소함대가 마른 땅까지 운행할 준비를 하는 가운데, 처음 계획은 이들이 밖에 나가서 직접 보트에 오르게 한다는 것이었다. 경사로에서 기다리는 환자들의 간호는 라이프케어의 간호부장 지나 이스벨과 메모리얼의 간호실장 캐런 윈이 담당했다.

2등급 환자들은 (그날 모두 합쳐 70명쯤이었는데) 대부분 기계실로 가는 복도에 줄지어 있었다. 왜냐하면 헬리콥터 착륙장이 있는 다층식 주차장으로 통하는 지름길이 기계실에 나 있었기 때문이다. 3등급 환자는 15명쯤 되었는데, 2층 로비 한구석의 하이버니아 은행 ATM과 줄무늬 있는 녹색 식물 디펜바키아가 가득한 화단 근처 바닥에 놓여 있었다. 대피를 기다리는 환자들도 계속 간호를 받기는 하겠지만(즉 기저귀도 갈아주고, 종종 직원 가족이 나서서 부채질도 해주고, 물을 마실 수 있는 환자인 경우 물도 줄 것이지만) 일단 환자들이 수요일에 각자의 병실에서 다른 곳으로 이동하게 되면서부터, 의료적 간섭은 대부분 제한될 수밖에 없었다. 누군가의 운명을 숫자로 지시한다는 발상이 비록 신속하기는 하지만 혐오스러운 것이었다고 회고한 사람은, 신경방사선과 의사인 빌 아밍턴이었다.

포와 그녀의 동료들은 부상자 선별(triage)을 실시하고 있었는데, 이 단어의 어원인 프랑스어는 본래 커피 원두를 골라내는 것을 지칭했지만, 나중에는 나폴레옹 보나파르트의 군의관인 도미니크 장 라레 남작이 전장(戰場)에 적용하게 되었다.[26] 즉 선별이라는 단어는 어떤 사고나 재난에서 부상자 숫자가 이용 가능한 자원을 초과하는 경우에 사용되었던 것이다. 놀라운 점은, 부상자 선별을 어떻게 하는 것이 최선인지에 대해서는 아직 동의가 이루어지지 않았다는 것이다.

부상자 선별과 의료적 배급은 한 사회에서 권력을 가진 사람들이 인간의 생명에 대한 가치를 어떻게 평가하는지를 보여주는 척도가 된다. 제2차 세계대전 당시 영국군은 가뜩이나 부족한 페니실린을 조종사와 폭격기 승무원에게만 사용하도록 제한했다. 미국에서는 생명을 구제하는 신장 투석이 널리 이용되기 전까지만 해도, 일부 병원 위원회에서는 공동체의 '최고선'을 도모한다는 명분하에 환자의 나이, 성별, 결혼 여부, 교육, 직업, '장래 가능성' 등에 의거해 진료 결정을 내렸다. 1960년대에 이르러 이런 관습은 더 넓은 대중의 관심을 끌었고, 학계에서는 시애틀의 한 병원을 가리켜 "역사적으로만 살펴보아도 미국을 만드는 과정에서 무척이나 많은 기여를 한 (……) 창의적인 비타협주의자들"을 배제하고 있다고 비판했다. "태평양 연안 북서부 지역이야말로 신장이 좋지 않았던 헨리 데이비드 소로 같은 사람이 살 장소는 못 되는 셈이었다."[25]

〈라이프〉지에 게재된 섀너 알렉산더의 기사에서 이런 관습이 폭로되자 대중의 분노가 터져나왔다.[26] 입법가들은 투석을 필요로 하는 미국인 누구라도 그걸 받을 수 있게 하는, 특히 정부의 비용으로 그렇게 할 수 있는 시스템을 고안했다. 하지만 남아프리카공화국 같은 다른 나라에서는 공립병원에서 치료를 받는 환자들에게 투석 배급이 계속 남아 있었다.[27] 혜택을 받을 수 있는 사람의 숫자가 치료 역량을 크게 초과하는 경우, 의사들은 일주일에 한 번씩 있는 회의에서 누구를 살리고 누구를 죽일지 선택하며 고민했다. 의료적 판단 기준에 더해서 (예를 들어) 환자의 직업, 부모의 지위, 약물 남용 이력 같은 "사회적 가치라는 판단 기준"에 무게를 두는 편이 윤리적일까? 환자는 이 결정에 대해서 통보받고, 항의할 기회를 얻어야 마땅한가? 남아프리카공화국의 백인을 선호하는 결정이 여러 해 동안 이루어진 상황이니, 어떻게 하면 이 절차를 더 정당하게 만들 수 있을까? 급기야 의사들은 더 표준화된 배급 시스템을 만들기 위해서 환자 본인들로부터 의견을 구하기에 이르렀다. 부상자 선별이라는 끔찍한 절차 때문에, 일부 사회운동가들은 소득이 낮은 남아프리카인을 위한 투석 프로그램을 늘림으로써 신장 질환을 방지하라고 주장하고 나섰다.

카트리나 당시 미국에서는 대규모 부상자가 발생한 경우, 환자의 우선순위를 정하는 공인 선별 시스템이 최소한 아홉 가지나 있었다.[28] 긴급 상황에서는 그 결과를(예를 들어 사망자 수라든지) 조사하는 과정에서 어려움이 있었기 때문에(아울러 어쩌면 정치적 부끄러움의 가능성 때문이거나, 경제적 유인의 결여 때문인지도 모르지만) 흔히 사용되는 부상자 선별 시스템들이 애초에 의도한 목표를 달성했는지(또는 하다못해 전반적인 생존을 역설적으로 더 악화시키지 않았는지) 여부를 알아보기 위한 연구는 사실상 전혀 없었다. 대부분의 시스템에서는 비교적 경미한 부상을 입은 환자들을 기다리게 하는 대신, 가장 심하게 부상을 입은 환자들을 우선적으로 의료진이 돌보았다. 1806년에 프로이센에서 벌어진 나폴레옹 군대와 제4차 대(對)프랑스 동맹 군대의 전투에 관한 회고록에서 라리 남작이 설명했던 원래 부상자 선별의 개념은 이러했다. "정도가 덜하게 부상을 입은 병사들은, 심하게 수족이 절단된 전우들이 수술을 하고 붕대를 감을 때까지 기다려야 할 것이다." 그는 이렇게 썼다. "위험할 정도로 부상을 입은 병사들은 계급이나 수훈과 무관하게 맨 먼저 처치를 받아야 한다."[29] 이런 발상은 프랑스 혁명의 개념인 '평등(égalité)'과 일치하는 것이었다.

그로부터 수십 년 뒤인 1846년에는 영국의 해군 군의관 존 윌슨이 또 다른 부상자 선별 완장을 도입했는데, 여기서는 성공할 가능성이 없어 보이는 환자에 대한 수술을 포기하도록 되어 있었다. 2005년에는 몇 가지 부상자 선별 시스템에서 이 발상을 통합하게 되어, 당장 사용 가능한 자원에 비추어볼 때 생존 가능성이 거의 없어 보이는 부상자를 치료하거나 대피시키는 일을 단념하라고 의료 종사자들에게 요구했다. 이런 범주는 예를 들어 전쟁 지역의 차량 폭탄 테러 경우처럼, 구급차나 위생병보다는 오히려 심하게 부상당한 희생자가 더 많은 파국적인 사건 동안에만 사용하기로 의도된 것이었다.

하지만 일부 더 위중한 환자를 더 나중에 대피시키기로 결정하는 일에는 그 나름의 위험이 있었다. 어떤 환자가 살아남을 것인지 미리 예견하는 것은 정확할 수가 없으며, 종종 편견에 의해 좌우되었다. 부상자 선별에 대한 소규모 연구에 따르면, 숙련된 구조대원들에게 똑같은 환자를 제시하며 분류하게 했더니, 저마다 매우 다른 목록을 작성해냈다.[30] 생존 가능한 환자 상당수를 일부 구조대원은 완전히 구제 불가능하다고 간주했던 것이다. 그리고 환자의 상황이란 얼마든지 바뀔 수 있었다. 처음에는 가망 없어 보이던 환자의 상황을 개선시킬 수 있는 자원이 갑자기 이용 가능해질 수도 있었기 때문이다. 결국 일단 우선순위가 정해지고 나면, 그때 이후로는 각 환자에 대한 재판단의 중요성이 쉽게 망각되었던 것이다.

한 범주에 속하는 환자를 가망 없다고 지목하다보면, 생존 가능성이 충분히 있는 환자가 자칫 잘못 분류되어 죽게 내버려지는 비극적인 가능성이 생길 수도 있다. 이를 방지하기 위해서 일부 전문가들은 생존 가능성이 거의 없어 보이는 환자라 하더라도 반드시 치료하거나 대피시켜야 한다고 결론을 내렸다. 즉 심각한 부상을 입었기 때문에 즉각적인 처치가 필요한 환자보다는 더 나중에, 하지만 상당한 부상을 입었지만 충분히 기다릴 수 있는 환자보다는 더 먼저 돌봐야 한다는 것이다.

포와 그녀의 동료들은 부상자 선별 시스템에 관해서 사실상 훈련을 거의 받지 못했으며, 게다가 특정한 규약을 지침으로 삼고 있지도 않았다. 포는 자기들이 발전시킨 분류 시스템을 가슴 저미는 일로 간주했다. 그녀가 보기에는 가장 위중한 환자를 우선시하는 대피 순서가 가장 위중한 환자를 나중시하는 대피 순서로 바뀐 것이야말로, 더 이상은 모두를 구할 수 없다는 의사들의 생각에서 비롯된 것 같았다.

재난, 그 이후

◇ ◇ ◇

더 나중에 가서야 포는 이렇게 말할 것이었다.[31] 재난 상황에서의 목표는 반드시 "최대 다수에게 최대 이익"이 되어야만 한다고 말이다. 이전에도 한 공무원이 이와 똑같은 말을 한 적이 있었다. 즉 1920년대에 한정된 예산을 가지고 뉴올리언스의 어느 지역을 홍수에서 지켜야 할지 결정한 '뉴올리언스 상하수도위원회'의 총감독관 조지 G. 얼이 그랬던 것이다.

하지만 의료 분야에서 '최대 이익'이란 도대체 무슨 뜻인가? 생명을 건진 사람의 숫자인가? 생명을 건진 사람의 여생의 합계인가? 생명을 건진 사람의 여생의 합계 중에서도 '질적'으로 최상인 경우인가? 아니면 다른 무엇인가?

한 인구에 순이익을 극대화한다는 목표의 기원은 제러미 벤담과 존 스튜어트 밀이 18세기와 19세기에 발전시킨 공리주의 철학에서 유래한다. 더 최근의 철학자들은 이런 접근법에 대해 주의하라고 경고하는데, 만약 재난 시의 생명 구제를 위한 의료 조치에 적용할 경우, 도움이 가장 필요한 사람들을 차마 받아들일 수 없는 수준으로까지 희생시켜야 할 것이기 때문이다. 이런 사상가들은 존 롤스가 20세기 말에 세워놓은 정의의 원리에 근거한 접근법을 선호한다(물론 롤스 본인은 자신의 원리를 의료에까지 적용하지는 않았지만).[32] 이 발상은 필요에 의거하여 보살핌을 분배하자는 것이다. 가장 급박한 사망 위험이 있는 사람은 전체 원조 중에서 더 큰 몫을 요구해야 하며, (프랑스의 군의관 라리가 말했던 것처럼) 그보다 덜 다급한 상황에 놓인 환자들이 그로 인해 기다리면서 불편을 겪더라도 그렇게 해야 한다는 것이다.

다른 철학자들은 여기서 더 곁길로 벗어나, 잠재적으로 생명을 구제하는 자원은 무작위로 분배해야 마땅하다고 주장했는데, 한편으로는 모든 사람이 똑같은 생존 기회를 부여받아야 마땅하기 때문이며, 또 한

편으로는 권력을 가진 사람들이 살 사람과 죽을 사람을 정하게 내버려두는 것은 위험하기 때문이라는 것이었다. 이런 주장은 1970년대 말부터 이후 10년 동안 여러 철학 학술지의 지면에서 열띤 논쟁을 촉발했다.[33] 이 주장의 옹호자들은 구조에 우선순위를 설정할 때는 구제한 생명의 숫자가 핵심 고려사항이 되어야 마땅하다는 일반적인 생각을 거부했다. 영향력 있는 논문의 저자인 존 M. 타우렉은 고통이 개인들 사이에 누적적이지 않다고 주장했다. 즉 공리주의자의 주장대로, 사소한 두통을 겪는 사람 다수의 고통을 모두 더한다 하더라도, 그 고통이 편두통을 겪는 한 사람의 고통과 맞먹을 수는 없다는 것이다. 그보다 훨씬 오래전에 작가 C. S. 루이스가 이와 같은 개념을 다음과 같이 멋지게 표현한 바 있다.

이 세상에는 고통의 합계라는 것이 없다. 왜냐하면 어느 누구도 그런 것을 겪지 않기 때문이다. 한 사람이 겪을 수 있는 고통의 최대치에 우리가 도달했을 때, 우리는 의심의 여지없이 매우 끔찍한 뭔가에 도달했을 뿐만 아니라, 나아가 우주 안에 존재 가능한 모든 고통에 도달한 셈이 된다. 우리와 마찬가지인 수백만 명의 고통을 더해봤자, 우리의 고통이 더 늘어나지는 않는다.[34]

재난 시의 부상자 선별에서 드러나는 이런 당혹스러운 상황은 미국 의료계에서 이식용 장기의 분배에 관한 문제를 대하는 방식과 유사하다. '장기 나눔 통합 네트워크'에서는 의사와 일반인 모두를 초빙해 윤리위원회의 일부로서 분배 계획의 고안을 돕도록 했다. 의료윤리학자인 로버트 M. 비치의 말에 따르면, 일반인들로 구성된 측에서는 보통 가장 필요한 환자에게 장기를 주는 쪽을 선호했는데, 설령 그 환자가 생존 가능성이 적거나, 장기를 이용 가능한 지역에서 매우 멀리 떨어져 있는 경우에도 마찬가지였다.[35] 반면 보건 전문가들은 이용 가능한 장기를 의료적으로 가장 이익을 얻을 만한 환자에게 제공하는 것을 선호하는 경향이 있었다. 이런 목표를 달성하기 위해서, 의료 전문가들은 상태가 가장 나쁜 환자의 상당수를 이식 수술 없이 그냥 죽게 내버려두려는 의향이 더 컸는데, 특히 장기 요청 비율이 더 높거나 장기 기증 비율이 더 낮은 민족 집단에 속하는 까닭에 잘 맞는 장기를 획득할 가능성이 오히려 더 적은 환자들의 경우가 그러했다(이런 문제는 장기 거부 반응 억제제를 새로 개발함으로써 경감할 수도 있다). 이런 접근법은 또한 그 결과가 더 나쁘게 마련인 집단 구성원들에게 불이익을 준다. 예를 들어 신장 이식의 경우처럼 사회경제적 지위가 더 낮은 사람들이 그렇다.

비록 그 어떤 분배 방법도 보편적 동의를 이끌어내지는 못했지만, 최소한 어떤 과정을 고안하는 과정 자체는 좀 더 정의로울 수 있었다. 장기 이식의 경우, 의사와 일반인 모두가 결정 과정에 관여함으로써 정의와 효율 양쪽의 혼합을 우선시하는 정책을 만들어낼 수 있었다. 진료의 분배를 결정하는 사람이 특히 중요한 까닭은, 이것이야말로 그 핵심에 도덕적 우선순위가 놓여 있기 때문이다.

하지만 메모리얼에서는 재난의 압박 아래 놓인 상태이다보니, 대피를 위한 환자의 분류 방법에 관해서 오로지 의료 전문가들만이 발언권을 갖고 있었다. 일단 결정을 내린 뒤 이 정보로부터 가장 큰 영향을 받게 될 사람들이 이 정보를 공유할 수 있도록 수립된 시스템이 아예 없었다.

일부 경우에는 사실상 적극적으로 정보가 감춰지기도 했다.

메모리얼의 클라라 병동 5층 복도에서는 운반조가 대피할 환자 한 명을 병상에 눕혀서 계단 쪽으로 밀고 가다가, 그 여성 환자에게 DNR 요청서가 있음을 뒤늦게 깨닫자, 갑자기 동작을 멈추고는 주위의 다른 환자들만 옮겨주었다.[36] 간호사들은 환자의 딸에게도 당신 어머니가

DNR 요청 환자이기 때문에 이렇게 된 것이라고 설명해주지 말라는 지시를 일찌감치 받아놓고 있었다. 대신 간호사들은 이 층에 남아 있는 환자가 당신 어머니 말고 또 있다고만 둘러댔으며, 사실 그 또 다른 환자가 이미 사망한 상태라는 사실은 입 밖에 내지 않았다. 사망한 환자는 치매를 앓던 아흔일곱 살의 제임스 라파예트로, 폭풍 직전 기침 때문에 아들이 메모리얼의 응급실로 모셔왔다가 퇴원 조치되었지만, 이후 이틀 동안이나 메모리얼의 로비에 누워 있다가 비로소 재입원한 경우였다. 그로부터 몇 시간 뒤, 간호사 미셸 피터라이얼스는 환자가 자기 병상에서 맥박이 뛰지 않고 있음을 확인했다. 의사들과 간호사들이 사방에서 달려 나와, 각자의 플래시 불빛으로 병실 안을 마치 크리스마스처럼 밝혔다. 이들은 코드 블루를 발동했지만, 평소와 많이 다른 방법으로 하다보니(왜냐하면 일반적인 방법은 이미 사용 불가능한 상태였기 때문이다) 결국 소생에 실패하고 말았다. 피터라이얼스는 괴로워했다. 간호사로 일한 지 5년 동안, 그 어떤 환자도 자기가 근무하는 도중에 이렇게 갑자기 사망한 적은 없었기 때문이다.

곧이어 무전기를 든 남자 하나가 나타나서는 직원들에게 이 층에서 모두 떠나라고 지시했다.[37] "그게 무슨 말인가요?" 피터라이얼스가 물었다. 하나 남은 DNR 요청 환자를 데려갈 사람은 아무도 오지 않았다. 더위와 노고로 기진맥진한 이 간호사는 자기나 동료 모두 이 환자를 버리고 떠나야 한다는 이야기를 차마 믿을 수 없다며, 움직이기를 거부했다. 피터라이얼스는 옮기다 만 여자 환자의 딸에게 다가가서, DNR 요청을 취소할 수 있는 보호자의 권리가 있다고 알려주었다. 환자의 딸은 산소호흡기에 의존하는 어머니를 폭풍 동안 입원시키기 위해서 부득이 DNR 요청을 승인했다. "만약 어머니가 심장 정지를 겪으면, 그대로 가시게 두세요." 환자의 딸은 이렇게 말한 바 있었는데, 아흔세 살이라는 어머니의 나이를 고려할 때 소생시키는 것은 이치에 닿지 않는다고 생

재난, 그 이후

각한 까닭이었다. 그런데 이 상황은 딸이 보기에 전혀 다르게 생각되었다. "저희 어머니를 그냥 여기 버려두고 가달라는 뜻은 아니었어요." 그녀가 피터라이얼스에게 말했다. "제가 어머니를 DNR 요청 환자로 만들었을 때는, 그게 '구조하지 말라'는 뜻인 걸 몰랐다고요."

환자의 딸은 DNR 요청을 취소해달라고 부탁했다. 그녀는 심지어 떠나라는 지시를 받았음에도 불구하고 거기 계속 남아 있겠다고 고집한 간호사들의 안위를 걱정해주었다. "당신들은 여기서 나가야 했는데, 우리 때문에 계속 붙잡혀 있는 거잖아요." 누군가가 DNR 요청서를 제거하기 위해 의사를 찾으러 갔고, 환자는 아래로 운반된 다음 다층식 주차장으로 들어섰다. 직접적인 시련에서는 일단 살아남았으니, 조만간 헬리콥터 착륙장으로 이송되어 구조되기만 하면 되었다.

라이프케어의 7층에서는 또 다른 환자의 딸인 앤절라 맥마너스가 당혹해하고 있었다. DNR 요청 환자의 대피를 유예한다는 운반조의 대화를 우연히 들었기 때문이다. 그녀는 가뜩이나 연약한 일흔 살의 어머니 윌다가 금방 구조될 것이라고 예상했는데, 알고 보니 그의 어머니 역시 DNR 요청을 해놓은 상태였다. "그 요청을 취소할게요." 앤절라는 라이프케어의 직원을 붙잡고 통사정했다. 하지만 지금 당장은 그 요청을 허락할 의사가 없다는 답변만 돌아올 따름이었다.

윌다 맥마너스는 계속 라이프케어의 위층에 남아 있었다. 2층의 집결지에 있던 의사들은 더 이상 환자를 내려보내지 말라고 라이프케어 직원들에게 말했다. 이제는 거기도 더 이상 자리가 없다는 것이었다.

6장

메모리얼의 클라라 병동 4층 개인 병실에서 캐런 래거스는 남자 4명이 자기 어머니의 침상 시트 네 귀퉁이를 하나씩 붙잡고 들어올리는 모습을 지켜보고 있었다. 남자들은 멀 래거스를 계단 쪽으로 들고 갔다. 딸과 간호사 한 명이 그 뒤를 따랐다. 간호사는 산소통을 들고 있었고, 캐런은 소지품을 넣은 핸드백을 들고 있었다.

멀은 최근 몇 개월 전까지만 해도 쾌활하기 짝이 없던 일흔여섯 살 노인이었다.[1] 학교에서 자원봉사자로 일했고, 인근 미장원에서 접수원으로도 일했으며, 고양이 애호가 겸 구조자 겸 수집가이기도 했다.

유잉 쿡이 최근까지만 해도 멀의 폐기종(肺氣腫)을 치료했다. 멀은 이 의사를 흠모했다. 그래서 진료를 위해 찾아갈 때마다 옷을 정성껏 차려입었다. 그녀는 엘리자베스 테일러와 비슷한 아우라가 있었으며, 눈썹은 아치를 그리고, 풍부하게 늘어선 속눈썹 주위로 마스카라의 코로나가 퍼져나갔다. 쿡은 환한 미소로 그녀를 맞이하곤 했다. "멀." 그가 말했다. "돌아가시면 아주 예쁜 시신이 되겠네요." 이 농담에 환자의 딸

198

캐런은 소름이 끼쳤다. 하지만 멀은 이 말에서 '예쁜'이라는 단어만 골라 들었다.

키가 크고 머리가 벗겨지는 이 의사는 처음부터 이들에게 솔직하게 털어놓았다. 멀은 폐기종을 갖고 있었다. 더 이상은 어떻게 할 방법이 많지 않았다. 쿡은 가정용 산소호흡기를 처방해주었고, 멀은 가장 긴 코드를 선택함으로써 자기가 집 안에서 마음대로 걸어 다닐 수 있게 했다. 때로는 휴대용 산소통을 달고 밖에 나다니기도 했다. 하지만 그녀는 몸이 약했다. 캐런은 쿡이 좀 더 적극적인 치료를 해주기를 원했다. 혹시 물리치료가 도움이 되지 않을까?

최근에 멀은 자기가 폐암도 앓고 있다는 사실을 알게 되었다. 이것 역시 치료 가능한 종류가 아니었다. 카트리나가 닥친 때로부터 일주일 조금 전에, 새로운 담당 의사 로이 컬로타는 그녀가 붙이는 진통제에 부작용을 드러내자 메모리얼에 입원시켰다.

멀이 병원에 입원한 동안, 컬로타는 그녀의 고통과 가쁜 호흡을 덜어주려 노력했을 뿐만 아니라, 공기에 대한 허기를 만성적으로 느끼는 환자가 겪게 마련인 실존적 불안까지도 덜어주려고 노력했다. 허리케인이 닥치기 전에 그는 보조호흡장치를 이용한 치료를 지시했는데, 이 기계를 이용해서 메모리얼의 벽을 통해 공급되는 고농도의 산소를 환자의 코에 집어넣는 것이었다.

컬로타는 멀이 더 편안하게 숨을 쉴 수 있는 방법을 돕기 위해 또 다른 발상을 내놓았다. 당시 그녀의 흉강(胸腔) 왼쪽에 차오른 물이 폐를 압박하고 있었다. 그는 살균한 바늘과 유연한 튜브를 이용해서 환자의 흉강에 있는 물을 뽑아냈고, 그 덕분에 폐가 다시 팽창될 수 있었다. 하지만 이런 흉강천자술(胸腔穿刺術)은 기껏해야 며칠에서 일주일 정도의 일시적인 경감만 약속했을 뿐, 그 기간이 지나면 물이 다시 차올랐다.

컬로타는 멀의 병상 곁에 흉강천자술에 사용하는 기구를 준비해놓게 했지만, 아직 직접 찾아와서 시술을 진행하지는 않은 상태였다. 그러다가 월요일 오후에 카트리나가 몰고 온 간헐적인 비와 바람이 어느 정도 누그러진 이후, 캐런은 다층식 주차장에서 그 의사와 마주쳤다. 컬로타는 샤워를 하러 집에 가는 중이라고 말했다. 그리고 이후로는 그를 전혀 만나지 못했다. 시술용 기구는 허리케인이 닥치기 직전부터 줄곧 멀의 병상 곁에 비닐로 덮인 채 그대로 있었다.

월요일에 에어컨이 끊어지자 캐런은 병상 옆 탁자에 선풍기를 올려놓고 자기 엄마에게 틀어주었다. 그러고는 얼음주머니로 어머니의 몸을 덮어주었다. 그녀는 아래층으로 내려가서 어둡고 텅 빈 예배당에서 어머니를 위해서, 그리고 어머니 댁에 (먹이와 물을 주고) 두고 온 자기네 고양이들을 위해서 기도했다. 그녀는 혹시 고양이들이 물에 빠져 죽지는 않을까 걱정되었다.

화요일 밤 사이 고농도 산소호흡기의 경보 장치가 울리기 시작했다. 호흡기 치료사도 더 이상은 찾아오지 않았다. 캐런이 보기에 4층의 간호사들조차 경보 이유를 찾아내기까지 무척 긴 시간이 걸리는 것만 같았다. 문제는 바로 전력 차단이었는데 말이다.

간호사들은 제대로 작동하지 않는 보조호흡장치를 가져가더니, 이보다 더 효율이 떨어지는 대안을 가져다놓았다. 이때까지도 기적적으로 계속 흘러나오던 병원 벽의 산소 공급관과 직접 연결된 마스크였다. 캐런은 불안해지기 시작했다. 어머니의 호흡은 점점 더 힘겨워지는 것처럼 보였다. 캐런은 병원 근무자들이 나눠준 (병원 본사 로고가 박힌) 판지로 부채질을 하면서 어머니의 열을 식히려 노력했다.[2]

간호사들은 멀이 기계에 의존해서 호흡을 하는 환자이기 때문에, 메모리얼을 떠나는 첫 번째 환자가 될 것이라고 말했다. 곧이어 의사가 찾아와서는, 멀이 휠체어에 앉을 수 있는지 물어보았다. 캐런은 그럴 것 같지 않다고 대답했다. 곧이어 직접 걷거나 휠체어에 앉은 환자들이

재난, 그 이후

그 층을 먼저 떠나는 것을 보고 나서, 캐런은 자기 어머니를 위한 애초의 계획이 뭔가 변화되었음을 깨달았다.

그러다가 멀이 갈 차례가 되자, 한 간호사가 벽에 설치된 구멍에서 산소 튜브를 빼더니, 그걸 초록색 금속제 가스통의 꼭대기에 있는 조절기에 연결했다. 캐런은 자기 어머니의 폐에서 물을 배내기 위해 갖다놓은 기구들이 여전히 병상 옆에 놓여 있다는 사실을 깨달았다. 그녀는 간호사에게 이 기구들을 함께 가져가야 하는지 물어보았다. "아, 지금 당장은 그걸 하지 않을 거예요." 간호사의 대답이었다.

자원봉사자 몇 사람이 멀의 병상 시트 가장자리를 붙잡고는, 그녀를 들어올려 계단 쪽으로 운반했다. 이들은 멀의 머리를 앞쪽으로 두고 계단을 내려가기 시작했다. 하지만 그러다가 자칫 위험할 수도 있다는 사실을 깨닫자, 다시 올라와서 그녀의 발을 앞쪽으로 두고 다시 계단을 내려가기 시작했다.

계단을 두 층 지나 아래로 내려간 다음, 이들은 2층 복도에서 기계실 구멍을 통해 나가려고 대기 중인 다른 환자들의 대열에 멀을 집어넣었다. 딱딱한 바닥에 누워 있으니 그녀는 숨쉬기가 더 힘들어졌다. 캐런이 얼굴을 아는 간호사가 다가와서 멀을 확인해보았다. "이 환자는 지금 당장 가야 돼요!" 간호사가 이렇게 말하더니, 산소통 조절기의 꼭지를 돌려서 산소의 양을 최대로 높였다.

'장난이 아닌데.' 캐런은 생각했다. 멀을 아래층으로 데려온 직원들이 이번에는 그녀를 헬리콥터 착륙장으로 데려가려고 움직이기 시작했다. 보호자인 캐런은 일단 이곳을 떠나라는 지시를 받고 뒤돌아 걸어가기 시작했지만, 갑자기 어머니 목소리가 들렸다. "캐런." 멀이 헐떡이며 말했다. "숨을 못 쉬겠어." 뒤돌아보니, 산소 탱크와의 연결이 끊어져 있고, 그녀의 어머니는 다층식 주차장으로 가는 복도의 좁은 공간에서 거의 기절하기 일보직전이었다.

"이 환자는 산소 없이 숨을 못 쉰단 말이에요!" 캐런은 마치 의사인 것처럼 보이는, 그리고 이곳 담당자인 것처럼 보이는 수술복 차림의 한 여자를 향해 소리를 질렀다. "그걸 도로 환자한테 연결해주세요!"

"지금 상황이 어떤지 전혀 모르셔서 그래요." 그 여자가 말했다. 다른 사람들도 동작을 멈추고 이쪽을 바라보고 있었다. 그 여자는 멀이 다층식 주차장으로 통하는 구멍만 통과하면 다시 산소통을 연결해주겠다고 다짐했지만, 캐런은 결국 그 여자와 말다툼을 벌이고 말았다. 곧이어 캐런은 그곳에서 떠나달라는 요청을 다시 받았다. 그녀는 워낙 흥분하고 화가 나서, 그렇게 고집스러운 어조로 말하는 그 여자를 정말 죽여버리고 싶다는 생각까지 했다. 하지만 자기가 반드시 그곳에서 나와야 한다는 것을, 그리고 자기 어머니도 이미 나갔다는 것을 알고 있었다. 그래서 그녀는 뒤돌아서서 응급실 경사로로 내려가, 거기서 일단 보트를 타고 나간 다음 자기 어머니를 어디로 데려갔는지 알아봐야겠다고 작정했다. 그녀는 어머니를 혼자 내버려두고 싶지 않았다.

◇ ◇ ◇

당시 구멍 반대편, 그러니까 다층식 주차장 꼭대기에 있는 헬리콥터 착륙장에서는 운 좋은 몇 사람이 헬리콥터에 탑승하고 있었다. 처음 그곳을 떠난 사람들 중에는 임신 중인 ICU 간호사 한 사람, 신장 질환 때문에 투석을 받아야 하는 환자 몇 명이 포함되어 있었다. 사방이 탁 트인 착륙장 위에서, 쨍쨍한 햇빛 아래 일하던 병원 자원봉사자들은 (머리에 쓰고 있거나, 수술복 셔츠의 목 언저리에 두르고 있는) 작고 하얀 수건으로 이마를 훔쳤다. 헬리콥터 착륙장 아래 그늘에서는 휠체어에 탄 환자들이 자갈 깔린 다층식 주차장의 지붕에서 대기하고 있었다. 그래야만 자원봉사자들이 환자들을 신속하게 헬리콥터로 데려갈 수 있기 때문이었다.

해안경비대 중위가 마침내 수전 멀더릭과 통화를 했다.[3] 해안경비대
에서는 메모리얼의 직원들과 주 정부의 재난 관리 담당 공무원을 전화
연결시켜주려고 시도했지만, 병원에 있는 사람 중 어느 누구와도 연락
이 닿지 않았었다. 밤사이 이루어진 구조 작전은 적잖은 내부 비판에
직면한 상태였다. 해안경비대 중령 가운데 한 사람은 일부 작전 지구와
부하 장교들이 절차를 무시했다고 지적했다. 한편으로는 메모리얼의
요청에 직접 응답함으로써, 그리고 또 한편으로는 고위 장교로부터는
물론이고 주(州) 재난관리작전본부로부터 아무런 지시도 없는 상태에
서 구조를 주도했다는 것이었다.

멀더릭과 통화한 중위는 병원에 식수와 식량이 있는지 물어보았다.
그녀가 있다고 대답하자, 상대방은 주택 지붕에 고립된 주민들의 구조
때문에 한동안 자기네 헬리콥터가 병원으로 가지 못할 것 같다고, 왜냐
하면 개별 주민의 구조작업은 해가 지고 나면 훨씬 더 어렵기 때문이라
고 설명했다. 어젯밤 메모리얼로 가기 위해 뉴올리언스 상공에 진입한
해안경비대 조종사들의 야간 투시경에는 마치 빛의 바다처럼 보이는
뭔가가 나타났다. 가로등이나 전조등이 전혀 없는 상황에서 보이는 그
불빛 하나하나는 저마다 촛불이나 플래시나 라이터를 켜고 도움을 요
청하는 개별 주민이었을 것이다. 전국에 걸쳐 추가 수색 및 구조 자원
이 물색 중인 상황이었다. 이 지역에 있는 자원만으로는 수요를 감당하
기가 역부족이었기 때문이다. 메모리얼 인근의 조종사들만 해도 근처
에서 팔을 흔들어대는 사람들이나, 아파트 건물 창밖으로 시트나 수건
을 내밀어 흔들어대는 사람들, 심지어 홍수에 갇혀버린 트럭 짐칸 위에
서 똑같이 하는 사람들을 볼 수 있었다. 클레이번 애버뉴와 나폴리언
애버뉴가 만나는 교차로 근처에서는 몇 사람이 타이어와 아이스박스를
일종의 구명대로 사용해 붙잡고 거의 목까지 차오르는 (그리고 기름이
떠 있는지 무지갯빛을 띤) 물을 건너고 있었다.

이제는 사설 항공 구급기 회사들이 뉴올리언스 상공에 들어오려면 미리 특별 허가를 얻어야 했으며, 현재 들어와 있는 업체들은 다른 여러 병원의 위중한 환자를 이송하는 데 집중하고 있었다. 비록 도시 상공을 오가는 항공 작전의 숫자가 늘어나기는 했지만, 항공관제용 레이더와 공대지(空對地) 통신망이 부족하거나 아예 없는 상황에서는, 비행 자체가 극도로 위험할 수밖에 없었다. 수요일 아침이 되자 메모리얼에 찾아오는 헬리콥터는 개인용과 군용기 몇 대에 불과했다. 조종사 가운데 일부는 이곳에 남은 환자가 겨우 몇 명 안 된다는 잘못된 인상을 받고 있는 듯했다. 일부 주 방위군 조종사들은 오히려 자기네가 이송하던 환자를 메모리얼에 '내려놓으러' 착륙하기도 했다.

최소한 해안경비대의 비상 무전기는 유용했던 것으로 판명되었다. 배터리를 아끼기 위해 한 시간에 한 번씩, 그러니까 매시 15분이 되면, 공군 예비대 대위이기도 한 간호사 한 명이 누군가를 시켜 CEO나 수전 멀더릭에게 가서, 혹시 병원에서 뭔가 필요한 게 있는지 미리 물어보게 했다. 그러고 나면 이 간호사는 무전기를 켜고, 재난 관리 담당관과 연락을 취한 다음, 보급품을 요청해서 헬리콥터를 통해 착륙장에 내려놓게 했다. 나중에는 해안경비대에서 무전기를 도로 가져가는 대신, 위성전화 두 대를 사용하라고 메모리얼에 주고 갔지만, 어느 누구도 그걸 제대로 작동할 수가 없었다. 결국 바깥 세계와의 믿을 만한 통신 수단이 없어진 셈이었다.

머리 위 하늘에서는 낮게 날아다니는 비행기 소리가 울려 마치 전쟁 지역이나 다름없었다. 이날 낮 동안에는 조지 W. 부시 대통령이 본인 소유의 텍사스 주 크로퍼드 소재 목장에서의 휴가를 이틀 앞당겨 끝내고, 대통령 전용기에 올라타고 재해 지역 위를 그냥 지나서 백악관으로 돌아갔다.

비행기 안에 있던 사진기자 짐 왓슨과 매니 가르시아는 부시 대통령

재난, 그 이후

이 창밖을 향해 몸을 굽히고 있는 옆모습을 사진에 담았다. 햇빛 때문에 그의 얼굴에 나타난 주름살의 미로는 유난히 부각되었고, 그의 입술에 나타난 찡그린 표정은 유난히 뚜렷했다. 또 다른 사진기자인 수전 월시는 대통령을 다른 각도에서(단색으로 이루어진 파란색 비행용 재킷을 입은 그의 어깨 너머로) 포착했는데, 그가 밖에 펼쳐진 홍수를 지켜보며 양팔을 겹친 채 두 주먹을 불끈 쥐고 있는 모습이었다.

나중에 일각에서는 대통령의 행차 때문에 구조용 비행기들이 비행을 중단해야 했다고 비난하고 나섰다.[4] 당시에 인명 구조용 의료 비행기의 경우에는 대통령 전용기 주위에 대한 접근 불가 원칙에서 예외로 취급되긴 했다. 여하간 그 원인이 무엇인지는 모르겠지만, 구조용 헬리콥터의 도착이 전날에 비해 현저히 느려진 것은 사실이었고, 이에 메모리얼의 헬리콥터 착륙장에 대기하던 직원 및 자원봉사자들은 짜증을 낼 수밖에 없었다. 이들은 이제 나름의 체계를 갖추었고, 일하려는 열의도 있었으며, 주위에는 이송을 기다리는 환자들이 수두룩했기 때문이다. 헬리콥터 착륙장에 올라가 있던 의사 한 사람이 자신의 휴대전화를 하늘 쪽으로 들어올리더니, 하얀 구름을 배경 삼아 마치 보잉 747기의 형체처럼 보이는 비행기 한 대가 지나가는 것을 가리켰다. 병원에서 대략 800미터 상공이었다.

◇ ◇ ◇

초록색 덩굴이 자라난 흡연용 베란다의 한쪽에 몇 사람이 서서 지켜보는 가운데, 그 아래에서는 대피자들이 부축을 받아가면서 응급실 경사로 위에서 에어보트의 뱃머리로 올라타고 있었다.[5] 다른 구경꾼들은 병원 창밖으로 내다보았고, 또 다른 사람들은 침수된 클라라 스트리트 위로 걸쳐 있는 2층식 구름다리에 서서 지켜보았다.

두 척의 에어보트에는 조종사 외에 서너 명밖에 탈 수가 없었다. 우선 기관절개술에 의존해서 호흡하는(즉 수술로 목에 구멍을 낸) 성인 환자 몇 명과 암 환자 몇 명이 보트에 올랐으며, 비교적 나이가 젊은 환자도 둘이나 있었는데, 이들은 골수 이식 수술을 받았기 때문에 메모리얼 직원들도 원래는 화요일에 내보내려 했지만 뜻을 이루지 못한 상황이었다. 이들은 감염 위험이 대단히 높았지만, 그래도 아직은 얕은 물을 건너서 집결지까지 갈 수 있을 만큼의 체력을 지니고 있었다. 이들과 다른 탑승객들은 에어보트의 프로펠러 소음을 막기 위해 귀마개나 거즈를 귀에 끼고 있었다.

이에 비해 훨씬 조용하게 부르릉대는 모터가 달린 바닥 납작한 알루미늄 보트 한 척에는 신생아를 하나씩 안은 어머니들이 5명 올라탔다. 제2차 세계대전 참전용사인 백혈병 환자 한 사람은, 당시 미국 선박이 바다에서 폭발하는 모습을 본 적도 있다면서, 소싯적에 쓰던 상선 해병대 모자를 이번 여행을 위해 쓰고 나왔다.[6] 그러자 한 젊은이가 난파선 '메모리얼'호에서 탈출하는 동안 모자가 바람에 벗겨질지도 모르니 미리 벗어두시라고 경고하기도 했다.

간호실장 캐런 윈은 자기 지위를 이용해서 누군가의 편의를 봐주는 일을 본래 좋아하지 않았지만, 이번에는 임신 중인 ICU 간호사들 몇 명을 반드시 처음 떠나는 배편에 내보내려고 작정했다.[7] 그중 한 명은 출산 예정일이 한 달도 남지 않은 상황이어서, 바로 전날부터 진통이 시작되었다. 그녀는 할머니를 혼자 두고 보트에 오르지 않겠다고 고집을 피웠지만, 동료들이 나서서 반드시 가야 한다고 타일렀다. 윈도 노인 때문에 배 속의 아기를 위험에 빠뜨릴 작정이냐며 나무랐다. 윈과 간호사 셰리 랜드리는 그 간호사의 할머니는 물론, 이들과 함께 온 나이 많은 이모도 잘 돌봐드리겠다고 약속했다. 그러자 그 간호사는 마침내 보트에 올랐다.

에어보트 뒤에 달린 커다란 회전날개가 굉음을 냈다. 조종사는 탑승

객보다 더 높은 곳에 설치된 의자에 앉아서, 클라라 스트리트를 가득 채운 시커먼 물 사이를 지나 달려갔고, 그 뒤로 작은 뱃자국이 남았다. 보트는 메모리얼의 암 연구소 옆 주차장에 있던 차량 몇 대의 지붕 옆을 지나갔는데, 그중 한 대는 트렁크 문이 물속에서 열려 있었다. 자기 부하인 저 간호사가 과연 어디로 가게 될지는 윈도 전혀 모르고 있었다. 다만 어디로든 가긴 갈 거라고 생각할 뿐이었다. 즉 이 구조작업을 조직한 누군가가 모든 것을 지휘하고 있을 거라고, 그녀는 확신해 마지않았다.

집결지에 도착한 에어보트 조종사들은 대기 중인 구급차에 최초의 대피자들을 인계한 다음, 다시 약 5킬로미터의 여정을 되짚어 메모리얼로 돌아왔다. 이들은 사방에 떠다니는 쓰레기를 피하기 위해서 천천히 달렸다. 그러다 보니 한 번 왕복하는 데 한 시간이나 걸렸다.

샌드라 르블랑은 메모리얼에서 아홉 블록 떨어진 라이트 에이드 편의점과 코플랜드 식당 근처에서 아직 물이 들어오지 않은 마른 땅을 또하나 찾아냈다. 이 도시의 남서쪽 경계 지역인 '강으로 갈라진 동네'는 마른 땅이었으며, 이 도시를 벗어나는 도로와 곧장 연결되었다. 머지않아 훨씬 더 큰 배들이 투입되자 구조 작업도 더 활발해졌다. 에어보트 조종사들은 사람들을 이 새로운 장소로 실어 날랐지만, 거기에는 구급차가 와 있지 않았다. 아직 어느 누구도 연락을 취해 구급차를 이쪽으로 돌려놓지 않은 모양이었다. 또한 새로운 장소에서 마른 땅에 오르려면 얕지만 더러운 물을 걸어서 건너야만 했다.

대피 전략에서는 또 한 가지 미묘한 변화가 벌어졌다. 이제는 보트에 타는 사람 중에 퇴원해도 될 만큼 충분히 건강한 환자는 얼마 되지 않았다. 의사 몇 명이 더운 병원과 매우 위중한 환자를 내팽개친 채, 병원 밖의 응급실 경사로에 나와서 이 과정을 감독하고 있었다. 이들은 병원 직원들과 아직 메모리얼 내에 남아 있던 수백 명의 직원 및 환자

가족들을 환자보다 먼저 떠나게 하고 있었다. 대피를 기다리는 사람들의 줄이 경사로에서 시작되어 응급실을 지나 병원 접수처까지 길게 이어졌다.

보트에 가까워지는 사람마다 캐런 윈에게 갖가지 질문을 퍼부었다. "이제 우리는 어디로 가는 거죠? 어디로 가는 거냐고요?" 그녀도 어딘지는 알지 못했다. 하지만 자유를 얻기 직전의 상황에서 갑자기 사람들이 떠나기를 주저하는 모습을 보자 짜증이 치솟았다. 그들은 자기 앞에 놓인 알 수 없는 여행보다는, 차라리 자기가 잘 아는 이 지옥이 더 편하다고 생각하는 모양이었다. 한 여자는 보트에 타기를 거절하면서, 병원의 지시 때문에 자기 핸드백을 놓고 왔다고 했다. 자기와 남편의 '인생 전체'가 바로 그 핸드백에 들어 있는데, 그 핸드백을 지키기 위해서라면 퇴원 환자인 자기 남편과도 떨어져 있을 용의가 있다고 했다. '핸드백 같은 소리 하고 자빠졌네!' 이렇게 쏘아붙이고 싶었지만 윈은 자기가 그걸 잘 챙기겠다고 약속하면서(즉 이전에 임신한 간호사의 할머니를 잘 책임지겠다고 약속한 것처럼 하면서), 이제는 제발 떠나달라고 그 여자를 설득했다. 하지만 이런 설득도 먹혀들지 않았다. 그 여자는 굽히지 않았다. 자기는 핸드백을 포기할 수 없으니, 떠나지 않겠다고 했다.

재난에서 비롯된 스트레스 때문에 사람들의 시야도 좁아져서, 마치 이들은 다른 사람의 경험은 믿지 않고 오로지 자기 경험만 믿는 듯했다. 거듭해서 윈은 다른 사람들도 메모리얼 내부에서 벌어진 상황의 중대성을 미처 깨닫지 못한다는 징후를 목격했다. 이날 아침 일찍, 여성 외래 환자 한 명이 어찌어찌 홍수를 건너 병원으로 와서 화학 치료 예약이 되어 있다고 말했다. 병원 주위의 경사진 땅 위로는 이미 2미터 가까이 물이 차올라 있었다. 애초에 우려했던 5미터까지는 차오르지 않았다. "아가씨, 오늘은 진료가 없어요." 윈이 그녀에게 말했다.

배턴루지에 있는 '위민스 병원'의 대표자라는 사람이 전화를 걸어,

화요일에 자기네 병원으로 메모리얼의 신생아들이 이송되면서 정신과의 남성 환자 한 명도 따라왔다고 불만을 쏟아냈다. '도대체 나더러 어쩌란 거예요?' 윈은 이렇게 묻고 싶었다. 그거야 위민스 병원 직원들이 알아서 그 환자를 다시 구급차에 태워, 남자도 받아주는 다른 병원으로 보내면 될 일이었다. 적어도 그 정도는 할 수 있지 않느냐고 그녀는 생각했다. 당시에 윈은 뉴올리언스에서 대피한 환자들이 얼마나 많이 주도(州都)로 가게 되었는지에 대해서는 미처 모르고 있었다. 즉 메모리얼 외부의 상황 역시 이 병원 내부의 상황 못지않게 나쁘다는 사실을 도무지 상상조차 못하고 있었다.

병원 직원 및 가족이 보트를 타고 마른 땅으로 건너가는 동안, 윈은 구조를 기대하며 1층으로 운반된 라이프케어와 메모리얼의 환자 가운데 1등급으로 분류된 사람들에 대한 간호를 도왔다. 구급차용 경사로 아래쪽에서 대기하는 이들의 휠체어 브레이크는 잠금 상태로 되어 있었다. 더운 오후 내내, 윈은 단 한 명도 잃어버리지 않기 위해서 자기가 담당한 '딱한 양반들'의 얼굴을 외웠는데, 갑자기 낯선 얼굴이 하나 나타났다. 도대체 저 남자는 어디서 온 거지? 그녀는 의문이 들었다. 내 환자는 아닌데. 이 사람은 몸이 젖어 있었고, 투석용 카테터가 한쪽 어깨 밑의 가슴에 매달려 있었다. 깨끗한 붕대로 갈아놓지 않아 카테터가 계속 덜렁거렸다. 그 남자는 자기가 근처에 살고 있는데, 폭풍 동안 대피를 못 하고 머물러 있다보니, 투석 치료 기한을 넘기고 말았다고 말했다. 죽느냐 사느냐 하는 문제이다보니, 가슴이며 목까지 차오른 더러운 물을 건너 메모리얼로 온 것이었다. 그 와중에 주요 혈관과 직결된 카테터 안으로 얼마나 많은 세균이 들어갔을지는 정말 아무도 모를 일이었다. 다시 말해서 이 사람은 치명적인 혈액 감염 위험에 놓여 있었다.

윈은 보트 탑승을 지휘하던 의사 가운데 한 명을 불렀다. "케이시 선생님?" 그녀가 그 남자를 가리켰다. "투석 환자요. 꼭 가야 돼요. 다음 보트로 꼭 가야 돼요." 이 보트를 타고 나갔을 때 저편에 과연 뭐가 이 남자를 기다리고 있을지는 몰랐지만, 적어도 이 남자에게 생존 기회를 주는 것이기를 그녀는 속으로 기도했다.

◇ ◇ ◇

수요일의 언젠가, 응급실 경사로 위에 있던 사람들은 나폴리언 애버뉴를 따라 매트리스 한 장이 흘러오는 기묘한 광경을 보게 되었다. 이 매트리스는 클라라 스트리트에서 돌아서더니 병원으로 가까이 왔다. 그 위에는 몸이 아파 보이는 흑인 여성이 타고 있었고, 더러운 물속에서 남자 몇 사람이 매트리스를 밀며 헤엄치고 있었다. "병원 문 닫았어요!" 누군가가 외쳤다. "이젠 더 이상 아무도 받지 않아요!"

병원의 최고경영자인 르네 구는 안전상의 이유로 메모리얼에 접근하는 사람들 대부분을 거기서 아홉 블록 떨어진 나폴리언 애버뉴와 세인트찰스 애버뉴 사이의 마른 땅으로 가게 했다. 그곳은 바로 샌드라 르블랑이 메모리얼에서 탄 보트 탑승객들의 종착지라고 확인해준 장소였다. 바로 그 전날에만 해도 알렉산드리아 해안경비대의 보조요원이 메모리얼의 직원에게 전화를 걸어서, 병원 구내를 경비하라고 지시했다. 즉 출입문과 창문마다 인원을 주둔시키고, 제복을 입지 않은 사람은 아무도 들여보내지 말라는 지시였다. 동정심을 품은 한 의사가 열띤 대화 끝에 행정가들을 설득해서 흑인 여성과 그 남편을 받아들였지만, 유독하고 끈적끈적한 물속에서 헤엄을 치면서까지 그녀를 병원으로 데려온 다른 사람들에게는 떠나라고 당부할 수밖에 없었다. 그 여자는 들것에 실려서 병원 내부의 응급실 복도로 옮겨졌다. '도대체 뭣들 하고 있는 거지?' 캐런 윈은 의문이 들었다. 물론 의사들이 환자를 받아들이기로 고집한 것이야 좋고도 훌륭한 일이었지만, 이제는 누군가가 이 환자를 돌봐야만 했다. 윈은 이미 구급차용 경사로에 있는 환자들도 돌봐

210

야만 했지만, 이 상황을 내버려둘 수가 없어서 급기야 안으로 들어가 이 여성 환자를 직접 살펴보았다.

수척한 얼굴의 이 여성은 벽에 붙여놓은 들것에 누워서 이불을 덮고 있었는데, 마치 죽은 듯한 표정이었다. 원은 이불을 걷고 환자를 살펴보았다. 이 나이 많은 여성은 아직 숨을 쉬고 있었지만, 호흡이 약하고 매우 여위어 있었다. 아내를 따라온 남편의 횡설수설하는 이야기로 짐작해보건대, 원래 호스피스 시설에 들어가 있었는데, 현재 앓고 있는 어떤 질환으로 인해 곧 사망하리라고 예상되었던 모양이었다.

원은 이 여성의 작은 몸 아래에 손을 집어넣어, 자리가 젖어 있음을 확인했다. 환자의 방광에서 소변을 빼내기 위해 삽입한 튜브가 위생용 소변주머니에서 빠져 있었다. 원은 소변주머니에 튜브를 도로 꽂았다. 깨끗하지 않아서 자칫 감염 위험이 있었지만 어쩔 수 없는 일이었다. "무균 기술은 이제 그만." 그녀는 혼잣말을 했다. 그러고는 젖어버린 침구를 치웠다. 적어도 이 여성을 마른 곳에 누워 있게 할 생각이었다.

"혹시 오늘 뭐 드신 게 있나요?" 그녀는 환자의 남편에게 물었다. 상대방이 아니라고 대답하자, 원은 밖에 가서 얼마 남지 않은 자기 식량을 뒤졌다. 그리고 돌아와서 영양 보충제 깡통 하나를 꺼내어 연 다음, 그 안에 빨대를 꽂아 환자의 입에 그 내용물을 조금씩 흘려주었다. 그러자 여성은 그걸 삼켰다. 적어도 그것은 할 수 있는 모양이었다. 원은 깡통과 빨대를 남편에게 건네주었고, 남편은 아내에게 그걸 마셔보라고 타일렀다.

원은 환자의 남편이 먹을 식량도 찾아 건네주었다. 그 남자는 음식을 다 먹고 나서, 약탈자들 때문에 걱정이라는 말을 했다. "집으로 돌아가서 문을 잠가놓아야 해요." 그가 말했다. 원은 이제 집으로 돌아가는 일은 사실상 불가능하다고 20분 동안이나 설득했다. "아저씨, 이제는 댁으로 돌아가실 수가 없어요." 그녀가 그에게 말했다. "너무 위험하다고요. 물이 가득 찬 데다가, 너무 위험한 상황이란 말이에요."

어린아이 몇을 거느린 부부가 보트에 타고 노를 저어 메모리얼로 다가왔지만, 병원에서는 그들에게 "다른 곳으로 가시라"고 말했다. 그러자 최근에야 메모리얼에 부임한 젊은 진료 전담 의사 브라이언트 킹은 화를 냈다. "그러면 안 되죠!" 그가 CEO인 구에게 소리를 질렀다. "사람을 도와줘야죠!"

캐런 윈은 이미 병원에 모인 사람들만 해도 자기네 능력 한도를 넘어선다는 것을 알고 있었다. 따라서 지금까지 문 앞에서 돌려보낸 사람들 거의 모두가 흑인이기는 했지만, 그렇다고 해서 이런 거절 행위에 어떤 인종 차별주의 낌새가 있다고는 생각하지 않았다. 반면, 킹은 무엇보다 거절당한 사람 대부분이 자기와 똑같이 검은 피부를 가졌다는 사실에 기분이 상한 상태였다. 그는 이 병원에서 근무 중인 의사·가운데 몇 안 되는 흑인이었고, 현재 병원에 남은 의사 중에는 유일한 흑인이었지만, 사실 그는 지금까지도 인종 문제가 뭔가 큰 쟁점이라고 생각하지는 않고 있었다. 오히려 자신의 주장에 피부색 문제를 곁들일 경우, 자칫 모든 사람이 예민해질 수 있다는 사실을 잘 알았기 때문에, 가급적 참고 있었다. 쟁점은 그보다 더 넓은 차원이었다. 즉 이 병원에서는 개와 고양이는 받아들인 반면, 불안정한 보트에 타고 오염된 물 위를 배회하는 갓난아기는 거절하고 있다는 것이었다.

하지만 킹의 항의에도 불구하고 보트를 탄 가족은 결국 거절당하고 말았다.

구급차용 경사로에서 이 광경을 지켜보던 유잉 쿡의 입장에서는, 바로 전날 킹에 대해서 품게 된 좋지 않은 인상이 더 나빠지고 말았다. 그때도 젊은 의사는 꼭 필요하지도 않은 치료를 중단하라는 고참 의사의 지시에 저항한 바 있었다. 쿡이 생각하기에, 킹은 현실과 동떨어진 사람이 아닐 수 없었다. 메모리얼은 더 이상 병원이라기보다는, 오히려

212

물자가 떨어져가는 대피소였으며, 따라서 곧 비워야만 할 장소였다. 또한 쿡은 인근 지역에서 온 침입자들이 병원에서 약품과 귀중품을 훔치려 들지도 모른다고 우려하고 있었다. 월요일에 한 간호사가 병원 근처에서 개를 산책시키다가 누군가로부터 공격을 당할 뻔했다는 소문이 돌고 나서부터, 자기 수술복 바지 주머니 안에 반자동 베레타 권총을 넣어두고 있었다. CEO 역시 가방에 넣어둔 그 망할 놈의 물건을 꺼내어 차고 다니라고 그에게 조언한 바 있었다.

이제 수요일 오후, 즉 열탈진 증세를 겪은 지 하루가 지나자, 쿡은 신체적으로나 정신적으로 완전히 지치고, 지저분하고, 버림받은 기분이었다. 그의 손목시계 밑에서는 고통스러운 종기가 자라나고 있었으며, 방광의 경련 때문에 가뜩이나 물도 나오지 않아서 고약한 냄새가 나는 화장실로 계속 들락거려야 했다.

쿡은 또한 가족이 키우는 애완동물 여러 마리가 겪는 갖가지 질병 때문에도 곤란을 겪고 있었다. 성인인 그의 딸이 키우는 크고 털이 수북한 뉴펀들랜드종 개는 처음에는 홍수 속에서 뛰어놀았지만, 나중에는 무더위 속에서 숨을 헐떡이기 시작했다. 그의 딸이며 ICU 간호사인 스테파니 메이봄은 병원 본관에서 구름다리를 통해 건너가면 나오는 텅 빈 외과 병동의 벽에서 나오는 산소를 애완견 롤피에게 주려고 시도했다. 개는 떨리는 발로 주인을 따라 고분고분 그곳까지 따라갔지만 건물 안에 들어서자마자 바닥에 쓰러져서 경련을 일으켰다.

쿡은 '롤프 메이봄' 환자에게 항발작제인 페노바르비탈 알약 100밀리그램을 지급하라는 처방전을 병원 약제실에 발급했다. 바로 그 처방전에서 쿡은 강력한 마취제인 펜토탈 주사제 0.5그램짜리 8개도 지급하라고 지시했다. 루이지애나 주에서는 오로지 공인 면허를 가진 수의사만이 동물에 대한 약품을 처방할 수 있었다. 물론 재난 상황이다보니 약사도 그냥 넘어가주었지만, 그래도 통제 대상 약물을 쿡에게 주기 위해서는 처방전을 문서로 작성해 보관해야 한다고 고집했다.

쿡은 롤피에게 펜토탈을 주사하기 시작했다. 여러 대를 맞고 나서야 개는 결국 사망했다. 쿡은 또한 자기 딸이 키우던 고양이 세 마리 중 한 마리를 안락사시켰는데, 그놈은 치농양 때문에 고생하고 있었다.

애완동물은 보트나 헬리콥터에 태울 수 없었기 때문에, 사람들은 결국 이러다가 애완동물은 구조되지 못할까봐 두려워하게 되었다. 쿡의 사무실에는 응석받이로 자라난 골든리트리버 두 마리가 있었다. 그놈들의 원래 주인들은 이미 보트를 타고 병원을 떠났고, 여차하면 이놈들이 외롭게 고통을 겪지 않게 해달라고 의사에게 신신당부한 바 있었다. 그래서 쿡은 이놈들도 안락사시켰다.

롤피가 죽고 나서 울고 있던 쿡의 아내와 딸을 본 호러스 볼츠는 무슨 일인지 물어보았다.[8] 유잉 쿡은 특유의 퉁명스러운 말투로 방금 있었던 일을 설명했으며, 자신의 슬픔을 감추기 위해서 일부러 웃음까지 터뜨렸는데, 볼츠의 눈에는 그야말로 악마 같은 웃음이 아닐 수 없었다.

오후 2시쯤 되어 쿡은 자기가 오랜 세월 일했던 8층 ICU에서 무슨 일이 벌어지고 있는지 확인하기 위해서 천천히 위층으로 올라갔다.[9] ICU의 환자 대부분은 화요일에 공중 이송되었지만, DNR 요청을 한 환자 4명은 계속 우선순위가 뒤로 밀려 여전히 남아 있었다.

"도대체 어떻게 된 일인가?" 그는 그곳에서 만난 4명의 간호사에게 물었다. "도대체 이 환자들은 왜 남겨둔 거지?" 간호사들은 마침 인종차별 시대에 뉴올리언스에서 간호사로 근무한 바 있었던 말기 자궁암 환자인 일흔아홉 살의 여성에게 몰려 있었다.

이번 재난 때문에, 안락 치료 예정자인 재니 버지스를 일반 병동으로 옮기려는 계획에도 차질이 생겼다. 대신 ICU 간호사들은 고통을 견디는 데 필요한 모르핀을 몇 시간마다 조금씩 그녀에게 주었다. 쿡은 버지스의 진료 기록을 펼쳐보았다. 그 기록에 따르면, 폭풍이 지나간 월요일 밤부터 그녀는 비명을 지르고 심하게 동요했다. 주치의인 외과 의사가 화요일에 와서는, 버지스가 안정적인 생명 징후를 보이고 있으며, 말을 걸었을 때도 대답했다고 적어놓았다. 이날 새벽 1시 15분에 그녀에게 연결된 전자 측정기가 작동을 멈추었는데, 원래는 병원의 그 구역에 공급되던 비상 전력으로 작동되던 것이었다. 정맥주사 펌프는 이후로도 계속 주사액과 당(糖)과 전해질과 약품을 두 시간이나 더 집어넣다가 결국 배터리가 떨어지고 말았다.[10] 이후 간호사들은 중력의 힘을 이용해 주사액을 버지스의 정맥주사 튜브에 집어넣었고, 슬라이드 클램프를 이용해서 주사액을 조절했다.

날이 밝은 뒤에도 그녀는 계속 눈을 감은 채였다. 약한 호흡의 박자는 불규칙해서, 마치 배터리가 떨어지면서 점차 느려지는 시계의 똑딱 소리와도 비슷했다. 때로는 10초에서 15초 동안이나 숨을 들이마시지 않는 경우도 있었다.[11]

쿡은 버지스를 진찰했다. 지병으로 물이 차면서 몸이 크게 불어 체중이 90킬로그램 이상일 것이라고 짐작되었는데, 이 정도면 평소 체중보다 훨씬 많은 셈이었다. 쿡은 몇 가지 결론에 도달했다. (1) 더위 속에서 계단을 올라오기가 얼마나 힘들었는지를 고려하면, 자기가 ICU로 또다시 올라올 방법은 사실상 없다. (2) 모두가 얼마나 지쳐 있는지, 그리고 이 여성이 얼마나 무거운지 고려하면, "그녀를 데리고 여섯 층이나 되는 계단을 내려가는 일은 불가능하다". (3) 설령 최상의 상황이라 하더라도, 환자는 기껏해야 하루이틀밖에 살지 못할 것이다. 그리고 솔직히 말해서, 이 층에 붙잡혀 있는 4명의 간호사는 다른 곳에서도 필요한 인력이었다. 물론 그로선 당장 이들에게 어디로 가라고 지시할 권한이 없었지만.

쿡이 보기에는, 지난 며칠 동안 버지스의 투약 목록에 올라 있던 약품이 일종의 답변을 제공하고 있었다. 강력한 진통제인 모르핀은 극심한 고통이나 불편을 억제하기 위해 종종 사용되었다. 하지만 이 약품은 호흡을 늦출 수도 있었으며, 분량을 더 늘리면 결국 사망으로도 이어졌다.

삶이 거의 막바지에 도달한 환자들을 전문적으로 치료하는 의사, 간호사, 임상연구자라면, 약품이 적절하게 복용되었을 때는 이런 '부대작용'이 사실상 거의 위험하지 않다고 말했을 것이다. 하지만 쿡이 보기에는 지금 상황이 그만큼 명료하지 않았다. 어떤 환자에게 상당량의 모르핀을 제공한들, 설마 그 환자가 너무 일찍 무덤에 가게 되는 불상사가 일어나겠느냐고 생각하는 의사가 있다면, 그는 매우 순진한 의사일 것이다. "사실은 우리가 그들을 죽인 거지." 그가 특유의 퉁명스러운 말투로 내놓은 설명은 바로 이것이었다.

실제로 살인과 진료의 차이는 종종 약품을 복용시키는 사람의 의도에 따라 달라진다. 쿡은 호흡기내과 의사로서 종종 이 경계선을 따라 걷곤 했으며, 자기가 매우 어려운 연명 중단 상황에서 결정권자라는 사실에 자부심을 갖곤 했다. 예를 들어 매우 아픈 환자, 또는 환자 가족이 인공호흡기를 떼기로 결정할 경우, 쿡은 호흡 보조 기계를 치우고 나자마자 환자가 숨을 크게 헐떡이지 않게 하기 위해서 모르핀을 처방하곤 했다.

이 정도의 편의를 달성하기 위해서는, 환자의 호흡을 뚜렷이 억누를 정도로 충분한 모르핀이 종종 필요했다. 애초의 의도는 편의를 제공하는 것이었지만, 그 결과는 사실상 죽음을 재촉하는 것이었으며, 쿡은 이 사실을 잘 알고 있었다. 윤리적인 뭔가와 불법적인 뭔가 사이의 차이란, 그의 말마따나 "워낙 미세하기 때문에, 차마 인식하기가 힘든" 것이었다.

버지스의 상황은 약간 달랐음을 쿡도 시인할 수밖에 없었다. 혼수상태인 데다가, 때때로 진통제를 투여했기 때문에, 그녀는 외관상 편안해

보였다. 하지만 그가 상상하는 최악의 상황이란, 약기운이 점차 옅어지면서, 결국 버지스가 잠에서 깨어나 자기가 이전에 이송될 때와 마찬가지로 힘든 상황에 있음을 발견하는 것이었다. 쿡은 버지스의 담당 간호사를 돌아보며 말했다. "미안하지만 모르핀의 양을 더 늘려서, 환자가 완전히 가기에 충분하도록 투여해주겠나?"

쿡은 버지스의 진료 기록을 다시 살펴보았다. 앞표지에 붙은 스티커에는 '계란/닭' 알레르기를 설명하는 내용이 있었고, 뒤에 붙은 스티커에는 "DNR"이라고 적혀 있었다. 쿡은 그녀의 진행 기록을 적는 페이지의 빈 면을 찾아서 이렇게 적어 넣었다. "호흡, 또는 심장 활동 없음." 그는 이렇게 덧붙였다. "사망 확인 시간." 그리고 시간을 적을 여백을 남겨놓은 다음, "E쿡"이라고 큰 글자로 서명했다. 곧이어 그는 다시 계단을 걸어 내려가면서, 자기가 버지스를 위해 옳은 일을 했다고 믿어 의심치 않았다. 훗날 그는 이 선택을 '바보짓'이라고 부르며, 이에 관해서 곰곰이 생각해보았다. "나는 그녀에게 약을 주었고, 그렇게 해서 그녀를 더 빨리 보내는 한편, 간호사들을 그 층에서 나오게 할 수 있었습니다." 그는 이렇게 말했는데, 어쩌면 평생 동안 가장 위중한 환자를 다루었으며, 그들이 고통 겪는 상황을 싫어했던 사람으로서의 더 깊은 감정을 감추기 위해서 한 말일 것이다. "내가 그녀의 사망을 촉진했음은 분명합니다."

병원에서 가장 위중한 환자들을 어떻게 할 것이냐는 질문은 다른 사람들도 제기한 바 있었다. 오후에 헬리콥터의 착륙이 드물어지는 상황에서, 환자들은 점점 쇠약해지고 있었다. 사고 대응 지휘관인 수전 멀더릭은 수십 년간 함께 일한 쿡에게 자기 걱정을 털어놓았다. 훗날 그는 자기가 그녀에게 이렇게 말했다고 회고했다. "이 상황에서 우리가 뭔가를 해야지. 우리는 이 사람들을 결코 내보낼 수 없을 테니까."

쿡은 응급실 경사로에 주저앉아 또 다른 의사인 존 코키머와 함께 시가를 피웠다. 환자들은 휠체어에 타거나 자기 목발을 앞에 놓고 의자에 앉은 채 줄지어 늘어서 있었다. 똑같이 파란색 문양의 환자복을 입고 있다보니, 쿡이 보기에는 이들이 마치 교회 성가대원 같았다. 도움의 손길은 너무 느리게 오고 있었다. 떠나야 할 사람이 너무 많다보니, 결국 성공하지 못할 것만 같았다. 이것이야말로 절망적인 상황이었고, 쿡의 눈에는 두 가지 선택의 여지밖에 없었다. 즉 이들의 죽음을 재촉하느냐, 이들을 버려두고 떠나느냐였다. 이것이 핵심 문제였다. 하지만 환자를 그냥 놓아두고 떠날 수야 없었다. 인도적인 선택은 오히려 환자의 눈을 감기는 것인 듯했다.

쿡은 2층의 집결지로 올라갔다. 애너 포와 다른 2명의 의사가 간호를 지시하고 있었다. 그곳은 찌는 듯이 더웠다. 병원 내에서 더 오래된 병동 몇 군데만이 에어컨이 보편화된 시대 이전에 "시원함이 배가되도록" 지어진 건물이었다. 다시 말해 그 몇 군데만이 창문을 열 수 있도록 설계되었다. 처음에는 직원 일부가 창문을 깨려고 나서자, 그랬다가는 병원 기물 파손 혐의로 고발당할 수도 있다는 경고가 내려왔다. 하지만 이제는 환자들이 창가에서 멀찍이 떨어진 상태에서, 근무복 차림의 남자들과 다른 자원봉사자 몇 명이 의자며 각목이며 산소통을 들고 높은 유리창을 두들겼다. 그렇게 깨진 유리 파편이 병원 주위에 고인 물 위로 떨어지는 모습만 보면, 마치 자기들을 지켜주지 못한 병원을 사람들이 처벌이라도 하는 것 같았다.

간이침대와 들것이 바닥을 완전히 뒤덮은 것처럼 보였다. 덩치 큰 환자 한 명이 들것 위에서 꼼짝도 않고 누워 있었는데, 거의 벌거벗다시피 한 온몸이 땀으로 범벅되어 있었다. 죽었는지 확인하러 몸을 만지자 그 남자가 고개를 돌려 쿡을 바라보았다.

"저는 괜찮습니다, 선생님." 로드니 스콧이 말했다. "차라리 다른 사람들을 좀 보살펴주세요." 그는 공인 간호조무사로 한때 이 병원에서도 일했으며, 워낙 덩치가 커서 맨 마지막으로 떠나도록 분류되어 있었다.

쿡이 나중에 한 말에 따르면, 당시에 환자들의 몰골이 제아무리 딱하게 보였다 하더라도, 이처럼 북적이는 장소에서는 자기와 코키머가 시가를 피우면서 논의했던 일을 할 방법이 전혀 없다고 느꼈다. "우리가 그 일을 하지 않은 이유는, 어디까지나 목격자가 너무 많았기 때문입니다. 하느님 앞에 솔직한 진실은 그거였습니다." 두 사람의 대화에 관한 또 다른 기억은 코키머의 증언에 들어 있는데, 그는 훗날 자기가 안락사에 관해 이야기한 적이 결코 없으며, 뿐만 아니라 자기는 병원의 의사 결정에도 관여하지 않았다고 주장할 것이었다.

공인간호사 캐시 그린도 2층 로비의 상황을 보고 당황하기는 마찬가지였다. 다른 ICU 간호사들 상당수와 마찬가지로, 그녀는 더 이상 담당 환자가 없었기 때문에, 다른 사람들의 간호를 돕겠다고 자원했다.

그린은 축 늘어진 환자들의 대열 사이에 서서, 판지 조각을 들고 부채질을 해주면서, 습기를 없애려고 애썼다. "도와주세요." 환자들이 그녀에게 말했다. 그러면 그녀는 물을 먹여주었다.

약품과 치료가 없는 상태에서, 그리고 평소에 보던 간호사들도 없는 상태에서, 환자들은 무척이나 위중해 보였다. 중환자 의학에 대한 숱한 경험에도 불구하고, 이 광경을 보면서 그린은 가슴이 미어졌다. 그녀는 차마 견딜 수가 없었다. 그리하여 그곳을 떠날 수밖에 없었다.

그린은 다층식 주차장으로 올라갔다. 그곳에는 환자들이 아스팔트 위에 누워서 헬리콥터의 구조를 기다리고 있었다. 땅바닥에 누워 있는 나이 많은 여성이 숨을 헐떡이며 고통스러워하는 모습이 보였다. 환자의 폐에서는 마치 물이 고여서 막힌 듯한 소리가 났다. 그 옆에 있는 산소통은 텅 비어 있었다. 그린은 일부 사용하다 만 산소통을 찾아냈다. 그녀는 다른 몇 사람을 불러다가, 그 환자를 일으켜서 반쯤 앉은 자세를 만들어 숨 쉬기가 더 편안하게 해주었다. 그린은 그 여성의 폐를 청소하기 위해 흡입 치료를 준비했다. 그녀는 환자에게 나지막이 말을 걸면서, 안심시키려 애썼다.

한 의사가 다가와서 환자의 진료 기록을 살펴보았다. "폐암 환자네요."[12] 그는 나지막이 말했다. 그러더니 의사는 그린을 바라보면서 환자의 진료 기록을 도로 닫았다. "다른 데로 옮기지는 않을 겁니다." 그는 산소통을 바라보더니, 마치 안 된다는 듯 고개를 저었다. "이걸로 끝인 거죠." 의사는 이렇게 말하며, 한 손을 들어서 공기를 가르는 시늉을 해 보였다. 더 이상은 인공호흡기 치료가 없을 것이었다. 아직 4분의 1이 남아 있다고 표시된 이 산소통이 결국 마지막이 될 것이었다.

그린은 마치 마비가 온 느낌이었다. 그녀는 환자의 한 손을 붙잡고 한참 그대로 있었다. 환자를 대피시키지 않겠다는 결정, 또는 환자에게 산소를 공급하지 않겠다는 결정 때문에 그녀는 몹시 속이 상했다. 그린의 친척 20명 정도가 세인트버나드 패리시에 살고 있었는데, 라디오로 듣자 하니 그 지역도 이번 홍수를 맨 처음에, 그리고 가장 심하게 당한 모양이었다. 다른 주에 살고 있는 그린의 십대 딸이 몇 번이나 휴대전화로 엄마에게 전화를 걸어 이렇게 말했다. "엄마." 딸은 벌써부터 울고 있었다. "아무래도 할머니한테 무슨 일이 있는 것 같아. 방금 막 이상한 기분이 들었어."

그린은 자기 앞에 있는 여성 환자가 누군가의 어머니일 것이라고, 또 누군가의 할머니일 것이라고 생각했다. 이 환자를 사랑하는 사람들도 많을 것이라 생각이 들었다. 비록 환자를 잘 알지는 못했지만, 그린은 환자를 향한 사랑을 느꼈다. 앞으로 살날이 6개월뿐이건, 아니면 1년뿐이건 간에, 이 여성은 귀중한 사람이었다.

그린은 자리에서 일어나 또 다른 환자에게 다가갔다. 더 이상은 이 환자가 땅 위에 누워서 죽어가는 모습을 지켜볼 수가 없었다. 그녀는 엄연히 미국의 한 도시에서, 그것도 병원의 다층식 주차장에서 죽어갈 것인데, 그 이유는 아무도 그녀를 데리러 오지 않았기 때문이었다. 이런 상황에서 그린은 이 환자의 이름조차 차마 알고 싶지가 않았다.

◇ ◇ ◇

응급실 경사로 쪽으로 다가오는 에어보트의 위로 치솟은 뱃머리가 물 위에 긴 그림자를 드리웠다. 샌드라 르블랑은 벌써 몇 시간째 사람들을 보트에 태우는 일을 돕고 있었다. 병원 방문객들이며, 기술자들이며, 간호사들이며, 심지어 의사들조차 그날 하루 동안 이곳을 떠났다. 르블랑의 노란색 챙이 달린 루이지애나 주 주립대학교 야구모자는 땀에 젖어 머리에 착 달라붙어 있었고, 그녀의 파란색 티셔츠도 땀에 젖어 색깔이 더 진해 보였다.

샌드라는 남편 마크를 찾아보았다. 그는 어머니인 라이프케어 환자 베라 르블랑을 2층 로비에서 돌보는 중이었다. "어서 어머님을 모시고 나가야만 해." 샌드라가 남편에게 말했다. 한편으로 그녀는 자기 시어머니가 아직도 구조되지 않은 상태라는 사실에 깜짝 놀라고 있었다. 헬리콥터가 드물게 착륙하는 데다, 보트로 떠난 사람들이 내린 집결지로 오는 구급차도 없다보니, 이날 하루 종일 메모리얼에서 떠난 환자는 몇 명 되지 않았다. 베라는 여전히 대기자 열에서 한참 뒤에 있었다.

베라의 환자복에는 가족의 이름과 전화번호가 잔뜩 적혀 있었는데, 그녀가 얼마 후 헬리콥터 편으로 메모리얼을 떠나게 될 것이라는 이야기를 듣고 마크와 샌드라가 적어놓은 것이었다. 하지만 그녀는 여전히 ATM과 초록색 줄무늬 잎사귀 식물이 가득한 화단 근처의 땅에 누워 있었다. 그 주위의 환자들 역시 베라와 마찬가지로 DNR 요청서가 붙어 있었다. 베라의 '심폐소생술 거부' 상태는 죽어가는 여성이 최근에 내놓은 소원이 아니라, 그녀가 이로부터 10여 년도 더 전에 내놓은 요청 결과였다. 즉 자기 심장이 멈춘다면 소생시키지 말라는 요청이었다. 하지만 그녀의 심장은 아직 뛰고 있었다.

앞서 마크와 샌드라가 환자 간호 구역에 들어서려고 하자, 어떤 직원이 앞을 가로막았다. 결국 위협을 가하고 나서야 이들은 안에 들어설 수 있었다. 저 보트는 우리가 끌고 온 겁니다. 마크가 이렇게 경고했다. 그러니 여차하면 도로 끌고 갈 수도 있어요.

환자들은 간이침대마다 하나씩 누워 있었는데, 여기저기 맨몸을 드러내고 있어서 르블랑 부부가 보기에도 끔찍하기만 했다. 그중 대부분은 죽은 듯 조용했지만, 베라는 그렇지 않았다. "물 좀 주세요." 그녀는 무대에 어울릴 법한 큰 목소리로 부탁했다. 그러자 다른 환자들에게 부채질을 해주던 자원봉사자 한 명이 고개를 돌려 그녀를 쳐다보았다. 마크는 병원 직원의 것인 듯 생각되는 18리터짜리 플라스틱 물통을 찾아냈다. 그는 한 컵을 가득 채운 다음, 자기 어머니가 물을 마시다가 목으로 넘기지 못해 질식할 위험보다는, 오히려 자기 어머니가 탈수할 위험이 더 크다는 판단에 모험을 감행하기로 했다. "아, 물맛이 참 좋구나, 마크." 베라가 조용히 말했다. "물 좀 더 줘라! 물 좀 더 줘!" 그러자 여자 의사 한 사람이 베라한테 약을 먹여서 좀 조용히 하게 만들어야겠다며 간호사를 찾았다. 하지만 간호사는 아무도 오지 않았다.

마크와 샌드라는 베라를 어떻게 할지 논의했다. 보트들은 이제 연료가 떨어져가고 있었으며, 조종사들도 약탈자들이 구조대를 향해 총을 쏜다는 소문을 듣고 있었다. 비록 메모리얼에는 여전히 수백 명의 사람이 남아 있었지만, 루이지애나의 습지에서 온 이 자원봉사자들은 목요일까지 자기네 배를 몰고 이곳에 찾아올 계획이 없다고 잘라 말했다.

일찍이 무전기를 들고 찾아왔던 남자가 약속했던 지원대가 오고 있다는 증거는 어디서도 찾아볼 수 없었다. 그 남자는 아무것도 달성하지 못한 것처럼 보였다. 대신 그 남자는 오늘은 헬리콥터가 더 오지 않을 것이라고만 샌드라 르블랑에게 말했다.

르블랑 부부는 베라를 어떻게 해야 할지 알 수가 없었지만, 여기서 하룻밤을 더 머무는 것보다는 차라리 어딘가로 데려가는 게 더 나아 보였다. 두 사람은 그녀를 1층으로 데리고 내려가서, 자기들이 메모리얼로 가져온 에어보트 가운데 한 척에 태우기로 작정했다.

두 사람은 베라가 누워 있는 간이침대의 양쪽 끝을 붙잡고 들어올렸다. 그런데 단단히 지탱되기는커녕, 가운데가 접히는 바람에 베라가 졸지에 샌드위치가 되고 말았다. 이들은 간이침대를 다시 조절하려고 애썼다. 의사 몇 사람이 르블랑 부부에게 다가와서는 베라를 데려갈 수 없다고 말했다. "그게 무슨 소리예요." 샌드라가 말했다. "댁들도 같이 돕든지, 그렇지 않으면 저리 비켜요."

처음에 샌드라는 의사들이 단지 자기네 환자를 보호하려 드는 것이라고 생각했다. 하지만 사실상 자기들도 베라를 도울 방법이 전혀 없는 것이 분명한 상황에서 막상 그녀를 데려가는 것을 막아선다는 것도 아이러니한 일이 아닐 수 없었다. 아니면 의사들은 단순히 더 나중에 이송되기로 정해놓은 환자가 일종의 새치기를 한다는 사실에 화가 난 것뿐이었을까?

르블랑 부부는 베라의 간이침대를 고쳐 잡은 다음, 자원봉사자 2명의 도움을 받아 그녀를 구급차용 경사로로 데리고 갔다. 마치 가마에 올라탄 여왕처럼 신난 그녀는 사람들이 자기를 떠메고 가는 내내 떠들어댔다. 이들은 병원 직원들이 유리창을 제거해서 구멍을 뚫어놓은 곳을 통해 그녀를 경사로 너머로 들어서 옮겼다. "내가 보트에 다 타보는구나!" 그녀가 큰 목소리로 말하자, 주위 사람들이 귀마개를 끼워주었다.

샌드라 르블랑은 떠나기 전에 할 일이 하나 더 있었다. 덩치 큰 병원 경비원 한 명을 데려와 보트에 태운 것이다. 두 사람은 이제껏 응급실 경사로에서 함께 일했는데, 그는 메모리얼을 떠나고 싶어서 안달하고 있었다. 그래서 그녀는 그를 데려와 탈출할 수 있도록 도움을 제공했던 것이다.

◇ ◇ ◇

몸을 움직일 수 있는 사람들이 메모리얼을 떠나자, 1등급 범주에 속한 20명 정도의 환자는(즉 쿡이 말한 '성가대원'들은) 응급실 경사로에 놓인 각자의 휠체어 안에 남아, 주위를 바라보며 자기가 구조될 차례가 오기를 기다렸다.

영양 공급. 수분 공급. 배설물 제거. 캐런 윈과 라이프케어의 지나 이스벨은 환자들의 기본적인 필요를 충족시키기 위해서 다른 직원들과 함께 노력했다. 하지만 대개의 경우 치료는 제공되지 않았다.

몸이 일부 마비된 뇌졸중 환자 한 사람이 설사를 했다. 윈은 여러 차례 그 환자의 프라이버시를 위해서 휠체어를 어두운 응급실로 끌고 들어갔다. 그리고 플래시 불빛에 의존해 창고에서 멸균수와 식염수를 찾아낸 다음, 그걸 가지고 와서 역시 플래시 불빛 아래에서 그 덩치 큰 여자를 일으켜 세운 다음 몸을 닦아주었다.

윈과 이스벨은 환자용 변기를 찾으러 다니고, 성인용 기저귀를 갈아주었다. 밖에 나가서는 시트를 커튼처럼 환자들의 주위에 둘러주어 프라이버시를 보호해주었다. 때로는 생리현상이 간호사의 민첩함을 앞지르기도 했다. 윈은 응급실 경사로에서 벌어진 그런 사건 현장 한 곳을 판지로 대강 덮어놓기도 했다.

병원 내 화장실은 더럽기 짝이 없었다. 이미 막힌 변기를 사람들이 계속 사용하다보니, 오물이 바닥으로 흘러 넘쳤다. 청소는 결코 이루어지지 않을 것처럼 보였다. 자원봉사자들의 열의조차 화장실 문 앞에서는 주춤거리고 물러서는 듯했다.

224

화장실을 사용해야 하는 상황에 처할지도 모른다는 두려움 때문에, 지나 이스벨은 배고픔과 목마름조차 깡그리 잊어버렸다. 한번은 그녀가 한 여자 환자의 나이 많은 언니를 병원 안 화장실로 데려갔는데, 잠시 후에 데리러 가보니 그 여자는 이미 화장실을 떠난 뒤였다. 이스벨은 어둡고 북적이는 복도를 최대한 빨리 걸어 그 여자를 찾아보았다. 바로 그 순간, 간호사는 그 여자가 어느 문으로 나가려다가 다른 사람에게 붙들려서 끌려오는 모습을 보았다. "그분은 제 담당이에요." 이스벨이 말했다. "제가 찾던 중이었어요. 제가 모셔갈게요."

어떤 간호사들의 말에 따르면, 그 여자는 홀로코스트 생존자였기 때문에, 날이 갈수록 지금 자기가 어디에 와 있는지 혼란을 겪고 있었다.[13] "내 동생을 여기서 데리고 나가야만 해요." 그녀는 이렇게 말하면서 자기 동생의 휠체어 브레이크를 풀고, 경사로에서 확 밀어서 홍수 쪽으로 굴러가게 만들었다. 이스벨이 달려가서 환자의 휠체어를 붙들었지만, 그 언니라는 사람은 계속 같은 짓을 저질렀다. "이러다가 제가 죽겠어요!" 이스벨이 그녀에게 말했다. 캐런 윈은 그 여자가 자기 동생의 진료 기록을 들고 쏘다니는 것을 붙잡은 적도 있었다.

저녁이 오고 보트가 떠나버리자, 이스벨과 윈은 안전을 위해 환자들을 병원 1층 로비로 다시 데리고 들어가서, 간이침대와 들것에 눕혀 그날 밤을 보내게 했다. 존 마스 신부가 와서 기도를 하자, 앞서 말썽을 피우던 환자의 언니가 그에게 자기 지팡이를 휘둘렀다. "도대체 '당신'은 왜 이런 곳에 와 있는 거요?" 신부가 대답했다. "하느님께서 저를 이곳에 보내셨으니까요." 환자의 언니는 간호사에게도 지팡이를 휘둘렀다. 그녀는 자기가 동생을 보호해야 한다고 생각하는 모양이었다. 결국 경비원이 달려가서 지팡이를 빼앗았다.

한 남자 환자는 밤이 되었는데도 휠체어에 계속 앉아 있겠다고 고집을 피웠다. 내일 아침에 맨 먼저 떠날 수 있도록 대열의 맨 앞에 있고 싶었는데, 휠체어에 앉아 있으면 언제라도 움직일 채비가 되어 있으니 좀 더 유리하리라 생각했던 모양이다.

두려움은 환자들만 느끼는 것이 아니었다. 주 방위군과 지역 경찰관도 밤 동안에는 병원을 떠나 있었다. 병원에 있는 사람들 중 상당수는 다가오는 어둠 속에서 위험을 감지했다.[16] 세인트버나드 패리시에서 온 직원들은 자기네 집이 홍수에 휩쓸릴 가능성이 높다고 생각해, 안전을 위해 자기 소유의 총을 모조리 들고 와 있었다. 메모리얼의 CEO인 루네 구는 경비 및 관리 담당 직원들에게 총을 나눠주었으며, 이들은 병원 출입구에서 경계 근무를 섰다.

캐런 윈은 직속인 ICU 간호사들을 찾아가, 아직 남아 있는 115명 정도의 메모리얼 및 라이프케어 환자들을 간호하기 위해 야간 근무 교대를 실시할 필요가 있다고 말했다. 그녀의 직속 간호사들은 이를 예견하고 이미 2층 로비에 있는 환자들을 담당하는 일에 자원하고 있었지만, 사실 대부분은 낮 동안 부채질과 운반 등으로 쉬지 않고 일한 바 있었다. 윈은 자기가 직속 간호사들을 줄곧 지켜보고 있었으며, 무척이나 자랑스럽게 생각한다고 말하면서 급기야 눈물을 보였다.

그녀는 긴장을 풀기 위해 혼자 밖으로 나갔다. 묵직한 공기는 신선하다고 말할 정도까지는 아니었지만, 그래도 후텁지근한 산들바람 속에서 조금씩 움직이는 것처럼 느껴졌다.

윈은 어둠이 짙어가는 클라라 스트리트 쪽을 바라보았다. 그녀의 시선은 물이 차오른 주차장 위로, 거리 저편에 있는 외래 환자용 암 센터에 고정되어 있었다. 그런데 순간적으로 눈에 보인 것 때문에 그녀는 당황해하고 말았다. 그 건물 안에 불이 켜져 있었던 것이다.

'단지 불일 뿐이야.' 그녀는 속으로 이렇게 생각했다. 그곳은 비교적 새 건물이어서 다른 병동과 다른 발전기를 사용하기 때문에 불이 켜질 수도 있는 것이 분명해 보였다. 그래서 그녀는 더 이상 이에 대해서는

226

생각하지 않았다.

응급실 관리자도 그 근처의 경사로 위에서 휴식을 취하고 있었다. 오후 8시쯤에 그의 휴대전화가 울렸다. 댈러스에 있는 테닛의 중역이었다. 메모리얼의 CEO를 바꿔달라면서, 본사에서 구조대를 보내고 있으니, 목요일 오전 7시에는 모두가 병원을 떠날 채비를 하고 있어야 한다고 말했다. 하지만 윈은 차마 선뜻 믿을 수가 없었다.

◇ ◇ ◇

댈러스에서는 테닛의 직원 열댓 명이 이번 허리케인으로 피해를 본 멕시코 만 연안의 자사 계열 병원 여섯 곳에 대한 지원 방법을 찾기 위해서 하루 온종일 골몰하고 있었다. 본사의 1층에는 여러 부서에서 온 열댓 명의 직원이 전화와 컴퓨터를 잔뜩 가져다놓고 있었다. 하지만 이들은 재난 관리에 경험이 거의 없었다.

수요일 오전 일찍, 사업개발본부장 마이클 아빈과 그의 동료들은 메모리얼은 물론이고 뉴올리언스의 홍수 발생 지역에 있는 또 다른 병원 한 곳과도 연락이 되지 않아 답답해하고 있었다. 이들은 급기야 정보를 찾아서 주 정부에 연락을 취하기 시작했다.

이들이 연락하려는 신시아 매선은 본래 군인 출신으로 병원 재난 관리 담당관으로서도 경험이 많았으며, 당시에는 뉴올리언스 시청에서 근무 중이었다. 당시 시청 건물은 재난관리작전본부로 바뀌어 있었지만, 이곳 역시 몇 미터나 되는 홍수에 갇힌 상태였다. 전화가 폭주했지만, 제복과 평상복 차림의 사람들은 이리저리 몰려다니고, 따로따로 회의에 참석했다.

매선은 그 지역 병원 및 요양원의 현황을 파악한 다음, 그 내용을 재난 관리 담당관에게 전달하는 일을 맡고 있었다. 그녀의 평소 업무는 그 지역의 병원협회를 상대하는 생물학 테러 대비 조정실장이었다. 이것은 2001년 9월과 10월에 9·11 테러 공격과 탄저균 소포 공격이 연이어 일어난 직후, 재발 방지를 위한 연방 예산이 줄줄이 흘러나오면서 생겨난 직위였다. 그러다가 겨우 최근에 와서야 이 프로그램을 위한 지원금이 자연재해 대응에도 사용될 수 있도록 그 범위가 확대되었다. 실제로는 자연재해가 생물학 테러 공격보다 더 빈번하고 불가피하게 일어난다는 사실을 뒤늦게야 인정한 셈이었다.

매선은 '허리케인 팸' 가상 대응 훈련에도 참여했었다. 그게 겨우 지난주의 일이었다는 것은 정말이지 믿기 힘들었다. 그로부터 이틀 뒤 후속 회의에서 그녀는 유인물 여백에 '카트리나'라는 이름을 적어놓았으며, 당시 플로리다 주로 접근 중이던 이 폭풍의 경로는 멕시코 만을 따라 서쪽으로 향할 것이라고 적어놓았다.[15] 훈련 당시 "피해 지역의 병원들이 섬처럼 고립될 경우 무엇을 할 것인지 생각해보라"는 질문이 있었지만, 그녀는 자기가 바로 딱 그러한 재난을 코앞에 두고 마지막 총연습을 하고 있다는 사실을 꿈에도 모르고 있었다. "어떤 환자를 최우선으로 골라낼 것인가? 그다음으로는? 이송을 충분히 견뎌낼 수 있는 환자에게 집중할 것인가?"[16] 한때는 종이 위의 글자에 불과했던 이 질문이 이제는 현실이 되어 있었다.

매선은 뉴올리언스의 병원들이 허리케인 직후에 어떻게 대피할지에 관한 구체적인 계획이 전혀 없다는 사실을 잘 알고 있었다. 과연 어떤 기관이(물론 그런 기관이 '있다'고 전제할 경우) 현재 이 문제를 담당해야 하는지도 그녀에게는 여전히 불분명했다. 가상의 허리케인 팸 시나리오에서는 비행 자원이 한정될 것이고, 최소한 처음 5일 동안에는 우선 "지붕 및 나무 위에 대피한 사람들의 생명과 사지를 구조하는" 일에 집중할 것이므로, "병원들은 7일 동안 버틸 준비를 하고 있어야 마땅하다"고 되어 있었다.[17] 그런데 여기서 제시한 날짜를 보고 매선은 깜짝 놀랄 수밖에 없었다. 이전까지는 그 기간이 3일로 되어 있었기 때문이다. 물론 병원들은 며칠이건 일주일이건 원래부터 자체적으로 대비하도록 줄곧 지시를 받아오기는 했지만 말이다.

화요일에 매선은 최소한 두 군데 병원에 전력이 차단되었다는 사실을 알게 되었고, 과연 누구를 통해 도움을 줄 수 있는지 알아내기 위해 최선을 다했다. 그녀는 해안경비대와 주 방위군의 연락책과 접촉해서, 병원에 갇힌 사람들을 구조해달라고 양쪽에 요청했다.

그러자 한 군인은 그 사람들이 안전한 건물에 있지 않느냐고 반문했다. 아울러 생필품도 갖고 있을 것이라고 단언했다. 매선은 굳이 자기가 구조를 위해 상대방을 설득해야 하는 입장에 놓일 줄은 전혀 예상하지 못한 상태였다. "하지만 병원에 전기가 끊겼다고요!" 그녀가 화를 내며 말했다. "전기가 끊어진 상태에서는 환자를 돌볼 수가 없단 말이에요."

매선은 지휘본부에 있는 제복 차림의 사람들이 그때 이후로 자기를 피한다는 인상을 받았다. 그녀는 자신의 분노가 재난 관리 담당관들의 '냉정 유지' 원칙에 위배되었다는 사실을 잘 알고 있었다. 어쩌면 주 방위군 측에서도 홍수 희생자 일부는 결국 죽게 되리라고 예상하고 어느 정도 체념한 것 아닌가 하는 생각마저 들었다. 재난 관리 담당관들조차 역시 무기력한 기분을 느끼고 있을지 몰랐다. 실제로 그들 스스로도 끔찍한 부상자 선별을 수행하고 있었다.

헬리콥터를 보유한 그 지역의 해안경비대 비행장 역시 카트리나로 인해 피해를 입었다. 무선 안테나도 고장 났다. 이곳의 발전기는 가동 정지 상태와 일시적인 수리 상태를 오락가락했다. 전화선은 수리하자마자 다시 고장 났고, 이 기지의 지휘관들은 오로지 위성전화와 휴대전화를 통해 간헐적으로만 통신이 가능했다. 이들의 구형 넥스텔(Nextels)은 작동했지만 신형 트리오(Treos)는 작동하지 않았다.

따라서 엄격한 지휘 규약은 실행이 불가능한 상황이었다. 지휘관들은 몇 가지 업무를 지시했지만, 체계적인 구조 계획을 실행하기 위해서 도시를 구역별로 할당하는 조치는 아직 이루어지지 않은 상태였다. 워낙 많은 사람이 지붕 위에서 넝마를 흔들어대다보니, 원래 프리랜스 신분인 해안경비대의 항공 대응조도 비행 중에 서로 의견을 교환하며 자체적인 우선순위를 설정한 다음, 종종 사람들을 발견할 때마다 곧바로 구조하곤 했다.[18]

이런 상황에서 수요일 오전에 테닛의 이 지역 담당 부사장인 밥 스미스가 매선에게 연락을 취하자, 그녀는 현재 개인병원들의 신속한 대피를 위한 최선의 조치는 '사유 자산'을 이용하는 것뿐이라고 답변했다.

스미스는 자기가 들은 말을 차마 믿을 수 없었다. 자기 회사는 단 한 번도 구조 작업을 실시한 경험이 없었다. 본사에 제트기가 있기는 하지만 그걸로는 병원 옥상에 착륙할 수가 없었으며, 헬리콥터도 비치되어 있지 않았다. 폭풍 이전의 재난 대비 계획에는 이런 내용이 전혀 없었다. 그와 동료들은 이제야 지하 회의실에 지휘본부를 차리려고 준비하고 있었는데, 그나마도 테닛의 그 지역 최고의료책임자로부터 전화로 조언을 받은 덕분이었다.[19] 그 중역은 주 방위군 복무 경험이 있었지만, 지금은 오리건 주에서 휴가를 보내고 있었으며, 아내가 혼자 바닷가로 놀러 간 동안 혼자 남아 스피커폰을 통해 이러저런 지시를 내리는 중이었다.

스미스는 매선과 통화하면서 몇 가지를 메모했다.[20] "보트, 야생동물." 이건 '야생동물 보호국'을 가리키는 말이었는데, 이 부서에서는 습지용 보트를 여러 척 가지고 있었기 때문에 도움이 될 수도 있다고 매선이 제안했던 것이다. "운반선과 너벅선."

스미스가 매선으로부터 들은 바에 따르면, 툴레인 대학 병원의 모회사이며 테닛의 경쟁사인 'HCA(호스피틀 코퍼레이션 오브 아메리카)'는 뉴올리언스 시내의 홍수 피해 상황이 확실해진 직후인 화요일 오전에 자

재난, 그 이후

사 계열 병원의 대피를 지원하기 위해서 헬리콥터를 고용하기 시작했다. 매션과의 통화를 끝낸 스미스는 HCA에 연락을 취해 조언을 구했다. HCA의 중역은 그에게 행운을 빌어줄 뿐이었다. 개인 소유의 헬리콥터를 고용해서 재난 지역으로 데려오기까지는 상당한 시간이 소요되었으며, 뉴올리언스의 통신 문제 때문에 더 힘들었다.

스미스는 과연 어떻게 해야만 항공 이송 준비를 시작할 수 있을지 궁리했다. 그때 마이클 아빈이 화요일 늦게 댈러스 교외의 한 항공 물류 회사의 담당자로부터 받은 전화 메시지를 그에게 전해주었다.[21] 이 업체가 지원 의향을 나타냈던 것이다.

"그리로 전화해보게." 스미스가 말했다.

그 와중에 테닛의 다른 중역들은 정부 관리들과 접촉해서, 메모리얼과 자사의 다른 침수 병원에 대한 대피를 우선하도록 설득 작업에 나섰다. 하지만 각 기관의 담당자들은 다른 기관에 책임을 떠넘기기 일쑤였다. 한 상원의원 사무실의 직원은 캐슬린 블랑코 주지사와 노인 및 저소득층 의료보험인 메디케어-메디케이드 서비스 센터에 이야기를 전달해보겠다고 답변했다. 하지만 메디케어-메디케이드 서비스 센터 담당자가 테닛에 내놓은 답변이란, 유관 병원 협회장에게 연락해보라는 것뿐이었다. 그리하여 '미국병원연맹'에 연락했더니, 거기서는 또다시 HHS(미국 보건복지부)에 이야기를 전달했고, 여기서는 환자 전체를 대리하여 미국병원연맹과 미국병원협회와 전국 병원들과 연방재난관리청에 또다시 이야기를 넣었을 뿐이었다. 억만장자인 로스 페로도 나서서(그의 아들이 테닛의 청부 계약자였기 때문이다) 해안경비대와 해군에 이야기를 전했다. 하지만 그 어디에도 책임의 중심은 없었다. 여러 사람이 손가락으로 서로 다른 방면을 가리키는 모습은, 1920년대의 뉴올리언스 홍수 때와 크게 다르지 않았다.

상황이 더 복잡해진 까닭은, 연방 정부와 주 정부와 지역 간의 의사소통 시스템의 공동 이용이 불가능해졌기 때문이다. (이는 1927년 홍수 당시에 뉴올리언스의 전력 체계를 공동 이용할 수 없었던 것과 마찬가지였다. 당시에도 양쪽의 전력 주파수가 달라 공공기업인 NOPSI가 비상 전력을 도시의 하수 펌프장에 공급하지 못했었다.) 또한 정부에서 현재의 재난을 관리하기 위해 사용하려고 시도한 소프트웨어도 정보를 공유 가능한 방식으로 분류하지 못했다. 다수의 기관들과 공무원들이 저마다 병원 대피를 위한 서로 다른 우선순위 목록을 내세우다보니, 메모리얼은 목록에 따라 1순위, 2순위, 또는 맨 나중 순위에 올라 있게 된 것이었다. 테닛의 핵심 중역들은 관료주의적인 복잡성을 차마 이해할 수 없어, 급기야 공황 상태에 빠지기 시작했다. "우리는 해군으로부터의 지원이 간곡히 필요합니다!!!" 마이클 아빈은 캘리포니아에 사는 한 여성에게 보낸 이메일에 이렇게 쓰면서, 그녀가 아는 어느 해군 제독에게 지원을 요청해 달라고 부탁했다. "이 지역의 USCG(해안경비대)와 해군은 서로 책임을 떠넘기기만 하고 있습니다."

"마이크 제독은 이미 퇴역하셨는데요……." 그 여자의 답장은 이러했다.

화요일 아침에, 주도에 모인 EMS 관리들은 메모리얼의 대피를 우선순위 맨 위에 올려놓았던 것으로 보인다. 하지만 수요일 오전이 되자, 뉴올리언스 소재 주(州) 재난관리작전본부에 있던 매선은 테닛의 밥 스미스에게 연락해, 현재 대피가 필요한 그 지역 8개 병원에 관한 그녀의 목록에서 메모리얼이 가장 낮은 순위에 올라 있다고 전했다. 테닛의 중역진이 나중에 확인한 바에 따르면, 당시 주 공중보건 관리들이 또 다른 우선순위 목록을 관리하고 있었다. 거기에는 메모리얼이 7개 병원 중 6위로 올라 있었다.

"대피는 '천천히' 이루어지고 있습니다." 병원에 갇혀 있던 선거구민들로부터 연락을 받은 루이지애나 주의 연방 상원의원들과 하원의원들이 대책 마련을 요구하자, 이들의 사무실에 보낸 답장 이메일에서 주 정부의 한 관리는 이렇게 설명했다. "주민 여러분께도 인내심을 갖고 기다려달라고 당부해주시기 바랍니다."

이 이메일에 따르면, 중환자를 "맨 먼저 내보내고" 있다고 되어 있었다. 메모리얼의 중환자 역시 화요일 저녁에 항공으로 이송된 바 있었다.

이 메시지에는 또 이렇게 나와 있었다. "홍수에 갇히고, 비상용 발전기가 없는 병원들이 '최우선' 대피 중입니다." 그로부터 열댓 시간 전에 있었던 메모리얼의 전력 차단 소식은 아직 해당 부서에 도착하지 않은 모양이었는데, 사실 그 당시 메모리얼에는 주 정부 보건의료부 공무원이라고 자처하는 키 큰 남자가 하루 종일 머물고 있었다.

테닛의 중역진은 전날 저녁 이후 병원과 연락이 거의 두절된 상태였기 때문에, 외부에 도움을 요청할 때조차 자기네 병원에 전력이 끊겼다는 사실을 미처 언급하지 않았다. 하지만 전기 통신이 갑자기 불통이라는 사실이라든지, 전날 저녁에 전력이 머지않아 끊길 것이라는 샌드라 코드레이의 경고가 있었다는 사실로 미루어볼 때, 이들은 메모리얼의 상황을 충분히 추론할 수 있었을 것이다.

테닛의 고위직 한 명이 테닛의 고문 변호사에게 이런 이메일을 보냈다.

지난 이틀 동안 우리의 최우선 과제는 우리 병원들을 대피시키는 것이었는데 (……) 어떤 이유에선지 어느 누구도 이 문제와 관련해서 우리를 도울 의향이 있는 것 같지 않네. 현재 메모리얼에는 모두 2천 명이 있는데(환자는 150명) 우리는 우선순위에서 위쪽을 차지하지 못한 듯하네. 이 한 곳에 대해서 다각도로 도움이 필요하다네.

연방 차원의 공중보건 및 의료 대응을 담당해야 하는 주무 관청이야말로 가장 무기력한 상황이었다. HHS에는 루이지애나를 비롯한 5개 주를 담당하는 공식 재난 관리 조정실장이 있었다. 하지만 이 담당자는 이 업무를 맡은 지 겨우 4개월째였으며, 아직 담당 지역을 직접 방문한 적도 없었고, 해당 지역의 재난 관리 보건 담당관과 연락한 적도 없었고, 최근의 허리케인 팸 가상 대응 훈련에 참석한 적도 없었다.[22] 그런데 루이지애나 주는 연방 관리에게 이 상황을 지휘해달라고 요청한 것이었다.

테닛의 직원 한 사람이 HHS의 조정실장에게 연락해서, 재난 지역에 들어갈 수 있는 방법을 묻자, 그녀는 대뜸 루이지애나 주 병원협회에 연락해보라고 했다. 테닛의 고위층이 HHS 차관에게 하소연했지만, FEMA에 이야기를 전해주겠다는 약속만 얻어냈을 따름이다.

하지만 HHS의 관리들은 테닛에 대한 지원을 제공하기는커녕, 오히려 지원을 요구할 따름이었다. 테닛의 고위층 역시 전국의 여러 병원 CEO들과 함께 이 기관의 수장이 오후 일찍 소집한 전화 회의에 참석했다. HHS 장관 마이클 O. 리빗은 이때 재난 지역에 연방 비상 야전 병원을 세우려 한다면서, 거기 필요한 의약품과 인력을 전국 병원에 요구했다.

이 전화 회의 이후 테닛의 고위층은 도리어 화가 났다. "야전 병원이란 발상은 좋지만, 우리는 지금 당장 거기서 사람들을 꺼내오지도 못한단 말입니다." 그는 미국병원연맹의 대표자인 찰스 N. 칸 3세에게 보낸 이메일에서 이렇게 말한 다음, HHS와의 전화 회의를 직통으로 연결해달라고 요청했다. "오늘은 완전히 '엉망진창'이었습니다. 이 상황을 가장 명료하게 표현할 수 있는 말은 이것뿐인 듯합니다."

"이번 일에서 HHS는 어디까지나 조연에 불과합니다." 칸이 답장에서 말했다. "우리는 다만 저쪽에서 FEMA와 지역 정부를 움직이게 해야만 합니다. 이미 제가 그런 일을 하고 있고요."

라이프케어 본사의 최고재무책임자 역시 HHS와의 전화 회의에 참석했다.[23] 이 회사도 환자들을 안전하게 구조하는 일에서 테닛과 마찬가지로 진전이 별로 없었다. 수석 부사장 뒤부아는 그날 일찍 메모리얼에서 해안경비대 헬리콥터를 타고 이송된 라이프케어 환자 4명의 현재 위치를 찾아내고, 다른 라이프케어 분원으로 다시 이송하느라 수요일 대부분의 시간을 보냈다.

뒤부아는 라이프케어와 이미 계약되어 있던 론스타 구급차량 회사 소속 구급차를 여러 대 동원해, 메모리얼에서 비행기나 보트로 이송되는 환자들을 태워, 뉴올리언스 공항 인근의 또 다른 라이프케어 병원으로 이송하도록 했다. 그런데 공항 인근의 라이프케어 병원은 비록 침수되지는 않았지만 전력 문제가 있었다. 그녀는 자기네 구급차를 시내로 들여보내기 위해 허가를 받으려 했지만, 아직까지 얻어내지 못한 상태였다. 뒤부아는 메모리얼에 있는 라이프케어 직원들을 향해서, 이송 담당 관리들이 준비해주는 교통편이 있다면 뭐라도 잡아서 환자들을 내보내라고 조언했다. 하지만 메모리얼을 떠난 라이프케어의 환자 4명과 직원 7명이 여전히 나폴리언과 세인트찰스 스트리트 사이 교차로에서 헤매고 있다는 사실을 그날 늦게야 알게 되자, 뒤부아는 화가 머리끝까지 치밀었다. 그녀는 저녁 내내 전화를 붙잡고 해안경비대와 녹스 앤드 리스로부터 도움을 얻으려고 애썼다(앤드리스는 재난 대비 조정실장에 불과했지만, 뒤부아는 여전히 상대방이 FEMA에서 일한다고 믿고 있었다).

미국병원연맹의 찰스 칸이 저녁 일찍 HHS의 관리 한 사람에게 이야기를 전해주었다. "이 상황의 긴급성에 대한 설명은 결코 과장이 아닙니다." 칸은 이렇게 썼다. 그는 해당 지역 여러 병원의 급박한 필요에 대한 목록을 덧붙였지만, 그 와중에 몇 군데 병원은 그만 누락시키고 말았다. 예를 들어 뉴올리언스 최대 메디컬 센터인 공립 채리티 병원은 자기네 '연맹'의 회원이 아니라는 이유로 빼버렸다. 칸의 메시지는 또

한 거기 언급된 병원들의 전력 상태를 언급하지도 않았다. 그의 연락에 언급된 메모리얼의 '현재' 상황은 무려 24시간 전에 작성된 내용 그대로였다.

댈러스 소재 테닛 본사에서는 마이클 아빈이 사설 항공 물류 회사와 연락해서 어느 정도 결실을 맺었으며, 이 회사는 목요일 아침에 뉴올리언스에 도착할 수 있도록 헬리콥터를 준비하기 시작했다. 그 회사의 일반 헬리콥터는 보통 소방 및 기타 업무에 사용되던 것이었지만, 테닛의 중역들은 이를 가리켜 '항공 구급기'라고 부르기 시작했다.

이후 비행 허가를 얻는 과정에서, 테닛의 계획가들은 자기네 환자들을 구조할 것이라고 정부 측에 말했다. 아울러 자기들은 메모리얼에 대피 중인 지역 주민 800명도 함께 이송할 수 있도록 도와줄 것이라고 덧붙였다. "우리의 진짜 필요는 이 지역 주민들을 배편으로 병원에서 데리고 나오는 것입니다." 테닛의 부사장은 메리 랜드루 상원의원의 보좌관에게 보낸 이메일에서 이렇게 설명했다. 랜드루는 병원을 대신하여 주지사에게 이야기를 잘 전해주겠다고 약속했다. 이것 역시 빙빙 돌기만 하는 전화 놀이에서 또 다른 중심축인 셈이었다.

본사 고위층은 특히 메모리얼의 안전 문제를 우려하는 것처럼 보였다. "그곳과 우리의 마지막 교신에 따르면, 지역 주민들과의 경비 문제가 있는 듯합니다." 테닛의 밥 스미스는 한 해군 대위에게 보낸 이메일에서 이렇게 말했다. "경비가 전혀 없는 상태에서 이 상황은 치명적인 지점으로까지 치닫고 있습니다."

테닛은 재난을 겪고 있는 병원의 웹사이트에 게시할 최신 소식을 홍보실장들에게 배포했다. 거기에는 이렇게 나와 있었다. "뉴올리언스에는 계엄령이 선포되어 있습니다." 하지만 아직 라디오를 통한 발표가 없었기 때문에, 이는 사실과 다른 주장이었다.

테닛의 한 고위층이 메모리얼의 응급실 관리자와 다시 연락을 취한 수요일 저녁에는 캐런 윈도 근처에 서서 건너편 건물을 바라보고 있었지만, 딱히 더 나은 소식을 전할 것도 없었다. 비록 세부사항은 모호했지만, 테닛은 루이지애나 야생동물 보호국으로부터도 메모리얼에 보트를 보내주겠다는 답변을 얻은 상태였다.

오후 10시가 되기 직전, 개인 항공사 한 곳에서 연락이 왔다. 자기들이 테닛과 계약을 맺어서 크고 작은 헬리콥터 대여섯 대를 동원하기로 되어 있다는 것이었다. 그러면서 일단 전국에 흩어져 있는 헬리콥터를 모아야 하기 때문에, 메모리얼에는 목요일 오전 일찍 도착할 수 있을 것이라고, 그중 한 대는 빠르면 오전 6시에 도착할 수 있을 것이라고 말했다.

하지만 메모리얼에서 테닛으로 전해진 소식은 암울했다. 테닛의 부사장 밥 스미스는 테닛의 고위층에게 보낸 이메일에서, 자기가 HF 무선 통신으로 알게 된 사실을 다음과 같이 말했다. "원내에 환자가 115명, 그중 병상은 30명, 휠체어는 40명 이상. 상태가 위중해 24시간 이내 사망 예상자는 최대 60명."[24]

스미스 휘하의 사업개발본부장이며, 병원과의 또 다른 연락책이었던 마이클 아빈도 대피에 대한 지원을 제공하던 회사 직원들과 이와 유사한 결론을 공유했다.

메모리얼의 상황은 급속히 나빠지고 있음. 밤사이 30~45명의 환자를 잃을 수도 있음. 거리에서는 약탈이 횡행하고, 병원에는 경비 인력이 없는 상태임. 모든 환자와 직원/가족을 메모리얼에서 빼내오는 것이 우리의 최우선 과제가 되고 있음.

7장

간호실장 캐런 윈이 잠에서 깨어났을 때, 8층의 수술실 복도에 누운 그녀 옆에는 십대인 딸이 여전히 자고 있었다. 너무 더워서 숨을 쉬기도 고통스러울 정도였다. 그나마 공기가 약간 요동하기는 했다. 한 ICU 간호사의 아버지가 데려온 나이 많은 여자 친구가 다음과 같은 불평을 터트렸기 때문이다. "우리는 절대로 여기서 못 빠져나갈 거야." 그녀가 신음했다. "우리는 여기서 죽고 말 거라고."

그 여자의 고함 소리 때문에 자칫 윈의 딸조차 잠에서 깰 것만 같았다. 윈은 혹시나 방 안에서 쉬고 있는 다른 사람들에게도 이런 공포가 확산될까봐 염려했다. 어쩌면 저 사람들의 머릿속에는 작은 씨앗이 원래부터 들어 있는지도 몰라. 그녀는 이렇게 생각해보았다. 그 씨앗이 졸지에 도토리로 변하고, 급기야 떡갈나무로 변하지는 않았으면 좋겠는데. 윈은 자리에서 일어나 그 여자를 데리고 계단으로 가서, 자리에 앉히고, 숨을 쉬게 한 뒤 결국 입을 다물게 했다.

바닥에는 유리가 한가득이었지만, 윈은 마음이 급한 나머지 그만 맨

발로 걸어 다녔다. 워낙 지쳐서 그녀의 지각과 감정에도 영향이 없지 않았다. 열린 창문 너머로 윈은 건물 바깥의 홍수 물 위에서 유난히 크게 들리는 움직임 소리와 말소리를 들을 수 있었다. 어둠 속에서는 무척이나 섬뜩했다.

자기 침상으로 돌아왔을 때, 윈은 방금 전 겁에 질렸던 그 여자의 말이 맞았음을 감지했다. 이들은 메모리얼에서 절대로 못 빠져나갈 것이었다. 하지만 잠들어 있는 딸에 대한 생각이 그런 기분을 뒤집어버렸다. 그들은 나갈 것이었다. 반드시 나가야만 했다.

윈이 있는 곳에서 한 층 아래인 라이프케어에서는 박살 난 창문 너머로 박살 난 도시의 무대가 펼쳐져 있었고, 총소리와 고함 소리와 요란한 자동차 경보장치 소리가 메아리치고 있었다. 직원들은 이 병원 안으로 누군가가 침입했다고 확신한 나머지, 밤새도록 계단을 막아놓고 있었다.

자정이 되기 직전에 간호사 한 사람이 주사기를 이용해서 진정제 아티반을 라이프케어의 환자인 윌다 맥마너스의 정맥주사 튜브에 주입했다. 이 약품은 맥마너스가 평소에 맞던 것이 아니었다. 환자의 딸인 앤절라는 이 사실을 확신했다. 윌다는 이전에도 이 약품에 부작용을 드러내, 진정되기는커녕 점점 더 흥분한 바 있었다.

맥마너스는 간호사실에 가까운 어느 문간 옆 병상에 누워 있었는데, 평소 같지 않게 혼자뿐이었다. 수요일 오전 늦게, 그녀는 진료 기록에 적힌 것처럼 '헬리콥터 착륙장으로 가는 도중'에 있었다. 하지만 그녀는 결국 지상을 벗어나지 못한 채 하루 종일 기다려야 했다. 앤절라는 그 옆을 지키면서 한 의사를 붙잡고 자기 어머니의 DNR 요청서를 취소해달라고 애원했지만 뜻을 이루지 못했다.

앤절라는 자기 어머니의 대변인 역할을 했다. 윌다는 채리티 병원에서 오랫동안 환자 정보 관리자로 일했으며, 방문객들이 그 병원의 아르데코풍 출입구를 장식한 금속제 스크린을 지나 들어가자마자 맨 먼저 마주하는 사람 가운데 하나였다. 윌다는 여전히 밝은 미소를 지었지만, 뇌졸중과 일부 약품의 부작용인 두뇌 능력 저하 때문에 항상 자기 말을 남에게 이해시킬 수는 없었다. 그녀의 입원 서류에는 "딸이 항상 환자 곁에 남아 있다"고 나와 있었다. 앤절라는 아예 직장을 그만두고 1년 넘게 어머니를 간병하고 있었다. 그녀는 자신의 희생에 한도를 정하지 않았다. 자기 어머니를 돌보고, 어머니의 존엄을 보장하는 것이야말로, 그녀의 삶에서 현재 가장 큰 목표였다.

눈부신 형광등 아래의 간이침대나 안락의자에 누워서 며칠 동안이나 잠을 자고, 종종 한밤중에 자다 일어나야 하고, 생사를 가르는 결정을 내려야 하고, 실수가 일어나는 모습을 지켜보고, 새로운 검사 결과를 거듭해서 접하다보면 스트레스가 쌓이게 마련이었으며, 심지어 마음이 혼란스럽기까지 했다. 병원 생활은 일상생활과 너무나 달랐기 때문에, 밖에 나가서 사람들이 미소를 짓고 웃음을 터뜨리는, 그야말로 태평스러운 모습을 보고 있으면 오히려 눈에 거슬리기까지 했다.

앤절라 맥마너스 입장에서는 일흔 살인 윌다에게도 죽음이 곧 찾아오리라는 사실을 받아들이기 힘들었지만, 그녀는 이 문제에 대해서 비이성적인 태도를 취하지는 않았다. 카트리나가 닥치던 바로 그날 윌다의 감염 증세가 더 악화된 상황에서, 당시 근무하던 감염성 질환 전문의와 신중하게 상담한 결과, 앤절라는 비상 전력으로 가동되는 수술실에서의 외과적 간섭에 반대하는 쪽을 선택했다. 또한 그녀는 만약 어머니의 심장이나 폐가 기능을 정지한다면, 호흡용 튜브와 전기 충격기와 가슴 압박을 통해 소생시키려 노력하는 것은 의미가 없다는 데도 동의했다(사실 이런 간섭이야 만성적이고 근원적인 건강 문제가 있는 환자에게 별다른 효과가 없을 것이었다). 하지만 앤절라 맥마너스가 선택한 역할은 자기 어머니의 사망 과정에 완전히 군림하는 것이 결코 아니었다. 그녀

재난, 그 이후

는 심지어 월다의 이전보다 덜 적극적인 삶에서도 뭔가 가치를 찾아냈다. 앤절라의 역할은 단지 자기 어머니가 마지막 순간까지 보살핌을 잘받도록 보장하는 것이었으며, 가장 최근의 차질이 있기 전까지만 해도현대 미국의 의학이 할 수 있었던 모든 기회를 동원해서라도 어머니의생존을 지원하는 것이었다.

수요일 내내 맥마너스 모녀는 수십 명의 다른 라이프케어 환자들이시트에 실려 먼저 계단으로 운반되는 모습을 지켜보았다. 이송 중에 환자가 사망했다며 간호사들이 울면서 돌아오는 경우도 한두 번이 아니었다.

그날 월다는 헬리콥터 착륙장에 더 가까이 갈 수가 없었지만, 헬리콥터 회전날개에서 밀려온 바람과 석유 냄새는 건물 안에까지 흘러들어왔다. 비록 헬리콥터 착륙장에 도달하기까지의 여정은 힘들었지만(일단 계단을 다섯 층이나 내려간 다음, 기계실의 벽에 난 구멍을 지나가고, 다층식 주차장의 경사로를 따라 올라가서, 또다시 철제 계단을 세 층이나 올라가야 했다) 복도 건너편 창문으로 바라보면 헬리콥터 착륙장은 거의 손에닿을 듯 가까워 보였으며, 마치 창문을 액자 삼아 넣어둔 사진 같았다.

복도에 틀어놓은 라디오에서 나오는 이야기를 듣고 라이프케어의직원들은 깜짝 놀랐다. 인질극 상황, 탈옥 사태, 경찰을 겨냥한 총격 등의 이야기였다. 약탈자들은 AK-47 저격용 소총을 이용해서 우체국 차량을 탈취한 다음, 거기에 훔친 물건들을 가득 채워 달아났다고 한다.뉴올리언스와 경계가 맞닿은 제퍼슨 패리시의 한 시의원의 설명에 따르면 그러했다. 방송에 출연한 어느 부보안관은 어느 호텔 근처에서 상어 한 마리가 헤엄쳐 다니는 것을 보았다고 말했다(또는 물에 떠 있는 쓰레기가 상어의 지느러미처럼 보였을 뿐인지도 몰랐다. 그는 확실히 모르겠다고 덧붙였다).

"아무것도 가진 게 없는 사람들 사이에서 굶주림, 분노, 흥분이 자라나고 있습니다. 사람이 아무것도 가진 게 없으면, 폭력적이 되고 분노하게 되는 겁니다." 제퍼슨 패리시의 단체장인 에런 브루사드가 이렇게 말하면서, 무장 헌병대를 추가로 파병해달라고 주지사에게 호소했다. "그들에게는 식량이 없고, 버젓한 환경, 즉 쉼터가 없기 때문에, 급기야 원초적인 약육강식의 인간 본능이 기어나오기 시작했습니다."

WWL의 아나운서 데이브 코언은 광고도 내보내지 않은 상태에서 계속 진행 중인 전화 참여 방송에서 약탈 행위를 비난했으며, 그 내용은 루이지애나 주 남동부 전역의 AM과 FM 방송국을 통해 퍼져나갔다. "이게 워낙 큰 문제가 되다 보니, 급기야 주 경찰이 전술 팀을 파견했습니다. 기동대 2개 병력으로 (……) 주지사는 다음과 같이 천명했습니다." 코언이 말했다. "지금이야말로 뉴올리언스 시 전체를 대피시킬 때라고 말입니다."

공무원과 민간인 모두 방송국으로 전화를 걸어오고, 뉴올리언스 인근의 재난관리작전본부 지하에 임시로 마련된 스튜디오에 직접 찾아와 출연하기도 했다. 2명의 초대 손님은 도시에 아직 남아 있는 사람들을 가리켜 좀비라고 불렀다. 코언은 이들을 "천천히 배회하는 인간 떼거리"라고 표현했다.

"마치 좀비 떼가 나오는 〈살아 있는 시체들의 밤〉이라는 공포영화와도 유사해요." 뉴올리언스 시의회 의장인 올리버 토머스가 말했다. "그 사람들의 빛을 보면 아실 수 있을 겁니다. 그들은 스트레스를 받았고, 굶주림에 시달렸고, 갈증에 시달렸습니다. 주지사께서도 무장 지원군을 요청하셨습니다."

토머스의 말에 따르면, 조직화된 범죄 집단들이 떼로 몰려다니며 문을 부수고 침입할 기회를 얻기 위해서 마치 폭풍을 기다리기라도 한 것 같았다. "어느 여성분이 그러시더군요.. 아마 이곳이야말로 소돔과 고모라일 거라고 말입니다."

242

라이프케어 7층의 직원 일부는 이런 이야기를 진실로 믿고 겁에 질렸으며, 앤절라 맥마너스의 증언에 따르면, 대략 '오, 주여, 세계의 종말이 이르렀나이다!'에 해당하는 소리를 내지르는 사람도 있었다. 간호사들은 각자의 자녀에 대해서 큰 소리로 걱정을 내뱉으며, 각자 휴대전화가 정상적으로 작동하는 장소를 찾아 복도를 이리저리 오가며 가족과 연락하려고 시도했다. 식구들을 데려온 직원들은 물과 다른 생필품을 달라는 요구에 포위되다시피 하고 있었다. 월다 맥마너스의 담당 간호사가 키우던 푸들은 근처의 방 안에서 계속 짖어댔다. "그놈의 개 좀 조용히 시키라고 해라!" 급기야 월다가 자기 딸에게 이렇게 말했다. 앤절라는 애완동물 알레르기 때문에 눈과 목이 간지러웠다. 고양이 한 마리가 샤워장에 마련된 거처에서 빠져나오자, 간호사가 키우는 개 한 마리가 그놈을 쫓아서 어느 우리 뒤에 갇히게 만들었다. 앤절라가 생각하기에, 이 간호사는 자기 개가 뒤에 남아 안락사되는 운명에 처할까 봐 걱정이 태산 같았는지, 월다를 간호하는 시간보다는 오히려 옆방에서 자기 개를 먹이고 어르며 보내는 시간이 더 많았다. 심지어 끔찍한 더위 속에서 환자를 씻기고 용변을 보게 하는, 그리 부럽지 않은 일을 이번에는 누가 할 차례냐를 놓고, 간호조무사들 사이에 벌어진 언쟁까지도 들렸다.

워낙 지치고, 어지럽고, 또 제방 근처에 사는 형제자매의 안위가 걱정되는 상황에서도, 앤절라는 여전히 힘을 내어 어머니를 직접 간호했다. 급식용 튜브를 통해 월다에게 음식을 넣어주었고, 어머니의 오물이 담겨 있는 인공항문 주머니를 제거하고 다시 부착했으며, 어머니 몸에서 열이 나기 시작한 이후에는 손을 어머니 등 밑에 넣고 더듬어서, 바닥이 땀으로 젖어 있거나 상처가 터져서 고름이 흘렀는지 여부를 확인했다. 지금은 수돗물이 나오지 않아 환자를 씻길 수도 없었다. 앤절라는 간호사 한 명의 도움을 받아 월다를 알코올로 닦아주고, 몸을 말려주고, 상처에 감은 붕대를 갈아주었다. 그러는 내내 앤절라는 어머니와 함께 이야기하고, 노래하고, 기도했다. 윌다는 주기도문과 시편 23편 및 91편 암송하는 것을 좋아했다. 폭풍이 오기 직전에 라이프케어의 직원들이 찾아와서 고개를 숙이면 그녀가 기도를 인도했는데, 이런 행사가 직원들 사이에서는 언제부턴가 "교회"라는 이름으로 통하고 있었다.

앤절라는 환자가 모두 나가기 전까지는 자기들도 나갈 수 없다는 직원들의 한탄을 우연히 엿듣고 위안을 얻었다. 그녀가 생각하기에, 이건 결국 직원들이 환자를 단 한 명이라도 두고는 나가지 않겠다는 이야기였기 때문이다. 마침내 수요일 오후 늦게, 앤절라는 나머지 환자들 역시 곧 이송될 예정이므로, 이제는 환자 가족인 그녀도 보트를 타고 병원을 빠져나가야 한다는 이야기를 전해 들었다. 떠나기로 동의하기 직전에, 그녀는 자기 어머니를 어디로 옮겨갈 것인지 물어보았다. "지금은 어머니께서 어디로 가시게 될지 저도 전혀 모르겠어요." 라이프케어의 간호이사 테레즈 멘데즈가 그녀에게 말했다. "그러면 보호자분은 어디로 가실 생각이세요? 전화번호를 어머니께 적어두면 되지 않을까 싶은데요." 두 사람은 유성 매직펜을 이용해서 뭔가 써보려고 했지만, 윌다의 몸이 너무 축축해서 글씨를 쓸 수가 없었다.[1] 대신 두 사람은 거즈에 전화번호와 메시지를 적어서 윌다 맥마너스의 오른팔과 환자복 바로 아래의 오른쪽에 묶어놓았다. '딸—앤절라 맥마너스, 연락 요망'.

앤절라는 아래층으로 안내되어 보트를 타기 위해서 줄을 섰다. 역시나 라이프케어 환자로 상태가 위중했던 일레인의 헌신적인 딸 캐스린 넬슨도 마찬가지로 줄을 서고 있었다.

그로부터 몇 시간 뒤, 저녁이 되자 감염성 질환 전문의가 라이프케어를 방문했는데, 그는 라이프케어에 폭풍이 닥친 이후 윌다 맥마너스를 '심폐소생술 거부' 환자로 만든 장본인이었다.[2] 그 여자 의사는 지치고 겁에 질린 간호사들을 돌아보더니, DNR 요청서가 달린 인공호흡기 의존 환자 한 명에게 사망 진단을 내린 다음(그 환자는 더 일찍 사망한 상태였다) 그곳에 남은 모든 환자를 살펴보았다. 맥마너스도 그중 하나였다. "혹시 통증이 있나요?" 의사는 환자 하나하나에게 물어보았다. "혹시 불안 증세가 있나요?" 일부 환자는 아니라고 대답했는데, 로즈 사부아와 그녀의 오랜 룸메이트인 '미스 앨리스' 허슬러, 그리고 맥마너스도 거기에 포함되었다. 다른 환자들은 차마 대답조차 할 수 없었다. 환자 가운데 어느 누구도 뭔가가 필요하다고 말하지 않았지만, 의사는 환자들 모두가 더위 속에서 매우 허약해 보인다는 사실에 깜짝 놀랐다. 그리고 상태가 위중한 여자 환자 일레인 넬슨이 오늘 밤 사이 사망할 것이라고 확신했다. 그녀는 두 눈이 부옇게 흐려져 있었고, 숨을 쉬는 것조차 무척 힘들어 보였다. 의사는 이 환자가 복도 끝에 있는 방에 혼자 있고, 심지어 딸조차 자리에 없다는 사실에 안타까움을 느꼈다. 그래서 직원들에게 부탁해서 넬슨을 다른 환자들 가까이 옮겨놓도록 조치했다.

이 의사는 7층에서 굳이 하룻밤을 보낼 의향까지는 없었지만, 라이프케어의 간호사들이 의사와 접촉할 만한 손쉬운 방법이 없다는 사실을 충분히 이해하고 있었다. 그래서 그녀는 흥분하거나 불안해하는 환자가 있다면 모르핀과 아티반을 소량 주사하라는 지시를 간호사에게 내려주었다. 아울러 불안에 떠는 간호사들을 위해서 각자 신경안정제인 자낙스 알약을 하나씩 복용하도록 허락해주었다.

이 약품들은 연방 정부의 관리 대상이었으며, 평소에는 보관 장소에 자물쇠를 채워놓다가 필요한 경우에만 서명하고 꺼내 썼으며, 잘못 사용했다가는 형사 처벌 대상이 되었다. 하지만 지금은 이례적인 시기였다. 제아무리 엄격한 규칙이라 하더라도 극심한 더위 속에서는 누그러질 수 있었다. 하지만 라이프케어의 약사는 약제실로 돌아가면서 뭔가 안전하지 않다는 기분이 들었다. 그래서 그는 모르핀 두 상자를 꺼내고

(이 강력한 약물이 담긴 주사약 병은 한 상자당 스물다섯 개씩 들어 있었다) 아티반 주사약 병이 들어 있는 더 작은 상자를 하나 꺼낸 다음, 이 약품을 근무 중인 간호사에게 건네주며 알아서 사용하도록 했다.

그것을 건네받은 간호사 신디 채틀레인은 약물 남용으로 고생하고 있었으며, 이전에도 처방전 진통제 남용 혐의로 한동안 면허가 정지된 적이 있었다.[3] 폭풍이 오기 2주일 전에 주(州) 간호협회에서는 그녀의 징계를 풀어주면서, 대신 의사의 처방이 불필요한 약품으로 치료하는 환자만 담당하게 했다. 그녀는 면밀한 감독 대상자로 여겨졌으며, '제한된 환경에서만 일하도록' 되어 있었다. 하지만 지금 이곳에서 그녀는 대단한 자율성을 누릴 수 있었으며, 다른 동료들이 더위 속에서 축 처진 상황에서도 십대인 자기 딸의 도움을 받아가면서 추가 근무를 떠맡기까지 했다. 심각한 만성 척추 통증이 있었던 채틀레인은 간호사실의 찢어진 넝마 밑에 감춰둔 약물의 유혹 앞에서 크게 흔들렸다. 그녀는 결국 모르핀 주사에 굴복하고 말았다.

그녀는 자기 담당 환자인 윌다 맥마너스에게도 이걸 쓰면 좋지 않을까 생각했다. 이 환자의 경우에는 차분해지고 조용해질 수 있을 것이었다. 결국 자정 직전에 맥마너스는 아티반을 소량 투여받았다.[4] 그녀의 딸 앤절라가 마침 자리에 없었기 때문에, 이 약품 때문에 생겨난 이전의 부작용에 관해서 간호사에게 미리 말해줄 수 없었다. 그리고 설령이 약품이 효력을 발휘했다 하더라도, 그 어떤 약품도 환자의 딸이 주는 위로와 확신을 대체할 수 없었다. 하지만 앤절라는 그곳을 떠나라는 지시를 받은 다음이었다.

재난, 그 이후

◇ ◇ ◇

다섯째 날
2005년 9월 1일 목요일

보낸 사람: 팀 버크 [뉴올리언스 소재 라이프케어 분원장]

보낸 날짜: 2005년 9월 1일 목요일 오전 12시 09분

받는 사람: 로비 뒤부아 [라이프케어 진료 담당 수석 부사장]

수신 참조: 체이스 핀리 [라이프케어 사업 담당 차석 부사장]

제목: 뱁티스트 병원 때문에 진짜로 걱정임……

나와 연락한 사람 중에 오늘 그쪽과 접촉했다는 사람이 전혀 없음. 계속 시도 중이지만 먹통임.

발전기가 고장 나면 어찌 되는 건지 궁금해짐……

거리에 갱단이 설치고 다닌다고 함(뉴스 보도와 현지 연락원에 따르면).

고열, 스트레스, 불안, 생필품. 이 모두가 현재 쟁점으로 떠오름.

정말 견딜 수 없음.

팀.

◇ ◇ ◇

어쩌면 '정말로' 세상에 종말이 다가오고 있는지도 몰랐다. 자정 무렵 물 위에 나타난 크고 검은 그림자 하나가 병원 쪽으로 다가왔다. 무기를 들고 병원 주위를 지키던 자원봉사자들은 이쪽으로 다가오는 배를 확인했다.

"거기, 물러나요!" 병원 본관에서 누군가가 외쳤다.

"거기, 물러나요!" 클라라 스트리트 위를 지나가는 구름다리 위에서 또 누군가가 외쳤다. "병원으로 더 가까이 오지 말라고!"

이 갑작스러운 소란에 간호사들과 경비원들이 메모리얼 곳곳의 창

문으로 달려갔다. 여기저기서 비추는 플래시 불빛 속에서, 시커먼 형체의 사람들이 가득 올라탄 커다란 보트 한 척이 병원의 응급실 경사로로 향하고 있었다.

"그 망할 놈의 불이나 꺼!" 보트에 탄 어떤 남자가 외쳤다. 곧이어 눈이 멀 것처럼 강렬한 불빛이 병원을 덮쳤다.

"신분을 밝혀요!" 병원에 있던 누군가가 외쳤다. "그리고 물러나요! 건물에 가까이 오지 말라고요."

"그 망할 놈의 불이나 꺼!"

"신분을 밝혀요!"

보트가 결국 응급실 경사로에 도착했다. 기관총을 가진 사람들이 보트에서 내려 2열종대로 병원 안까지 뛰어 들어왔다. 모두 합쳐 20명쯤 되었다. 모두 야간 투시경과 헬멧과 검은색 제복과 방탄조끼 차림이었다.

경찰이었다.[5] 메모리얼에 있던 사람들은 이들을 맞이하는 과정에서 두려움에서 안도를 거쳐 급기야 분노를 느끼고 말았다. 2층 창문에서 이들이 오는 모습을 본 간호사 한 명이 자기 방에서 달려 나오더니, 가슴에 총을 올려놓고 잠을 자던 의사 한 사람을 펄쩍 뛰어넘어 아래층으로 내려갔다. 혹시 자기가 연줄 좋은 친지에게 보낸 SOS 요청에 응답하여 군대가 달려온 것인지 확인하기 위해서였다.

하지만 경찰의 대답은, 이 지역의 범죄자들이 병원으로 몰려와서 약제실을 털어가려 한다는 신고 때문에 출동했다는 것이었다. "겨우 그것 때문에 여기까지 출동했다고요?" 병원의 열쇠 담당자가 물었다. 그는 약탈 관련 보도가 사실이 아님을 잘 알고 있었지만, 밤새 잠도 못 자고 모두를 보호해야 하는 임무가 숙련된 경찰 공무원이 아니라 자기 같은 민간인 오리 사냥꾼의 손에 떨어지게 되었다는 사실에 화가 나고 말았다. SWAT 팀은 얼마 지나지 않아 도로 보트에 올라타고 메모리얼을 떠나버렸다.

　　　　　　　　　◇ ◇ ◇

　경찰이 도착했을 즈음, 애너 포는 2층 로비를 벗어나 잠깐 잠을 자고 있었다. 한 시간 뒤에 돌아온 그녀는 가뜩이나 불안해하고 위통까지 앓고 있는 감염성 질환 전문의와 교대했다. 포는 그녀에게 들어가서 좀 쉬라고 권했다.

　포는 매일같이 깨끗한 수술복을 찾아내어 갈아입었지만, 항상 흠뻑 젖고 지저분한 상태였으며, 무려 사흘 밤 내내 잠을 한 시간도 못 이루고 일만 했다.[6] 또 그녀는 마치 시각장애인처럼 축축한 벽을 손가락으로 더듬으며 어두운 복도를 지나다니고, 미리 발길질을 해보고 개수를 세면서 계단을 지나다녔다. 의사와 간호사 몇 명과 함께 그녀는 환자들의 기저귀를 갈아주고, 천을 물에 적셔서 얼음주머니 대용품을 만들었다.[7] 불안해하다 못해 자기 실력에 대해서조차 의구심을 품게 된 간호사들을 붙들고 격려 기도를 해주기도 했다.

　포는 여전히 자매 가운데 한 명과 연락이 닿지 않았는데, 원래 투석 전문 간호사인 그녀는 폰차트레인 호수와 인접한 마치 그림 같은 지역인 레이크뷰에 있는 자택에 머물고 있었다. 포는 폭풍 직후 자매와 통화했지만, 전화가 끊어지면서 이후로는 연락이 되지 않고 있었다. 포와 간호사들은 그녀의 안위를 위해서도 기도를 했다.

　포의 남편 역시 짐작건대 홍수에 뒤덮인 도시 어딘가에 있는 것으로 예상되었다. 그녀는 남편이 덩치도 크고 힘도 세며 바깥 활동을 좋아하는 사람이라는 사실에 위안을 얻었으며, 가족에 대한 자신의 걱정을 환자 간호로 승화시켰다. 자기 일에서 주의가 산만해지는 일을 피하기 위해서, 그녀는 병원을 에워싸고 있다고 소문이 도는 위험에 대해서는 일부러 정신을 집중하지 않았다.

　2층의 그녀 주위에는 라이프케어와 메모리얼의 환자 수십 명이 지저분하고 땀에 젖은 간이침대 위에 누워 있었다. 워낙 환자가 북적이다보니, 그 사이사이로 걸어 다닐 공간조차 넉넉하지 않았다. 의료진 이외의 자원봉사자들은 대부분 부채질을 해주거나, 환자에게 물을 먹여주었는데 지금은 아무도 없었다. 의사들이 사람이 너무 많다면서 이들을 해산시키고 휴식시간을 갖게 했기 때문이다.[8] 자원봉사자 중에는 아직 어린 여자아이들도 포함되어 있었는데, 당뇨 환자를 위한 간식을 만들어주었기 때문에 'PBJ 및 크래커 부대'로 통했다.

또 다른 의사 한 명이 2층을 지나갔는데, 메모리얼의 외과 과장인 존 월시였다. 그가 보기에 현재 상황은 영화 〈바람과 함께 사라지다〉에 나오는 남북전쟁 당시 애틀랜타 기차역 장면과도 유사했다. 즉 음악이 점점 커지는 가운데 카메라가 뒤로 물러나면 고통에 몸부림치는 환자들의 대열이 줄줄이 나타나는 것이다. "당신이 여기 계시니 얼마나 감사한지 모릅니다. 손이 하나라도 더 필요한 실정이거든요." 땀에 얼굴이 번들거리는 의사 한 명이 스칼릿 오하라에게 말한다. 그녀는 자기 주위에서 신음하던 병사들이 손을 내밀자 놀라서 눈을 크게 뜬다. "자, 갑시다, 아가씨, 정신 차려요. 이제부터 할 일이 많으니까." 의사가 말한다. "이들을 좀 봐요. 내 눈앞에서 피 흘리며 죽어가고 있잖소. 마취제도 없고, 붕대도 없고, 아무것도 없어요. 이들의 고통을 덜어줄 것은 아무것도요."

메모리얼의 상황은 (비록 실제로는 그렇게 느껴지지가 않았지만) 당연히 남북전쟁 때보다는 더 나아졌다고 해야만 했다. 예를 들어 이제는 얼음이라는 것이 기적적으로 나타났다. 간호사들은 수술용 장갑 안에 얼음 덩어리를 넣고, 물이 새지 않도록 잘 묶은 다음, 그것을 자기네 옷 속에 넣고 다녔다.

그보다 더 중요한 발전은 사실상 뒤늦은 지혜에 해당했다. 발전실장이 낚시 보트에 사람들을 태워 건네주고 수요일에 병원으로 돌아와서야, 뒤늦게 직원들과 함께 작은 발전기 두 대를 발견해서 수리했던 것이다. 그의 부하 직원인 전기 기술자 가운데 한 명은 경비 근무를 서다가 누군가로부터 총을 맞거나, 누군가를 총으로 쏴야 할 상황에 처하는 것이 두려워 그 임무를 피하는 대신 다층식 주차장에서 발전기 설치에 골몰했다. 만약 이 발전기들이 이전에도 사용되던 것이라면, 전기 장비에 의존하는 환자 일부를 구할 수도 있을 것이었다. 이제 그는 연장선을 끌고 계단을 지나 로비로 가서, 고속 회전식 '다람쥐통' 송풍기에다 연결했다. 평소에는 바닥을 말리는 데 사용하는 물건이었지만, 지금은 환자와 직원을 시원하게 해주는 데 사용되고 있었다. 새로운 전력 공급원이 생기자, 병원 곳곳에서 가져온 선풍기와 전등이 다시 모습을 드러냈다. 이런 물건들이 이제는 판지로 만든 부채와 야영용 랜턴을 대체하게 되었다. 발전기들은 또한 오랫동안 사용되지 않은 헬리콥터 착륙장에 설치된 오래된 백열전구 몇 개를 켜는 데도 사용되었다. 하지만 40여 개 가운데 그나마 필라멘트가 멀쩡한 것은 겨우 몇 개에 불과했다.[9]

2층의 어느 작은 방에서는 배터리로 작동하는 CD 플레이어에서 옛날 노래가 흘러나왔고, 여기에 곁들여 끙끙거리는 개의 울음소리며, 아우성치는 고양이의 울음소리며, 열댓 명의 ICU 간호사들과 다른 사람들이 2층에서 부채질 임무를 교대하면서 주고받는 농담이며 노랫소리가 뒤섞였다.[10] 사람들은 양동이 변기에다 용변을 보았다. 서로의 팔다리며 물건 위에 몸을 뻗고 눕기도 했다. 유잉 쿡 선생의 딸은 바로 그 CD 플레이어와 아직 살아남은 고양이 두 마리의 주인이기도 했다. 나이 많은 쿡 선생은 누군가가 침입할지도 모른다는 경고를 받고 나서, 병원 출구 근처에 있는 자기 사무실에서 나와버렸다. 그는 간이침대를 끌고 시끄러운 방 밖으로 나가 누워서 잠깐 동안이지만 얕은잠을 청했으며, 주위의 소동에 대해서는 전혀 깨닫지 못했다.

환자들이 가득한 로비에서 복도를 따라 조금 걸어가면 나오는 중앙 약제실에는 폭풍 직전에 헬리콥터로 약을 보급받은 상태라서 의외로 재고가 상당히 많았다. 약사 여러 명이 번갈아가며 어두운 약제실 바깥에 놓인 의자에 앉아 있다가, 지시가 내려오면 머리에 쓰는 플래시를 가지고 약제실 안으로 들어갔다. 지금까지도 약사들은 자기들이 꺼낸 약품 하나하나의 내역을 기록해두었으며, 의사들에게도 꼭 처방전을 써달라고 요청했다. 그들이 내주는 약품들은 부적절하게 사용하거나 엉뚱한 사람 손에 들어가면 위험할 수도 있는 종류였기 때문이다. 스칼릿 오하라가 만난 남북전쟁 당시의 의사와 달리, 이들에게는 고통을 경감시킬 수 있는 약품이 넉넉했다. 모르핀도 그중 하나였다.

포는 암 환자인 쉰 살 여성에게 모르핀 처방을 지시했는데, 폭풍 동안에 그녀의 동료가 돌보던 환자였다.[11] 이 환자는 오래전부터 그 약품을 투여받고 있었다. 전력이 차단되기 전까지만 해도 펌프가 정맥주사 튜브를 통해 그 약품을 계속 주입했지만, 지금은 작동이 중지된 상황이었다.

환자가 신음하자 간호사가 이 사실을 포에게 알렸고, 의사는 막혀버린 환자의 정맥주사 튜브에 진통제를 놓아주라고 지시했다. 포는 신중하게 이 환자가 시간당 맞는 평소의 양보다 더 적은 모르핀을 처방했다. 기계로 조금씩 공급할 때와 달리 한 시간 분량을 한꺼번에 맞아야 했기 때문이다. 약사 한 명이 처방대로 약품을 가져왔다. 이 환자를 잘 알던 간호사 한 명이 주사를 놓았다. 이렇게 해서 그녀의 고통이 경감되는 것 같았다.

포의 우선순위는 환자들을 계속 편안하게 두는 것이었다. 다른 무엇보다 "우리가 이 사람들을 위해서 해줄 수 있는 것은 많지가 않다"[12]는 사실에 대해서는 그녀와 다른 직원들 모두가 동의했다.

간호사들은 환자에게 정맥주사라든지, 평소와 같은 약품조차도 제공하지 말라는 지시를 받았다. 현재 병원은 '비상 단계'에 있으며, 조명이 약하기 때문에 자칫 안전하지 않을 수도 있다는 이유에서였다.

재난, 그 이후

밤사이 환자 한 명이 호흡을 멈추더니, 포가 부채질하던 바로 그곳에서 바닥에 누운 채 사망했다. 나중에 회고한 바에 따르면, 당시 이 의사는 이렇게 생각했다. '전 세계에서 가장 큰 나라인 미국에서, 병자가 이렇게 사실상 내버려진 상태로 있다니.' 본인 역시 구조를 기다리던 입장에서, 포는 슬픔과 좌절감과 무력감을 느꼈다.[13]

치료 자체는 한정되어 있었지만, 여전히 요구는 밀려들었다. 일부 환자는 약을 달라며 부탁하고, 심지어 애원하기까지 했는데, 그들은 자기에게 그 약이 필요하다는 것을 알았지만, 의사들은 주지 않기로 작정한 상태였다. 일흔여덟 살의 라이프케어 환자인 캐리 메이 홀(길게 땋은 머리 때문에 대가족인 그의 식구들은 그녀를 '마디어'라는 별명으로 불렀다)은 한 손을 뻗어 지나가는 남자 간호사를 불러 세우고는, 기관절개술을 행한 자리에 고인 점액을 빼내달라고 손짓했다.[14] 그 간호사는 홀이 살아남기 위해서 얼마나 열심히 싸우고 있는지 깨닫고 깜짝 놀랐다. 그녀는 가장 상태가 위중한 몇몇 환자와 함께 하이버니아 은행 ATM 옆에 누워 있었는데, 그곳의 환자 대부분은 부상자 선별에서 3등급으로 분류되어 있었다. 그는 휴대용 흡입기를 이용해서 홀의 기도를 깨끗이 해준 뒤 끝까지 힘내시라고 말해주었다.

로비 반대편에서는 간호사 한 명이 로드니 스콧을 살펴보다가 자기 상사를 불렀다. 이 ICU 환자는 워낙 덩치가 크기 때문에 구조 당시 우선순위에서 밀려났으며, 앞서 유잉 쿡은 그가 이미 죽었다고 착각하기도 했었다. "내가 과연 살 수 있겠습니까?"[15] 스콧이 물었다. "사람들 말이, 저처럼 덩치가 큰 사람은 나갈 수 없다던데요." 상급 간호사가 그를 안심시키려고 애썼다. "저희가 선생님을 꼭 모시고 나갈 거예요. 다른 모든 분과 마찬가지로요." 하지만 그녀는 환자들이 버림받을까봐 두려워한다는 사실을 깨닫지 못하고 있었다.

환자의 사망은 일부 의료 종사자의 사기를 꺾는 것이 사실이었지만,

이들은 체계적인 간호를 하기 위해서 서로를 격려했다. 브라이언트 킹은 간호사 여러 명을 로비 한쪽 끝에서 반대편 끝까지 보내면서, 고혈압 환자의 혈압과 당뇨 환자의 혈당 수치를 확인하게 했다.[16] "만약 우리가 이들에게 약을 줘야 하는 상황이라면, 우리는 기꺼이 줄 겁니다." 그는 이렇게 말했으며, 간호사들과 함께 인슐린과 기타 약품을 필요한 대로 사용했다. 재난이 시작된 바로 그때부터(그러니까 어느 환자의 심박 측정기를 꺼두는 문제를 놓고 유잉 쿡과 말다툼을 벌였을 때부터) 킹은 자기들이 더 많은 일을 할 수 있다는 생각을 고수했다. 그의 지시 아래에서, 간호사들은 종이봉투에 들어 있던 진료 기록 사본을 꺼낸 다음, 혹시 시급한 처치나 감시가 필요한 진단과 문제가 있는지 살펴보았으며, 그런 경우에는 종이에 내용을 적어서 테이프로 환자에게 붙여놓았다. 이런 방식으로 해서 다음 근무조 간호사들이 환자의 의료적 필요를 더 쉽게 파악할 수 있었다.

그래도 그가 고등학교 시절 사우스캐롤라이나의 육군 예비대 신병 훈련소에서 비와 진흙 속에서 잠을 청하던 기억을 떠올려보면, 차라리 불편하고 냄새까지 고약한 메모리얼의 2층에서 밤새도록 근무하는 일이 오히려 더 낫다고 봐야 맞았다. 킹의 아버지는 육군 하사관이었기 때문에, 브라이언트와 동생 셋에게 군대식 규율을 익히게 했다. 인디애나 주 이스트시카고에서 자라는 동안, 부모가 이혼해 아이들은 종종 복지 원조를 받아야만 했다. 의과대학원에 진학한 킹은 2개월 동안 자메이카에서 교대 근무를 하면서 정교한 기계나 심지어 엑스레이 기계조차 없는 상태에서 환자를 돌보아야 했다. 이곳에서 그는 이용 가능한 자원을 최대한 활용하는 법을 배웠다. 그리고 자신의 의사로서의 실력에만 의존하는 법도 배웠다. 또한 킹은 내과 레지던트 과정 중에 비교적 넉넉하지 못한 환경인 공립 채리티 병원에서 근무한 적도 있었다. 그는 카트리나가 일어나기 바로 전해에 수석 레지던트로 승진했는데,

이것만 해도 대단한 일이었다. 킹은 고집이 있었으며, 때로는 권위에 반발했고, 비판이나 거부를 쉽게 받아들이지 못했다. 수석 레지던트 지위도 임기 중간쯤에 때려치우고 말았는데, 그가 담당한 행정 임무 수행 문제를 놓고 고위층과 의견이 일치하지 않은 까닭이었다.

이곳 메모리얼에서 킹은 의사들이 전형적으로 보유하고 있는 환상이(즉 위생적이고, 디지털화하고, 냄새 없고, 습기 없고, 장갑을 끼고, 가운을 걸친 의사들이 삶과 고통을 지배한다는 환상이) 카트리나로 인해 완전히 박살 났음을 인식했다. 산산조각 난 창문과 전력 차단 때문에 의사들은 마치 육군 야전병원처럼 비바람에 고스란히 노출되어 있었다. 밤새 안전을 위해 서로 긴밀하게 일하는 동안, 이들은 마치 포격 속에 고립되어 있다는 느낌을 받았다. 킹은 다른 사람들과 마찬가지로 이 '씹할 놈의 상황'에서 벗어나고 싶었고, 실제로도 그렇다고 말했다. 그가 생각하기에 문제는 상태가 가장 위중한 환자를 계속 간호하는 최선의 방법을 알아내는 것이었다.

킹은 2층을 떠나 잠깐 눈을 붙이고는, 해가 뜨기 한 시간쯤 전에 돌아왔다. 그는 초록색과 파란색 무늬가 들어간 환자복을 입고 로비에서 꼼짝 않고 누워 있는 덩치 큰 흑인 남성을 살펴보았다. 그의 사망을 확인한 킹은 진료 기록의 한 페이지에 그 내용을 적어 넣었다.

60대 초반인 이 환자는 짧게 다듬은 턱수염과 콧수염을 갖고 있었으며, 심장 질환 이력이 있었다.[17] 그는 폭풍이 닥치기 직전에 폐렴 증세로 병원에 오게 되었다. 아내가 동행했지만, 다른 환자 가족들과 마찬가지로 그가 2층으로 운반된 직후 무장 경비원들의 지시에 따라 남편 곁을 떠나 보트 탑승 대열로 들어서게 되었다. 이제 킹은 다른 환자 가족들의 도움을 받아 그의 시신을 예배당으로 운반했다.

한 간호사가 앞서 존 마스 신부에게 와서는, 1층에 당신의 이름을 적어놓은 빈 간이침대가 있으니, 거기 가서 좀 쉬라고 권했다. 예배당에서 그의 앞에 서 있던 이 간호사는 고인 앞에서 가톨릭 기도문인 '성모송(聖母頌)'과 '소영광송(小榮光頌)'을 외웠다. 이때 킹은 제단 앞에 모두 다섯 구의 시신이 놓여 있는 것을 확인했다.

◇ ◇ ◇

9월 1일 목요일 이른 아침, 허리케인이 닥친 지 72시간이 흐른 뒤, 의사 몇 사람이 2층에 있는 방사선과 치료실에 모였다. 외과 과장 존 월시는 자기가 밤사이 로비에서 목격한 광경을 설명했다. 환자를 간호하기 위해 계속 깨어 있었던 직원들에게는 어젯밤이 얼마나 힘들었는지 하는 내용이었다. 상당수는 사기가 저하되어 있고, 일부는 의사 가운데 한 사람이 유난히 얄밉게 굴어서 모두 화를 냈다고 불평을 늘어놓았다.

이 회의에 모인 의사들은 병원 고위층이 화요일 저녁부터 수요일 아침 사이 헬리콥터 구조를 지속할 수 있는 기회를 거부했다는 사실 때문에 기분이 나빴다. 그때 이후 메모리얼을 떠난 환자는 겨우 몇 명에 불과했다(반면 환자 가족과 기타 방문객, 그리고 직원은 상당수가 떠나버렸다). 즉각적인 정부 주도의 구조 가능성은 희박해 보이기만 했다. 테닛이 급파하기로 한 헬리콥터가 있었지만, 실제로 온다 하더라도 신속한 구조는 불가능할 것이었다.

"우리는 외과 의사의 태도를 좀 더 발휘할 필요가 있습니다."[18] 월시가 말했다. 외과 의사들은 무엇보다 행동하는 사람들이게 마련이었다. 이날 그곳에 모인 의사들은 무기력에 저항할 용의가 있었다. 월시는 선택지를 논의하기 위해 예정된 오전 회의를 기다리는 대신에, 해가 뜨자마자 마취과 의사 한 명과 함께 발전실장의 낚시용 보트에 올라타고는, 좀 더 일치된 구조 노력을 조직하기 위해서 메모리얼을 나섰다. 또 다른 마취과 의사는 애너 포와 로이 컬로타를 찾아, 아직 남아 있는 환자들에 대해서 부상자 선별을 다시 실시해달라고 부탁했다. 그날의 메시지는 반드시 긍정적인 내용이 되어야만 했다. 즉 모든 사람이 살아서 나가게 되리라는 것이었다.

◇ ◇ ◇

해가 뜬 직후 병원 직원들은 응급실 경사로에 모였다. 사고 대응 지휘관 수전 멀더릭이 경사로 턱 위에 올라가서 회의를 주재했고, CEO인 구가 그녀 옆에 있었으며, 내과 과장인 다이크먼도 참석했다. 의사들과 간호실장들과 관리 담당 직원들과 경비원들도 서로 밀쳐 가면서 조용히 하라고 속삭였다. 소리가 잘 들리지 않았다.

멀더릭은 현재 남아 있는 식량과 식수와 인원에 대해서 보고했다. 그녀가 7층에 여전히 남아 있는 라이프케어 환자들에 대해서 언급하자, 몇몇 참석자는 별도로 뭔가 적기도 했다.

곧이어 대화는 전혀 다른 방향으로 흘러갔다. 식량 배급 담당 직원들은 남아 있는 식량 재고분에 대해서 이런저런 걱정을 늘어놓았다. 이들은 며칠 동안이나 가스버너와 고체연료를 이용해 조리한 소시지나 스파게티 같은 음식을 플라스틱 컵에다 담아주었으며, 침수된 지하실 바로 위에 마련된 임시 주방에서 주스와 베이글과 뭔지 모를 고기를 배급했다.

오물 처리 문제는 어떻게 되었느냐고 한 의사가 물었다. 이 병원에서는 정말 끔찍한 냄새가 났다. 병원의 원로 직원인 호러스 볼츠는 동료들의 노고를 공식적으로 칭찬했다. 그러면서 정신을 추스르면 모두들 살아 나갈 수 있을 것이라고 말했다. 그러자 그곳에 모인 모두가 박수를 보냈다.

회의가 막 끝날 즈음 메모리얼의 최고재무책임자인 커티스 도시가 경사로에 나타났다. 아직 작동하는 휴대전화를 이용해서 댈러스의 테닛 고위층인 밥 스미스와 방금 전에 통화했는데, 테닛이 별도로 고용한 헬리콥터 편대와 위성전화 한 대가 오늘 아침에 도착할 것이라는 확답을 들은 참이었다.[19] "모두가 한동안 말이 없었다." 곧이어 누군가가 소리를 질렀다. "새로운 소식이 있나본데요." 멀더릭은 그 좋은 소식이 무엇이냐고 도시에게 물었다. 지치고 불안한 일부 직원은 차마 그의 말을 믿으려 들지 않았다. 그들은 정확히 언제, 그리고 어떻게 자기들이 병원을 벗어날 수 있는지 알고 싶어 했지만, 도시와 멀더릭 가운데 어느 누구도 이에 대해서 대답할 수가 없었다. 지도자들이 할 수 있는 일이라고는, 더 많은 보트와 헬리콥터가 조만간 도착할 예정이며, 그날 안으로 메모리얼에서 모두가 나가게 되리라는 전망을 거듭 강조하는 것뿐이었다.

◇ ◇ ◇

보낸 사람: 밥 스미스 [테닛 보건의료 회사의 지역 담당 수석 부사장]

보낸 날짜: 2005년 9월 1일 목요일 오전 8시 56분

받는 사람: 존 앤드루스 대령, 해군 제2함대

제목: NOLA* 내 테닛사의 우선순위

어제 연락드린 이후 NOLA 소재 메모리얼 병원의 상황이 심각해졌습니다. 이 시설은 보안이 취약하기 때문에, 즉각적인 지원이 필요합니다. 이 지역에서 총격이 일어나는 관계로 우리 환자와 직원을 대피시키는 일이 불가능합니다. 이 시설은 이미 오염되었으며, 건물 내에서 사람들이 죽어나가고 있습니다. 무장 괴한들이 건물 내부 또는 주위에 있다고 합니다. 그곳 사람들의 생명이 급박한 위험에 처해 있다고 봅니다. 메모리얼 메디컬 센터의 주소는 나폴리언 애버뉴 2700번지입니다.

---

* '루이지애나 주 뉴올리언스'의 약자.

재난, 그 이후

◇ ◇ ◇

2005년 9월 1일 목요일 오전 9시 33분, 루이지애나 주 응급의료출
동본부의 통화 기록:

메모리얼 메디컬 센터에 들것으로 이송되어야 하는 환자 60명 ……

◇ ◇ ◇

2005년 9월 1일 목요일, 해안경비대 중위 셸리 데커의 근무 기록:

테닛 메모리얼 병원 ― 급히 대피시키라는 대통령의 명령[20]

◇ ◇ ◇

2층 로비의 냄새는 수전 멀더릭이 수요일에 이 지역을 지나다녔을
때보다 더 지독했다.[21] 창문을 깼는데도 불구하고, 화장실 근처의 공기
는 여전히 그 자리에 딱 고정되어 있었다. 오물 냄새가 진동했다.

'어느 누구도 이런 상황을 겪어서는 안 되는데.' 그녀는 생각했다. '허
약한 환자들은 특히나 안 되는데.' 복도를 따라 늘어선 간이침대 위에
서 누군가가 고개를 들고 도움을 요청했다. 사람들이 그 옆을 줄지어
지나가는 동안 어리둥절하고 겁에 질린 모습이었다.

멀더릭은 나이 많은 그 여자 옆에 무릎을 꿇고 앉았다. 그리고 환자
의 등에 깐 패드를 벗겨내고, 오물을 닦기 시작했다. 여자는 울었다. 기
저귀와 깨끗한 침구가 부족한 상황에 더위까지 겹치면서, 환자들을 건
조하고 깨끗한 상태로 유지하기 위한 간호사들의 노력은 허사가 되고
말았다. 환자의 피부가 쓸려 있었다. 멀더릭은 환자의 엉덩이에서도 빨
간 종기를 새로 발견했다. 간이침대 위에서 땀을 흘리며 계속 누워 있
다보니, 피부가 결국 터져버린 것 같았다. 멀더릭이 아무리 살살 만져
도 환자는 아프다고 소리를 질렀다. 이 여성의 비참함을 각별하게 받아
들이고, 그 주위에 누워 있는 열댓 명의 다른 환자들의 비참함도 마찬

가지로 걱정하게 되면서, 평소에는 냉정하기 짝이 없었던 이 간호 중역도 매우 심란해졌다.

멀더릭이 자기 일을 마치고 일어나자 캐슬린 푸르니에가 다가왔는데, 이 의사 역시 간호사와 마찬가지로 심란한 것 같았다. 그녀는 자기네 고양이가 걱정이라고 멀더릭에게 말했다. 그놈이 아프고 괴로워하면서, 더 이상은 먹거나 마시지도 않는다는 거였다. 그러면서 멀더릭에게 우리 '태비'를 좀 봐달라고 말했다. 푸르니에는 자기 고양이가 죽게될지도 모른다는 생각에 가슴이 찢어지는 모양이었다. 이 순간 과연 멀더릭은 어떤 생각을 했을까?

멀더릭은 상대방을 한 대 때려주고 싶었다. 도대체 어떻게 의사라는 사람이 자기 주위에 널려 있는 환자들보다 고양이 한 마리를 더 걱정할수 있단 말인가? 애완동물은 병원 외부에 놓아두라는 간곡한 권유에도 불구하고, 실제로는 짐승들이 사방에 널려 있었다. 사방에! 직원들은 한마디로 규칙을 무시했고, 환자들이 누워 있는 구역에서 자기네 개들을 데리고 돌아다니면서, 자기네는 차마 애완동물을 혼자 남겨놓을 수 없어서 그렇다고 변명을 해댔다. '세상에, 제발 좀! 도대체 당신들은 저빌어먹을 놈의 상식을 어디에다 내팽개친 거야?' 그녀는 이들에게 이렇게 묻고 싶었다. 심지어 가장 상태가 위중한 환자가 누운 곳에서 모퉁이 하나 돌아선 곳에서 직원들이 자기네 애완동물을 애지중지 돌보는 모습을 보고 있자니, 멀더릭은 화가 머리끝까지 치솟았다.

그로부터 얼마 지나지 않아, 멀더릭은 응급실 경사로에 서서 이런짜증을 방사선과 의사에게 털어놓았다. "우리는 짐승들을 안락사시키는 문제를 논의하고 있는 중이죠." 그녀가 말했다. "하지만 정작 우리가환자들을 돕기 위해서 뭘 할 수 있는지에 대해서는 아무런 논의도 없어요."[22] 멀더릭은 자기가 품은 걱정을 내과 과장인 리처드 다이크먼에게전해달라고 부탁했다. 다이크먼은 의사들과 매일 회의를 가졌기 때문이었다.

나중에 그녀가 설명한 바에 따르면, 이때 언급한 생각의 취지는 어디까지나 환자들의 고통을 제거하고 감각을 무디게 하자는, 즉 차라리 환자들이 몸 아래 있는 자신의 오물 냄새를 맡지도 못하고, 개들이 이리저리 핥아대고 돌아다니며 환자들의 손을 핥아도 인식하지 못하게 만들자는 것뿐이었다. 하지만 방사선과 의사는 그녀의 의도를 다르게 해석한 듯했다. 즉 동료 의사가 우연히 들은 바에 따르면, 방사선과 의사는 안락사 문제를 논의하기 위한 회의를 소집해도 되느냐고 다이크먼에게 물었다. 그러면서 일부 직원이 환자들을 우려한 나머지 안락사를 고려하고 싶어 한다고 그 이유를 설명했다. 방사선과 의사는 이 문제를 공개적으로 논의하는 것이, 그리하여 어두운 구석에서 소수가 그런 결정을 내리게 하지 않는 것이 최선이라고 생각했다. 하지만 다이크먼은 안 된다고 대답했다. 그리하여 이런 발상은 차마 고려되지도 못하고 말았다.

이때의 대화를 지켜보던 동료 의사는 병원 내부의 직원들이 차마 환자들의 고통을 지켜볼 수 없어 한다고, 게다가 도대체 뭘 해야 하는지 몰라 쩔쩔매는 중이라고 판단했다. 비록 최근의 의료가 표준화라는 일시적 유행에 장악되기는 했지만, 정작 이런 상황에 대해서는 아무런 지침도 없었다. 하지만 환자를 안락사시킨다는 발상 자체는 아무래도 위험했기에, 그는 자기 의견을 방사선과 의사에게 전달했다. "나는 우리가 무사히 빠져나갈 수 있으리라는 생각이 안 들어. 우리가 겪은 일이며 우리가 한 일 모두 말이야. 여차하면 환자를 도우려다가 뭔가 불법을 저지르는 바람에 감옥에 갈 수도 있다고."

리처드 다이크먼의 머릿속에 몇 년 뒤까지 남아 있을 내용은 이것이 아니라 또 다른 대화였다. 그와 멀더릭이 조용한 복도에서 단둘이 이야기할 때였다. 그녀는 대뜸 병원의 DNR 환자들을 안락사시키는 것이 과연 '인도적'인지 여부를 물어보았다[23](훗날 멀더릭은 변호사를 통해 자기가 이런 말과 생각을 내놓은 적이 없다고 부정했으며, 다이크먼이나 메모리얼의 다른 누구와도 이에 관해 이야기한 적이 없다고 주장했다). 그러자 다이크먼은 이렇게 대답했다. "안락사는 불법이에요." 재난 동안에 그와 멀더릭은 대피 방법을 놓고 사소한 의견 차이를 보였으며, 그로 인해 과연 누구 말을 들어야 할지 몰라 헛갈려 하던 직원들이 짜증을 부리기도 했다. 하지만 이 질문은 (만약 다이크먼이 제대로 이해한 것이라면) 중대한 의견 차이를 상징하는 것이었다. "어느 누구도 안락사시킬 필요는 없을 겁니다." 훗날의 회고에 따르면, 그는 당시 멀더릭에게 이렇게 대답했다. "나는 우리가 그와 비슷한 뭔가를 해야 한다고는 생각하지 않습니다." 비록 자기도 DNR 환자가 마지막으로 나가야 한다고 생각하지만, 그래도 계획의 대원칙은 결국 환자 모두를 대피시키는 것이라고 멀더릭에게 말했다.

응급의학 전문의 캐런 코커럼 역시 멀더릭의 발언을 리처드 다이크먼이나 방사선과 의사와 똑같은 방식으로 해석했다. 하지만 코커럼은 환자들을 안락사시킨다는 발상 자체에 대해서는 동의했으며, 응급실 경사로에서 자기가 멀더릭의 말을 들었을 때 그런 이야기가 실제로 제시되었다고 확신하고 있었다. '과연 언제쯤 되어야 누군가가 그 이야기를 하게 될까?' 그녀는 이렇게 생각하던 중이었다. '하긴 어느 누구도 선뜻 말하고 싶지 않은 일이긴 하니까.' 응급실 담당 의사는 주위를 둘러본 다음, 다른 사람들이 고개를 끄덕이는 것은 물론, 어느 누구도 반대하지 않는다는 사실을 깨달았다. '사람마다 생각은 다르니까.' 그녀는 이렇게 생각했다. 하지만 이런 이야기가 이처럼 공개적으로, 20명쯤 되는 사람들이 있는 곳에서, 이처럼 솔직하게 이야기된다는 사실에 깜짝 놀랐다. 한편으로는 과연 이게 정말로 좋은 생각인지 의심하면서도, 그녀는 안락사를 고려할 필요는 있다고 생각했다. 평소와 같은 상황에서

라면, 물론 이런 선택지를 실행 가능하다고 생각하지 않을 것이었다. 하지만 이제는 이것이 비록 유일한 선택지까지는 아니더라도, 적어도 유일하게 인도적인 선택지이기는 한 것 같았다. 그녀는 이 대화가 일어나기 전부터 그것이야말로 옳은 일이라고 확신하고 있었는데, 이제는 다른 사람들도 그렇게 생각하는 게 분명해 보였다.

어째서일까? 왜냐하면 시간이 확대되어 보이기 시작했기 때문이다. 그녀는 삶이 정상으로 돌아갔을 때 과연 무슨 일이 일어날지 더 이상 상상조차 할 수가 없었다. 과연 삶이 정상으로 돌아갈 수나 있을지 의심하는 사람도 많았다. 뭐라도 끝을 내고 난다면, 그들에게는 선택지를 위한 기준점이 생기는 셈이 될 것이었다. 그랬다. 거기 있는 사람 모두가 그날 안으로 나갈 수 있을 거라는 이야기를 들었지만, 그녀는 차마 이해할 수 없었고, 차마 믿을 수 없었으며, CEO나 수전의 말을 확신하지 못했다.

상황은 급속도로 불안정해지는 것만 같았다. 이 의사는 단순히 자기가 안전하지 못하다고 느꼈을 뿐만 아니라, 심지어 취약하다고 느끼게 되었다. 언제라도 자기가 구조되기 직전에 뭔가 더 파국적인 일이 벌어지고 말 것이라는 생각이 언뜻언뜻 머리를 스치고 지나갔다. 이 건물 자체가 폭발할 수도 있다고, 또는 누군가가 들어와서 우리 모두를 인질로 사로잡고, 우리가 가진 것을 모조리 빼앗은 뒤 총으로 쏴죽일지도 모른다고 생각하기도 했다. 코커럼의 두 살 난 아이는 남편과 함께 시외로 대피했다. 그녀는 가족에게로 돌아가야 하는 책임이 있는 만큼, 자기가 점점 더 위험한 상황에 빠져드는 것에 대해 걱정하고 있었다. 병원 밖에서 들리는 총소리는 병원에 들어오지 못하고 퇴짜를 맞은 이웃 주민들이 구조를 도모하는 소리였다는 소문이 돌자, 그녀는 인종 갈등이 고조되는 상상을 하기도 했다. 그녀는 이런 갈등이 실존한다는 것을 잘 알고 있었다. 예전에 한 번 (그러니까 밝은 금발 여학생이었던 시절에 야식을 먹고 싶어서) 병원에서 수백 미터쯤 떨어진 매그놀리아 공공 주택 단지 인근의 한 식당에 들어갔다가, 그곳 여주인으로부터 "아가씨, 얼른 이 동네에서 나가는 게 좋겠수."라는 경고를 들은 적이 있었다.

코커럼이 몇 번 멈춰 서서 도움을 제공했던 2층 로비에서는 기온이 마치 섭씨 37도 이상은 되는 것 같았다. 창문을 깨버렸는데도 이 유리 오븐 속의 공기 순환은 별로 나아진 것 같지가 않았다. '정말 끔찍해.' 그녀 앞에는 몸이 앙상한 환자들이 거의 벌거벗은 모습으로 누워 있었다. 그래야만 돌보는 사람들 입장에서도 환자들을 더 시원하게 해줄 수 있고, 아울러 오물을 치우기도 더 수월하기 때문이었다. 몇몇 환자는 마치 그녀가 의과대학원 시절 육안 해부학 때 본 시신처럼 보였다. 의사는 지금 무슨 일이 일어나고 있는지 환자들이 모르는 게 분명하다고, 그리고 환자들은 좋은 매트리스도 없는 상태에서, 누군가가 몸을 이리저리 돌려주지도 않기 때문에 욕창이 생긴 상태인 게 분명하다고 확신했다.

자기가 만약 저 환자들과 같은 상태였다면, 자기가 뭘 원했을지 뻔하다고 코커럼은 말했다. "내가 만약 저 쪼그라지고, 바싹 마르고, 허약해지고, 정신마저 혼미한 딱한 할머니들이었다면, 차라리 천국으로 가게 해달라고 말했을 거예요. 아무 치료도 해주지 말라고. 나는 이미 한평생을 살았으니, 더 이상은 TV를 보지도, 책을 읽지도, 심지어 대화를 하지도 않을 거라고. 나는 어쨌거나 병상에 누워 있을 거라고 예상되니까, 제발 아무 치료도 해주지 말라고."

개들의 경우에는 누군가가 이미 똑같은 선택을 한 다음이었다. '도대체 왜 우리가 사람보다 개를 더 낫게 대해주어야 한다는 걸까?'

코커럼은 자기들이 이 사람들에게 하고 있는 일이 사실상 고문이나 다름없는 고통의 과정을 겪게 하는 것이므로, 거의 범죄나 마찬가지라고 생각했다. 그녀가 훗날 설명한 바에 따르면, 이들은 "최상의 시나리오에서도 겨우 고개를 끄덕이기나 하는 정도에 불과한 사람일 뿐이며, 이 끔찍한 시련을 견디고 나서 뭔가를 즐기거나 삶을 자각하게 되리라고 예견되는 사람들이 아니었다." 다시 말해 이들은 어쨌거나 소생시켜서는 안 될 만한 종류의 사람들이라고 그녀는 생각했다. "최상의 시나리오, 즉 이 끔찍한 시련을 견디고 나서도 삶의 질이 전혀 좋아지지 않을 사람들이었다. 그런데 이 사람들에게 이 끔찍한 시련을 견디게 하는 거였다." 군대에서는 고문을 피하기 위한 선택지로 청산칼리 캡슐을 복용하지 않는가? 또한 그녀는 이렇게 생각했다. 게다가 그런 사람들만 하더라도, 끔찍한 고문 직후에는 뭔가 의미 있는 사람에 대한 희망이 있는 사람들 아닌가? 코커럼이 생각하기에, 2층 바닥에서 본 사람들은 "끔찍한 고문을 당하고 있으며, 의미 있는 생애를 보내지 못하는 것처럼" 보였다. 그녀는 이 상황이 고문이라는 사실을 잘 알았다. 심지어 자기에게도 더위가 힘겹게 느껴졌다. 또한 근무 중에 쉬는 시간만 되면 그녀는 에어컨이 작동하는 자동차 안을 피난처로 삼으면서, 폭풍 직전에 기름을 가득 채워놓은 것에 감사해 마지않았기 때문이다.

응급실 담당 의사가 수전 멀더릭에게 뭔가 이야기했다. 하지만 멀더릭은 그 문제야 이미 다루고 있는 중이라고 대답했다.

◇ ◇ ◇

환자들에게 투약하자는 멀더릭의 생각을 적극 지지한 사람은 바로 애너 포였다.

두 사람은 바로 전날 처음 만난 사이였는데, 당시 포는 멀더릭을 찾아가서 원내 예배당이 임시 영안실로 사용되고 있다고 알렸다. 해안경비대의 야간 대피 작업이 직원들의 조치로 중단된 직후 사망한 라이프케어의 인공호흡기 의존 환자들을 거기에 모셔놓았다는 것이었다. 멀더릭과 마찬가지로 포 역시 고민에 빠진 애완동물 소유주들로부터 안락사 여부에 대한 결정을 조언해달라는 압력을 받던 중이었다. 멀더릭은 포가 2층에서 환자 간호를 지휘하는 모습을 본 적이 있었다.

멀더릭은 이제 자기감정을 포와 공유했고, 자신의 선언을 반복했다. 두 사람은 동물들을 안락사시키는 것에 관해 이야기했지만, 환자들을 돕기 위해서 자기들이 무엇을 할 수 있는지에 관해서는 이야기하지 않고 있었다. 훗날 멀더릭의 기억에 따르면, 이때 포는 자기 앞에 누워 있는 남녀 환자들이 평소 자기가 담당한 암 환자들과 매우 비슷하다고 말했다. 즉 어느 시점에 이르면, 그들을 위해서 해줄 수 있는 일이 전혀 없어지고, 다만 편안하게 해줄 수만 있을 뿐이라는 것이었다. 포는 평소 같으면 이를 위해서 진통제를 주겠지만, 당장 이 환자들에게 뭘 줘야 할지는 자기도 모르겠다고 덧붙였다.

그렇다면 과연 이들에게 뭘 줘야 할까? 유잉 쿡이라면 알고 있을지도 몰랐다. 멀더릭은 ICU의 수간호사로 일하던 시절부터 지난 20여 년동안 쿡과 함께 일해왔다. 그녀가 알기로, 그는 특정 약물이야말로 고통을 경감하기 위해서 존재한다고 믿는 사람이었다. 다른 여러 의사들과 달리, 그는 이런 약품을 서슴없이 주문했다. 호흡기내과 의사로 여러 해 동안 일하면서, 그는 생명 유지 장치를 떼어낸 환자들이 고통이나 불안 없이 죽을 수 있도록 도와준 바 있었다. 쿡은 죽어가는 환자를 편안하게 만드는 일을 신봉했다.

멀더릭은 일단 자기가 쿡을 만나서, 환자에게 뭘 주면 좋을지 포와 한번 이야기해보도록 요청하겠다고 말했다. 간호사가 찾아가보니, 나이 많은 의사는 자기 총을 손질하고 있었다. 쿡은 아들을 구하기 위해 보트를 타고 병원을 떠날 준비를 하는 것이었다. 역시 의사인 그의 아들은 폭풍 직후 집에 돌아갔다가, 화요일의 홍수로 고립된 상태였다. 멀더릭은 떠나기 전에 포와 일단 이야기해보라고 쿡에게 부탁했다.

쿡은 2층에 가서 포와 이야기를 나누었다. 그는 그녀가 메모리얼에

재난, 그 이후

온 직후부터 안면이 있었으며, 그녀를 매우 높이 평가했다. 지친 의사들은 3등급 범주에 속한 환자들에 관해서 이야기를 나누었다. 이들 중에는 메모리얼과 라이프케어의 환자 가운데 집결지에 남아 있는 몇 명, 그리고 라이프케어가 있는 층에서 아예 아래로 운반되지도 않은 9명이 포함되어 있었다. 쿡이 보기에, 포는 자기들이 이 환자들을 데리고 나갈 수 없을까봐 걱정하는 것 같았다. 쿡은 카트리나가 닥친 이후로 라이프케어에 전혀 올라가보지 않았는데, 이는 의도적인 행동이었다. 그는 애초에 거기 가달라는 요청을 받은 적도 없고, 거기에 환자를 두고 있지도 않으며, 굳이 용기를 내서 위층에 올라가봤자 결국 어렵고도 속이 뒤틀리는 결정에 직면하게 될 것임을 알았다. 그는 라이프케어 환자들이 최상의 시기에도 "만성적 사망 가능성이 높은" 상태라고 간주했으며, 그들이 더위 때문에 끔찍한 상황이라는 것을 알고 있었다. 메모리얼에는 다수의 직원과 자원봉사자가 남아 있었지만, 그들 역시 지친 상태였다. 이들이 오늘 안에 무려 9명의 환자를 들고 다섯 층의 계단을 내려올 수 있다고는 상상도 할 수 없었다. 외부의 어느 누구도 이 임무를 돕기 위해 찾아오지 않았다. 설령 이 환자들을 대피시킬 수 있는 다른 방법이, 또는 돌볼 수 있는 다른 방법이 실제로 있다 하더라도, 쿡의 눈에는 보이지 않았다.

쿡은 모르핀과 벤조디아제핀 진정제의 혼합물 만드는 방법을 포에게 알려주었다. 훗날 그가 주장한 바에 따르면, 당시 이 여자 의사는 나이 많은 의사의 설명이 환자들을 '잠재워서 죽게 만드는' 데 도움이 되는 방법이라는 사실을 분명히 이해하고 있었다. 그리고 이 방법은 그녀와 다른 동료들이 2층에서 이미 알고 있고, 또 이미 하고 있던 방법과 (즉 환자를 편안하게 만들어주는 방법과) 상당히 달랐다. 이전의 몇 시간 동안, 간호사들은 집결지에 있는 환자가 고통이나 불안을 겪는 것처럼 보일 때마다 의사에게 알려주었고, 그러면 포와 푸르니에와 킹이 나서서 처방전을 작성했다. 약사들은 앰비엔, 아티반, 디펜히드라민, 지오돈, 리스토릴을 지급함으로써 환자들이 긴장을 늦추고 잠을 자도록 도와주었다 그리고 모르핀, 옥시콘틴, 바이코딘도 고통을 줄이기 위해 사용되었다.

쿡이 포에게 알려준 방법은 전적으로 이와 다른 내용이었다. 이 약품 혼합물은 "호흡을 줄여줌으로써, 결국 숨쉬기를 아주 멈추고 완전히 가버리게" 만들 물건이었다. 그는 이것이야말로 끔찍한 상황에서 벗어나도록 환자를 도와주는 방법이라고 여겼다.

포는 2층 로비에 누워 있던 환자 3명을 위해 대량의 모르핀 처방을 작성했다. 그녀는 정맥주사용 모르핀이 농축 형태로 들어 있는 주사약병을 환자 1인당 아홉 개씩 주문해서, 결국 1인당 90밀리그램씩 배당했다. 지난 이틀 동안 포가 처방한 진통제 중에서도 가장 투여량이 많았던 것은 자기 동료의 담당인 한 암환자에게 내린 처방이었는데, 이미 모르핀을 사용해서 그 효과에 내성이 있었던 그 환자에게도 겨우 모르핀 10밀리그램만 주고 말았다. 그런데 이제 와서 그녀는 환자 1인당 무려 아홉 배씩 처방하는 것이었다. 그 약품을 투여하는 방법에 관해서도 포는 단지 '지시대로'라고만 적어놓았다. 처방전 맨 아래에 그녀는 필수 기재 사항인 법무부 마약단속국에서 받은 고유번호를 적어 넣었는데, 이는 그녀가 법적으로 통제되는 약품을 처방할 수 있는 권리를 가졌다는 뜻이었다.

포의 처방 가운데 하나는 라이프케어 환자인 윌머 쿨리를 위한 것이었다. 여든두 살의 전직 트럭 운전사인 이 흑인 여성은 심장 질환과 심각한 감염 증세를 보이고 투석을 필요로 했으며 '심폐소생술 금지' 요청서가 붙어 있었다.[26] 또 다른 환자는 '마디어'란 별명으로 통하는 라이프케어 환자 캐리 홀로, 기관절개술을 받았으며 전날 밤까지만 해도 살고자 하는 의지를 강하게 드러내 한 간호사에게 깊은 인상을 준 여성

268

이었다. 세 번째는 메모리얼 환자인 도나 코섬이었는데, 네 자녀를 둔 마흔한 살의 이 여성은 간 질환을 앓고 있었다. 허리케인이 지나간 다음부터 상태는 더 나빠졌으며, 의사들은 그녀를 집중치료실로 옮길 계획을 하고 있었다. 하지만 집중치료실 환자들도 다른 곳으로 대피한 상태여서, 더 이상 그곳으로 갈 수가 없었다. 결국 이 환자는 생존 가능성이 없다고 점쳐지고 있었다. 2층 로비에서 그녀에게 부채질을 해주는 간호사들이 보기에는 특히 오늘 밤 사이 상태가 나빠질 것 같았다.

여자 의사 2명이 복도를 지나서 근무 중인 약사에게 다가갔다. 그는 석 장의 종이를 받아들고 나서, 포의 처방대로 약을 꺼냈다.

◇ ◇ ◇

수전 멀더릭과 애너 포가 환자에 대한 약품 투여 문제를 논의할 당시, 캐슬린 푸르니에도 거기서 두 사람의 이야기에 귀를 기울이고 있었다.[25]

"나는 한마디로 동의할 수 없어요." 푸르니에가 이렇게 말했다.

"좋아요. 그러면 선생님은 지시하지 마세요." 멀더릭이 대답했다. "선생님은 주시지 말라고요. 저는 그냥 물어본 것뿐이에요. 선생님이 주시고 싶지 않으면, 그 문제는 그냥 신경 쓰지 마세요."[26]

멀더릭은 폭풍 전까지만 해도 푸르니에를 모르고 지냈지만, 고양이 사건 이후부터는 이미 다른 여러 간호사가 이 의사에 대해서 품고 있던 의견을 공유하게 되었다. 즉 간호사들은 푸르니에가 짜증나는 사람이라고 생각하고 있었다. 이 의사는 자기가 뭔가로 인해 화났을 때는 서슴지 않고 간호사들 앞에서 감정을 드러냈으며, 종종 큰 목소리로 거친 욕설을 곁들이는 것은 물론, 심지어 어떤 사람들에게는 부적절해 보이는 논평까지 곁들였다. 그녀는 결코 말을 거르는 법이 없었다.

푸르니에는 원래 폭풍 당시 근무 예정이 없었다.[27] 다만 리처드 다이크먼이 항상 주말에 당직 근무를 서야 할 차례가 되면, 대신 그녀에게 적은 사례비를 건네주고는 자기 담당인 (즉 메모리얼과 라이프케어의 모든 환자에 대한) 내과 진료를 대신 떠맡기다보니 여기까지 왔을 따름이었다. 허리케인 당시에도 자기 차례는 아니었지만, 당직 근무인 또 다른 의사가 딸 생일 파티에 참석해야 한다며 빠지는 바람에 대신 일해주기로 동의한 것뿐이었다. 다이크먼은 카트리나가 지나가자마자 그녀에게 병원을 떠나라고 제안했었다. 나중에 그의 회고에 따르면, 당시에 그녀는 심지어 외관상으로도 걱정스러운 모습이었다. 왼쪽 눈에는 염증이 나는 바람에 커다란 안대를 대고 너덜거리는 테이프로 고정시켰는데, 마치 온실 속처럼 습한 실내에서는 테이프의 접착력이 점점 떨어질 수밖에 없었다.

푸르니에는 계속 병원에 남아 있기로 작정하고, 대부분의 사람들보다는 더 열심히 일을 했으며, 종종 애너 포와 함께 호흡을 맞추었다. 그날 아침에 푸르니에는 환자들과 마찬가지로 2층 로비의 카펫 위에 누워 있었는데, 그들 앞에 있는 선풍기는 전력 부족으로 천천히 돌아갔다. 긴 연장선과 과부하로 인해서 발전기의 차단기가 걸핏하면 내려가는 통에, 그때마다 누군가가 다층식 주차장으로 달려가서 차단기를 다시 올려야만 했다. 방사선과 치료실에서 만났던 의사들은 이송 수단이 도착하는 대로 푸르니에를 병원 밖으로 내보내도록 설득하기로 결정한 상태였다. 한 남자 의사가 설득하러 찾아갔지만, 그녀의 상태가 좋아 보여 굳이 이 문제로 압박하지는 않았다.

푸르니에는 멀더릭의 요청에 담긴 함의를 나름대로 해석하고서 이해하려고 노력했다. 이 과정에서 그녀는 뭔가 걱정이 있을 때마다 늘 하던 방식으로 이 문제를 처리했다. 즉 아무에게나 떠들고 다닌 것이다. 푸르니에는 간호실장인 프랜 버틀러를 붙잡고 사람들을 잠자게, 또는 고통에서 벗어나게 만드는 문제와 관련해서 떠도는 이야기에 대해 어떻게 생각하느냐고 물었다. "그건 선택지가 될 수 없지요."[28] 버틀러가 말했다. 그녀는 간호사가 된 이래로 이런 견해를 무려 사반세기 동안이나(개인적으로나, 직업적으로나, 신앙적으로나) 보유하고 있었다. 버틀러는 환자가 불편해 보이지 않은 이상 모르핀에도 의존하지 않았다. 채리티에서 훈련을 받은 까닭에 힘겨운 상황에서 일하는 방법을 터득했으며, 메모리얼의 상황이 비록 "대궐 같지는 않다"고 말하면서도, 그렇다고 해서 차마 견딜 수 없는 상황이라고 여기지는 않았다. 위층으로 올라가면 깨진 창문 사이로 산들바람이 불어오는 가운데, 자기 근무복 바지를 잘라서 반바지로 만들고, 샌들을 신고, 얼음을 넣은 수술용 장갑 한 쌍을 서로 묶어서 목에다 걸고, 그저 일에만 전념했다. 덩치가 크고, 땀이 줄줄 흐르고, 얼굴이 벌게진 그녀는 간호사 중에서 가장 젊은 축은 아니었다. 그래도 모두가 각자의 병동 안에 머물러 있어야 하고, 주위를 에워싼 물이 빠질 때까지 '버텨야' 한다고 생각했다.

캐슬린 푸르니에는 나중에 가서 다시 한 번 남의 의견을 물어보았다. 2층의 환자들이 누워 있는 곳에서 모퉁이를 돌면 나오는 장소에서 호흡기내과 의사인 존 틸과 함께 샴고양이 두 마리를 안락사시킬 때였다.[29] 이 고양이들의 주인인 한 약사는 독신으로 살면서 이 애완동물을 마치 자녀처럼 여기고 있었다. 그녀는 푸르니에에게 고양이들을 안락사시켜달라고 말하면서, 자기는 고양이를 버릴 수밖에 없다고 말했다.

푸르니에가 고양이를 붙잡고 있으면, 틸이 그놈의 심장에 바늘을 겨냥했다. 함께 일하는 동안, 그녀는 환자들을 고통에서 벗어나게 해주는 일에 관여하고 싶지 않다고 틸에게 말했다. 그러자 그는 자기도 이해한다고, 그 문제라면 자기와 다른 사람들이 충분히 다룰 수 있다고 대답했다.

틸이 심장 박동을 멈추게 하는 약품인 염화칼륨을 주사하기 직전에, 고양이가 몸부림치다가 결국 푸르니에의 손에서 빠져나왔다. 그놈은 틸을 할퀴고, 땀에 젖은 그의 수술복 셔츠를 찢었다. 다른 고양이는 또 다른 누군가가 주사를 놓은 다음, 깨진 창문 너머 홍수 물 속으로 던져 버렸다.

푸르니에는 다른 의사들에게도 설문조사를 실시했다.[30] 툴레인 의과 대학원 시절부터 알고 지내던 브라이언트 킹도 그중 하나였다. 그녀는 그를 2층 한쪽으로 끌고 갔다. "이건 자기랑 나랑, 그리고 울타리 기둥, 이렇게 셋만 아는 이야기야." 푸르니에가 말했다.

이야기가 두서없이 쏟아져나왔다. 자기 고양이에 대한 걱정. 환자들에 대한 걱정. 환자들은 끔찍한 고통을 겪고 있다고 그녀는 말했다. 그러면서 그들의 고통을 끝내도록 돕는 일에 관해 어떻게 생각하느냐고 물었다.

킹은 만약 에어컨을 재가동하거나, 선풍기를 더 많이 돌릴 방법만 찾아낸다면야, 당연히 고통을 더는 데 도움이 되지 않겠느냐고 말했다.

"아니지." 푸르니에가 말했다. 애초의 말뜻은 이게 아니었다. 그녀는 수전 멀더릭이며 애너 포에 관한 대화를 그에게 전해주었다.

"나는 그런 일에 전혀 관여하고 싶지 않아." 킹이 말했다. "나는 일백 퍼센트 반대야." 이 생각은 그 자체로도 어리석어 보였다. 홍수가 차오른 지 이제 겨우 이틀째였고, 이들은 여전히 몸이 건조한 상태이고, 식량과 식수도 충분히 있었다.

죽음을 재촉하는 것은 의사의 업무가 아니라고 그가 그녀에게 말했다. 물론 상황이 심각하다는 것은 킹도 알고 있었다. 해가 뜨기 직전에 남성 환자의 시신을 예배당으로 운반한 바도 있었다. 하지만 포나 푸르니에나 멀더릭과 달리, 그는 부상자 선별 범주를 정하기 위해 위층에 올라가서 7층의 환자 전체를 하나하나 살펴본 바 있었다. 남은 환자들은 열이 나고 불편해했으며, 그중 몇 명은 말기 상태였지만, 그가 보기에 안락사는 고사하고 차마 진정제를 요구할 정도로 고통스러워 보이지는 않았다.

평소 같으면 의사들이 때때로 매우 아픈 환자에게 진정제를 주사해서 무의식 상태로 만들었는데, 차마 억제할 수 없을 정도의 불안이나 호흡 장애나 고통을 겪는 경우가 그러했다. 때로는 환자의 고통을 항상 감시해야 하는 의무를 지닌 간호사들의 일을 덜어주기 위해서도 그렇게 했고, 또한 갖가지 튜브와 선이 마치 스파게티처럼 뒤얽혀 있는 상황에서 환자의 움직임 때문에 문제가 생길까봐 그렇게 했다. 하지만 자신의 안위를 스스로 감시하고 표현할 능력을 환자로부터 박탈하다보면, 뭔가가 잘못되었을 때에도 의사소통할 수 있는 수단을 박탈하는 셈이 되기 때문에, 자칫 이들을 갓난아기나 짐승보다 더 무기력하게 만들 수도 있었다.

"나도 가톨릭 신자야." 푸르니에가 말했다. "물론 독실한 신자는 아니지만."[31]

"그러면 이 문제는 너랑 네 하느님 사이의 문제겠네." 킹이 대답했다.

이 대화 이후 킹은 메모리얼에서 벗어나고 싶은 마음이 한층 더해졌다. 간호사들이 환자용 변기의 내용물을 창밖의 시커먼 물에다 쏟아붓는 모습을 보았지만, 그는 차라리 헤엄을 쳐서 나갈까 하는 마음마저 들었다. 그는 누이와 친구에게 보낸 문자에서 "사악한 존재들"이 환자들을 안락사시키는 문제를 논의 중이라고 말했다. 제발 누군가를 이리로 보내 자기를 좀 구조해달라고 하소연했다. "CNN이나 주 방위군이나, 다른 누구라도 좀 접촉해봐." 그는 이렇게 적었다.

◇ ◇ ◇

애비에이션 서비스사(社)의 현장 파견 조종사가 메모리얼의 헬리콥터 착륙장에서 직접 작성한 내용[32]

인조 가죽 표지가 달린 조종사 근무일지

댈러스 소재 애비에이션 서비스 본사에 전달할 내용:

1) AVS(애비에이션 서비스)는 지금까지 3회 이륙. 슬리델*에 2명, 케너**
   에 1명 수송함.

2) 해안경비대에서 HH65 비행기 석 대를 왕복 운행 중. 지금까지 5회
   이륙으로 환자와 어린이와 여성을(1회 이륙에 5~6명씩) 슈퍼 돔 인
   근 집결지의 구급차에 인계함.

3) 9월 1일 10시 00분 현재, 병원 당국 집계 총인원은 450명. 반복한
   다. 450명.

4) 전체 인원 중에는 이 병원(메모리얼)과 부속병원의 환자 약 120명
   이 포함되어 있음.

5) 인원은 1500명쯤이지만, 어제 수상 교통수단을 이용해서 상당수
   가 나갔음.

6) 위중한 환자는 월요일과 화요일에 이송했음…….

7) CG(해안경비대)에서 15분에 한 번씩, 1회 이륙에 5~6명씩 태우고
   왕복 운행 중.

◇ ◇ ◇

　하루 밤낮을 아래층에서 일하고 나서야 7층으로 돌아온 라이프케어
의 간호실장 지나 이스벨은 깜짝 놀랐다. '미스 앨리스' 허츨러와 그 룸
메이트인 루이 사부아가 대피자 대열에 있는 것이 아니라, 여전히 원래
병실에 남아 있었기 때문이다. 허츨러는 탈수 상태로 보였고, 거의 반
응이 없었다. 이스벨은 죄의식을 느꼈다. 허츨러의 딸에게 자기가 잘
돌봐주었다고 말한 기억이 났다.

---

* 텍사스 주의 도시.
** 루이지애나 주의 도시.

이스벨은 텅 빈 병실에서 잠시 휴식을 취하며, 며칠 동안 입고 있었던 두꺼운 흰색 티셔츠와 파란색 수술복 바지와 테니스화를 벗었다. 물티슈를 가지고 최대한 몸을 닦은 다음, 자기 자동차에 가서 잠깐 동안 에어컨 세례를 즐기며 꺼내온 깨끗한 청반바지와 옅은 회색 티셔츠로 갈아입었다. 초코케이크를 하나 먹고, 인스턴트 아이스티를 한 잔 마시려고 자리에 앉았다. 그때 여자 의사 한 사람이 병실 앞을 지나갔다. 비록 이름은 몰랐지만, 이스벨은 저 키가 작고 머리를 부풀린 의사를 이번 주 초에 자기네 층에서 본 적이 있었다.

이스벨은 애너 포에게 아이스티 분말 봉지를 한 묶음 건네주면서 나중에 가서 물에 타 마시라고 했다. "저도 한 잔 마셔야겠네요." 의사가 나지막이 말했다. 그녀는 소매를 뜯어낸 수술복 셔츠와 작은 신발 차림이었다.[33] 그곳을 떠나 걸어가는 포의 모습이 어쩐지 슬퍼 보였다.

이스벨이 특히 신뢰하는 남자 간호사이며, 학교 때부터 친구이기도 한 앙드레 그레미용이 뭔가 화난 표정으로 다가왔다. 그의 말에 따르면, 다른 직원들은 7층에 아직도 환자들이 남아 있다는 사실을 아예 인식조차 못하는 것 같았다. 한 직원은 자기들이 현재 계엄령 하에 있고, 따라서 '뱁티스트'도 자체 직원들을 대피시키고 있으므로, 걸을 수 있는 사람은 누구든 떠나야 한다고 말했다. "아래층에서 사람들이 하는 이야기를 들어보니, 모두들 떠나고 있다고 하던데." 앙드레가 말했다. 그는 7층에 이송이 필요한 환자가 여전히 9명이나 남아 있는 상황에서, 자칫 라이프케어의 직원들만 여기 남게 되는 것 아닌가 걱정하고 있었다. "만약 모두 떠나버리고 나면, 누가 저 환자들을 옮긴다는 거지?"

결국 라이프케어의 지도자 몇 사람은 수전 멀더릭을 찾아서 상의하기 위해 아래층으로 내려갔다.

◇ ◇ ◇

"댁의 가방이 그렇게 소중하다면, 차라리 그걸 들고 직접 헤엄쳐서 건너가든가요!"

멀더릭은 병원 직원의 가족 가운데 한 사람이 아주 큰 여행용 가방을 들고 대피용 보트에 타겠다고 고집을 부리는 바람에 화가 치밀었다. 원칙에 따르면 대부분의 탑승객은 작은 가방 하나만 갖고 탈 수 있으며, 때로는 핸드백 하나만 가능했다. 여행용 가방은 금지였고, 애완동물도 금지였다.

멀더릭은 차마 걸어 다닐 수도 없었다. 끝도 없이 누군가가 격노하며 다가와서는, 자기가 느낀 불만을 그녀에게 설명해야 하겠다고 생각했기 때문이다. 그녀는 이틀 내내 여러 층을 돌아다니며, 사람들의 긴장과 불안과 공포를 어깨에 짊어졌다. 십대 자녀를 데려온 간호사 2명은 꼭 나가야 한다고 울면서 하소연했다. 이곳에는 아직 돌봐야 할 환자가 있지 않느냐고 간호부장이 말하자, 간호사들은 도리어 그녀에게 욕을 했다. 다른 간호사들은 이미 떠나라는 허락을 받은 바 있었다. 그런데 왜 우리는 안 된단 말인가? 멀더릭은 이미 떠난 간호사들을 두둔하기는 했지만(이들은 보트 도착 장소에서 사람들을 돕기 위해서 떠난 것이었다) 사실은 이미 떠난 간호사들에게도 계속 병원에 남아 있으라고 요청한 바 있었다.

멀더릭이 2층을 지나가는 내내, 사람들은 각자의 애완동물과 여러 개의 짐 가방을 옆에 꺼내놓고, 자기들은 언제쯤 떠날 수 있느냐고 물었다. 한 치료사는 (아직 옮겨야 할 환자가 많이 남아 있기 때문에) 이곳에 남아 있으라는 그녀의 말에 대폭발해 욕을 했다. 자기는 척추가 아프니까, 환자를 운반하는 일은 더 젊은 사람에게 시키라는 것이었다. 멀더릭은 자리를 피해 걸어갔다. 격분한 사람들과 말다툼하다보면 별의별 일이 벌어지게 마련이었다.

276

재난, 그 이후

여행용 가방을 둘러싼 말다툼이 간신히 끝나자마자, 이번에는 라이프케어의 고위 직원 3명이 그녀에게 다가왔다. 이들은 소독용 알코올과 몇 가지 물품 재고가 바닥나고 있다고 전하며, 7층에 아직 남아 있는 환자 9명에 대한 계획을 알고 싶어 했다. 마치 자기들이 뭘 해야 할지 그녀가 당연히 말해주리라 기대하는 것처럼! 그들은 환자들을 자기네가 직접 옮길 수 있을지 여부를 확신하지 못했으며, 덩치가 큰 하반신 마비 환자의 경우에는 특히 더 그랬다. 그보다 더 일찍 라이프케어의 한 직원이 멀더릭에게 말한 바에 따르면, 자기네 환자 가운데 두 사람은 심각한 상태에 놓여 있으며, 무려 섭씨 40도에 달하는 심한 고열이 난다는 것이었다.

멀더릭은 살아 있는 환자를 아무도 남겨두지 않는다는 것이 계획이라고 라이프케어 팀에게 대답했다. 그러면서 포 선생과 이야기를 해보라고 부탁했다. 어쨌거나 2층에서 일하고 있는 의사들이야말로, 집결지가 너무 붐빈다는 이유로 수요일에 라이프케어의 DNR 환자들을 데리고 내려오는 일을 중지시킨 장본인이었기 때문이다. 만약 환자들이 죽어가고 있다면, 이 의사들도 그들을 옮기려고 시도하지 않을까? 또는 대피를 위해 환자들을 집결지로 데리고 내려올 준비를 진행하지 않을까? 라이프케어 지도자들이 무엇을 하려든지 간에, 그건 의사들이 결정하고 진행하게 할 필요가 있다고 멀더릭은 말했다.

이 대화 도중에, 제복 차림의 한 남자가 이렇게 외쳤다. "여자와 어린이 먼저!" 보트가 더 많이 도착하자, 사람들은 마치 마지막 배가 떠난다는 이야기라도 들은 듯, 응급실의 구급차용 경사로로 한꺼번에 몰려들었다.

라이프케어의 직원인 물리치료실장 크리스티 존슨은 양해를 구하며 사람들을 밀치고 지나갔다. 그녀는 직원 및 환자 가족들의 대피에 관한 소식을 7층에 전하고 싶어 했는데, 그곳에는 여전히 라이프케어 환자들의 딸이 둘이나 남아 있었기 때문이다.

CEO 르네 구가 경사로로 나와서, 도대체 왜 가족들을 먼저 보트에 태우고 있느냐고 의사들에게 물었다. 그날 오전에 보트를 타고 나가서 도착지에 있던 의사들이 구급차를 포함한 구조 자원들을 동원한 다음이었다. "우리는 환자들을 먼저 내보내려고 노력하고 있는 상황이잖나!"

"여기 환자 아닌 사람이 어디 있습니까. 우리도 마찬가지고요." 존 코키머가 말했다. 그 역시 다른 많은 사람과 마찬가지로 자기 목숨을 걱정하는 형편이었다.[34] 그는 병원을 나섰을 때 사용할 신용 카드 한 장과, 혹시 신분 확인이 필요할 경우에 사용할 운전면허증을 챙겨놓고 있었다. 환자들은 천천히 경사로 위로 올라섰다. 만약 오늘 오후 5시 30분에 예상대로 보트 운행이 끝나버리면, 모두가 이 병원에서 또다시 하룻밤을 보내야만 했다. 코키머의 목표는 최대한 많은 사람을 최대한 빨리 보트에 태우는 것이었다. 메모리얼에서 경력이 가장 오래된 의사도 거기 포함되었는데, 그중 한 명이 바로 호러스 볼츠였다. 코키머는 볼츠의 나이 많은 누이와 ICU 간호사이기도 한 그 누이의 딸도 내보내고 싶었다. 이들 모두 건강 문제를 겪고 있었으며, 코키머의 판단으로는 상태가 좋지 않았다. "제가 여러분을 대열에서 맨 앞쪽에 세워드릴게요." 코키머가 이들에게 말했다. "그러면 여러분은 여기서 나가시는 겁니다."

비록 자기가 먼저 떠난다고 한 것까지는 아니었지만, 볼츠는 이 제안을 받아들였다. 오랜 동료인 유잉 쿡과 수전 멀더릭이 그를 끌어안고 사랑한다고 말하며 눈물까지 흘렸다. 이들의 평소와 다른 감정 표현 때문에 나이 많은 의사는 깜짝 놀랐다. 이건 일반적인 작별 인사가 아니었기 때문이다.

주 방위군 소속인지 군모를 쓰고 있는 병사 둘이 볼츠를 도와서 불

재난, 그 이후

안정하게 흔들리는 보트에 태워주었다. 반바지에 흰 양말 차림이었던 의사가 한 젊은 병사의 소총을 대신 들어주는 사이, 그 병사는 다른 사람들을 보트에 태웠다. 볼츠는 어깨 너머로 사랑하는 자기 병원을 돌아보았다. 그리고 그 병원이 죽어가는 모습을 보고 있다고 확신했다.

◇ ◇ ◇

앤절라 맥마너스는 차마 믿을 수가 없었다. 마치 경찰인 것처럼 보이는 남자 3명이 총신 짧은 소총을 들고 와서는, 라이프케어 층의 간호사실 근처에 있는 자기 어머니의 병상에서 떠나라고 명령했기 때문이다.

"그러니까 지금 댁들이 제 어머니의 병상 옆에 서서, 저한테 총을 겨누겠다는 건가요? 혹시 머리가 돌아버린 건가요? 어디 한번 쏴봐요!"

수요일에 어머니가 곧 대피할 거라는 직원의 말만 믿고, 맥마너스는 대피 대기자 행렬에 서서 기다리다가 결국 하룻밤을 아래층에서 보내고 말았다. 그런데 오늘 아침에 그녀는 평소 친하게 지내던 자기 어머니의 담당 간호조무사와 딱 마주쳤다.

"앤절라, 어머니는 아직 상태가 괜찮으세요." 간호조무사가 말했다. "워낙 '강인한' 분이시잖아요."

"도대체 무슨 말이에요?" 맥마너스가 말했다. "우리 엄마가 아직도 여기 계시다고요?"

앤절라가 7층으로 다시 올라가보니, 어머니는 딸이 떠날 때 병상이 놓여 있던 간호사실 근처 복도에 덩그러니 남아 있었다. 체온을 식히기 위해서 간호사들이 알코올로 환자의 몸을 닦아주고 있었다. "도대체 어떻게 된 거죠?" 앤절라 맥마너스가 물었다. "우리 엄마 정신이 왜 이렇게 혼미한 거냐고요?" 앤절라가 들은 대답은, 환자들이 진정제인 아티반을 복용했다는 것이었다. "우리 엄마는 아티반 부작용 있어요!" 그녀가 말했다. 물론 이번에는 이 약품이 평소처럼 윌다를 흥분시킨 것이 아니라, 오히려 진정시키는 애초의 효과를 충분히 달성한 것이 분명했지만 말이다.

앤절라가 생각하기에, 윌다는 뭔가 조금 지나치다 싶을 정도로 차분해 보였다. 어머니가 계속 꾸벅꾸벅 졸자, 딸은 괜찮은지 확인하기 위해서 계속 깨웠다.

그런데 이제 경찰관이 나서서 앤절라더러 떠나라는 것이었다. 그녀는 이 명령을 거부했다.

"우리 엄마 곁을 떠나지 않을 거예요." 그녀가 말했다. "병원이 엄마를 여기서 내보내지 않는 한, 나도 안 나갈 거라고요."

"안 돼요, 댁은 반드시 떠나야 합니다." 경찰관이 말했다. 그가 줄곧 천장을 향해 들고 있던 총구를 내리자, 앤절라가 비명을 질렀다. 그런데도 엄마는 전혀 깨지 않는다는 것을 그녀는 깨달았다. 뭔가 크게 잘못된 것 같았다. 혹시 아티반 때문일까?

"우리 엄마랑 이야기 좀 하게 해주세요." 앤절라가 경찰관에게 말했다. "옆으로 좀 비켜주세요. 엄마가 보고 놀라지 않게." 그러자 경찰관들은 윌다의 병상 뒤쪽으로 비켜섰다.

앤절라가 엄마를 흔들었다. "엄마." 그녀가 말했다. "경찰이 와서 나더러 병원을 나가라네. 사람들을 대피시키고 있대."

도대체 무슨 일이냐고 윌다 맥마너스가 물었다.

"경찰이 우리더러 모두 병원에서 나가라는 거야." 앤절라가 말했다. "난 엄마 없이는 못 가."

앤절라는 엄마가 평소에 자주 사용하던 말을 꺼내 엄마를 안심시키려 했다. "이제는 엄마도 주님 곁으로 갈 때가 된 것 같아. 아빠가 기다리는 데로 말이야. 할머니랑 할아버지랑, 엘로이즈 이모랑, 모두들 기다리고 있을 거야." 그녀는 지금 상황이 단순히 자기만 어머니 곁을 떠나는 차원이 아니라는 것을, 즉 어머니도 자기 곁을 떠나는 셈이라는 사

재난, 그 이후

실을 깨달았다.

월다 맥마너스는 일어나 앉을 수조차 없었지만, 대신 몸을 약간 일으켜 세우고 앤절라를 빤히 바라보면서 비명을 질렀다.

딸은 계속 어머니를 진정시키려 했다. "엄마, 내가 한 말 무슨 뜻인지 알겠어?"

"본향으로 간다는 거지."

"그래, 본향으로 가는 거야."

월다 맥마너스는 딸에게 찬송가를 불러달라고 했다. 앤절라는 늘 하던 것처럼, 마치 이곳이 교회라도 되는 것처럼, 찬송가를 불렀다. 영혼이 쉴 곳을 찾는다는 내용의 찬송가 〈예수 나를 위하여〉를 부르자, 월다는 두 눈을 감았다.

앤절라는 자기 어머니를 담당하던 간호조무사에게, 이후로도 급식용 튜브를 통해 어머니에게 음식을 계속 제공해달라고 신신당부했다. "제가 어머니 곁에 계속 있을게요." 간호조무사가 말했다. "무슨 일이 있더라도 말이에요."

앤절라는 아래층으로 내려가면서 어찌나 펑펑 울었던지, 차마 앞이 보이지 않을 정도였다. 더위 속에서 자기 물건을 든 채 그녀는 점점 호흡이 가빠졌다. 그녀를 데리러 위층까지 올라왔던 라이프케어의 물리치료실장 크리스티 존슨이 어두운 계단에서 플래시를 비춰가면서 밑으로 안내했고, 가방도 대신 들어주었다. 1층에 도착한 존슨은 군중을 뚫고 앤절라를 인도해 대열 맨 앞에 세웠다. 혼자였기 때문에, 보트 안에 그녀의 자리는 금방 마련되었다.

◇ ◇ ◇

캐스린 넬슨 역시 어머니 곁을 떠나고 싶어 하지 않았다. 라이프케어의 간호이사인 테레즈 멘데즈는 지금 떠나지 않으면 결코 병원을 나갈 수 없을 거라면서 그녀를 설득하는 중이었다. 넬슨은 어머니가 입원한 기간 내내 "우리 엄마한테 특별히 잘해준 사람들" 명단을 작성하고 있었다. 멘데즈의 이름은 무려 두 번이나 올라 있었는데, 이는 결국 이 똑똑하고 책임감 있는 간호이사가 그녀의 어머니에게 최소한 두 번은 특별히 잘해준 일이 있다는 뜻이었다. 그런데 보트를 놓쳐도 상관없다고 그녀가 대답하자 멘데즈의 태도가 어찌나 갑자기 확 변하던지, 넬슨은 상대방이 마치 지킬과 하이드 같은 양면성이라도 갖고 있나 싶은 의구심이 들 정도였다. "당신 어머니는 지금 죽어가고 있다고요!"[35] 멘데즈가 말했다. 며칠 동안 잠도 한숨 못 자고, 본인의 말마따나 '1층의 베이루트'에서 밤새도록 일하고 나자, 지친 나머지 급기야 이런 말이 터져나왔던 것이다. 그녀는 이번이야말로 넬슨이 떠날 수 있는 마지막 기회가 되지 않을까 우려하고 있었다.

"나도 죽어가기는 마찬가지란 말이에요!" 넬슨은 이렇게 말하고 나서, 자기도 사실은 암 환자라고 덧붙였다. 물론 사실은 아니었다. 나중에 회고한 바에 따르면, 어떻게 이런 황당무계한 이야기를 꾸며낼 수 있었는지 본인도 신기했던 모양이다. 어머니를 지키기 위해서라면 무슨 말이든 행동이든 할 수 있었기 때문이다.

만약 어머니가 정말로 죽어가고 있다면, 무려 한 달 반 넘도록 매일같이 병원에 있었던 딸이 왜 굳이 이제 와서야 떠나고 싶어 하겠는가? 처음 이곳을 떠나라는 지시를 받은 화요일에도, 그녀는 지금이라도 자기가 환자로 입원해서 어머니와 같은 곳으로 이송되면 안 되겠느냐고 물어보았다. 넬슨은 환자 역할에 제격이기도 했다. 심지어 어머니가 입원한 동안 입원복을 걸치고 다니기까지 했다.

먼젓번에 아래층에 내려갔을 때도, 그녀는 거기서 오래 머물지 않았다. 어머니와 떨어져 있다는 사실을 견딜 수 없었기 때문이다. 수요일에 이미 어머니가 곧 대피될 것이라는 이야기를 듣기는 했지만, 넬슨은 어쩐지 자기 어머니를 비롯해 병상에서 꼼짝 못하는 라이프케어의 다른 환자들이 한동안 이곳에 머물러 있을 것 같다는 느낌을 받았다. 그녀는 창문 너머로 헬리콥터 착륙장을 지켜보면서, 자기가 아는 남자 간호사를 비롯한 여러 사람이 헬리콥터에 오르는 모습을 지켜보았다. 몸이 멀쩡한 사람들은 떠나고, 몸이 아픈 사람들은 남아 있었다.

수요일 저녁에 넬슨은 가뜩이나 많은 짐을 챙겨서, 마치 만화에 나오는 부랑자처럼 커다란 시트로 싸서 묶은 다음, 질질 끌고 계단으로 갔지만 거기서 딱 막히고 말았다. 처음에는 라이프케어의 간호사 한 사람이, 나중에는 마치 경비원이나 경찰관처럼 보이는 남자 세 사람이 그녀를 막아섰다. 경비원들은 다시 위층으로 올라갈 수는 없다고 말했다. 그러면서 이들은 그녀를 '위험인물'이라고 불렀다.

이 위험인물은 겨우 키가 160센티미터에 체중이 50킬로그램에 불과했지만, 거기서 물러서지 않고 계속 경비원과 말다툼을 벌였다. 그때 한 여성이 나타났는데, 마침 자기와 함께 병원에 있지 않았던 자녀가 이번 재난에서 무사히 살아남았다는 소식을 들은 모양이었다. 정확히 누구였는지는 모르겠지만 제법 권한이 있어 보이던 그 여자는 캐스린에게 동정심을 느꼈는지, 위층에 올라가 원하는 만큼 어머니 곁에서 시간을 보내라고 흔쾌히 허락해주었다.

넬슨이 도착해보니 어머니는 새로운 병실로 옮겨가 있었고(의사가 다녀간 뒤에는 간호사실에 더 가까운 곳으로 온 것이었다) 병상 곁에서 한 간호사가 부채질을 해주고 있었다. 그리고 임시변통으로 만든 흡입 장치로(실제로는 주사기에다 플라스틱 튜브를 붙인 것뿐이었다) 그녀의 기도에서 이물질을 제거하고 있었다. 환자는 눈이 흐렸고, 무척이나 힘겹게 호흡을 하는 듯했다.

캐스린은 자기 어머니가 좀 더 편안하게 숨을 쉬도록 투약을 부탁했다. 간호사도 이에 동의하면서, 자기가 생각하기에도 넬슨의 어머니를 약간 편안하게 해드려야 할 것 같다고 말했다. 환자의 체온은 섭씨 41도로 매우 높은 편이었고, 가슴에 울혈이 생겨 있었다. 수요일 밤에 감염성 질환 전문의는 혹시라도 필요로 하는 환자가 있으면 투여하라면서 모르핀과 아티반을 남겨놓고 갔다. 간호사는 의사의 지시대로 모르핀과 아티반 약간량을 투여했다.[36] 그 직후에야 간호사는 이런 종류의 약품 때문에 댁의 어머니 같은 환자들이 호흡을 완전히 멈춰버리는 경우도 있다고 마치 지나가는 말처럼 덧붙였다. 이 말에 캐스린은 너무나 불안하고 놀라 어머니 곁에서 밤을 새우며 한숨도 자지 않았다.

밤사이 일레인 넬슨의 고열이 가라앉았다. 아침이 되자 몸에 손을 대도 더 차갑게 느껴지고, 감기도 더 나아지고, 뜨고 있는 눈 역시 더 이상은 흐릿하지 않았다. 간호사는 어머니의 폐에서 울혈도 들리지 않는다고 말했다. 캐스린은 여전히 걱정이 남아 있었지만, 헬리콥터 착륙장에 연이어 내려앉은 헬리콥터의 굉음 때문에 기분이 좋아졌다. 구조가 요란스럽게 개시되면서, 그녀는 자기들을 구하러 오는 사람이 누구든지 간에 자랑스럽게 생각하고 싶은 마음이었다.

테레즈 멘데즈는 지원대와 함께 돌아왔는데, 경비원이나 경찰관처럼 보이는 이들 중에는 무장한 사람과 안 한 사람이 섞여 있었다. 그러더니 캐스린에게 몇 분 안에 어머니와 작별 인사를 하라고 지시했다.

캐스린은 공인 간호사 훈련을 받았으며, ICU에서 일한 경험 덕분에 설령 환자들이 혼수상태에 있어도 상대방의 말을 듣고 기억할 수 있음을 잘 알고 있었다. 그녀는 어머니를 향해 당신은 이 세상 최고의 엄마이며, 자기는 엄마 딸인 게 자랑스럽다고 말했다. 오전 11시 15분에 그녀는 엄마에게 작별 인사로 입을 맞추고, 엄마를 위해 기도를 했으며, 간호이사를 따라 라이프케어를 떠났다.

◇ ◇ ◇

　일레인 넬슨의 방에서 모퉁이 하나만 돌면 나오는 긴 복도의 반대편
에서는, 라이프케어의 간호부장 지나 이스벨이 한참 진행 중인 회의 장
소로 들어서고 있었다. 그곳에는 이곳의 직원들 몇 명과, 아까 차를 나
눠주었던 머리 부풀린 여자 의사가 참석해 있었다. 그런데 그녀의 밑에
서 일하는 남자 간호사 겸 친구 앙드레 그레미용은 어째서인지 울면서
고개를 젓고 있었다. 그가 옆을 스쳐 복도로 나가자, 이스벨은 그의 뒤
를 따라가 한쪽 팔을 붙잡고는 어느 빈 병실로 데리고 들어갔다.

　"나는 그렇게 못하겠어요." 그는 계속 이렇게 말했다.

　"뭘 못한다는 거야?" 이스벨이 물었다. 그레미용이 차마 대답하지 않
자, 이스벨은 그를 꼭 안아주면서 위로하려고 애썼다. "다 괜찮을 거야."
그녀가 말했다. "모든 게 괜찮아질 거라고."

　이스벨은 자기 상사이며, 현재 임산부인 라이프케어의 부분원장 다
이앤 로비쇼를 찾아갔다. "도대체 무슨 일이에요?" 이스벨이 당황해하
면서 물었다.

　로비쇼는 메모리얼 소속 직원들이 이쪽으로 와서, 자기네 환자들에
대한 간호를 넘겨받기로 했다고 대답했다.

　"혹시 그 사람들이 우리 환자들한테 뭔가 조치를 하려는 거예요?"

　"맞아, 그럴 거야." 로비쇼는 눈물을 보이며 말했다. "우리 환자들은
대피하지 않을 거래. 여기서 떠나지 않을 거래."

　이스벨은 욕을 내뱉었다. 그리고 엉엉 울었다. 그리고 왜 아무도 자
기들을 도와주러 오지 않느냐고 물었다. 하지만 로비쇼도 이 질문에 대
한 답변은 알지 못했다.

　로비쇼의 말에 따르면, 이제 남은 과제는 핵심 지도부를 제외한 나
머지 직원 모두를 이 층에서 내려보내는 것이었다. 이스벨은 이후에 무
슨 일이 일어날지 생각하지 않으려고 애썼다. 무려 닷새 동안이나 그녀

는 동료들과 함께 모두를 살리기 위해 무척이나 애썼다. 그래서 지금까지 버텨온 모든 사람을 자기들이 차마 구할 수 없다는 사실을 받아들이고 싶지 않았다. 지금 우리는 계엄령 하에 있다고 한 동료가 그녀에게 말했다.[37] 그러자 이스벨은 자기가 명령에 꼼짝없이 따라야만 한다고 믿었다. 그리고 자기가 평소에 배운 바대로 행동했다.

이스벨과 로비쇼, 그리고 라이프케어의 다른 지도자들은 두 조로 나뉘어서, 그 층의 서로 다른 구역으로 향했다. "모두 지금 당장 여기서 나가요." 이들은 근무 중인 간호사들에게 말했다. "각자 물건 챙기고, 지금 당장 나가야 돼요. 어서요!" 신디 채틀레인은 일레인 넬슨에게 막 약을 제공하려던 참이었는데, 당장 하던 일을 중단하라는 지시 때문에, 자기 환자들을 다른 근무자에게 인계하지도 못하고 그곳을 떠나고 말았다. 환자 2명을 돌보던 앙드레 그레미용 역시 떠나라는 지시를 받았다. 그렇다면 다른 누군가가 환자들을 돌볼 거냐고 그는 물었다. "그래요." 그는 이런 대답을 들었다. "그러니 어서 가방 가지고 내려가서 당장 대피하도록 해요."

라이프케어의 행정가들이 고위직 몇 명만 남기고 그 층을 텅 비우고 나자, 로비쇼는 이스벨을 뒤쪽 계단으로 보내 아무도 그 층으로 들어오지 못하게 단속했다. 주위가 조용해지자, 이스벨은 감사한 마음으로 의자에 털썩 주저앉았다. 땀띠 때문에 몸이 가려웠으며, 피부에 곪은 상처 때문에 욱신거렸고, 지치고 화가 나 있었다. 잠시 후 이스벨은 다시 올라온 임시 직원이 옷장에서 자기 물건을 챙기러 가게 허락해주었다. 그리고 머리 부풀린 여자 의사가 때때로 왔다 갔다 하는 것을 보았으며, 잠시 후에는 그 의사가 가버린 것을 보았다. 그녀는 앨리스 허츨러의 딸에게 한 약속을 다시 생각하면서 죄의식을 느꼈다. 그래서 자기 환자들이 죽기 전에 도움의 손길이 도착하기를 기도했다. 차마 아무도 오지 않는다고 믿고 싶지는 않았다.

정오가 다 되었을 무렵, 이스벨과 라이프케어의 지도자들은 7층을 떠나 대피 대기자 행렬에 끼어들었다. 아래로 내려가는 도중에 이들은 라이프케어 소속의 또 다른 남성 간호부장과 마주쳤다. 그는 무슨 일이 일어났는지 알고 싶어 했다. 이스벨은 그의 시선을 피했다. 테닛 쪽 사람들이 라이프케어에 다녀갔다고 그녀는 말해주었다. 그리고 자기네 환자들은 "가버렸다"고 거의 속삭이듯 말했다.

이들은 2층에 잠깐 들러서 수요일에 아래층으로 옮겨다놓은 '마디어' 캐리 홀과 다른 몇몇 라이프케어 환자들을 살펴보려고 했다. 그리고 라이프케어의 지도자들은 여기서 기계실 구멍을 통해 다층식 주차장으로 건너갈 계획이었다. 그곳에서 직원 한 명이 신경쇠약을 일으켰다는 이야기가 들려왔기 때문이다. 하지만 2층으로 통하는 계단 출입구에서 메모리얼의 직원 한 명이 지키고 서 있다가 라이프케어 팀을 막아섰다. DNR 환자들이 누워 있는 2층의 환자 구역에는 다른 사람들이 들어가지 못하게 하라고, 어떤 의사가 몇몇 직원에게 지시해두었다는 것이었다.

"우리가 그냥 잠깐 들어가서 살펴만 보고 나와도 안 될까요?" 테레즈 멘데즈의 동료 하나가 그녀에게 속삭였다. "그러지 말아요." 멘데즈가 말했다. "자칫하다가는 총에 맞거나 체포되는 결과를 낳을 수도 있으니까."

지금 당장은 오로지 라이프케어의 약사만이 2층에 들어갈 수 있었는데, 그나마도 약을 가지고 곧장 주차장으로 가야 했다. 출입구를 막고 서 있던 메모리얼의 직원은 혹시나 이들이 담당하던 환자 가운데 사망자가 있을 경우, 나중에라도 확인이 가능하도록 이메일 주소를 알려주었다. 누군가가 펜을 꺼내 멘데즈의 수술복 셔츠에 그 이메일 주소를 적었다.

캐슬린 푸르니에는 정오경에 2층 로비로 걸어서 돌아왔다. 의과대학 시절부터 그녀와 알고 지내던 브라이언트 킹은 가방을 들고 뭔가 흥분하고 화난 모습이었다. "나는 당장 여기서 나가야겠어."[38] 그가 말했다. "이건 미친 짓이야." 그러자 그녀는 한 번 안아달라고 말했다. 자기 역시 흥분하고 화난 상태였기 때문이다. 그러면서 그녀는 왜 그가 떠나는지 자기도 잘 안다고 말했다.

◇ ◇ ◇

CFO인 커티스 도시는 한 의사가 환자에게 약품을 투여한 다음, 자기로선 알 수 없는 어떤 이유 때문인지 한 손으로 환자의 입 주위를 두들기는 모습을 보았다. 저 의사가 혹시 환자를 시원하게 해주려고 그러는 건가? 아니면 다른 뭔가가 또 있는 걸까? 수전 멀더릭은 2층 로비 한쪽으로 도시를 불러내더니, 여기 있는 환자들 가운데 끝까지 못 버틸 것 같은 사람도 일부 있다고 전했다. 그가 그녀로부터 들은 이야기에 따르면, 이런 환자들은 사망 과정에서 편안함을 느끼는 데 도움이 되는 약을 투여받고 있는 중이라고 했다. "진짜?" 도시가 그녀에게 물었다. 그가 깜짝 놀란 까닭은, 자기가 보기에는 환자들이 이미 편안한 상태인 것처럼 보였기 때문이다. 의학 훈련을 받지 않은 그의 눈에도 심지어 혼수상태처럼 보이는 환자가 있었다. 또한 대피는 현재 잘 진행되고 있었다. 조종사들은 산소통과 식품 여유분을 배달했으며(하지만 정작 어느 누구도 산소통의 밸브를 여는 데 필요한 렌치를 찾아내지 못했다는 게 문제였다) 응급 재고가 도착한 메모리얼의 약제실에도 약품이 워낙 잘 구비되어 있어서, 이제는 일부 환자들이 이송되는 폰차트레인 호수 건너편의 또 다른 테닛 계열 병원으로 일부 덜어 보내는 중이었다.

도시의 임무는 병원 내에 남아 있는 사람이 몇 명이나 되는지 계속 확인한 다음, 약속대로 첫 번째 헬리콥터 편에 도착한 위성전화를 이용해 댈러스에 있는 테닛의 중역들에게 30분마다 알려주는 것이었다. 어떤 헬리콥터 승무원은 처음엔 오로지 걸을 수 있는 환자만 태우겠다고 말했지만, 도시는 테닛에 전화를 걸어서 이에 대한 해명을 부탁한 끝에, 그 정보가 착오라는 답변을 얻어냈다. 헬리콥터에는 누구나, 그리고 모두가 탈 수 있었다.

멀더릭과의 대화를 마치자마자 도시는 다시 사람 세는 일로 돌아갔다. 병원이 신속하게 비면서, 그는 자기 말마따나 "작전 수행자"가 되었지만, 아까의 대화 때문에 걱정되어 CEO 르네 구와 이 문제를 논의하기 위해 찾아갔다. 혹시 2층에서 직원들이 뭘 하고 있는지 알고 있느냐고 도시가 구에게 물었다. CEO는 모른다고 말했다. "그러면 당신이 직접 수전과 이야기를 해보셔야 할 것 같은데요."[39] 도시는 이렇게 말한 다음, 자기가 그녀로부터 들은 이야기를 전했다. 얼마 뒤 그는 2층 로비에서 먼 곳의 계단으로 들어서자마자, 병원의 최고 간호 관리자가 엉엉 우는 소리를 들었다. 간호사 몇 명이 그녀를 에워싸고 있었다. 아마도 이미 결정된 내용을 방금 전해 들은 모양이라고 그는 생각했다.

◇ ◇ ◇

ICU 간호실장 캐런 원은 오전 내내 1층에서 휠체어를 타고 하룻밤을 보낸 환자들의 대피를 돕고 나서 2층으로 올라왔다. 이 환자들에 대한 계획은 또다시 바뀌었는데, 메모리얼에서 대피하는 최선의 방법이 무엇이냐를 놓고 병원 지도자들 사이에서도 의견이 분분했고, 또한 병원과 주 경찰청 사이에서도 서로 의견이 일치하지 않았기 때문이었다.

휠체어 환자는 구급차용 경사로에서 보트를 타고 밖으로 나가는 대신에, 대부분 2층으로 옮겨지고 벽에 난 구멍을 통해 밖으로 나가서 헬리콥터로 대피했다. 또 어떤 사람들은 경사가 비교적 완만한 다층식 주차장의 경사로에서 직접 보트로 몰래 실어서 내보내기도 했다. 경찰이 너무 위험하다는 이유로 그쪽에 또 다른 보트를 띄우는 일을 반대했기 때문이다.

몇 사람이 들은 바에 따르면, 경찰은 오후 5시쯤에 이곳을 떠날 예정 이며, 뉴올리언스의 불안한 치안 상황 때문에 모두가 병원에서 나와야 한다고 말했다. 경찰은 이후에도 굳이 병원에 남아서 지키지는 않을 것 이라고 했다. 그러면서 군은 표정으로 응급실 경사로에 서서, 소총을 허리에 갖다 대고, 너무 가까이 다가오는 사람에게는 물러서라며 버럭 고함을 지르는 통에 그저 다급한 느낌만 더해주었다. 급기야 사람들은 경찰로부터 보호받는다는 느낌보다는 위협받는다는 느낌을 받았다. 경찰이 메모리얼로 끌고 온 대형 에어보트만 해도, 사람을 실어 나르는 데는 전혀 사용되지 않았다. 대신 경찰관 한 명이 그 안에서 줄담배를 피우고 낮잠을 자기만 했다.

병원 방문객들이며 직원들은 계속 응급실 경사로에서 떠나갔다. 이 날 오전 일찍 떠났던 외과 과장, 마취과 의사, 발전실장은 저마다 보트 를 더 찾아서 끌고 왔으며, 관리 담당 직원들이 조종을 맡았다. 이제는 직원들도 각자의 애완동물을 데리고 떠날 수 있게 허락을 받았다. 하지 만 많은 사람에게는 이미 때늦은 조치였다. 따지고 보면 애완동물에게 굳이 안락사를 시킬 필요도 없었다.

오전 내내 윈은 자기 밑의 ICU 간호사들과 마주칠 때마다 어서 메모 리얼을 떠나라고 지시했고, 자기는 그들이 다 떠날 때까지 안 나갈 거 라고 말했다. 그녀는 특별한 다급함을 느끼지 못했다. 실제로는 그날 아침에 한 환자가 한 말 때문에 크게 격려를 받은 상태였다. 재니스 젠 킨스라는 그 여성은 무릎 관절 부근에서 다리가 부러져 커다란 깁스를 하고 있었다. 또 다른 병원에서 간호조무사로 근무하다 퇴직한 이후 버 스 정류장에서 차에 치였던 것이다. 폭풍 직전에 그녀는 수술을 받아서 침대에 꼼짝 없이 눕게 되었고, 두 다리를 높이 들어올리는 바람에 차마 앉지도 못했다. 화요일 저녁이 되어서도 5층의 병동에 누워 있었으며, 심장에서는 위험한 부정맥이 생겨났다. 볼츠가 그녀의 병실로 달려왔는데, 비상 호출을 받고 서두른 나머지, 사각팬티 위에 가운만 걸친 상태였다. 그와 동료 몇 사람은 젠킨스를 치료하는 데 성공했으며, 이제는 윈이 그녀를 어렵사리 변기 위에 앉힌 다음, 오랫동안 고생한 이 여성에게 프라이버시를 제공하기 위해 시트를 들어올려 가려주던 참이었다. 하지만 젠킨스는 자기 생각을 하는 것이 아니었다. "댁들 모두는 이번 일을 반드시 이겨낼 거예요." 그녀가 윈에게 말했다. "왜냐하면 댁들은 간호사니까요."**40**

윈에게 이보다 더 커다란 격려는, 앞서 또 다른 간호사의 십대 딸과 함께 헬리콥터에 타고 간 자기 딸이 이제는 안전한 상태라는 사실을 알게 된 일이었다. 두 소녀는 윈의 핸드백에서 꺼낸 돈과 휴대전화, 그리고 어디에 도착하든지 간에 일단 윈의 부모님께 전화를 드리라는 지시를 받고 그곳을 떠났었다. 윈은 7층 계단 창문을 통해 아이들이 떠나는 모습을 지켜보았다.

하지만 윈은 계단을 떠나서 라이프케어로 굳이 들어가보지는 않았다. 거기 있던 환자들은 모두 떠났으리라 예상했기 때문이다. 그러다가 그녀의 밑에서 일하는 외과 ICU 간호사 가운데 최고 숙련자인 셰리 랜드리가 다가오더니, 자기가 곧 포 선생과 함께 7층에 가서 환자들을 편안하게 만들어줄 예정이라고 전하는 바람에 그녀는 깜짝 놀랐다. 윈은 일단 알았다고 대답하고 나서야, 뭔가 이상하다고 생각했다. 7층이라고? 아직 7층에 환자들이 남아 있단 말인가?

윈은 2층에도 아직 할 일이 남아 있다는 사실을 알 수 있었다. 3등급으로 분류된 열댓 명의 환자가 ATM 옆에 "DNR"이라는 커다란 꼬리표를 달고 남아 있었던 것이다. 로비의 반대편이며, 기계실로 이어지는 복도를 따라 다른 환자들도 들것과 간이침대에 누워 배열된 상태였는데, 이들은 다층식 주차장으로 통하는 문을 통해 이송되기를 기다리는 것이었다. 절단 수술을 받은 한 남성 환자는 지금 상황에 관해 큰 소리로 계속 불평을 늘어놓았다. 원은 어서 사람들이 저 환자를 데리고 나가면 좋겠다고 생각했다. 저 한 사람 때문에 공황이 퍼져나갔기 때문이다.

원은 DNR 환자들 근처에 모여 있는 의사들과 간호사들의 무리에 다가갔다. 이 임시방편 조는 마치 밖에 있는 기분이 들었다. 로비의 북쪽 오목한 곳에는 이제 바닥에서 천장까지 이어지는 창문들이 박살 난 상태였고, 그 너머는 홍수 물이 차오른 절벽이었다. 원 밑에서 일하는 간호사 셰리 랜드리가 라이프케어에서 돌아왔다. 그녀가 원에게 한 말에 따르면, 2층에서 사람들이 환자들에게 진정제를 투여하고 있다고 했다. "나는 뭘 해야 하지?" 원이 물었다.

"그냥 사람들을 확인해보세요." 원이 나중에 회고한 바에 따르면, 당시 랜드리가 이렇게 말했다. "어떤지 살펴보시라고요."

원은 복도에 인접한 줄에 누워 있는 4명의 여성 환자에게 초점을 맞추었다 그중 한 백인 여성은 누가 봐도 어렵게 천천히 숨을 쉬고 있었다. "상태가 진짜 나빠 보이는데." 원이 말했다. "진짜로, 진짜로 어렵게 숨을 쉬고 있어. 이 환자한테도 약을 사용했을지 모르겠는데."

원은 약품이 잔뜩 놓여 있는 한구석의 탁자로 다가갔다. 앞서 그녀는 그중 일부를 정리하는 걸 도와주었다. "지금 우리가 주고 있는 약이 뭐죠?" 원이 물었다. 탁자 위에는 모르핀, 그리고 '버스드(Versed)'라는 제품명으로 통하는 진정제 미다졸람이 있었다.

이 두 가지는 원이 이전에 ICU에서 인공호흡기에 의존하는 환자들에게 흔히 투여하는 조합이었다. 이 약품은 환자를 진정시켰으며, 그로 인해 숨을 쉬려는 이들의 충동을 감소시킴으로써, 숨 쉬는 일을 인공호흡기가 대신하도록 만들었다. 또한 이 조합은 생명 유지 장치를 제거하

재난, 그 이후

고 환자를 사망하게 내버려두라는 결정이 내려져 호흡용 튜브를 제거했을 때, 환자의 잠재적인 고통과 불편이나 호흡 곤란의 느낌을 최소화하도록 투여되기도 했다.

이 약품은 원래 정맥에 주입하기로 되어 있었지만, 환자의 상당수는 정맥주사 장치를 달고 있지 않았다. 원과 포는 정맥주사용 카테터를 몇 상자 요청했지만, 정맥주사용 주사액과 튜브를 요청하지는 않았는데, 사실 열이 나는데도 혼자 힘으로 물 마시기가 힘든 환자들을 위해서 수분을 제공하려면 이런 추가 물품이 꼭 필요했다.[41] 포는 조명기구를 가진 사람을 찾았다. 남자 간호사 한 명이 플래시를 가지고 와서, 그녀가 정맥주사를 하나 놓는 동안 비춰주었다.[42]

현장에서 일하던 또 한 명의 매우 젊은 간호사는 의사들과 간호사들이 아직 살아 있는 DNR 환자 8~10명에게 정맥주사 놓는 것을 보고 이상하다는 생각을 했다.[43] 전날 밤에 그녀가 푸르니에로부터 받은 지시에 따르면, 병원은 현재 '비상 단계'에 있기 때문에 저 환자들에게는 정맥주사를 시작하지 말라고 했기 때문이다. 그런데 지금은 부상자 선별을 담당했던 짧은 갈색 머리의 여자 의사 한 명이 대뜸 이 간호사에게 이곳을 떠나라고, 즉 위층으로 올라가서 자기 소지품을 챙기라고 말하고 있었다. 비록 그 의사의 이름까지는 몰랐지만, 그녀는 이 지시를 그대로 따랐다.

존 틸은 캐런 원을 돌아보며 물었다. "우리가 이렇게 해도 되나요?"

하지만 이것은 해도 된다, 안 된다 하는 문제가 아니었다. 원이 생각하기에, 환자에게 약품을 투여하는 것은 이들이 해야 할 '필요'가 있는 일이었다. 환자를 편안하게 해줄 필요가 있었던 것이다.

셰리 랜드리로부터 7층에 간다는 이야기를 전해 들었을 때, 원은 환자를 안락사시키는 중이라는 소문을 이미 들은 상태였다. 그녀는 이 소문을 다른 사람에게도 전해주었다. "사람들이 환자들을 안락사시킨다는 이야기 들었어?" 그녀는 아까 울었던 동료 한 명에게 이렇게 물었다.

윈은 울지 않았다. 좋아. 만약 그들이 안락사를 당한다면 또 어때? 그녀는 이렇게 생각했다. 일반 병동을 담당하는 상대편 간호사와 달리, 윈은 ICU라는 세계에서 살았으며, 그곳에서는 호전되는 환자가 많지 않았다. 죽음은 종종 예정되고 편성되었으며, 기계의 전원을 끄도록 하는 결정의 결과로 나타나는 것이었다.

생명 유지 장치를 제거하는 것이야말로 윈이 유잉 쿡 선생의 지휘 하에 ICU에서 일하는 과정에서 많이 겪다못해 오히려 편안함까지 느끼는 일이었다. 그녀는 이 의사가 연명 중단 조치에 대한 접근법에서 솜씨 좋고 동정적이라고 간주했다. 두 사람 모두 메모리얼의 생명윤리위원회에 소속되어 있었으며, 윈은 오랫동안 위원장을 역임하고 있었다. 그녀가 때때로 사람들에게 말한 것처럼, 어느 누구도 그 자리를 맡으려 하지 않은 까닭이었다. 위원들은 연명 중단 조치 딜레마가 떠오를 때면 상의를 위해 모이곤 했다. 현재 상황도 그때와 유사해 보였으며, 유일한 차이가 있다면 상의 끝에 나온 메시지를 전해 들을 가족 구성원이 없다는 점이었다. 윈의 기억에, 나쁜 소식을 두려움 없이 전하곤 하던 쿡은 이미 수없이 다음과 같은 말을 하곤 했다. "환자분께는 저희가 해드릴 수 있는 모든 일을 해드렸습니다. 이제 유일하게 남은 선택지는 환자분을 편안하게 만들어드리는 것뿐입니다."

윈 역시 이미 여러 차례 다른 의사들에게 같은 이야기를 했다. 메모리얼의 종양학자 가운데 한 명은 골수 이식 수술 전문가였으며, 자기 환자의 상태가 더 나아지지 못할 경우에는 항상 낙담하곤 했다. 한번은 아주 젊은 여성 환자가 있었는데 몸이 잔뜩 붓고 멍들어 마치 괴물같이 변한 상태에서도 인공호흡기에 의존해서 생명의 마지막 한 조각이라도 붙잡기 위해서 발버둥쳤다. 이처럼 환자의 모습이 흉하게 변해서, 마치 몸 안팎에서 세포 하나하나가 죽어가는 것처럼 보일 경우(워낙 심해서

294

자기도 이들을 확인하러 병실에 들어가는 것이 내키지 않을 경우) 그녀는 의사에게 먼저 찾아가서 이렇게 말하곤 했다. "이제는 환자 가족에게 가서 이야기를 할 때인 것 같네요."

윈은 자기나 동료들이 정기적으로 메모리얼에서 퇴원시키자마자 라이프케어에 입원해서 장기 간호를 받는 환자가 어떤 유형인지 잘 알고 있었다. 그중 상당수는 여러 가지 의학적 문제를 갖고 있었으며, 신체 능력이 쇠퇴하고 있었다. 인공호흡기에 의존하는 환자의 경우, 두 번 다시 자기 힘으로 숨을 쉴 가능성은 높지 않다고 그녀는 생각했다. 수요일에 라이프케어의 환자들 일부를 들것에 실어서 아래층으로 옮기는 일을 도우러 갔을 때, 그곳에 있던 환자들이 어떤 모습이었는지 윈은 기억하고 있었다. 환자의 몸을 만져보니 마치 불에 달군 프라이팬처럼 느껴졌다. 이들이 빨리 이곳을 나갈 수 없다면, 결국 뇌사할 가능성이 높다고 그녀는 생각했다.

또한 그녀는 화요일에 대피하지 못한 ICU 환자 4명 가운데 한 명에 관해서 한 간호사가 해준 이야기를 머릿속으로 계속 되새기고 있었다.⁴⁴ 테스팔리데트 에왈레는 에리트레아에서 온 예순여섯 살의 정치적 망명자였다. 만성 질환에 겹쳐서 심장 감염 증세로 고통을 느껴 8월 중순에 메모리얼에 입원했지만, 라이프케어로의 입원은 거절당했다. 왜냐하면 이 회사에서는 메디케이드 환자를 받아들이지 않았기 때문이다. 에왈레는 이후 계속 메모리얼의 환자로 남아 있다가, 화요일에 ICU 간호사가 그의 딸에게 전화를 걸었다. 즉 환자는 꾸벅꾸벅 졸기는 하지만 정신은 멀쩡하며 손을 잡기도 한다고 상태를 설명한 다음, 곧 항공 이송을 통해 메모리얼에서 벗어날 것이며, 아마도 애틀랜타의 한 병원으로 가게 될 것이라고 말했다. 하지만 그는 DNR로 간주되고 있었다. 애초에 입원할 때 그의 딸이 이렇게 하는 데 동의한 까닭이었다.

에왈레는 며칠 전 죽어가는 상황에서 한 번 소생된 적이 있었다. 이후 인공호흡기를 떼고 특별 산소마스크를 이용해서 안정된 상태였지만, 여전히 중대한 의학적 문제가 있었다. 로이 컬로타를 비롯한 담당 의사들이 생각하기에, 예후가 좋지 않은 상황에서 이렇게 위중한 사람을 소생시킨다는 것은 쓸모없는 짓이었다. 전력이 차단되고 진공 연결관도 작동하지 않게 되면서, 의료진은 그의 기도를 효과적으로 흡입할 방법을 찾아내지 못한 상태였다. 결국 컬로타는 진정제 아티반과 모르핀 주사를 놓아 에왈레를 편안하게 만들어주라고 지시했다. 그는 몇 시간 동안이나 이물질로 인해 질식해 있다가, 수요일 오후 2시 직전에 사망이 확인되었다.

그렇게 죽어가는 동안 에왈레는 혼수상태였으며 무반응 상태였지만, 캐런 윈은 비록 환자들이 의식이 없을 때도 뭔가를 느낄 수 있다고 믿었다. 젊은 시절에 그녀는 간 질환으로 몇 주일이나 무반응 상태였던 환자를 담당했었다. 그러던 어느 날, 그가 의식을 차리고는 피자와 펩시콜라를 달라고 했다. 그러면서 무의식 상태로 있는 시간 내내, 간호사들이 자기에게 하던 말을 모조리 들었다고 말했다. 만약 소리를 들을 수 있다면, 감촉을 느끼는 것도 가능하리라고 윈은 결론을 내렸다. 그때 이후 이런 추론은 그녀의 업무에 항상 상정되었다.

2층에서 윈 앞에 누워 있는 환자들은 상태가 나빠 보였다. 숨을 쉬는 것이 자연스러워야 마땅할 때조차, 숨을 한 번 쉬기가 매우 힘들고 어려워 보였다. 차마 믿을 수 없는 정도인 더위 속에서, 설령 그들이 의식이 없다 하더라도, 윈은 그들이 고통을 받고 있다고 믿었다.

모르핀과 버스드를 투여하는 것이 어쩌면 환자들의 죽음을 재촉할 수도 있었지만, 윈이 생각하기에는 이미 죽음의 과정이 진행 중이었다. 비록 모든 환자를 살펴보지는 않았지만, 경력이 수십 년이었던 그녀가 대강 보고 들은 것만 가지고 짐작하기에도, 이들은 살아남을 수 있을 것 같지 않았다. 비록 기간에는 약간 차이가 있을지 모르지만, 약품이 있건 없건 결과는 사실 똑같을 것이었다.

뿐만 아니라, 만약 환자들이 가만히 누워 있을 때도 이렇게 숨쉬기가 힘들다면, 직원들이 이들을 움직이려 시도할 때는 어떻게 버틸 수 있단 말인가? 그들을 데리고 기계실 벽에 난 구멍을 통과하고, 그들을 트럭 뒤칸에 싣고, 다층식 주차장의 8층까지 덜컹거리며 올라가는 것은, 그녀가 보기에 그들의 죽음을 재촉하는 더 적극적인 방법일 뿐이었다. 심지어 그때도 여정에 대비해 그들을 진정시키는 것이 적절할 것이었다.

그녀와 동료들이 가진 것이라고는 기껏해야 위안과 평화, 그리고 여전히 가능한 약간의 존엄을 제공하는 도구가 전부였다. 윈은 힘들게 숨을 쉬는 나이 많은 백인 여성을 돌아보았다. 훗날의 회고에 따르면, 당시 그녀는 10밀리그램짜리 모르핀 주사약과 약간의 미다졸람을 10밀리그램의 식염수에 희석했다. 그 약품을 주사기에 집어넣고, 이 여자 환자의 정맥주사 카테터에 천천히 꽂아 넣은 다음, 튜브에 식염수를 흘려 넣었다. 여자 환자는 숨을 쉬려고 힘들게 발버둥치던 행동을 멈춘 것처럼 보였다. 그리고 그로부터 반시간도 안 되어 사망했다.

윈은 자기 밑의 ICU 간호사들 가운데 한 명이 애너 포와 함께 물품 테이블 근처의 환자들을 치료 중인 것을 보았다. 틸과 간호사 몇 명으로 이루어진 또 다른 조는 깨진 창문 근처에 모여 있었다. 윈이 이들 곁으로 가보니, 그 옆에 있는 덩치 큰 흑인 환자가 입을 동그랗게 벌리고 있었다. 거기 있는 모두가 그의 끔찍한 임종의 호흡 소리를 들을 수 있었다.

이 사람은 이미 모르핀을 투여받은 상태였지만, 윈이 보기에는 그 모습이며 소리가 끔찍했고, 고통받고 있음이 분명한 듯 호흡도 귀에 거슬렸다. "나로선 이분을 편안하게 해드리려고 모든 조치를 취한 셈이네." 틸이 말했다.

의사는 모르핀을 좀 더 투여해보았다. 심지어 기도도 두드려보았다. 환자의 이마에 한 손을 올렸다. 원과 다른 간호실장 한 명이 이 남자의 손을 하나씩 붙잡았다. 이들은 '성모송(聖母頌)'을 외웠다. 그리고 '주기도문'을 외웠다. 그러고 나서 이 환자가 죽도록 기도를 드렸다.

하지만 이 환자는 계속 숨을 쉬었다.

"더워요! 물 좀 주세요!" 젊은 남성 절단 수술 환자가 로비 맞은편에서 투덜거렸다. 덩치 큰 남자 곁에 앉아 기도하던 틸이 벌떡 일어나더니, 계속 뭔가를 툴툴거리며 떠들어대던 남자에게 화난 듯 성큼성큼 걸어갔다. "이 사람, 당장 여기서 내보내!" 틸이 말했다. 상황이 더 가열되기 전에 또 다른 직원이 끼어들었다. 급기야 불평하던 환자는 대피 대기자 행렬에서 맨 앞으로 옮겨졌다.

한 익명의 간호사가 다가오더니 혹시 로비에서 일하는 직원 가운데 휴식이 필요한 사람이 있는지 물었다.[45] 그녀는 자기가 잘 아는 환자 주위에 동료들이 여러 명 모여 있는 것을 보았다. "아, 다행이네요. 저 환자한테 주사액을 투여하는 모양이죠." 그녀가 다른 간호사에게 말했다. 익명의 간호사는 환자들이 점차 쇠약해지는 원인이 탈수라고 생각하기 시작한 참이었다. 위기 상황에서는 분별을 잃기도 무척 쉬웠는데, 이는 밤새 잠을 자지 않음으로써 정신이 혼란스러운 까닭이었다. 물론 전기펌프 없이도 정맥주사는 놓을 수 있었다. 즉 주사액을 환자 위에다가 걸어놓고, 적당한 종류의 튜브를 이용해, 중력의 힘으로 주사액이 정맥에 들어가게 만드는 것이었다.

시간이 흐르면서 환자들이 필수적인 주사액을 땀으로 배출하자, 혼자 힘으로 물을 마실 수 없는 사람들에게는 탈수가 가장 치명적인 위협이 되었다. 애초의 목표는 환자를 최대한 빨리 헬리콥터 착륙장까지 옮기는 데 방해될 만한 모든 치료를 중단하는 것이었다. 하지만 구조 없이 하루 이틀이 지나자, 이런 환자들로부터 주사액을 박탈한 조치가 결국 이들의 생존 가능성마저 잠식하고 말았다.

동료가 고개를 흔들며 "아니."라고 말하자, 익명의 간호사는 예전에 자기가 담당하던 환자인 에시 캐벌리어에게 투여된 약품은 정맥주사액이 아니라는 것을 깨달았다. 이 일흔아홉 살의 여자 노인은 60대에 뇌졸중을 앓아 걷지도 못하고, 몇 마디 이상은 말할 수도 없는 처지였다. 하지만 생존이 불가능할 만큼 특별히 위중한 건강 문제는 없었다. 사실 폭풍이 다가오던 시점에 그녀는 요로 감염 치료를 마치고 퇴원해 요양원으로 돌아가려 했지만, 요양원 자체도 이미 대피 중이었기 때문에 그녀를 받아줄 수가 없었다.

캐벌리어는 메모리얼의 단골 환자였다. 한때 세미프로 농구 선수로도 활약했을 정도로 키가 컸고, 어려서부터 목화와 고구마를 수확하는 일을 했으며, 이후 히긴스 수륙양용 보트(본래 루이지애나의 습지에서 개발된 이 장비는 제2차 세계대전 당시 승전에 공헌했다) 공장에서 여성 기계공으로 일하다가 남편을 만났다. 최근 입원 기간 중에, 일부 직원은 의사소통의 어려움 때문에 그녀를 성가신 환자로 여기게 되었다. 혼자서 할 수 있는 일이 거의 없는 반면, 본인의 필요에 대해서는 잘 인식했기 때문에, 직원들의 시선을 끌기 위한 행동은 뭐든지 했으며, 심지어 비명을 크게 지르기도 했다. "엄마, 엄마"라든가 "이런, 이런, 이런" 같은 몇 가지 단어를 큰 목소리로 반복하고, 고개를 끄덕이거나 흔들어서 자기가 뭔가 불편한 상태에 있다고, 따라서 침대에서 몸을 움직여야 한다고 전했다.

이렇게 탁 트인 로비에 함께 있다보니, 이런 말과 행동의 격발 때문에 주위 사람들은 심란함을 느끼게 되었다. 그녀가 처음 아래층으로 운반되어오자, 포는 환자를 진정시키기 위해 투약을 지시했고, 간호사도 이에 따랐다. 브라이언트 킹도 두 번이나 이 환자에게 같은 지시를 했으며, 이날 오전 이른 시간에도 그렇게 했다. 의사는 그녀와 같은 사람들이 약간씩 의식이 혼미해지고 있으며, 소리를 지르기 시작한다는 사실 때문에 우려하고 있었다. 심지어 직원 일부도 마찬가지 상황이었다. 캐런 원과 마찬가지로, 킹 역시 공포가 전염된다고 믿었다. 그런데 이제 캐벌리어 여사가 눈을 뜨고 주위를 둘러보기는 했지만, 어쩐지 차분하고 조용해 보였다.

익명의 간호사는 무슨 일이 벌어지고 있는지 알아보려고 했다. 또다른 남자 환자가 주사를 맞고 나서 숨을 쉬기 위해 발버둥치는 가운데, 간병인들이 그를 안정시키려고 노력하고 있었다. 익명의 간호사는당황한 나머지 뭔가 조치를 취할 만한(즉 약효를 역전시킬 만한 해독제를주사하라는 지시서를 써줄 만한) 누군가를 찾아보려 했지만 허사였다. 이당시에 대한 그녀의 기억은 그저 흐릿할 뿐이어서, 이 약품이 어디까지나 (일부 사람들의 생각에는) '더 커다란 이익을 위해서' 투여된 것이라는당황스러운 느낌만 남아 있을 뿐이었다. 즉 움직일 수 없는 환자가 너무 많았기 때문에, 그렇게 해야만 가뜩이나 지치고 겁에 질린 직원들이더 신속하게 빠져나올 수 있을 것이라는 논리였다. "이건 꼭 필요한 일이에요." 이런 조치를 막으려면 어떻게 해야 하느냐는 그녀의 질문에한 동료는 이렇게 대답했다. 몇몇 직원들의 말에 따르면, 포가 문제의약품을 가져오게 지시했다지만, 익명의 간호사로서는 그게 사실인지,또는 그 의사의 의도가 무엇이었는지 도무지 알 수가 없었다.

2층의 환자들이 줄줄이 죽어나가면서 지금 무슨 일이 벌어지고 있는지에 대한 소문이 퍼지자, 다른 사람들 역시 익명의 간호사와 비슷한기분을 느끼게 되었다. 주사를 맞은 환자들과 친숙했던 몇몇 간호사들은 '그들이 지금까지 생존해 있었다면 끝까지 안전하게 구조되지 못하리라고 볼 이유가 없지 않은가' 하고 생각했다. 한 직원은 마치 환자들에게 이런 주사를 놓는 일에 반대하는 사람들을 뭔가 비현실적인, 그리고 아직 생각이 여물지 못한 사람들로 간주했다. 2층을 이리저리 배회하는 다른 직원 대부분은 지금 벌어지고 있는 일이 비록 끔찍하기는 해도 필요한 일이라고 생각하는 모양이었다.

어느 누구도 약효를 역전시키려고 나서지 않았기 때문에, 간호사 여러 명이 여전히 숨을 쉬려고 발버둥치는 남자 환자를 다층식 주차장으로 끌고 갔다. 헬리콥터 착륙장까지 그를 빨리 이송하면 생존 가능성이 있지 않을까 하는 뒤늦은 생각 때문이었다.

앞서 위층에 올라가서 짐을 챙기라는 명령을 받았던 아주 젊은 간호사는 한 시간 뒤에야 2층 로비로 돌아왔다. 그녀는 자기가 한때 간호했던 환자들 가운데 한 명이 이상하리만치 창백하다는 것을 깨달았다. 그녀와 동행했던 한 간호사가 이 환자의 손가락에 휴대용 산소농도계 감지기를 올려놓고 혈중 산소 농도를 측정했다. 그 수치는 극도로 낮은 65퍼센트 정도였다. 젊은 간호사 줄리 쿠비용은 로비를 둘러보다가, 다른 환자 몇 명도 확실히 상태가 좋지 않아 보인다는 것을 깨달았다. 아까 그녀에게 가라고 지시했던 갈색 머리의 여자 의사가 다가오더니, 두 간호사를 향해 지금 하는 일을 중지하고, 환자 간호도 모두 중지하라고 지시했다. 젊은 간호사는 다른 직원들이 환자들에게 시트를 덮는 모습을 지켜보았다. 그녀는 겁이 났다. 나이는 겨우 스물두 살이었고, 간호학교를 졸업한 지 겨우 3개월밖에 안 되었기 때문에, 환자가 사망하는 모습을 본 적이 한 번도 없었다. 전날 밤에도 그녀는 자기 목숨에 대한 걱정에 사로잡혀 어쩔 줄 몰라 했었다. 그런데 이제는 그 의사가 그녀에게 사망한 환자들을 끌고 가서 예배당 안에 줄지어놓으라고 지시했던 것이다. 젊은 간호사는 그 일을 돕기 시작했다.

◇ ◇ ◇

보낸 사람: 벤 루소 [테닛 보건의료 회사 사업개발 및 관리의료본부장]
보낸 날짜: 2005년 9월 1일 목요일 오후 1시 25분

받는 사람: 마이클 아빈 [테닛 보건의료 회사 지역사업개발 본부장]

수신 참조: 스티븐 캄파니니 [테닛 보건의료 회사 언론홍보본부장]

제목: 전달) 전달) 뉴올리언스행

　　마이크나 스티브, 둘 중 누구라도 좋으니 미치나 나한테 전화 좀 주게. 폭스 뉴스와 존 해멀리가 우리 병원 팀을 따라가서 사람 구조하는 걸 보게 하는 문제 때문에 그러네. 이거야말로 테닛에는 대단한 광고 기회가 될 거야. 해멀리 씨는 배턴루지 근처에 있는데, 대피 작업에 관한 기사를 쓰고 싶다는군.

◇ ◇ ◇

　　환자들이 주사를 맞고 죽어가는 사이 윈과 다른 동료들은 이들에게 시트를 덮어주고 예배당으로 끌고 가는 일을 도와주었다. 이들은 대피 대기자 행렬에서 여전히 기다리고 있는 다른 (인식 능력이 더 뛰어난) 환자들의 시선을 끌지 않기 위해 조용히 움직이려고 노력했다. 누군가 이들을 위해 잠긴 예배당 문을 열어준 뒤 이들이 떠나고 나자 다시 문을 잠갔다.

　　그날 하루 종일 보트와 헬리콥터가 오가며 병원 내의 환자와 방문객 대부분을 내보냈다. 윈과 다른 여자 간호사 몇 명은 기계실 벽의 구멍을 통해 마지막 몇 명의 환자를 내보내는 일을 도와주었다.

◇ ◇ ◇

보낸 사람: 드니즈 벨트란, 얼 리드 [라이프케어 CEO] 대행.

보낸 날짜: 2005년 9월 1일 목요일 오후 4시 02분

받는 사람: 라이프케어 분원 직원 전체

제목: 뉴올리언스 상황 속보 - 9월 1일

　　…… 테닛 병원에 있던 우리 직원들은 현재 대피 중입니다. 우리 환자

들을 대피시키기 위해 사설 업체를 물색하는 중입니다…….

◇ ◇ ◇

저물어가는 햇빛 속에서 마지막 환자들이 다층식 주차장의 꼭대기로 운반되는 동안, 멀 래거스는 계속 그곳에서 구조를 기다리고 있었다. 기계실 구멍을 통해 운반되는 과정에서 딸과 고통스럽게 헤어진 때로부터 하루가 지난 상태였다. 며칠 동안이나 더위 속에 누워서, 상당히 진전된 암과 폐기종으로 고통받는 동안, 래거스는 풍만했던 과거의 모습과 전혀 다른 모습이 되어 있었다. 한 간호사는 그녀가 숨을 가쁘게 몰아쉬는 것을 보았는데, 종종 죽음의 전조가 되는 유형의 호흡이었다. 간호사는 환자의 호흡을 편안하게 해줄 뭔가를 투여해도 되느냐고 래거스의 담당 의사인 로이 컬로타에게 물어보았다.

래거스가 호흡 문제를 겪고 있는 것을 본 컬로타는 환자가 실제로 죽어가고 있다고 믿었다.[46] 의사는 그녀를 대피 대기자 행렬에서 빼냈다. 그러고는 병원에 가서 진통제와 진정제를 가져오라고 ICU 간호사 한 명에게 지시했다.

다층식 주차장에서 인접한 건물 지붕을 지나가면 병원 본관 7층으로 이어지는 지름길이 되었다. 다층식 주차장과 건물 지붕 사이에는 나무 깔판을 하나 깔아놓고, 균형을 잡도록 호스도 하나 연결해두어, 헬리콥터 착륙장에 있던 직원들이 물품을 가지러 쉽게 오갈 수 있었다. ICU 간호사가 진통제와 진정제를 가져오자, 컬로타는 그 물건이 ICU에 있는 잠금식 보관함에서 가져온 것이겠거니 하고 생각했다. 그중에는 모르핀과 버스드와 아티반이 들어 있었다.

컬로타는 지난 몇 주일째 래거스에게 마취제를 처방했다. 그녀가 암의 전파 때문에 고통과 불안을 호소했기 때문에, 약에 대한 내성이 강하다는 것도 알고 있었다. 그러니 다량의 모르핀이 있어야만 그녀의 혈떡임과 고통을 경감시켜줄 것이라고 그는 생각했다. 아울러 이런 조치는 십중팔구 환자의 죽음을 재촉할 수 있을 것이라고 믿었다. 그녀와 딸은 DNR 요청서에 동의하지 않았지만, 담당 의사인 그는 이 환자가 입원 중인 상황에서부터 이미 치료 선택지가 한정적이라고 생각했으며, 자신의 치료에서 핵심 목표는 환자의 고통과 불안을 억제하는 것이라고 생각하던 참이었다.

컬로타가 가져오라고 지시한 약품을 간호사가 건네주었다. 래거스를 트럭 짐칸에 태운 뒤 컬로타는 차를 아래로 운전해서 다시 병원으로 돌아왔다. 의사는 환자가 사망할 때 곁에 있을 작정이었다.

◇ ◇ ◇

수전 멀더릭은 응급실 안을 살펴보았다. 몇 시간 전에 그녀는 대기실에 있는 환자 2명이(그중 한 명은 남편과 함께 도착해서, 이후 캐런 윈이 보살피던 여자 환자였다) 죽어간다는 이유로 이송되지 않았다고 들었다. 그런데 두 환자는 아직 거기 있고, 또한 여전히 살아 있었다. "우리 지금 이 사람들을 어떻게 하고 있는 거죠?" 그녀가 응급실 의사에게 물었다. 멀더릭은 두 사람에 대해서 결정을 내려야 한다고 사람들에게 말했다. 이들은 금방 죽을 것인가, 아니면 이들을 위층으로 옮겨갈 때인가? 의사가 말했다. "알았어요." 결국 이 문제를 자기가 처리하겠다는 뜻이었다.

◇ ◇ ◇

헬리콥터 착륙장의 사람들에게는 정말이지 긴 하루가 아닐 수 없었다. 일부 헬리콥터 조종사들은 침대에 누운 환자를 못 싣는다며 거부했다. 이 문제를 돌파하기 위해, 의사들은 환자 몇 명을 휠체어에 태운 다음, 이들의 배와 가슴에 시트를 꽉 묶어서 "혼자 힘으로 앉아 있는 환

재난, 그 이후

자"의 모습으로 위장했다.

오후 9시쯤 덩치 큰 ICU 환자 로드니 스콧이 철제 계단을 통해 헬리콥터 착륙장으로 운반되었다. 그는 자기가 미숙한 자원봉사자에게 들려서 좁은 통로를 지나오고 있다는 사실을 인식했지만, 그래도 어둡고 숨 막히는 병원에서 일단 밖으로 나왔다는 사실에 안도했다. 테닛 본사가 있는 도시의 일간지 〈댈러스 모닝 뉴스〉의 기자 수딥 레디는 구조를 향한 스콧의 행보를 현장에서 취재하고 있었다. 레디는 테닛에 헬리콥터를 대여한 개인 항공사에 부탁해서, 사진기자 브래드 로퍼와 함께 이날 오후 현장에 도착했다. 레디가 세어보니 모두 18명이 (그중 다수는 여성이었는데) 하나 둘 셋을 외치며 기계실 구멍 너머로 스콧을 밀어 넣는 일을 돕고 있었다. 다른 6명은 구멍 반대편 주차장에서 환자를 받았으며, 그에게 얼마나 많은 산소가 필요한지 이야기하며, 그를 꼭대기로 데려가기 위해 트럭 짐칸에 실었다. 다층식 주차장 위층으로 올라간 레디는 누가 봐도 끔찍한 상태인 환자들이 여전히 더위 속에서 땅에 누워 있는 것을 보고 깜짝 놀랐다. 일부 환자들은 상태가 너무 나빴기 때문에, 레디는 의사와 간호사를 옆으로 불러서, 과연 저 환자들이 살 수 있겠느냐고 나지막이 물어보기까지 했다. 의료진은 물론 살 수 있다고 대답하면서, 또 다른 환자들은 땅에 누운 끔찍한 상태로 죽고 말았다고 덧붙였다. 레디는 어째서 이렇게 가장 위중한 환자들이 아직까지 항공 수송되지 않았는지 도무지 이해할 수가 없었다.

레디는 여러 명의 자원봉사자가 어깨에 들것을 걸쳐 메고, 환자들을 들어올려 좁은 철제 계단을 올라 헬리콥터 착륙장으로 올라가는 것을 지켜보았다. 그는 수첩에 이렇게 적었다. "대소변이 병상에서 흘러내려 일꾼들에게 떨어졌고, 이들은 매번 일을 하고 나면 소독제로 몸을 닦을 수밖에 없었다." 그의 기사에는 이런 이야기가 담길 예정이었다.

이제는 4명이 로드니 스콧을 에워싸고 이렇게 말했다. "밀어! 밀어!"

그러면서 그의 육중한 휠체어를 해안경비대 헬리콥터 안으로 밀어 넣었다. 이 일이 끝나자, ICU의 어떤 남자 간호사가 땅에 쓰러지고 말았다. 알고 보니 휠체어와 헬리콥터 사이에 끼였는데, 잠깐 멈추라는 그의 비명 소리를 동료들이 전혀 듣지 못한 까닭이었다.

ICU 간호사는 숨쉬기가 어려운 것처럼 보여서, 그 역시 함께 이송해야 할 것만 같았다. 어쩌면 스콧 대신 그를 보내야 할지도 몰랐다. 로이 컬로타 선생은 남자 간호사의 가슴을 살펴보고, 다른 일꾼들은 ICU의 간호실장 캐런 윈을 목놓아 불렀다. 간호실장은 기계실 구멍으로 스콧을 빼내는 일을 도왔고, 이제는 자기 핸드백을 들고 8층짜리 다층식 주차장 꼭대기까지 직접 걸어온 참이었다. 내가 뭘 할 수 있다고들 그럴까? 그녀는 의문을 품었다. 윈은 마치 여러 간호사의 어머니와도 같은 존재였다. 간호사들이 뱁티스트 병원과 뉴올리언스에서 흩어져버려도, 어쩌면 영원히 그럴 것이었다.

헬리콥터 또 한 대가 상공에서 선회했다. 어쩌면 부상당한 간호사와 컬로타가 거기에 탈 수 있을 것 같았다. 의사는 필요한 경우에 공중에서라도 흉관(胸管)을 삽입해 그의 호흡을 도와주기로 했다.

이들이 계획을 논의하는 사이, 로드니 스콧을 태운 헬리콥터가 이륙했다. 체중이 무려 150킬로그램 이상이고, 수술과 심장 질환에서 회복 중인 상태였고, 차마 걸을 수조차 없는 상태였던 스콧은 그 어마어마한 체중 때문에 구멍을 맨 마지막으로 지나갈 사람으로 분류되었다. 유잉 쿡은 하루 전날까지만 해도 그가 사망했다고 잘못 판단했었다. 하지만 그는 멀쩡히 살아서, 성공적으로 항공 이송되었다. 스콧은 메모리얼을 떠난 최후의 생존 환자이기도 했다.

제2부

응보

RECKONING

어제 우리는 볼 수 있었지만, 오늘 우리는 볼 수
없으니, 내일 어쩌면 다시 볼 수 있을 것이다.

― 주제 사라마구, 『눈먼 자들의 도시』 중에서

8장

목요일 밤, 냄새 고약하고 쓰레기 가득한 10번 주간(州間) 고속도로의 네잎 클로버 모양 교차로에 수천 명의 사람이 갇혀 있는 모습을 카메라가 생방송으로 보여주었다. 기자는 그중 90퍼센트가 시내의 주택 프로젝트에서 온 사람들이라고 말했다. "하지만 다른 사람들도 있습니다." 그녀가 말했다. 그러고는 메모리얼 메디컬 센터에서 온 2명을 소개하면서, 이들이 매우 겁에 질려 있다고 묘사했다.

"미리 빠져나와서 오늘 밤 편안하고 따뜻한 침대에 누워 계실 수도 있었을 텐데, 두 분은 지금 여기에 계시네요."[1] 기자가 말했다. 지친 생존자들이 보기에, 곱게 화장한 그녀의 얼굴은 뭔가 이번 재난에 어울리지 않는 것 같았다.

메모리얼의 산부인과 간호실장 메리로즈 버나드가 굳이 카메라 앞에 서기로 작정한 까닭은, 그 대가로 언론사로부터 자기 아이들과 남편과 어머니를 구조하도록 도움을 주겠다는 약속을 받았다고 생각한 까닭이었다.[2] 그녀의 식구들은 수요일에 메모리얼을 떠났지만, 결국 뉴올리언스 컨벤션 센터에서 굶주림과 목마름과 두려움에 직면하는 신세가 되고 말았다.

간호실장은 '메모리얼에서의 닷새(five days at Memorial)'에 대해 설명했다. 그녀의 말에 따르면, 의사들과 간호사들은 대부분 하루에 한 시간만 자고 일했다. 그녀는 부상자 선별 방법을 배운 것에 관해 이야기하고, 직원들과 방문객들이 환자 한 사람 한 사람을 어두운 계단으로 들어 날랐다고 설명했다.

기자는 혹시 허리케인 동안 메모리얼에 머물렀던 것을 후회하느냐고 물었다. "후회는 전혀 없습니다." 간호실장이 대답했다. "전혀 후회하지 않아요. 저는 간호사니까요. 그리고 그거야말로 간호사가 하는 일이니까요."

◇ ◇ ◇

키가 크고 늘씬하며 머리는 희끗희끗한 남자가 조지아 주 애틀랜타에서 이 인터뷰를 지켜보며 감정이 북받치는 것을 느꼈다. 아서 '부치' 섀퍼는 루이지애나 주에 살면서 일한 경험이 있어, 거대한 황무지로 변한 재해 현장을 텔레비전으로 보자 가슴이 미어졌다. 저 간호사는 영웅이 아닐 수 없었다.

죽음과 황폐는 그의 개인적인 비극을 반영하고 있었다. 그와 아내는 조지아 주에 가족과 함께 있었다. 딸(나이는 서른한 살에, 환한 미소와 너그러운 성격을 보유한) 셸리가 최근에 사망했기 때문이다.

섀퍼는 거상(居喪)을 중단하고, 자기를 필요로 하는 루이지애나로 돌아가기로 작정했다. 나이 많고 몸이 불편한 병원의 환자와 요양원 거주자의 생명을 구하기 위해 싸우는 것이 그의 직업이었다. 섀퍼는 루이지애나 주의 '메디케이드 사기 단속반'의 차장검사로 일하고 있었는데, 그의 업무는 단순히 사기를 근절하는 것만이 아니라, 그 주에서 가장

재난, 그 이후

취약한 사람들에 대한 학대와 방치와 착취를 조사하는 것도 포함되어 있었다. 지금 그 주의 곳곳으로 흩어진 수천 명의 사람이 바로 이런 부류에 속했다.

◇ ◇ ◇

병원과 요양원 환자들의 다른 여러 친지들과 마찬가지로 캐리 에버렛은 라이프케어의 덩치 좋은 하반신 마비 환자인 남편 에밋의 행방을 알 수가 없었다. 캐리는 카트리나 당시 뉴올리언스 제9지구에 머물렀는데, 물이 차오르면서 집 안에 갇힌 신세가 되었다. 누군가가 보트를 끌고 와서 구조한 덕분에, 그녀는 휴스턴에 가 있었다. 에밋에 관해 묻기 위해 그녀가 전화로 접촉한 사람들은 하나같이 또 다른 누군가에게 전화를 돌려주었다. 하루하루가 지날수록 그녀는 점점 더 걱정되었다.

캐리는 쉰 살이었던 온두라스 출신의 이 블루칼라 노동자가 척수경색증으로 장애를 겪을 때부터 10년간 줄곧 간호해왔다. 비록 체구는 작았지만, 그녀는 매일같이 충실하게 에밋을 휠체어에 옮겨 태웠다. 덕분에 그는 마당에 나가 앉아서 성서를 읽고, 개와 함께 놀고, 자기 눈 노릇을 해주는 일곱 살짜리 손녀를 무릎에 올려놓고 장난 치곤 했다.

에밋은 인공 항문 수술을 기다리며 라이프케어에 입원해 있었다. 캐리는 매일같이 병원으로 남편을 찾아갔지만, 샐멧 분원의 라이프케어 환자들이 메모리얼 메디컬 센터로 이송되면서부터 집에 머물러 있으라는 이야기를 들었다. 에밋은 전화를 걸어 자기가 걱정 없이 목적지에 도착했다고, 손녀 사진을 하나 가지고 왔다고, 그리고 안전하다고 알려주었다. 이것이 그녀가 남편으로부터 들은 마지막 말이었다.

◇ ◇ ◇

리넷 버지스 기디도 인터넷을 통해 자기 어머니의 소식을 찾아보았다. 그녀는 전직 공인 간호조무사이며 말기 자궁암 환자인 어머니 재니 버지스를 만나기 위해 유럽에서 날아왔고, 폭풍이 다가오는 상황에서 ICU를 방문한 바 있었다. 버지스 기디와 그녀의 사촌 자매는 루이지애나, 시카고, 네덜란드, 이탈리아에 있는 친척들을 모두 동원해 실종자 명단을 샅샅이 뒤져, 어머니를 찾으려고 했다.

◇ ◇ ◇

집집마다 가족을 찾기 위해 애쓰는 동안, 홍수가 일어난 도시 곳곳에서는 시신이 부패하고 있었다. 시간이 흐르는데도, 정부 관리들은 이 시신들을 수습하는 책임이 누구에게 있느냐를 놓고 입씨름을 벌였다. 9월 6일에 MSNBC의 카메라 기자 토니 줌바도가 카약에 올라타고 직접 노를 저어 메모리얼 메디컬 센터로 들어갔고, 마이런 C. 매든 예배당에서 흘러나오는 압도적인 죽음의 냄새를 추적하게 되었다. '출입 금지'라는 글자가 적힌 작은 노란색 패지가 문에 테이프로 붙어 있었다. 그 안에 들어간 줌바도는 간이침대며 맨바닥에 흰색 시트를 수의 삼아 덮은 시신이 열 구도 넘게 줄지어 놓여 있는 모습을 카메라에 담았다. 이쪽에서는 하얀 머리카락이 한 줌 삐져나와 있었고, 저쪽에서는 무릎 하나가 툭 튀어나와 있었다. 창백한 손 하나가 파란색 환자복 위에 뻗어나와 있기도 했다.

며칠에 걸쳐 메모리얼의 사망자들에게 일종의 조문 행렬이 이어졌다. 이 지역을 지원하고 경비하기 위해 샌디에이고에서 파견되어 이곳을 지나가던 주 방위군 대대 소속 병사들,[3] 테닛의 도급 업체인 딘코프 소속으로 비교적 최근까지 이라크와 아프가니스탄 참전 경험이 있는 경비원들, 〈크리스처니티 투데이〉 잡지의 기자 한 명,[4] 그리고 악취를 견디지 못하고 결국 구토하고 만 구조대원 한 명 등이었다.

생존자 수색을 위해 나선 목사 한 명은 자기가 메모리얼의 예배당에

재난, 그 이후

들어섰을 때 본 광경을 단테의 『신곡』에 나오는 장면에 비교했다. "그야말로 지옥의 모습과도 유사했습니다."[5] 그는 CNN에 이렇게 말했다. 사고 시신 수습반이 마침내 찾아온 것은 9월 11일 일요일로, 생존 환자와 직원이 모두 떠난 지 무려 일주일 이상 지난 다음이었다. 수습반은 예배당과 영안실과 복도와 라이프케어 층과 응급실 등에서 모두 45구의 시신을 수습했다.

카트리나의 피해를 입은 병원이나 요양원 중에서 가장 많은 시신이 발견된 것이었다. 주요 뉴스에서는 이 충격적인 발견을 보도했다. 애너포 선생은 배턴루지의 한 텔레비전 방송국 기자와의 인터뷰에 응했다.[6] 의사는 수수한 흰색 브이넥 블라우스를 입고 있었다. 계피색 머리카락은 잘 손질되어 있었지만, 카메라에 비친 눈 밑에는 다크서클이 있었고, 광대뼈 아래는 움푹 들어가 있었다. 그녀는 메모리얼에서 그렇게 많은 사람이 사망한 이유를 설명하려고 애썼다.

"거기에 있던 일부 환자들은 상태가 위중한 편이었고, 폭풍이 오는 것과 상관없이, 어, '심폐소생술 거부' 요청이 되어 있었는데, 그건 다시 말해서, 그 사람들이 죽게 되면 자연스럽게 죽도록 놓아두라는, 그리고 음, 그 사람들을 소생시키기 위한 어떤 영웅적인 방법을 전혀 사용하지 말라는 뜻이었어요." 그녀는 이렇게 말하면서 마치 강조하듯 고개를 끄덕였다. 마치 인터뷰 담당자나 시청자의 공감을 끌어내려는 듯, 또 어쩌면 스스로 확신을 품으려는 듯한 모양새였다. "우리는 병원 내에 있던 환자들을 위해 우리가 할 수 있는 최선의 치료를 제공하기 위해, 그리고 그들을 편안하게 만들어주기 위해, 우리의 힘 닿는 한 모든 일을 했습니다."

◇ ◇ ◇

다른 어디보다 많은 환자가 사망한 병원이 바로 메모리얼이었지만,

홍수 지역 주변의 다른 보건 시설에서도 끔찍한 이야기들이 점차 드러나기 시작했다. 세인트버나드 패리시에서 무너진 제방 근처에 있던 단층짜리 요양원 세인트리타스에서는 무려 30명 이상의 환자가 익사한 것이 분명했다.[7] 폭풍 직전에 시설 대피와 관련해 재촉을 받았던 운영자 부부도 종적을 알 수가 없었다. 이렇게 병원과 요양원에 있는 사람들이야말로 대형 재난에서 발생한 총 사망자의 상당 부분을 차지하는 것처럼 보였다.

이 의료 비극의 윤곽이 뚜렷해지면서, 뉴올리언스나 미국 내 다른 지역에서도 다음번의 파국이 발생하기 전에 그 원인을 파악해야 한다는 다급한 필요가 생겼다. 병원과 요양원에서 발생한 사망은 단순히 자연재해, 혼란스러운 정부의 대응, 빈약하게 건설된 홍수 방지 대책, 좋지 않은 생활환경이 중첩되며 만들어낸 유감스러운 결과일 뿐이었을까? 아니면 개인 및 기업의 탐욕에 대한 느슨한 관리 감독도 한몫했을까? 일부 병원과 요양원의 지도자들이 폭풍 이전에 대피하지 않기로 결정한 것은, 무엇보다 보건 시설을 비우고 닫아야 하는 데 들어가는 막대한 비용을 회피하기 위해서였을까? 재난 대비 계획이 준수되지 않았거나, 폭풍 이전의 중요한 투자가 이루어지지 않았거나, 보건 분야 종사자들이 적절한 준비를 하지 못했던 것일까?

부치 섀퍼는 딸의 거상을 중단하고 집에 돌아오면서부터 이런 질문들을 떠올리기 시작했다. 경험 많은 형사사건 담당 검사였던 그는 특히 복잡한 사건을 자주 맡았다. 그의 상사이며 초선인 루이지애나 주 검찰총장 찰스 포티는 30년 동안이나 올리언스 패리시의 민선 보안관을 역임했으며, 나이 많은 유권자들로부터 강한 지지를 얻고 있었다. 백발의 포티는 지난 5월에 아흔두 살로 사망한 아버지를 직접 모셨으며, 몇 번인가 허리케인의 예상 경로를 피해 직접 아버지를 차에 태우고 대피한 적도 있었다. 포티는 세인트리타스에서 일어난 사건을 끔찍스러운 비

재난, 그 이후

극이라고 규정하며 철저한 수사를 공언했으며, 급기야 섀퍼가 이끄는 '메디케이드 사기 단속반'은 환자가 사망한 병원과 요양원의 직원 모두에 대한 수사를 시작했다.

이 단속반은 주와 연방 정부로부터 자금을 지원받아 활동하며, 저소득층 의료보험인 메디케이드에 참여한 병원 및 기타 보건의료 시설에 대한 관할권을 갖고 있었다. 메디케이드는 지금으로부터 40년 전에 서던 뱁티스트 병원의 지도자들이 (한편으로는 정부의 간섭을 피하기 위해서) 가입을 거부한 바 있는 여러 가지 복지 프로그램들 가운데 하나였다. 이제 정부 수사관은 메모리얼 메디컬 센터의 현재 소유주에게 전화를 걸어, 사망자의 명단과 병원의 재난 대비 계획 사본을 넘겨달라고 요청했다.

만약 회사 측에서 재난 대비 계획이 충실히 준수되었다는 사실을 입증할 수만 있다면, 이 사건은 신속하게 종결되고, 사망 사건에 대한 비난의 표적도 다른 데로 옮겨갈 것이었다. 뉴올리언스 시장 레이 네이긴의 폭풍 직전 대피 명령은 병원에 적용되지 않았다. 왜냐하면 병원은 폭풍 중에도 계속 문을 열고 직원이 상주하라는 명령을 따르기 때문이다.

하지만 수사 개시와 함께 수상한 징후들이 드러났다. 테닛의 변호사는 단속반의 전화 질문에 방어적으로 대응했으며, 아예 질문을 서면으로 작성해 보내달라고 요청하기도 했다. 테닛 측이 팩스로 보낸 자료 중에는 회사 측의 사건 요약서, 메모리얼 직원들의 영웅적 행동을 부각시킨 신문기사 사본, 그리고 사망 사건의 원인은 어디까지나 병원의 통제 능력을 넘어서는 자연의 영향력 때문이었다는 취지의 보도 자료가 있었다.

무려 나흘 넘는 기간 동안 취약한 위생, 전력과 에어컨과 수도의 단절, 섭씨 43도까지 올라간 건물 내 기온 등으로 인해, 우리 의사들과 간호사들의 영웅적인 노력에도 불구하고 일부 환자는 생존하지 못한 것입니다. (……) 9월 2일에 우리는 생존 환자 전원을 병원에서 대피시킬 수 있었으며, 이 과정에서도 정부의 구조 노력이 과부하를 겪는 상태에서 테닛이 별도 고용한 개인용 헬리콥터를 주로 사용했습니다.

하루 뒤 뉴올리언스 소재 라이프케어 병원을 대리하는 변호사가 보낸 팩스도 단속반에 들어왔다. 여기서는 메모리얼의 7층에 있던 라이프케어의 환자 9명이 의심스러운 상황에서 사망했다고 주장했다.

우리도 관련 사실을 막 수집하기 시작한 상황입니다만, 우리는 이 사건과 관련된 환자들이 성공적으로 대피할 수 없다고 간주된 시점에, 한 의사가 (포 선생이라는 그 의사는 우리가 알기로 라이프케어의 직원이 아닙니다) 모르핀을 투여했다는 정보를 확인했습니다.

보건의료 시설에서 벌어진 고의적인 살인이야말로, 단속반도 처음 접하는 사건이 아닐 수 없었다. 학대로 인해 벌어지는 사망 사건조차 실제로는 매우 드물었다. 섀퍼와 그의 동료들이 추적을 준비 중인 모든 범죄 추정 사건 중에서도, 이번 경우야말로 전적으로 예상을 벗어난 것인 동시에, 처음에는 한마디로 터무니없어 보였다.

섀퍼와 그의 새로운 동료인 특별수사관 버지니아 라이더는 이 주장을 조사해볼 필요가 있음을 깨달았다. 그녀는 검사와 수사관이 공동으로 사건을 담당하는 이 단속반에서 10년간 활약한 고참이었다. 라이더는 최고의 평판을 얻고 있었다. 철저하고, 근면하고, 똑똑하다는 평이었다. 사실 수집과 공무 수행은 집안 내력이기도 했다. 그녀의 아버지는 지도 제작자로서 한국전쟁 당시 육군정보부에서 일했으며, 나중에는 수십 년간 주간(州間) 고속도로 시스템을 만드는 일을 했다. 하지만 라이더는 아버지의 이력 대신 어머니의 이력을 따라 회계사가 되었다.

그녀는 재정 관련 자료를 여기저기 뒤져보는 일을 좋아했지만(특히 은행 기록에 잔뜩 파묻히다시피 하는 사건이 오면, 그녀는 "마치 진흙 속에 들어간 돼지처럼 좋아했다") 첫 직장인 부동산 개발 회사에서 장부를 작성하는 일만으로는 뭔가 성에 차지 않았다. 그런데 일을 시작한 지 불과 몇 달 만에, 라이더는 회사 내부의 횡령범을 하나 찾아냈고, 그로 인해 자기가 사기 행각에서 비롯되는 숫자 지문(指紋)을 찾아내는 데 소질이 있음을 깨달았다. 그 직원은 여러 해 동안 작은 회사 한 곳에서 40만 달러를 착복했는데, 어느 누구도 그걸 눈치채지 못한 상황이었다. 이 일로 인해 라이더는 자기 열정을 찾아냈다. 바로 사기꾼을 추적하는 것이었다. 그리하여 그녀를 지금처럼 위험한 임무를 수행하는 (따라서 경찰학교에서의 훈련을 필수로 거쳐야만 하는) 수사관이라는 직업으로 이끈 요인은 다른 사람들에게 해코지한 악당들에게 법의 심판을 내리는 일을 돕는 재능과 열정이었다.

집요한 성격의 라이더는 루이지애나 주 의회당의 복합건물 바로 북쪽에 있는 일터를 좋아했다. 바로 이곳에서 사기 전담 수사관은 루이지애나 주 정치사 내내 끊어지지 않고 이어지는 후원의 유물인 위풍당당한 건물에 둘러싸여 일하는 셈이었다. '대물(大物)'이라는 별명으로 통하던 전설적인 주지사 휴이 P. 롱은 입법가들을 설득하여 대공황 기간 중에 대리석과 석회석으로 의회 건물을 세웠고, 1935년에 바로 그곳에서 암살당했다. 높이 34층의 아르데코 양식 건물은 여전히 미국 내에서도 가장 높은 의회당으로 남아 있다. 라이더와 섀퍼는 배턴루지에서 한 시간쯤 떨어진 곳에 살았으며, 주 정부에서 지급된 승용차를 타고 출근했다. 라이더는 집에 오래된 파란색 승용차도 하나 가지고 있었다.

라이더는 섀퍼보다 스물네 살 더 젊었고, 신장은 30센티미터 더 작았다. 섀퍼는 단속반에 온 지 얼마 되지 않았다. 그 이전에 라이더와는 딱 한 번 마주쳤을 뿐이었다. 즉 그로부터 1년 전에, 그녀가 돈 세탁과 메디케이드 사기 복합 사건을 수사하던 중에, 재판에서 증인으로 참석한 적이 있었다. 미소를 지으면 보조개가 생기는 라이더는 중간 정도의 체구에 청회색의 눈, (자기 말마따나) 멀건 금발의 생머리를 보면, 마치 무대 뒤에서 평생을 바친 사람 같은 수수한 모습을 가꾼 것 같았다. 그녀가 배심원 앞에 소환된 것은 이때가 처음이었다. 그녀는 갑자기 무대 위에 올라가게 되어서 그런지 신경이 곤두섰다. 반면 섀퍼는 무대만 기다리는 배우와 비슷해 법정에서 벌어지는 공인된 충돌을 무척 좋아했다. 그가 법과대학원에 간 이유도 사실은 그래서였다. 이때 섀퍼는 라이더에게 무릎에 펜을 하나 올려놓고 손으로 만지작거리라고, 그래야만 본인의 불안감이 은연 중에 배심원에게 전달되는 일을 막을 수 있다고 조언했다. 그녀는 이날 증언을 잘했으며, 섀퍼는 라이더가 단순히 남보다 앞서고 인정받기 위해서가 아니라, 오히려 자기 일에 신념을 가진 까닭에 매우 열심히 일한다는 사실을 알게 되었다.

라이더는 라이프케어에서 팩스를 받자마자 테닛에도 환자들의 진료 기록을 요청했다. 회사 측에서는 여전히 메모리얼에 대한 접근을 통제하고 있어 진료 기록이 아직 현장에 남아 있을 가능성이 있었다. 하지만 테닛의 중역진은 진료 기록의 위치에 관해 줄곧 모호한 태도를 취했다. 어쩌면 시신과 함께 검시관실로 옮겨졌을 수도 있고, 병원에 여전히 남아 있을 수도 있다고 둘러댔다. 라이더와 섀퍼와 몇 명의 동료는 영장을 발부해서 진료 기록을 가지러 뉴올리언스로 떠났다. 그런데 경비원들은 보호 장구를 착용해야 한다는 이유로 이들이 병원에 들어가지 못하게 막았다. 이들과 동행한 연방 수사관들이 위험 물질 방호복을 두 벌 구해 메모리얼로 들어갔지만, 환자 9명의 진료 기록을 찾아내는 임무에서는 거의 아무런 진전이 없었다.

부치 섀퍼는 평생 동안 여러 군데 병원을 방문한 경험이 있었다. 하

재난, 그 이후

지만 현행 진료 기록이 없는 병원이 있다는 말은 한 번도 들은 적이 없었다. 이 문제 때문에 그는 이 사건에 대해서 호기심을 품게 되었다. 또한 가지 흥미로운 것은 수사단을 가로막기 위해서 중무장한 경비원들이 현장에 나와 있다는 것이었다.

주 검찰총장 앞으로 들어온 다른 병원과 요양원에 관한 고발 건수 자체도 놀랍기는 마찬가지였다. 뉴올리언스 소재 투로 병원의 CEO인 레스 허시는 폭풍이 지나간 뒤 자기네 병원의 활동에 관해 자랑을 늘어놓았다. 〈모던 헬스케어〉에 기고한 에세이에서, 그는 도시에서 폭력 사태가 빚어지는 상황에서 소방서장이 한 시간 안에 병원을 모두 떠나라고 지시했지만, 투로의 직원들은 '결코' 자기네 환자를 남겨놓고 떠날 수 없었다고 주장했다.[8] 그의 직원들은 마지막 환자가 안전하게 대피할 때까지 남아 있었다는 것이다.

하지만 허시의 이야기에 대해 이의를 제기하는 익명의 편지 한 통이 주 검찰총장 앞으로 날아왔다. 즉 2005년 10월 2일 금요일에 인근의 다른 병원에서 온 직원들은 투로의 환자 하나가 "산 채로 내버려진" 것을 발견했다는 이야기였다.

병원의 대피를 돕던 한 간호사가 당신네 건물에서 16구의 시신을 발견했습니다. 여러 개의 모르핀 주사약 병이 바닥에 흩어져 있는 것도 발견했다고 보도되었습니다. 이 시신 가운데 하나는 여전히 살아 있었으며, 현재 다른 병원에서 치료를 받고 있습니다. 왜 그 환자들을 그냥 죽게 내버려둔 겁니까? 혹시 그들을 안락사시킨 겁니까? 누굴 죽게 내버려둘지는 무슨 기준으로 판단했습니까? 치료비를 낼 수 있는 능력에 따라서였습니까? 저는 이 병원의 행동이 통탄할 만하다고 생각합니다. 그 어떤 환자도 죽도록 내버려지거나, 안락사당해서는 안 될 것입니다.

그 편지를 쓴 사람은 이렇게 경고했다. "언젠가는 진실이 드러나게 될 겁니다."

◇ ◇ ◇

메모리얼의 병리학자 존 스키너는 메모리얼을 떠나기 직전에 사망 자의 이름과 생년월일과 위치를 적어놓았다. 그는 종이에 손으로 쓴 이 명단을 텍사스에 있는 테닛의 중역진에게 팩스로 보냈다. 그 문서는 결 국 이 회사의 그 지역 담당 최고의료책임자가 보관하게 되었는데, 이 재난이 펼쳐지던 와중에 휴가지인 오리건 주에서 졸지에 전화로 일해 야만 했던 중역이 바로 그 사람이었다. 일주일 하고도 며칠 더 지나도 록 시신들은 병원에 남아 있었으며, 검시관의 손에 여전히 들어가지 않 은 상태였기 때문에, 이 정보를 이용해서 이루어진 일은 거의 없었다. 테닛의 전화 교환원은 열이 뻗친 환자들의 가족 수십 명이 남긴 전화 메시지를 받아 적어놓았고, 내용은 데이터베이스에 모두 입력되었다. 만약 환자의 친척이 어찌어찌 의료 책임자와 직접 연결될 경우, 그는 자기가 아는 내용을 그들에게 전해주었다. 그러다가 시신이 수습되고 주 검찰청에서 수사를 시작하고 나서야, 테닛의 중역진은 사망자의 이 름과 주소와 가족 연락처가 들어 있는 진료 기록 '페이스시트'를 만들 었고, 여러 명의 직원을 동원해 가족에게 연락을 취했다. 이때 전화를 거는 직원들에게는 다음과 같은 지시사항이 내려왔다.

1. 포괄적인 용어로 말할 것.
2. '절대로' 개인의 견해를 내놓지 말 것!
3. 유족이 고인과 관련해 누군가와 접촉한 것은 이번이 처음일 수 있음.
4. 유족은 언론의 뉴스 보도 이외에는 아무것도 모름.
5. 유족은 화난 경우가 많음.

재난, 그 이후

6. 진실을 말할 것. 즉 환자는 전력 차단이나 고열 등으로 인해 사망했을 가
   능성이 있다는 식으로.

직원들은 우선 자기소개를 하고, 유족과 환자의 관계를 확인했다. 그
러고 나서 다음 단계로 넘어갔다. "정보 공개: 환자분께서는 허리케인
직후, 저희 시설의 환자 대피가 완료되기 직전에 사망하셨습니다."

이 문서에는 곤란한 질문들을 다루는 방법도 포함되어 있었는데, 예
를 들어 왜 이런 통지가 사망한 지 무려 2주나 지나서 오게 되었느냐는
질문이 그러했다. "모든 정보는 전자식으로 운영되고 있습니다. 하지만
컴퓨터 서버가 뉴올리언스에 남아 있어서요. 시 전체의 전력이 차단되
는 현상까지는 저희도 차마 예상하지 못했습니다."

직원들은 유족들 각자에게 이렇게 말하기로 되어 있었다. "고인께서
는 줄곧 저희 측으로부터 간호를 받으셨습니다. 고인의 신원을 확인한
후, 수의를 덮어서 저희 병원의 예배당에 안치했습니다. 고인께서는 존
엄한 대우를 받으셨습니다."

만약 유족이 허리케인 직전에 대피하지 않기로 했던 결정에 관해서
질문을 던질 경우, 그 조치는 '환자에 대한 위험' 때문이었다고 말했다.
카트리나 직후에 대피하기로 한 결정은 정부 관리들이 의무로 규정한
바 있었다. "이번 재난과 유사한 상황에서는 정부의 통제를 받게 마련
입니다. 주 정부는 고인을 모셔다 패리시의 검시관실에 안치했습니다.
머지않아 사망자 전원은 (배턴루지에서 남서쪽에 자리한) 루이지애나 주
세인트가브리엘로 이송될 것이고, 그곳에서 철저한 의학 검진을 실시
해, 사망 원인을 확인할 것입니다. 사망확인서는 곧 발급될 것입니다.
즉 일단 사망 원인이 결정되고 나면, 주 정부 공무원이 유가족께 연락
을 드릴 것입니다."

연락 팀에 속한 8명 중에는 ICU의 간호실장 캐런 원과 사고 대응 지

휘관 수전 멀더릭도 포함되어 있었다. 두 여자 모두 9월 1일 목요일 밤을 메모리얼의 탁 트인 헬리콥터 착륙장에서 다른 50명의 직원 및 가족과 함께 보낸 바 있으며, 당시 멀더릭의 나이 지긋한 어머니는 여전히 실내복 차림이었다. 구조 헬리콥터는 어두워지자마자 더 이상 오지 않았고, 이들은 혹시나 약탈자가 쳐들어올지도 모른다는 두려움 때문에 차마 병원으로 다시 들어가지 못했다. 무장한 직원들이 계단마다 서서 지키고 있었다. 병원 창밖에 사람들이 한 무리 모여들자(그중에는 눈이 동그래진 아이들도 있었다) 무장한 직원들이 나서서, 더 가까이 오면 쏴버리겠다고 이 '약탈자'들을 위협하기도 했다.

다음 날 아침에 원은 헬리콥터를 타고 뉴올리언스 공항으로 갔다. 집결지에 도착한 그녀는 로드니 스콧 씨를 보고 화가 치밀었다. 환자가 여전히 종이 가운을 걸치고 휠체어에 앉아서 몸을 떨고 있는데도, 어느 누구 하나 그를 돌보지 않았기 때문이다. 전날 저녁에 내보낸 메모리얼 환자 상당수는 병원을 빠져나온 이후에도 그리 멀리 가지 못한 상태였다. 다만 그녀 밑에서 일하다 부상을 입은 ICU의 남자 간호사 한 명은 로이 컬로타와 또 다른 의사가 동행해 고집한 덕분에 배턴루지의 한 병원으로 곧장 날아갔고, 비행 내내 의사들은 여차하면 즉석에서 흉관을 삽입하기 위해 해안경비대 소속 조종사의 칼을 빌려 들고 있었다. 다행히도 그런 응급조치는 불필요했으며, 엑스레이에 따르면 간호사는 단지 갈비뼈와 비장 부분에 심하게 멍만 들었을 따름이었다. 그는 사흘 밤을 병원에서 지내면서, 더위 속에서 며칠 동안 환자들을 옮기느라 생긴 탈수 현상을 치료했다.

수전 멀더릭의 쉽지 않았던 메모리얼 탈출은 델라웨어 주에서 끝났으며, 그 와중에 그녀는 뉴올리언스 레이크프론트라는 작은 공항에 마련된 북적이는 피난민 집결소에서 하루를 보냈다. 그녀와 지친 동료들은 심지어 그곳에서도 모여 있는 사람들을 돌봐달라는 요청을 받았다.

이들을 딱하게 생각한 공무원 한 사람이 더 오래 기다린 다른 사람들보다 먼저 비행기에 태워주었지만, 이들은 혹시 뒤에 남는 것에 격분하고 자포자기한 폭도로부터 생명의 위협을 받는 것은 아닐까 하는 두려움에 사로잡혔다. 반면 (그녀가 나중에 알게 된 바에 따르면) 병원 중역진의 일부는 헬리콥터를 타고 인근의 테닛 계열 병원으로 이송되어 따뜻한 식사와 병실을 제공받았으며, 샤워와 면도와 환복을 마치고 나서는 헬리콥터를 타고 미시시피 주 해티즈버그로 갔으며, 거기서 또다시 개인용 제트기를 타고 각자 원하는 목적지로 날아갔다. 메모리얼의 CFO 커티스 도시도 이 계약의 수혜자로서, 목요일에 테닛의 밥 스미스와의 통화에서 이런 사실을 전해 들은 바 있었다. 도시의 아내는 일주일 내내 자신의 오랜 친구인 테닛의 COO에게 전화를 걸었으며, 회사가 언제쯤 자기 남편을 그곳에서 데리고 나올지 물어보는 한편, 절대 자기 남편을 육로로 보내서는 안 된다고 신신당부했다. "내 남편을 그 사람들 모두와 함께 버스에 실어 보내면 안 돼." 이것은 도스가 이 이야기를 전하면서 언급한 문장 그대로였다.

실제로 테닛이 임대한 버스는 그리 나쁘지 않았다. 이 버스는 댈러스로 향했고, 그곳에서는 본사가 꽤 좋은 애너톨 호텔을 예약하고 객실 요금도 지불해놓아, 세면도구와 식사 상품권이 제공되는 것은 물론, 가족과의 재회도 지원해주었다. 메모리얼의 직원과 가족, 심지어 라이프케어의 직원 가운데 테닛이 고용한 헬리콥터에 의해 구조되어 인근의 테닛 계열 병원으로 이송된 사람들 역시 식사와 샤워를 할 수 있었으며, 그 외에도 여러 가지 설비를 이용할 수 있었다.

멀더릭은 사망한 환자의 유족 전화번호 가운데 자기가 할당받은 세 군데에 연이어 전화를 걸었지만, 연결이 되지 않는다는 음성 메시지와 자동 응답기 목소리만 흘러나왔다. 몇 시간 흐른 뒤에야 그는 나이 많은 라이프케어의 환자 아들 및 며느리와 연락이 닿았다. 멀더릭은 모친의 사망 전후사정을 이들에게 설명하려 했다. "환자 간호 구역까지 물이 밀려든 적은 결코 없었습니다만, 지하층에 물이 차오르면서 전기와 에어컨이 끊겨버렸습니다. 고인께서는 의사들과 간호사들로부터 보살핌을 받으셨지만, 상태가 너무 위중했습니다."

다음 월요일인 9월 19일에 멀더릭은 애너 포로부터 전화를 받았다. 이 의사는 주 정부가 메모리얼에서 일어난 사망 사건을 수사 중이라는 기사를 읽었던 것이다. CNN의 기자들이 포에게 전화를 걸어, 병원에서 있었을지도 모르는 안락사에 관한 보도를 준비하고 있다고 알렸다. 이 의사는 어떻게 해야 할지 몰랐다. 그녀는 멀더릭에게 도움을 요청했다. 간호사는 포에게 가만히 있으라고, 그러면 테닛의 누군가가 당신에게 연락을 할 거라고 말했다.

◇ ◇ ◇

애너 포는 목요일 오후 6시경에 메모리얼의 헬리콥터 착륙장에서 헬리콥터에 올랐는데, 마지막 환자가 공중 이송되기 몇 시간 전이었다. 그녀는 자기가 사는 도시를 내려다보았다. 눈에 익숙한 지형지물이 물에 덮여 있어서 잠시 방향을 상실한 느낌을 받았고, 가슴이 미어지는 듯했다. 포의 뉴올리언스 자택은 강 근처의 고지대에 있어서 홍수에서 무사했다. 메모리얼을 떠난 지 일주일도 안 되어서, 병원들이 여전히 문을 닫고 환자들이 다른 곳에 흩어져 있는 상황이었지만, 그녀는 고용주인 LSU와 합의해 배턴루지의 한 공립병원에서 일하게 되었다.

병원 직원 가운데 몇 명은 환자에게 놓은 주사와 수많은 죽음 때문에 극도로 화가 나 있었고, 결국 기자들에게로 이야기가 전해졌다. CNN과 다른 언론매체가 접촉을 시도하자, 포는 우선 메모리얼의 동료 의사들에게 손을 내밀었다. 그녀는 최고의료책임자 유잉 쿡에게 연락을 했는데, 이 호흡기내과 의사는 수전 멀더릭의 요청에 따라 환자에게 어떤 약을 줄 것인지 포에게 조언한 바 있었다. 그는 재난 이후 휴스턴에 머물러 있었기에, 그녀는 루이지애나 사람들이 수사에 나섰다고 상대방에게 알렸다. 그러면서 혹시 누군가가 연락해왔느냐고 물었다. 역시 쿡에게도 뉴스 매체가 연락한 바 있었다. CNN도 그를 찾고 있었다. 쿡은 이 일에 끼어드는 것을 싫어했다. 그는 계속 외부에 알려지지 않은 채 남고 싶어 했다. 의료 윤리와 사망 조력에 관한 이야기가 나올 때면, 이런 세상에, 사방팔방에 자기 의견을 가진 사람이 넘쳐난다니까! "애너." 쿡이 말했다. "뉴스 매체에는 이야기를 하지 말아요. 아무 말도 하지 말라고." 선정주의를 추구하는 기자 한 명만 있어도 자칫하면 자기네 말을 어떻게든 왜곡할 수 있었다. "그냥 숨어요." 그가 조언했다.

포는 메모리얼의 외과 과장인 존 월시에게도 전화를 걸었다. 이 똑똑하고도 친절한 일반외과 의사는 포가 이 병원에서 처음 일하던 바로 그해에, 그러니까 수술 도중의 휴식 시간에 대화를 나누면서 처음 알게 된 사이였다. 9월 1일 목요일에 그녀는 7층에서 일어난 일에 관해서(즉 그곳에서 자기가 환자들에게 주사를 놓았고, 그곳에서 많은 사람이 죽었다는 사실에 관해서) 그에게 잠깐 이야기했었다. 월시는 포에게 일찌감치 변호사를 고용하라고, 그리고 메모리얼의 CEO 르네 구에게 연락하라고 재촉했다. 그녀는 구의 휴대전화에 메시지를 남겨놓은 뒤, 어머니 댁으로 가서 머물렀다.' 하지만 연락이 닿지 않자, 멀더릭에게 전화를 걸어서 도움을 요청했던 것이다.

테닛의 언론홍보본부장인 스티븐 캄파니니는 포의 휴대전화로 연락을 해왔다. 그는 혹시 일반전화 근처에 있느냐고 물었다. 포는 캄파니니가 더 안전한 통신 수단을 원한다고 추정했다. 그가 다시 전화를 걸었을 때는 테닛의 부(副)고문 변호사 오드리 앤드루스와 동시에 연결해, 결국 세 사람이 대화를 나누게 되었다.

포는 한 시간 이상 이들과 대화를 나누었다. 대화 도중에 변호사는 자기가 어디까지나 회사를 위해 일하는 것이지, 개인을 위해 일하는 것은 아니라는 사실을 명확히 했다. 앤드루스는 포에게 별도의 변호사를 고용하라고 조언했고, 캄파니니는 그녀에게 언론사를 위한 공식 성명을 작성하라고 제안했다. 포가 다음 날 그에게 연락해서 성명을 작성했다고 말하자, 그는 또다시 앤드루스에게 연락을 취했다. 그런데 두 사람은 포에게 그 성명을 언론사에 보내지 말라고 조언했다. 앤드루스는 더 많은 질문을 던지기 시작했지만, 포는 자기도 일단 변호사를 구하고 나서 대답하겠다고 말했다.

형사 및 민사 담당 변호사인 리처드 T. 시먼스 2세는 화이트칼라의 범죄를 전문으로 다루었으며, 부유한 교외에 자리한 법률 회사 '헤일리, 맥나마라, 홀, 라만, 페이플' 소속이었다. 그는 전직 뉴올리언스 주 연방 검사보였고, 미국 육군 법무관으로 베트남 전쟁 당시와 그 이후까지 일했기 때문에 워낙 연줄이 좋았다. 그는 미라이의 학살 사건 항소심에서도 지휘관인 윌리엄 콜리 중위를 변호했으며,* 루이지애나의 최근 주지사 중에서도 가장 부패한 인물 가운데 하나인 에드윈 에드워즈의 사업 파트너 한 명이 저지른 갈취 사건의 변호를 성공적으로 돕기도 했다. 시먼스는 그 달에 60대에 접어들었고, 몇 가닥 남지 않은 구두약처럼 새까맣고 긴 머리를 벗어진 정수리 뒤로 빗어 넘겼다. 포는 자기 고용주인 루이지애나 주립대학 보건의료 네트워크의 조언에 따라 그를 고용했는데, 이 단체는 다른 문제와 관련해 시먼스의 서비스를 이용하고 있었다. 네트워크에서는 포를 변호하는 시먼스에게 이전과 동일한 비용을, 즉 시간당 275달러를 지불하기로 합의했다.[10]

시먼스가 맨 처음 한 일 가운데 하나는, 테닛의 한 변호사에게 연락

---

* 베트남 전쟁 중이던 1968년 3월 16일에 미군이 '손미(미라이)' 마을에서 수백 명의 비무장 민간인을 학살해 큰 논란이 일었다. 결국 주범인 윌리엄 콜리 중위만 무기징역을 선고받았으나, 이후 3년 반의 연금 이후 닉슨 대통령의 사면으로 풀려났다.

을 취한 다음, 포가 앤드루스와 캄파니니에게 한 말이 무엇이든지 간에 대외비로 간주해야 마땅하다고 주장한 것이었다.[11] 그의 이런 조치는 앤드루스를 사실상 테닛의 변호사가 아니라 포의 변호사로 간주하는 셈이었고, 따라서 이 대화는 변호사와 고객 간의 특혜에 의해 공개가 불가능하다고 주장하는 셈이었다. 시먼스는 이 의사의 고백 내용을 혹시라도 다른 누군가가 발견할 기회를 확실히 차단하고 싶었던 것이다. 이는 결국 자기를 제외한 모든 사람과 포의 무제한적인 대화는 더 이상 없을 것이며, 자기의 중재 없이 포의 발언이 언론에 약탈당하는 일도 이제 없을 것이라는 뜻이었다. 심지어 포의 남편조차 어느 정도까지는 그늘에 가려 있게 될 것이었다.

포를 보호한다는 그의 의도는, 결국 여러 가지 사실을 추스르고 아껴두었다가 때가 무르익으면 터뜨리겠다는 뜻이었다. 시먼스는 (훗날 본인의 말마따나) 그녀의 '변호 기지'를 건설하기 시작했으며, 포는 그 속으로 은둔했다. 이제 경계선이 그려지고 있었다.

그리고 그 반대편에는 진실을 밝혀내고자 하는 사람들이 있었다.

◇ ◇ ◇

포가 멀더릭에게 전화한 바로 그날, 푸치 섀퍼 검사와 특별수사관 버지니아 라이더는 병원 7층에서 일어난 죽음의 수수께끼에 관한 주장과 관련해서, 라이프케어의 증인들 가운데 처음 네 사람을 면담했다. 증인들의 요청에 따라서 라이프케어의 변호사 한 명이 면담 시간을 정했다. 섀퍼와 라이더 말고 아르티 들라뇌비유도 동석했는데, 라이더의 경찰학교 동기인 그는 미국 보건복지부 소속 연방 수사관으로, 이전에는 '메디케이드 사기 단속반'에서도 근무한 적이 있었다. 들라뇌비유는 종종 라이더와 함께 공조를 했다. 루이지애나 남동부 담당 연방 검사는 병원과 요양원에서의 사망 사건이 연방 보건의료 사기 금지 법령에 대

한 형법상의 위반일 가능성이 있다고 여기고 동시다발적인 수사를 개시했다.[12]

이날 참석한 증인 중에는 라이프케어의 부분원장 다이앤 로비쇼도 있었는데, 임신 중이어서 라이프케어의 변호사 두 사람과 함께 전화상으로만 면담에 응했다. 그녀는 폭풍 동안 자신의 경험을 서술했다. 수요일에 냉동되지 않는 8층 영안실의 냄새가 용광로처럼 뜨거운 공기 속에서 계단을 타고 내려온 것이며, 직원들이 밤새도록 알코올로 환자의 몸을 닦아 시원하게 해준 것이며, 기계를 이용하지 않고 수동식 정맥주사를 놓아서(병원 내부의 다른 구역에서는 흔치 않은 일이었다) 환자의 생명을 유지한 것이며, 마침내 9월 1일 목요일 오전에 일어났다고 그녀가 주장한 일에 대해서도 이야기했다. 로비쇼는 동료 둘과 함께 수전 멀더릭과 이야기하려고 아래로 내려갔는데, 상대방은 "살아 있는 환자를 아무도 남겨두지 않는다는 것이 계획"이라고 대답했다는 것이다.

로비쇼는 라이프케어로 돌아오자마자 7층에서 포를 발견했다. "우리가 그랬어요. '혹시 포 선생님이세요?' 그러자 그녀가 대답하더군요. '예, 제가 포인데요.' 그래서 제가 말했죠. '수전 씨가 저희더러 선생님과 이야기를 나눠봐야 할 거라고 말하던데요.'" 로비쇼가 자기소개를 하자, 포는 자기가 이미 라이프케어의 간호사 대표와 이야기를 나누었으며, 간호사 몇 명을 이리로 불렀다고 말했다. "여기서 가장 어려운 건, 그 여자가 저에게 한 정확한 말을 기억해내는 거예요. 그런데 그 여자는, 그 여자는 그냥, 그 여자 말은, 어, '우리 여기, 이 환자들은', 음, 아니면 '살아남지 못할 거예요.'였나, 여하간 그거랑 비슷한 말이었어요." 포는 로비쇼에게 양자택일을 요구했다. "'이 병동에 당신네, 당신네 직원들이 있기를 원하는지, 원하지 않는지 결정하셔야 해요.' 제 말은, 바로 이 대목에서, 그제야 제 머릿속에서 상황이 이해된 거예요. 그래서 저는 그냥, 이렇게 말했던 게 기억나요. '음, 전혀 원하지 않아요. 우리 직원들이 이 병

재난, 그 이후

동에 있는 건 원하지 않아요.' 그러자 그녀는 테레즈와 좀 더 구체적으로 이야기하더군요. 어, 왜, 있잖아요, 두 사람이 서로 이야기할 때, 말하자면 그랬다는 거예요."

"하나 여쭤볼게요." 들라뇌비유가 그녀의 말을 끊었다. "테레즈는 포 선생에게 무슨 말을 들었다고 당신께 전하던가요?"

"그 여자 말로는, 어, 그러니까 포 선생이 하는 말이, 그러니까 그 여자가 와서 하는 말이, '이 환자들은 살아남지 못할 거예요.'였나, 아마 그 비슷한 말이었을 거래요. 그리고 어, '이 환자들에게 치사량의 약품을 투여하라는 결정이 내려졌다.'고도 했대요."

이것이야말로 괴로운 이야기였으며, 동시에 혼란스러운 이야기였다. 로비쇼는 환자들에게 '치사량의 약품'을 투여하겠다는 포의 말을 직접 듣지는 못했다. 다만 자기 동료인 라이프케어의 간호이사 테레즈 멘데즈로부터 그런 이야기를 전해 들었을 뿐이다. 어쩌면 포의 말이 잘못 이해되었고, 급기야 그녀의 의도가 잘못 판단되었을 가능성도 있었다(포의 변호사는 훗날 그녀가 이런 말을 했다는 사실을 강력히 부정할 것이었다).

면담은 계속되었다. 로비쇼는 예순한 살의 에밋 에버릿에 관해서 자기가 포에게 이야기했다고, 이 환자는 주위를 지각할 수는 있었지만 체중은 170킬로그램에 하반신 마비였다고 말했다. 그러자 포는 이 환자들 가운데 어느 누구도 '지각'을 한다는, 즉 의식이 있다는 사실은 몰랐다고 대답했다. 메모리얼의 간호사 2명도 포를 따라서 7층에 올라와 있었다. 로비쇼는 그들의 이름을 정확히 알지는 못했다. 그래도 모두가 함께 이 상황을 논의했다.

"우리는 여러 가지 시나리오를 왔다 갔다 했는데, 만약에, 음, 과연 이 환자를 대피시키는 것이 가능하냐 아니냐, 즉 누군가가, 또는 여러 명이 그를 물리적으로 계단 아래로 데리고 내려가서, 헬리콥터를 타러 가는 구멍으로 통과시킬 수 있느냐 하는 거였고, 어, 왜, 있잖아요, 그건, 그러니까 그들이 말하기를, 그들은 그게 가능하리라 생각하지 않는다고, 그리고 그 여자가 이렇게 말하더군요. '당신네 직원 중에서,' 그러니까 '누군가가 그 환자에게 가서 진정제를 투여할 수 있을까요.' 그래서 그때 우리는 이렇게 말했어요. '우리, 그러니까 우리 여기에 아주 힘이 센 간호사가 한 명 있는데, 이름은 앙드레라고 해요.' 그래서 우리는, 우리는 앙드레를 그곳으로 데려갔는데, 그 순간 뭔가가 번쩍 하는 생각이 들었고, 어, 저는 앙드레가 이 이야기를 들은 걸 보고, 어, 제가 그랬어요. '아니에요, 앙드레는 이 일을 하지 않을 거예요.'"

로비쇼는 자기 직원들을 모아서 그 층을 떠났다. 그녀의 기억에 따르면, 그들이 아래로 내려가기 직전에 포가 와서 말을 건넸다. "그 여자가 저한테 하는 말이, '이 일이 여러분 모두에게 힘들 거라는 사실은 저도 알아요. 저는 어느 누구도 책임을 느끼게 만들고 싶지 않아요. 이 일은 라이프케어와 아무 관계가 없어요.' 아, 그 여자는 대략 이런 말을 했어요. '이 일에 대한 모든 책임은 제가 질게요. 어느 누구도 자기 면허에 대해 걱정하기를 원하지 않으니까요.'였나, 대략 이런 말을 했어요."

목요일 오후에 로비쇼와 동료 몇 명은 테닛 계열의 다른 병원으로 항공 이송되었다가, 테닛에서 마련한 버스를 타고 배턴루지로 갔다. 또다시 이곳에서 라이프케어의 부사장 로비 뒤부아가 슈리브포트까지 가는 비행편을 주선해주었다.

로비쇼는 뒤부아의 집에서 하룻밤을 꼬박 새웠다. 다음 날 아침에 두 사람은 부엌에 앉아서 그간 있었던 일을 이야기하며 함께 울었다. 본사 중역진이 이 사건을 알게 된 경위도 바로 이것이었다. 바로 여기서 로비쇼와 라이프케어의 다른 고위층은 텍사스 주 플레이노에 있는 본사로 호출되었고, 거기서 주말 내내 지원과 상담을 받았다. 노동절이 끝나고 나서, 회사 측 변호사들은 이 상황을 논의한 끝에, 최선의 접근법은 범죄 가능성이 있는 사건을 정부 공무원에게 자발적으로 보고하고 전적인 협조를 제공하는 것뿐이라고 결정했다. 정부와 신속히 접촉해 지금까지 알려진 바를 모두 폭로하는 것이야말로, 자사를 겨냥한 형사 기소에 대비하는 최상의 보험이었다.

로비쇼와 다른 증인들과 면담한 변호사들은 혹시라도 이들이 형사 기소당할 가능성은 거의 없을 것이라고 장담했다. 다만 법 집행기관의 공무원들과 대화할 때는 최대한 정직하라고 조언했다. 그러면서도 질문을 받지 않은 내용에 대해서는 굳이 대답하지 말라고 덧붙였다.

플레이노에서 로비쇼가 면담 중일 때, 마침 메모리얼의 병리학자인 존 스키너가 전화를 걸어왔다. 그는 병원을 떠나기 직전에 자기가 사망을 확인하고 기록을 남긴 환자들의 이름을 알려주었다. 혹시 그중에 라이프케어의 환자가 있을지도 모른다는 생각에 확인 차 전화를 건 것이었다. 스키너가 언급한 이름 중에는 7층에 있던 환자 9명뿐만 아니라, 라이프케어 직원들로선 미처 사망한 줄조차 몰랐던 다른 환자도 몇 명 포함되어 있었다. 스키너가 전해준 정보를 로비쇼의 한 동료가 받아 적었다. 그러자 로비쇼는 스키너에게 물어볼 질문을 적어서 자기 동료에게 건네주었다. "혹시 그는 사망 원인을 알고 있대?" 그녀는 이걸 알고 싶었다. 그건 자연사였을까, 아니면 다른 무엇이었을까? 스키너는 자기도 모른다고 대답했다.

로비쇼와 면담하던 주 검찰청 사람들은 메모리얼에서 뭔가 불법적인 일이 있었다는 주장에 대해서 여전히 회의적이었다. 어쩌면 오해에 불과할 수도 있었다. 이틀이 지나 이번에는 동료 세 사람이 라이프케어의 간호이사 테레즈 멘데즈를 면담했는데, 그녀는 대피 중인 집에서 휴대전화를 이용해서 면담에 응했다. 자기 집에 떳떳이 들어가지도 못하고, 창문을 넘어 뒷방으로 들어가 앉아 있는 중이었다. 멘데즈는 호텔방을 나와 8시간이나 운전해서 뉴올리언스 인근의 집에 도착했지만, 시장이 갑자기 마음을 바꾸는 바람에 그 지역 주민들은 아직 각자의 집에 들어가도 된다는 허가를 받지 못했다. 그 와중에 새로운 5등급 폭풍 리타가 멕시코 만에서 형성되고 있었다. 역사상 가장 강력한 폭풍 가운데 하나가 루이지애나 주를 정면으로 겨냥하자, 히스테리컬한 텔레비전 뉴스 보도 때문에 겁에 질린 멘데즈는 또다시 강제로 대피해야 하는 것 아닌가 걱정스러웠다.

멘데즈와의 통화 시간을 아끼기 위해서, 수사관들은 병원에 있었던 마지막 날인 9월 1일 목요일 오전에 관한 설명부터 요구했다. 그녀는 자기가 밤새도록 1층에서 일했다고 말했다. 날이 밝자 멘데즈는 헬리콥터 소리를 들었다. "한 대가 오자마자 또 한 대가 왔어요. 마치 하늘 전체가 헬리콥터로 가득 찬 것 같았어요." 순간 그녀는 1975년 북베트남이 사이공을 점령했을 때 미국 대사관 옥상에 모여든 대피 헬리콥터의 행렬 모습을 떠올렸다. 멘데즈는 오전 8시인지 9시쯤에 7층으로 돌아왔으며, 라이프케어의 복도를 따라 걸어갔는데, 헬리콥터 착륙대에서 풍기는 디젤유 냄새가 병동 안까지 들어왔다. 그녀가 돌본 환자들은 상태가 좋지 않았다. 몇 명은 의식이 없었고, 입에는 거품을 물고 있었으며, 종종 죽음 직전에 나타나는 불규칙한 호흡을 보였다. 하지만 수요일에는 라이프케어 층에서 환자 2명이 죽었음에도 불구하고, 다른 사람들은 수요일 밤에 위층으로 올라와 이들을 진단한 감염성 질환 전문의의 예상과 달리 밤새도록 살아 있었다. 오로지 소수만이 안정을 위해 약간의 모르핀이나 진정제인 아티반을 맞았다.

멘데즈는 환풍구 너머에서 동료들이 큰 소리로 자기를 찾는 소리를 들었다고 말했다. "제가 일어나서 복도를 내려와봤더니, 포 선생이 북쪽으로 올라오고 있었어요." 간호사는 이 의사와 함께 창문이 열린 뒤쪽 사무실에 들어가 앉았다. "그 여자 말이, 음, 제가 그 층에 내버려둔 환자들은 아마 살아남지 못할 거라고, 또는 전혀 살아남지 못할 거라고 하더군요. 그런데 눈앞에 펼쳐지는 풍경을 보고 저도 결국 이렇게 말할 수밖에 없었어요. '제 생각에도 당신 말이 맞는 것 같아요.'" 멘데즈는 자기 직원들이 이처럼 가장 위중한 (그리고 맨 나중에 구조되도록 분류되어 있던) 환자들을 이렇게 오랫동안 살려둘 수 있었다는 사실에 깜짝 놀랐다.

멘데즈는 여기서 말을 멈추었다. HHS의 특별수사관 들라뇌비유는 그다음에 무슨 일이 벌어졌는지 물었다. "제가 본 적 있는 환자들을 바라보면서, 저는 그들이 언제까지 계속 살아남을까 궁금한 생각이 들었어요. 그들은 한마디로 상태가 정말 끔찍했거든요. 그리고, 음, 그 와중에 헬리콥터 소리며, 총소리며, 창문 깨지는 소리며, 사람들의 비명 소리며, 왜 있잖아요, 그건 한마디로 철저한 혼돈이었어요."

멘데즈는 다시 말을 멈추었다. 꽤 오랜 시간이 지난 뒤 들라뇌비유가 그녀에게 물었다. "음, 환자들이 살아남지 못할 거라고, 즉 아마 살아남지 못할 거라고 말한 다음에, 그 의사가 뭐라고 하던가요?"

"치사량의 약품을 투여하기로 결정이 내려졌다고 말했어요." 멘데즈가 다시 말을 멈추었다.

"어떤 약품을요?" 들라뇌비유가 물었다.

멘데즈의 말에 따르면, 그때 자기가 포에게 던진 질문도 바로 그거였다. "그러자 그녀는 약품 이름을 줄줄 외웠고, 제가 다시 말해달라고 하니까 또다시 줄줄 불러주었어요." 하지만 지금 와서 멘데즈는 당시에 포가 언급한 약이 정확히 무엇이었는지 기억하지 못했다. "모르핀도 그 중 하나였어요. 아티반도, 음, 저도 모르겠네요, 그건 제가 나중에 추측한 것 같아요."

멘데즈는 이 계획이 혹시 라이프케어의 환자들에게만 적용되는 것이냐고 포에게 물었다. "왜냐하면, 왜, 있잖아요, 왜 그들이 우리 환자들한테 그런 일을 해주겠어요?" 하지만 포는 아니라고 말했다. 병원의 다른 구역에서 온 직원들이 이들을 돕기 위해 나섰고, 라이프케어의 직원들은 각자의 물건을 챙겨서 떠나야 했다. 멘데즈는 눈물을 흘리며 자기 동료들을 챙기러 갔다. 환자들이 살아서 구조되도록 하기 위해 워낙 열심히 노력한 이 층의 간호사들과 간호조무사들이 지금부터 일어날 일을 못 보게끔 배려하려는 것이었다. 그녀는 이들이 오늘의 충격에서 결코 회복되지 못하리라고 생각했다.

'치사량'이라는 단어를 듣는 순간, 멘데즈는 뭔가가 잘못되었다는 느낌을 받았다. 수사관들은 왜 그녀가(즉 똑똑하고, 자기 환자를 강력히 옹호하는 간호사가) 굳이 포를 반박하지 않았느냐고 다그쳐 묻지는 않았다. 물론 간호사는 그 직업상 (또한 사람이라면 누구나 그렇듯이) 자기가 잘못되었다고 생각하는 의사의 지시를 실천에 옮기지 않고 거절할 의무가 있었다. 다만 멘데즈는 명령 체계에 대한 평소의 생각 때문에 그런 행동이 가능했다고 설명했다.

"제가 받은 인상으로는, 그 여자가, 왜 있잖아요, 그 명령을 뭔가 더 높은 권위자로부터 받은 것처럼, 그리고 그 군사 명령에 따라 행동하는 것처럼 보였어요. 아시죠?" 포는 환자에게 투약하는 결정 때문에 의사들이 힘든 시간을 겪었다고 말했다. "제 말은, 제가 들은 바에 따르면, 이건, 어, 계엄령이었기 때문에, 이제는 군대가 모든 결정을 내리는 거라고 했고, 우리한테 헬리콥터가 줄줄이 날아와서 사람들을 수백 명씩 데려갔으니까요."

멘데즈는 이 광경을 TV에서 보았으며, 이를 지칭하는 '적전(敵前) 탈출'이라는 말도 알고 있었는데, 이는 적군이 코앞까지 닥쳐온 상황에서 모든 것을 (그리고 운이 덜 좋은 사람들조차) 내버린 상태에서 후퇴하기로 결정하는 것이었다. 딱 사이공 같은 상황이었다.

면담자들이 보기에, 멘데즈의 설명은 모든 중요한 부분에서 로비쇼의 설명과 딱 맞아떨어졌다. 놀라운 일이었다. 사소한 차이가 충분히 많다는 것 역시 신뢰할 만한 수준이었다. 날조된 이야기의 경우에는 거의 똑같아 보이게 마련이었다. 가장 놀라운 점은, 직원들이 절망적으로 구조를 기다리던 상황이 아니라, 오히려 대피가 이루어지고 있는 상황에서 문제의 계획이 실행되었다는 점이다.

멘데즈와의 면담이 있은 지 며칠 뒤, 더 큰 불행이 루이지애나 주를 찾아왔다. 9월 24일에 허리케인 리타가 이 주(州)의 서쪽과 텍사스 주를 휩쓸고 지나갔던 것이다. 폭풍의 예상 경로에 있는 도로에서는 정체 현상이 일어났다. 불법 면허를 가진(즉 기록조차 되어 있지 않은 멕시코 국적자가 운전하는) 임대 버스가 텍사스 주 휴스턴 인근 벨에어 소재 요양원 브라이튼 가든스에서 출발해 댈러스에 있는 자매 시설로 가는 도중에 불이 붙는 사고도 있었다. 사고 당시 짐칸에 들어 있던 산소통이 폭발해 버스에 타고 있던 노인 38명 중 23명이 불에 타죽었다. 아이러니하게도 폭풍은 휴스턴을 비껴갔다.

"제가 그렇다고 말씀드리지 않았습니까."[13] 세인트리타스 요양원 소유주 부부를 대리하는 변호사 제임스 A. 코브 2세는 한 네트워크 뉴스 쇼 제작자들에게 보낸 이메일에서 이렇게 썼다. 그로부터 며칠 전 방송에 출연한 그는 카트리나 당시 자기 의뢰인들이 내린 결정을(즉 세인트 버나드 패리시에 있던 요양원 세 군데는 폭풍 이전에 환자를 대비했던 반면, 자기 의뢰인들의 요양원은 군이 대피하지 않았던 결정을) 옹호한 바 있었다. 텍사스에서 발생한 사망 사건을 고려해보면, 자기 의뢰인들이 내린 잘못된 결정이 약간 더 합리적으로 보이지 않느냐는 투였다. 즉 일반적인 예상과 달리, 세인트리타스의 소유주인 샐과 메이블 망가노 부부와 이들의 가족은 폭풍 당시에도 그 요양원에 계속 남아서 거주자들을 구하려 했다는 투였다. 메디케이드 사기 단속반과 이들 부부의 면담이 있기 직전, 포티 주 검찰총장은 카트리나 이전에 대피하지 못한 책임을 물어 34건의 방조 살인 혐의로 이들 부부에게 체포 영장을 발부했다. 망가노 부부는 당국에 자수했고, 주 검찰총장이 언론에 나서서 이들을 단죄했다. 코브는 포티가 완전한 이야기를 알기도 전에 행동부터 나섰다며 반격했다. 그러면서 자기 의뢰인들은 영웅이라고 주장했다.

코브의 주장에서 핵심은, 거주자들을 폭풍 이전에 옮기는 것 또한 위험이 따른다는 것이었다는 것이다. 수사관들 역시 카트리나 이전에 일어난 이송 관련 사망 사례를 조사해보았지만, 사실은 이와 달랐다. 하지만 그 내용은 금세 대중의 뇌리에서 잊히고 말았다. 카트리나 이전에 배턴루지로 향하던 도로에서 일어난 세 건의 사망 사건에 관한 짧은 WWL 라디오 보도에 등장한 익명의 주체는 바로 '펀크레스트 메이너 리빙 센터(Ferncrest Manor Living Center)'였다.[14] 이곳 거주자들은 제대로 작동하는 에어컨과 식수가 없는, 심지어 (일부 경우에는) 간호사조차 동행하지 않은 버스에 타고 대피하는 도중 더위 노출로 인한 합병증으로 사망한 것이 분명했다. 이들이 버스에 타는 데만 무려 4시간이 걸렸으며, 뉴올리언스에서 배턴루지까지의 꽉 막힌 길을 가는 데만 무려 6시간이 걸렸다. 생존자 가운데 다수는 탈수 증세로 병원에서 치료를 받았다.

네이긴 시장이 애초에 요양원의 대피를 의무화한 까닭은, 상당수의 요양원이 단층 건물이고 비상 전력도 최소한에 불과했기 때문이다.[15] 하지만 이 명령은 강제된 것까지는 아니었다. 상당수의 요양원은 명령에 따라 대피를 준비했지만, 시장의 명령과 예상된 폭풍의 상륙 사이의 여유 기간이 불과 하루도 안 되는 상황에서 거주자 이송에 필요한 지원을 받지 못했다. 결국 피해를 입은 요양원의 3분의 2는 거주자를 그대로 놓아두고 있었다.[16] 제퍼슨 패리시 소재 샤토 리빙 센터(Chateau Living Center)에서는 폭풍 직전에 계약한 여행사에서 막판에 버스 제공을 거절했고, 급기야 전력 차단으로 인한 더위로 13명이 사망했다.[17]

또 다른 극단적인 사례로는, 뉴올리언스의 흑인 가톨릭 수녀회인 '성가족 수녀회'에서 운영하는 라폰 소재 요양원이 침수되어 거주자 19

336

명이 사망한 사건이 있었다. 이 단체에서는 카트리나 이전에 일부 수녀들과 요양원 거주자들을 미리 대피시켰지만, 자기네 신도가 아닌 요양원 거주자들과 이들을 돌보는 수녀 및 일반인 직원들은 여전히 남아 있었다.

방은 모두 1층에 있었지만, 거주자들은 익사한 것이 아니었다. 건장한 직원 한 명이 걸을 수 없는 사람들을 모두 들어다 2층으로 옮겨 홍수를 피했지만, 물이 금방 빠졌음에도 불구하고 더위와 어둠 때문에 많은 사람이 죽어나가는 것을 보고 있어야만 했다. 구조대가 고속도로를 지나 달려가는 모습이 보였지만, 길가에서 애원하는 직원의 요청을 무시해버렸다. 원장은 수녀복을 입고 밖으로 나가 도움을 요청했지만, 구조는 너무 늦게야 이루어졌다.

◇ ◇ ◇

허리케인 리타가 지나간 지 일주일 뒤, 특별수사관 버지니아 라이더는 또 다른 증인 크리스티 존슨을 면담했다. 라이프케어의 물리치료실장인 그녀는 이 병원의 재활 치료 프로그램을 총괄했다. 라이더는 회계사 출신답게 사람들에게 질문을 던지는 것보다는 수치 데이터베이스를 심문하는 쪽을 선호했지만, 종종 면담도 수행했다. 마침 이날 동료들이 모두 외근 중이었기 때문에, 그녀는 이 서른한 살의 물리치료사와 단둘이서 이야기를 나누었다.

처음에는 세부사항에 대한 존슨의 기억이 탁월한 것처럼 보였다. 그녀 역시 라이프케어의 직원들이 수요일 밤 환자들에게 수분을 공급하고, 환자들을 시원하게 해주기 위해서 고생하던 모습을 이야기했다. 예를 들어 켄우드 광천수를 천 조각에 적셔서 환자의 몸을 닦아주고, 계속 이들을 살아 있게끔 도왔다는 것이다. 존슨이 전해 들은 바에 따르면, 목요일 오전 회의에서 라이프케어 환자들은 살아남을 것 같지 않다고 수전 멀더릭이 발언했다는 이야기가 돌았다. 존슨은 회의 뒤 다이앤 로비쇼며 (라이프케어의 약제실장) 스티븐 해리스와 함께 멀더릭을 찾아가서 이야기를 나누며 그 계획에 대해 물어보았다. "그 여자 말은 대략 이랬습니다. '당신들은 포 선생과 이야기를 해보아야 된다.'는 거였습니다." 존슨의 회고에 따르면, 멀더릭은 당시 이렇게 말했다. "살아 있는 환자를 아무도 남겨두지 않는다는 것이 계획"이라는 것이었다. 이것이야말로 로비쇼가 기억하던 바로 그 발언이었다.

존슨은 구조대가 도착해 여자와 어린이를 대피시키겠다고 발표했을 때 1층의 혼란상을 설명했다. 그리고 자기가 라이프케어로 도로 달려갔다가, 마침 윌다 맥마너스의 딸인 앤절라가 우는 걸 목격했으며, 결국 그녀를 1층의 응급실 경사로로 데려가서 보트에 태운 이야기를 했다. 그러다가 존슨은 테레즈 멘데즈가 군중 사이에서 자기를 부르는 소리를 들었다.

"그때 누가 저를 부르더라고요. '라이프케어, 크리스티 존슨.' 그녀가 제 이름을 크게 불러서, 저는 이랬어요. '저 여기 있어요!' 그러면서 제가 복도를 달려갔더니, 그녀가 이렇게, 저를 붙잡고는 이러는 거예요. '가자, 우리도 가야 돼.' 그래서 우리는 계단을 도로 올라갔죠. 저는 이랬어요. '뭐가 혹시 잘못됐어요? 무슨 일이 벌어지는 거예요?' 바로 그제야 그녀가 저한테 그러더군요. 음, 그러니까 우리 환자들한테 치사량의 약품을 투여할 거라고요. 그래서 저는, 곧바로 걸음을 멈추고 이렇게 말했어요. '뭐라고요?!' 바로 전날 제가 들은 바에 따르면, 왜 있잖아요, 한 의사가 테레즈에게 하는 말이, 우리는 지금 계엄령 하에 있다는 거였어요. 그래서 저는 그냥 이렇게 생각했죠. '우리가 이 지경까지 오다니, 정말 믿을 수가 없구나' 하고요. 세상에 '그들이 우리 환자들에게 치사량의 약품을 투여하도록 명령하다니' 하고요."

존슨은 마침 에밋 에버릿을 대피시키는 문제에 관해서 포와 라이프케어 직원들이 이야기를 나누던 방에도 함께 있었다. "그 여자가 그랬어요. '방법이 없어요. 그 사람은 구멍을 지나갈 수 없을 거예요.' 그 환자는 3등급으로 분류되어 있었거든요. 저는 그 환자가 아프다는 걸 알고 있었어요. 그는 사지마비인가 하반신 마비인가 둘 중 하나였는데, 하지만, 음, 왜, 있잖아요, 그래도 그는 말도 하고 다 했어요. 그래서 그녀가 누군가가 그에게 진정제를 놓았으면 좋겠다고 하자 다이앤이 그녀에게 뭐라고 했느냐하면…….."

이때 라이더가 존슨의 말을 끊었다. 이것이 핵심이었다. "좋아요, 당신이 들었다는 거죠? 그러니까 포 선생이 누군가를 시켜서 그에게 진정제를 놓으라고 요청하는 말을 들었다는 거죠?" 존슨은 자기가 포의 말을 들은 것인지, 아니면 대피 대기자 행렬에서 기다리는 동안 다른 동료들로부터 이 일에 관한 구체적인 세부사항을 전해 들은 것인지 확실하지 않다고 시인했다. "그래도 실제로 그 이야기를 듣기는 했어요. 제 말은, 그 여자가, 그 여자가, 왜, 있잖아요, 이랬다는 거예요. '여러분은 모두 대피하셔야 해요. 이 환자들은 이제부터 우리가 돌보겠어요.' 저는 실제로 포 선생을 봤어요. 그러니까, 그 여자가 복도를 걸어오더라고요. 그 여자 옆에 간호사 2명이 같이 있었어요." 존슨은 두 여자의 생김새를 묘사하면서, 자기가 병원에서 7년간 일하면서 얼굴이 익은 사람들이었다고 말했다.

라이더 요원은 라이프케어의 사망 환자 23명의 이름을 하나하나 거명했고, 존슨은 그들이 언제 죽었는지, 또는 마지막으로 살아 있는 것을 본 장소가 (1층, 2층, 또는 7층 가운데) 어디였는지 말해줄 수 있었다.

면담 다음 날 섀퍼와 라이더와 두 사람의 동료들은 라이프케어의 약사 스티븐 해리스와 이야기를 나누었다. 그 역시 유사한 이야기를 했다. 즉 자기가 목요일 오전의 비상 회의 때 들은 바에 따르면, 멀더릭은 라이프케어의 환자들이 대피할 수 있으리라 예상하지 않는다고 분명히 말했다는 것이었다. 해리스는 회의 직후에 존슨이며 로비쇼와 함께 그녀를 찾아가서, 계획이 어떻게 되느냐고 묻고 논의하려 했다. 그러자 멀더릭은 이들더러 포 선생과 의논하라고 말했다. 해리스와 로비쇼는 7층에서 포를 발견했는데, 해리스의 증언에 따르면, 포는 '치사량의 약품'을 환자들에게 투여할 거라고 두 사람에게 말했다. 그러자 로비쇼는 환자 가운데 에밋 에버릿이 정신도 멀쩡하고, 지금 병원에서 무슨 일이 벌어지는지도 자각하고 있다고 의사에게 말했다. 그러자 포는 누군가가 그 환자에게 가서 이야기를 하거나, 진정시켜달라고 요청했지만, 그렇게 하라는 지시를 받은 간호사는 거절하고 말았다.

면담 당시 로비쇼는 '치사량의 약품'이라는 표현을 포로부터 직접 들었는지는 기억하지 못했다. 반면 해리스는 다른 뚜렷한 회고들을 제공했다. 그가 환자들에게 어떤 약품을 투여할 것이냐고 묻자, 포는 모르핀 주사약 병과 뚜껑을 열어놓은 주사약 병 몇 개가 담긴 커다란 상자를 그에게 보여주었다. 그녀는 정맥주사 카테터 안에 약품을 흘려 넣어서 환자의 혈류 속으로 집어넣는 데 사용할 무균 식염수 주사약 병과 주사기를 포함한 여러 가지 물품을 신청했다. 해리스는 이 물품을 건네주었다.

포와 동행한 다른 2명의 간호사는 모르핀을 주사기에 집어넣을 준비를 했다. 해리스는 그들의 이름을 몰랐지만, 얼굴을 보면 지목할 수 있으리라고 생각했다. 나중에 그는 아직 남아 있는 환자들의 병실로 포와 간호사들이 들어가는 모습을 보았으며, 그 후 이들이 반투명 쓰레기 봉투를 한 개인지 여러 개인지 들고 계단으로 향하는 모습을 보았다. 이들은 다시 돌아오겠다고 말했다. 존슨의 증언에 따르면, 포는 환자를 확인해주고 사망한 사람에게는 시트를 덮어달라고 요청하기도 했다.

해리스는 다른 라이프케어 행정 직원과 함께 아래층으로 내려갔다. 하지만 2층에서 환자들이 누워 있던 구역으로는 아무도 지나갈 수 없다며 저지당했다. '점점 정신줄을 놓고 있던' 라이프케어의 간호사 한 명에게 투여할 항불안제를 가지고 다층식 주차장으로 가도 된다는 허락을 받고 나서, 그곳을 재빨리 지나가던 그는 포와 아까의 간호사 2명이 그렇게 차단된 구역에 들어가 있는 것을 흘끗 목격했다.

해리스의 담당 변호사는 자기 의뢰인이 방금 한 이야기에 덧붙일 말이 더 있을지도 모르겠다고 슬며시 운을 뗐다. 그러면서 변호사는 우선 섀퍼 검사와의 면담을 원했다. 이들은 그 주 다른 날 따로 날을 잡아서 만나기로 약속했다.

라이프케어의 증인들은 서로의 이야기를 확증해주었다. 그들 모두는 포 선생이 7층에 올라와서는 아직 살아 있는 9명의 목숨을 끊었다고 주장했으며, 증인 2명은 '치사량'이 곧 자기 의도라는 포의 말을 직접 들었다고 회고했다. 환자들은 모두 실제로 사망했다. 하지만 실제로 어떤 계획이 실행된 결과였을까? 포 말고 다른 사람들 중에는 과연 누가, 그리고 왜 가담했을까? 이름을 알 수 없는 그 간호사들은 과연 누구였을까? 라이더와 섀퍼는 과연 이런 주장을 물리적 증거가 방증하느냐 여부를 알아보아야만 했다. 라이더는 필요한 증거물 목록을 작성했으며, 여기에는 그녀가 이미 요청했지만 테닛이 아직 제출하지 않은 물품이 포함되어 있었다. 컴퓨터 하드디스크, 병원 직원의 명단과 연락처, 약제실 기록, 그리고 사용하고 버린 주사약 병과 주사기가 들어 있을 법한 의료 폐기물 보관함 등이 바로 그런 물품이었다.

이들은 병원 자체를 수사할 필요도 있었다. 하지만 이전의 방문에서 얻은 반갑지 않은 반응을 고려하면, 합의를 통해 수색이 이루어질 가능성은 없어 보였다. 영장을 얻기 위해서는 이 범죄가 실제로 그곳에서 벌어졌음을 올리언스 패리시 지방법원 판사에게 납득시켜야 했다. 섀퍼가 직속 상사들과 함께 이번 사건에 적용 가능한 혐의를 논의하는 사이, 라이더는 루이지애나 주 법령을 샅샅이 뒤져보았다. 추정 살인 사건을 다루는 데 익숙하지 않았기 때문이다. 루이지애나 주에서 1급 살인과 2급 살인의 차이는 사전 모의 여부가 아니라 희생자의 성격에 따라서 결정되었다. 그녀는 사건진술서를 작성하면서 로비쇼, 멘데즈, 존슨, 해리스가 묘사한 주요 사건들을 요약했다. 그리고 이 사건진술서와 함께, '2급 살인 범죄를 입증하는 데 필수적인' 물품들을 수색하기 위한 영장 신청서를 제출했다. 루이지애나 주의 법률에서 규정한 2급 살인에는, 살인하려는 구체적인 의도를 가지고 범한 살인도 포함되어 있었다. 카트리나 직후의 어수선한 상황이다보니, 굳이 사형 판결을 목표로 삼지 말자고, 따라서 굳이 1급 살인 혐의를 씌울 필요까지는 없다는 데 모두가 동의하는 듯했다. 이보다는 경미한 '의도 없는 살인[故殺]', 또는 방조 살인 혐의는 언제라도 끌어들일 수 있었다.[18]

판사는 수색 영장을 발부했다. 다음 날인 10월 1일 토요일, 라이더와 섀퍼는 22명의 특수요원과 함께 출동했는데, 그중에는 '메디케이드 사기 단속반'의 거의 모든 요원과 '미국 보건복지부 산하 감찰국'에서 나온 요원들이 포함되어 있었다. 아울러 루이지애나 주 경찰청의 범죄 현장 감식반원 2명도 이들과 동행했다. 일행은 배턴루지에서 출발해 한 시간 동안 차를 타고 가서 오전 9시경에 병원에 도착했다. 라이더는 이후 한 달가량 이곳에서 수사에 참여했다. 그녀가 지금까지 참여한 수색팀 중에서도 가장 대규모였다.

요원들은 배지를 꺼내 들고 병원으로 접근했으며, 라이더는 메모리얼의 경비 책임자에게 수색 영장 사본을 제시했다. 미국 질병통제예방센터(CDC)에서 나온 감염성 질환 전문가들이 공기를 측정한 다음, 요원들이 진입해도 안전하다는 결론을 내렸다.

병원은 이 도시에서 두 블록에 걸쳐 있었으며, 여전히 전력이 차단된 상태였다. 수색은 만만찮은 일이 될 수밖에 없었다. 라이더는 허리에다 탄띠를 걸친 다음, 거기다가 플래시, 무전기, 수갑, 최루가스 스프레이, 권총과 여벌 탄창 등을 줄줄이 꽂고 다녔다. 이것은 수색 영장 집행 시 그녀의 기본 장비였다. 일부 동료들은 파란색 장갑을 끼고, 코와 입을 덮은 마스크를 쓰고 있어서, 숨을 쉴 때마다 희미하게 병원 냄새가 났고, 도리어 숨이 막히는 듯한 느낌마저 들었다. 더위 속에서는 걷는 것조차 힘들었으며, 계단을 오르는 것은 두말할 나위도 없어, 라이더와 섀퍼는 아예 마스크를 아래로 내려서 목에 걸고 다녔다. 그녀는 고혈압이 있어서 몸이 불편했기 때문에, 7층에는 직접 올라가지 않고 다른 사람들에게 수색을 맡겼다. 섀퍼와 다른 요원들은 요란한 소음을 내면서, 무거운 장화를 신은 상태로 계단을 올라갔다. 다른 사람들이 뭔가를 해내고 싶어 할 때, 라이더는 뭔가 좀 다른 일을 해내고 싶었다.

그녀는 여러 층에 걸쳐 방들의 미로를 돌아다녀보았다. 아마도 신생아실인 듯한 곳에 들어가보니, 활기찬 색깔로 칠해진 벽마다 검은 곰팡이가 마치 덩굴식물처럼 뻗어 있었다.

경비원의 만능열쇠를 이용하니 대부분의 문이 열렸지만, 메모리얼과 라이프케어의 약제실로 들어가려면 문을 부술 수밖에 없었다. 법의학자가 모르핀의 재고를 확인했다. 요원들은 약제실 기록을 압수했는데, 그중에는 2005년 9월 1일 애너 포의 서명과 함께 다량의 모르핀을 요청한 처방전 세 장이 포함되어 있었다.

섀퍼가 가장 충격을 받은 부분은 그곳에 풍기는 죽음의 냄새였다. 병원 어디에서나 그 냄새가 났다. 한번 맡으면 결코 잊지 못할 법한 냄새였다.

일부 뉴스 보도에서는 이 병원에서 식량과 식수가 부족했다고 주장했다. 하지만 섀퍼는 천장까지 가득 쌓여 있는 물병을 보고 깜짝 놀랐다. 그런가 하면 주방에는 통조림이 있었고, 병원 곳곳에는 식품과 음료가 감추거나 내버려진 상태로 흩어져 있었다. 뉴올리언스에서 벌어진 약탈에 관한 소문을 들은 직후이다보니, 그로선 어느 누구도 병원의 자동판매기를 털 만큼 상태가 절망적이지는 않았다는 사실 앞에서 놀랄 수밖에 없었다. 메모리얼로 대피한 사람들은 마치 전형적인 루이지애나 남부 사람답게 충분한 보급품을 휴대하고 왔다. 즉 자기들이 소비할 수 있는 것보다 더 많은 음식을 가지고 왔던 것이다.

수색 팀 요원들은 환자 구조에 사용된 경로도 추적했다. 나중에 가서 모든 증거를 조합해본 뒤, 이들은 왜 병원 직원들이 굳이 2층의 기계실 벽에 난 구멍 하나만을 경로로 이용했는지 모르겠다며 어리둥절해했다. 7층에서 곧바로 옥상으로 빠져나가는 경로를 비롯해, 다층식 주차장으로 접근하는 방법이 얼마든지 더 있어 보였다.

라이더는 이 병원의 주 발전기가 홍수 당시의 수위보다 훨씬 높이 자리하고 있다는 사실에 깜짝 놀랐다. 그녀는 이 모두가 충분히 작동 가능했다고 여겼다. 왜 직원들은 전력 시스템에서 침수된 부분을 우회하도록, 즉 가장 중요한 환자 수용 구역 및 장비에만 전력이 공급되도록 조치할 생각까지는 하지 못했던 걸까? 루이지애나 남중부에서 자급자족 방식으로 살아가는 자기 가족이라면, 이런 위기 속에서도 뭔가 방법을 찾아냈을 것이라는 생각을 그녀는 떨칠 수가 없었다. 어떤 사람들은 정부가 제공하는 도움의 손길에 지나치게 의존하는 것만 같았다.

수색 팀은 진료 기록도 잔뜩 찾아냈지만, 라이더가 이미 요청했는데도 테닛의 변호사들로부터 아직 받지 못한 바로 그 기록까지는 아니었다. 섀퍼는 혹시 본사가 형사상 유죄에 대한 두려움 때문에 문제의 기록들을 감춰둔 것은 아닐까 하는 의구심을 품었다. 어쩌면 악당 의사들뿐만 아니라, 본사의 중역들도 이곳에서 벌어진 일에 관여했을지 몰랐다.

진료 기록이 없다는 사실은 실망스러웠지만, 증인들의 주장을 뒷받침할 만한 다른 증거가 나타났다. 라이프케어의 서쪽 간호사실 내부, 그러니까 헬리콥터 착륙장 쪽으로 난 창문 아래 놓인 책상에서 요원들이 모르핀 앰플 상자를 여러 개 압수했던 것이다. 통제 대상인 이 약품이 잠금장치 달린 보관함에 들어 있지 않고 밖에 방치되어 있었던 것이다. 7층의 다른 곳에서도, 즉 로지 사부아와 앨리스 허츨러가 함께 사용하던 7305호 병실의 쓰레기통에서도, 약사 해리스가 설명했던 것과 같은 반투명의 봉지가 발견되었는데, 그 안에는 주사기가 잔뜩 들어 있었다. 그 옆에 있는 에밋 에버릿의 병실에서도, 요원들은 선풍기 옆에 놓인 협탁에서 식염수 주입용 주사기를 하나 압수했다. 그 옆에 놓인 식사용 쟁반 위에는 접시와 머그잔과 그릇이 여전히 놓여 있었다. 2층 로비에도 여러 개의 모르핀 주사약 병과 상자가 파란색 쟁반 위에 아무렇게나 놓여 있었다.

컴퓨터와 서버는 누군가가 이미 가져갔기 때문에, 나중에 주 정부의 '첨단기술 범죄 수사대'를 찾아가서 혹시 중요한 기록을 찾아낼 수 있는지 알아봐야 했다. 요원들은 수색 과정을 사진과 비디오로 기록했다.

그날 저녁에 라이더는 압수한 의료용품을 가지고 주 경찰청 범죄연구소로 가서, 지문과 통제 대상 약품의 흔적에 대한 분석을 의뢰했다. 공식 요청서의 '대상자'란에 그녀는 애너 포의 이름과 생년월일과 운전면허번호를 적었다. 그리고 다음과 같이 설명을 덧붙였다. "허리케인 카트리나 직후 MMC(메모리얼 메디컬 센터)에서 다수의 환자를 안락사시켰을 가능성이 있는 피의자."

라이더와 다른 몇 사람은 나흘 뒤 다시 병원으로 돌아왔다. 이번에는 테닛의 중역들로부터 허가를 얻어, 테닛의 변호사 한 명과 동행했다. 이들은 7층으로 올라가서 라이프케어의 물리치료 기록실에서 더 많은 주사기와 의료 폐기물 보관함을 찾아냈는데, 증언에 따르면 바로 이곳에서 포와 라이프케어 직원들이 나란히 앉아서 에밋 에버릿에 관한 이야기를 했다는 것이다. 메모리얼의 다른 여러 장소에서도 이들은 포의 고용 계약서, 직원 근무 당번표, 병원의 재난 대비 정책 및 절차

관련 서류 등을 찾아냈다.

수색이 끝나고 며칠에 걸쳐, 라이더와 섀퍼는 라이프케어의 사망 환자 가운데 3명의 가족과 면담했다. 앨리스 허슬러의 룸메이트였던 로즈 사부아의 가족은 손자인 더그 사부아였다. 이 2명의 여자 환자는 수요일 저녁에 충분히 자각이 있어서, 라이프케어를 방문한 감염성 질환 전문의에게 자기들은 고통이나 불안에 시달리지 않는다고 대답할 정도였다. 사부아의 딸인 루 앤 사부아 제이콥은 어머니를 만나러 뉴올리언스로 왔다가, 폭풍이 몰려왔을 때까지 곁에 남아 있었다.[19] 로즈는 자리에서 일어나 앉아 이야기도 나누었으며, 정맥주사는 맞지 않았고, 딸이 보기에는 건강하게 회복되는 듯했다. 어려운 수색 끝에 어머니의 죽음을 전해 듣자, 가족은 크게 놀랐다.

윌다 맥마너스의 딸 앤절라도, 그리고 일레인 넬슨의 딸 캐스린도 (이 두 사람은 9월 1일 목요일까지도 라이프케어 층에서 각자의 어머니와 함께 머무르고 있었다) 기꺼이 수사관들에게 협조했다. 어머니 곁에서 떠나라는 지시를 받자 "나도 죽어가기는 마찬가지란 말이에요!"라고 항변했던 캐스린 넬슨은 아래층에서 최대한 오래까지 버티다가 결국 메모리얼을 떠났다.[20] 마침내 보트에 올라탔을 때, 바로 뒤에 앉아 있던 젊은 여자가 그녀의 이름을 묻더니, 상태가 위중하던 그녀의 어머니 일레인이 이미 사망했다고 말해주었다.

캐스린은 보트를 타고 마른 땅에 도착하자마자 오빠를 만났다. 곧이어 그녀는 무리하게도 가슴 높이까지 차오른 오염된 물을 헤치며 자기 집까지 걸어가서 고양이를 구하려 했다. 결국 캐스린은 고양이 한 마리를 구했고, 물에 잠긴 자기 차 위에 올라가 하룻밤을 보냈다. 지독한 냄새가 코를 찌르는 집 안에서는 말라 있는 장소가 전혀 없었기 때문이다. 결국 캐스린은 슈리브포트의 한 병원에 입원해서 자살 충동과 우울증을 겪었다. 라이더와 섀퍼와 다른 특별 요원들이 10월 3일 스피커폰으로 면담을 시도했을 무렵, 그녀의 가족은 겨우 최근에야 뉴올리언스와 배턴루지 사이에 있는 세인트가브리엘이라는 소도시에(우연의 일치로, 이는 '죽음의 대천사'의 이름이기도 했다) 마련된 대형 임시 시신보관소에서 어머니의 시신을 발견한 다음이었다.[21] 위스콘신 주에서 온 자원봉사 검시관은 당신 어머니를 부검했다고 넬슨에게 통보했다. 딸은 왜냐고 물었다. 그러자 검시관은 안락사가 의심되기 때문이라고 했다.

"저는 그 어떤 상황에서도 안락사가 정당화된다고는 생각하지 않아요." 자기 어머니가 사실 죽음에 가까이 다가갔던 사람이었다고 시인하면서도, 그녀는 라이더와 섀퍼에게 이렇게 말했다. 누군가를 죽인다는 것은 하느님의 율법을 어기는 일이었다. 어머니를 직접 오래 간호한 캐스린은 일레인이 무엇을 원했을지, 또는 고통받고 있는지 아닌지 어느 누구보다 더 많이 알고 있었다. 하지만 어느 누구도 이런 딸의 의견을 묻지 않았다. 그녀의 어머니는 극도로 강하고, 항상 옳은 일을 하고 있다고 믿었으며, 자기가 자선단체에 1달러를 기부할 때마다 그 덕분에 뭔가 좋은 일이 조금이나마 생기리라고 믿는 종류의 여성이었다. 캐스린은 자기 어머니 역시 진실이 밝혀지길 원할 것이라고 확신해 마지않았다.

그녀는 폭풍이 닥치던 시간부터, 9월 1일 자기가 7층을 강제로 떠나야 했던 시간까지 기억나는 모든 일을 직접 글로 작성하겠다고 제안했고, 실제로 자기가 쓴 글을 수사관에게 제출했다. "여러분이 하고 계신 일에 대해서 감사드려요." 그녀가 말했다. "제 생각에는 이거야말로 중요한 일 같아요."

비록 고인의 기대수명이 애초부터 짧기는 했지만, 부치 섀퍼는 이런 넬슨의 태도에 적극 공감했다. 그로부터 몇 주일 전에 자기 딸의 관을 들여다보고, 딸의 장례식에서 추모사를 하면서 그는 이런 말을 했었다. 만약 지금 당장이라도 딸과 5분만 더 함께 시간을 보낼 수 있다면, 자기는 지금 가진 모든 것이며, 앞으로 갖게 될 모든 것이며, 자기의 전부를 내놓겠다고 말이다.

물론 개인적 슬픔이 수사에 영향을 끼치게 내버려둘 수 없었지만, 이 슬픔은 항상 그를 따라다녔으며, 자기 시간과 정신을 일에 바치지 않을 때마다 항상 그를 기다리고 있었다. 넬슨의 상실 속에서 그는 자신의 상실을 인식했고, 또다시 그런 상실을 경험하고 있었다. 이런 현상은 누군가를 떠나보낸 유족을 만나 이야기할 때마다 반복되었다. 죽음은 마치 비수와도 같았다. 항상 그를 찌르려고 기다리고 있었던 것이다.

넬슨과 이야기한 위스콘신 주 출신 검시관은 부검과 관련해서 중요한 발언을 한 셈이었다. 올리언스 패리시의 검시관 프랭크 미냐드는 처음부터 특별수사관 버지니아 라이더에게 이런 말을 했다. 즉 메모리얼에서 나온 시신을 조사하는 것은 쓸모없을 것이다. 왜냐하면 발견되기 전에 일주일 이상 더위로 인해 부패가 이루어졌기 때문이다. 그러니 예를 들어 혈액 샘플을 채취할 방법도 없고, 따라서 치사량 수준의 약품을 확인할 방법도 없었다.

이 소식은 당혹스럽기 짝이 없었다. 결국 라이더와 섀퍼가 목격자의 증언과 텅 빈 모르핀 주사약 병 말고 뭔가 더 뚜렷한 증거를 찾아내야만 범죄를 입증할 수 있다는 뜻이었다. 하지만 한 자원봉사자 병리학자가 라이더에게 한 말에 따르면, 약품은 혈액 말고도 간, 두뇌, 근육처럼 더 단단한 조직들에서도, 그리고 사후에 배 속에 차오르는 액체 안에서도 얼마든지 발견될 수 있었다. 급기야 주 검찰총장의 요청이 있자, 가뜩이나 업무가 과중한 미냐드도 마지못해 연방 재난 수습 검시반에 부검 업무를 위탁했고, 이들은 카트리나 이후 올리언스 패리시에서 사망한 병원 및 요양원 환자 모두에 대해서 부검을 실시하고, 조직 샘플을 채취했다. 처음에만 해도 부검 대상자가 모두 합쳐 100명이었다. 주 검찰청에서는 이들이 거주하던 시설 몇 군데에서 범법 행위가 있었다는 주장을 확인한 바 있었다.

9월 22일 주 정부와 연방 정부의 수사관들은 메모리얼 메디컬 센터에서 수습된 시신 18구의 조직 샘플을 가지고 북쪽으로 날아가서, 펜실베이니아 주 윌로 그로브 소재 법의독물학 연구소인 '내셔널 메디컬 서비스사'에 전달했다. 벽에는 잔뜩 긁힌 자국이 있고, 산(酸) 냄새가 나는 길고 탁 트인 방의 한구석에서, 기술자들은 이 샘플을 주사약 병과 유사한 작은 금속제 뚜껑 달린 용기에 넣었고, '모티시아'와 '고메즈' 같은 별명이 달린 가스크로마토그래피/질량분석 기계에 집어넣었다.[22]

그로부터 2주일 뒤인 10월 6일, 이 연구소의 소장인 로버트 미들버그 선생이 주 검찰청으로 전화를 걸어 예비 결과를 알려주었다. 이때 버지니아 라이더는 스피커폰을 눌러서 부치 섀퍼와 또 다른 특별수사관도 함께 통화 내용을 들을 수 있도록 했다. 이들의 사건이 지닌 설득력은 이제 이 법의독물학자가 전해줄 소식에 전적으로 의존하고 있었다. 그 소식이란 라이프케어의 환자들이 감지 가능한 수준의 모르핀 및 기타 진정제를 체내에 보유한 채 사망했는지 여부에 대한 답변이었다.

미들버그는 신중한 과학자 특유의 언어로 자기가 발견한 것을 설명하기 시작했다. 그는 연구소에서 받은 샘플이 부패 때문에 이상적인 수준보다는 훨씬 아래였다고 말했다.

"그것 역시 여러분께 연락드리는 것이 약간 지체된 원인들 가운데 하나였습니다. 사실 우리는 아직도 이 사건에 관한 연구를 끝내지 못했습니다. 아직 완료되지 않은 겁니다. 다만 지금 현재 우리가 어디까지 와 있는지만 알려드리려고 할 뿐입니다."

"좋습니다." 라이더가 말했다.

"고맙습니다, 소장님." 섀퍼도 말했다.

"어…… 오늘은 18건을 조사했습니다만, 그중 9건은 모르핀에 대해서, 그것도 아주 많이, 양성입니다. 제 생각에는 그 외에 대여섯 건도 미다졸람에 대해서 양성일 거라고 추정하고 있습니다.”

“소장님, 말씀 중에 무척 죄송합니다만.” 섀퍼가 끼어들었다. “방금 말씀하신 게 뭔지 제가 잘 몰라서요.”

“알겠습니다, 기꺼이 알려드리죠. 모르핀이라는 건 모두들 들어보셨겠죠?”

“그렇습니다.”

“미다졸람이라는 것은, 그 상표명으로는 버스드라고도 합니다. 이 약품은 벤조디아제핀이라는 화합물의 일종이고요. 이런 종류 중에서 여러분이 아마 가장 친숙하실 법한 것은 바륨입니다만, 여기서의 차이는 미다졸람이라는 것이 흔히 사람들이 복용하는 화합물까지는 아니라는 겁니다. 이 화합물은 보통 수술실에서나, 튜브를 삽입할 환자에게 사용됩니다. 즉 미다졸람 처방을 받는 환자가 있을 수는 있습니다만, 그렇다고 해서 가정에 있는 환자에게 처방할 만한 종류의 화합물은 아니라는 거죠.”

“그렇군요.” 섀퍼가 말했다.

미들버그의 설명에 따르면, 연구소에서는 예상대로 체내에서 다수의 일반적인 약품도 발견했으며, 여기에는 항우울제와 식도 역류 질환 방지제도 포함된다고 말했다. “그런데 제가 발견한 미다졸람은 아무래도 뭔가 좀 부자연스럽습니다.” 그가 말을 이었다. “그래서 수사의 어려움은 저도 충분히 이해합니다만, 이제는 진료 기록이 무척이나, 정말 무척이나 중요할 것 같습니다.”

“소장님, 그렇다면 그 약품은 체내에서 축적될 수도 있는 종류인 겁니까?” 섀퍼가 물었다.

미들버그의 말에 따르면, 미다졸람은 원래 반복 투여하면 안 되는 약품이었다. “따라서 반복해서 튜브를 삽입하거나 수술실에 들어간 환자가 아니라면, 굳이 그 사람에게 일정 기간 동안 미다졸람이 축적될 이유는 전혀 없을 겁니다."

"알겠습니다, 소장님." 섀퍼가 말했다.

"모르핀의 경우는 물론 시간이 지나면서 축적됩니다. 하지만 우리가 발견한 농도는(여기서 분명히 아셔야 할 점은, 저희한테 주신 표본의 상태가 이상적인 수준까지는 아니었다는 겁니다), 그러니까 우리가 발견한 모르핀의 일부 농도가 정말 더럽게도 높았다는 겁니다."

"소장님께서 지금 여기 계셨다면, 제가 막 뽀뽀를 해 드렸을 겁니다." 섀퍼가 말했다.

"어…… 일단 그쪽 외모를 먼저 살펴보고 나서 결정하죠." 미들버그도 농담으로 받았다.

"좋습니다." 라이더가 끼어들었다. "지금 여기 계셨다면 '제가' 대신 뽀뽀를 해드리는 걸로 하죠."

"제가 보기에도 이쪽 제안이 더 나아 보이네요." 섀퍼도 말했다.

"좋습니다." 미들버그도 동의했다.

"정말 감사합니다, 미들버그 소장님." 라이더가 말했다.

"아…… 그런데 아까 모르핀 양성 반응이 아홉 건 있었다고 하셨죠." 섀퍼가 말했다. "혹시 저희가 확인해볼 수 있도록 시신 번호나, 다른 고유 번호를 알려주시겠습니까?"

"예, 그럴 수 있죠. 아무렴요, 그렇게 해야죠. 그러면 사망자의 이름을 불러드리겠습니다. 그럼 되겠죠?"

"좋습니다. 아, 최고예요!" 섀퍼가 말했다.

"모르핀이 발견된 첫 번째 사망자는 해럴드 듀파스입니다."

"예, 소장님." 섀퍼가 말했다. 라이프케어 직원들의 증언에 따르면, 9월 1일 목요일에 7층으로 올라온 포에게, 또는 2명의 메모리얼 간호사에게 주사를 맞았다고 추정되던 9명의 환자 가운데 한 명이 바로 듀파스였다.

"그다음 사망자는 홀리스 포드(정확한 이름은 '홀리스 앨퍼드'), 윌다 맥마너스, 일레인 넬슨, 에밋 에버릿, 앨리스 허츨러, 로즈 사부아, 아이리타 왓슨, 조르주 위아르입니다. 제가 발음을 제대로 했는지 모르겠네요."

정말이지 놀라운 결과였다. 검사를 실시한 18개 샘플 중에서 두 가지 약품 모두에 양성 반응을 일으킨 사망자의 이름을 확인해보니, 검사가 작성한 수상쩍은 사망자 명단에 들어간 이름과 완전히 똑같았기 때문이다. 그리고 연구소에서는 그 명단에 누구의 이름이 있는지 주(州) 검찰청에서 미리 통보받지 않은 상태였다.

수사 팀은 미들버그에게 작별 인사를 전하면서, 부디 즐거운 오후를 보내라고 덧붙였다. 정말이지 즐거운 오후가 아닐 수 없었다. 모든 것이 이처럼 깔끔하게 배열되는 사건은 지극히 드물었다. 미들버그는 모르핀 농도가 "정말 더럽게도 높았다"고 알려왔다. 라이더와 섀퍼는 이후로도 계속 이 표현을 기억할 것이었다.

◇ ◇ ◇

정의를 추구하기 위해 필요한 증거를 모으는 방면으로는 성과가 있었지만, 아직 수사 팀 앞에는 많은 일이 남아 있었다. 또한 부치 섀퍼는 제아무리 가망 있어 보이는 새로운 사건조차 종종 예상과 다른 방식으로 끝맺을 수 있다는 것을 경험상 잘 알고 있었다. "절대. 감정적으로. 관여되어서는. 안 돼." 그는 버지니아 라이더에게 경고했다.

어쩌면 이것은 자기 자신에게 주는 무의식적인 경고일 수도 있었다. 그는 딸을 잃은 지 불과 몇 주밖에 지나지 않은 상태였다. 그녀는 심한 관절 류머티즘을 앓다가 잠을 자는 도중에 사망했는데, 알고 보니 환자의 고통을 치료한답시고 너무 많은 의사가 너무 많은 약품을 처방했기 때문이었다. 독물학 검사 결과에 따르면, 우발적인 과다 복용으로

재난, 그 이후

인해 여러 가지 약품이 상승효과를 일으켜서 환자가 사망했다는 것이었다. 새퍼는 딸의 처방전을 거의 모두 처리한 약제실에서 처방전 내용을 재확인 하지 않았다는 사실에 격분했다.

미들버그와 전화통화를 한 10월 6일, 또 다른 첫 번째 사례가 있었다. 즉 라이프케어의 직원은 아니지만 그곳에서 일했던 의료 전문가와 처음으로 면담이 있었던 것이다. 라이더와 새퍼는 전화상으로 브라이언트 킹과 통화를 한 뒤 차를 타고 뉴올리언스에서도 홍수가 나지 않은 지역에 있는 그의 손상되지 않은 집으로 찾아갔다. 킹은 보트를 타고 메모리얼에서 나온 뒤 줄곧 걸어서 집으로 돌아갔다. "제가 키우던 식물이 죽어가고 있는데, 이거야말로 제게는 가장 큰 비극입니다. 모든 일이 다 제대로 마무리되었어요. 다만 제가 이제는 일자리가 없다는 것만 빼고요." 그가 말했다.

회사 측 변호사를 통해 면담하게 된 라이프케어 측 증인들과 달리, 킹은 사고 시신 수습반이 메모리얼에서 시신을 찾아냈다는 텔레비전 보도를 보자마자 주 검찰청에 직접 연락을 취했다. 그는 메모리얼의 예배당에서 발견된 시신의 숫자 때문에 불안했다. 킹은 자기가 화요일 오전에 한 환자의 사망을 확인하고, 그 시신을 예배당으로 운반했다고 말했다. "그 사람은 여섯 번째 사망 환자였어요. 정말로 확실합니다. 제가 예배당 안 시신의 숫자를 머릿속으로 세어보았기 때문이에요." 그가 말했다. "그때부터 제가 병원을 떠날 때까지, 2층의 제 담당 구역에서는 아무도 죽지 않은 상태였어요. 그리고 제가 병원을 떠난 시간은 12시 30분에서 1시 30분 사이였고요."

예배당 안의 시신을 비롯해, 이 병원에서 사망한 환자의 전체 숫자는 자기가 떠날 때만 해도 20명 내지 21명이었다고 킹은 말했다. 그런데 거기서 발견된 시신이 모두 45구라는 뉴스 보도를 듣자, "저는 이런 생각을 했어요. '저건 너무 많은데.' 그게 제 머릿속에 맨 처음 떠오른 생각이었어요. 제가 떠난 그 시간부터 이튿날 사이에 이렇게 많은 사람이 사망했다는 것은 전혀 말이 안 되는데, 왜냐하면⋯⋯." 그는 잠시 말을 멈추었다. "그 사람들은 물론 아팠죠. 진짜로 아팠어요. 하지만 그렇다고 해서 한꺼번에, 즉 하루 동안에 20명이나 죽을 정도로 심하게 아픈 것은 아니었어요. 아, 좀 생각해보세요! 도대체 어떤 병원에서 하루 동안 20명의 환자가 죽어나간답니까? 아, 진짜로요! 만약 하루 동안 스무 명이 죽어나가는 병원이 있다면, 조사하는 게 좋을 겁니다. 뭔가 비정상적인 일이 벌어졌다는 뜻이니까요."

그가 염두에 두고 있는 그 '뭔가'는 카트리나 직후의 더위와 전력 차단보다 훨씬 더 비정상적인 일이었다. 폭풍 동안 병원에서 "매사를 통제했던" 사람과 한번 이야기해보라고, 킹은 라이더와 섀퍼에게 제안했다. "저는 사실 CEO가 거기서 일어난 일을 지휘 비슷하게 할 거라고 기대했어요. 하지만 그 사람은 그렇게 하지 않았죠." 대신 유난히 새빨간 머리에 키가 큰 여자가 상황을 지휘했다. "그 여자는 모든 회의를 주재했어요. 그러니까 제가 보기에는 되게 이상했어요. 이전까지는 한 번도 본 적이 없는 사람이었거든요."

킹은 그녀의 이름이 '수전'이라는 것만 알았다. "그 여자가 정확히 누군지는 몰라요. 다만 그 여자의 영향력이 대단했다는 것만 알았죠. 모두가 그 여자의 말을 따랐어요. 그 여자가 어떤 방으로 걸어 들어와서 이렇게 말했어요. '좋아요, 어서 시작하죠.' 그러면 모두가 입을 닥치고 회의를 시작했어요."

9월 1일 목요일 아침, 킹은 의과대학원 시절부터 알던 캐슬린 푸르니에와 대화를 나누었는데, 이때 그녀는 수전과 애너 포의 대화에 관해서 말해주었다. 문제의 대화는 환자의 고통을 끝내는 것에 관한 내용이었으며, 킹이 회고한 바에 따르면, 푸르니에는 이렇게 말했다. "애너가 그러더라고. '아, 그래요, 저는 그거 전혀 문제없어요.'"

푸르니에는 환자의 고통을 제거하는 문제에 관해서 킹의 의견을 물었다. "머릿속에서 저는 이렇게 생각했어요. 이건 정상이 아니야. 우리는 그런 일을 하기 위해 봉급을 받는 게 아니라고. 우리는 모두가 죽거나, 모두가 떠나거나, 둘 중 하나가 될 때까지 버티기 위해 봉급을 받는 거라니까."

수사관들은 나중의 면담에서도 그를 압박했다. "그럼 당신은 그녀가 무슨 말을 하는 건지 아셨는데도 의문조차 제기하지 않았다는 건가요?"

"저는 일종의…… 우리는…… 그 대화는…… 그건 약간 불분명해서…… 하지만 저는 이렇게 말했죠. '도대체 무슨 이야기를 하는 거야?' '음, 환자들은 고통을 받고 있어, 어쩌구저쩌구.' 이런 상황에서는 제가 그런 일에 전혀 관여하고 싶지 않다는 말 말고는 다른 어떤 말도 노골적으로 드러낼 수가 없었어요."

그는 애초부터 자기 의견이 상황을 바꿔놓으리라고는 생각하지 않았다. 어떤 사람들은 병원 밖에 있는 사람들을 두려워한 반면, 킹은 오히려 병원 안에 있는 사람들을 지겨워했다. 그는 키가 180센티미터에, 체중은 90킬로그램이나 되지만, 병원에 가져온 식량이라고는 사과와 오렌지와 아몬드가 전부였다. 무기는 전혀 없었다. 거기서는 무기가 있는 사람이 곧 두목이고 법이었다. 응급실 경사로에 있다가, 병원으로 찾아온 사람들이 퇴짜를 맞는 모습을 목격하고, 결국 그 일로 인해 CEO와 말다툼까지 벌이고 나자, 그는 문득 이런 생각을 했다. '이런, 젠장, 이놈들은 모두 총을 갖고 있잖아. 이놈들은 나를 이 물속에 던져넣고 이렇게 말할 수도 있어. "자네는 더 이상 이 안에 들어올 수 없어.'" 2층에서 무슨 일이 벌어지고 있는지 본 순간, 그는 이렇게 생각했다. '내가 할 수 있는 일에는 한계가 있어. 게다가 곳곳에 무장 경비원들이 있지.' 분명 모두가 보는 앞에서 그를 쏘지는 않겠지만, 그들이 자기를 제거할 수도 있다고 킹은 확신했다. 그는 이 병원에 고용된 지 얼마 안 된 신참이었던 것이다. 그는 이스트시카고에서 자랐다. 그는 종종 자기 본심을 말했지만, 결국에 가서는 자기 입을 다물어야 할 때를 알게 되었다.

킹은 누이와 친구에게 보낸 문자에서 '사악한 존재들'이 환자들을 안락사시키는 문제를 논의 중이라고 말했다.

"왜 굳이 '사악한 존재들'이라고 표현했던 거죠?"

"저는 더 이상 그것들을 사람이라고 부를 수 없었으니까요. 누군가가 사람 죽이는 일에 관해 이야기할 경우, 즉 아무런 잘못도 하지 않은 사람들을 죽이는 일에 관해 이야기할 경우, 그 누군가는…… 제가 보기에, 그 누군가는 진정한 '사람'이 아니었던 겁니다. 인간은 그렇게 하지 않아요. 우리는 서로에게 그렇게 하지 않아요. 그래서 저는, 뭐랄까…… 정확한 표현은 아마도 이런 거였을 겁니다. '이 썹할 놈의 새끼들이 사람 죽이는 일에 관해 이야기하고 있어!'"

킹의 가장 친한 친구는 그 메시지를 내셔널 퍼블릭 라디오에 전했으며, 실제로 환자들이 주사를 맞은 바로 그날 오후에 뉴스 프로그램 〈모든 것을 고려하여(All Things Considered)〉에서 조앤 실버너 기자가 이 문자를 방송에서 설명해주었다. "킹의 주장에 따르면, 현재 직원들이 공황 상태를 보이기 시작했으며, 심지어 죽음과 가까이 접한 장기 급성 환자들의 일부를 죽도록 돕는 일에 관한 이야기까지 나오고 있다고 합니다."

킹은 그런 생각에 동의하지 않는다고 푸르니에게 잘라 말했고, 친구에게 문자를 보낸 다음에도 계속 환자를 다층식 주차장으로 옮겨 대피시키는 일을 도왔다고 증언했다. 이쯤 되자 병원은 더 이상 병원의 기능을 하지 않았다. "병원의 공식적인 구조 전체가 무너져내리고 말았죠." 그가 2층으로 돌아와보니, 환자들에게 부채질을 하기 위해 동원되었던 도우미들이 대부분 사라져버리고 말았다. 떠나라는 이야기를 전

356

해 들은 것이었다. "한 남자가 들어오더니 물어보더군요. '우리랑 같이 기도 모임에 가실래요?' 저는 이렇게 말했죠. '아뇨.' 그럴 이유가 전혀 없었어요…… 우리는 이제껏 한 번도 기도를 안 했으니까요. 그때가 목요일 정오였어요. 제 말은, 도대체 그게 뭐기에 그랬을까요?"

킹의 말에 따르면, 자기가 주위를 둘러보니 애너 포가 화장실과 ATM 옆의 복도 저편에 서 있었다. "그 여자는 분홍색 바늘이 달린 10밀리리터 주사기를 한 움큼 갖고 있었어요. 우리 병원에서는 18눈금에서 21눈금에 해당했죠. 그걸 한 움큼 쥐고, 환자에게 이렇게 말하더군요. '당신의 기분을 더 나아지게 해줄 것을 제가 드릴 거예요.'" 킹의 말에 따르면, 의사가 주사기를 직접 다루는 일은 매우 예외적이었다. "저는 그 주사기에 뭐가 들어 있었는지 모르겠어요. 저는 왜 그 여자가 그걸 갖고 있는지도 모르겠어요. 우리는 보통 꼭 그래야 하는 경우가 아니면 누구에게도 주사를 안 놓거든요. 제 말은, 대신 간호사를 불러 그걸 시킨다는 거예요. 우리는 주사를 놓지 않아요. 반드시 그런 것은 아니지만, 보통은 그런다는 거예요." 킹은 단순히 경박하게 구는 것이 아니었다. 그는 이런 책임의 구분이 필요한 이유를 알고 있었다. 의사의 지시는 약사에게 확인을 받고, 곧이어 간호사에게 확인을 받는다. 그리고 이 당시까지만 해도 메모리얼에서는 이런 의료 절차와 품질 관리 구조가 아직 무너지지 않은 상태였다는 것이다.

킹은 포가 환자에게 주사 놓는 모습을 직접 보지는 못했다. 다만 이전의 사건들을 조합한 끝에, 그는 이런 결론을 이끌어냈다. "그러니, 그 여자가 주사기를 한 움큼 가지고 있는 걸 보고, 저는 정말로 깜짝 놀랐어요. 그건 마치, 기도 같았어요…… 랄랄라…… 그날 아침의 대화며…… 이건 정상적인 상황이 아니었어요. 저는 거기 있지 말아야 했어요.

그곳을 떠나면서 저는 이렇게 생각했어요. '이건 미친 짓이야. 왜 저 사람들은 대낮에 갑자기 기도하자고 하는 거지? 왜 저 의사는 주사기를 한 움큼 쥐고 있는 거지?' 왜냐하면 우리는 저런 식으로 투약하지 않았으니까요." 그는 자기가 보트를 타고 그곳을 떠나 상륙 장소의 얕은 물에 도달한 이후, 병원에서 과연 무슨 일이 벌어졌는지 알지 못했다. "저는 위층에 있던 제 물건 전부와 가방을 챙겨서 붉은색 쓰레기봉투 하나에 집어넣고, 물을 걸어서 건넌 다음, 짐을 봉투에서 꺼내고 양말을 갈아 신은 뒤, 집으로 갔어요. 메모리얼에서 바로 이 장소까지 걸어온 거죠."

라이더와 섀퍼는 킹에게 사진을 보여주었고, 그는 몇 사람을 확인해주었다. "이 사람이 애너예요." 그는 첫 사진을 가리켰다.

떠나기 직전에 섀퍼는 자기들이 조만간 다시 연락해도 되느냐고 물었다. "물론이죠." 킹이 동의했다. "어떤 방법으로든, 전화도 하시고, 연락도 하시고, 제 집의 문을 두들겨주기도 하세요…… 이 문제에 대한 제 생각은, 뭔가 잘못이 일어났는데, 저로선 그게 어떻게, 왜, 누가 결정한 것인지 모른다는 거죠. 하지만 그들은 유족들에게 대답할 필요가 있어요. 왜냐하면 그 결정이 무엇이든 간에, 여러 가족이 누군가를 잃었으니까요."

킹은 병원에서 일어난 사건에 관해 자기랑 이야기한 유일한 다른 사람은 자기 여자친구, 제일 친한 친구, 누나, 그리고 CNN의 프로듀서였다고 말했다. 이 프로듀서는 몇 주일 전에 찾아와 카메라 인터뷰를 수행한 바 있었지만, 방송은 아직 나가지 않았다. 그의 주장에 따르면, 자기가 섀퍼와 라이더에게 한 말은 이미 프로듀서에게 한 말과 똑같았다.

"제가 드린 정보가 어떻게 도움이 되나요?" 킹이 라이더에게 말했다. "이미 알고 계신 정보를 말씀드렸을 뿐인가요, 아니면 모르고 계신 정보도 있나요? 이 방향으로나 저 방향으로나?"

"우리가 미처 몰랐던 것을 당신 덕분에 일부나마 알았습니다." 라이더가 그에게 대답했다.

재난, 그 이후

◇ ◇ ◇

수전 멀더릭은 초가을에 다시 시내로 돌아와서 자기 집을 청소하다가 테닛의 변호사로부터 전화를 받았다. 한참 통화한 끝에 변호사는 그녀에게 별도로 변호사를 고용하라고, 하지만 그녀의 고용주인 테닛이 그 비용을 지불할지 여부는 불확실하다고 전했다. 눈물범벅이 된 멀더릭은 평소에 알고 지내던 한 변호사가 사는 근처의 집으로 찾아갔다. 역시나 청소를 하다가 베란다에 앉아서 쉬던 변호사는 그녀의 이야기를 들어주었다. 이 변호사는 격분했으며, 테닛 측 변호사의 행동은(즉 멀더릭에게서 일단 정보를 짜낸 다음, 별도로 변호사를 고용하라고 조언한 일은) 비윤리적이라고 말했다.

멀더릭은 형제가 대여섯 명쯤 되었고, 그중 상당수는 뉴올리언스의 다른 여러 병원에서 근무했는데, 최근 들어 이들의 경험이 서로 얼마나 달랐는지 명확해졌다. 시내로 돌아온 직후 어느 날 밤, 이들은 뒤뜰에 둥글게 모여 앉아 와인을 마시며 각자의 이야기를 나누었다. 멀더릭은 푸르니에와 고양이에 관한 일화를 나누었고, 악취와 고통에 관한 이야기를 나누었다. 그녀의 자매 가운데 한 명은 세인트버나드 패리시의 샬멧 메디컬 센터에 있을 때, 구급차가 돌아오지 못해서 폭풍 이전에 대피를 완료하지 못한 상황에서, 불과 몇 시간 만에 1층 천장까지 물이 들어찼다는 이야기를 해주었다.[23] 이 병원에 있던 수십 명의 환자는 우선 위층으로 대피했고, 의사들이 돌보는 가운데 보트를 이용해 인근 교도소로 대피하거나, 더 높은 지대로 대피했다. 체중이 220킬로그램 가까운 어떤 환자의 경우, 힘이 센 남자 몇 사람이 달려들어 침대 시트째 들어올려 2층 창문 너머에 대기 중인 보트에 무사히 내려놓기도 했다. 환자 몇 명은 사망했다.

또 다른 자매는 뉴올리언스 시내의 툴레인 병원에서 일했다. 툴레인 역시 어둡고, 무덥고, 물에 포위되어 있었지만, 그 모회사인 HCA의 중역들은 미리미리 개인용 헬리콥터와 버스를 동원해 환자와 직원 및 이들의 가족을 구출했다.[24] 이 회사에서는 구조에 동원되는 정부 자산이 불충분하다고 드러나리라는 점을 정확히 예견했던 것이다. 비록 느리지만 질서정연한 대피 덕분에 공황 상태는 벌어지지 않았다. 그녀가 알기로도 툴레인에서 사망한 환자는 아무도 없었다. 멀더릭의 자매는 심지어 자기 경험에 관해서 웃고 농담까지 할 정도였다.

테닛의 변호사로부터 전화를 받은 직후, 멀더릭은 실제로 변호사를 한 명 고용했다. 그가 그녀에게 맨 처음 내놓은 조언은, 그간 있었던 일에 관해서 더 이상 이야기하고 다니지 말라는 것이었다. 변호사는 주 검찰총장이 수색 영장 발급용 극비 사건진술서를 갖고 있다는 사실을 재빨리 알아냈다. 루이지애나 주에서 테닛을 대리하는 연줄 좋은 형사 전문 변호사 해리 로젠버그가 그 사본을 하나 구해서 내용을 설명해주었다.

멀더릭의 변호사는 라이프케어가 사망 사건에 관한 책임을 테닛에 '덮어씌우려' 한다고, 그리고 멀더릭과 포 선생에게 손가락질한다고 말했다. 그는 의뢰인에게 걱정 말라고 격려했다. 변호사의 설명에 따르면, 수색 영장 집행은 단지 범죄가 벌어졌을 가능성이 있다는, 그리고 수색 장소에는 그 증거가 있을 가능성이 있다는 사실을 판사가 납득했다는 뜻에 불과했다. 이런 주장에는 단순한 소문이 포함되었을(즉 직접적인 증인이 있는 것이 아니라, 단지 누군가가 다른 누군가로부터 들은 증거만 있을) 수 있으며, 그렇다면 설령 재판이 열리더라도 증거 채택이 불가능하다는 것이었다.

변호사는 거듭해서 멀더릭을 안심시켰다. 환자들이 편안해하도록 모르핀을 투여해달라는 요청이라면, 심지어 자기 아내도 와병 중인 장모님을 위해서 똑같이 한 적이 있다고 말했다. 심지어 호스피스도 이를 권장했다는 것이다.

테닛의 변호사 로젠버그는 주 검찰청으로부터 뭔가 행동에 들어가기 전에 미리 언질을 주겠다는 약속을 받아놓고 있었다. 멀더릭과 그녀의 변호사도 이해 관계가 겹칠 수밖에 없는 테닛의 변호사들과 공조하는 문제를 고려했다. 잘만 하면 회사 측에서 그녀의 변호 비용을 지불할 가능성도 있었다.

그사이 병원 직원들 사이에서는 테닛을 향한 분노가 솟구치기 시작했다. 9월 말에 메모리얼의 CEO는 병원이 최소한 6개월 동안 문을 닫을 것이며, 직원 대부분의 고용은 공식적으로 끝났다는 법적 공지를 내보냈다. 병원은 11월 초까지 구제 수당을 제공할 것이고, 허리케인 당시에 일한 사람에게는 보너스도 제공할 것이며, 새로운 일자리로 재배치되기를 원하는 직원은 편의를 봐주려 노력할 것이었다. 장기 근무한 직원들은 이 짧은 해고 통지에 격분했고, 실업수당과 지속적인 혜택이 없다는 사실에도 격분했다. 일부는 메모리얼과 테닛의 지도자들에게 자기감정을 솔직히 털어놓았다. 그렇다면 메모리얼 말고 다른 병원들은 왜 자기네 직원들을 향한 감사의 인사를 아예 신문에다 게재한 것일까? 또 다른 병원은 왜 부분적인 '구제' 수당이 아니라 수개월간 월급을 정상적으로 지불한 것일까? 테닛의 대표 겸 CEO 트레버 페터는 이런 불만의 편지를 자사의 지역인사본부장에게 전달하면서, 이들에게 자기 대신 답장해달라고 지시했을 뿐이다.

폭스 뉴스의 인터뷰에도 출연했던 산부인과 및 신생아실 간호실장 메리로즈 버나드는 페터가 케이블 텔레비전에 출연해서 허위 주장을 펼쳤다고 비난했다. 즉 그는 테닛이 8월 31일 수요일에 이미 산하 병원들의 상황을 모두 장악했다고, 환자들 중에서도 가장 위중한 사람들은 이미 대피시켰다고, 전국에서 온 대체 근무자들이 뉴올리언스로 달려갈 준비를 끝냈다고 주장했던 것이다.

그렇다면 그 '대체 근무자들'은 어디로 간 건가요? (……) 사실 그곳의 환자들은 '하나같이' '위중한' 상태였고, 마지막 환자가 마침내 대피한 목요일보다 훨씬 더 이전에 대피시켰어야 할 사람들이었어요. 문득 그 일이 생각나네요. 우리는 환자 한 명을 골라서 헬리콥터 탑승 대열에 끼워 넣었어요. 그런데 이제 곧 여기를 떠나게 될 거라고 했더니, 그 환자가 비명을 지르는 거예요. "이런, 세상에. 나를 그냥 내버리고 가려는 거죠?!" 그의 말은 뭔가 하니, 여기서 곧 나가게 될 거라는 말을 하도 오래 들어서 결국에는 우리가 자기를 그냥 내버리고 가려는 줄 알았다는 거예요. 이날은 정말 영원히 잊지 못할 거예요. 또 다른 환자는 계속 "엄마, 엄마, 엄마"만 외쳤고, 다른 환자들은 극심한 고통과 비탄에 잠겨 있었어요. 그런데 어떻게 당신은 본인이 이 환자들이며 당신네 직원들에게 뭔가를 해주고 있었다는 잘못된 인상을 버젓이 전국에 내놓을 수 있는 거죠?

일부 직원들은 자기들이 재난 동안, 그러니까 병원을 떠나기 전과 떠난 이후 '버림받은 느낌'을 받았다고 회고했다. 항공 수송이나 보트 수송으로 병원을 떠난 사람들은 곧이어 위험해 보이는 길모퉁이며, 고속도로 교차로며, 북적이는 어니스트 N. 모리얼 컨벤션 센터에 도착했지만(네이긴 시장은 폭풍 직후에 이곳을 두 번째 대규모 대피소로 개장했지만, 식량과 식수와 적절한 운영요원은 제공하지 않았다) 이때부터는 또다시 각자 알아서 살아남아야 하는 입장이 되었다.[25]

"솔직히 말해서, 허리케인 카트리나 당시 테닛은 저 같은 직원들을 보호해야 하는 의무를 갖고 있었지만, 정작 이런 의무를 완수하는 데는 실패했다고 믿습니다." ICU 간호사인 돈 마리 긱은 CEO 페터에게 이런 편지를 보냈다. "저와 다른 사람들이 테닛을 위해서 정말 위험천만한 일을 겪었던 것을 생각해보면, 정작 회사가 자기네 환자를 돌보는 사람들을 돌보지 않았다는 사실에 분개하지 않을 수 없습니다." 그녀는 자기가 '사막의 폭풍 작전' 당시 군대에 복무했었다는 사실을 털어놓으며, 카트리나 직후의 메모리얼은 전쟁 지역에 다름없었다고 주장했다. 자연재해 직후 드러난 지역 및 연방 정부의 갈팡질팡한 조치를 현재 여러 개인과 조직이 비난하고 있지만, 이는 결과적으로 자기네 실수에 대한 변명을 늘어놓는 것뿐이라고 그녀는 지적했다.

한 메모리얼의 행정가는 실제로 정부를 비난했으며, 아예 자기가 조지 W. 부시 대통령에게 보낸 항의 편지 사본을 공개하기도 했다. "저는 메모리얼 메디컬 센터의 용감하고도 동정적인 의료인들과 알고 지낸다는 사실에 대해서 깊은 자부심을 느낀다는 점을 밝히는 바이며, 아울러 정부가 우리 모두를 실망시켰다는 사실에 깊은 유감과 부끄러움을 느낀다는 점을 밝히는 바입니다."

5층의 내과 및 외과 병동에서 일하던 간호사 셋도 테닛에 항의 편지를 보냈다. 이들은 자기들이 버림받은 것도 모자라, 급기야 해고되었다는 사실에 대해 비난을 가했다. 그중 한 명은 남편이 해안경비대 소속 해군 중위인 까닭에 메모리얼의 신생아 및 ICU 환자들의 대피에 도움을 얻기도 했었다. 또 한 명은 이 간호사의 절친한 동료인 미셸 피터라이얼스로, 화요일 밤에 해안경비대 장교가 메모리얼의 야간 대피를 지속하려고 연락할 때마다 휴대전화를 들고 계속 아래층으로 달려가야 했던 바로 그 사람이었다.

뉴올리언스 해안경비대 작전 지구의 사령관은 수요일 오후 늦게 메모리얼의 헬리콥터 착륙장으로 가서 아내를 구해오겠다는 이 중위의 요청을 허가했다.[26] 그의 아내인 간호사, 그리고 절친한 동료 두 사람은 간호실장의 지시에 불복하면서까지 그곳을 떠나기로 결정했다. 비록 환자는 단 한 명만 제외하고 모두 그 층을 떠난 다음이었으며, 간호사들도 다른 환자들을 돌보라는 임무를 부여받지 못한 상황이었지만, 일부 동료는 이들이 떠나는 걸 보면서 격분했다. 반대로 3명의 간호사는 재난 대비라고는 끔찍하게도 전혀 안 된 병원에서 자기들이 이렇게 고생했는데, 어떻게 테닛이 자기들을 단번에 해고할 수 있느냐며 깜짝 놀랐다. 이들은 결국 복직되고, 이들의 구제 수당도 지급되었지만, 물이 불어오르기 시작하자마자 자기 자리를 떠난 또 한 명의 간호사는(그녀는 "나는 여기를 나갈 거야."라고 대놓고 말했으며, 동료들에게는 자기 애완동물 때문에 걱정이라고 말했다) 결국 완전히 해고되었다.

◇ ◇ ◇

2005년 10월 12일, 라이더와 섀퍼는 배턴루지에서 뉴올리언스로 가서 라이프케어의 주요 증인들과 직접 면담을 실시하고 사진도 촬영했다. 일을 마치고 이들은 한 술집에서 CNN을 시청했다.

"여러분 안녕하십니까." 앤더슨 쿠퍼가 수십만 명의 시청자에게 말을 건네었다. "오늘은 허리케인 카트리나가 재해에서 비극으로 변한 순간, 즉 사람들이 영혼에 낙인을 찍는 선택을 내리기 시작한 순간에 관한 이야기로 시작하겠습니다. 이제 물과 진흙이 물러가면서 비밀이 서서히 드러나기 시작하고 있으며, 삶과 죽음을 가르는 결정과 논의에 대한 속삭임이 오늘 이 자리에서 처음으로 들리게 되었습니다. 저희가 전해드릴 내용은 지금까지 알려진 것보다 더 많은, 안락사에 관한 것입니다. 루이지애나 주 정부 당국은 현재 이 문제를 수사 중입니다."[27]

조너선 프리드 기자는 메모리얼의 끔찍했던 상황을 설명하고 나서, 브라이언트 킹을 소개했다. "대부분의 사람들은 뭔가가, 그러니까 일어나지 말았어야 할 뭔가가 일어났다는 걸 알고 있었습니다." 구체적인 이름을 대지는 않으면서도 킹은 자기가 보고 들은 이야기를 설명했다. 바로 지난주에 버지니아 라이더와 부치 섀퍼에게 했던 이야기와 상당히 비슷했다. 그는 환자들의 고통을 끝내는 문제에 관해서 한 의사와 이야기를 나누었고, 또 다른 의사가 주사기를 들고 있는 모습을 보았다

재난, 그 이후

고 주장했다.

"제가 들은 그 여자의 말은 이것 하나뿐이었습니다. '당신의 기분을 더 나아지게 해줄 것을 제가 드릴 거예요.'"

방송에서는 포의 이름을 드러내지 않으려고 주의했다. 증거가 거의 없는 상황에서 누군가를 살인 용의자로 보도하다가는 방송사가 자칫 명예훼손 소송에 휘말릴 가능성이 있으며, 이제 그녀는 가뜩이나 공격적인 변호사를 보유하고 있기 때문이었다. 뿐만 아니라 정체를 노출시킬 경우에는 포가 모습을 감출 가능성도 있지만, 이 채널의 프로듀서들은 여전히 그녀가 카메라 앞에 직접 나서서 자기 입장을 해명하도록 섭외하려는 희망을 갖고 있었다. 프리드 기자에 따르면, 문제의 의사는 킹의 주장을 전해 듣고도 아무런 반응을 내놓지 않았다. 방송에서는 몇 건의 전화통화에서 포가 한 말을 익명으로 이렇게 인용했다.

"우리는 이 환자들을 구하기 위해서 인도적으로 가능한 일을 모두 했습니다. 정부는 우리가 자택에서, 거리에서, 병원에서 그냥 죽도록 완전히 내버렸습니다. 어쩌면 우리 가운데 상당수는 실수를 했을지도 모릅니다만, 그건 그 당시 우리가 할 수 있는 최선이었습니다."

메모리얼의 간호실장 프랜 버틀러 역시 이 보도에 등장했다. "사람들을 고통에서 벗어나게 해준다고 말했냐고요? 맞아요." 그녀 역시 안락사에 관한 소문은 이미 알고 있었다고 증언했다. "저는, 뭐랄까, 짜증이 났죠. 그 이야기를 한 바로 그 사람 때문에요." 굳이 이름을 언급하지는 않았지만, 그녀는 캐슬린 푸르니에를 지목하고 있었다. 혹시 이 모두가 일종의 오해일 수도 있는 것일까?

방송에서 주 검찰총장 포티는 수사가 앞으로 2주일 이내에 종결될 것이라고 공언하며, 정보를 알고 있는 사람이 있으면 누구든 알려달라고 요청했다. "우리는 뉴올리언스 시내 및 근교에 산재한 13개 요양원과 6개 병원 정도를 살펴보는 중입니다. 따라서 우리는 동시에 여러 개의 전선에서 작전을 수행하는 셈입니다."

곧이어 전문가들이 줄줄이 등장해 CNN의 보도에서 드러난 쟁점을 토론했다. 법의병리학자 시릴 웨크트는 부패한 시신에서 나온 증거와 씨름하는 것이 힘들다는 이야기를 했다. 〈뉴욕 타임스 매거진〉의 랜디 코언은 이 병원의 대비 태세에 대해 의문을 제기했다. "도대체 어째서 (뭐랄까요) 폭풍이 닥쳐오고 있는 걸 알고 있는 상황에서도, 이 환자들을 어떻게 할 건지에 대한 계획이 없었을까요? 경우에 따라서, 가장 중요한 윤리적 질문은 우리가 재난 순간에 물어보는 질문이 아니라, 오히려 어떤 종류의 재난이 올지 예상하고 이를 예방하는 의무 그 자체인 겁니다."[28]

당시 펜실베이니아 대학교에 재직 중이던 생명윤리학자 아서 캐플런은 미국의 배심원들이 죽음을 재촉한 의사를 감옥에 보내는 경우가 거의 없다고 지적했다. "분명히 말하지만 우리가 살아가는 이 문화는 의사의 살인을 원하지 않습니다. 하지만 가만히 귀를 기울여보면, 우리는 아주, 정말 아주 정상 참작이 가능한 상황에서 안락사에 대한 옹호를 찾아낼 수 있습니다."[29]

이 24시간 뉴스 채널에서는 이후 며칠에 걸쳐 다양한 보도가 나왔다. CNN의 앵커들은 이 이야기를 재탕 삼탕 하면서 선정주의의 경계선까지 몰고 갔다. "루이지애나에 있는 메모리얼 메디컬 센터의 복도에는 과연 죽음의 천사들이 돌아다녔던 걸까요?" 낸시 그레이스는 금요일 저녁 뉴스쇼에서 이렇게 물었다. "어느 누구도 확답은 못하고 있습니다."[30] 한 초대 손님이 환자들에게 주사를 놓기 직전의 전력 차단, 끓어오르는 공포, 지연된 구조에 대해서 묘사한 다음, 이 모두의 구체적인 맥락을 설명하던 중에 그레이스는 상대방의 말을 끊기까지 했다. "숀, 숀, 숀, 저는 카트리나 이야기를 다시 하고 싶지는 않아요. 다만 메모리얼 메디컬 센터의 복도에 과연 죽음의 천사들이 돌아다녔는지 말았는지 여부만 알고 싶다고요! 제가 알고 싶은 것은 바로 그거예요."

그레이스는 마치 브라이언트 킹이 더 머물러 있다가 이후의 일까지 알아보지 않은 것 때문에 짜증 나는 모양이었다. 만약 그랬다면 그를 자기 쇼에 출연시켜서 이야기를 나눌 수 있었을 텐데 하고 아쉬워하면서 말이다. "저는 이 사건에, 그리고 다른 여러 가지 사건에 뭔가 환상적인 면모가 있다고 생각해요. 증인들이 여러분을 추정 범죄의 선까지 몰아가다가 갑자기 등을 돌려 나가버리는 거죠. 여기서 그들은 어떤 액체가 들어 있는 주사기를 한 움큼 들고, 환자에게 '이게 당신 기분을 더 나아지게 만들어줄 거예요.'라고 말한 의사가 있었다고 말하죠. 하지만 그 이후에 실제로 일어난 일은 그들이 모르지 않나요? 저 같으면 무슨 수를 써서라도, 그때 무슨 일이 일어났는지 직접 봤을 거예요."

주요 텔레비전 방송국은 CNN의 보도를 자사의 뉴스쇼에서 다시 요약한 다음, 거기에 새로운 세부사항을 덧붙였다. NBC는 한 환자의 가족이 병원을 고소했다는 보도를 내놓았다. 메모리얼의 몇몇 의사들은 텔레비전에 나와서 자기 동료들을 옹호했다. "우리가 누군가의 사망을 재촉했다는 것은 터무니없는 주장입니다."[31] 메모리얼의 내과 의사 존 코키머는 NBC에 출연해서 이렇게 주장했다.

재니 버지스의 딸인 (그리고 플레이보이 바니 출신으로, 네덜란드에 살다가 폭풍 직전에 어머니를 문병 왔던) 리렛 버지스 기디는 이제까지 자기 어머니가 대피 도중에 사망했다고 알고 있었다. 그것도 여러 날 지나서야 이메일로 그런 사실을 통보받았다. 그런데 CNN에 나온 메모리얼의 모습이 어딘가 낯익었다. 그녀는 비명을 지르며 귀를 막았고, 이불을 머리 끝까지 뒤집어썼다. 더 이상 듣고 싶지 않을 정도로 너무 많은 이야기를 이미 들었던 것이다. 그녀는 자기 어머니가 주사를 맞은 환자 가운데 한 명이라는 사실을 믿고 싶지 않았다. 과연 누가 그걸 믿고 싶겠는가?

한 방송국에서는 허리케인이 일어난 지 거의 2주일이 지나서 영국의 타블로이드 신문 〈메일 온 선데이〉에 나온 기사를 보도했는데, 여기서는 익명의 병원에서 근무하는 익명의 여성 의사와 나눈 인터뷰가 실려 있었다.

제가 옳은 일을 한 것인지는 잘 모르겠어요. 하지만 제게는 시간이 없었죠. 저는 가장 섬뜩한 상황에서 신속한 결정을 내려야만 했고, 그래서 저는 스스로 생각하기에 옳다고 여겨지는 행동을 했어요.

저는 죽어가며 고통스러워하던 그 환자들에게 모르핀을 주사했어요. 한 번 투여로 충분하지 않으면, 두 번 투여했죠. 그리고 밤이면 제 영혼에 자비를 베풀어달라고 하느님께 기도했어요.

이건 기도가 아니고, 다만 동정에 불과했어요. 그들은 비록 며칠까지는 아니더라도, 몇 시간 안에 죽었을지도 몰라요. 우리는 사람의 목숨을 끊은 게 아니었어요. 우리는 그들의 마지막을 편안하게 해주었을 뿐이죠.[32]

언론의 야단법석이 사흘째 이어지던 즈음, 메모리얼 메디컬 센터 직원들에게 이메일이 하나 날아왔는데, '변호사와 의뢰인 간의 특권 및 비밀'이라고 제목이 적혀 있었다. 이미 개별적으로 정부나 언론사와 접촉한 직원들을 향해서 "아래에 적힌 전화번호를 통해 병원 측 변호사들과 마음 편하게 이야기를 나누어야" 한다고 통보하는 내용이었다.

만약 정부나 언론매체와의 인터뷰가 여러분에게는 최선의 이익이라 결정했을 경우에도, 여러분은 병원 대표자가 여러분과 동행하도록 요청할 권리를 갖고 있습니다. 이런 상황에서는 여러분의 발언이 뜻하지 않게 오해되거나 왜곡되는 일을 방지하기 위해서, 제3자가 동석하는 것이 신중한 행동입니다.

이런 문제를 공개적으로 논의하는 것은 부적절하므로, 본 병원은 여러분이

재난, 그 이후

이 쟁점에 관해서 다른 직원 및 병원 외부인과 이야기 나누는 행동을 삼가
도록 요청하는 바입니다. 혹시라도 정보를 원하시거나 의문이 있으실 경우,
또는 정부나 언론 매체가 여러분에게 접촉할 경우, 우리 쪽으로 전화를 주
시면 감사하겠습니다. 마음 편하게 언제든지 수신자 부담으로 전해주세요.
오드리 앤드루스.

◇ ◇ ◇

같은 날 '메디케이드 사기 단속반'의 주무 검사는 테닛의 변호사인
해리 로젠버그로부터 팩스를 하나 받았다. 앞으로는 정부 관리가 테닛
의 직원에게 뭔가를 질문할 경우, "당신은 테닛의 변호사 중 하나와 상
의할 권리가 있으며, 또한 변호사나 병원 대표자가 동석할 권리가 있다"
고 상대방에게 미리 고지해야 한다는 내용이었다. 라이더와 섀퍼도 이
에 동의했다. 이는 윤리상의 의무이기도 했다. 대신 이들은 이렇게 얻은
정보가 법정에서 증거로서 인정될 수 있는지 확인하고 싶어 했다. 동시
에 섀퍼는 테닛이 자기네 직원과 동석하겠다고 제안한 것이 전략상 얼
마나 유리한지 깨달았다. 자칫 소송당할 만한 상황에서, 직원이 회사에
관해 무슨 이야기를 하는지 궁금해하지 않을 회사가 어디 있겠는가?

◇ ◇ ◇

CNN의 뉴스 보도가 나가고 며칠 지난 10월 18일, 라이프케어의 간
호부장 지나 이스벨은 뉴올리언스 공항 인근 라이프케어 케너 병원의
별실에서 주 검찰청 대표단을 만났다. 라이프케어 측 변호사도 전화상
으로 이 면담에 참석했다.

이스벨은 허리케인 당시의 상황을 설명했다. 특히 목요일 오전에 메
모리얼 메디컬 센터 소속 의료 전문가 3명이 7층으로 올라와서 라이프
케어 직원들에게 그곳을 떠나라고 말했을 때에 관련해서 자기가 아는

바를 말했다. "제 생각에, 저는 그 사람들이 단순히 우리 환자들을 돌보려 하나보다 생각했어요. 그러니까, 우리 환자들을 살펴보고 돌봐주려 하나보다 여겼다고요. 하지만 그게 다른 누군가가 말한 뭔가였는지, 즉 다른 뭔가라고 내가 믿도록 만든 뭔가였는지는 저도 모르겠어요. 정말 모르겠어요. 그냥 짐작은 되지만, 솔직히 저는 모르겠어요."

이스벨은 어느 누구도 곤란을 겪게 만들고 싶지 않았다. 그녀는 범죄 수사에 관해서, 그리고 마치 비난하는 듯한 뉴스 보도에 관해서 분노한 상태였다. 이스벨은 오히려 병원에 있던 모든 사람을 영웅으로 간주했다.

섀퍼는 라이프케어의 간호사들이 진료 기록을 계속 작성했는지, 즉 재난 동안 환자들에게 준 약품의 종류를 기록했는지 물어보았다.

"예. 그러니까 제 말은, 우리는 수요일 오전까지만 투약했고, 그 내용을 모두 적어놓았다는 거예요. 그러다가 우리는 기본적으로 생존 단계로 접어들었고, 그때부터는 식량과 식수만 이용해서 환자를 살리려고 애썼죠. 우리가 모든 일을 할 수 있는 방법은 전혀 없었어요."

"우리 모두 그 층에 올라가봤습니다." 그곳을 수색한 섀퍼가 말했다. "그곳 모습이 어땠는지 압니다. 당신네들이 어떤 일을 겪었는지는 다만 상상만 가능할 뿐이지만요."

이 사람이 어떻게 감히 이런 말을 하는 거지? 이 순간 이스벨은 어찌나 격분했던지, 마치 공포 영화 〈엑소시스트〉에서 악마에게 사로잡힌 여자아이처럼 자기 머리가 뱅글뱅글 돌아가는 모습을 상상해보기까지 했다. "당신들은 그걸 '절대로' 상상도 못할걸요." 그녀는 이렇게 말하며 기침을 했다. "그건 정말 믿을 수 없는 상황이었어요. 우리는 환자들을 살리려고 무척이나 노력했다고요. 사람들이 달려와서 우리를 도와 그 환자들을 내보내기까지, 왜 그토록 오랜 시간이 걸렸는지 정말로 알고 싶어요. 잘만 했다면 우리가 그렇게 많은 환자를 잃지 않았어도 되었을

370

텐데요." 정부는 굳이 나서서 도와주지 않았다. 그녀에게는 이것이야말로 진짜 범죄였다. 거기서 죽은 사람 대부분의 사망 원인은 바로 그것이었다. 수사관들은 병원의 의사들이 아니라 차라리 부시 대통령을 수사해야 했다. 폭풍 때 혼자 남아서 일한 사람들은 가만히 두어야만 했다. 이스벨이 보기에, '타이타닉'호의 침몰 상황에다가 전쟁 상황을 합친 것과 다름없었던 상황에서 사람들을 편안하게 해주고, 이들의 고통을 덜어준 의사는 악당이 아니라 오히려 영웅으로 간주해야 했다.

"우리 회사 라이프케어는 당장이라도 그곳으로 달려와서, 제 담당 환자들을 구조하고, 제 직원들을 구조할 만한 자원을 충분히 갖고 있었어요." 하지만 라이프케어 중역들이 도움의 손길을 보내지 못하게 정부 관리들이 저지했다는 것이 그녀의 비난이었다. "이건 한마디로 공정하지 않아요. 저도 잘 모르겠어요. 이건 단지 공정하지 않아요. 그냥 그렇지 않다고요. 죄송합니다."

섀퍼는 잠시 좀 쉬자고 제안했지만, 이스벨은 침착함을 되찾고는 계속 이야기하겠다고 말했다. 그녀는 구체적인 세부사항을 회고하려 시도했다.

"내일 새벽 3시면 그 생각이 저한테 떠오를 거예요. 왜냐하면 새벽 두세 시나 되어야 간신히 잠들었다가 곧바로 일어나곤 하니까요." 그녀가 말했다. 이스벨은 잠을 제대로 못 잤고, 머리카락이 쑥쑥 빠졌고, 자기가 담당한 환자들의 얼굴이 나오는 악몽을 꾸었다. 그녀의 룸메이트는 크게 걱정했다. 이스벨은 항상 슬픈 표정이었고, 아예 힘이 온통 빠져나간 것 같았다. 그녀는 작고 바닥이 납작한 보트를 타고 메모리얼을 떠났으며, 온몸은 땀띠 범벅이었으며, 정신적으로나 육체적으로나 지쳐 있었으며, 세인트버나드 패리시에서는 자기 집이며 지역 사회 전체가 풍비박산 난 상황이었다. 이스벨은 허리케인 당시 자기가 직접 선발해서 함께 일한 직원들 모두에게 죄의식을 느꼈다. 그리고 죽은 환자들에게도 미안한 기분을 느꼈다.

"침대에 메모장을 갖고 누워 계시다가, 떠오르는 걸 모두 적어보세요." 라이더가 제안했다.

"마침 우리도 그 시간쯤이면 질문거리가 머릿속에 떠오르곤 하죠." 섀퍼가 농담을 했다. "그러니 저희가 내일 새벽 3시에 당신께 전화 드리면 되겠네요."

"제 전화번호 알고 계시죠! 진짜로 전화 주세요!"

면담을 마치고 섀퍼는 이스벨에게 고맙다고 말했다. "그 생각을 다시 떠올리기 괴로우신 걸 압니다. 하지만 감사합니다."

"솔직히 말씀드리자면, 하루하루가 정말 버거워요." 이스벨이 대답했다.

◇ ◇ ◇

이스벨이 검사와 수사관에게 보여준 방어적이고 분노한 반응은 면담자들의 전형적인 반응이라 할 수 있었다. CNN의 보도와 테닛 측 변호사들의 편지는 일종의 전환점이 되었다. 처음 몇 번의 면담 때만 해도 면담자들은 기꺼이 라이더며 섀퍼와 이야기를 하려고 들었지만, 보도와 수사가 공개되면서부터 라이더는 법적 고지로 대화를 시작하게 되었다. 그러자 잠재적인 증인들은 대부분 경계심을 드러내고 비협조적으로 나왔다.

"폭풍 직후 메모리얼 병원에서 무슨 일이 일어났는지에 관해서 이야기를 나누고 싶은데요." 라이더는 메모리얼의 약사와 나눈 전화통화에서 이렇게 말했는데, 어쩌면 상대방은 애너 포가 통제 대상 약품을 어떻게 보유하게 되었는지에 관해서 중요한 정보를 갖고 있을 수도 있었다. "저하고 이야기하시는 것 괜찮으시겠어요?"

"예, 좋습니다." 약사가 말했다.

재난, 그 이후

"당신은 아직 그 병원의 직원 신분이니까, 일단 제가 반드시 알려드려야 할 게 있어요. 그러니까 제가 당신에게 어떤 질문을 할 때는, 병원의 대표자나 변호자를 동석시킬 권리를 당신이 갖고 있다는걸요."

약사는 이 말을 재고하는 듯했다. "그럼 제 생각에는 저쪽에 연락을 해봐야 할 것 같은데요, 그렇죠? 제 생각에는 그게 더 낫지 않을까 해요. 그러니까 제 말은, 물론 저야 당신과 기꺼이 이야기를 나누고 싶습니다만, 당신께서 일단 그 말씀을 하시니까, 제 생각에도 다른 누군가와 미리 이야기를 해보는 게 나을 것 같아요. 그러니까…… 저는 굳이 변호사가 필요하다고 생각하지는 않아요. 하지만 확실히 해두는 게 좋을 것 같으니까, 제가 일단 저쪽에 전화를 해볼게요."

약사는 결국 다시 전화를 걸어오긴 했지만, 라이더와 섀퍼가 이야기를 나눠보고 싶었던 주요 인물들은 갑자기 변호사를 앞에 내세우게 되었고, 기꺼이 이야기를 나누려 하지 않았다. 직원들이 면담에 실제로 동의할 경우에도, 섀퍼는(무려 30년 이상 법무 경험이 있었던 까닭에) 이들의 방어적인 대응을 지켜보며, 무엇을 말해도 되고 안 되는지 변호사로부터 사전에 교육 받았음을 감지할 수 있었다. 제아무리 결코 잊을 수 없는 종류로 보이는 사건에 관한 질문에 대해서도, 일단 면담 대상자가 "기억이 안 나는데요."라고 말할 경우, 섀퍼와 라이더가 할 수 있는 일은 많지 않았다.

"당시 7층에 있는 환자들에게 무슨 일이 일어났는지에 관해서 들리던 소문을 혹시 기억하시나요?" 메디케이드 사기 단속반의 한 검사가 전화 면담에서 어떤 남성 간호사에게 이렇게 물었다. 메모리얼에서 10년 동안 일하고, 지금은 또 다른 테닛 계열 병원에서 일하는 사람이었다.

"음…… 죄송합니다. 그동안, 그러니까 병원에 있는 동안 뭔가 들었을 수도 있기는 해요."

"뭘 들으셨나요?"

"제가 들은 걸 모두 기억할 수는 없죠."

"그러면 기억이 나시는 것만 여기서 말씀해주세요."

"제가 들은 건 그냥 소문이었어요. 제 생각에는 거기에 환자가 7명 있는 것 같았는데, 그 사람들이 안락사당했을 수도 있다는 소문이었어요."

"어디서 그런 소문을 들으셨나요?" 버지니아 라이더가 대신 질문했다.

"병원에서요."

"병원 어디에서요?"

"그 당시 제가 어디 있었는지 구체적인 장소는 기억이 안 나요. 제 말뜻은, 그냥 병원 어디에선가였다는 거예요."

"날짜는요?"

"음…… 그건 기억이 안 나요."

"누구한테 들으셨죠?"

"음…… 그것도 기억이…… 기억이 안 나요."

"혹시 간호사한테 들으셨나요?"

"음…… 아마도요?"

"혹시 의사한테 들으셨나요?"

"아뇨."

"그 환자들이 왜 안락사를 당했는지 들으셨나요?" 검사가 물었다.

"음…… 제가 만약 뭔가를 들었다 치더라도, 그건 아마 그 환자들이 결국 버티지 못할 것 같았기 때문이었을 거예요."

이 직원은 훗날 이렇게 말할 것이었다. 즉 자기 생각에는 서로 다른 몇몇 시기에, 서로 다른 몇몇 사람에게서 그 소문을 들은 것 같다고 말이다. "당신이 거기 계시던 마지막 날에 그랬나요?" 검사가 물었다.

"아닌 것 같아요."

"그러면 수요일에, 당신이 떠나기 전에 그랬나요?"

"그랬을 수도 있겠죠."

라이더는 이 간호사가 폭풍 직후에 한 언론 전공 여학생 앞에서, 자기네 병원이 환자들에게 "안락사를 시켰다"고, 그리고 "사람들을 잠들게 만들었다"고, 무심코 털어놓았다는 사실을 이미 알고 있었다. 그 언론 전공 여학생은 마침 루이지애나 주 다른 지역의 지방검찰청에서 파트타임으로 일하고 있었기 때문에, 자기 상사에게 이 사실을 보고했다.

섀퍼는 변호사들이 피고 측 증인을 대리할 때 하는 일에 친숙한 상황이었으며, 이런 경쟁 과정에서 이루어지는 훌륭한 변호사 업무에 감탄하지 않을 수 없었다. 그들의 수완을 보면 그는 힘이 솟았고, 자기만의 A매치에 더욱 성실히 임하게 되었다. 반면 라이더는 이 모든 일에 격분해 마지않았으며, 하나같이 증거 은닉의 일종이라고 생각했다.

이제는 일부 주장이 언론매체를 통해 흘러나가면서, 또 다른 우려가 생겼다. 뉴스 보도가 자칫 기억을 촉발시킬 수 있었다. 또한 뉴스 보도는 (어쩌면) 기억을 조작할 수도 있었다. 이 방면의 연구에 따르면, 추정 범죄에 관한 회고는 (세상 모든 사건이 그러하듯이) 오류와 변화 가능성이 있었으며, 새로운 정보라든지 다른 증인과의 논의로 인한 오염 가능성도 있었다. 미국의 비영리 단체인 '이노센스 프로젝트'의 도움으로 (주로 DNA 증거 분석에 근거해) 뒤집힌 유죄 판결의 경우, 거의 네 건 중에 세 건꼴로 허술한 증인 확인에 근거하고 있었다.[33] 또한 라이프케어 측 증인 몇 명이 대피 직후 자기 경험을 이야기했고, 일종의 사건일지도 참고했다는 사실 역시 중요할 가능성이 있었다.

이런 문제의 경감에 도움을 주려면, 섀퍼와 라이더 그리고 동료들은 더 많은 증인을 면담할 필요가 있었고, 방향을 유도하거나 생각을 제안하지 않게끔 주의할 필요가 있었으며, 사건 당시의 물리 및 기록 정보를 최대한 수집할 필요가 있었다.

조사는 답보 상태였다. 맨 처음에 한 면담들은 초점이 없었다. 이때는 라이더와 섀퍼도 자기들에게 필요한 정보가 무엇인지 확신하지 못했기 때문이다.

라이프케어 측 변호사들은 문서와 세부사항 요청에 대해 즉각적이고도 협조적이었던 반면, 테닛 측 변호사들은 더 방어적이고 보호적인 태도를 취했다. 라이더의 맨 처음인 동시에 가장 중요한 요청 가운데 하나는 사망 환자들의 진료 기록을 넘겨달라는 것이었다. 그로부터 몇 주일이 지날 때까지도, 그녀는 오로지 그중 일부만 갖고 있었다. 라이더가 테닛의 경비실장으로부터 알아낸 바에 따르면, 테닛의 변호사 오드리 앤드루스의 지시에 따라 9월 14일에 사망 환자와 관련된 모든 진료 기록을 챙겼는데, 주 검찰총장의 수사가 시작된 바로 다음 날이었다. 이 기록은 테닛 계열의 또 다른 병원으로 운반되었지만, 수사관들은 무려 10월 7일이 되어서야 기록을 손에 넣을 수 있었고, 그 내용 역시 완벽한 것과는 거리가 멀었다.[34]

라이더와 섀퍼는 또한 핵심 사실들도 아직 파악하지 못하고 있었다. 예를 들어 목요일 오전에 포와 함께 7층에 왔다고 알려진 간호사들은 누구였을까? 증인 어느 누구도 아직까지는 이들의 이름을 대지 못했다. 수사 도중에 수사관들은 메모리얼에 있던 모든 직원의 이름을 부서별로 열거한 서류를 발견해서 압수했다. 이들은 포와 가장 접촉이 많았을 법한 직원들에게 집중했다.

10월 마지막 주가 되자, 요원들은 테닛의 직원 73명에게 소환장을 발부해 면담에 출두하라고 촉구했다. 이에 의도적으로 불응할 경우에는 법정 모욕죄로 처벌도 가능했다. 소환장에는 또 다른 목적도 있었다. 수정헌법 제5조에 명시된 자기 고발 금지 권리에 호소하는 사람들을 우선 걸러내려는 것이었다. 바꿔 말하자면 이들은 뭔가 감추려 한다는 뜻이었다.

CNN은 소환장에 관해서, 그리고 테닛 측이 직원들에게 보낸 편지에 관해서, 그리고 그런 조치가 수사에 미친 '냉각 효과'에 대한 주 검

재난, 그 이후

찰총장의 불만에 관해서 보도했다.[35] "우리로선 이렇게 소환장을 발부하는 것 외에는 달리 방법이 없었습니다." 포티가 말했다. 테닛의 변호사 해리 로젠버그는 '메디케이드 사기 단속반'의 오랜 지휘관에게 한결 누그러진 편지를 보냈다. "귀 부서에서 저희 메모리얼 직원들에게 소환장을 발부하셨다는 사실에 실망을 금치 못했습니다. 그중 상당수는 현재 자기 집을 떠나, 허리케인 카트리나로 인한 곤경에 직면해 있기 때문입니다. 게다가 저는 메모리얼이 주 검찰청과 기꺼이 협조할 것이며, 지금껏 협조해왔다는 사실을 이미 지적한 바 있었습니다."

소환장으로 인한 불쾌감은 둘째 치더라도, 일단 그 효과만큼은 재빨리 나타났다. 즉 이때부터는 성실한 면담이 이루어진 것이다. 뉴올리언스의 변호사 에디 카스탱은 테닛의 의뢰를 받아 메모리얼 직원 대부분을 대리해 면담 때마다 이들과 동석했다. 11월 1일, 그는 중요한 논의를 위해 라이더와 섀퍼는 물론 이들의 상관들과도 한자리에 모였다. 라이더는 11월 7일 자 업무일지에 이때의 논의를 적어놓았는데, 이 당시 카스탱은 로리 부도와 메리 조 다미코라는 간호사에 대한 기소 면책을 원하고 있었다.

그의 한 의뢰인은 안락사 목적의 주사를 놓을 당시 7층에 있었으며, 모르핀과 버스드를 투약하는 일에 의사와 함께 참여했다. 다른 두 간호사 역시 그곳에 있었지만, 카스탱은 그 두 간호사까지 대리하지는 않았다. 카스탱은 또한 그 사건 도중과 직후 라이프케어 병원 직원들도 그곳에 있었다고, 그리고 무슨 일이 일어나는지 알고 있었다고 말했다. 카스탱의 의뢰인은 나중에 2층으로 돌아왔는데, 거기서도 3등급으로 분류된(즉 더 위중한 환자라는 뜻이다) 환자들이 있는 지역에서 이와 유사한 활동을 목격했다. 2층에서 이 사건이 일어났을 때, 거기에는 남자 의사가 한 명 있었다. 카스탱은 자기가 두 간호사까지 대리하지는 않는다고, 하지만 기소 면책을 제공받기만 하면 자기가 그들을 설득해서 데려올 수 있을 것이라고 말했다. 카스탱은 또한 자기가 간호사들 가운데 한 명과 이야기를 해보았다고, 그래서 그녀에게 다른 변호사를 구하라고 조언했다고, 또 나머지 한 명과는 연락이 닿지 않는 다고 말했다.

카스탱은 자신의 또 다른 의뢰인 역시 그날 오후 더 늦게 7층으로 올라가라는 요청을 받았다고 말했다. 당시 7층에는 여전히 살아 있는 환자가 한 명 있었지만, 임종 호흡 상태였다. 카스탱의 의뢰인은 애너 포 선생이 그 환자에게 주사 놓는 것을 목격했다.

라이더와 섀퍼가 이해한 바에 따르면, 이 간호사들은 사실상 주 정부가 포를 기소할 수 있게끔 협조하겠다고 제안하면서, 그 대가로 자기들을 보호해달라고 요청한 셈이었다. 이쯤 되면 라이프케어의 직원들이 회고한 것처럼 간호사 둘이 아니라, 오히려 세 사람이 이 일에 관여한 것처럼 보였고, 그 또 다른 간호사 역시 증인인 것처럼 보였다. 이제 라이더와 섀퍼는 몇 가지 사실을 더 알게 되었다. 첫째는 포와 함께 7층에 왔던 간호사 2명의 이름이었다. 둘째는 이들이 애초부터 환자들을 죽일 의도로 주사를 놓았다는 변호사의 의견이었다. 셋째는 2층에서 일어난 일에 관한 새로운 세부사항으로, 여기에는 또 다른 남자 의사가 핵심적인 역할을 담당했을 가능성이 있었다.

그런데 라이더와 섀퍼가 직면한 문제는, 그들이 기소 면책을 제공할 수도 없고, 이 여자들을 직접 면담하고 더 많은 내용을 알아낼 수도 없다는 점이었다. 주 검찰청에서는 살인 혐의에 관해서 수사하고 있었지만, 이 사건을 과연 기소할 것인지 여부는 아직 불분명한 상태였다. 형사 절차에 관한 통제권은 보통 지역 법관들이 장악하고 있게 마련이었으며, 이 경우에는 올리언스 패리시의 지방검사인 에디 J. 조던 2세가 그 주역이었다. 어쩌면 그가 순순히 물러나 결국 주 검찰청이 수사 후에 직접 기소하도록 허락할 가능성도 있기는 했다. 하지만 이 지방검사는 자기네 패리시에서 벌어진 사건을 기소하는 것이 자기 임무라고 간주했다. 따라서 그가 이런 기회를 기피하는 경우는 비교적 드물었으며, 보통은 윤리적 상충에서 비롯된 예외적인 사례뿐이었다. 게다가 초기의 징후만 보면, 조던은 이처럼 복잡하고 주목받는 사건을 자기 몫으로 남겨놓고 싶어 할 것만 같았다. 물론 그가 담당한 지방검찰청은 창세(創世) 이전부터 무능하다 여긴 사람들이 많았으며, 실제 유죄 판결 비율도 낮았지만 말이다. 주 검찰청 직원들은 이번 사건에 관해서 지방검찰청의 직원들과 연락을 하지 말라는 엄명을 받아놓고 있었다.

이처럼 추정 살인에 대한 기소 권한은 궁극적으로 지방검사의 손에 달려 있을 가능성이 높았기 때문에, 주 검찰청 소속인 섀퍼와 라이더와 다른 동료들은 자기들이 누군가에게 완전한 기소 면책을 제공할 수 있으리라고는 믿지 않았다. 오히려 그 일은 지방검사 조던의 의향에 달려 있었다. 따라서 지금 당장은 합법적 증거 제안이라는 일반적인 용어에 의거하는 상황일 뿐이었으며, 카스탱이 한 말로부터 검사와 수사관이 얻은 모든 지식은 (법조계의 표현에 따르면) 마치 '독 있는 나무의 과실'과 유사하게 오염될 것이었다. 즉 이 정보는 그 간호사들을 기소하는 데는 사용될 수 없을 것이며, 설령 섀퍼와 라이더가 그 내용을 다른 출처로부터 확증했어도 마찬가지일 것이었다. 유일한 방법은, 그들이 별개의 자연적인 수사 과정에서 이를 발견했음을 입증하는 것뿐이었다.

그로부터 여러 해 뒤 카스탱은 자기가 주 검찰청 직원들과 이야기를 나누고, 면담을 한 사람 가운데 누군가를 기소하지 않겠다는 보장을 요구한 것은 사실이라고 시인할 것이었다. 하지만 자기가 그 간호사들에 대한 기소 면책을 요구한 적은 없었다고 주장했다.[36] "왜냐하면 기소 면책이란, 결국 누군가가 뭔가 잘못된 일을 했는데도 처벌을 면제받는다는 뜻이기 때문이다. 나는 그런 이야기를 누구에게도 한 적이 없다." 그는 특히 자기가 7층과 2층에서 일어났다고 주장된 일에 관해 진술했다는 사실을 완강하게 부정할 것이었다. 하지만 자기가 이 회의 내용을 기록하지 않았다는 점은 시인했다. "그들은 이미 이런 사실을 알고 있었습니다." 그는 수사관들에 관해서 이렇게 말할 것이었다. "그들이 제게 말했으니까요."

카스탱은 이렇게 덧붙였다. "저로선 굳이 거기로 찾아가서, 이 모든 고발 건을 그들에게 이야기한 다음, '당신들은 기소할 수 없어.'라고 말하는 것이 이치에 닿지 않아 보입니다만." 하지만 다음 달에, 또 한 명의 변호사가 불기소 보장이 나오기도 전에 정보를 제공하고 말았다. 메리 조 다미코를 대리한 이 여자 변호사는 섀퍼와 또 다른 차장검사에게 내놓은 구두 증거 제안에서, 만약 이 사건의 기소를 면책해줄 경우 다미코가 무엇을 말하게 될지 자세히 설명했다. 이 변호사가 보낸 편지에서는 이 증거 제안이 기록 외로 만들어졌으며, 직접적으로나 간접적으로나 다미코에게 불리하게 사용되어서는 안 된다고 강조했다. 다미코의 새로운 변호사는, 심지어 필요한 경우에는 자기가 지방검사에게도 직접 증거 제안을 할 수 있다고 말했으며, 메모리얼 사건을 다루고 있는 연방 마약단속국과도 접촉했다.

섀퍼와 라이더와 이들의 동료들은 뉴올리언스 연방 검사 짐 레튼을 찾아가서, 연방 법률에서 이 사건에 적용 가능한 것을 찾아보기로 했다.[37] 살인은 보통 지역 당국에서 기소하게 마련이며, 이에 대한 연방 사법권은 한정되어 있었다.[38] 메모리얼의 사망 사건은 연방 영토에서 일어난 것도 아니고, 또 다른 연방 범죄 범행 도중에 일어난 것도 아니었고, 사망자 어느 누구도 굳이 그 추정 살인을 연방 법률에 따라 기소해야 할 만한 범주에 해당하지 않았다(만약 사망자가 정부 고위 공무원이라면 이 범주에 해당했다). "법률을 빙자해 누군가로부터 민권을 박탈하는" 과정에서 사망을 야기한 행위는 연방 범죄로 간주할 수 있었다. 예를 들어 마약 범죄를 조장하기 위해서 살인을 하는 경우가 그러했다. 하지만 이때만 해도 메모리얼 사건에 이 혐의를 적용할 수 있다고는 간주되지 않았다.

이들이 생각하기에, 적용 가능한 연방 혐의 중에서도 가장 심각한 것은 금세 퇴짜를 맞았다. 왜냐하면 마약류의 부적절한 조제 혐의는 유죄 판결을 받아도 기껏해야 징역 5년에 불과할 것이고, 이 정도면 면허 갱신 없이 교통사고를 낸 뺑소니범이 받을 만한 형량이었다.

여러 변호사의 증거 제안으로 얻어낸 정보를 전혀 사용할 수가 없게 되자, 섀퍼와 라이더는 다른 길을 찾아보았다. 법 집행기관에 근무하는 공무원으로서, 라이더는 각 회사가 이 사건과 관련해 내부 조사로 발견한 내용을 모조리 넘기라고 요구할 권리를 갖고 있었다. 그녀는 테닛과 라이프케어 측에 요청했으며, 여러 가지 정보에 대해 소환장을 발부했다. 라이프케어는 자사의 지도자들이 대피 이후 며칠 동안 수행한 면담 보고서 요약본 파일을 제출했다.

하지만 테닛은 의료진과의 자체 면담에서 나온 정보를 넘겨주지 않았다. 다만 라이더가 받은 법적 통보에 따르면, "테닛의 변호사 일부"가 애너 포와 대화를 나누었지만, 자기네는 그 내용을 밝힐 수 없다고 했다. 그녀의 변호사인 리처드 시먼스가 자기 의뢰인이 제공한 정보를 비밀로 보호해달라고 요청한 상태였기 때문이다. 자기 의뢰인의 진술이 공개 금지되도록 법률에 의해 보장될 것이라는 '타당한 믿음'이 있다고 주장했다. 또 다른 의사의 변호사 역시 이와 유사한 요청을 했다. 즉 이 변호사가 보낸 편지에 따르면, 존 틸 선생은 앞서 테닛의 변호사들과 이야기를 나눌 때까지만 해도, 이들이 자기를 대리하지는 않으리라는 사실을 미처 깨닫지 못했으며, 그로 인해 "지금 상황을 알았더라면 논의하지 않았을 법한 사실들을 논의했다."는 것이다.

◇ ◇ ◇

주 검찰청의 똘마니들과 CNN 기자들로부터 반갑지 않은 주목을 받긴 했지만, 이런 것들이야 존 틸이 메모리얼의 2층에서 캐런 윈 옆에 서서 "우리가 이렇게 해도 되나요?"라고 말했던 9월 1일 목요일 이후 겪게 된 여러 가지 곤경에서 최근의 몇 가지에 불과했다.

그날 해 질 무렵 비행기를 타고 메모리얼을 벗어나면서, 자칫 살아남지 못할 것이라고 확신했던 상황에서 실제로는 살아남았다는 사실을 깨닫자, 그는 일종의 안도감을 느꼈다. 메모리얼의 다른 직원들과 함께 루이 암스트롱 뉴올리언스 국제공항에 내린 그는, 더위와 오물과 갈증과 불안에 시달리는 대피자들이 우글거리는(심지어 그중 일부는 환자인) 대합실로 걸어 들어갔다. 기대와 달리, 테닛에서 보내겠다고 약속했던 버스는 와 있지 않았다. 그러자 공포가 또다시 내부에서부터 그를 쥐어짰다. 하지만 틸은 자칫 동료들을 놀라게 할까봐 이런 감정을 드러내지 않았다. 그는 판지를 깔고 누워서, 물렁물렁한 군용 비상식량을 베개 삼아 잠을 잤다.

다음 날 그는 혼돈의 소용돌이 속에서 병원 직원 몇 명과 함께 몇 시간이나 기다렸다. 이들은 밀고 밀치는 군중 속에서 이리저리 오갔다. 아직 십대에 불과한 주 방위군 병사들은 비록 반자동 화기로 무장하긴 했지만, 사람들에게 질서를 부과하는 데는 실패했다. 사람들이 승강이를 벌였다. 틸의 동료인 간호사 한 명은 실신했다. 그는 의사로서의 태도를 유지하며 동료들을 격려했지만, 내면에서는 본인조차 우리가 살아남지 못할 것이라는, 죽음의 문턱에 서 있다는, 어느 순간에라도 발포가 시작될 것이라는 생각이 점점 확실해지고 있었다. "이건 미친 짓이야." 틸과 동료들은 백인이었던 반면, 이들 주위의 다른 사람들은 거의 모두가 '흑인'이었다. 그리고 그는 절망적으로 공포를 느꼈다.

마침내 이들은 입을 떡 벌린 공군 수송기의 화물칸으로 기어 올라갔

재난, 그 이후

다. 사람이 타기 전에는 탱크를 여러 대 싣고 다니던 비행기가 분명해 보였다. 비행기 안은 무척 더웠다. 어디로 가는지 아무도 말해주지 않을 것이었다. 맞은편에 앉은 덩치 큰 흑인 남성이 틸의 지압용 은팔찌를 바라보더니, 양쪽 끝에 자석 구(球)가 달린 그 물건을 한참 쳐다보다가, 자기 옆에 있는 여자에게 물었다. "여보, 저런 거 하나 있으면 어때?" '오, 이런, 이 사람 혹시……' 틸은 몸이 굳어버렸다. "틸 선생님이시죠?" 그 여자의 말에 그의 상상은 뚝 끊어지고 말았다. "예." 알고 보니 그 여자는 병원 경비원의 친척이었으며, 그의 팔찌를 원하는 것도 아니었다. 그녀는 남자에게 말했다. "저건 그냥 저분 갖고 계시게 둬요." 이들은 폭풍 속에서 샌안토니오 인근에 착륙했고, 어느 비행기의 날개 아래 마련된 대피소에서 경비견과 조사관들이 각자의 가방을 살펴보는 동안, 하늘에서 퍼붓는 비를 그대로 맞으며 아스팔트 위에 서 있었다. "여기서 벗어나야만 해요." 기절했던 간호사가 말했다. 이들은 공군에 있는 누군가에게 부탁해서 홀리데이 인으로 가는 택시를 잡아탔다. 에스파냐어를 말하는 운전기사는 주차장에서 이들과 함께 기도를 했다.

다음 날 틸은 1200달러를 내고 비행기 표를 구입한 다음, 애틀랜타로 가서 가족과 합류했다. 이틀 뒤인 노동절 아침, 잠에서 깬 그는 말을 할 수도 없었고, 오른팔을 들 수도 없었다. 과연 다시 의사 일을 할 수는 있을까? 틸은 불과 일주일도 되기 전에 무려 세 번이나 자기가 죽을 것 같다는 생각을 했다. 병원에 온 그는 그곳 창밖을 내다보았다. "하느님, 말씀해주세요." 뇌졸중이었다. 틸의 나이는 이제 겨우 쉰네 살이었다. 발병 이유도 찾을 수가 없었다. "단지 폭풍으로 인한 스트레스 때문일 거야."

재난 당시에서 그 이후 동안 그는 체중이 5킬로그램이나 줄어들었다. 틸의 능력은 천천히 되돌아왔다. 그는 다시 말하는 법을 배웠고, 자신의 빠르고도 발음이 길게 늘어지는 뉴올리언스 블루칼라의 억양을 자랑스러워했다.

그로부터 2주일 뒤, CNN의 누군가가 전화를 걸어와 틸의 이야기를 듣고 싶어 했다. "선생님께서 폭풍 당시 영웅 가운데 한 분이라고 하셔서요." "생각해보고요." 그는 대답했다. 메모리얼의 언론 담당자는 틸과 공항에서 함께 고생한 바 있었다. 그리고 그녀는 이미 그에게 이런 주의를 준 바 있었다. "혹시 누가 연락을 해오면, 이 번호로 연락을 주세요." 틸은 그 번호로 연락해서, 댈러스에 있는 테닛의 언론 담당자며 변호사들과 이야기를 나누었다. 그는 이들에게 자기 이야기를 해주었다.

나중의 회고에 따르면, 이때 그가 말한 내용은 이러했다. 우선 8월 31일 수요일에는 긍정적인 일도 있었다. 즉 그가 두 가지 귀중한 발견을 한 것이다. 하나는 메모리얼의 지하 구내식당 안의 자동판매기가 여전히 정상 작동되고 있었다는 점이다. 그는 신발을 벗고 무릎까지 차오른 물속으로 걸어 들어가 자기 컵에 내용물을 채웠다.

또 다른 발견은 암 연구소였는데, 이곳은 조명도 들어오고 비교적 시원했으며, 여전히 가동하는 발전기 덕분에 기적적으로 전기도 공급되었다. 틸은 병원에서 사무동과 연결된 구름다리를 건너갔으며, 그곳 복도를 지나 암 연구소로 들어갔다. 그는 이곳에서 오랜 시간을 보냈다. 병원 행정가들도 이곳에 와서 커피를 끓이고, 휴대전화를 충전하고, 선풍기 앞에 앉아 있곤 했다. 그는 최고재무책임자와 가벼운 이야기를 나누기도 했는데, 팔다리가 길고 머리가 희끗하고 사근사근한 성격의 이 남자를 보면 틸은 1960년대의 TV 드라마 〈비벌리 힐빌리스〉의 주인공 제드 클램펫 역을 맡은 배우 버디 엡슨이 생각났다. 이들은 각자의 자녀에 관해, 또는 가정생활에 관해 이야기했지만, 정작 병원 행정에 관해서는 아무런 이야기도 하지 않아, 틸은 이야기를 하면서도 뭔가 좀 기묘하다고 생각했다. 심지어 그는 화학요법 환자들을 위한 안락의자에 누워서 잠을 자기까지 했다.

8월 31일 수요일, 바로 그날 틸은 또한 응급실 경사로에서 여러 시간을 보냈다. 그는 거기서 동료 의사 존 코키머와 함께 시가를 피웠으며(틸이 생각하기에 존은 안전을 위해 시가 보관통을 병원까지 들고 온 듯했다) 서로를 '갈색 잎사귀의 형제들'이라고 부르며 웃었다. 이때 틸은 무심코 물었다. "과연 우리가 언제쯤 여기서 나갈 수 있을 거라고 보나?" 그러자 존이 말했다. "의사들은 끝까지 남아 있어야 한다고 되어 있어." 틸이 반문했다. "왜지?"

바로 그때, 그의 동료는 자기 중지를 세우더니 다른 팔꿈치의 구부러진 부분에 갖다 대고 마치 주사 놓는 듯한 시늉을 했다. 그러자 틸은 이렇게 말했다. "이런, 우리가 정말 그런 상황까지는 안 갔으면 좋겠는데." 하지만 이 동료는 훗날 이런 대화를 나눈 적이 전혀 없다고 잡아뗄 것이었다.

전체적으로 수요일은 무시무시했다. 응급실 경사로에 있던 또 다른 의사는 구조대가 오지 않고 있으며, 병원은 이제 외톨이라고 말했다. 틸은 이런 고함 소리에 두려움을 느꼈고, 인근 지역에서 들리는 총소리에 겁을 먹었다.

밤에 자기 사무실로 돌아오면서, 그는 보호를 위해 세워놓은 평상복 차림의 보초를 지나쳤다. "위에서 저한테 총을 주더군요." 그 남자가 말했다. "그런데 문제는 제가 이제껏 한 번도 총을 쏴본 적이 없다는 겁니다." 이 일은 틸의 자신감에도 기운을 불어넣지 못했다. 칠흑 같은 어둠 속에서 계단통을 오르던 그는 계단과 난간이 어디 놓여 있는지 갑자기 알 수 없는 상태가 되고 말았다. 방향을 상실한 채, 그는 친구의 휴대전화를 빌려서 주차장으로 간 다음, 자기 자동차 안의 거센 에어컨 바람이 나오는 성소(聖所)에 앉아 있었다. 그는 조지아 주에 있는 가족에게 연락을 취하고, 최악의 상황에 대비하라고 말하려 했다. "어쩌면 두 번 다시는 못 만날 수도 있어." 그가 말했다.

이때 그는 처음으로 자기가 살아남지 못할 것이라고 생각했다. 병원은 스스로를 보호할 방법을 전혀 갖고 있지 못했다. 오랫동안 억압된 병원 바깥의 군중은 약탈한 권총과 소총을 휘두르며 폭동을 일으켜 이들을 제압할 것이었다. 적이 가까이 있었다. 메모리얼에서 길 건너편에 있는 신용조합 건물에는 범죄자 한 명이 요란한 소리를 내며 무단 침입해 있었다. 틸의 동료들은 병원 하나를 대피시키려다 많은 사람이 죽는다면, 어느 누구에게도 이득이 아니지 않느냐고 계속 서로에게 물었다. 아내와의 통화 때 틸은 전화기 저편 어디선가 딸의 격분한 목소리를 들었다. "왜 아빠가 거기 있는 거야? (……) 아빠는 굳이 거기 안 있어도 되잖아!"

틸은 허리케인 때마다 거의 항상 서던 뱁티스트 병원에 머물렀다. 이 병원에 직접 고용된 사람은 아니었으므로, 굳이 그럴 필요까지는 없었다. 그는 21년 동안 의사로 일해왔지만, 이런 경험 중에 그 무엇도(사실은 당시 메모리얼에 있던 사람 누구나 마찬가지였겠지만) 지금 이들이 직면하고 있는 문제를 해결하는 데는 준비가 되지 못했다. 틸은 자기들이 전쟁 지역에 있다고 생각했다.

날이 밝아 목요일 오전이 되자, 그는 초점을 되찾았다. 틸보다 키도 더 크고, 확신도 더 많았던 수전 멀더릭이 응급실에서 나오더니 그에게 다가왔다. "존, 오늘 밤 안으로 모두가 여기를 나가야만 해요."[39] 그는 CEO인 구로부터도 똑같은 이야기를 들은 바 있었다. 이들의 말은 생존 가능성이 아직 있음을 암시했다. 그는 고무된 느낌이었다.

대피가 재개되었을 즈음, 틸은 약사의 고양이들을 안락사시키기 시작했다. 캐슬린 푸르니에는 환자들을 고통에서 벗어나게 해주는 일에 관해서 그에게 물어보았는데, 여기에서는 두 가지 일을 비교하지 않기가 어려웠다. 틸은 애완동물이 죽음에 가까워졌을 때 그 주인이 안락사를 선택한 것은 옳았다고 생각했다. ICU에서 매우 위중한 환자들을 상대하는 의사로서, 안락사에 관한 그의 믿음은 해를 거듭하면서 변화했다. 틸은 더 이상 이에 반대하지 않았다. 그는 사람들이 마지막에 가까워 고통에 시달릴 경우, 더 이상 살고 싶지 않다며 자살을 시도했다가 실패하는 모습을 본 적도 있었다.

틸은 2층에서 벌어지는 장면을 바라보았다. 조명이라고는 유리가 달아난 창틀 너머로 스며드는 자연의 빛뿐이었다. 환자 열댓 명이 똑바로 누워 있었고, 간호사와 의사가 이들을 돌보았으며, 부채와 물병은 물론 갖가지 쓰레기가 사방에 흩어져 있었다. 그는 ATM 근처 탁자 위에 모르핀과 미다졸람, 그리고 주사기가 놓여 있는 것을 보았다. 틸은 아까 응급실 경사로에서 주사 놓는 모습을 흉내 내던 동료의 몸짓을 떠올렸다. 그런 일이 정말 일어나고 있구나. 그는 이렇게 생각했다.

틸은 포의 이름을 몰랐지만, 적어도 2층을 담당하는 의사처럼 보인다고 생각했다. 3등급으로 분류된 환자들은 상태가 너무 위중하기 때문에 이송할 수 없다고 그녀가 말하자, 그는 각자의 진료 기록을 굳이 들여다보지도 않은 채 상대방의 말을 그대로 믿었다. 일부 환자는 땀이 흥건했고, 또 일부 환자는 탈수로 인해 축 늘어져 있었으며 가쁜 숨을 몰아쉬고 있었다. 일부 환자로부터는 마치 이 세상의 것이 아닌 듯한 신음 소리가 흘러나오다 곧이어 침묵이 흘렀는데, 마치 요란한 개구리 울음소리 같은 이것이 바로 죽음의 박자였다. 틸은 이들이 안전한 곳까지의 여정을 버티고 살아남지는 못할 것이라고 확신했다.

"제가 도와드릴까요?" 그는 몇 번이나 포에게 물었다.

그녀는 아니라고, 당신은 굳이 여기 있을 필요가 없다고 대답했다.

"저는 여기 있고 싶은데요." 틸이 고집했다. "당신을 도와주고 싶습니다."

포와 몇몇 간호사는 복도 근처에 누운 환자들을 돌보고 있었다. 틸은 창문에서 가장 가까운 환자 4명을 담당했고(3명은 나이 많은 백인 여성이었고, 한 명은 덩치 큰 흑인 남성이었다) 아직 정맥주사를 놓지 않은 사람들에게 정맥주사를 시작하려 했다. 환자들의 혈압이 워낙 낮았기 때문에, 마치 속이 텅 빈 소방 호스처럼 혈관도 쪼그라들어 있었다. 호흡과 (그중 한 명이 내는) 나지막한 신음 소리를 제외하면, 환자들은 마치 생명이 없는 것처럼 보였으며, 그의 손길에도 반응하지 않았다.

간호사 한 명이 한 환자의 정맥주사 주입구를 알코올 면봉으로 닦고 주사를 놓았다. 이 몸짓의 의도하지 않은 아이러니는 그에게 인상적으로 다가왔다. 곧 죽을지도 모르는 환자에게 과연 세균 감염이 발달할 시간 여유나 있을까?

이른바 '도덕적 명료성'은 실행보다는 개념으로서 유지하기가 더 쉬웠다. 진실의 순간이 왔을 때, 틸은 주저하고 말았다. 바로 그때 그는 간호실장 캐런 윈을 돌아보았다. ICU에서 그녀의 경험과 병원의 윤리위원회에서 그녀의 지도력을 신뢰했기 때문이다. "우리가 이렇게 해도 되나요?"

틸은 환자들에게 모르핀과 미다졸람을 주사했는데, 평소에 ICU에서 사용하는 것보다 더 많은 양이었다. 그는 양손을 벌리며 이들을 안심시켰다. "이제는 가도 되겠습니다." 대부분의 환자는 투약한 지 불과 몇 분 만에 사망했다. 하지만 힘들게 숨을 쉬던 덩치 큰 흑인 남자는 그렇지 않았다.

틸은 모르핀을 몇 번 더 주사했다. 그가 생각하기에 100밀리그램은 되어 보였다. 틸은 캐런 윈과 함께 '성모송'을 외웠다. 그 남자는 계속 숨을 쉬었다. 환자의 순환계 기능이 너무나 저하되어 있어서, 약품이 체내로 잘 전달되지 않는 모양이었다.

틸은 환자의 얼굴에 수건을 덮었다.

그가 기억하기에, 그 남자가 호흡을 멈추고 사망하기까지 1분이 채 걸리지 않았다.

그 환자를 질식사시키는 일이야말로, 틸의 기질에는 완전히 위배되는 행동이었다. 이것이야말로 그의 데이터베이스상에 있지 않은 일은 물론, 그가 어떤 상황에서도 반드시 하게 되리라고 결코 생각한 적 없는 일이었다. 자기가 한 일이 옳다고는 생각했지만, 이게 정말로 옳은 일인가 하는 의문이 곧바로 틸의 마음속에서 뛰놀기 시작했다. '우리가 이렇게 해도 되나요?' 만약 이 환자가 지금 벌어지는 일을 인식하지 못한다면, 그리고 만약 그가 어쨌거나 한 시간 안에 사망한다면, 그를 질식사시키는 일을 과연 잔인하다고 할 수 있을까?

틸은 바로 그날인 목요일 저녁에 헬리콥터를 타고 병원을 빠져나와 공항에 내렸다. 그가 주사를 놓은 환자들도 만약 살아남기만 했더라면, 그곳에 와 있을 것이었다.

탁 트인 공합 대합실의 천장 채광창 아래에는, 들것 위 또는 카펫 바닥 위 곳곳에 환자들이 누워 있었다. 일부는 휠체어에 앉아 있거나 딱딱한 공항 의자에 앉아 있고, 일부는 신음했지만, 대부분은 꼼짝도 하지 않았다. 오줌 냄새며, 더러운 기저귀며, 오물이 묻은 옷 냄새가 가뜩이나 눅눅한 공기를 가득 채웠다. 뇌 수술 환자들도 있었다. 장기 이식 수술 환자들도 있었다. 호흡 튜브를 목에 달고 있는 환자도 있었는데, 이런 경우에는 산소와 호흡기 치료사와 인공호흡기가 필요하게 마련이었다. 이미 수백 명이 도착해 있는 곳에, 시내의 여러 병원과 요양원을 떠난 환자들이 계속 도착하고 있었다. 수천 명의 배고프고, 목마르고, 흠뻑 젖은 피난민이 고혈압과 당뇨와 정신분열증과 기타 질환에 대한 치료와 동떨어진 상태에서, '제스터스 바 앤드 그릴'이며, '백 앨리 재즈'며, 기타 공항 구내 상점의 간판 아래에서 노숙하고 있었다. 이들의 목소리는 커지고 높아졌으며, 이들의 혈압과 혈당 수준 역시 마찬가지였다. 의사와 간호사와 구급요원으로 이루어진 소수의 의료진은 무려 이틀 넘도록 잠을 한 숨도 못 자고 일했으며, 지친 나머지 서로를 향해 막말을 퍼붓고 있었다.

틸과 그곳까지 동행한 간호사 한 명이 의료진을 도와주겠다고 제안했다. "그냥 여기서 나가세요." 여자 의사 한 명이 이들을 몰아냈다. "여기는 우리가 맡았으니까." 이들 같은 반(半)연방 공무원은(이들은 '재난 의료지원 팀', 일명 DMAT 소속으로 특수 훈련을 거친 바 있었다) 경험 없는 외부인과는 함께 일하지 않았다.[40] 불쑥 나타나서 의료 지원을 해주겠다고 제안하는 사람이 있더라도, 그가 과연 유자격자인지 아닌지 판가름하는 훌륭한 시스템까지는 없었다. 따라서 공항에 있던 의료지원 팀은 자기네 규약상 틸은 물론 다른 의사와 간호사 모두 돌려보내야만 했다. 비록 자기네 팀원들은 완전히 일에 압도된 상황이었지만 말이다.

수요일 오전 일찍 DMAT 세 팀이 그곳에 도착해서 야전 병원을 개장했고, 목요일에 DMAT 팀 하나가 더 추가되었다. 국가 비상사태에 대비해 훈련과 연습을 거치고 자원 봉사에 나선 30여 명의 구급요원과 간호사, 그리고 의사 몇 명은 현장을 둘러보며 경악을 금치 못했다. 그 중 상당수는 울음을 터뜨리기까지 했다. 서부 연안에서부터 비행기보다는 오히려 자동차를 이용해 운반된 이들의 보급품은 도착도 늦고 수량도 부족했다. 1분이 멀다 하고 헬리콥터가 착륙하면서, 여러 병원과 요양원에서 온 환자들이 쏟아졌다. 그 숫자는 자원봉사자들이 전해 들은 예상치의 몇 배나 더 많았고, DMAT 소속 인력이 일반적으로 발휘하는 대응 역량의 10배는 더 되는 것 같았다. 도대체 이 환자들을 진짜 병원으로 데려갈 비행기는 어디 있는 걸까? 보급품은 하루 만에 다 떨어지고 말았다. 이들은 상부와의 통신 수단도 없었고, 재보급을 위한 준비도 없었다.

그사이 뉴올리언스 외부의 연방 정부 공무원들은 뉴스 인터뷰에 출연해서 DMAT의 공적을 칭찬하기만 했다.

목요일 밤 내내 신음과 비명과 죽음이 이어졌다. 시신을 다른 곳으로 옮길 시간 여유조차 없었다. 틸은 가만히 누워 귀를 기울였다. 그의

재난, 그 이후

도덕적 명료성이 그제야 되돌아왔다. 메모리얼에서 그가 모르핀과 미다졸람을 주사했던 바로 그 환자들이 바로 이곳까지 왔다면, 그들은 기껏해야 고통을 받다 죽어버렸을 것이다.

"우리가 이렇게 해도 되나요?" 재난 이후, 원래는 도덕적인 차원이었던 이 질문이 틸에게는 법적인 차원으로 변모했으며, 그로서는 확신의 가격을 결과의 대가로 치른 셈이 되고 말았다. 담당 변호사가 주 검찰총장의 접근을 격퇴하는 사이, 틸은 (자기 집이 파괴되고, 병원의 폐쇄로 인해 일자리까지 잃게 된 상황에서) 돈을 벌 방법을 찾아 나섰다.

12월에 그는 병원 재개장 계획을 세우기 위한 메모리얼 메디컬 센터 의사들의 회의에 참석했다. 여기서 틸은 자기 변호사가 의료진 대표에게 보낸 편지를 큰 목소리로 읽어주었다. "테닛 측이 자사의 변호사들을 통해 밝힌 바에 따르면, 주 검찰총장의 현재 진행 중인 질의와 관련해 의학박사 존 S. 틸에 의해 이미 야기된, 그리고 앞으로 야기될 법률 비용 및 수수료를 지불하기로 동의할 수 없다고 합니다." 변호사는 비록 이 의사가 정규직이 아니라 계약직이기는 하지만, 테닛에는 비용을 지불할 전거가 있다고 주장했다. 틸은 자기 동료들로부터도 지지를 받고 싶어 했다.

"혹시 변호사를 필요로 할 만한 어떤 일을 당신이 실제로 하기는 한 겁니까?" 브롭슨 루츠라는 의사가 틸에게 물었다.

"거기에 대해서는 제가 옳다고 생각하는 일을 했을 뿐이라고만 말해두겠습니다. 물론 다른 사람이야 잘못했다고 말하겠지만요."

폭풍 내내 병원에서 봉사했던 고참 의사 호러스 볼츠는 깜짝 놀라며 외마디소리를 냈다. "이런, 세상에, 존. 자네를 위해 기도하겠네."

볼츠는 앨라배마 주 북부에서 피난민 생활을 하는 동안, 브라이언트 킹이 CNN에 출연한 것을 보았다. 그는 텔레비전을 끄고 나서도 멍하니 자리에 앉아 있었다. 이건 사실일 리가 없었다. 자기의 경력 전부를 바친 이 병원의 평판에 생긴 오점 때문에 볼츠는 초조하기 짝이 없었다. 서던 뱁티스트 병원과 메모리얼 메디컬 센터에서 그토록 많은 동료가 오랫동안 열심히 일해서 만들어내고 지켜낸 그 평판은 무척이나 신뢰할 만했다. 이 일 이후 도대체 어떻게 얼굴을 들고 다닌단 말인가? 그것도 자기가 피난민 신세로 머물고 있는 이 작은 시골 병원에서, 허리케인 당시 자기 경험을 그렇게 자랑스럽게 말해버렸으니 말이다.

볼츠는 킹을 딱 한 번 만났다. 그것도 폭풍이 몰려오기 직전 비상 회의 때뿐이었다. 그때만 해도 저 젊은 의사는 그에게 양심적이고 적극적인 사람으로, 즉 협동정신의 소유자로 보였다. 그러니 과연 그가 굳이 없는 이야기를 지어내려고 했겠는가? 반면 다른 동료들은 킹을 배신자라며 깎아내렸다. 그는 원래 홍수가 차오른 직후 병원에서 도망쳤으며, 9월 1일 목요일에 거기 없었다는 소문도 돌았지만, 실제로는 사람들이 바로 당일 그가 함께 있었던 것을 모두 기억하고 있었다. 비록 힘들기는 하지만, 볼츠로선 킹이 이 사건을 목격한 그대로 전하고 있다고 믿을 수밖에 없었다. 그리고 이 사건은 그가 생각하기에 분명히 잘못된 일이었다.

볼츠는 단서를 찾으려고 자기 기억을 더듬다가, 이전에 우연히 엿들은 대화를 떠올렸다.[41] 그 장면은 이러했다. 9월 1일 목요일 오전, 메모리얼 2층에 있는 한 의사의 사무실에서 3명의 의사가 대화를 나누고 있었다. 한 명이 말했다. "우리의 임무 가운데 가장 어려운 것은, 우리가 그들에게 시키는 일이 안전한 일임을 간호사들에게 납득시키는 거예요." 볼츠는 걸음을 멈추고 서서, 지금 무슨 이야기를 하고 있었느냐고 동료들에게 물었다. 그러자 3명 가운데 한 명이 이렇게 대답했다. 환자들 일부는 혼자 힘으로 버티지 못할 것이므로, "도움을 받을" 필요가 있을 것이라고 말이다. 볼츠는 혹시 이 의사가 안락사 이야기를 하는 건가 싶어서 잠시 동안 의문을 떠올렸다. 하지만 그는 터무니없는 생각이라고 간주하며 지워버렸다. 이것이야말로 한가하고 정신 나간 이야기였으며, 그로선 굳이 관여하고 싶지 않은 종류의 이야기였다. 그는 그곳을 떠났다.

그로부터 얼마 뒤, 이번에는 존 코키머가 볼츠와 그의 나이 많은 누이를 데리고 가더니, 대피 대기자 행렬에서 맨 앞으로 인도했다. 볼츠는 안락사에 관한 자기 의견을 이 동료가 이미 알고 있었으리라 확신했다. 왜냐하면 코키머는 이른바 '람 주지사의 철학'을 신봉하는 동료 가운데 하나였기 때문이다. 두 의사는 1980년대 초에 함께 진료를 하다가 사이가 틀어졌으며, 이후로는 서로를 높이 평가하지 않았다. 하지만 훗날 코키머는 자기가 '굳이 볼츠를 끌고 가서 보트에 태운 이유 중에는, 그를 우선 내보내고 안락사를 마음대로 진행하려는 의도도 있었다.'는 추측을 그냥 웃어넘기고 말았다. 그러면서 이런 추측이야말로 '날조'라고, 즉 오랫동안 담당하던 환자 가운데 하나가 사망한 뒤 볼츠가 느낀 죄의식의 산물이라고 일축해버렸다.[42]

그 환자는 운동 장애인 파킨슨병이 상당히 진전된 일흔여덟 살 여성으로, 목요일에 메모리얼에서 볼츠가 마지막으로 살펴본 직후 사망했다. 환자의 상태가 원래부터 위중한 정도까지는 아니었다. 다만 볼츠가 폭풍 직전에 입원을 허락한 까닭은, 이 환자가 전자장비에 의존한 간호를 받고 있었기 때문이다. 그녀가 이 병을 앓는 8년 내내, 허리케인이 닥쳐올 때마다 그는 이렇게 배려해주었다. 그리고 볼츠는 '심폐소생술 거부' 요청서를 환자의 요청에 따라서 발급했다. 자기 심장이나 호흡계가 뜻하지 않게 멈출 경우 굳이 되살리기를 원치 않는 환자도 있었기 때문이다. 그녀의 간병인은 헌신적인 성격의 자매였지만, 카트리나 당시에는 메모리얼에 환자를 혼자 남겨 두었다.

볼츠는 자기가 맡았던 환자의 죽음 때문에 크게 놀랐다. 그녀는 성대가 마비되어 혼자 힘으로는 말을 할 수가 없었다. 혹시 그녀가 안락사되었을 가능성이 있을까? 그는 무슨 일이 일어났는지, 그리고 누구의 책임인지 반드시 알아내기로 작정했다. 볼츠는 이 문제에 관해 침묵하지 않기로 작정했다.

◊ ◊ ◊

특별수사관 버지니아 라이더도 이와 유사한 도덕적 분노를 품고 있었다. 메모리얼에서 벌어진 일은 분명히 잘못이었다. 자기가 믿는 가톨릭이라는 종교의 교리에서는 이것이야말로 기초적인 이야기였지만, 그래도 그녀는 완고한 생각을 가진 사람은 아니었다. 비록 본인은 안락사당하고 싶은 마음이 전혀 없겠지만, 그래도 특정한 상황에서 특정한 사람들은 그러고 싶을 것임을 이해할 수는 있었다. 심지어 그 당시 투옥중이던 잭 키보키언의 불법 행위조차도 문제가 없다고 생각했다. 이 의사는 살인 기계를 만들어서 환자들이 죽는 것을 도왔는데, 예를 들어 말기 암 환자들이라든지, 진행성 치매 때문에 기억과 독립성을 박탈당한 환자들이 그러했다. 차이가 있다면 애초에 환자들이 먼저 의사의 도움을 요구했다는 점이다. 반면 라이더가 아는 한, 메모리얼의 의사들은 이런 동의 없이 행동했다. 그녀는 폭풍 이전에 에밋 에버릿을 치료했던 의사와 이야기를 나눈 바 있었다. 여러 해 동안 하반신 마비를 비롯한 갖가지 의학적 문제가 있었지만, 에버릿은 자기 운명에 만족하는 것처럼 보였고, 자기를 담당한 의료 팀에 수술을 비롯해서 '뭐든지' 해달라고 말한 바 있었다. 그래야만 자기가 최대한 나아질 수 있고, 자기를 자주 방문하는 손자손녀들이며, 자기를 절대 요양원에 보내지 않겠다고 고집하는 아내에게 돌아갈 수 있을 것이기 때문이라고 했다.

담당 간병인의 말에 따르면, 삶에 대한 에버릿의 열망은 재난 내내 여전히 강한 상태였다. 담당 간호사였던 신디 채틀레인이 수사관들에게 한 말에 따르면, 그녀는 목요일 오전에 에버릿에게 줄 음식을 준비하는 일을 도왔다(참치, 크래커, 렐리시 소스 등이었다고 또 다른 직원은 말했다). 채틀레인의 말에 따르면, 에버릿은 자기 몫의 아침식사를 먹어치웠고, 정신도 멀쩡하고 방향감각도 있었다. 큰 목소리로 자기 아내를 걱정했고, 자기 룸메이트였다가 이미 그곳을 떠난 다른 환자 3명이 무사한지 묻기도 했다. 또한 자기 자신에 대한 걱정도 표현했다. "신디, 사람들이 나를 남겨두게 하지 말아요." 간호사의 기억에 따르면, 그는 이렇게 말했다. 그녀는 절대 그러지 않겠다고 환자에게 약속했다.[43] 그로 인해 이 간호사는 현재 크나큰 죄책감에 사로잡혀 있으며, 알코올과 처방전 진통제에 더 많이 의존하게 되었다.

라이더는 환자의 부인 캐리와도 이야기를 나누었는데, 아내의 말에 따르면 남편은 살기를 열망했다. 그녀는 수사관들에게 남편 사진을 건네주었는데, 그것은 그녀가 가진 유일한 남편 사진이었다. 이 사진에서 에밋 에버릿은 한 식당의 코카콜라 자판기 앞에 앉아서, 포크와 음식 접시를 들고 있었다. 그는 넓은 어깨에 흰색 드레스셔츠와 넥타이 차림이었다. 눈에서는 빛이 나서, 바짝 깎은 회색 염소수염에도 불구하고 마치 소년 같은 인상을 주었다. 별명 짓기를 좋아하는 새퍼는 에버릿을 이번 사건의 '포스터 소년'이라고 불렀다. 이후 이 별명은 그대로 고정되었다.

새퍼 역시 라이더와 마찬가지로 어려서부터 가톨릭교도였으며, 또한 삶과 죽음의 문제에서는 절대주의자가 아니었다. 변호사 시절, 그는 어떤 문제가 생기기 이전에 각자의 삶을 마감하는 방법에 대한 선호를 기록하고자 원하는 수많은 사람을 위해 사망 선택 유언을 작성해주었다. 본인도 이런 문서를 작성했는데, 나이가 더 들면서 이 쟁점에 관해 더 많이 생각해본 끝에 한 일이었다. 만약 자기가 '식물인간'이 된다면, 그는 생명 유지 플러그를 뽑기를 바랐다. 그건 어디까지나 그의 결정이었다. 다른 누군가가 자기를 위해 그걸 결정해주는 것은 원하지 않았다.

비록 자신의 위치가 의견을 형성하는 것까지는 아님을 알면서도, 새퍼는 의학적 상황을 고려해보았을 때 메모리얼의 일부 환자의 경우에는 투약을 당한 이유를 어쩌면 이해할 수도 있겠다고 생각했다. 하지만 에버릿을 포함한 다른 환자의 경우에는, 그로서도 "말도 안 되는 짓"이라고 말할 수밖에 없었다. 문제의 핵심은 워낙 많은 경우가 있고, 또한 그 각각이 서로 다르다는 점이었다. "제 어머니였다고 해도, 저는 그 사람들더러 그렇게 하라고 말했을 거예요." 대중 가운데 누군가가 이렇게 말했을 경우, 그는 상대방에게 이렇게 묻고 싶었다. "과연 '이' 어머니, '이' 아버지, '이' 아저씨, '이' 할아버지, 즉 지금 여기 있는 '이' 누군가에게도 그렇게 하실 수 있겠습니까?" 도대체 얼마나 더 많은 사람이 주사를 맞아야만, 사람들은 더 이상 "나는 그렇게 해도 된다고 생각합니다."라고 말하지 않을 수 있을까?

1979년에 섀퍼의 아버지는 2~3주 정도 병원에 입원했는데, 의사의 설명에 따르면 "자연스러운 모든 질환이 한꺼번에 밀어닥친" 경우에 해당했다. 어떤 사람들은 갑자기 쇠약해졌지만, 그의 아버지는 서서히 쇠약해졌다. 섀퍼는 함께 있으면서, 아버지가 사망할 때까지 한 손을 잡고 있었다. 그런 와중에도 그에게는 굳이 의사에게 가서 "차라리 그냥 죽이는 게 낫지 않겠습니까?"라고 물어볼 생각이 전혀 떠오르지 않았다.

이 사건을 다루면서 개인적 감정을 느끼지 않기란 어려웠다. 섀퍼도 유명한 '카트리나 기침병'이라는 것에 걸리고 말았다. 이것은 뉴올리언스에서 시간을 보낸 사람은 모조리 걸린 것 같았다. 그는 마스크 없이 메모리얼을 돌아다닐 때부터 이런 증상이 시작되었다고 생각했다. 그 배수구며 하수도에서 과연 뭐가 기어 올라왔는지는 아무도 모를 일이었다.

섀퍼와 이야기를 나눈 사람들은(사망자 가족이건, 아니면 간호사와 의사건 간에 모두) 굳이 수사관에게 이야기하는 것보다 훨씬 많은 이야기를 자기 마음속에만 갖고 있었다. 그는 이런 사람들 거의 모두에게 연민을 느꼈다. 이들은 모두 영웅이었다.

396

이 사건의 규모와 복잡성이 점점 커져만 가던 상황에서, 섀퍼는 주무 수사관 자격으로 이 사건을 공략하는 라이더가 상당히 많은 시간을 투자한다는 사실을 깨달았다. 이 사건이 워낙 커지다보니, 그녀는 다른 병원 및 요양원 수사를 모두 중단한 상태였다. 라이더는 심지어 저녁에 집에 돌아가서도 이 사건을 생각한다고 말했다. 오로지 수사 동료 겸 동지인 두 사람만이 서로의 일정을 이해하고 공유했다.

두 사람은 아침 일찍부터 한밤중까지 이 사건에 매달렸다. 매일매일 그랬다. 그들은 사무실에 들어가서 삼각대 위에 커다란 메모판을 올려놓고 비밀회의를 했다. 그들은 건물 밖 흡연 구역에서 머리를 짜냈다. 그들은 뉴올리언스로 자주 외근을 나갔는데, 곳곳의 파란색 방수포 지붕들을 볼 때마다 불가피하게 비극을 상기했다.

두 사람은 서로의 생각을 주거니 받거니 했다. 이것은 단순히 검사와 수사관이 맡은 사건이 아니었다. 또는 단순히 그나 그녀가 맡은 사건도 아니었다. 이것은 '그들'의 사건이었다. 그들이 이제부터 하려는 일은 그들의 사건이고, 그들의 상황이었다. 그들은 심지어 서로 생각이 비슷해지는 선까지 이르렀다. 그들은 항상 이 사건에 관해 이야기를 나누었다. 그들의 협력관계는 상당히 보기 드문 것이었으며, 대단한 우정이었다. 섀퍼는 지금까지 한 번도 이런 관계를 가져본 적이 없었다. 그래서 그는 이 관계를 만끽했다.

그는 자기들의 행보가 마치 〈그의 연인 프라이데이(His Girl Friday)〉에서 로절린드 러셀과 캐리 그랜트의 행보와도 유사하다고 생각했다.*

---

* 코미디 영화 〈그의 연인 프라이데이〉(1940)는 한때 부부였던 신문사 편집장(캐리 그랜트)과 신문기자(로절린드 러셀)의 이야기이다. 유능한 기자인 전처가 재혼해서 평범한 주부가 되려 한다는 소식을 전해 들은 편집장은 그녀에게 특종 취재를 맡기고 재혼을 막기 위해 갖가지 계략을 꾸민다. 제목의 '프라이데이'는 〈로빈슨 크루소〉에 나오는 주인공의 충직한 원주민 하인으로, 이 영화에서는 편집장의 갖가지 요구에 충실히 따르는 기자를 가리킨다.

그녀는 집요하고도 이상적인 자세로 진실을 추구했다. 그는 교활한 모사꾼으로서, 그녀가 자기에게 꼭 필요하다는 사실을 알고 있었다. 두 사람 모두 자기 소명에 중독되어 있고(피차 고집이 센 사람들이다보니, 각자의 일에 몰두할 때 가장 잘 지낼 수 있었다), 상대방이 하던 말을 대신 마무리해주고, 상대방의 담배에 불을 붙여주고(음, 물론 라이더는 담배를 피우지 않았지만), 상대방이 무슨 생각을 하는지 알았다.

그들은 함께 있을 때 정말 완벽했다. 그는 타자를 못했다. 그녀는 분당 1천 단어의 속도로 타자를 했다. 섀퍼는 라이더를 볼 때마다 기분이 좋았다. 그녀를 보는 순간 오늘 하루도 흥미진진할 것이 예상되었기 때문이다. 세상 어디에서도 자기네처럼 함께 일하기를 좋아하는 두 사람을 찾기는 쉽지 않을 것임을 알았다.

섀퍼는 라이더야말로 자기가 모든 것을 함께 논의할 수 있는 유일한 사람이라고 느꼈다. 이처럼 주목받는 사건에 관해서는 심지어 아내와도 세부사항을 공유할 수 없다고 생각했다. 그런 이야기는 배우자를 비롯해서 단속반 이외의 어느 누구와도 이야기하지 않게 마련이었다. 단골 상점 주인이나 이웃이나 다른 누구에게도 기밀을 누설하고 싶지 않은 것이다.

섀퍼는 자기가 뭔가에 사로잡혔다는 사실을 아내도 눈치챘으리라고, 그리고 자기가 너무 열심히 일한다는 사실을 아내도 걱정하고 있으리라고 짐작했다. 아내는 남편이 건강을 해친다고 걱정했다.

섀퍼 부부는 가정에 일어난 비극의 누적을 각자 알아서 대처하고 있었다. 처음에 두 사람의 딸이 사망했고, 다음에 부인의 친자매나 같았던 사촌이 사망했으며, 가장 최근에는 부인의 아버지가 사망했다. 이 모든 일이 불과 다섯 달 사이 연이어 일어났다. 장인의 사망 소식을 알리는 전화를 받았을 때, 섀퍼는 메모리얼의 의사 한 명과 진행하던 면담을 곧바로 마무리했다. 이후 그는 일에 뛰어들어, 메모리얼 수사로 자기 시간을 때우려고 노력했다. 그의 아내는 집에 틀어박혔고, 조용한 곳에 몇 시간 동안 혼자 앉아서 애도에 전념했다. 섀퍼는 아내가 혼자 있어야만 더 잘 슬퍼할 수 있다고 믿었다.

섀퍼의 아내는 원래 화가였고, 특히 천사의 이미지를 전문으로 하는 화랑을 운영했다. 이 경력은 여러 해 전에, 그러니까 지금은 사망한 딸이 천사의 꿈을 꾸면서부터 시작되었다. 섀퍼는 아내를 적극적이고도 활달한 여성으로서 존경했다. 하지만 그녀에게 벌어진 변화는 극적이었다.

섀퍼 역시 슬퍼했지만, 그 방법은 좀 달랐다. 그는 딸이 사용하던 자동차를 몰고 동네를 돌아다녔다. 그는 변속 레버를 마치 딸의 손인 양 어루만졌다.

라이더와 섀퍼는 소환장을 받은 직원들을 면담하는 한편 다른 수사도 병행했는데, 그중에는 열댓 명 넘는 메모리얼 직원의 전화통화 내역을 분석하는 것도 포함되어 있었다. 즉 이들이 폭풍 동안 어디에서 일하도록 배치되어 있었는지, 그리고 이들이 9월 1일 목요일 7층이나 2층에 있었는지 여부를 판정하려는 의도였다. 하지만 그들 대부분은 폭풍 이후 뿔뿔이 흩어져서 연락이 되지 않거나, 대화를 거부하거나, 변호사의 동석을 요구했다. 그리고 변호사가 있을 경우에는 십중팔구 자기네 의뢰인이 면담에 임할 수 없다고 대신 발뺌했다.

라이더는 그 당시 7층에서 근무했을 가능성이 있는 의사 몇 명에 대한 소환장을 준비했다. 그중에는 로이 컬로타도 있었다. 부치 섀퍼는 언제부턴가 (TV 드라마에 나오는 꼬마 천재 의사의 이름을 따서) 이 의사를 '두기 하우저 선생'이라고 부르기 시작했다.

단속반 사람들은 이번 사건의 주역 모두에게 별명을 붙여주었다. 자기들이 상대하는 일부 변호사들은 '대단한 양반'으로 통했다. 테닛은 '악의 제국'으로 통했다. 용의자들은 '케이즌 주사기'로 통했는데, 루이지애나 주의 한 식품 회사가 생산하는 고기 요리용 양념을 사면, 사용자가 직접 양념을 고기에 주입할 수 있도록 커다란 바늘과 주사기가 제품에 딸려왔기 때문이다. 크롬 도금 구리로 만든 그런 주사기 가운데 하나를 '기름기 주사기'라고 불렀다. 의사들과 마찬가지로, 법 집행기관 공무원들도 비극에 대처하는 방법의 일환으로 입맛 떨어지는 농담을 주고받을 때가 있었다.

컬로타는 변호사를 대동하지 않은 채 면담에 나와서, 자신 있게 이야기했다. 그는 검은 머리에, 더 검은 눈에, 젊은 얼굴을 하고 있었다.

라이더는 8월 31일 수요일 밤에 관한 질문부터 했다.

"제 기억으로는, 호흡기내과 구역에 있었습니다." 그가 말했다. 거기는 2층이었다. "우리 모두는 벽에서 산소 튜브를 꺼내가지고, 그걸로…… 제 몸 곳곳에 산소를 뿜었죠. 거기는 너무 더웠으니까요."

이 이야기가 얼마나 끔찍하게 들리는지, 과연 이 의사는 이해하고 있었을까? 브라이언트 킹과 다른 사람들의 이야기에 따르면, 그 당시에 2층 로비에서는 환자들에게 공급할 산소가 떨어져서 난리였다고 하지 않았던가? 산소를 그렇게 쉽게 얻을 수 있었다면, 왜 산소가 필요한 같은 층의 환자들을 그리로 옮기지 않았던 걸까?

하지만 라이더와 섀퍼는 굳이 이런 질문을 던지지 않았다. 만약 이런 생각을 떠올리기라도 했다면, 이들은 컬로타의 말을 중단시켜야 했을 것이다. 하지만 이 의사는 수사관들로부터 단 한 마디도 듣지 않고 한참을 혼자 이야기했으며, 대신 자기 혼자 질문하고 답변했다. 애초에 어떻게 해서 안락사 이야기가 나왔는가? 애완동물과 관련해서 나왔다. 그 역시 당시 환자가 사망한 것을 본 적이 있는가? "환자 가운데 최소 둘을 저 위까지 데려갔었는데…… 그러니까 헬리콥터 착륙장까지요. 그 사람들은, 왜, 있잖아요, 거기서 헬리콥터를 기다리고 있었는데, 결국 호흡 곤란 상태가 되어서, 왜, 있잖아요, 우리로선 이들이 먼 여행을 버티지 못할 것이라고 판단했습니다."

그중 한 명은 흑인 남성이었는데, 컬로타는 그 환자가 누군지 자세히는 몰랐다. "정말 상태가 좋지 않았고…… 그래서 저와 간호사 한 명이, 그러니까 우리 둘이 그에게 진통제를 줬는데, 어…… 그때 그 사람이 마지막 숨을 내뱉고 말았죠."

다층식 주차장 위에서 또다시 호흡 곤란에 빠진 또 다른 환자는, 그가 2주 전부터 병원에서 돌보던 폐암 말기의 멀 래거스였다.

"저는 그 환자를 대피시키려고 시도했습니다만, 상태가 기본적으로, 어…… 그걸 뭐라고 하느냐면…… 그걸 체인스토크스형 호흡*이라고 하는데…… 그건 사망 직전에 가서, 특정한 패턴으로 숨을 쉬는 것을 말하고, 어…… 그래서 우리는 그녀를 편안하게 해주기 위해 할 수 있는 모든 조치를 취했습니다."

컬로타의 독백은 또 다른 사건들로 이어졌다. 섀퍼는 점잖게 그에게 말을 건네, 방금 이야기한 다층식 주차장에서의 죽음 이야기로 돌아오게 했다. "저희가 드리는 질문을 오해하지 않았으면 합니다만, 지금까지 제가 들은 이야기 중에서 이 문제를 직접 알고 있었다고 말한 분은 당신이 처음입니다."

"저는 그녀가 죽어가고 있다는 걸 알고 있었습니다." 멀이 호흡 곤란을 겪기 시작하자, 그는 다층식 주차장에 있던 간호사 한 명에게 지붕 위로 이어지는 지름길을 통해 병원 7층 창문으로 들어가라고, 그래서 ICU에서 약을 좀 가져오라고 지시했다. "제가 그랬습니다. 들어가서 좀 가져오라고요…… 모르핀과 아티반을 좀 가져오라고요."

간호사는 몇 가지 약품을 가지고 돌아왔다. 컬로타의 기억에는 모르

---

* '체인'과 '스토크스'라는 의사의 이름을 따서 붙인 이름으로, 호흡 속도가 자연스럽지 않고 빨라졌다 느려졌다 중지했다를 반복하는 이상 현상을 말한다.

핀, 아티반, 버스드였다고 한다. "모르핀은…… 그건, 왜 있잖습니까, 헐떡이는 감각을 완화시켜주고, 그래요, 죽음을 재촉하기도 하죠. 제 말뜻은, 그 사실이야 물론 의심의 여지가 없지만, 그래도 거기서의 핵심은…… 그러니까 제 의도는 고통을 경감시키기 위한, 어…… 그리고 우리가 한 일도 바로 그거였습니다."

그는 래거스가 사망했을 때 함께 있었다고 기억했다. "다른 남자 환자가 마침 제 곁에 있어서 그를 살펴보고 나서 그에게도 투약했습니다. 그런데 15분인가 20분쯤 뒤에 돌아와보니, 그는 여전히 힘겨워 하기에, 우리가 그에게 좀 더 투약했습니다."

새퍼는 그 상황이 일반적인 진료와 어떻게 달랐느냐고 물었다. 컬로타의 말에 따르면, 평소에는 환자가 정맥주사 선을 달고 있으며, 전기 펌프가 시간에 따라 정확히 제어되는 분량의 약품을 투여한다고 말했다. "약품을 손쉽게 적정(滴定)할 수 있으면, 예를 들어서, 누군가에게 한 시간에 10밀리그램씩 주기 시작했는데, 상대방이 여전히 힘겨워하거나 고통스러워하면, 그걸 그냥 20으로 올리면 되는 겁니다."

하지만 전기가 없는 상태에서, 다층식 주차장 맨 꼭대기이다보니, 간호사는 약품을 한 번에 다량으로 환자의 혈관에 주사할 수밖에 없었다. 컬로타는 자기가 래거스를 위해 지시한 투여량을 정확히 기억하지 못했지만, 적어도 꽤 많은 양이었다고 했다. 환자는 고통을 달래기 위해 이미 진통제를 먹었고, 또한 그 약효에 대한 내성도 생겨난 다음이었다.

"우리가 그녀에게 모르핀을 투약했을 때, 결국 그게 그녀의 생명을 끝내버리고 만 거죠." 컬로타의 태연하고 사무적인 말투에 면담자들은 깜짝 놀랐다. 그가 말한 것처럼, 환자가 불규칙한 호흡 패턴을 드러낼 경우, 그렇게 다량의 진통제와 진정제를 투여하는 것은 표준적인 치료인가? 면담 직후 수사관 한 명이 이 문제를 조사해서, 그 결과를 라이더와 수사 팀에 공유했다.⁴⁴ 체인스토크스형 호흡의 빨라졌다 느려졌다

하는 패턴은 죽음의 전조일 수도 있지만, 그 외 다른 수많은 상황에서도 충분히 일어난다는 것이었다. 예를 들어 어떤 사람들은(특히 심장 질환이나 뇌 손상이 있는 경우) 잠을 잘 때 그런다는 것이다. 바꿔 말해 컬로타가 투약한 환자는 곧 죽을 상태가 아니었을 가능성도 충분히 있었다는 뜻이다.

이 요원은 면담 과정에서 알게 된 또 다른 유형의 호흡에 관한 논문을 하나 발견했는데, 이른바 '임종' 호흡이었다. 이것은 숨을 헐떡이는 반사작용으로, 종종 죽기 몇 분이나 몇 초 전에 나타나곤 했는데, 신체의 산소 농도가 극도로 낮게 떨어지면서, 두뇌에서도 특히 강인하고 진화적으로도 오래된 부분인 뇌간(腦幹)이 개입해 생기는 현상이었다. "고통과 괴로움과 두뇌 기능에 관한 우리의 현재 지식으로 미루어볼 때, 숨을 헐떡이는 환자는 아마도 고통이나 괴로움을 경험하지 못할 가능성이 있다."[45] 그들의 두뇌에 도달하는 산소가 거의 없기 때문이다.

하지만 숨을 헐떡이는 행동은 외관상 뭔가 불편해 '보이는' 것이 사실이며, 환자가 마치 숨을 쉬려고 발버둥치는 것 같은 뚜렷한 몸부림은 가족을 두렵게 만드는 것은 물론, 그런 현상이 지속될 경우에는 심지어 간호사까지도 두렵게 만들게 마련이다. 따라서 일부 의학 전문가들은 이렇게 죽어가는 환자들에게 모르핀과 기타 약품을 투여해 잠재적인 고통과 괴로움을 치료하는 편이 오히려 윤리적이라고 믿기도 한다. 비록 이런 약품이 호흡을 억누르고 죽음을 재촉한다 하더라도, 과연 환자가 불편을 실제로 느끼는지 아닌지 알기가 불가능하기 때문이다. 죽음의 도덕적이고 법적인 과실은 결국 죽음의 바람, 예견, 그리고 의도 사이의 미세한 차이에 근거하고 있는 것이다.

◇ ◇ ◇

라이더의 일상에서 초점은 바로 애너 포였다. 이 의사는 일종의 유령으로, 즉 7층에 출몰한 어렴풋한 존재로서 시작되었다. 머지않아 라이더는 이 여자의 윤곽을 파악하게 되었다. 우선 포의 신체 치수를 알게 되었다. 이름도, 생년월일도, 마지막으로 주소도 알게 되었다. 그녀의 운전면허증 사진을 다른 사람들의 사진과 함께 서류철에 넣어두었다가, 다른 병원 직원들 앞에 내밀면서 확인시키기도 했다.

라이더는 포의 서명도 알게 되었다. 폭풍이 오기 1년 전에 메모리얼이 한동안 봉급을 부담하는 조건으로 루이지애나 주립대학교에 채용되었을 때 작성된 이직 계약서에는 그 둥글고 넉넉한 곡선이 새겨져 있었다. 이 서명은 9월 1일 목요일 자로 되어 있는 세 장의 처방전에 나와 있는 '황모르핀'이라는 글자 아래에도 나와 있었다. 혼돈을 배경 삼아 쓴 글씨치고는 무척이나 깔끔하고 자신감이 넘쳤다.

라이더는 포의 오빠 가운데 한 명이 [의사인 아버지와 같은 이름인 '프레더릭'이었지만, 현재는 '자니 모랄레스(Johnny Morales)'와 '세실리오 로메로(Cecilio Romero)'라는 가명을 사용하면서] 멕시코에서 마지막으로 거주지가 확인되었으며, 현재 법무부 마약단속국의 '현상 수배' 명단에 올라 있는 연방 수배범이라는 것을 알고 있었다.

라이더는 또한 간접적으로 포를 알고 있었다. 어렴풋하고 유령 같은 포는, 소독약 냄새가 진동하고 형광등 불빛이 환한 병원 사무실에서 행한 면담 때 슬그머니 떠올랐다. 거실에서 이루어진 슬라이드 쇼에서도 슬그머니 떠올랐다. 배턴루지에 있는, 라이더가 근무하는 건물 회의실의 친숙한 형식주의 속에서도 슬그머니 떠올랐고, 라이더나 부치의 책상에서도 슬그머니 떠올랐다. 라이더는 이 여자에 대한 묘사를 조금씩 수집했다. '머리를 부풀렸다.' '신경질적이다.' '놀라우리만치 헌신적이다.' 이렇게 그녀는 캔버스 위에 조금씩 물감을 찍어 발랐다.

라이더는 포가 사용했다고 추정되는 물건들을 알고 있었으며, 그 물건들을 수집해서 범죄 수사 실험실에 넘겨주고 지문 분석을 기다리는 중이었다. 플라스틱 쟁반 하나. 플라스틱 서랍장 하나. 비어 있는 모르핀 주사약 병들. 내버린 주사기들.

그중에서도 포가 가장 많이 물질화되는 때가 있다면, 라이더가 메모리얼이라는 저 습한 동굴에(실제로 또는 머릿속에서만) 돌아갈 때, 그러니까 대낮의 빛 속에서나 한밤의 꿈속에서 그 의사의 발자취를 되짚을 때였다. 라이더는 그녀를 추적했고, 점점 더 가까이 그녀에게 다가갔다.

12월 초에 라이더와 섀퍼와 수사 팀은 라이프케어의 약사인 스티븐 해리스를 대동하고 메모리얼로 돌아갔다. 허리케인이 몰려온 지 3개월 지난 뒤였으며, 그 건물에는 복구를 담당한 근로자와 행정가, 이들과 유사한 단기 방문객이 가득했다.[46] 예전 직원들과 의사들도 각자의 물건과 진료 기록을 가지러 돌아와 있었다. 하청 업체에서 매일같이 나와 얼룩진 카펫을 뜯어내고, 바닥에 걸레질을 하고, 엘리베이터 통로에서 물을 퍼내고, 하수구 구멍으로 역류한 오물로 인해 부식된 쇠줄을 교체했다. 곰팡이가 퍼져 있는 벽은 마치 충치처럼 군데군데 드릴 구멍이 뚫려 있었다. 도급업체 직원들은 매일같이 어떤 종이에 서명을 했는데, 거기에는 테닛 보건의료에서 내놓은 다음과 같은 경고가 굵은 글자로 나와 있었다. "본 시설은 안전한 상태에 있지 않으므로, 아래의 서명자는 본 시설에 입장함으로써 개인적 부상 또는 사망의 중대한 위험에 노출될 가능성이 있음." 결국 근로자들은 각자 위험을 무릅쓰겠다고, 그리고 병원을 고소하지 않겠다고 동의한 셈이었다.

위풍당당한 옛 병원 주위에는 이제 울타리가 세워져 있었다. 경비 전문업체인 딘코프에서 나온 위장복 차림의 경비원들은 울타리 사이의 빈틈이 보일 때마다 플라스틱 끈을 이용해서 막아놓았다. 딘코프는 원래 전쟁으로 박살 난 이라크와 아프가니스탄 같은 곳에서 더 수지맞는 사업을 했지만, 라이더와 섀퍼가 확인한 바에 따르면, 대피가 시작된 지 며칠 되지 않아 테닛과 계약한 모양이었다. 이 업체의 첫 번째 임무는 혹시나 이곳에 살아 있는 사람이 있는지 확인하고 돕는 일이었다. 이제는 총열이 긴 자동소총으로 무장한 이 업체의 경비원들이 한 시간에 한 번씩 도보나 차량으로 주위를 순찰했으며, 신중을 기하려고 번번이 순찰 간격도 달리하고 있었다. 밤이면 건물 내부를 확인했으며, 술취한 사람이 있으면 다른 곳으로 보냈다.

주 검찰청 요원들과 약사 해리스와 그의 변호사 모두 1번 출입구에서 출입자 명부에 서명했다. 이들은 라이프케어의 약제실로 올라갔다. 해리스는 자기가 원래 갖고 있던 모르핀 재고 전체가(즉 10밀리그램짜리 주사약 병 125개가) 사라졌으며, 역시나 주사약 병에 들어 있던 진정제 버스드와 아티반도 수십 개 사라졌다고 확인해주었다. 다른 통제 대상 약품들은 여전히 남아 있었던 것으로 미루어보아, 누군가가 이 약제실에 들어와서 약품들을 훔쳐간 것이 아니라, 오히려 선별적으로 치워버린 것이 분명해 보였다.

그날 오후에 어떤 여자 3명도 테닛 측 변호사를 대동하고 폐쇄 상태인 병원 안을 돌아다니고 있었다. 해리스는 부치 섀퍼 검사를 슬그머니 잡아끌더니, 저 여자들이 9월 1일 목요일에 라이프케어의 물리치료 기록실에 왔던 사람들이라고 말했다. 그러면서 한 명은 의사이고, 다른 두 사람은 그녀와 함께 있던 간호사라고 덧붙였다.

애너 포와 버지니아 라이더는 키가 거의 비슷했기 때문에, 서로를 같은 높이에서 바라본 셈이 되었다. 이들은 인사를 나누었다. 손을 뻗어서 악수를 나누기도 했다.

드디어 포는 라이더와 섀퍼가 몇 달 동안 상상했던 사건의 장소인 바로 그곳에 서 있었다. 수사 중에 표적과 만나는 것이야 수사 팀에는 전형적인 일이었지만, 이렇게 공개적인 장소에서 자기 변호사인 리처드 시먼스에게 이야기하는 포를 만난 것은 이번이 처음이었다. 수사 팀이 아직도 여전히 완전하게는 이해하지 못하는 내용을 설명하는 데 도

406

움이 될지도 모르는 이야기가 바로 저기 있었다. 수사 팀은 최소한의 단서라도 갈망하고 있었다.

◇ ◇ ◇

이날 포는 변호사 시먼스, 그리고 간호사 셰리 랜드리와 로리 부도와 함께 메모리얼을 돌아다니면서 여러 장소를 자기 기억에 각인하고 있었다.[47] 2명의 간호사가 태어난 곳이기도 한 병원 안을 한 바퀴 돌아본 다음, 그다음으로는 다층식 주차장 꼭대기로 올라가서, 삐걱거리는 헬리콥터 착륙장 위로 올라가보기도 했다. 포는 시먼스를 데리고 라이프케어 층의 7312호실에도 가보았는데, 그녀는 재난 초기에 '코드 블루' 신호에 응답해 바로 이곳으로 달려온 바 있었다. 그 순간은 아직도 거기 남아 있는 증거들 속에 그대로 멈춰 있었다. 환자를 소생시키는 데 필요한 약품이 들어 있는 이동식 충격 장치, 인공호흡기, 측정기 등이었다. 간접적인 햇빛의 세피아 빛 속에서, 눈에 띄는 침묵 속에서, 평소에는 어디서나 들렸던 전자기기의 소음조차 들리지 않는 상황에서, 가장 현대적인 장비조차 이상하게도 쓸모없어 보였다.

복도 저편의 간호사실에 있는 상자 안에는 접이식 부리가 달린 금속제 후두경이 들어 있었다. 포는 이 도구로 환자의 입을 벌리고, 이 도구를 입안으로 집어넣어 혀를 옆으로 제치고, 다른 손으로 호흡용 튜브를 꺾어 환자의 목구멍에 집어넣곤 했다. 여기에는 그녀가 생명을 취하려는 것이 아니라 구하려고 노력했음을 보여주는 증거가 있었다. 대중이 그녀의 이름을 알기 전에 그녀가 이런 증거를 내보일 수만 있다면 얼마나 좋을까. 그런데 시먼스의 저지 시도에도 불구하고, 그런 걱정은 불과 며칠 뒤에 현실이 되었다.

"오늘 밤 CNN의 단독 보도는 하느님의 뜻을 행하던 것에서 하느님 흉내를 내는 것으로의 변모, 카트리나 직후의 고의적 살인 혐의에 대한 고발로서, 한 의사가 차마 생각조차 할 수 없는 일을 저질렀을지 모른다는 어느 동료의 우려를 소개합니다."⁴⁸ 12월 말의 수요일 밤, 앵커 존 킹은 이와 같은 말로 시청자의 흥미를 자극했다.

앤절라 맥마너스가 등장했다. 어딘가 눈꺼풀이 무거워 보였다. 그녀는 자기 어머니이자 라이프케어의 환자였던 윌다 맥마너스에 관해 이야기했다. "저는 어머니가 감염으로 인해 돌아가셨다고 생각했어요. 저는 몰랐어요. 저는 정말로 몰랐어요. 그런데, 왜, 있잖아요, 병원에서 안락사가 이루어졌다는 이야기를 듣는 순간(의사가 안락사에 관해서 이야기했었거든요) 저는 어디로 가야 할지 정말 모르겠는 거예요."

브라이언트 킹은 2층 로비에서 한 의사가 주사기를 한 움큼 쥐고 서 있는 모습을 보았다고 말했다.

"애너 포 선생 말이죠." 드루 그리핀 기자가 끼어들어 그녀의 정체를 직접 밝혀주었다.

"저는 그녀가 이런 말을 하는 걸 들었습니다. '당신의 기분을 더 나아지게 해주는 것을 제가 드릴 거예요.'"

그리핀은 포의 변호사인 리처드 시먼스가 내놓은 성명을 읽었다. "우리는 절망적인 상황에서 여러 의사와 직원들이 행한 영웅적인 노력이 여러 가지 사실을 통해 밝혀질 것이라고 확신하는 바입니다."

포는 그만 분노와 슬픔과 격분에 압도되고 말았다. 시먼스는 뉴스를 아예 보지 말라고 그녀에게 조언했지만, 여기서 문제는 사실 그게 아니었다. 수십 명의 기자가 포에게 전화를 걸었고, 포의 집으로 찾아왔고, 포가 새로 일하러 간 배턴루지의 병원으로도 찾아왔다. 그들은 어찌어찌 해서 그녀의 가족들을 찾아냈다. 포의 사생활로부터 외부인을 보호해주던 커튼이 무척 얇았던 것이다.

그녀는 자기가 기자들로부터 시달림을 당한다고, 즉 본인의 말마따나 "테러를 당한다"[49]고 간주했다. 하루는 포가 일하는 병원의 레지던트가 다가와 손님이 찾아왔다고, 즉 제약회사에서 왔다고 주장하는 여자 손님이라고 전했다. "하지만 제가 보기엔 제약회사 사람이 아닌 것 같네요." 레지던트가 말했다.

포는 그 여자가 기자일 것이라고 짐작했다. "환자를 치료하는 중이니까 제발 방해하지 말라고 전해줘요." 그녀가 레지던트에게 말했다. 포는 도무지 이를 견딜 수 없어 했다. 시먼스도 걱정했다. 혹시나 수술이 잘못되기라도 한다고 상상해보라. 대뜸 이런 말이 나오지 않겠는가. "당신이 바로 '그' 의사였군." 이것이야말로 그녀의 진료에 아주 나쁜 상황이었으며, 따라서 그녀는 최대한 냉정을 유지할 필요가 있었다.

시먼스와 포, 그리고 루이지애나 주립대학교에서 그녀가 소속된 학과장 모두 똑같은 의견에 도달했다. 며칠 전까지만 해도 이런 일은 상상도 못했었다. 그녀는 이제 수술을 중단할 수밖에 없었다.

환자들에게(그중 몇 명은 암 말기였다) 이런 사실을 통보하는 일은 가슴이 아플 수밖에 없었다. 포는 그들 중 한 명인 제임스 오브라이언트에게 전화를 걸었고, 조만간 있을 수술은 자기 말고 다른 의사가 담당하게 될 예정이라고 환자와 그의 아내 브렌다에게 전했다.[50] 만약 그녀가 그를 수술하면, 세 번째가 될 터였다.

포는 이 환자를 처음 만난 그해 1월부터 걱정해 마지않았다. 제임스 오브라이언트는 대도시에서 멀리 떨어진 펄 강의 어귀에서 두 아이를 키우며 바쁘게 살아가는 아버지였다. 몇 달 전부터 그는 입이 아팠지만, 충치 때문이라고 생각한 나머지 곧바로 의사를 찾아가지는 않았다. 그는 포의 담당 과목인 얼굴이 망가지는 안면암 환자들 대부분과는 달리, 술과 담배를 하지 않았기 때문이다.

포는 겁에 질린 부부에게 자기 휴대전화 번호를 알려주었고, 낮이고 밤이고 언제라도 전화해서 무슨 이야기든 할 수 있다고 알렸다. 두 사람은 실제로 이 전화번호를 종종 사용했다.

첫 번째 수술 직전에 포는 병실로 들어와서 오브라이언트 가족을 (환자의 자녀인 제임스 로런스와 타바타도) 하나하나 끌어안고 입을 맞춰주었다. "우리 모두 지금부터 기도해요. 그리고 절대 기도를 멈추지 말아요." 그녀가 말했다. 포는 수술 매 단계를 이들과 예행 연습했고, 오브라이언트의 이빨 위에 있는 부비강(副鼻腔)에 돋아난 커다란 종양을 자기가 어떻게 제거하고 얼굴을 재건할 것인지 설명했다. 그녀는 다시 한번 이들을 끌어안고 입을 맞추었으며, 곧이어 수술복으로 갈아입기 위해서 병실 문을 나섰다. 그 자리에 있던 오브라이언트의 처남은 포의 자상함에 감동한 나머지 울음을 터뜨렸다. 그 역시 건강 문제를 겪었지만, 환자를 이렇게 대하는 의사는 한 번도 만난 적이 없었다. 이 수술은 무려 20시간 이상 지속되었다.

이후 여러 달 동안 지속된 방사선 치료 때도, 오브라이언트는 서너 시간이나 기다려서 꼭 포를 만났다. 일단 둘이 만나면 그녀는 브렌다의 농담처럼 "이쪽은 올리고, 저쪽은 내리고" 하면서 제임스를 확인했다. 부부는 필요한 만큼 오래 머물러 있으면서, 자기들이 묻고 싶은 질문은 무엇이든 던졌다.

폭풍이 오기 몇 달 전, 포는 오브라이언트의 이마에서 피부를 한 조각 뜯어낸 다음, 그걸 코 건너편의 살에 이어 붙여서, 방사선 치료 이후에 무너져내린 오른쪽 눈 아래 피부의 구멍을 메웠다.

이 피부 조각은 새로운 자리에 뿌리를 내렸으며, 이제는 마치 식물의 줄기처럼 보이는 그 연결 부위를 잘라내는 새로운 수술이 예정되어 있었다. 하지만 카트리나로 인해 포는 이 수술을 뒤로 미루었다. 폭풍이 다가오는 상황에서, 그 영향권 내의 병원에 제임스를 두고 싶지는 않다는 것이 오브라이언트 부부가 그녀로부터 들은 설명이었다.

포는 항상 이들과 함께하겠다고 약속했었다. 그런데 이제는 자기가 수술을 할 수 없으며, 한동안 멀리 떠나 있어야 한다고 말한 것이었다. 허리케인 동안 무슨 일이 벌어졌는지에 관한 질문이 나왔다. 그녀는 자기 경험이 정말로 끔찍했고, 거기에 있지 않았던 사람은 절대로, 결코 이해하지 못할 거라고 브렌다에게 말했다. 즉 말로는 결코 다 설명할 수 없다고 말이다.

◇ ◇ ◇

12월에 이르러 라이더, 섀퍼, 그리고 몇 안 되는 이들의 동역자들은 파편적인 정보(구체적인 독물학 보고서, 진료 기록, 부검 결과 등)를 모조리 수집했고, 이제는 7층 라이프케어 환자 가운데 4명의 사망 원인을 판정해 줄 전문가가 필요해졌다. 뉴올리언스의 검시관인 프랭크 미냐드는 원래 부인과 의사이기 때문에, 검사의 의구심을 확증해줄 수준까지 이 결과를 해석할 능력은 없었다. 그리하여 미냐드는 자기 친구인 법의병리학자 시릴 웨크트를 대신 추천했는데, 무려 존 F. 케네디 암살 사건과 O. J. 심슨 살인 사건을 다룬 경험이 있는 인물이었다.

펜실베이니아 주 앨러게이니 카운티 소속 검시관인 그는 언론에 자주 등장했으며, 이번 사건에 고용되기 몇 주일 전에도 CNN에 나와서 메모리얼 수사에 관해 특유의 빠른 말투로 논평한 적이 있었다. "만약 모르핀을 처방한 적이 전혀 없는 환자에게서 모르핀이 발견된다고 치면, 법의학적이고 과학적이고 법적이고 수사적인 관점에서 제 의견은, 이제 그걸로 끝이라는 겁니다. 아니, 도대체 병원에서 모르핀을 가지고 뭘 했다는 겁니까?"

웨크트는 12월 초에 전화로 부치 섀퍼에게 보고했다. "섀퍼 씨, 그쪽에서 보내 주신 네 가지 사례를 검토해보았습니다." 그가 말했다. 4명의 환자 모두 진료 기록상에 처방된 적이 없는 약품이 체내에서 발견되었다. "제가 보기에는 그 약품들이 이들 환자 각자의 사망을 야기했거나, 상당 부분 야기했다고 말할 수 있을 것 같습니다."

샤퍼는 혹시 실험실에서 발견된 약품의 수준이 비정상적으로 높은지 물어보았다. 하지만 웨크트는 그게 중요하지는 않다고 대답했다.

"문제의 약품이 모르핀이고 또한 데메롤처럼 통제 대상인 경우, 그 분량이 어쨌거나 간에 애초 처방되지 않았던 약품이 발견되었다는 사실 자체가 중요한 겁니다."

"예, 그렇군요."

"애초부터 평판이 상당히 좋지 않았던 사람인 경우에는 특히나 그렇고……."

"예, 저도 선생님 의견에 동의합니다."

"모르핀은 중앙 신경계 억제 약물이기 때문에 호흡을 늦추고, 소화기 운동을 늦추며, 심박을 늦추고, 혈압을 낮춥니다. 따라서 이 약품이야말로 이 환자들에게는 절대로 필요 없는 것입니다."

하지만 샤퍼는 잠재적인 변론 가능성에 신경이 쓰였다. 혹시 지금 감지된 수준의 약품이라면, 굳이 죽음을 야기하지 않고 고통을 줄여주는 의도로 투여될 수 있지 않을까?

"무슨 말씀이신지 알겠네요." 웨크트가 말했다. 마치 그 가능성은 자기 머리에 떠오르지 않았던 것처럼 말했다. "그럼 제가 이렇게 해보죠. 제가 그 수준으로 돌아가서 확인해보겠습니다. 아주 좋은 질문이었고, 예, 맞습니다, 바로 그거죠. 제가 한번 해보고 나서, 그 문제에 대해서도 다시 연락드리겠습니다. 치료 목적으로 투여했다고도 말할 수 있는 정도인지 아닌지요."

웨크트는 크리스마스 이틀 전에 답변을 팩스로 보내왔다. 그는 권위 있는 교과서인 랜들 C. 배설트의 『체내 독성 및 화학물질의 성질』에서

재난, 그 이후

사망을 야기하는 다양한 모르핀 농도를 발견했다.[51] 웨크트는 그 내용을 라이프케어 환자 4명의 조직에서 발견된 약품의 수준과 비교했다. "네 가지 사례 모두에서 치사량의 모르핀이 투여되었음이 확인되었습니다." 그의 말이었다.

웨크트의 발견은 포와 메모리얼의 간호사 2명을(즉 수사 팀이 이전에 병원 7층에서 포와 함께 있는 것을 목격한 바 있는 셰리 랜드리와 로리 부도를) 기소하는 데 필요한 상당한 근거를 제공해주는 것 같았다. 하지만 이들은 현재 수사 중인 세 번째의 ICU 간호사에 대해서는 충분한 증거를 축적하지 못한 상태였다.[52] 라이더와 동료들은 체포 영장을 준비하기 시작했다.

1월에 웨크트는 메모리얼 사건 수사에 협력한 대가로, 시간당 500달러씩 계산해 15시간 동안 일했다면서 7500달러짜리 청구서를 보내왔다. 바로 그날 연방 대배심에서는 무려 84건의 불법 행위 혐의로 그를 기소했는데, 여기에는 이 검시관이 공적 업무와 사적 자문 업무에 들어간 비용을 뒤섞었다는 혐의도 포함되어 있었다. 어떤 사람은 이 기소에 정치적 의도가 들어 있다고, 즉 공화당 대통령 조지 W. 부시 산하의 법무부에서 비판을 서슴지 않는 민주당 계열 선출직 공무원들을 대상으로 남발한 기소의 일부였다고 주장하기도 했다.

〈USA 투데이〉가 루이지애나 주 검찰청 대변인의 말을 인용한 바에 따르면, 그 주 전역에 걸친 200개 이상의 병원 및 요양원과 관련된 독극물 보고서를 검토하는 작업을 위해 또 다른 전문가가 지명될 예정이었다.[53] 웨크트는 이런 발언이 결국 자기는 더 이상 자문위원 역할을 할 수 없다는 뜻이라고 해석했다. 평소에도 비판에 예민한 것으로 유명했던 그는 급기야 부치 섀퍼를 향해(이 검사는 그를 향해서도, 그리고 독물학자 미들버그를 향해서도 원체 말이 많았다) 비난 가득한 편지를 보냈다. "제가 기억하기로, 제가 내린 결론을 당신께 알려드렸을 때, 당신은 이

렇게 말했었지요. '당신을 확 끌어안고 입이라도 맞춰드리고 싶습니다.'
하지만 정작 당신은 불필요하고도 무정하게 제 가슴에 비수를 꽂고 말
았군요."

◇ ◇ ◇

웨크트에 대한 기소는 그의 업무 윤리에 관한 것이었지, 법의병리학
자로서 그의 능력에 관한 것까지는 아니었다. 이제 실험실로부터 다른
환자들에 대한 독물학 보고서도 속속 날아오면서, 라이더와 새퍼의 팀
은 처음 네 가지 사례에 관해서 그의 판정에 의지하게 되었다.

빠진 것이 있다면, 7층에서 이 환자들이 주사 맞는 것을 직접 보았다
는 목격자였다. 라이프케어의 약사 스티븐 해리스는 12월에 재차 면담
을 하면서, 포가 에밋 에버릿의 병상 옆에 서 있는 모습을 목격했다고
말했다. 그의 변호사 또한 비밀 증거 제안에서 의뢰인이 포에게 모르핀
과 미다졸람을 추가로 건네주었다고 말했다.

하지만 새퍼 검사와 라이더 특별 수사관이 이번 사건을 확실히 마무
리하려면 더 이상의 증거가 필요했다. 이들과 동료들은 라이프케어의
핵심 증인이며 다른 사람들과 또다시 면담을 수행했다. 검사로서 새퍼
는 증인들을 법정에 출두시키는 가능성 역시 미리부터 생각하고 있었
다. 그는 이들의 증언을 신뢰할 만하고 믿을 만하게 만들고 싶어 했으
며, 그러기 위해서는 이들이 면담 때마다 일관성 있는 이야기를 하는지
알아보는 것도 방법 가운데 하나였다.

시간이 지나면서 그는 증인 일부가 원래 면담에서는 일부러 말을 삼
갔던 것이 아닌가 하는 의구심을 품었다. 그는 한 가지 사례를 지적하
며 라이프케어 측 변호사들에게 따졌다. "부치, 그야 당신이 굳이 질문
을 하지 않았으니까 그랬죠." 그중 한 명이 이렇게 대답했다. 수사의 초
기 단계에만 해도 증인들은 수사 팀에서 묻는 질문에 꼬박꼬박 대답했

재난, 그 이후

지만, 자발적으로 답변을 내놓지는 않았다. 하지만 이제는 섀퍼와 라이프케어 사이에 신뢰가 자라나면서, 변호사들도 증인들에게 모든 사실을 털어놓으라고 조언했다. 재차 이루어진 인터뷰 동안에 질문자들은 에밋 에버릿에게 무슨 일이 일어났는지에 더 많이 초점을 맞추었고, 결국 증인들로부터도 처음 기억한 것보다 (또는 이들이 기꺼이 나누려 했던 것보다) 더 많은 이야기를 끌어냈다.

새로운 증인인 라이프케어의 호흡기 치료사 테렌스 스테힐린도 설득력 있는 세부사항을 제공했다. 자원봉사자들이 대피를 위해서 라이프케어 환자들을 아래층으로 데려가는 일을 도우러 올라왔을 때, 그는 에버릿과 직접 이야기를 나누었다고 말했다. "그분이 저를 자기 병실로 부르더니, 제 손을 붙잡고는 우리한테 고맙다고 하더군요. 단지 저 혼자에게만이 아니라, 우리 모두가 자기한테 해준 일에 대해서 고맙다는 거였어요." 스테힐린의 말에 따르면, 곧이어 자원봉사자들이 다가오더니, 에버릿은 너무 무거워서 아래층으로 데리고 내려가지는 않을 거라고 말했다. "저로선 정말 믿기 힘든 이야기였어요." 그는 라이더와 다른 수사관들에게 말했다. "7층 바로 옆에는 크고 평평한 지붕이 이어져 있었죠. 그러니 창문을 하나 깨고 환자를 그리로 내보낸 다음, 헬리콥터 착륙장까지 건너가면 되는 거였어요." 하지만 과연 스테힐린이 실제로 이런 제안을 입밖에 꺼냈는지 여부는 본인도 말하지 않았고, 수사관들도 굳이 묻지 않았다. 그렇다면 왜 스테힐린은 체구가 더 작은 환자들이 애써 아래로 옮겨졌다고 생각했을까? "왜냐하면 그분들은 주로 할머니들이었고, 게다가 알츠하이머, 즉 노인성 치매 환자들이었어요." 그가 말했다. "그분들은 '소모성' 환자들이었으니까요. 그러니까 흔히 말하는……" 그는 잠시 말을 멈추었다. "……삶의 질이 없는 사람들 말이에요."

스테힐린은 자기가 9월 1일 목요일에 라이프케어 층을 떠났다고 말했다. 주 방위군인 듯한 군복 차림의 무장한 남자가 호흡기 병동으로 오더니, 거기 있는 모두에게 나가라고 했다는 것이었다. 스테힐린의 말에 따르면, 그는 보트를 타고 도착지에 가자마자 바로 전날 밤 라이프케어로 올라왔던 감염성 질환 전문의를 만났다. 7층에 두고 온 환자들은 어떻게 될 것 같으냐고 그가 그녀에게 물었다. "그러자 그분은 갑자기 오열하면서 이렇게 말하더군요. '테리, 그분들이 천국 가는 길을 찾도록 다른 사람들이 도와줄 거야.'"

수사관들은 라이프케어의 사고 대응 지휘관 겸 부분원장이었던 다이앤 로비쇼를 다시 만나 이야기했는데, 이제 그녀는 무사히 아이를 낳아 어머니가 되어 있었다. 그녀는 2005년 9월 1일 목요일 오전에 자기가 물리치료실장 크리스티 존슨과 함께, 무척이나 무거운 환자 에버릿을 병원에서 내보낼 방법을 찾기 위해 노력하던 일을 회고했다.

"일단 그에게 가서 말하죠." 존슨은 그날 아침에 로비쇼에게 이렇게 말했다. "그가 어떻게 나오는지 보자고요." 두 사람은 7307호실에 가서, 에버릿에게 어떠냐고 물었다. 그는 약간 어지럽다고 말했다. "산소든 뭐든 좀 있어야겠어요." 에버릿이 두 여자에게 말했다.

"음, 당신은 이미 산소에 연결되어 있는데요." 로비쇼가 말했다. "우리가 창문도 열어드렸어요." 바람이 흘러들어왔고, 바깥에서는 요란한 소리가 들렸다. 이들은 그 소음에 관해 이야기를 나누었다.

"그럼 우리 모두 신나게 흔들 준비가 된 겁니까?" 에버릿이 물었다.

"그러잖아도 저희가 준비 중이에요." 로비쇼가 그에게 대답했다.

그날 오전 늦게, 애너 포가 위층으로 올라와 물리치료 기록실에서 에버릿의 처리에 대해 논의했다. 담당 간호사인 앙드레 그레미용도 그 논의에 참여했으며, 환자를 진정시켜달라는 요청을 받았다. 하지만 그는 울면서 그 방에서 빠져나왔다.

라이더와 섀퍼와 다른 동료들은 수사 초기에 그레미용과 몇 번이나

416

면담을 했었다. 12월 말의 또 다른 면담에서 그는 에버릿을 진정시켜달라는 요청을 받았을 때 자기가 격분했던 주된 이유 가운데 하나를 기억한다고 대답했다. 최근에 자기네 간호부장 지나 이스벨과 이야기를 나누다가, 문득 한 가지 기억이 떠올랐던 것이다.

그는 당시 물리치료 기록실에서 포가 자기를 바라보면서 에버릿에게 투약할 것을 부탁하더니, 대략 이런 말을 했다고 회고했다. "만약 불편한 기분이라면 안 해도 돼요. 그 기억이 결국 돌아와서 당신을 따라다닐 테니까요. 나 역시 처음 했을 때는 준비가 안 된 상태다보니, 무려 2년 동안이나 따라다니더군요."

그레미용은 그 방을 나오면서 이스벨을 스쳐 지나갔고, 간호부장은 그가 흥분한 것을 보고는 다가와서 끌어안으려 했다. 하지만 그레미용은 복도를 따라 계속 걸어가더니 후미진 곳에 자리한 간호사실로 들어갔다. 그는 벽 모퉁이에 멈춰 서서, 자기 자신을 억제하려는 듯 주먹으로 벽을 때렸다. 그레미용이 수사관들에게 한 말에 따르면, 포의 그 말 때문에 그는 이런 생각을 떠올리게 되었다고 한다. "저 사람들이 결국 에버릿 씨를 가버리게 만들 뭔가를 주려는 거구나."

하지만 섀퍼와 라이더는 포의 발언과 라이프케어 환자에 대한 주사 행위를 직결시켜줄 진짜 증인을 여전히 확보하지 못하고 있었다. 1월에 라이프케어 측 변호사가 부치 섀퍼에게 전화를 걸어서, 물리치료실장 크리스티 존슨이 뭔가 더 기억해내고는 공유하고 싶어 한다고 말했다. 검사는 목요일 저녁에 전화로 그녀와 이야기한 바 있었다. 섀퍼가 방금 들은 이야기를 라이더에게 말해주자, 그녀도 존슨과 이야기해보기로 약속을 정했다. 물리치료사의 이야기는 이 사건에 중요한 내용일 가능성이 있고, 워낙 폭로성일 가능성이 있어서, 라이더도 직접 들을 필요가 있었다.

라이더와 섀퍼 모두를 앞에 두고, 존슨은 우선 에버릿 씨에 관한 이야기로 시작했다. 그녀는 포와 함께 이 환자의 병실 문앞까지 동행했다고 말했다. 존슨은 그 당시 그 의사가 주사기를 갖고 있었는지 여부는 기억하지 못했다. 하지만 그 당시 포는 의사로선 이례적이라 할 정도로 신경이 곤두서 있었다고 기억했다. 두 사람이 걸어가는 동안 그녀가 존슨에게 건넨 말은, 자기가 "어지러움을 낮게 하는 데 도움이 될 만한" 뭔가를 주겠다고 에버릿에게 설명하겠다는 것이었다.

"당신 생각은 어때요?" 존슨의 회고에 따르면, 포가 이렇게 물었다.

"저는 모르겠는데요." 존슨이 대답했다. "제 생각은 그래요."

두 사람은 7307호에 도착했다. 바깥에는 메모리얼에서 올라온 간호사 한 명이 서 있었다. "괜찮으시겠어요?" 그 간호사가 포에게 물었다. "제가 같이 들어가지 않아도 되겠어요?"

"아니, 나는 괜찮아." 포가 말했다.

그러더니 포는 에버릿의 병실로 들어가 문을 닫았다.

존슨은 자기가 아직 주 검찰청 수사 팀에 이야기하지 않은 다른 중요한 세부사항을 몇 가지 언급했다. 그녀는 포가 주사약 병에 들어 있는 액체를 주사기로 빨아들이는 모습을 보았다. 그녀는 이 의사와 메모리얼 측 간호사들이 손에 주사기를 들고 다니는 모습을 보았다. 그녀는 이 보건의료 전문가들을 환자의 병상마다 안내했으며, (가장 중요하게는) 몇 번인가 주사를 놓을 때 함께 있었다. 존슨은 일부 환자의 손을 붙잡고 기도까지 해주었다.

존슨은 월다 맥마너스의 병상 옆에 서 있던 포의 맞은편에 서 있었는데, 월다의 딸 앤절라는 이미 지시를 받고 그곳을 떠난 다음이었다. 존슨은 환자의 딸을 아래층까지 데리고 간 다음, 어머니를 위해서는 자기들이 최선을 다하겠다며 안심시켰다.

"당신의 기분을 더 나아지게 해줄 것을 제가 드릴 거예요." 존슨의 말에 따르면, 포는 월다에게 이렇게 말했다. 이것이야말로 브라이언트 킹이 CNN에 나와서 자기가 포의 입에서 들었다고 언급한 바로 그 발언이었다. 존슨은 그 당시 자기는 굳이 곁눈질조차 하지 않았기 때문에 맥마너스의 병상 바로 옆에서 포가 무엇을 했는지는 모르겠다고 말했다.

"맥마너스 부인, 제가 알려드리고 싶은 게 있는데요, 따님께서는 무사히 목적지에 도착하셨고, 이제는 괜찮을 거랍니다." 존슨이 말했다.

일흔 살의 이 여성은 열이 나고 의식이 있다 없다를 반복하는 상황이다보니, 아무런 대답도 내놓지 않았다. "이분은 정말로 잘 싸우시네요." 존슨의 생각에는, 더 나중에 포가 이렇게 말한 것 같다고 했다. "저도 세 번이나 투약하지 않을 수가 없었지 뭐예요."(변호사 리처드 시먼스는 자기 의뢰인이 이와 같은 말을 했다는 주장을 나중에 완강히 부인했다.)

존슨은 메모리얼 측 간호사 가운데 키가 더 큰 사람을 데리고 7305호로 들어갔다. "이 환자는 허즐러 여사님이세요." 존슨은 이렇게 말한 다음, 환자의 손을 잡고 '짧은 기도'를 해주었다. 물리치료사는 그 간호사가 허즐러에게 무엇을 하는지는 굳이 쳐다보지 않았지만, 이 환자의 또 다른 룸메이트이며 만성 기관지염에다가 오랫동안 신장 문제로 고생하던 아흔 살의 여성 로즈 사부아에게 주사를 놓는 모습은 똑똑히 보았다. 라이프케어의 간호사 한 명이 나중에 수사관들에게 말한 바에 따르면, 두 여성 모두 그날 아침까지만 해도 정신이 말짱하고 안정적이었다. "뜨거워." 사부아가 중얼거렸다. 존슨은 아래를 내려다보고는, 환자의 팔이 부풀어 오른 것을 발견했다.

사부아는 그날 오후에 사망했고, 라이프케어의 남은 환자 9명 가운데 나머지도 마찬가지였다. 이제 라이더와 섀퍼는 드디어 증인을 얻게 된 것이었다.

이들에게는 또 한 명의 증인이 있었는데, 그는 바로 메모리얼의 병리학자 존 스키너 선생이었다. 그는 물론이고 검사실장인 데이비드 하이캠프도 존슨을 비롯한 라이프케어 직원들이 떠난 직후 7층에서 벌어진 일에 관해서 답변의 일부를 알고 있었다. 목요일 오후에 스키너와 하이캠프는 모두가 빠져나갔는지 확인하기 위해 병원 안을 걸어 다니면서, 사망자의 이름과 위치를 일일이 기록했다. 내과 과장 리처드 다이크먼과 CEO 르네 구는 주초에 스키너더러 사망자를 모조리 추적하라고 지시한 바 있었다.

두 사람의 기록과 회고는 이제 사망 시간을 추정하는 데 중요한 증거가 되었다.

7층에서 두 사람은 애너 포와 함께 하이캠프가 잘 아는 간호실장 메리 조 다미코를 만났는데, 이들 옆에는 덩치 큰 흑인 여성 환자 한 명이 간호사실 근처 복도에 놓인 병상에 누워 있었다. 스키너와 하이캠프는 그 환자의 이름을 대지 못했지만, 그 위치와 묘사로 미루어 윌다 맥마너스였을 가능성이 있었다. 그 여성은 의식을 잃은 것처럼 보였고, 가끔 한 번씩 힘들게 숨을 쉬기만 했다.

그 환자의 모습과 소리에 하이캠프는 당황했다. 그의 어머니도 바로 작년에 몇 시간 동안이나 이런 호흡을 하다가 사망했기 때문이다. 스키너의 설명에 따르면, 그것이야말로 임종 호흡이었으며, 그런 환자는 두뇌 기능이 거의 없기 때문에 사실상 고통을 느끼지 못했다.

그런데 스키너가 보기에, 포는 이 환자의 정맥주사를 작동하게 만들려는 것처럼, 즉 밸브를 만지고 카테터를 혈관에 다시 조정하는 것처럼 행동했다. 하지만 성공을 거두지 못하자, 그녀는 주사기를 하나 꺼내더니, 그 여성의 허벅지에 약품을 주사하려 했다.

스키너는 포에게 잠깐 따로 이야기하자고 부른 다음, 하이캠프와 간호사가 없는 곳으로 데려갔다. "제가 그녀에게 이렇게 말했습니다. 저 환자는 아직 살아 있으니 대피시켜야 한다고 말이죠. 제가 위에 올라가서 도와줄 사람을 데려오겠다고 했죠. 누군가를 데려와서 저 환자를 들어 나르게요."

재난, 그 이후

스키너의 조수인 하이캠프의 기억에도, 당시 포는 누군가 헬리콥터 착륙장으로 가서, 대피가 필요한 환자가 또 한 명 있음을 그곳 담당 의사에게 알려줄 수 있겠느냐고 물었다. 그래서 하이캠프는 그러려고 그곳을 떠났다.

스키너는 포를 따라서 어느 병실로 들어갔는데, 거기에는 흑인 여성 환자가 한 명 있었다. 그녀는 여기서도 정맥주사를 놓으려고 하면서, 혹시 이 환자도 아직 살아 있는 것 같으냐고 병리학자에게 물었다. 환자는 호흡이 아주 희박하기는 해도 역시 살아 있었다. 스키너는 종이 상자 하나를 보았는데, 그 안에는 주사기와 장갑과 튜브, 그리고 아직 열지 않은 주사약 병이 가득 들어 있었다. 스키너는 그중 하나를 집어 들고 내용물이 뭔지 살펴보았다. 모르핀이었다.

포는 이 여성 환자를 복도로 옮기기 전에, 어떤 마취과 의사를 만나 이야기를 나누고 싶다고 말했다. 스키너는 포를 따라 아래층으로 내려 갔다가, 마침 외과 과장 존 월시를 만났다. 월시가 나중에 회고한 바에 따르면, 그때 포는 자기 옆의 벤치에 주저앉으며 양손에 머리를 묻었다. 그녀는 흥분한 것처럼 보였다.

"뭐가 잘못 되었나?" 그가 물었다. 그녀는 환자가(또는 환자들이) 죽는 것에 관해서, 또는 일부 사람들이 자기한테 물어보는 것에 관해서 뭔가 이야기했다.

월시는 포와 알고 지낸 지가 겨우 1년밖에 되지 않았지만, 그녀를 '의학 분야의 패배자'라고, 즉 자기 환자에게 지나치리만큼 잘하는 의사라고 오히려 좋게 생각했다. "나는 자네가 옳은 일을 했다고 확신해. 결국에는 잘 풀릴 거야. 결국에는 괜찮은 걸로 판명될 거라고."

스키너의 이름과 묘사가 처음 등장한 것은 11월에 라이더와 몇몇 동료들이 라이프케어의 간호사 신디 채틀레인과 면담할 때의 일이었다. 그녀의 말에 따르면, 키가 크고, 마르고, 머리가 밝은 색깔인 남자 의사가 하나 있었는데, 자기가 생각하기에는 스키너라는 이름이었고, 바로 그 사람이 목요일 오전에 키가 작고 땅딸막한 남자 의사 한 명과 함께 7층에 나타났다. 당시 그녀는 아직 남은 9명의 환자를 돌보고 있었다. 이 의사는 현재 상황이 심각하다고, 더 이상은 이 환자들을 내보낼 자원이 없다고, 그녀에게 말했다. "이 딱한 양반들은 끝까지 견디지 못할 거예요." 그녀가 기억하기로, 당시에 그는 이렇게 덧붙였다. "게다가 '심폐소생술 거부(DNR)'잖아요." 채틀레인은 그의 말을 수정해주었다. 최소한 그중 한 명은 DNR 환자가 아니고, 단지 극도로 비만일 뿐이었다. 이 의사는 저 정도 체중의 환자라면 헬리콥터로도 실어 나를 수 없다고 말했는데, 이는 일반적으로 사실이었다(하지만 어케이디언의 항공 구급기 일부는 그의 체중을 약간 웃도는 180킬로그램까지 버틸 수 있는 들것을 보유하고 있었다). "그 사람 말이, 이제부터 벌어질 일은 다름 아닌 자연의 법칙이 지배하는 것이라고 하더군요. 음, 그 사람이 저한테 뭐라고 했느냐면요, 음, 왜, 있잖아요, 대자연의 경로를 재촉할 필요가 있다는 거였어요."

라이더는 그 대자연 관련 언급에 관해서 스키너에게 굳이 묻지 않았다. 채틀레인 간호사가 거명한 의사가 과연 그였는지 아닌지 판가름하기가 힘들었기 때문이다. 몇 년 뒤 한 인터뷰에서 스키너는 당시 그 간호사가 자기를 지칭한 것은 아니었다고 말할 것이었다.[54] 그는 7층에서 라이프케어의 간호사와 이야기를 나눈 것도 기억하지 못했고, 자기가 그런 종류의 메시지를 전달했다는 것도 기억하지 못했다. 자기라면 환자들을 '이 딱한 양반들'이라고 언급하지도 않았을 것이며, 대자연의 경로를 재촉할 필요가 있다고 말하지도 않았을 거라고 했다. 한마디로 평소의 자기 말투 같지 않다는 것이었다.

라이더는 채틀레인이 곤란한 이력을 갖고 있었으며, 폭풍 직전에야 주(州) 간호협회에서 징계가 풀려 일종의 수습 기간을 겪기로 조치되었음을 나중에 가서야 알게 되었다. 채틀레인이 제공한 신체 묘사만 보면 문제의 의사는 스키너가 딱이었으며, 그는 이 병원의 감염통제위원회 대표이기도 했다. 하지만 채틀레인의 주장에 따르면, 그는 'CDC(질병통제예방센터)의 스키너 선생'이라고, 즉 감염성 질환을 관리하는 연방 기구 소속이라고 자기소개를 했다는 것이다.

병원 직원들과의 면담은 이처럼 작고, 중요하고, 사람을 미치게 만드는 갖가지 불일치와 기억의 변형으로 가득했다. 라이더의 임무는 박살 난 거울의 파편을 최대한 도로 맞춘 다음, 거기에 원래 어떤 영상이 떠올랐을지 추론해보는 것만큼이나 가망성이 없어 보였다.

◇ ◇ ◇

수전 멀더릭은 2006년 1월 초에 면담을 앞두고, 주 검찰청 수사관들이 무엇을 물어볼지 어느 정도 직감했다. 그녀는 병원에서 다른 사람들이 들은 자신의 말 가운데, 뭔가 수상하거나 유죄로 해석될 만한 내용이 있음을 알았다. 왜냐하면 테닛 측 변호사 해리 로젠버그가 받은 비밀 수색 영장 사건진술서 사본에 나와 있는 혐의가 무엇인지 미리 알고 있었기 때문이다.

면담에서는 키가 작고 짙은 금발의 수사관이, 2005년 9월 1일 목요일 오전에 라이프케어 직원들과 나눈 대화에 관해 멀더릭에게 물어보았다.

"사실상 '살아 있는 환자를 아무도 남겨두지 않는다는 것이 계획'이라는 이야기를 그분들에게 하셨나요?" 버지니아 라이더가 물었다.

멀더릭은 아마 그랬을 거라고 대답했다. "그 이야기라면 수십 명에게 하고 다녔으니까요." 그녀가 말했다. 직원 및 가족은 자기들이 결코 병원에서 벗어나지 못할까봐, 이러다가 그곳에서 죽게 될까봐 걱정했다. 많은 사람이 그녀를 멈춰 세우고 과연, 그리고 어떻게 저 모든 환자와 자기들을 안전하게 구조할 것이냐고 물었다.

"그래서 저는 항상 모든 사람을 향해, 우리 모두가 나가게 될 거라고 강조하려고 노력했어요. 우리는 모두 여기서 나가게 될 거라고요." 멀더릭의 말에 따르면, 그녀는 애너 포가 2층의 주무 의사라고 간주했다. 목요일 아침에는 포와 몇 번 대화를 나누기도 했다. "그럼 그 대화의 주제는 무엇이었죠?" 라이더가 물었다.

"음…… 그 대화 가운데 하나는, 음, 혹시 이 환자들 일부에게 뭐라도 줄 수 있느냐는 거였어요. 제가 보기에는 그들이 괴로움, 불안, 고통을 느끼는 것 같아서요." 멀더릭의 말에 따르면, 포는 그러자고 하면서 이렇게 덧붙였다. "하지만 뭘 줘야 할지 저도 모르겠네요." 바로 그때 멀더릭은, 자기가 쿡 선생에게 가서 포와 이야기해보시라고 권하겠다고 말했고, 이 간호사는 실제로 그렇게 했다. 멀더릭의 말에 따르면, 자기는 약품을 실제로 투여하는 것을 직접 보지는 못했다. "저는 그녀가 이후에 어떤 조치를 했는지 여부도 알지 못했어요. 저는 그 이야기만 마치고 거기를 떠났으니까요."

"환자의 안락사와 관련해서 누군가와 약간이라도 이야기하신 적 있었나요?" 라이더가 더 나중에 이렇게 물었다.

"구체적으로 환자를 안락사시키는 거요? 아뇨."

"그러면 자칫 환자들에게 죽음을 야기할 위험이 있는 완화 치료를 하자는 이야기는 있었나요?" 라이더는 이렇게 물었고, 멀더릭이 머뭇거리자 다시 한 번 질문을 명확히 설명해주었다. "환자들의 고통을 완화할 수 있는, 하지만 동시에 사망 과정을 가속화할 수 있는 뭔가를 하자는 이야기는요?"

"아뇨." 멀더릭이 말했다. "제가 한 이야기는, 음, 완화 치료와 관련 있었어요. 환자를 편안하게 해주자고, 그러면서도 당연히 그런 과정을 가속화하지는 않는 쪽으로 하자고요."

멀더릭과의 면담에서 밝혀진 바가 있다면, 그 목요일에 메모리얼의 환자에게 투약하자는 발상은 바로 그녀에게서 나왔다는 점이었다. 그녀는 자기 의도는 어디까지나 편안함을 제공하고 싶었을 뿐이라고 말했다. "아티반이나 다른 뭔가를 투약하는 것은" 예를 들어 환자를 이완시키려 할 때라고 멀더릭은 한 가지 사례를 들었다. 병원 수색 당시 약제실에서 압수한 처방전에 따르면, 환자의 편안함을 위해 사용하는 아티반과 다른 일반적인 약품은 이미 포와 다른 의사들이 재난 기간 내내 이 환자들에게 처방한 바 있었다. 그러니 저 의사가 뒤늦게야 쿡으로부터 약품 처방에 관해서 들을 필요가 있었다는 이야기는 이치에 닿지 않았다.

멀더릭은 분명히 면담에 매우 잘 대비한 것처럼 보였다. 하지만 최소한 그녀는 뭔가를 아는 사람으로, 그리고 재난 대응 활동에서 지휘를 담당한 사람으로 자처했다. 반면 부치 섀퍼가 "도도한 윗분들"이라고 부른 병원 중역들의 경우, 모두가 그런 것까지는 아니었다. 라이더는 동료 한 명과 함께 11월에 CEO인 르네 구를 면담한 바 있는데, 그는 폭풍 직후 자기 병원에서 벌어진 일에 대해서 거의 아무것도 모른다고 주장했다. 하지만 구는 이 기간 내내 병원에 머물러 있었다. 그로부터 몇 달 뒤, 이 CEO의 동료 겸 '도도한 윗분들' 가운데 하나인 메모리얼의 CFO 커티스 도시와 COO 숀 파울러와 면담하는 과정에서, 섀퍼와 라이더는 깜짝 놀랄 수밖에 없었다. 이들의 증언에 따르면, 구름다리를 통해 메모리얼과 연결된 암 연구소에서는 재난 기간 내내 발전기와 전력이 정상 작동했다는 것이다. 병원 중역들은 그곳으로 건너가서 전화를 걸고 커피를 마셨다고 말했다. 이날의 면담은 당시 병원 중역들의 마음가짐 가운데 일부를 드러내주었다. "우리는 거기 앉아서, TV를 조금 봤습니다." 파울러는 이렇게 말했다. 도시는 그 장소에 전력이 있다는 사실을 발견하고 나서, TV에 연결할 V자형 안테나를 가지러 본관으로 돌아갔었다고 말했다. "저는 기분이 좋았어요. 선풍기도 있고, 안락의자도 있고, TV도 있었고, 주위를 뒤져보니 닭고기 국수 수프 깡통도 하나 있었거든요." 그는 전자레인지를 돌려서 따뜻한 식사를 했다고 말했다. "제가 말씀드리고 싶은 것은, 그게 정말로 맛이 있더라는 겁니다!"

도시는 이 모든 좋은 것을 자기 혼자서만 즐기지는 않았다. 커피를 만들어 간호사들에게 가져다주고, 선풍기를 병원 2층의 로비에도 가져다주었다(그곳에서는 작은 발전기에서 나오는 전력에 선풍기를 연결해서, 환자들 쪽으로 바람이 가도록 해놓고 있었다). 이쯤 되면 수사관들 입장에서는, 왜 직원들이 차라리 환자들을 들것에 옮긴 다음, 더 편안한 암 센터로 (또는 에어컨이 나오는 자동차나 트럭 안으로) 데려가지 않았는지 궁금할 수밖에 없었다.

도시는 최근에 재개장을 앞둔 메모리얼의 임시 CEO로 승진한 상태였다. 그는 환자들의 생존 능력에 관한 멀더릭의 우려 표현에 관해서 섀퍼와 라이더에게 서슴없이 이야기했다. 이 간호사는 환자들을 편안하게 만들고 있다고만 보고했다는 것이 그의 주장이었다. 하지만 섀퍼와 라이더도 더 구체적인 이야기를 하라고 그를 압박하지는 않았기에, 도시 역시 2층에서 한 의사가 환자에게 주사 놓는 것을 자기가 직접 본 것이며, '무슨 일이 벌어지고 있는지 알고 있느냐'고 자기가 CEO인 구에게 물었던 것이며, 최고간호관리자가 우는 모습을 본 것 등을 굳이 털어놓지는 않았다.

실제로 그는 어느 날 퇴근해서 집에 도착했을 때 CNN 기자 2명이 현관에 대기하고 있는 것을 보고서야, "이것이 얼마나 큰 일로 비화될 수 있는지" 비로소 깨달았다고 훗날 말했다. 도시는 재난 직후 수전 멀더릭에게 따졌으며, 그녀는 자기가 환자에게 투약했다는 이야기를 했다는 사실을 부정했다. 메모리얼에 있던 사람들은 9월 1일 목요일의 사건에 대한 언급 자체를 피했다. 그는 사람들이 마치 스스로를 보호하려 노력하는 듯한 인상을 받았다. 이 환자들이 만약 병원을 빠져나왔다면, 결국 살았을 가능성도 있지 않을까? 그들이 끝까지 버틸 수 없으리라는 판단을 과연 누가 대신 내려줄 권리가 있을까?

당시에 일어난 일에 관해 시인하고 논의하기를 거부하는 전반적인 태도에 주목하고 불편해한 사람은 도시만이 아니었다. 간호사들은 이를 가리켜 '침묵의 규약'이라고 불렀는데, 이들은 병원을 떠나자마자 곧바로 이런 태도를 취했다. "우리는 그 이야기를 하지 않을 거고…… 그나저나 거기서는 아무 일도 없었습니다." 이것이야말로 이들이 흔히 하는 말이었다. 방어진을 세우라는 거였다. 어느 누구도 곤란을 겪게 하지 말라는 거였다.

라이프케어 측 변호사들은 실제로 있었던 일을 면담 때 솔직히 털어놓으라고, 심지어 수사관들이 미처 몰랐거나 묻지 않은 일까지도 자발적으로 이야기하라고 자기네 의뢰인에게 조언했다. 반면 다른 변호사들은 법이 요구하는 것보다 더 적극적으로 움직이는 것에 대해서 약간 다른 지혜를 취했다.

포의 변호사는 이 사건에 관련된 또 다른 변호사와 통화하면서 비슷한 취지로 말했다. 즉 상대방의 기억에 따르면, 그는 "이 일들이 백일하에 드러나는 것은 어느 누구의 관심사도 아니다."라고 말했다.

◇ ◇ ◇

시간이 지나면서, 수사관들은 문제의 병원을 소유하고 문제의 임원들을 고용하고 있는 회사를 점점 더 주목하게 되었다. 환자들에게 치사량의 약품을 투여하라는 "결정이 내려졌다"고 포가 말했다는 주장이 있었는데, 이때 그녀의 말뜻은 과연 무엇이었을까? 과연 그 결정 배후에 누가 있었을까? 라이더와 섀퍼는 아직 결정권자로 자인하는 사람을 면담하지 못하고 있었다.

테닛 측 변호사들의 영 내키지 않는 듯한 협조며, 지연이며, 잠재적인 증거를 몇 조각도 산출하지 못하는 상황 등으로 미루어, 섀퍼는 특히 이 회사에 대해서 의혹을 품게 되었다. 테닛 측 변호사들은 자사가 보유한 모든 진료 기록 사본을 주 검찰청에 제공했다고 주장했지만, 섀퍼와 라이더가 보기에는 그중 일부가 여전히 없는 상태였다.

폭풍이 지나가고 처음 몇 주일 동안, 테닛은 심지어 라이프케어 측 대표단이 병원에 들어가는 것조차 거절했다. 그런데 이 기간 동안 일부 환자의 기록이며, 컴퓨터 서버며, 컴퓨터 기록장치가 사라지고 말았다. 또한 라이프케어 간호사들의 사물함도 뜯겨나가고 그 안의 물건들도 사라졌다. 라이프케어는 테닛을 상대로 법원에 금지 명령을 신청함으로써, 잃어버린 물건의 반환을 도모했다.

섀퍼의 의혹이 더욱 강해진 까닭은, 주사를 놓으라는 "결정이 내려졌다"고 했을 때, 마치 그 결정은 뭔가 더 높은 곳에서 내려온 것처럼 들렸다는 면담자들의 고백 때문이기도 했다.[55] 그가 궁금해하는 점은 과연 테닛사의 중역이 이 결정을 알고 있었는지, 또는 심지어 가장 상태가 위중한 환자들을 안락사시키고 나머지 직원들을 9월 1일 목요일 재빨리 대피시키라는 명령을 내렸는지 여부였다.[56] 만약 그런 명령을 내렸다면, 그 동기는 무엇이었을까? 한편으로는 병원 직원들이 두려워하던 폭도의 약탈에서 이들을 구조하기 위해서였을 것이고, 또 한편으로는 (뭔가 억지스럽게 들릴지도 모르겠지만) 병원 직원들이며 임대 헬리콥터 회사에 또 하루 치 초과 근무 수당을 줘야 하는 상황을 피하기 위해서였을 것이다. 어쨌거나 이 회사로 말하자면, 카트리나 이전에도 계열 병원 가운데 한 곳의 의사들이 건강한 환자들에게 불필요한 심장 수술과 처치를 실시하는 문제가 발생해, 그 합의금으로 4억 달러 가까이 지출한 이력이 있었다.[57] 이것만 보더라도 이곳의 기업 윤리에 문제가 있어 보였다.

메디케이드 사기 단속반의 직속 상관들도, 댈러스에 있는 테닛의 본사로 직접 찾아가서 중역들과 면담하라고 라이더에게 굳이 독려하지는 않았다. 적어도 지금까지는 그랬다. 그녀가 댈러스에서 행한 가장 중요한 면담 가운데 하나는 테닛의 언론홍보본부장 스티븐 캄파니니와의 면담뿐이었다. 포는 메모리얼에서 벗어난 지 며칠 뒤에 그에게 다급한 조언 요청 전화를 걸었고, 두 사람은 이후 상당히 오랫동안 통화한 바 있었다.

그녀의 변호사인 리처드 시먼스는 이미 주 검찰청 측이 캄파니니와 면담하지 못하게 해달라는 요청을 법원에 제출했다. 왜냐하면 테닛의 변호사인 오드리 앤드루스가 이 당시의 전화통화 일부에 관여했지만, 이 과정에서 자기가 포를 대리하지 않는다는 사실을 곧바로 당사자에게 설명하지 않았기 때문에, 이때 나온 모든 정보는 변호사와 의뢰인 간의 특권이자 비밀로서 간주하고 보호해야만 한다는 것이 시먼스의 주장이었다. 따라서 캄파니니는 이때 나온 이야기를 수사관에게 말할 수 없었다.

섀퍼 차장검사는 시먼스의 요청에 대항해, 포는 테닛의 변호사가 자기를 대리한다는 생각을 애초부터 하지 않았을 가능성이 있다고 주장했다. 이에 대한 증거는 폭풍이 오기 1년 전에 그녀가 직접 서명한 고용 계약서에 나와 있었다. 즉 이 병원이 그녀의 채용과 첫 해의 봉급을 지원하기는 했지만, 그녀는 엄밀히 말해서 메모리얼의 직원도 아니고, 테닛의 직원도 아니며, 다만 루이지애나 주립대학의 직원이라는 것이었다.

하지만 지방법원의 판결은 양측의 어느 쪽도 만족시키지 못했으며, 이 요청은 긴급 항소를 통해 루이지애나 주 대법원에 올라가 있는 상태였다. 섀퍼는 존 틸 선생과 셰리 랜드리 간호사가 테닛 본사 직원에게 무슨 말을 했는지 알아보려고 했지만, 두 사람의 변호사들 역시 법원의 판결이 나올 때까지 기다려달라고 요청했다. 포에 대해서는 아직 정식 재판이 열리지 않았으며, 어쩌면 양측 모두 이 다툼이 언론에 새어나가는 일은 피하고 싶었을 것이기에, 문제의 법원 신청은 그저 '수사 중의 불법 행위에 관한 문제'라는 모호한 제목으로 되어 있었다.

라이더와 섀퍼는 테닛 본사의 다른 사람들과도 면담을 하고 싶어했다. 그중에는 서둘러 구성한 지휘본부의 구성원들이라든지, 물이 차오르는 사이 공황 상태에 빠진 메모리얼의 직원들과 한동안 이메일과 휴대전화로 연락하던 본사 직원들도 포함되어 있었다. 하지만 주 검찰청의 고위층은 그 회사가 현재 변호사를 잔뜩 거느리고 있는 상황이므로 시간 낭비일 가능성이 크다고 섀퍼에게 조언했다. 즉 설령 그들이 댈러스로 찾아간다 하더라도, 십중팔구는 변호사들과 이야기하다 끝나버릴 수 있다는 것이었다. 뿐만 아니라 테닛의 변호사들은 수사에 전적으로 협조하겠다고, 요구하는 자료는 뭐든지 보내주겠다고 이미 약속한 바 있었다.

이를 지켜본 사람이라면 누구나 정치적 이해관계와 고위층의 개인적 친분 때문에 이 회사에 대한 압력이 줄어드는 것 아닌가 하는 의구심을 품을 만했다. "테닛은 우리 주(州)에서 주요 보건의료 제공자이며, 우리의 연방 선출직 공무원 대부분의 유세에 선거자금을 제공해 왔습니다."[58] 3월에 〈배턴루지 어드버킷〉에 실린 기사에 따르면, 루이지애나 주 연방 상원의원 메리 랜드루의 대변인은 이렇게 말했다고 한다. 이 발언은 이 회사가 루이지애나에서 가치 높게 평가되고 있음을 만천하에 공표하려는 의도처럼 들렸다. 반면, 이 기사에 따르면, 테닛의 주주 가운데 소수의 이의 제기자들은(개인적인 원한을 가진 한 의사가 주동자였는데) 이 회사에 개혁을 실시하라고 압력을 넣고 있었다. 그리고 이 목적을 위해서, 이 주주들은 테닛의 선거 기부금 2만 9천 달러를 자선 사업에 기부하라고 랜드루 상원의원에게 요구하고 있었다. 이 주주들은 메모리얼에서의 사건에 관한 주 검찰청의 수사를 언급하면서, 과거의 협잡 및 남용 혐의에 관한 고발 및 합의 전력과 마찬가지로, 이것 역시 이 회사에 불리한 증거라고 언급했다. 이 집단은 랜드루의 이모가 이 회사를 대리해 로비에 나선 대가로 거의 100만 달러를 받았다고 지적했다. 이 기사에 따르면, 테닛의 스티븐 캄파니니는 자사가 주 검찰청의 수사 대상이 아니라고 말했다. "안락사는 그 어떤 상황에서도 허락될 수 없습니다."

상원의원의 대변인도 선거 기부금을 도로 내놓지 않을 것이라고 말했다.

섀퍼는 이 기사를 오려 자기 사무실에 붙여놓았다. 솔직히 그는 랜드루 상원의원이 포티 주 검찰총장에게 직접 전화를 걸어 테닛을 옹호했다고 생각하지는 않았다. 하지만 이 뉴스에 나온 내용 일부는 이 회사를 냉소적으로 바라보는 그의 시각을 지지해주는 것인 동시에, 그를 아찔하게 만드는 것이기도 했다.

◇ ◇ ◇

언론 매체는 이 사건에 관한 대중의 관심을 부채질했다. CNN 기자 드루 그리핀과 프로듀서 캐슬린 존슨은 다양한 정보원으로부터 약간씩 정보를 추출한 다음, 이처럼 얼마 안 되는 내용에다 이전 인터뷰 화면을 곁들여가면서, 몇 주일에 한 번씩 수사 과정에 대한 새로운 뉴스를 방송했다(예를 들어 "의료 전문가 가운데 최소한 한 명 이상이 현재 관심 대상 가능자로서 조사를 받고 있다"거나, "시릴 웨크트 선생이 (……) 자문위원으로 선임되었다"는 등의 내용이었다).

앤절라 맥마너스는 홍수를 겪은 자기 가족의 집에서 한참 떨어진 배턴루지에 있는 임시 숙소에서 이런 뉴스를 꼬박꼬박 챙겨보았다. 맥마너스는 새로 마련한 전화번호를 주위에 알려두었다. 수사관이나 기자가 얼마든지 자기를 쉽게 찾아내서 자기 어머니 윌다에 관한 이야기를 물어볼 수 있게 했던 것이다.

"하느님의 뜻이 무엇인지는 저도 몰라요." 그해 겨울 내셔널 퍼블릭 라디오(NPR)와 인터뷰하며 그녀는 캐리 칸에게 이렇게 말했다. "하느님께서 엄마를 본향으로 부르신 게 맞는지 저는 몰라요. 만약 하느님께서 실제로 그렇게 하셨다면, 그건 좋아요. 하지만 만약 사람이 그걸 결정한 거라면, 저는 그게 사실인지 여부를 알고 싶어요. 저희 가족은 그 문제에 대해서 화해를 필요로 하니까요."[59]

맥마너스의 형제자매는 이 문제에 대한 답변을 찾는 데 도움을 얻고자 변호사를 고용했다. 사망한 환자의 유족 일부도 역시나 그렇게 했다. 상당수의 가족은 주 검찰청에 편지를 써서 정보를 요청했다. 일부는 상속에 필요한 사망 확인서를 발급해달라는 자신들의 요청에 검시관 프랭크 미냐드가 아직 응답하지 않았다고 불만을 제기했다. 그리고 확인서가 발급된 경우에도, 사망 원인이 '수사 중으로 미결'이라고 되어 있다보니, 보험회사의 배상이 거부될 가능성도 열려 있었다.

NPR에서 칸은 애너 포를 겨냥한 소송이 준비되고 있다는 사실을 최초로 자세히 대중에게 알렸다. 버지니아 라이더가 작성한 지난 10월의 수색 영장 사건진술서가 유출되었는지, 거기 나온 구절을 한 남성 성우가 읽었다. "포 선생은 라이프케어 환자들에게 치사량의 약품을 투여하라는 결정이 내려졌다고 그들에게 알렸다."

칸의 설명에 따르면, 취재진은 포가 어떤 환자를 안락사시킨 것이 사실이냐고 변호사 리처드 시먼스에게 물어보았다. "포 선생은 그 어떤 범죄 행위에도 관여하지 않았습니다." 그는 NPR에 이렇게 말했다.

이 보도에 대한 반응은 신속했다. 안락사 반대 단체인 '낫 데드 옛(Not Dead Yet)'은 격분한 예측으로 가득한 성명을 내놓았다. "그곳의 직원들이 대피할 수 있는 유일한 방법은, 자기들이 돌봐야 하는 생존 환자가 전혀 없다고 보고하는 것뿐이었다. 이것은 단순히 공감이나 자비의 문제가 아니다. 이것은 어디까지나 자기가 살기 위해 다른 누군가를 구명보트 너머로 내던져버리는 문제이다."

◇ ◇ ◇

NPR의 보도는 라이더가 지금까지 조금씩 모아놓은 사건들의 버전에 근거하고 있었지만, 그녀는 희생자와 증인의 이름이 고스란히 들어 있는 자신의 수색 영장 사건진술서가 외부로 유출되었다는 사실에 격분해 마지않았다. 라이더는 그 유출자를 찾아내기로 작정했다. 그 기자는 그 문서가 테닛에서 흘러나왔다고 다른 누군가에게 말했다는 이야기가 있었다. 그녀가 알기로는 지난 10월 법원의 명령에 따라 테닛의 변호사 해리 로젠버그가 수색 영장 관련 서류를 이미 받아놓았는데, 당시에 그는 이 문서를 대외비로 보관하겠다고 약속했었다. 라이더는 이 정보를 공유한 사람 모두의 신원을 밝히라고 명령하는 소환장을 변호사에게 보냈다. 하지만 곧이어 그녀의 상사들이 이 문제에서 손을 떼라고 지시했다. 어쩌면 그들이 어떤 친구를 보호하려는 것인지도 몰랐다. 또는 이 문서 유출이 주 검찰청 측에서 이루어진 것인지도 몰랐다.

◇ ◇ ◇

5월의 마지막 주인 메모리얼 데이 주말, 메모리얼의 응급실 경사로 맞은편 클라라 스트리트 너머 야외 주차장에는 흰 천막이 차려져 있고, 그곳에서는 예전 직원 및 의료진을 위한 새우 요리 파티가 한창이었다. 급사들은 김이 모락모락 나는 갑각류를 잔뜩 갖다가 손님들에게 건넸고, 이들은 그걸 반으로 꺾은 다음 꼬리를 떼어냈다. 일부 의사는 이 복합 건물의 외래 진료 사무실에서 다시 진료를 시작했으며, 테닛은 (카트리나가 닥친 바로 그날 밤 애너 포와 캐런 원과 집중치료실 담당 간호사들이 잠을 자려 했던 장소인) 신축 외과 병동을 재개장할 계획을 발표했다. 하지만 병원 본관은 한동안 문을 닫은 상태로 남을 예정이었다.[60] 이날 행사에서는 음악이 흥겨운데도 사람들의 시선이 땅으로 향했고, 심지어 일부는 눈물을 글썽거렸다. 호러스 볼츠는 이것이 마음 정리를 위한 기회라고 보았다. 그는 자기 동료들이며 이 병원에서 보낸 43년의 경력에 작별을 고하러 왔다. 쾌활함과 침울함의 충돌을 지켜보며 그는 마치 장례식 철야 같다고, 어둑어둑한 병원은 마치 자기들 앞에 시체처럼 놓여 있다고 생각했다.

이날 볼츠가 들은 바로는, 어느 누구도 폭풍 이후 환자들이 어떻게 되었을지에 관한 추측을 내놓지 않았다. 반면 파티 참석자의 일부는 그곳에 없는 브라이언트 킹을 욕했으며, 심지어 볼츠가 듣기에도 인종 차별적인 편견이 깃든 "언어적 집단폭행"[61]이라고 할 만한 수준으로 말하면서, CNN에 나와 이야기했다는 사실 하나만으로도 그는 믿을 수 없는 인간이고, 독단적인 사람이고, 말썽쟁이라고 헐뜯었다. 킹은 자기를 겨냥한 아우성이 시작되자마자 결국 이 주(州)를 떠나고 말았다.

볼츠는 주최 측에 고맙다는 인사도 하지 않고 그곳을 떠났다. 다음 달 테닛은 메모리얼 메디컬 센터와 이 지역의 계열 병원 몇 군데를 매각할 의향을 드러냈다.[62]

◇ ◇ ◇

봄의 몇 달이 지나가는 가운데, 라이더와 섀퍼는 기존 증거들에 덧붙일 만한 중요한 증거를 거의 찾아내지 못하고 있었다. 7층에서 벌어진 라이프케어 환자의 사망 사건과 관련해 포에게 불리한 증거도, 또는 그 당시 이 의사와 동행했을 것으로 짐작되는 셰리 랜드리와 로리 부도라는 간호사에게 불리한 증거도 마찬가지였다. 과연 언제쯤 되어야 요

434

원들이 이들을 체포할 수 있을까? "아직은 아니야." 위에서는 아무 설명 없이 이런 지시만 내려왔다.

6월에 섀퍼는 라이프케어의 환자 존 러셀의 가족을 대리하는 변호사가 보낸 편지를 받았다. 전력 공급이 차단된 직후에 이 환자는 아래층으로 옮겨졌고, 당시 지나 이스벨이 수동 인공호흡기를 손으로 눌러가면서 그를 구하려고 노력한 바 있었다. 그녀는 이 환자가 사망하고 나서도 그 옆에 있다가 시신을 예배당으로 옮겼으며, 고인은 이곳에 안치한 최초의 시신이 되어 마스 신부로부터 축복도 받았다. 그런데 섀퍼에게 편지를 쓴 변호사의 말에 따르면, 42년간 해로한 고인의 아내와 고인의 딸은 그로부터 거의 1년이 지나도록 사망 관련 정황을 전혀 모르고 있었다. 다만 이들은 검시관실로부터 사망 확인서를 받았는데, 정작 러셀이 언제 어떻게 사망했는지에 관해서는 아무런 결정적인 증거도 제시되지 않았다고 했다. "허리케인 직전에만 해도 고인은 비교적 건강이 좋고 정신도 명료했습니다." 변호사는 이렇게 썼다. "유가족이 고인을 마지막으로 본 것도 바로 그때였습니다. 저는 뉴올리언스의 검시관실에 연락을 취했습니다만, 아무리 전화를 해도 응답이 없었습니다." 사망 확인서에는 역시나 '수사 중으로 미결'이라고 나와 있었으며, 정작 사망 원인은 전혀 나와 있지 않았다. 가족들은 걱정해 마지않으며, 어쩌면 주 검찰총장의 말대로 메모리얼의 환자들은 주사를 맞고 사망했을지도 모른다고 생각하게 되었다는 것이다.

대형 재난이나 참사로 가족이 사망한 경우, 도대체 어쩌다가 그랬는지 알고자 하는 충동은 지극히 인간적이기 때문에, 급기야 대규모 사망자에게 초점을 맞춘 DNA 확인법이라는 특수한 분야가 생겨나기도 했다.[63] 이 기술은 인류학, 법의학, 분자생물학, 유전학, 컴퓨터공학 등에서 유래한 것이었다. 이 기술은 적지 않은 대가를 지불해가면서 응용된 바 있었다. 예를 들어 보스니아 헤르체코비나의 공동묘지에서 뒤섞인 상태로 발굴된 유골에 대해서나, 쓰나미 이후의 태국 푸켓에서 발견된 익사자 시신에 대해서나, 뉴욕 시의 그라운드 제로에서 여러 해에 걸쳐 발굴된 시신의 파편들에 대해서도 그러했다. 러셀의 왼쪽 정강이뼈에서 추출한 DNA 샘플은 신원을 확증하는 데 도움이 되었다. 피부에 새겨진 독특한 표식도 눈에 띄게 마련이어서, 러셀의 왼팔에 새겨진 해골과 뼈다귀 모양의 문신은 마치 이런 때를 위해서 짓궂게 만들어놓은 듯했다. 거기에는 이런 구절이 적혀 있었다. '나도 한때 너 같았으니, 너도 결국 나 같을 것이다.'

러셀의 미망인은 무려 3주가 걸려서야 남편의 시신을 찾아냈으며, 너무 심하게 부패해 직접 볼 수도 없었다. 이후 이 시신은 수사 때문에 인도가 지연되다가, 폭풍이 지나가고 무려 2개월이 지나서야 장례회관으로 옮겨졌다. 미망인은 더 많은 것을 알아낼 필요를 느꼈다. 비록 섀퍼는 모르고 있었지만, 그녀는 폭풍 이후 심각한 외상 후 스트레스성 장애를 앓고 있었으며, 자기 남편이 더위 속에서 고통받았다고 상상하고 있었다. 미망인은 뉴스에 보도된 시련 중에서도 최악의 시련이 시작되기 전에 남편이 사망했다는 걸 모르고 있었다. 섀퍼는 다음 날 그녀의 변호사에게 연락해서, 러셀의 진료 기록을 그에게 보내주기로 약속했다.

또한 6월에 섀퍼와 라이더는 메모리얼에서 산부인과를 담당하던 간호실장 메리로즈 버나드를 면담했다. 그녀는 물이 차오르던 첫째 날에 신생아를 성공적으로 이송한 일을 설명했다. 그 일 이후에는 2층에서 대기 중이던 성인 환자를 간호하기 위한 2시간짜리 교대 업무를 조직하는 일을 담당했다고 말했다. 그녀는 더위 속에서 환자들이 사망하는 것을 지켜보았고, 뭔가 불편해 보이고 '엄마'를 찾는 환자 한 명에게 안정제인 아티반을 투약했다고 말했다. 반면 안락사에 관한 이야기를 누가 꺼내는 것은 듣지 못했다고 부정했기에, 라이더와 섀퍼도 이 문제에 관해서 진술을 압박하지는 않았다. 버나드는 자기가 목요일 오후에 다른 간호사들과 함께 메모리얼을 떠날 때만 해도, 15명가량의 "아주 많이 아픈, 아주 많이 아픈, 정말 끔찍스러웠던" 환자들이 2층에 남아 있었으며, 포와 틸과 간호사 몇 명이 이들을 돌보고 있었다고 말했다. 그녀는 고양이를 데리고 보트에서 내리자마자, 전날 병원을 떠나 뉴올리언스 컨벤션 센터에 수용된 가족과 상봉하게 되리라 생각했다. 하지만 실제로 10번 주간 고속도로의 네잎 클로버 모양 교차로에서 하룻밤을 지새웠으며, 생명의 위협을 느끼면서 다른 직원들과 옹기종기 붙어 있었다.

순간 부치 섀퍼의 머릿속을 스치는 기억이 있었다. "혹시 뉴스 인터뷰를 하지 않았던가요……?"

그녀는 자기가 폭스 뉴스 기자와 인터뷰를 한 적이 있다고 말했다. "그 여자가 그러더군요. '그런데 거기 왜 머물러 계셨던 거죠? 그냥 당신 침대에 누워 있기로 선택하실 수도 있었을 텐데요. 도대체 왜 거기 머물러 계셨던 거죠?' 그래서 제가 이랬죠. '왜냐하면 저는 간호사니까요.'"

"당신이 바로 그 사람이었군요." 섀퍼가 말했다.

"제가 그랬어요. 저는 간호사라고요. 그리고 그거야말로 간호사가 하는 일이라고요."

섀퍼는 딸의 사망 직후 가족과 함께 애틀랜타에 머물다가 버나드의 인터뷰를 보았고, 그때 이후 지금껏 줄곧 그녀가 한 말을 인용하고 다녔다. 이 간호사를 보니 문득 1940년대에 활동한 헌신적이고 하얀 모자를 쓴 간호사였던 자기 어머니에 관한 추억이 떠올랐다. "당신이 바로 그 사람이었군요. 이제 기억이 나네요. 확실히요."

"우리는 최선을 다했어요." 버나드가 말했다. 섀퍼는 자리에서 일어나 탁자를 돌아가더니, 자기가 그녀를 한 번 끌어안아도 되겠느냐고 변호사에게 물어보았다. 변호사는 자기 의뢰인의 의향에 따르겠다고 대답했다. 간호사는 기꺼이 자리에서 일어났고, 두 사람은 서로를 꼭 끌어안았다.

◇ ◇ ◇

6월 말에 이르러 라이더와 섀퍼가 포를 겨냥해서 수사해온 사건에서는 중대한 발전이 있었다. 루이지애나 주 대법원에서 5월에 내린 결정에 따라, 포가 테닛의 변호사 오드리 앤드루스와의 통화에서 한 발언(즉 앤드루스는 어디까지나 테닛 측 변호사에 불과하다는 사실을 미처 통보받지 않은 상태에서 포가 한 발언) 모두에 대한 수사관의 접근은 불가능해지게 되었다. 하지만 이후에 포가 앤드루스나 테닛의 언론홍보본부장에게 한 발언은 접근이 가능해졌다. 라이더와 섀퍼는 재빨리 테닛의 직원 2명에 대한 면담을 실시했고, 테닛은 이들을 출석시키겠다고 약속했다. 하지만 포의 변호사 리처드 시먼스는 이를 저지하기 위한 새로운 신청을 법원에 제출했다.

비록 그렇게 할 필요까지는 없었지만, 섀퍼는 한 가지 질문에 대한 답변을 결정하기 위한 심리에 참석하기로 동의했다. 즉 테닛 측 변호사가 '나는 당신의 변호사가 아니라'고 포에게 통보한 시점은 대화 중에서 과연 언제였던 걸까? 섀퍼의 신사다운 결정은 치명적인 실수로 판명되었다. 그는 계략에 넘어가고 말았던 것이다. 시먼스는 이 심리를 이용해서 포가 말한 내용의 공개를 금지하는 더 넓은 보호 조치를 요구했던 것이다. 6월 26일에 이르러 하급 법원에서는 변호사 관련 통보를 받기 전에 포가 논의한 내용은 모두가 보호 대상이며, 설령 더 나중에 대화에서 그 내용이 반복된 경우도 마찬가지라고 판결했다. 따라서 테닛의 변호사가 작성한 8페이지 분량의 기록 역시 보호 대상이 되었다.

섀퍼는 주 검찰청을 대리하여 이 결정에 항소할 계획을 세웠지만, 포가 무방비 상태에서 테닛의 직원들과 나눈 대화 속에 들어 있을 핵심

재난, 그 이후

증거들을 얻으려는 수사관들의 노력에는 아무래도 차질이 불가피했다. 몇 달 동안 기다린 끝에, 이제는 추가 정보도 없이 수사를 진행해야 하는 지경이 된 것처럼 보였다.

법원의 이런 결정이 내려지고 몇 주일이 지난 7월 어느 평일 오후, 라이더의 상사가 전화를 걸어와 애너 포, 셰리 랜드리, 로리 부도의 체포가 다음 주 안에 이루어질 수 있다고 알렸다. 그런데 그녀에게는 아쉬운 시점이었다. 하필 댈러스로 날아가 테닛 중역 한 명과 면담을 할 예정이었고, 그 직후에는 라스베이거스로 날아가 공인 법회계사 시험을 치를 계획이었다. 그녀는 작년에도 병원 수색 때문에 이 시험 응시를 한 차례 연기한 적이 있었다.

라이더는 이미 체포 영장 초안을 작성한 상태였다. 그녀는 이걸 금요일에 법원에 제출하고 나서 출장을 다녀오면 어떠냐고 제안했다. 집행과 체포는 다른 특수 요원이 충분히 대신할 수 있었다.

하지만 대답은 안 된다는 것이었다. 포티 주 검찰총장이 '그녀'를 지목하면서 직접 영장을 집행하도록 지시했다는 것이다.

라이더는 사건진술서를 금요일까지 법원에 제출할 수 있다고, 그리고 출장 전에 발부받아두었다가, 라스베이거스에서 밤 비행기를 타고 돌아오면, 다음 주 목요일 오전 10시 30분에 뉴올리언스에 떨어진다고 말했다. 누군가가 공항으로 자기를 데리러만 와주면, 거기서 곧장 영장을 집행하러 갈 수 있다고 했다. 그녀는 포가 순순히 자수해서 입건되기로 담당 변호사와 미리 이야기가 되어 있는 줄로 짐작했다. 이런 일은 종종 있었으며, 표적이 도주 위험조차 없는 전문직일 경우에 특히 그랬다.

"이번 영장은 미리 발부될 수가 없네."

라이더는 왜인지 궁금해졌다. 그녀의 상사는 월요일 오전 6시에 영장을 발부하라고 지시했다. 그리고 바로 당일 오전 10시 뉴스가 끝나자마자 영장을 집행하라고 지시했다. 결국 라이더는 출장을 취소할 수밖에 없었다. 이번 일은 기습 체포가 될 예정이었다. 만약 '표적'을 놓치기라도 하면, 단속반장의 직위도 위태로울 수 있었다.

그 주말에 라이더는 애너 포와 셰리 랜드리와 로리 부도에 대한 감시 업무에 돌입했다.

9장

애너 포는 마침내, 그리고 조용히, 수술 집도라는 본연의 업무로 돌아
와 있었다. 그녀의 이름이 방송된 지 몇 달이 지나 있었고, 주 검찰청의
수사와 관련해서 거의 아무 일도 없는 것처럼 보였다. 물론 조만간 뭔
가가 나타날지도 모른다는 소문이야 있었지만.

카트리나 이전부터 그녀의 환자였던 제임스 오브라이언트는 또다시
얼굴에 고통을 느꼈다.[1] 스캔을 해보니 암이 또다시 그의 왼쪽 눈 뒤에
서 자라나 있어서 수술로 제거할 필요가 있었다. 그는 또 한 번의 긴 수
술을 받아야 할지 몰라서 망설였다. 담당 부서 책임자인 대니얼 너스
선생은 자기가 암 전체를 제거할 수 있을 거라고 믿었고, 오브라이언트
도 그에게 수술을 맡겨보기로 했다. 포는 너스와 함께 이 환자의 얼굴
재건을 도울 예정이었다.

수술은 7월 6일 목요일에 이루어졌다. 외과 의사 두 사람은 조직을
조금씩 힘겹게 제거해나갔으며, 매번 제거한 조직을 현미경 아래 놓고
암세포가 있는지 확인해본 다음 더 깊이 절개할 것인지 결정했다. 여러

시간 동안 이들은 종양의 촉수를 추적해나갔지만, 문제의 질병은 이전에 제거된 혈관 주위의 뼛속으로 이미 침투해 있었다. 스캔에서도 이것까지 보여주지는 않았던 것이다. 모든 암을 제거하려면, 결국 오브라이언트의 두개골을 열어야만 했는데, 지금 환자의 상태로는 그걸 견뎌낼수가 없을 것 같았다. 수술이 시작된 지 20시간 만에, 의사들은 그의 얼굴을 도로 덮고, 종양의 일부를 몸 안에 내버려두는 게 최선이라는 결론에 도달했다.

수술 직후 간호사 한 명이 오브라이언트의 병실로 들어왔다. "이런 세상에." 그녀가 말했다. "도대체 그 양반들은 뭘 믿고 나더러 이런 일을 하라고 한 건지 모르겠네."

"어떻게 해야 할지 모른다 하더라도, 일단 뭔가 아는 척이라도 좀 하세요." 오브라이언트의 아내 브렌다가 말했다. "환자는 지금 겁이 나서 죽기 직전이라고요."

프란체스코회에서 운영하는 병원인 배턴루지의 '아워 레이디 오브 더 레이크 지역 메디컬 센터'에서는 이 정도로 충격적인 안면 기형 환자를 받은 경험이 사실상 없었다. 포와 그녀의 동료인 루이지애나 주립대학 소속 두경부외과 의사들은 이제 그곳에서 일하고 있었는데, 이 부서가 속한 뉴올리언스의 여러 병원이 아직 재개장하지 않은 까닭이었다.

브렌다로부터 간호사들이 제임스를 어떻게 대하는지에 대한 하소연을 들은 포는 직원회의를 소집했다. 컴퓨터가 있는 방에 이들이 모이자, 그녀는 어떤 절차를 거쳐서 제임스가 지금 같은 상태에 이르렀는지를 단계별로 설명해주었다. 아울러 재건된 얼굴의 연약한 조직 모두가 낫도록 돕기 위해서는, 자신의 간호 지시에서 미세한 세부사항까지 따르는 것이 얼마나 중요한지 강조했다.

포는 오브라이언트의 회복에 대해서 우려했다. 급기야 그를 간호하

442

는 사람은 절대로 얼굴 왼쪽과 머리와 목에 압력을 가해서는 안 된다는 경고를 집중치료실에 직접 써 붙였다.

부서 책임자인 너스는 고위직에 있는 친구가 많았다. 그를 통해 포와 변호사 리처드 시먼스는 수사에서 발견된 내용을 주 검찰총장 포티가 발표할 가능성이 있으며, 그 내용은 당연히 그녀에게 좋지 않으리라는 것을 미리 알게 되었다.[2] 주 검찰청의 누군가가 이 부서에 전화를 해서 포의 주소를 물어보았다는데, 이것 역시 걱정스러운 사건 전개였다.[3]

금요일 오후에 시먼스는 주 검찰청에 전화를 걸었다. "혹시 제 의뢰인을 체포하려는 겁니까?"[4] 그가 물었다. "아뇨, 지금 당장은 아닙니다." 부치 섀퍼 검사가 말했는데, 어느 정도 정직한 대답이었다. "우리가 자진 출두할 수도 있습니다." 시먼스가 그에게 상기시켰다. 두 사람은 이 문제를 이전에도 논의한 바 있었다. 즉 갑작스러운 체포로 인한 체면의 실추를 피하기 위해서, 변호사가 포를 데려가서 자진 입건시킬 수도 있다는 것이었다. 로리 부도와 셰리 랜드리의 변호사들 역시 자진 출두를 선호한다는 의견을 밝힌 바 있었다.[5] 따라서 시먼스는 자기들 모두가 거래를 했다고 간주했다.

시먼스는 섀퍼에게 전화해달라고, 그렇게 하면 자기가 포를 데리고 가서 '포토라인 서기'를 피하겠다고 말했다. 그는 뉴스 기자들이 잔뜩 몰려들어서, 자기 의뢰인이 수갑을 차고 구치소로 가는 사진을 찍는 것을 원치 않았다. 섀퍼는 그런 일은 벌어지지 않을 거라고 상대방을 안심시켰다.

시먼스는 전화통화를 몇 번 더 한 뒤에, 포에게 수술 일정을 계속 유지하라고 조언했다. 그녀는 긴 일주일 동안 어머니와 함께 뉴올리언스에서 휴가를 즐길 예정이었다. 하지만 포는 이 계획을 포기하는 대신, 어머니를 태우고 120킬로미터 떨어진 주도(州都)로 돌아왔다. 그녀는 현재 이곳에서 남의 집에 세 들어 살면서 파트타임으로 일하고 있었다.[6] 주말 내내 포는 ICU에 들어가 있는 오브라이언트를 확인했고, 담당 간호사와 이야기를 했고, 브렌다와 나란히 앉아서 그녀를 위로했다.

2006년 7월 16일 일요일

체포조는 금요일에 '야후!' 지도를 출력한 뒤, 표적의 근무 일정을 확인했다. 일요일 오후에 이들은 한자리에 모여 감시 계획을 확인했다. 요원들이 2인 1조로 네 시간씩 교대해가며 애너 포, 로리 부도, 셰리 랜드리를 감시했고, 이들의 집과 일터 사이를 따라다녔다. 이들은 표적을 "시야에서 놓치지 말고", 월요일로 예정된 세 사람의 체포에 대비해 표적의 위치를 항상 확인하라는 지시를 받았다.

일요일 오후에 애너 포의 휴대전화가 울렸다. 브렌다 오브라이언트가 제임스 때문에 전화한 것이었다. 몇 시간 전 병원에서 수련의 하나가 남편의 수술 부위에서 제거해야 할 실처럼 보이는 것을 잡아당겼다. 그로 인해 환자의 상처 일부가 찢어져버리고 말았지만, 제임스는 멀쩡한 것 같았다. 그는 예정대로 퇴원했으며, 부부는 두 시간 동안 차를 달려 루이지애나 주와 미시시피 주의 경계에 자리한 제지업 도시 보걸루사에 있는 자기 집으로 돌아갔다.[7] 1995년에 보걸루사에서는 화학물질 유출 사고가 일어나 수천 명이 중독되었으며, 급기야 집단 소송을 벌여 카트리나가 오기 겨우 몇 달 전에야 합의가 이루어졌다. 브렌다는 그 사고 당시 자기네 도시 상공에 떠돌던 오렌지색 구름 때문에 제임스가 암을 앓게 되었다고 추정했다.

오후 7시 30분경에 브렌다는 제임스의 얼굴 밑에 피가 고이기 시작하는 것을 보고 포에게 전화했다. 의사는 그의 상처에 뭔가 차가운 것을 대주고, 가장 가까운 응급실로 달려가라고 조언했다. 포는 브렌다의 휴대전화를 통해 응급실 담당 의사와 통화하려고 했다. 처음에는 의사가 전화 받기를 거절했지만, 브렌다가 고집해서 어쩔 수 없이 휴대전화를 건네받았다. 포는 몇 가지 확인해달라고 의사에게 부탁했다. 그러자 의사는 짜증이 나는지 휴대전화를 도로 브렌다에게 줘버렸다.

포는 계속 통화를 시도해봤지만, 나중에는 이 병원의 '휴대전화 통화 금지' 규칙을 위반했다는 이유로 경비원이 들어와 브렌다를 밖으로 데리고 나갔다. 포는 그녀에게 전화를 끊지 말라고 신신당부했다. "지금 무슨 일이 벌어지고 있는지 알아야 해요." 의사의 말이었다.

출혈은 멈춘 것 같았다. 만약 또다시 출혈이 시작되면, 그때는 재난이 분명해 보였다. 포는 일단 한 시간쯤 응급실에서 제임스를 관찰하다가, 승용차나 구급차를 이용해서 배턴루지의 '아워 레이디 오브 더 레이크' 병원으로 데려오라고 말했다. "내가 그를 보지 못한 상태에서는 아무것도 할 수 없어요." 포가 말했다. "일단 그를 이곳으로 데려와야만 해요."

제임스는 더 많은 고통을 경험하고 있었다. 그는 큰 소리로 기도를 했다. 그런데 상처에서 피가 솟아오르기 시작했다.

응급실 담당 의사는 출혈을 멈추기 위해 그의 얼굴을 꿰매었다. 이 방법은 효과가 있어 보였지만, 포는 여전히 브렌다에게 제임스를 배턴루지로 데려오라고 지시할 만큼 마음이 놓이지 않았다. 어쩌면 피부 아래에 있는 좁은 공간에 피가 고여 혈종(血腫)이 되었을지도 모르고, 그러면 그 압력은 점점 커질 것이었다.

제임스는 고통이 점점 더 심해진다고 말했다. 의사는 환자의 말을 못 믿는 것 같았다. 그러면서 제임스가 마치 진통제를 원하는 중독자라도 되는 것처럼 취급했다.

그러다가 제임스의 얼굴이 말 그대로 폭발하고 말았다. 병원 직원들은 그를 끌고 나가 구급차에 태웠다. 배턴루지까지 가는 길에 그가 얼마나 피를 많이 흘렸던지, 구급차에서 그에게 개당 450밀리리터짜리 혈액을 두 팩이나 수혈해야만 했다.

포는 수술실에서 대기하고 있었다. 자기 부서 책임자인 대니얼 너스에게도 전화를 걸어서, 일요일 밤이지만 나와주셔야겠다고 말했다. 외과 담당 간호사들도 달려왔고, 의료진은 각자의 손과 팔을 닦고, 위생가운과 장갑을 끼었다. 이들은 밤새도록 오브라이언트를 수술했다.

◇ ◇ ◇

그날 밤, 주 검찰총장 포티는 스피커폰으로 요원들과 검사들과 연락해 월요일의 체포 계획을 상의했다. 한 검사가 2급 살인을 1급 살인으로 더 상향시키자고 제안했다. 예순다섯 살 이상인 누군가를 구체적인 의도를 갖고 살인한 경우, 또는 나이에 상관없이 한 명 이상 살해한 경우, 더 심각한 범죄에 관한 이 주(州)의 정의에 딱 맞아떨어진다는 것이었다.[8]

"그건 안 됩니다!" 포티의 공보실장인 크리스 워텔은 거의 소리치다시피 반대 의견을 냈다. 카트리나 때 활동한 보건 전문가를 1급 살인으로 기소한다는 생각은 한마디로 정신 나간 짓이었다. 단순히 이들을 2급 살인 혐의로 수사한다는 것만 가지고도, 각지에서 항의 편지가 쏟아진 바 있었다. 루이지애나 주에서 2급 살인으로 유죄 판결을 받으면 사면 없는 무기 강제노역형을 받을 수 있었다. 반면 1급 살인 혐의로 얻을 수 있는 이득이라고 해야, 사형을 추구할 수 있는 선택지뿐이었다.

전화 회의에 참석한 검사 한 명은, 기소 혐의를 '의도 없는 살인[故殺]'

으로 하향 조정하자고 말하기도 했다. 즉 도발로 인해 자제력을 잃은 상태에서 '갑작스러운 격정'으로 저지른 살인이거나, 살해하려는 의도가 전혀 없었던 살인의 경우, 최대 형량은 징역 40년이었다.' 2급 살인을 지지하는 목소리가 대부분이었다.

워텔은 이 여성을 체포하기 위해서 요원을 파견하는 것이야말로, PR의 관점에서는 정말 끔찍한 발상이라고 감지했다. 그녀는 체포 도중에 언론의 시선을 피할 수 있는 방법을 포티 주 검찰총장에게 조언했다. 그렇게 해서 그 여성이 포토라인에 서 있는 모습을 텔레비전 카메라가 찍지 못하게 하고, 그 화면이 가뜩이나 시청률 높은 텔레비전의 〈다섯 시 생방송(Live at Five)〉 저녁 뉴스나, 10시의 밤 뉴스에 나오지 않게 하자는 것이었다. 그녀는 주 검찰총장에게 조금 천천히 가자고, 그리고 체포 직후 기자회견에서 만나게 될 질문을 놓고 자기와 상의해보자고 제안했다. 하지만 그는 이 제안을 거부했다.

검사 부치 섀퍼와 특별 수사관 버지니아 라이더 역시 깜짝 체포를 마음에 들어 하지 않았다. 그녀는 수사 전체를 진행해야 하는 책임을 떠맡았지만, 이 수사관이 피의자의 손목에 수갑을 채우는 일을 평소에도 꺼려한다는 사실은 검사도 잘 알고 있었다. 그리하여 섀퍼는 주 검찰청 내에서 일부러 가장 센 표현을 골라가면서 자기 의견을 표명했다. 피의자를 자진 출두하게 하는 것은 매일 하는 일이었다. 그러니 이번 체포도 굳이 다른 방식으로 이루어지리라고 생각할 이유가 없었다. 그는 이 여성들의 변호사들이 자기네 의뢰인들을 데리고 와서 입건시키도록 허락받기를 고대하고 있다는 사실도 알고 있었다. 만약 의뢰인들이 체포될 예정이라면 미리 연락을 주겠다는 약속까지 했고, 남부의 신사라면 신사로서의 약속을 깨지 않는 법이었다. 하지만 이런 결정을 할 수 있는 사람은 바로 주 검찰총장이었다. 어쩌면 그는 이번 사건을 가지고 보안관으로서의 30년 경력 다음에 검사로서 자기 능력을 과시할 생각인지도 몰랐다.

라이더는 보통 체포하기 전날 뜬눈으로 밤을 새우기 일쑤였고, 자기가 하려는 일이 혹시 잘못은 아닌지 자문했다. 깜짝 체포건, 자진 출두건 간에, 그녀는 이 일이 피의자의 인생을 완전히 바꿔놓으리라는 것을 잘 알고 있었다. 이번 사건에서는 체포를 정당화할 수 있는 증거가 이미 몇 달 동안 판사 앞에 제시된 바 있었다. 이제는 정의를 진전시킬 때였다

섀퍼는 이 여성들을 기소하는 일 때문에 양심과 씨름하지는 않았다. 메모리얼에서 벌어진 일에 관해 지금까지 확인된 바만 놓고 보아도, 그는 이것이야말로 절대적으로 옳은 일이라고 느꼈기 때문이다

2006년 7월 17일 월요일

애너 포와 대니얼 너스는 일요일 밤 내내 수술을 하고 나서 제임스 오브라이언트의 얼굴 감염 치료를 성공적으로 마무리했다. 두 사람은 그가 잃어버린 혈액을 대체하기 위해서 수혈도 더 많이 했다.

포는 먼저 다녀온 병원의 응급실 담당 의사에게 격분한 브렌다를 진정시키려 애썼다. "애초에 출혈이 된 건 그 사람 잘못이 아니에요." 그녀가 말했다. "혈종은 어쨌거나 생길 수 있었던 거예요." 만약 제임스가 응급실에 들르지 않았다면, 두 사람이 배턴루지로 오는 차 안에서 재난이 일어났을 수도 있었다. "그랬다면 남편분은 돌아가실 수도 있었어요." 포가 말했다. "이 세상에 어떤 일이 일어나는 데는 뭔가 이유가 있기 때문이죠. 우리는 하느님이 우리를 그곳에 놓으셨다는, 그리고 거기야말로 그 당시 우리가 있어야 할 장소라는 사실을 믿어야만 해요."

수술을 받은 제임스가 회복하기 위해 집중치료실에 들어가자, 포는

재난, 그 이후

자기가 근무하는 다른 병원으로 떠났다. 그녀는 잠을 자지 않은 상태였고, 일정상 또 다른 긴 수술이 기다리고 있었다.

◇ ◇ ◇

그날 오후,[10] 버지니아 라이더는 애너 포와 셰리 랜드리와 로리 부도를 체포하기 위한 사건진술서와 영장을 가지고 뉴올리언스로 향했다.[11]

라이더의 사건진술서에는 추정 범죄에 관한 개략적이고 유력한 서술이 들어 있었으며, 이제까지 수집한 두드러진 증거들이 서로 연결되어 있었다. 주로 맨 처음의 라이프케어 증인 4명(즉 다이앤 로비쇼, 테레즈 멘데즈, 크리스티 존슨, 스티브 해리스)과의 면담으로부터 끌어낸 증거들이었다. 이들은 라이프케어 환자들이 버틸 수 있을 거라고는 예상되지 않는다는, 그리고 직원들은 "살아 있는 환자를 아무도 남겨두지 않는다"는, 또한 라이프케어 지도자들은 포 선생과 이야기할 필요가 있다는 등의 말을 수전 멀더릭으로부터 들었다. 포 선생은 7층에 나타나서, 환자들에게 '치사량의 약품'을 투여할 예정이며, 라이프케어 직원들은 이곳을 떠나야 한다고 멘데즈에게 말했다. 이때 의사는 환자들 가운데 한 명이 의식은 있지만 체중이 무려 170킬로그램이라는 이야기를 전해 들었다. 그녀는 그 환자를 진정시켜달라고 요청했지만, 라이프케어의 직원은 이를 거절했다. 스티븐 해리스는 포에게 모르핀과 버스드와 주사용품을 건네주었고, 크리스티 존슨은 포와 메모리얼 간호사 2명을 병실로 안내했으며, 그중 한 명이(나중에 밝혀진 바에 따르면 로리 부도였다) 로지 사부아에게 주사를 놓자 환자가 "뜨거워."라고 대답하는 소리를 들었다. 독물학 검사 결과에 따르면, 사건진술서에 이름이 오른 환자 4명에게서는 모르핀과 미다졸람이 검출되었다. 이들은 에밋 에버릿, 로즈 사부아, 그리고 7층에 있던 라이프케어의 다른 환자 2명이었는데, 이들에 관한 독물학 검사 결과는 맨 처음에 나왔으며, 이들의 사례는 병리학자 시릴 웨크트가 다시 한 번 검토한 바 있었다. 여든아홉 살의 치매 환자 아이리타 왓슨은 발가락 탈저로 치료를 받고 있었으며, 예순여섯 살의 홀리스 앨포드는 정신분열증 이력이 있고 혈액 감염으로 인해 상태가 위중했다. 웨크트는 4명 모두 치사량의 약품 때문에 사망했다고 간주했다. 형사 지방법원 판사 캘빈 존슨은 라이더에게 몇 가지 질문을 던진 다음, 오후 6시경 체포 영장에 서명했다. 이 영장에는 3명의 여성이 환자 4명을 의도적으로 살해함으로써 주(州)의 2급 살인 법령을 위반했다는 주장이 나와 있었다.

뉴올리언스에 도착한 라이더는 간호사 셰리 랜드리와 로리 부도의 체포 영장을 그곳 체포조의 팀장에게 건네주었다. 그런 다음 자기는 배턴루지로 차를 몰고 돌아와, 오후 8시 30분에 애너 포의 배턴루지 자택에서 1.5킬로미터 떨어진 한 쇼핑센터에서 다른 요원들과 만나 마지막으로 세부사항을 조율했다.

이들은 오후 9시경 포의 집에 도착했다. 라이더는 남성 동료 한 명과 함께 현관으로 걸어갔다. 그녀는 방탄조끼를 입고 총을 찼다. 허리띠에 매달려 바지 아래쪽에서 묵직하게 느껴지는 이 총은, 최근 몇 달 동안 힘든 일과 결혼 문제로 인해 잊고 살았던 무게를 상기시켰다. 라이더는 새 옷을 사러 쇼핑할 시간조차 없었던 것이다.

라이더의 동료가 문을 두드렸다. 잠시 후에 여자 목소리로 누구냐고 물었다. 문을 열어준 포는 신발도 신지 않고 구겨진 수술복 셔츠 차림으로 서 있었다.

라이더는 다시 한 번 자기소개를 했다. 7개월 전에 두 사람은 메모리얼을 돌아보는 과정에서 만난 적이 있었다. 요원들은 포에게 당신을 체포하겠다고 말했으며, 그중 몇 명은 집 안으로 들어갔다. 의사는 혼자였다. 이들은 포에게 무기가 있느냐고 물었으며, 몸을 검색해보았다. 의사는 새 수술복으로 갈아입어도 되느냐고 허락을 구했다. 라이더는 이에 동의했으며, 또 다른 여성 요원과 함께 포를 따라 침실로 들어갔다. 이들은 키도 작고 체구도 작은 여성이 침실에 딸린 화장실에 들어가 옷을 갈아입고, 이를 닦고, 데오도런트를 뿌리는 모습을 지켜보았다.

"제가 담당하던 환자는 어떻게 되는 거죠?" 포가 물었다. 그러면서 검사실에서 올 결과를 기다리고 있기 때문에, 지금은 집을 나설 수가 없다고 수사관들에게 말했다. 라이더는 그녀의 부재중에 환자들을 담당하는 다른 의사가 누구인지 물어본 다음, 그 의사에게 전화를 하도록 허락해주었다. "지금 무슨 일이 벌어지고 있는지는 말할 수가 없네요."[12] 포가 그 의사에게 말했다. 그러면서 자기 환자 가운데 한 명의 칼슘 수준을 확인해달라고 부탁하더니, 곧이어 상대방이 확인해주었으면 하는 다른 문제들도 알려주었다.[13] "이번 주에 제가 맡기로 했던 수술은 모두 취소해주세요."

요원들은 포에게 장신구를 모두 벗어두고, 운전면허증만 가지고 구치소로 가야 한다는 이야기를 해주었다. 그러자 그녀는 평소에 장신구를 하지 않으며, 자기 운전면허증은 핸드백에 있다고 대답했다. 라이더는 핸드백 안에 손을 넣지 말라고, 대신 핸드백을 뒤집어서 그 안의 내용물을 쏟아놓으라고 지시했다. 그녀는 포가 지시대로 하는 동안 가만히 지켜보다가, 지갑으로 보이는 것이 나오자 집어 들었다.

라이더는 포에게 권리를 읽어주었다. 의사는 자기가 그 설명을 이해했음을 확인하는 서식에 '애너 마리아 포'라고 서명했으며, 변호사 없이도 질문에 대답할 의향이 있느냐는 질문 항목에는 '아니요'라는 쪽에 표시했다. 라이더는 포의 양손에 수갑을 채운 다음, 경찰학교에서 배운 것처럼, 불편하지 않도록 금속과 의사의 손목 사이에 손가락 두 개가 들어갈 만한 여유 공간을 남기고, 수갑을 이중으로 잠갔다.

라이더는 포를 데리고 승용차 뒷좌석으로 데려간 다음, 의사가 차에 올라타는 동안 머리를 천장에 부딪히지 않도록 살펴보았다. 동료 한 명의 도움을 받아서, 두 사람은 그녀에게 안전벨트를 매주었다.

이들은 다른 요원들이 뒤를 따르는 가운데, 20킬로미터 떨어진 스코틀랜드빌에 있는 이스트 배턴루지 패리시 구치소로 갔다. 라이더는 포가 수배자로서 입건될 것이라고 설명해주었다. 의사는 이 표현에 걱정했다. 왜냐하면 오빠가 연방 수배자였기 때문이다. 하지만 이것은 포가 법 집행을 피해 도망쳤다는 뜻이 아니라, 다만 다른 패리시에서 발급된 영장에 의거해 이스트 배턴루지에서 체포되었다는 뜻에 불과하다고 라이더가 설명해주었다.

구치소에서 포는 인적사항을 기록하고, 지문을 찍고, 사진을 찍었다. 시간은 오후 10시 30분이 다 되어 있었다. 그녀는 커다란 눈으로 카메라를 똑바로 바라보면서 마치 뭔가 묻는 듯 눈썹을 치켜 올렸고, 마치 부당한 처벌을 받고 놀란 아이처럼 꾹 다물고 있는 입꼬리는 아래로 처져 있었다. 마치 충격과 황폐를 전달하는 표정이었다. 또한 비난하는 듯한 표정이었다. 그리고 이렇게 묻는 듯한 표정이었다. '어떻게 이럴 수가 있어?'

◇ ◇ ◇

방금 전까지만 해도 수술을 했던 포의 손에 또다시 수갑이 채워지고, 수갑에 연결된 쇠사슬이 허리에 찬 허리띠 앞에 있는 고리와 연결되었다. 라이더와 남자 요원 한 사람은 포를 데리고 다시 승용차로 갔다. 남자 요원은 그녀에게 괜찮으냐고 물어보며 물병을 하나 열어서 건네주었다. 포는 수갑을 찬 상태에서도 물은 마실 수 있다는 사실을 알게 되었다.

사소한 일에도 그녀는 고마움을 느꼈다.[14] 이들은 150킬로미터에 달하는 여정 동안 포에게 굳이 수갑을 뒤로 채우지는 않았다. "가는 내내 손을 등 뒤에 꺾어놓으면 영 불편하실 것 같아서요." 수사관 가운데 한 명이 이렇게 말했다.

가는 동안 포는 나지막이 기도를 했다. 자기 가족이 이 일을 이겨낼 수 있도록 해달라고 하느님께 빌었다.[15] 요원들은 정중해 보였다. 괜찮으냐고 몇 번이나 물어보기도 했다. 그중 한 명은 전화로 동료와 이야기를 나눈 다음, 담당 변호사인 리처드 시먼스도 이 일과 관련해 통보를 받았으며, 올리언스 패리시 구치소로 와서 그들과 만날 예정이라고 설명해주었다. 이들은 자정 직전에야 목적지에 도착했다.

포는 화장실에 가야만 했지만, 이제는 심지어 이조차 스스로 결정할 수가 없었다. 키가 작고 짙은 금발의 요원 한 명이 그녀를 따라왔다. 그녀가 볼일을 마치자 그 요원은 도움이 필요하냐고 물어보았다. 결국 버지니아 라이더는 포의 수술복 바지를 치켜 올리는 일을 도와주었다.

리처드 시먼스는 아직 구치소에 도착하지 않은 상태였다. 포는 인적사항을 기록했다. 그녀는 인적사항 기록 서식에 누군가의 필적으로 '2급 살인 4건 관련 주범'이라고 적힌 것을 보고 충격을 받았다. 포는 머리 위에 달린 밝은 전등 아래에 앉아 또다시 사진을 찍었다. 이번에는 카메라를 똑바로 바라보지 않고 먼 곳으로 시선을 돌렸다. 차장검사 부치 섀퍼가 휴대전화를 건네주자, 그녀는 우선 어머니에게 전화를 건 뒤, 곧이어 남편 빈스에게 전화를 걸었다. 섀퍼는 포를 한쪽으로 데려가서, 다른 수감자들과 함께 유치장에 들어가지 않게 배려했다. 그녀는 10만 달러짜리 보석금 보증서에 서명한 다음, 그 금액과 여권을 가지고 목요일까지 돌아오라는 소환장을 건네받았다. 시먼스가 도착하자 포는 7월 18일 화요일 자정이 지난 직후, 입건된 지 45분 만에 자진 출두를 서약하고 석방되었다.

포는 뉴올리언스에 있는 어머니 집에서 머물기로 했다. 체포 직후 그녀의 어머니는 차라리 예수성심수도원에 가서 머물라고 조언했다. 그러면서 희망과 믿음을 가지라고 딸에게 덧붙였다. 남편 빈스 파네핀토는 아내 때문에 마음이 매우 상했다고 말했다. "나는 당신이 워낙 열심히 일했고, 워낙 많은 것을 희생했고, 단지 환자들만이 아니라 모든 사람을 위해서 달려가는 것을 지켜봐왔어." 포가 훗날 줄리 셸포 기자에게 말한 바에 따르면, 당시 남편은 이렇게 말했다. "다른 누구도 아닌 바로 당신에게 이런 일이 벌어지는 걸 보고 있으니 너무 마음이 아파." 그녀가 체포된 다음 날 아침이 되자 친구 둘이 달려왔다. 이들은 '신속한 구원의 성모' 이미지가 새겨진 은제 부적을 하나 건네주었다. 이것은 프랑스에서 조각된 성모 마리아 조상(彫像)으로, 19세기 초에 뉴올리언스의 어설린 수녀원으로 가져온 것이었다.[16] '신속한 구원의 성모'에게 바치는 기도는 빠른 도움을 불러온다고 생각되고 있었다. 포의 친구들은 그녀에게 이 메달을 늘 차고 다니며, 절대로 빼지 말라고, 그리고 가족의 힘을 결코 얕잡아보지 말라고 조언했다.

2006년 7월 18일 화요일

버지니아 라이더는 배턴루지의 주 검찰청에서 열릴 오후의 기자회견에 대비해서 가벼운 여름 정장을 입었다.[17] 그녀는 연단으로 가서, 양손을 앞으로 가지런히 모았다. 기자들이 북적이는 회의실에서는 이미 키가 큰 남자 동료들이 모여들어 웅성거리고 있었다. 라이더를 뒤따라 들어온 부치 섀퍼는 폴로셔츠 차림이었는데, 가슴 부분에는 주 검찰청의 로고인 루이지애나 주 지도 문양이 박혀 있었다. 그는 이 안에서 유일하게 검은 정장과 넥타이 차림이 아닌 남성이었다. 섀퍼는 밤새 뉴올리언스에 남아서 입건 과정을 감독하는 한편, 체포 관련 서류 작업이 정확한지 살펴보고 이제 막 배턴루지에 있는 주 검찰청으로 돌아온 참이었다. 주(州) 정부 문장(紋章)이 새겨지고 여러 가지 깃발이 에워싸고 있는

454

연설대 위에는 마이크가 잔뜩 설치되어 있었다. 주 검찰총장 포티의 언론 보좌관이 체포 영장 사본을 진한 파란색 서류철에서 꺼내 나눠주면서, 참석 확인증에다 각자의 이름을 적어 넣으라고 기자들에게 지시했다.

반백의 주 검찰총장이 회의실로 들어와 라이더 앞을 천천히 지나서 뻣뻣한 몸짓으로 연단에 올라서자, 플래시 불빛과 셔터 소리가 요란하게 터져나왔다. "안녕하십니까, 여러분." 그는 담담한 어조로 말을 꺼냈고, 말하는 내내 회의실 안을 천천히 둘러보았다.

"메모리얼 병원은 뉴올리언스 시에 있는 큰 병원입니다. 그곳에 오랫동안 있었습니다. 그 병원 안에는, 레이크사이드라는 또 다른 병원이 있었습니다. 이 레이크사이드는 급성 치료 환자를 받는 곳이었습니다."

"라이프케어예요." 공보실장 크리스 워텔이 연단 바로 옆에 있는 의자에서 속삭였다. 주 검찰총장은 말을 멈추고, 고개를 돌려 무테 안경 너머로 그녀를 흘끗 바라보았다. "라이프케어라고요." 워텔이 다시 수정해주었다. 그가 고개를 쑥 빼서 귀를 가까이 대자, 그녀는 좀 더 큰 소리로 이 단어를 세 번째 말해주었다. "라이프케어라고 하셔야 맞다고요."

"이 병원은 급성 치료 환자들을 받는 곳이었습니다." 주 검찰총장은 그냥 하던 말을 반복했는데, 아마도 자기 실수를 인식하지 못한 모양이었다. "이 환자들 일부가, 치사량의 주사를 통해 살해되었다는 주장이 있었습니다."

포티는 자기 메모를 들여다보더니, 의사 포와 간호사 셰리 랜드리와 로리 부도가 모두 네 건의 2급 살인 주범으로 어젯밤 체포되었다고 말했다. "여기서 '주범(主犯)'이란 그 행위에 원조나 참여한 사람이라는 뜻입니다." 그는 이렇게 말했으며, 더 나중에 가서는 아직까지만 해도 과연 이들 중 누가 어떤 환자에게 모르핀이나 '마즈돌롬'이나('미다졸람'이라는 약품명을 잘못 발음한 것이었다) 버스드를 주사했는지는 아직 불분명하다고 설명했다. 그는 손가락 두 개를 들어 보였다. "이 약품들은 모두 치사 가능성이 있습니다만, 이 가운데 '두 가지'를 함께 사용할 경우에는 치명적인 혼합이 되어 사망을 '확실히 보장하게' 되는 것입니다." 그는 강조의 의미로 잠시 눈을 껌벅이며 말을 멈추었다.

기자들은 이것이야말로 좋은 인용문이라고, 즉 포티의 메시지를 간결하고도 설득력 있게 전달하는 인용문이라고 생각했다. 하지만 의학적 배경이 있는 사람이 보기에는 이 발언이야말로 허위가 아닐 수 없었다. 물론 약품의 혼합이 치명적일 수도 있긴 하지만, 주의하기만 하면 안전한 사용도 얼마든지 가능했기 때문이다.

"우리는 그들이 의료 전문가로서의 자기 권리를 남용했다고 보았습니다." 포티가 덧붙이며, 이번 체포는 가장 어려운 조건 하에서 환자들을 돌본 다른 의사 및 간호사와는 아무 관련이 없다고 지적했다. 이 세 사람은 상황이 다르다고도 했다. "우리가 이야기하는 이 사람들은 자기가 마치 하느님이라도 되는 것처럼 행세했습니다."

그는 주 검찰청에서 이 사건을 이토록 열심히 수사한 이유를 이렇게 설명했다. "우리의 어르신들이며, 우리의 아이들이며, 그 외에 도움을 필요로 하는 분들의 안전을 돌보는 것이야말로, 우리가 위임받은 임무이기 때문입니다.

하지만 혼자서는 말할 수 없는 그런 목소리들을 대신해 우리가 말하는 것입니다." 그는 수사 팀의 요원들 몇 사람에게 각별히 감사를 표시했으며, 이 가운데는 주무 수사관 버지니아 라이더도 포함되어 있었다.

포티는 질문을 받았다. 그는 기자들에게 큰 소리로 말하라고, 왜냐하면 자기가 코감기가 있어서 귀가 잘 안 들리기 때문이라고 말했다. 기자 한 명이 "안락사."라고 말하자, 포티는 상대방의 말을 끊어버렸다.

"이번 사건은 안락사가 아닙니다. 이번 사건은 명백하고도 단순한 살인입니다." 그러면서 그 문제는 이제 법정에서 입증될 것이라고 신중

456

하게 덧붙였다. "우리는 이번 사건이 살인이라고 말할 수 있는 상당한 근거를 갖고 있습니다." 하지만 대부분의 기자는 이 인화성 있는 발언을 이용하면서도, 주 검찰총장이 내건 단서는 굳이 덧붙이지 않았다.

포티는 문제의 여성들이 주사를 놓을 당시, 이 병원에서는 헬리콥터와 보트를 이용한 대피가 이루어지고 있었다고 강조했다. "그 시간 내내, 사람들은 계속 그곳을 빠져나가고 있었습니다." 그러면서 그는 마치 그 장면을 손에 붙잡기라도 하는 듯, 양손을 앞으로 내밀었다. "우리 모두는 살기 위한 최선의 기회를 부여받아야 하는 것 아니겠습니까?"

포티는 이 여성들을 향해서 더 많은 죄목을 덧붙일 수도 있을 것이라고 경고했다. "이번 사건은 결코 끝난 게 아닙니다." 다른 보건의료 종사자들도 여전히 수사 중이라고 했다. "앞으로 체포가 더 있을 것이라고 말해도 무방할 것입니다." 그가 말했다.

"저는 이번 사건이 어디까지나 추정이라고 말하고 싶습니다. 헌법에 의거해 모든 사람은 재판을 받을 권리가 있고, 그로 인해 결론이 나기 전까지는 무죄로 추정되게 마련입니다." 이제는 세 여성이 체포되었기 때문에, 이들을 기소하는 일은 올리언스 패리시의 지방검사 에디 조던에게 달려 있고, 만약 그가 살인죄로 기소하면 결국 대배심이 판결을 담당할 예정이었다.

"대단히 감사합니다. 여러분의 관심에 감사드립니다." 포티는 이 말을 남기고, 30분 뒤 연단을 떠났다.

◇ ◇ ◇

그날 오후에 뉴올리언스 교외에 자리한 리처드 시먼스의 고층 사무실 회의실 탁자 위에는, 주 검찰청에서의 기자회견 때보다는 더 적은 개수의 마이크가 놓여 있었다.[18] 비록 자기 의뢰인이 포토라인에 서는 일은 없었지만, 시먼스는 포티가 자기 평판을 높이기 위한 '언론 홍보용 이벤트'를 만들기 위해서 3명의 여성을 체포해 피의자 사진 촬영을 하게 만들었다면서 비난했다. 그러면서 법 집행기관의 공무원들을 사용하려면, 차라리 "뉴올리언스의 거리를 순찰하는" 일에 사용하는 편이 더 낫지 않느냐고 비아냥거렸다.

변호사는 애너 포에 대한 정식 기소가 아직까지 없었다고, 그리고 기소권은 포티에게 있는 것이 아니라 오히려 올리언스 패리시의 지방검사 에디 조던에게 있다고 강조했다. "조던 씨는 언제라도 우리와 직접 만나달라는, 그리고 우리가 제출하고 싶은 증거는 뭐든지 제출하게 해달라는 제 요청을 기꺼이 수락했었습니다." 시먼스는 이렇게 말했다. 그러면서 이런 조치는 이례적인 일이기는 하지만, 그건 어디까지나 이 사건이 일반적이지 않기 때문이라고 덧붙였다. "저는 당연히 그분이 아무런 행동을 취하지 마시라고 설득할 의향을 갖고 있습니다."

시먼스는 영장 사건진술서 사본을 들어올렸다. "이 종이에 적혀 있는 내용은 어디까지나 추정에 불과합니다." 그가 말했다. "종이란 게 모두 그렇듯이, 이 사건에도 양면이 있는 겁니다."

변호사는 몸을 앞으로 숙여서 얼굴을 마이크에 더 가까이 가져갔다. "이 사건에는 동기가 전혀 없었습니다." 그는 고개를 저었다. "그리고 살인도 전혀 없었습니다."

시먼스는 메모리얼의 열악한 상황에 대해 이야기했다.

"그런데 제가 듣다보니, 결국 정상을 참작할 만한 상황이었다고 말씀하시려는 것처럼 들리는데요." 한 기자가 말했다.

"아, 당연히 그렇지요. 단순히 정상을 참작할 만한 수준 이상입니다. 저는 그 당시 상황이 사실상 변론에 버금간다고 생각합니다."

시먼스는 세인트버나드 패리시 소재 샐멧에 있던 나이 많은 라이프케어 환자 20명이 폭풍 직전에 메모리얼의 더 높은 장소로 옮겨왔다고, 그로 인해 상태가 위중한 환자들이 우연히 그곳에 집중되었을 뿐이라

재난, 그 이후

고 주장한 다음, 이들이 '전실(轉室) 스트레스 증후군(Relocation Stress Syndrome)'이라는 것을 앓았다고 덧붙였다. "이 현상으로 말하자면, 연세 지긋하신 분들을 이리저리 막 옮기다보면 방향을 상실하게 되어, 결국 더 많은 문제가 생겨나게 되는데, 결국 의학적 문제뿐만 아니라 기타 등등의 문제가 생겨난다는 뜻입니다." 이에 대한 증거로서, 그는 메모리얼을 살아서 나온 환자들 가운데 '상당수'가 결국 사망했다고 말했다(또 다른 토론회에서 그는 최소한 6명이 사망했다고 주장했다).

일부 기자들은 변호사의 주장에 관심을 보이는 듯했다. 하지만 다른 기자들은 계속 시먼스에게 본론을 이야기하라고 촉구했다. "그렇다면 당신의 의뢰인은 무죄입니까?" 앞서 기자회견에 참석한 어떤 기자가 이렇게 물었다.

"예, 의심의 여지가 없습니다. 당연합니다."

"음, 만약 살인이 없었다 하더라도, 안락사는 있었던 겁니까?"

시먼스는 답변을 거부했다. "범죄적 위반 행위는 없었습니다. 그러니까, 제 말뜻은 다른 사람들이 사용하는 단어의 정의를 그대로 가져다 쓰고 싶지는 않다는 겁니다. 그런 단어는 연명 중지 관련 쟁점이라든지, 뭐 그런 것들과 관련해 워낙 넓은 맥락에서 사용되기 때문입니다. 여하간 범죄적 행동은 전혀 없었습니다."

"그렇다면 환자들에게 실제로 모르핀과 다른 약품을 주사한 건가요?"

"다시 말씀드리지만, 저는 이 영장 사건진술서에 나온 사실에 대해서만 말씀드리려고 합니다." 시먼스는 고개를 저었다. "현 상황을 고려해보면, 어디까지나 실제 사건에서 저희 쪽의 입장만 말씀드려야 할 것 같습니다. 현시점에서 제가 드릴 수 있는 말씀은 딱 그것뿐입니다."

"그러면 누구한테 책임이 있다고 생각하십니까? 주 정부로부터 버림받은 듯한 느낌이 드시는 겁니까?"

"그렇습니다. 수요일부터 목요일 사이, 그러니까 이 사건들 가운데 상당수가 벌어졌을 당시를 돌아보신다면, 루이지애나 주 정부가 그 병원을 '버림받은' 상태로 방치했음을 아실 수 있을 겁니다." 변호사는 혐오감이 깃든 어조로 이렇게 말했다. "도대체 9월 1일 루이지애나 주 정부는 무엇을 하고 있었던 겁니까? 그 당시 메모리얼 병원에는 주 정부가 없었습니다. 그 말씀을 분명히 드리고 싶습니다!"

하지만 시먼스는 테닛을 옹호했다. 그곳 변호사들과 현재 공조 중이었기 때문이다. 그러면서 병원의 소유주는 메모리얼에서 환자들을 구조했지만, 주 정부는 그러지 못했다고 주장했다.

◇ ◇ ◇

더 큰 책임과 비난에 관한 쟁점은 (그것이 법정에서 증거로 인정되거나 말거나 간에) 이미 많은 사람의 마음에 깃들어 있었다.[19] 병원에서 일어난 개별 결정들은 온갖 종류의 실패라는 맥락에서 발생한 것이었다. 폭풍이 닥친 때로부터 11개월이 지나는 사이, 정부 기관이며 민간 조직이며 언론인은 거의 모든 시스템의 거의 모든 층위에서 발생한 갖가지 활동 및 비(非)활동에서 잘못을 찾아내고 분석하는 온갖 보고서를 내놓은 바 있었다. 이는 1920년대 자연재해의 재판(再版)이었으니, 사전 경고가 있었지만 묵살되었고, 투자가 이루어지지 않았고, 원조는 거부되었던 것이다. 최소한 이번에는 일부 공무원들이 스스로를 가리켜 손가락질했다는 것이 차이라면 차이일 뿐이었다.

그렇다면 이 도시에는 왜 홍수가 일어난 걸까? 우선 지독한 폭풍 때문이었다. 습지의 완충물이 없었기 때문이기도 했다. 하지만 가장 큰 이유는 뉴올리언스 주위의 제방과 홍수 방지 시스템이(1927년의 미시시피 강 홍수 이후, 그 관할권은 점차 더 많이 연방의 관할로 바뀌어, 현재는 미국 육군 공병대에서 관리하고 있었다) 심각하면서도 예상 가능할 정도로 허점이 많았기 때문이다. 익히 알려진 약점에 제대로 대응하지 못한 실수가 단기적으로는 돈을 절약해주었지만, 지금 와서 돌아보면 터무니없는 조치처럼 보이기만 했다.

그렇다면 결국 뉴올리언스에서만 1천 명 이상이 곧바로 사망한(그중 상당수는 의료 시설에 있던 사람들이고, 또 가난하고 나이 많은 사람들도 상당수였다) 이유는 무엇이었으며, 또한 그 숫자를 차마 알 수도 없는 여타의 수많은 사람도 재난 이후 스트레스와 보건의료의 붕괴로 인해 고통받고 죽어나간 이유는 무엇이었을까? 여기에는 워낙 많은 이유가 있었다. 시장의 대피 명령이 뒤늦게 내려진 까닭도 있었다. 승용차 없는 사람들을 시외로 대피시키는 데 필요한 버스와 운전기사가 부족했던 까닭도 있었다. 대피 수단을 보유한 사람들이 굳이 그대로 남아 있겠다고 고집한 까닭도 있었다. 여러 조직의 구조 노력이 제대로 조정되지 않은 까닭도 있었다. 정부의 여러 기관 및 층위에서 혼란과 관할 다툼이 있었던 까닭도 있었다. 의사소통이 잘 되지 않아서 공조가 불가능했던 까닭도 있었다. 폭풍 직전에 대피하지 않은 병원과 요양원에서 비상 전력이나 보조 급수 시스템에 미리 투자하지 않은 관계로, 오래 지속된 비상 상황에 충분히 대처하지 못한 까닭도 있었다. 폭력에 대한 두려움 때문에 구조가 원활하지 못한 까닭도 있었다. 특히 폭력에 대한 두려움이 머지않아 실제 폭력을 능가하게 되면서, 급기야 두려움 그 자체가 비극을 조성한 것으로 밝혀지기도 했다. 예를 들어 최초의 대응자들은(슈퍼돔의 의료진도 거기 포함되어 있었는데) 각자의 안전에 대한 우려 때문에 자기 위치와 환자를 포기하라는 지시를 받았다. "하지만 이 당시 보도된 최악의 범죄 대부분은 애초부터 일어난 적도 없던 것들이었다."[20] 〈타임스 피커윤〉의 기자들은 퓰리처상을 수상한 탐사 보도에서 이렇게 주장했다.

물론 골치 아픈 무법 행위도 실제로 몇 건 있었으며, 살인과 폭력 등의 범죄도 몇 건 있었던 것이 사실이었지만, WWL 라디오에서부터 시작되어 구조 보트 조종사들을 거쳐 메모리얼의 복도까지 흘러든 살인 갱단과 '좀비들'에 관한 소문은 상당히 과장된 것으로 훗날 드러났다. 약탈자로 추정된 사람들은 대개 식량과 식수를 찾아 나선 이재민에 불과했다. 구조대를 겨냥한 총격이라고 추정된 것들은 사실 자기 존재를 구조대에게 알리기 위한 일부 생존자의(비록 정도를 벗어난 행동이긴 했지만) 필사적인 행동이었다. 소문이 휩쓸고 지나간 다음, 언론인들이 찾아낸 사실이면서도 당혹스러운 증거들 중에는 백인 자경단이 비무장 상태의 흑인들을 공격했다는 이야기라든지, 그 외 경찰의 잘못된 행동이며, 의심스러운 발포며, 은폐 등에 관한 이야기가 나왔다.

이 재난에 대한 공식적인 대응의 배후에는, 상황에 대한 자각의 결여가 있었다. 즉 지금 무슨 일이 벌어지고 있으며, 무슨 일을 해야 하는지에 대한 더 넓은 시야가 결여된 것이었다.

이 모두의 배후에는, 정확히 이런 시나리오가 실현될 가능성이 있다는 지난 수년 동안의 인식이 놓여 있었다. 〈타임스 피커윤〉에서도 이런 시나리오에 관해서 쓴 적이 있었다.[21] 허리케인 팸 대비 훈련도 이런 시나리오를 근거로 삼고 있었다.[22]

병원은 이런 더 커다란 실패의 축소판에 해당했다. 손상된 물리적 기반 시설, 손상된 작동 시스템, 손상된 개인에 이르기까지 마찬가지였다. 그리고 영웅주의의 사례도 매한가지였다.

이 시나리오는 전 세계에서 벌어지는 대규모 재난을 연구하는 학생들에게는 익히 알려진 것이었다. 시스템은 항상 실패하게 마련이었다. 공식 대응은 항상 의식조차 못할 정도로 느리다. 조정과 소통은 특히 어렵다. 이 사실은 다른 나라의 재난을 지켜보면서 미국이 점차 받아들이게 된 진리였다. 그런데 이런 시나리오가 자기 나라에서 펼쳐지는 것을 보고 있으니 충격적이었다.[23]

처음 몇 시간이 재난에서 특히 중요한데, 삶과 죽음의 운명은 재난을 당한 공동체의 대비 태세나 자원, 능력에 특히 의존하게 마련이다. 자기네 구성원은 물론 인근의 다른 구성원까지 도울 수 있는 힘 말이다.[24] 가만히 앉아서 도움이 오기를 기다리지 않는 사람일수록 더 안전하게 마련이다. 결국 시스템이 갈라지고 무너지는 과정에서 가장 중요하고도 가장 큰 즉각적인 효과를 갖는 행동과 결정은, 재난 중에 개인이 행한 행동과 결정이게 마련인 것이다.

◇ ◇ ◇

포의 집과 시먼스의 사무실에는 이메일과 전화가 물밀듯이 몰려들었다. 세 여성의 체포는 저녁 뉴스가 끝나고 한참 있다가 이루어졌지만, 다음 날 뉴올리언스는 물론 전 세계 뉴스에서 많이 다루어졌으며, 이들의 딱해 보이는 흑백 피의자 사진도 곁들여졌다. CNN은 포티의 기자회견의 상당 부분을 생중계했다. 〈타임스 피커윤〉 웹사이트에 개설된 토론방에는 의료 전문가들 쪽에 대부분 호의적인 글이 가득 올라왔다.[25]

"내 생각에, 섭씨 37도나 되는 더러운 병원 안에서 고통을 겪고 있었다고 가정하면, 나라도 그들에게 죽여달라고 했을 거다." 루이지애나 주 룰링에 사는 티모시는 이렇게 썼다.

"메모리얼에서 사망한 가족을 둔 (그리하여 십중팔구 그 병원을 고발했을) 유가족들에게 하나 묻고 싶은 게 있다. 그럼 당신들은 그때 어디 있었나? 정작 가족이 그 병원에 갇혀 있을 때, 당신들은 거기 함께 있지 않았던 것이 아닌가?" 루이지애나 주 메타리의 간호사 마크 C.는 이렇게 썼다.

뉴올리언스의 '익명' 네티즌은 다른 사람들을 비난했다. "이들 세 여성에 대해서 추정 살인 혐의를 주장하기 전에, 우리 지역 정부와 주 정부와 연방 정부를 이번의 흉악 행위 혐의로 재판에 회부해야 마땅하다."

뉴올리언스의 J. 니시스는 여기서 한 걸음 더 나아갔다. "기자회견과 사진 촬영을 열심히 즐기세요, 포티 씨. 당신이 다음에 재선에 나섰을 때는 이번 사건을 내가 절대 잊지 않을 겁니다."

하지만 모든 사람이 포와 간호사에게 동정적인 것은 아니었다. 이번 재난 당시 뉴올리언스의 다른 병원에서 근무했다는 루이지애나 주 마레로의 네티즌 DM 에드워즈는, 문제의 의료 종사자들이 과연 정확히 누구의 고통을 구제하려 노력했던 것이냐며 의문을 제기했다. "우리가 거기 있는 목적은 무엇보다도 환자를 위해서다. 단순히 우리가 고난에서 벗어나기 위해 그들을 죽이려고 있는 것은 아니다."

이 의견에 대해서는 '케빈MD'라는 의학 블로그에서 토론이 이루어졌다.

그들은 과연 무엇을 했어야 할까? 환자들을 고통 속에서 괴로워하다 죽게 내버려두었어야 할까?

당신이 도대체 뭔데, 내 동의나 허락도 없는 상태에서 내 고통을 핑계로 나를 죽이느냐 살리느냐를 결정한단 말인가?

RN(공인 간호사)로서 나는 포 선생과 간호사들을 지지한다. 나는 의사들이 치사량의 약품을 매 시간 정맥주사로 투여해 결국 사망을 유발하는 것을 이전부터 봐왔다. 환자들이 존엄하게 죽음을 맞이하고, 더 이상 고통을 받지 않게 해준 포 선생은 훌륭한 분이다.

보건의료 전문가들이 당황했을 때는 누군가를 죽일 권리를 스스로에게 부여한다는 사실을 지켜보고 있자니 진짜로 심란하다.[26]

"우리도 굶주리거나, 탈수되거나, 수면 부족일 경우에는 의문의 여지가 있는 판단을 얼마든지 할 수 있지 않은가?" 캔자스시티의 의사라고 밝힌 한 네티즌은 이렇게 물었다.

포의 형제자매 중 두 사람이 CNN에 출연해서 그녀를 두둔했으며, 그녀는 물론이고 함께 체포된 2명의 간호사도 영웅이라고 지칭했다.[27] 동생인 페기 페리노는 당시 병원에서 있었던 일에 관해서는 언니가 자기한테도 거의 이야기하지 않았다고 말했다. 페리노의 말에 따르면, 포와 잘 아는 메모리얼의 간호사 한 명은 그녀를 믿을 수 없을 정도로 대단한 사람이라고 평가하면서, 그녀가 없었다면 어느 누구도 살아서 병원을 나올 수 없었을 거라고 말했다. "그분은 전체 상황을 완전히 통제했습니다." 페리노는 그 간호사에게 들은 말을 이렇게 옮겼다. "그분이 명령을 내렸습니다."

◇ ◇ ◇

세 사람의 체포 직후, 메모리얼의 은퇴한 호흡기내과 전문의이자 최고의료책임자인 유잉 쿡 선생은 변호사로부터 전화를 받았다. 그 어떤 상황에서도 그가 자발적으로 나서서 이 사건과 관련된 이야기를 수사관들에게 해서는 안 된다는 것이었다.[28] 체포 당일로부터 엿새 전에 버지니아 라이더는 쿡의 집으로 찾아와서 주 검찰청에서의 면담에 출두하라는 소환장을 건네준 바 있었다. 당시 부치 섀퍼는 집 앞에 멈춰 있는 승용차 안에서 기다리고 있었다.

변호사의 연락을 받은 의사는 이렇게 대답했다. "나는 기꺼이 출두할 생각이네. 내가 본 것쯤은 말할 수 있으니까."

쿡의 변호사는 형사 전문 변호사로는 이 도시에서 최고 실력자 가운데 하나였으며, 테닛에 의해서 지명된 인물이었다. 그는 주 검찰청에 이 의사가 수정헌법 제5조의 권리를 행사할 것이며, 따라서 면담에 소환되더라도 아무것도 폭로하지 않을 것이라고 말할 것이었다.

하지만 쿡은 이를 도리어 아쉬워했다. 그는 이 시나리오에 덧칠을 하고 싶었으며, 당시 병원의 상황이 얼마나 열악했는지 설명하고 싶었다. 이들은 거기서 살아서는 나오지 못할 것이라는 느낌을 받았으며, 환자들에게는 생존 기회가 더 적을 것이라는 느낌을 받았다. 이들은 절망적인 기분이었다.

하지만 이런 의사의 설명에 대한 변호사의 반응은 전혀 달랐다. "아이고, 제발! 그런 이야기도 '절대' 하지 마시라고요! 그랬다가는 자칫 절망적인 사람은 절망적인 행동을 한다는 사실을 법정에서 '물고늘어질' 가능성이 있고, 그러면 당신은 끝장나는 거예요!"

따라서 쿡은 아무것도 자발적으로 말하지 말아야 했고, 최대한 낮은 자세를 유지해야 했고, 어느 누구에게도 그런 이야기를 하지 말아야 했다. "당신은 애초부터 이 사람들과 이야기하고 싶어 하지 않았던 거예요." 변호사는 심지어 포와 2명의 간호사를 들먹이면서 이렇게 말했다. "당신이 하는 말은 무엇이든지 간에 그들과 관련 없어요. 당신이 말한 내용은 그들에게 결코 도움이 되지 않을 겁니다." 만약 기자가 찾아오더라도, 쿡은 아무 말 하지 말아야 했다.

대화 중에 의사는 마치 자기가 중요하지 않은 사람인 것 같다는 느낌을 받았다. 그는 포와 간호사들의 변호를 돕고 싶었다. 어쩌면 체포되는 사람은 자기 자신이 될 수도 있었다. 차이가 있다면, 재니 버지스의 죽음을 재촉하는 과정에서 자기와 함께 일했던 간호사들이, 주 검찰청 수사관들과의 면담 중에 자기를 옹호해주었다는 점이라고 쿡은 확신했다.

혹시나 그를 면담하려는 누군가가 있다면, 변호사는 그가 대배심 앞에 가서나 기꺼이 증언할 의향이 있다고 둘러댈 것이었다. 하지만 대배심에 소환되려면 그가 기소에 확실히 도움이 될 만한 증인이라는 사실을 검찰이 일찌감치 확신하고 있어야 했다. 결국 이 의사가 대배심에 소환될 가능성은 사실상 없었으며, 이것은 법조인이 아닌 쿡조차 잘 알고 있었다.

◇ ◇ ◇

고참 내과 의사 호러스 볼츠는 출근을 위해 옷을 입던 중에 뉴스를 통해 셰리 랜드리와 로리 부도의 피의자 사진을 보고는 그 즉시 침대 위에 털썩 주저앉아버렸다.[29] 자기가 잠든 사이 이들이 체포되었다는 사실을 믿을 수가 없었다. 그는 이 간호사들을 좋아했고, 이 간호사들이야말로 자기가 담당하던 ICU 환자들을 돌보는 숙련된 전문가들로서 탁월한 판단과 기술의 소유자라고 알고 있었다. 특히 부도 때문에 마음이 아팠다. 그녀의 어머니는 볼츠가 생각하는 간호의 표준이나 다름없는 인물이었기 때문이다.

볼츠는 부도에게 전화를 걸어서, 혹시 필요하다면 (그녀의 평소 훌륭한 인품을 법정에서 증언하는) 성격 증인이 되어주겠다고 제안했다. 메모리얼의 간호사 한 명도 그에게 전화를 걸어, 혹시 간호사들을 대신해 언론에 한마디 해줄 의향이 있는지 물었다. 볼츠는 이에 동의했지만, 그러기 위해서는 그 여성들이 과연 수사 당국에 진실을 이야기했음을 자기가 먼저 납득해야 할 것이라고 덧붙였다. 라이프케어의 직원들 일부는 '치사량의 약품' 투여를 승인했음을 이미 인정했으며, 비굴하게 움츠리는 대신 당당하게 법 집행기관에 진실을 이야기했다. 따라서 실제로 일어난 사건에 조금이라도 관여한 메모리얼의 간호사들도 똑같이 해야 마땅할 것이었다. "어, 볼츠 선생님, 우리는 그렇게까지는 못해요." 그에게 전화를 건 간호사는 한발 빼며 이렇게 말했다. 테닛이 직원들의 변호사 비용을 지불하는 이유가 바로 그것 때문이라는 설명이었다.

볼츠는 역겨운 기분이 들었다. 그는 기도를 했다. 이 의사의 생각은 계속 9월 1일 목요일 오전에 한 의사의 사무실에서 우연히 엿들었던 대화로 돌아갔다. "우리의 임무에서 가장 어려운 것은, 우리가 그들에게 시키는 일이 안전한 일임을 간호사들에게 납득시키는 거예요." 그렇다면 이때 엿들은 이야기를 했던 구변 좋은 남자 의사는 어두운 병원 안에서 사악한 행동을 도모하고 있었단 말인가? 그 여자애들은(그는 여전히 중년의 여자 간호사들을 '여자애들'이라고 여기고 있었다) 정말로 의사의 명령에 굴복하고 복종했던 것일까? 마치 에덴동산에서 사탄에게 유혹된 하와처럼?

◇ ◇ ◇

애너 포에게 전적으로 공감하는 부서 책임자 대니얼 너스는 그녀의 체포 사실에 혐오감을 느꼈으며, 이것이야말로 주 검찰총장의 저급한 정치적 행보에 불과하다고 여겼다. 이 의사는 그 당시 메모리얼에 남아서 사건을 목격하지는 않았고, 포도 카트리나 직후 일어난 일에 관해서 그에게 많은 이야기를 하지 않았다. 하지만 너스는 그런 사실이야 중요하지 않다고 보았다. 그는 헌신적이고 윤리적인 의사로서의 그녀를 워낙 잘 알고 있었다. 따라서 포는 누군가를 해칠 일을 했을 가능성이 전혀 없다고 보았다.

너스는 간호사들에 대해서도 똑같은 믿음을 가지고 있었다. 왜냐하면 그들과 여러 해 동안 함께 일했기 때문이다. 세 사람이 마치 무법자처럼 병원 안을 오가면서 사람들을 처치했다는 이야기는, 그들의 평소 인성이나 생활과 전혀 어울리지 않았다. 너스는 고발자들이 뭔가에 불만을 품고 능력이 부족한 전문가들이라고, 즉 재난 당시 내려진 결정에 동의하지 않았기 때문에 뒤에서 뭔가 칼을 갈고 있었던 불만 세력일 것이라고 간주했다. 그리하여 그는 포와 랜드리와 부도를 전적으로 지지했다.

포의 체포 소식이 알려지자, 너스에게도 전화가 잔뜩 밀려왔다. 옛 동료들이(또는 전혀 모르는 의사들조차) 그녀를 돕겠다고 제안해왔다. 그들 역시 격분했으며, 생명을 구하겠다고 서약한 3명의 보건의료 전문가들이 압력 하에서 그만 이를 저버리고 살인 공모를 했다는 사실을 차마 믿을 수 없어 했다.

이후 며칠에 걸쳐 그는 포의 변호사 시먼스를 만나 지원 방법을 논의했다. 너스는 루이지애나 주립대학의 의학부 학과장이라는 지위를 이용해서 포를 위한 지원군을 조직하려고 했으며, 한동안 실무를 그만두면서까지 공립 대학의 자기 사무실을 본부로 삼아 변론 기금을 조직했다.[30]

"우리의 좋은 친구이자 가장 존경받는 동료 가운데 한 명인 애너 마리아 포 선생이 여러분의 지원을 긴급히 필요로 하고 있습니다." 그는 호소문에서 이렇게 썼다.[31]

너스는 포가 "잠도 못 자고, 먹지도 못하면서" 카트리나 직후 메모리얼에 모인 사람들을 돕기 위해서 영웅적으로 일했다고, 그리고 당시 그곳의 "전반적인 상황은 절대적으로 절망적이었다고" 묘사했다.

대단한 자기희생을 통해, 그녀는 생명의 더 많은 손실을 방지했으며, 수많은 사람을 죽음에서 구했습니다.

병원 내에는 왜 이렇게 많은 사람이 죽었는지 차마 이해하지 못한 사람들이 소수나마 있었던 모양입니다. 급기야 갖가지 추정이 나오고, 터무니없게도 포 선생과 다른 사람들이 진통제를 과도하게 주사했다고 비난하면서, 심지어 '안락사'라는 말까지 쓰고 있습니다. 그로 인해 전국적으로 언론의 관심을 끌어서, 급기야 터무니없게도 선정주의적으로 변하고 말았습니다.

너스는 이 뉴스 보도가 급기야 주 검찰총장의 수사를 촉발시켰다고 넘겨짚었다. 그러면서 포가 오명을 쓰지는 않을 것이라고 확신했지만, 그녀의 변호사 비용은 (추정 범죄인 까닭에 의료 과실 보험이 적용되지 않아) 상당히 비쌀 것이라고 설명했다.

따라서 포 선생의 직업적 평판이며, '거기에 더해서' 그녀의 개인적 자산 역시 크나큰 위험에 처하게 되었습니다. 기억하셔야 할 것은, 이와 유사한 종류의 일이 재난이 닥쳤을 때 마침 근무 중이던 우리 가운데 누구에게나 일어날 수 있다는 것입니다.

너스는 '의학박사 애너 포 변론 기금'에 기부를 요청하면서, 자기 사무실 앞으로 보내달라고 했다. 심지어 그의 부서 비서들도 근무 외 시간을 이용해 편지와 이메일 모금 운동을 벌였다. 결국 일주일 만에 이들은 3만 달러가량을 모았다.[32]

이 돈은 한편으로 포의 법적 변론을 위해서, 또 한편으로 그녀의 평판을 보호하기 위해서 사용될 것이었다. 이제 이들은 포의 밝은 이미지에 시선이 주목되도록 함으로써, 결국 추정 범죄를 잊히게 만드는 쪽으로 노력을 집중했다. 지지자들은 그녀의 경력과 인성 중에서 특히 인품이 훌륭하고 영웅적이라는 측면을 부각시켜서 대중의 마음속에 각인시키려 했고, 그렇게 해서 지방검찰청이며 대배심 법정에까지도 영향을 끼치려 했다. 이들은 만약 추정 범죄가 마치 애초부터 있지도 않았던 것처럼(즉 적대 세력이 만들어낸 일종의 교묘한 술책인 것처럼) 행동했다. 이들은 주 검찰총장의 평판을 헐뜯고, 추정 범죄에 관한 진실을 알려고 노력하는 기자들을 질책할 것이었다.

뉴올리언스 사교계라는 넓은 서클에서는, 이 사건이 마치 실제로 일어났던 것처럼 가정하고 논의를 펼치는 것이 매우 무례한 일로 간주되었다. 이제 더 이상은 그 여성들이 옳은 일을 했느냐 안 했느냐의 문제

470

가 아니었다. 한마디로 요약하자면, 이런 일은 결코 일어난 적이 없다는 거였다. 그 의도가 어쨌건 간에, 환자들이 주사를 맞고 사망했다는 주장에는 절대적으로 아무런 근거가 없다는 거였다.

"소리치는 힘, 속삭이는 지혜"라는 모토를 지닌 뉴올리언스의 광고 회사 '뷰어먼 밀러 피츠제럴드'가 포의 홍보를 담당했다. 이 회사의 대표인 그레그 뷰어먼은(항상 그을린 듯한 피부의 키가 큰 이 남자는, 오랜 세월 석유회사 대변인으로 활동했으며, 공화당의 주 위원장을 역임한 바 있었다) 카트리나 당시 또 하나의 고립된 테닛 계열 병원 린디 보그스 메디컬 센터에서 자원봉사자로 일했다.[33] 그의 동료인 버지니아 밀러는 잠재적인 의뢰인들을 향해서, 성공적인 재난 상황 의사소통 목표 가운데 하나가 무엇인지 말해주었다. "통제하세요!"[34] 이제 '통제'란 곧 포를 대중의 눈에서 계속 벗어나 있도록 하는 것이었으며, 그녀의 입장에서 내놓는 이야기를 바라는 여러 매체의 요구가 쇄도하는 중에서도 그렇게 하는 것이었다.

부도와 랜드리와 함께 일했던 간호사들 역시 자기네 나름의 후원 기금을 출범시켰으며, 이 과정에서 후자의 친지인 한 변호사가 도움을 주었다. 랜드리는 독신이었으며, 카트리나 당시 홍수로 인해 재산을 거의 모두 잃어버리고, 나이 많은 어머니까지 부양해야 하는 상황이었다. 그녀는 새로 일하던 한 지역 병원에서 체포되었으며, 부도는 남편과 십대의 두 자녀와 함께 머물던 자택에서 체포되었다.

체포 당시 간호사 2명은 머지않아 재개장할 메모리얼의 외과 센터에서 몇 주일 뒤부터 다시 일을 시작하기로 되어 있었다. 체포 직후 테닛의 대리인은 더 이상 그들을 고용하지 않겠다고 통보했지만, 그래도 법률 비용은 회사에서 계속 부담해주었다.[35]

테닛은 체포 직후 성명을 발표해서, 이들과 관련한 추정 범죄에 대한 책임을 부정했다. "우리는 수사 과정의 모든 국면에서 루이지애나 주 검찰총장을 지원해왔습니다."[36] 거기에는 이렇게 나와 있었다. "만약 이 추정 범죄가 사실로 밝혀질 경우, 주 검찰총장께서 언급하신 의사와 간호사들은 병원 측이나, 고위직 핵심 의사들의 인지나 승인이나 확인 없이 이런 결정을 내린 것입니다."

포티의 기자회견이 있기 몇 시간 전, 테닛은 자사가 메모리얼을 그 지역의 비영리 병원 체인에 매각하기로 했다고 발표했는데, 정작 이 거래가 마무리되기까지는 이후 여러 달이 걸렸다.[37] 메모리얼과 테닛 산하의 뉴올리언스 소재 병원 몇 군데는 총 5680만 달러에 매각되었는데, 이는 루이지애나 주와 다른 여러 주에서 벌어진 노인 의료보험 메디케어 과다 청구 관련 수사와 관련해서 필요한 10억 달러 상당의 합의금을 마련하기 위한 조치의 일부였다.[38] 이 병원 체인은 또한 자사의 병원 다섯 군데에서 일어난 카트리나 관련 손해와 사업 차질에 대해서 3억 4천만 달러를 보험회사로부터 지급받기로 동의했다고 밝혔다.

간호사들과 함께 일한 동료들은 이들의 체포 소식에 고통스럽다는 반응과 함께, 믿을 수 없다는 반응을 보였다. 평소에도 친밀했던 이들의 공동체 안에 두려움이 퍼져나갔다. 이 마녀 사냥에서 다음 희생자는 누가 될까? 이들은 모임을 가졌고, 이메일을 보냈고, 전화 연락 명단을 작성했고, 언론 매체에 나와서 이야기할 의향이 있는 의사들이며 병원 지도자들을 찾아보았다. 이들은 높은 곳을 겨냥했고, 자금도 두둑하고 재난 대처 경험도 풍부한 석유업계 중역들과의 연줄을 이용했다.

ICU 간호사 캐시 그린은 부도의 딸이 전화를 걸어서 체포에 관해 이야기하자마자 곧바로 행동에 나섰다.[39] 그녀는 자기 친구들 때문에 깜짝 놀라고 당황해 마지않았다. 그린은 동료들을 모조리 소집했다. "이 문제에 관해서는 반드시 뭔가를 해야만 해!" 그녀는 포티 주 검찰총장이 폭풍 당시 근무했던 자기네 모두의 고결성을 침해했다고 주장했다. 그렇다면 자기들이 도움을 간절히 필요로 할 때 그 양반의 지시를 받는 헬리콥터와 보트는 도대체 어디 있었던 걸까?

그린은 부도를 찾아갔고, 그녀의 변호사인 에디 카스탱도 만났다. 그는 형사 전문 변호사였다. 정말로 믿을 수 없는 일이었다. 그린은 변호사 옆에 앉아서, 상대방의 눈을 바라보았다. 그러면서 당신이 지금 누구를 변호하고 있는지 알고 있느냐고 물어보았다. "이 사람들은 보통 사람들이 아니에요. 이 사람들은 '위대한' 사람들이에요. 솔직히 말해서, 나조차 평생을 살아도 이 사람들처럼 훌륭한 간호사가 되지는 못할 거예요."

다른 간호사들 대부분은 이제 언론 매체를 기피했지만, 그린은 기자들과의 녹화 방송에 출연했으며, 마치 과장스러워 보이는 수사(修辭)조차 마다하지 않았다. "그들로 말하자면, 한 명도 예외 없이, 우리가 보유한 최고의 간호사들입니다. 만약 제 딸이 그 폭풍 속에 머물러 있다가 누군가의 보살핌이 필요했다면, 저는 기꺼이 이들을 골라서 제 딸을 돌보게 했을 겁니다. 그리고 혹시나 제 딸이 폭풍 속에서 죽었다 치더라도, 저는 결코 이들을 바라보면서 '당신 잘못이야.'라고 내뱉지 않았을 겁니다."

두 간호사의 후원자들은 이들의 모범적인 경력이며, 카트리나 당시 메모리얼에서 겪은 공포며, 개인적 희생 등에 대한 묘사를 인터넷 홈페이지에 잔뜩 써서 올렸다.

"비극적인 사실은, 마침내 도착한 구조 헬리콥터와 보트의 숫자가 너무나 적었으며, 또한 시기가 많이 늦어진 까닭에 우리 환자들의 일부를 구하지 못했던 겁니다. 그리고 우리 병원에서 일어난 범죄란 바로 '이것'뿐이었습니다." 이 웹사이트에서는 이렇게 주장했다. "셰리와 로리에게 우리의 전적인 지원과 사랑을 전하도록 동참해주세요. 이들은 범죄자가 아닙니다. 이들은 전장(戰場)의 영웅입니다!"

이런 후원회에 확실히 가담하지 않은 의사도 한 명 있었는데, 그는 바로 피츠버그 출신의 유명한 법의병리학자 시릴 웨크트였다. 그의 살인 판정이야말로 이번 체포를 보증한 결정적인 한 방이었다. 체포가 이루어진 지 한 달쯤 지난 8월의 어느 일요일 저녁, 버지니아 라이더는 공항에 나가서 웨크트를 맞이했다. 그는 3일 일정으로 올리언스 패리시 검시관 프랭크 미냐드와의 회의에 참석하기 위해 날아온 것이었다.[40]

웨크트는 미냐드를 도와 메모리얼과 라이프케어의 수상한 사망 사건 모두의 원인과 방식을 분류하기로 예정되어 있었으며, 그 대가로 뉴올리언스에 머무는 동안 밤마다 와인과 굴을 대접받기로 약속받았다. 비록 몇 달 전에 이루어진 연방 차원의 공직 부패 혐의로 재판을 기다리는 실정이었지만(그로부터 몇 년이 지나서야, 이 모든 혐의는 결국 기각되고 말았다), 그는 절친한 친구인 미냐드의 권유로 이 사건에 계속 관여하고 있었다. 어쩌면 한편으로는 이 사건이 웨크트의 평판에 먹구름을 드리웠기 때문인지, 미냐드는 또한 이 회의와 굴 잔치에 또 다른 저명한 법의병리학자인 마이클 베이든도 초청했다.

세 사람은 월요일 오전에 미냐드의 새로운 사무실이 자리한 '굿 시티즌스 로즈 장례 회관'에 모였다. 텅 비어 있는 이 단층 콘크리트 건물 옆에는 연립주택과 가발 상점이 있었다. 그의 원래 사무실은 위풍당당한 형사 법원 건물 지하층에 있었지만, 지난번의 재난에서 아직 복구되지 않은 상태였다.

이 회의의 중요성은 명백했다. 포티 주 검찰총장은 이 사건을 기소할 수 있는 위치에 있지 않았고, 결정권자인 지방검사 조던은 기소가 가능하도록 이 사건을 대배심으로 가져가려면 우선 사망 원인에 대한 검시관의 분류가 반드시 있어야 한다고 단서를 달았다. 이 당시까지 미냐드와 여러 명의 조수는 라이프케어와 메모리얼의 사망 확인서 대부분에 '수사 중으로 미결'이라고 적거나, 드물게는 분류표에서 '사고사'에 표시하곤 했다. "그보다는 '카트리나 관련사'라고 해야 하지 않을까?" 누군가는 이렇게 말하기도 했다.

커다란 탁자 주위에 둘러앉은 전문가들은 이 사건의 증거들을 살펴보기 시작했다. 라이더는 (단속반을 도와 이 사건 관련 업무를 담당한 간호사 둘과 함께) 각각의 시신에서 발견된 약품을 열거한 도표와 목록을 만들었다. 부검 샘플을 이용해서 약품 검사를 실시했던 펜실베이니아 독물학연구소의 소장 로버트 미들버그도 이 자리에 참석해서 자신의 검사 결과를 설명했다.

포와 부도와 랜드리는 어디까지나 환자 4명의 사망 관련 혐의로 체포되었지만, 미들버그의 연구소가 분석한 바에 따르면 메모리얼과 라이프케어에서 나온 41구의 시신 가운데 무려 23구에서 모르핀이나 미다졸람, 또는 양쪽 모두에 대한 양성 반응이 나타났다. 지금까지의 경력 동안 수천 건의 사례를 다룬 미들버그가 보기에도, 이 환자들의 상당수에게서 확인된 약품의 농도는 유난히 높아 보였다. 숫자가 마치 군계일학처럼 두드러져 보일 정도였다.

하지만 시신의 조직을 이용한 검사에서 나온 독물학 결과를 해석하는 일이란, 살아 있는 환자의 혈액 검사를 해석하는 것만큼 명백하지 않았다. 시신들이 더위 속에 워낙 오래 방치되었기 때문에, 샘플 채취 이전에 약품의 농도가 변화되었을 가능성도 있었다. 그리하여 미들버그는 각 환자의 병력과 검사 수치를 관련지어 고려하는 편이 좋겠다고 동료들에게 조언했다. 전문가들은 현재 이용 가능한 진료 기록을 하나하나 살펴보기 시작했다.

고려해야 할 문제는 너무 많았다. 이 발견은 환자들에게 사망 직전에 단 한 차례, 다량의 약품이 투여되었음을 암시하는가? 아니면 반복된 투여로 인해서 약품이 축적되었음을(특히 신장 질환이나 간 질환 같은 문제가 있는 환자들의 경우, 이들의 신체에서는 이런 약품을 처리하기가 어렵게 되었음을) 암시하는가? 이런 의학적 문제를 보유한 환자들의 경우에는 모르핀과 미다졸람의 혼합제 사용이 금지되어 있는가? 호흡을 억누르는 것으로 알려진 이런 약품을 다량으로 투여할 경우, 인공호흡기에 연결되지 않은 환자라면 누구든지 위험할 수 있는가? 이런 약품이 호흡 속도와 혈압을 감소시키기까지 걸리는 시간은 과연 얼마이며, 이는 (지금까지 확인된 한도 내에서) 사망 시기와도 부합하는가?

전문가들은 폐렴 치료를 받는 중이었던 아흔 살의 요양원 거주자 라이프케어의 환자 '미스 앨리스' 허슬러와 관련된 증거를 살펴보았다. 그녀의 간과 두뇌와 근육 조직에서는 모르핀과 미다졸람이 발견되었지만, 9월 1일 목요일에 병리학자 스키너가 그녀의 사망을 확인한 시간으로부터 불과 몇 시간 전까지 작성된 진료 기록에 따르면 이 약품은 한 번도 처방된 적이 없었다. 허슬러는 수요일 오후에 '편안하게 휴식하는' 상태였으며, 그날 밤에 담당 간호사들은 이 약품이 필요했다고 볼 만한 환자의 고통이나 불안 호소를 전혀 기록해놓지 않았다.

허슬러는 이들 약품 가운데 어느 한쪽, 또는 양쪽 모두가 체내에서 발견된 7층의 라이프케어 환자 9명 가운데 하나였다. 이들 모두는 9월 1일 오전까지만 해도 살아 있는 모습이 확인된 바 있었지만, 그날 오후에는 메모리얼의 병리학자가 이들 모두를 사망한 것으로 적어 넣었다.

"살인" 웨크트는 문서에 나와 있는 허슬러의 이름 아래에다 이렇게 적고 밑줄을 두 번 그었다. 그는 7층의 다른 환자 8명 가운데 7명에게도 "살인"이라고 적었다. 그중에는 에밋 에버릿, 윌다 맥마너스, 로즈 사부아도 포함되어 있었다. 마지막 환자인 캐스린 넬슨의 어머니 일레인은 기록상 목요일 오전에 이미 사망 직전 상태였다고 했기에, "미확정"이라고 적어 넣었다. 베이든은 9명 모두가 살해되었다고 생각했다.

전문가들은 8층의 ICU에서 일어난 사망에 대해서도 검토해보았다.

우선 간호사 출신의 말기 전이성 자궁암 환자인 일흔아홉 살의 재니 버지스는 8월 31일 수요일에 더위 속에서 계단을 올라온 유잉 쿡이 발견한 바로 그 환자이기도 했다. 그녀의 진료 기록에는 오후 2시 10분부터 오후 3시 35분 사이에 간호사가 모르핀 15밀리그램을 일곱 차례 투여했다고, 그리고 이 조치는 쿡으로부터 받은 구두 지시에 의거했다고 나와 있었다. 그 양만 놓고 보면(즉 한 시간 반 동안 105밀리그램이었다) 진료 기록상 버지스가 입원한 기간 동안 하루 최대 투여량보다 무려 다섯 배나 많았다. 그녀는 고통 때문에 필요할 때마다 불규칙적으로 소량의 모르핀을 투여받았지만, 가장 많은 경우라야 한 시간에 한 번이었고, 대개는 하루에 겨우 두 번 내지 네 번에 불과했다. 간호사의 기록 중에서 가장 많은 투여량은 한 번에 6밀리그램이었다. 사망 당일 오전부터 오후에 쿡이 도착했을 때까지는, 한 간호사가 딱 한 차례 필요를 느끼고 4밀리그램을 주사했을 뿐이었다. 하지만 환자는 이미 상당한 정도의 모르핀을 투여받았고, 게다가 말기 암이었기 때문에, 웨크트는 그녀를 가리켜 "명백하고 확실한 사례까지는 아님"이라고 적었다. 그는 그녀의 사망을 "미확정"이라고, 즉 소송 사건에 집어넣지 않는 편이 권장된다고 적었다. 다른 환자들이 항공 이송된 이후에도 버지스와 함께 남아 있었던 ICU 환자 3명 가운데 2명의 시신에서도 모르핀 양성 반응이 나왔지만, 그 농도는 낮은 편이었기 때문에, 웨크트는 이들 역시 살인으로 간주하지는 않았다.

전문가들은 라이프케어 층에 남아 있던 환자 9명과 버지스 이외의 사람들, 즉 9월 1일 목요일에 대피가 이루어지는 도중에 2층 로비에서 병리학자 스키너에게 사망으로 확인된 메모리얼과 라이프케어 환자 9명의 사인을 검토해보았다. 이 9명과 멀 래거스라는 또 다른 환자는 미다졸람 양성 반응을 보였으며, 그중 5명은 모르핀 양성 반응도 보였다. 사망자 가운데는 수색 영장 집행 중에 발견된 애너 포의 서명이 들어간 처방전에 따라서 다량의 모르핀이 투여된 환자 3명도 있었다. 바로 캐리 '마디어' 홀, 전직 트럭 운전사 윌머 쿨리, 네 자녀를 둔 마흔한 살의 어머니 도나 코섭이었다(이들에 관한 모르핀 처방전이 있었지만, 정작 3명 가운데 둘은 미다졸람에 대해서만 양성 반응을 보였고, 모르핀은 검출되지 않았다). 전문가들이 검토한 부검 보고서에 따르면, 코섭은 왼쪽 팔꿈치 안쪽에 최근의 것으로 보이는 주삿바늘 자국이 있었지만, 부패된 시신에서는 환자의 심각한 간 질환에 대한 증거가 거의 발견되지 않았다.

'엄마'를 찾던 뇌졸중 환자 에시 캐벌리어 역시 사망했으며(원래 담당이었던 한 간호사는 2층에서 이 환자가 어떤 처치를 받고 있는지 보고서 깜짝 놀란 바 있었다) 웨크트가 보기에는 높은 수준의 모르핀과 미다졸람이 조직 내에서 발견되었다. 이 검시관은 그녀의 사망과 2층의 다른 여러 환자의 사망 모두 살인일 가능성이 있다고 적었지만, 이들의 진료 기록을 직접 열람할 때까지는 결론을 미정으로 두었다. 라이더와 동료들은 이들의 진료 기록을 아직 입수하지 못하고 있었다. 테닛은 라이프케어의 진료 기록 대부분을 넘겨주었지만, 그곳의 한 변호사와의 서신 교환에 따르면, 그쪽에서도 "열심히 노력했는데도 불구하고" 2층에서 사망한 메모리얼 환자들 상당수의 기록은 "찾아낼 수 없었다"고만 했다.[41] 그러면서 진료 기록들이 각 환자의 유해와 함께 옮겨졌을 가능성이 있다고 주장했다. 하지만 유해를 옮기는 일을 도운 시체 안치소 직원들에게 라이더가 확인해본 결과, 진료 기록은 애초부터 없었던 것으로 드러났다.

호러스 볼츠가 오랫동안 담당한 환자는 체내에 모르핀이나 미다졸람이 없었던 것으로 확인되었다. 발견된 것은 오로지 타이레놀과 파킨슨병 치료제의 흔적뿐이었다. 이는 결국 그 환자의 죽음이 (비록 예기치 못한 것이었다 하더라도) 자연적이었음을 암시하고 있었다. 이 병원에서 발견된 45구의 시신 가운데 약 5구의 경우, 현재 이용 가능한 증거로 미루어보건대 재난 직전에 사망한 것으로 보였다. 45구의 성인 시신 말고도, 사산아로 보이는 표본 7구가 병원에서 수습되었지만, 전문가들은 이들을 고려 대상으로 삼지는 않았다.

환자 시신 가운데 5구에서는 독물학 검사 결과가 나오지 않았다. 그 중 최소한 한 명은(메모리얼의 환자였다) 9월 1일 목요일 오후에 2층의 ATM 옆에서 사망 확인되었는데, 그날 오전까지만 해도 감염성 질환 전문의가 이 환자의 생존을 목격한 바 있었다. 부검 결과 이 환자는 오른쪽 아래팔에 IV 카테터를 달고 있었던 것으로 확인되었다. 그리하여 이 환자가 투약을 받았는지 아닌지 알 수 없게 되었다는 점이 불만스러웠다.

회의 첫째 날에는 지방검찰청에서 참여하지 않았다. 이 사건을 대배심에 가져가려는 사람들 쪽에서는, 전문가들로부터 직접 이야기를 듣는 것조차 우선순위로 놓지 않은 모양이었다. 둘째 날이 되어서야 지방검사보 2명이 마침내 참석했다. 메모리얼 사건의 주무 검사는 젊고 머리가 검으며 약간 사시인 남자로, 지방검사보(ADA) 마이클 모랄레스였다. 살인 사건을 다룬 지가 겨우 2년밖에 안 되기 때문인지, 검시관실에 오면서 자기 상사인 지방검사보 크레이그 파물라로와 동행했다.

"뭐가 나왔습니까?" 그중 한 명이 물었다.

라이더와 2명의 법의병리학자가 보기에는 이들의 이런 태도야말로 (그리고 유난히 짧고도 퉁명스러운 파물라로의 말투야말로) 이상스러우리만치 적대적으로 보였다. 전문가들이야 평소에도 검사들로부터의 힐난에 익숙했지만, 이 검사들은 유난히 수상쩍고, 회의적이고, 무관심한 것처럼 행동했다. 이 법률가들은 불과 반시간쯤 지나서 자리를 떴다. "분명히 저 친구들은 아무 일도 하고 싶지 않은 모양이군." 병리학자 베이든이 검시관 미냐드에게 말했다. 하지만 뉴올리언스 담당 검시관은 메모리얼에서 일어난 수많은 사망 사건이 살인이었다는 다른 전문가들의 의견에 동의했다. 무엇보다도 충격적인 것은 그 패턴이었다. 목요일 오전에 헬리콥터와 보트가 도착한 이후에 사망한 환자들, 그리고 시신에 대한 검사가 이루어진 환자들 거의 모두가(라이프케어 층의 환자 9명 전부와 2층 로비의 환자 9명, 그리고 멀 래거스까지도) 약품에 대해 양성 반응을 보였던 것이다.

◇ ◇ ◇

마이클 모랄레스는 자기 상사인 지방검사 에디 조던을 대신해 이 사건의 변론들을 청취하고 있었다. 작년 가을에 포의 변호사 시먼스가 폭풍 직후 테닛 측 변호사와 나눈 대화를 보전하기 위해 소송을 제기했기 때문이다. 시먼스는 그 절차 중에 이 사건에 관한 자신의 기록 사본을 모랄레스에게 보내주었지만, 주 검찰청에서는 그렇게 하지 않았다. 수사관들과 검사들이 한 팀을 이루어 활동하는 메디케이드 사기 단속반과 달리, 지방검찰청에서는 검사가 일반적으로 사건 수사에 관여하지 않았으며(수사는 보통 경찰이 수행했다), 예외가 있다면 수사기관에서 특별 요청이 있을 때뿐이었다. 지방검찰청에서도 모랄레스에게 메모리얼 수사에 굳이 관여하도록 권하지 않고 있었다. 그는 자기 앞에 놓인 일이 상당히 크다는 사실을 비로소 깨달았다.

모랄레스는 이 일에 관해서 복잡한 감정을 느꼈다. 카트리나의 홍수가 지방검찰청 청사를 휩쓸었을 때, 직원들은 얼룩진 카펫이 깔린 비좁은 사무실로 자리를 옮기고, 접이식 탁자를 책상으로 사용했다. 하지만 그는 자기가 처한 새로운 환경조차 이전보다는 개선되었다고 생각했다. 예전 지방검찰청에서는 카펫의 떨어진 곳을 테이프로 수선해 사용할 정도였다. 모랄레스는 법과대학원을 졸업한 지 겨우 5년째였으며, 구형할 때마다 때때로 콧방귀, 또는 과장된 한숨, 또는 다른 음향 효과를 곁들이곤 했다. 그는 인구당 살인 발생률이 가장 높은 반면, 범죄자에게 정의를 실현한 기록은 무척이나 저조한 도시 가운데 한 곳인 뉴올리언스에서, 그나마 몇 명 안 되는 살인 담당 검사 가운데 한 명이었다. 모랄레스는 또한 똑똑하고 동료들로부터 좋은 평판을 얻고 있었다. 이런 상황에서 가뜩이나 주목받는 메모리얼 사건은 점차 그의 시간을 모두 잡아먹기 시작했다.

주 검찰청이 1년이나 지속된 수사에서 지방검찰청을 소외시킨 반면, 이제 지방검사 조던은 선출직의 첫 번째 임기 동안 이 사건과 관련해서 대중으로부터 격분한 항의 편지들을 받고 있는 실정이었다. 그는 또 하나의 인기 상실 요인을 굳이 필요로 하지 않았다. 2003년에 올리언스 패리시 최초의 흑인 지방검사로 선출된 직후, 조던은 백인 직원 수십 명을 해고하고 흑인 직원으로 대체한 바 있었다. 이제 그는 본인의 인종 차별 혐의에 대한 연방의 판결을 앞두고 한창 싸우는 중이었다.[42]

게다가 조던은 메모리얼 사건에 관련된 강력한 힘들 사이에 끼여 옴짝달싹 못하는 상황이었다.[43] 테닛은 뉴올리언스 정치판에 돈을 투자한 바 있었다. 포의 변호사인 시먼스는 물론이고, 테닛 측 변호사 가운데 몇 사람은 조던과 마찬가지로 전직 연방 검사 출신이었다. 맞은편에 있는 주 검찰총장은 자기 평판을 위해서 이 사건을 주무르고 있었다. 포티와 조던의 관심사는 현저하게 달랐다. 포티는 3명의 피의자를 체포함으로써 자기가 옳은 일을 했다는 것을 입증할 필요가 있었다. 반면 조던은 이 사건이 그냥 흐지부지되어야 오히려 이득을 얻을 것이었다.

비록 지방검사가 이 사건을 묻어버리라고 모랄레스에게 직접 말하지는 않았지만, 이 젊은 지방검사보(ADA)에게는 이 사건에 대한 열의를 결여할 만한 나름의 이유가 충분히 있었다. 루이지애나 주 법률에 따르면, 체포 사건진술서에서 추정된 것처럼 누군가를 의도적으로 살해한 것은 곧 살인이 되었다. 모랄레스 역시 메모리얼에서 벌어진 사망 사건이 어째서 수사할 만한 가치가 있는지 충분히 이해했다. 하지만 이것은 전형적인 살인이 아니었다. 재난 당시 도시에 질서를 회복하기 위해 군대가 동원된 바 있으며, 블랑코 주지사는 군인들의 소총이 "장전되어 있다"고 경고했다.[44] 즉 군대는 기꺼이 총을 쏘고 사람을 죽일 채비가 되어 있다는 뜻이었으며, 주지사는 "나 역시 그들이 그럴 것이라고 기대한다"고 덧붙였다. 이런 상황을 고려하다보니, 모랄레스는 마치 전쟁 지역에 민간 법률을 적용하라는 모순적인 요청을 받은 듯한 기분이었다.

이 감정은 직업적인 동시에 개인적인 것이기도 했다. 모랄레스의 예전 재판업무 보조원은 야간 대학원에서 법률 공부를 하던 뉴올리언스 경찰청 소속 경사였는데, 그는 폭풍이 닥치고 나서 6일째 되던 날의 긴장되고 혼란스러운 상황에서 뉴올리언스의 댄지거 다리에서 비무장 민간인에게 총격을 가한 혐의로 수사를 받고 있었다.[45] 처음에는 단순히 그곳에서 총을 맞은 동료 경찰관을 지원하기 위한 요청에 이 경사가 응답한 것처럼 보였다. 모랄레스는 그를 매우 훌륭한 경찰인 동시에, 매우 장래성 있는 변호사 지망생으로 생각했다. 또 착한 사람들이 재난 동안에 나쁜 짓을 했다는 이유로 기소당한다는 것은 본질적으로 말이 안 된다고 생각했다.

메모리얼 사건에 대한 지방검사보의 양가감정은 이 사건에 대한 라이더와 섀퍼의 확고한 열의와 상반되는 것이었다. 8월에 두 사람은 포의 상사이며 거리낌 없이 자기 의견을 표출하는 대니얼 너스에게 소환장을 발부해, 그가 알고 있던 내용을 파헤치려 시도했다.

모랄레스는 상대편의 이런 행동이 과연 피차 도움이 되는 협업이라고 보지는 않았다. 이 사건의 담당 검사로서, 소환장에 서명해야 하는 사람은 바로 자기 자신이었기 때문이다. 그런데 상대편이 그의 영역을 침범하는 바람에 그는 짜증이 치밀었다. 주 검찰청 직원들이 메모리얼의 사망 사건을 조사하는 과정에서 지방검찰청의 관여를 굳이 독려하지 않은 것처럼, 이제는 지방검찰청이 똑같이 앙갚음해줄 차례였다. 모랄레스는 지방검사 조던이 주 검찰총장 포티 앞으로 보내는 편지의 초안을 작성했는데, 그 내용은 대배심이 개시되기 전까지 수사를 모두 중단하라는 것이었다. 그 이유로 "그런 일이 이 사건에 유리하지 않을 것"이라는 설명이 달려 있었다.[66]

◇ ◇ ◇

수사를 중단하라는 명령은 버지니아 라이더와 부치 섀퍼에게 심각한 타격을 주었다. 이들은 설령 지방검사가 포와 랜드리와 부도를 기소할 권리를 주장한다 하더라도, 당연히 주 검찰청의 수사 팀에 협조를 요청할 것이라고 예상하던 참이었다. 게다가 섀퍼는 이 수사가 마치 거미줄처럼 여러 방향으로 뻗어가고 있다고 간주했기 때문에, 그 범위를 넓혀서 다른 의사와 간호사와 직원에 대한 추가적인 기소와 체포 가능성이 있는지도 알아보고 싶어 했다. 또한 그는 사망 사건에 대한 책임, 심지어 음모의 책임에서 기업의 관련 가능성을 탐지해보고도 싶기도 했다. 아울러 섀퍼와 라이더는 잠재적으로 중대한 증언을 제안해 온 보건의료 일부 종사자들에게, 지방검사가 면책을 제공해주었으면 하는 마음도 없지 않았다.

체포 당시 라이더와 그 동료들은 무려 5만 페이지에 달하는 문서 증거를 축적하고 있었다. 올리언스 패리시 지방검찰청은 사건 적요서를 요청했고, 라이더는 다른 요원들의 도움을 받아가며 이를 준비하기 시작했다. 그런데 작업하는 내내 보고서는 점점 더 분량이 늘어가기만 했다.

지방검찰청과 이전에도 일해본 라이더의 어떤 동료의 조언에 따르면, 저쪽에서는 이렇게 구체적인 보고서를 받아보는 데 관심 없을 것이 분명해 보였다. 하지만 그녀는 계속할 것을 고집했다. 만약 지방검찰청의 검사들이 기소를 진지하게 고려한다면, 가능한 한 많은 정보를 굳이 원하지 않을 이유가 없지 않겠는가? 주 검찰총장 포티는 내부의 의견 불일치를 감지하고, 라이더를 자기 사무실로 불러서 일종의 타협안을 제시했다. 즉 일단은 간략한 실무 적요서를 작성하고, 갖가지 기록을 열거한 더 자세한 보고서도 별도로 작성하게 한 것이다. 결국 이렇게 이중으로 문서를 작성하다보니, 라이더는 하루 온종일 이 업무에 전념하기에 이르렀다.

◇ ◇ ◇

카트리나 1주년이 다가오면서 호러스 볼츠는 제프리 마이트로트 기자가 〈타임스 피커윤〉에 '똑딱'이라는 제목으로 연재하는 5부작 기사를 매일같이 찾아 읽게 되었다.[47] 이 연재 기사는 병원에 있던 사람들이며 다른 사람들까지 포함해 모두 30여 명 이상과 수행한 인터뷰에 근거하고 있었으며, 그중에는 애너 포의 어머니인 여든세 살의 지넷도 포함되어 있었다. 그녀는 자기 딸이 '너무 마음이 여려서' 의사가 되기는 어렵겠다고 생각한 적이 있다고 말했다. 애너 포가 했다고 고발당한 범죄에 대해서 그 어머니는 이렇게 말했다. "어쩌면 제 아이들 가운데 한 명이 이와 비슷한 일을 했을 수도 있겠죠. 하지만 이 아이는 아니에요. 이렇게 마음 여린 아이는 절대 그럴 리가 없다고요." 이 기사에서는 마크와 샌드라 르블랑, 그리고 (이들 부부가 구조를 위해 메모리얼로 찾아오게 된 원인이었던 마크의 어머니) 베라 르블랑의 이야기도 독자들에게 소개했다.

이 중 한 기사에서는 사고 대응 지휘관 수전 멀더릭이 자기 변호사를 통해 인터뷰 요청을 거절했다는 이야기가 나와 있었다. 멀더릭의 증언이 없다보니, 마이트로트도 그녀의 관점을 제공할 방법이 거의 없었다. 다만 기자는 그녀가 목요일 오전의 회의 때 자기 동료들에게 "섬뜩하리만치 부정확한 정보"를 제공했다고, 즉 그녀가 "그날 안으로는 구조를 예상할 수 없다고 그들에게 말했다"고 썼다. 기자는 다른 정보원으로부터 이런 내용을 들었다지만, 나중에 다른 사람들은 사실이 아니라고 주장할 것이었다. 또한 기자는 라이프케어의 간호사들이 멀더릭에 관해서 사건진술서에서 한 말을 반복했다.

볼츠는 멀더릭이 격분했다는 사실을 깨닫고, 그녀에게 전화를 걸어서 지원을 제안했다. 그는 수십 년간 이 간호사와 함께 일했으며, 그녀를 높이 평가했다. 또한 멀더릭의 가족과도 가까웠고, 오래전에는 뇌동맥류로 고생하는 그녀의 여동생을 치료하는 데 힘을 보태기도 했다. 그 여동생이 선물한 오듀본의 물새 판화는 카트리나의 파괴 속에서 살아남은 볼츠의 몇 안 되는 재산이었다.

강인한 성격이었던 이 간호사는 이 기사를 읽고 나서 마치 어린아이처럼 소리를 질렀다. 멀더릭은 자부심이 강한 행정가였고, 격렬하리만치 병원에 충성스러웠으며, 주 검찰청의 고발 때문에 크게 낙담한 상태였다. 볼츠는 최대한 그녀를 위로해주었다.

볼츠는 다시 한 번 메모리얼 메디컬 센터의 의료진을 만나서, 새로운 소유주 밑에서 이 병원의 재개장 가능성을 계획했다.[48] 폭풍 직후 벌어진 일에 관한 주제는 여전히 기피 대상이었지만, 동료 가운데 한 명은 다음 선거에서 현직 주 검찰총장의 낙선을 보장하기 위한 자신의 노력을 자세히 설명했다. 병원 직원들을 이끄는 위치에 서게 된 의사 가운데 일부는 일찍이 볼츠가 우연히 엿들은 이야기를, 즉 9월 1일 목요일 오전에 "간호사들에게 납득시키는" 필요성에 관해서 뭔가 음모를 꾸미듯 주고받던 사람들이었다. 하지만 볼츠는 이 문제를 덮어두자는 발상 자체에 반대했다. 그는 자신의 가치 체계와 윤리가 더 이상은 일부 동료들과 맞지 않는다고 느꼈다. 뭔가 다른 분위기가 느껴졌고, 이런 상황이 마음에 들지 않았다. 테닛의 메디케이드 사기 관련 합의에 관한 뉴스 보도가 수록된 유인물 뒷면에, 그는 진료부원장 루벤 크레스트먼에게 보내는 메모를 적었다. 무려 40년간 몸담아온 병원 의료진에서 물러나겠다는 뜻을 밝힌 사직서였다.

볼츠는 메모리얼의 다층식 주차장 한 곳에서 카트리나 기념행사가 열릴 예정이며, 연회도 제공될 예정인 이 행사에서는 오로지 초대장을 가진 사람만 입장할 수 있다는 소문을 들었다. 자기만 따돌렸다는 사실에 잠깐 분개했지만, 그는 이로부터 며칠 뒤 좀 더 간단하고 더 버젓한 방식으로 희생자들을 추모하는 방법을 고안하기로 작정했다.

9월 1일, 사망자 추모일에 볼츠는 나폴리언과 클라라 스트리트 모퉁이에 작은 화환 두 개를 놓아두었다. 그리고 자신의 누이 겸 접수원과 함께 사망자를 위해 기도했다. 경비원 몇 명이 다가와서 이들과 함께 기도했다.

병원은 몇 주일 뒤 부분적으로 재개장할 예정이었고, 새로운 CEO로 내정된 키가 크고 마른 체구의 전직 CFO 커티스 도시가 마침 근처를 지나가고 있었다. 이 동료를 볼 때마다, 볼츠는 재난 동안 암 센터에서 함께 휴식을 취하던 당시의 제드 클램펫을 닮은 존 틸의 모습을 떠올렸다. 길에 모여 있는 자기네 일행 앞을 서둘러 지나가는 커티스 도시를 바라보며, 볼츠는 상대방이 뭔가 거북스러워한다는 느낌을 받았다.

◇ ◇ ◇

기념일을 며칠 앞둔 상태에서, 변호사들은 메모리얼과 라이프케어의 사망자를 대리하여 탄원서를 제출했다.[49] 의료 과실 주장과 신체적 상해 관련 소송은 대개 사건 발상 1년 이내에 이루어져야 하는 것으로 되어 있었다. 그래서 재난이 벌어지고 불과 몇 주일 되지 않은 상황에서도, 적극적인 변호사들은 잠재적인 의뢰인들을 끌어 모으기 시작했다.[50] 신문이며 텔레비전에 광고가 나갔고, 심지어 휴스턴과 애틀랜타 같은 멀리 떨어진 곳에서도 광고판이 섰다. 한 변호사는 심지어 스쿠터를 타고 뉴올리언스를 돌아다니면서, 마치 선거 유세와 비슷한 방식으로 길 한가운데며 병원 근처에 간판을 내걸었다. 여성 변호사 태미 홀리는 동료들에게 보낸 이메일에서 "나는 흑인을 잘 안다. 흑인 여성에게 양육되었기 때문이다."라고 썼다. 그러면서 유가족들은 "뭔가 답변을 찾기 위해 '엄마가 돌아가신' 병원을 보러 차를 타고 올 것이기 때문"이라고 자기 홍보 이유를 설명했다. 그녀는 NAACP로부터 원래 살던 곳에서 떠난 유권자들의 주소록을 얻어냈다. "그 나머지는 굳이 말할 것도 없지." 홀리의 말에 따르면, 한 동료 변호사가 자기 사무실로 들어오더니 이렇게 말했다. "돈 냄새가 나는데."

법률에 따르면 유족은 환자의 잘못된 사망으로 인해 야기된 손실에 대해서(아울러 사랑과 애정의 상실에 대해서도) 보상을 추구할 수 있을 뿐만 아니라, 환자가 사망 직전에 겪은 고통과 괴로움에 대해서도 보상을 추구할 수 있었다. 메모리얼과 관련된 최초의 소송은 폭풍이 닥친 지한 달 만에 나타났다.[51] 2006년 1월에 원고의 변호사들은 주장을 수정했으며, 추정상 메모리얼의 비상 전력 시스템의 잘못된 설계로 인해서, 그리고 재난 기간 대피 계획과 환자 간호의 미비로 인해서 사망하거나 부상한 모든 환자를 대리한 집단 소송의 지위를 얻으려 시도했다. 이때 피고로부터의 그 어떤 이의 제기도 기각하고 집단 소송으로 인정할지 여부는 판사 한 명이 결정할 예정이었다. 메모리얼이며 테닛과 함께 공동 피고가 된 라이프케어는 주 법원이 아니라 연방법원에서 이 사건에 대한 심리를 열자고 도모했다. 일부 변호사들은 그 주(州)에 연고가 없는 기업에 대해서는 지방법원보다 연방법원이 더 호의적일 것이라고 보았다. 이런 움직임을 지원하기 위해서, 회사 측 변호사들은 뉴올리언스에 홍수가 일어났을 때, 연방 공무원이었던 녹스 앤드리스가 라이프케어 행정가들에게 FEMA가 당신네 환자들을 구조할 것이라고 조언했다고 주장했다. 하지만 소송 과정에서 앤드리스는 자기가 사실은 슈리브포트에서 일하는 간호사이며, 비록 연방의 보조금을 받고 지역 재난 대비 업무를 담당하기는 했지만, 그렇다고 해서 FEMA에 정식으로 고용된 적은 없다고 밝혔다. 법원도 그를 연방 공무원이라고 볼 수 없다는 판결을 내렸다. 그리하여 이 사건은 연방법원으로 가지는 못하고, 루이지애나 지방법원으로 돌아오게 되었다.

여러 유가족은 앞서 제안된 집단 소송 이외에도 저마다 고소를 제기했다. 멀 래거스의 딸 캐런은 고소장에서 이름을 알 수 없는 보건의료 종사자 '모(某) 씨'가 자기 어머니를 기계실 벽 너머로 내보내는 과정에서 산소마스크를 제거했다고 주장했다.[52]

이 탄원서의 냉정한 언어는 그 비애감을 더욱 고조시킬 뿐이었다. "그러자 고인은 숨을 쉴 수가 없다고 비명을 질렀다." 거기에는 이렇게 나와 있었다. 멀 래거스와 그녀의 딸은 산소마스크를 다시 착용하게 해 달라고 애원했다. "하지만 모 씨는 이런 부탁을 거절했다."

캐런 래거스는 보트를 타고 메모리얼에서 빠져나왔지만, 결국 인파가 북적이는 뉴올리언스 컨벤션 센터에 머물게 되었으며, 생명의 위협을 느낀 나머지 그곳을 빠져나와 거리에서 잠을 청했다.

누군가가 '당신 어머니가 병원에서 사망했다'는 소식을 전해 주었지만, 그녀는 차마 믿기를 거부했다. 캐런은 친구들에게 부탁해서 루이지애나 주에서 텍사스 주에 이르는 여러 병원의 응급실마다 전화를 걸어 보게 했으며, 열흘 동안이나 미친 듯 어머니를 찾아 헤매다가 마침내 테닛의 직원으로부터 전화를 한 통 받았는데, 내용인즉 대피 도중에 사망한 것으로 추정되는 사람들의 명단에 그녀의 어머니도 올라 있다는 것이었다. 몇 달이 지나서야 캐런은 허가를 받고 병원의 다층식 주차장으로 돌아가서 어머니의 개인 물품을 챙길 수 있었는데, 이제는 홍수로 인해 사라져버린 레이크뷰 지역에서 두 사람이 함께 살았던 삶의 잔존물이라고는 그것이 전부였다.

재난, 그 이후

그녀는 밸런타인데이에 어머니를 매장했다. 이때 장례식장 직원들은 시신이 부패한 냄새를 막기 위해서 틈새를 고무로 밀봉한 금속제 관을 이용했다. 캐런은 시신을 관에 넣기 전에 보관용 비닐봉지에서 꺼내라며 직원들과 입씨름을 벌였다. 하지만 직원들은 이를 거부했다. 이들의 냉정한 태도에 그녀는 화가 났으며, 최소한 자기 어머니가 유잉 쿡의 섬뜩한 상상에서처럼 '아주 예쁜 시신'까지는 아니라는 사실에 역시나 화가 났다.

그로부터 딱 1년이 지난 뒤까지도, 캐런 래거스는 큰 상처로 남은 병원에서의 이별 직후 어머니에게 무슨 일이 일어났는지 여전히 듣지 못한 상태였다. 주 검찰청 수사관들이 어머니의 담당 의사였던 로이 컬로타와 면담을 수행했다고 하지만, 그녀는 그 내용을 공유할 수가 없었다. 캐런은 어머니가 그 의사의 태만 때문에, 그리고 재난에 적절히 대비하지 못한 병원의 태만 때문에 사망했다고 믿고 있었다. 그녀는 그 더위 속에서 과연 어머니가 얼마나 오랫동안 고통을 받았을지, 그리고 과연 산소와 진통제를 계속 처방받긴 했는지 여부를 궁금해했다.

캐런 래거스는 컬로타를, 그리고 병원을, 그리고 병원 CEO인 르네 구를, 여성 간호사 '모 씨'를, 그리고 내과 과장 리처드 다이크먼을 모조리 고소했다. 그녀의 변호사가 알아낸 바에 따르면, 다이크먼은 『코드 블루: 카트리나 체험 의사의 회고록(Code Blue: A Katrina Physician's Memoir)』이라는 책을 써서 자비로 출판했는데, 그걸 보면 대피 과정에서 그가 핵심적인 역할을 했음이 드러나기 때문이었다. 마침 다이크먼은 캐런 래거시를 담당한 내과 의사이기도 해서, 그녀는 처음에 자기 변호사가 자기 이름으로 그를 고소했을 때만 해도 깜짝 놀랄 수밖에 없었다.

뇌졸중 환자 에시 캐벌리어의 유족 역시 병원을 고소했다. 고인의 딸은 의료 과실 전문 변호사로 일해왔기 때문에, 캐벌리어의 독물학 검사 결과를 받아보고 나서 크게 분노했다. 그녀는 자기 어머니가 끝까지 버틸 수 없다는 걸 과연 누가 결정할 수 있었느냐며 분통을 터뜨렸다.

체포 영장 사건진술서에 언급된 라이프케어의 사망자 4명(그중에는 에밋 에버릿과 로즈 사부아도 포함되어 있었다) 가운데 3명의 유족들은 메모리얼과 라이프케어에 대한 민사 소송을 제기했을 뿐만 아니라, 포와 부도와 랜드리에 대해서도 민사 소송을 제기했다. 또한 2명의 유족은 메모리얼의 재난 대응 지휘관 수전 멀더릭과 라이프케어의 약사 스티븐 해리스에 대해서도 소송을 제기했다. 소송 이유는 추정 안락사, 비상 전력 제공 미비, 대피 정책 실패, 유기 등이었다.

에밋 에버릿의 아내와 아들과 딸 역시 포의 고용주인 루이지애나 주립대학을 비난했다. "고인은 이 사건과 관련된 시기 내내 정신이 멀쩡했고, 지각력이 있었고, 방향 감각이 있었다."[53] 고소장에는 이렇게 나와 있었다.

"도대체 누가 그들에게 하느님 흉내를 낼 권리를 주었단 말입니까?" 캐리 에버릿은 CNN의 카트리나 기념 방송에 나와서 물었다. "도대체 누가 그런 권리를 주었단 말입니까?"

에버릿 가족은 에밋이 사망한 지 무려 15일이 지나서야 그 사실을 통보 받았다. 이들은 배심 재판을 요구했다. 캐스린 넬슨의 어머니 일레인은 체포 영장 사건진술서에 언급된 4명의 환자 가운데 하나는 아니었지만 넬슨 가족은 주 검찰청과 접촉하는 과정에서 고인의 조직 내에 모르핀이 상당량 농축되어 있음을 알게 되었다는 실험실의 독물학 보고서를 얻었다. 고인이 오랜 세월 정직하게 살아왔고, 또한 남을 돕기 위해 그토록 많은 일을 했는데도 불구하고, 더 이상은 남은 순간들이 아무런 가치도 없다는 듯 갑자기 사망했다는 사실에 유족은 격분해 마지않았다. 캐스린의 형제인 크레이그는 화이트칼라 및 보건의료 분야를 전담하는 숙련된 변호사로서 곧 은퇴를 앞두고 있었는데, 이제는 자기 요령과 자원과 시간과 동기를 총동원해서 어머니에게 정확히 무

490

슨 일이 일어났는지 알아내고자 했다. 그리고 누군가에게 그 대가를 묻고자 했다.

월다의 딸 앤절라 맥마너스는 약간 다른 생각이었다. 정기적으로 변호사를 만나 메모리얼에서의 자기 체험을 이야기해야 하는 입장이 되니 그녀는 너무나도 불안했으며, 급기야 고소를 제기하는 일을 자기 형제자매 가운데 한 명에게 위임했다. 앤절라는 오로지 자기 건강 회복에만 집중했다. 지금 그녀는 기력이 거의 없었다. 평소에도 금욕적인 성격이다보니, 예를 들어 텔레비전 시청을 위안으로 삼는 것조차 쉽지 않은 일이었다.

앤절라는 고소 대신에, 자기가 생각하기에는 오히려 더 중요하다고 느껴지는 일을 했지만, 사실은 그것이야말로 가장 힘든 일이었다. 즉 그녀는 일흔 살이었던 어머니에게 무슨 일이 일어났는지 공개적으로 이야기했으며, 다시 한 번 어머니의 목소리를 대변하게 되었던 것이다. 앤절라는 보건의료 종사자들이 삶의 마지막 순간에 고통을 줄여주려고 했을 뿐이라는 일반적인 추정에 격노해 마지않았다. 그때가 환자의 마지막 순간이라는 것을 과연 누가 그들에게 말해주었단 말인가? 게다가 이 환자로 말하자면 그들이 이제껏 한 번도 치료해본 적 없는 환자였는데?

비록 어머니에게는 남은 시간이 많지 않았지만, 그녀는 자기 가족과 어머니가 침해당했다고 생각했다. 유족은 고인이 사망할 때 곁에 함께 할 수 있는 기회를 빼앗겼고, 고인의 시신을 확인하고 장례를 준비하며 철야할 수 있는 기회도 빼앗겨버렸다. 게다가 시신은 심하게 부패한 상태여서, 가족은 화장을 결정할 수밖에 없었다. 그 결과 월다 맥마너스는 (원래는 받아 마땅했을) 성당에서의 장례식을 치를 수가 없었다. 고인이 성가대에서 봉사했고, 교인 모두와 잘 알고 지냈던 패리스 애버뉴의 세인트레이몬즈 성당이 바로 집에서 모퉁이 하나만 돌면 나오는데도 말이다.

의사와 간호사들의 체포 직후 앤절라는 자기가 전화번호를 공개했으니, 이제는 언론 매체가 배턴루지에서 손쉽게 찾아낼 수 있는 유일한 라이프케어 사망자 유족이 되었다고 생각했다.

"모두 이야기해야지." 그녀는 이렇게 생각하고는 라디오 방송 기자들의 전화를 받았다. 그리고 텔레비전 기자들이 잔뜩 몰려와서 액자 속의 가족사진에 환한 조명을 비추도록 허락했다. 앤절라는 포즈를 취하고, 베란다 너머를 응시하고, 이들이 배경용 추가 영상을 녹화하도록 허락했다.

"멀쩡한 정신을 가진 사람이 그런 결정을 내렸다고는 믿을 수가 없어요."[54] 그녀는 ABC의 〈굿모닝 아메리카〉 기자에게 말했다.

"최소한 이제는 답변을 조금이라도 얻을 수 있을 거예요."[55] 앤절라 맥마너스는 의사와 간호사들의 체포 직후에 〈어소시에이티드 프레스〉의 기자에게도 이렇게 말했다. "벌써 몇 달 동안이나, 저는 우리 엄마한테 무슨 일이 일어났는지 모르고 있었어요. 제가 어떻게든 행동에 나서기 위해서라도 뭔가 답변이 필요해요."

"안락사는 사람이 말[馬]한테나, 또는 짐승한테나 하는 거예요. 그걸 사람한테 하면, 그건 살인이라고 해야죠."[56]

의사와 간호사들의 체포 직후 기자들은 아침부터 한밤까지 그녀를 들볶았으며, 그녀의 마지막 힘까지 모두 뽑아냈다. 앤절라가 머무는 배턴루지의 아파트 주차장에도 기자들이 줄지어 늘어섰다. 그녀가 자라난 뉴올리언스의 복층 주택은 파괴되어 있었다. 강풍에 지붕이 무너져 침실 안으로 떨어졌고, 아래에서는 홍수가 차올랐다. 앤절라는 직장을 그만두고 어머니를 간호하기 시작한 때 이후 집에 대한 보험금조차 연체한 상태였다.

그녀는 도전이나 회의주의나 무례를 결코 그냥 보고 넘어가지 않았다. 자기가 무슨 이야기를 하고 싶은지 알고 있었다. 그 이야기로 말하자면 자기 어머니의 병상 옆에서 억지로 떠나게 되었던 바로 그날부터 줄곧 품고 있던 이야기이면서, 이 세상이 마침내 듣고 싶어 한 이야기이기도 했다. "저는 악마의 변호인(반대 심문자) 역할을 할 겁니다." 한 남성 기자가 이렇게 말했다.

"아뇨, 그렇게는 안 돼요." 맥마너스가 그에게 대답했다. 그러면서 그녀는 이 기자를 내쫓았다. "이곳에서는 악마도, 그 변호인도 결코 환영하지 않아요."

이 유족들의 고소로 인해, 뉴올리언스 이스트에 있는 또 다른 병원인 페들턴 메모리얼 메소디스트 사건과 유사한 소송에 대한 이의 신청 판결 역시 보류되고 말았다.[57] 이 소송에서는 병원이 폭풍에 대한 준비와 대응을 소홀히 했다는 주장이 나왔는데, 이 사건과 무관한 어느 보험 전문 변호사는 이러한 건물주 책임 소송을 가리켜 "보건의료 기관에 대한 새로운 책임, 즉 재난에 대한 대비 태세의 결여에 관한 책임의 이론"[58]이라고 묘사했다. 병원 측 변호사들은 이 사건을 오히려 의료 사고 관련 소송으로 진행시켜야 마땅하다고 주장했는데, 그럴 경우에는 병원 측에 유리할 것이었다. 왜냐하면 루이지애나 주의 의료 과실 관련 법률에서는 3명의 의사로 구성된 위원단이 각 사건을 검토한 뒤 진행 여부를 결정하게 되어 있으며, 배상 액수 역시 병원이나 보건의료 제공자당 50만 달러까지 상한을 정해놓았기 때문이다(그리고 이 금액은 흔히 환자 배상 기금에서 충당했다).

환자와 그 가족 이외의 다른 사람들도 병원을 상대로 법적 소송을 도모했다. 루이지애나 주의 노동자 배상 관련 법률에서는 고용주가 고용인으로부터 소송을 당하지 않도록 보호해주었지만, 메모리얼의 직원 일부는(그중에는 신생아실 ICU의 간호사도 여러 명 포함되어 있었다) 이에 아랑곳하지 않고 모회사인 테닛에 책임을 물으려고 하거나, 의도적인 불법 행위에 관한 법률의 예외 조항을 이용하려고 여러 방면으로 시도했다. 병원에 머물던 라이프케어 직원 및 가족 역시 메모리얼을 고소했다. 이들은 그곳 직원이 아니었기 때문이다.

테닛의 CEO에게 비판적인 편지를 써 보냈던 ICU 간호사 돈 마리긱은 고소장에서 메모리얼과 테닛은 "그 병원에서 오도 가도 못하던 사람들의 간호와 안전을 보장하는 데" 실패했다고, 그리고 적절하게 대피시키는 데도 실패했다고 주장했다. "카트리나 이후 저는 정신적 고통을 경험했으며, 그로 인해 ICU 간호사의 업무는 물론 다른 어떤 종류의 간호 업무조차 수행하기가 불가능해지고 말았습니다. 저는 외상 후 스트레스 증후군 진단을 받았습니다. 계속 간호 관련 직업을 가지려고 시도해보았습니다만, 지속할 수가 없었습니다."

하지만 메모리얼에 머물렀던 일부 대피자들은 병원 측에 격분하기는커녕 도리어 고마워했다. 후안 헤르샤니크가 '아르헨티나 캥거루'라는 별명을 얻게 되었을 정도로 꼭 끌어안고 수동으로 인공호흡기를 작동시키며 구조 헬기에 올라탔던 미숙아의 경우, 휴스턴의 새로운 집에 머물면서 그해 내내 잘 자라났다. 이른바 '남자아기 S'의 어머니는 훗날 아들을 데리고 뉴올리언스로 돌아왔고, 폭풍 1주년 때는 아기를 구한 의사들과 직원들을 다시 만남으로써 이후로도 매년 이루어지는 전통을 시작했다.

◇ ◇ ◇

NBC 텔레비전의 뉴스 프로그램인 〈데이트라인〉은 메모리얼의 자매 병원인 테닛 계열의 린디 보그스 메디컬 센터에 관해서 1주년 기념 보도를 했다.[59] 이곳의 상황은 메모리얼과 유사해서, 전력이 끊어지고, 통신 수단은 거의 없었고, 구조는 지연되었다. 이 병원의 하수구에서 물이 역류하는 광경은 마치 자연 상태의 폭포의 극적인 느낌이며 색깔과도 유사했다.

헬리콥터 착륙장도 없고, 구급차가 온다는 보장도 없는 상태에서, 보트 한 척으로 마른 땅까지 오갈 수 있게 되자, 병원 직원들은 처음에만 해도 혼자 움직일 수 있고 환자가 아닌 사람들만을 린디 보그스 바깥으로 실어 날랐다. 그러다가 수요일에 소방관들이 도착해서 여러 척의 작은 보트 조종사들에게 환자들을 태워서 근처의 우체국 옆의 둔턱으로 실어 나르라고, 그러면 헬리콥터가 환자들을 이송할 거라고 지시했다. 약 150명의 환자들은 A, B, C등급으로 분류되었다. 일부 의사들과 간호사들은 상태가 가장 위중한 C등급 환자들을 가장 먼저 구조해야 한다고 생각했다. 하지만 구조를 지휘하는 의사들과 소방관들은 이들을 가장 나중에 내보내기로 결정했다. 가장 큰 이유는 도착지에서 이들을 위한 의료적 처치가 불가능할 수도 있다는 우려 때문이었다. 〈데이트라인〉의 보도에서 호다 코트브 기자는 소방관 크리스 샘버거에게 이런 부상자 선별 규약의 이유를 물었다. 하지만 그는 설명을 거의 내놓지 않았다. "우리는 원래 그렇게 합니다."

당시 직원들을 총지휘한 글렌 존슨 선생은 유성 매직으로 사람들의 이마에다가 글자를 적어 넣었다. "저는 그저 끔찍한 생각뿐이었습니다. 예를 들어 '아우슈비츠나 그 비슷한 데서도 결국 이런 일이 벌어졌던 걸까?' 하고요. 아시다시피, 거기서는 사람들에게 마치 가축처럼 글자를 새겨 넣었다고 하니까요."

존슨은 어느 여성 마비 환자를 특히 딱하게 여겼다. 옆에서 남편이 직접 아내를 운반하겠다고 나선 상태였다. 결국 의사는 그녀를 C등급에서 A등급으로 바꿔주었고, "그날 내가 한 자비로운 행동은 그것 하나뿐"이었다고 회고했다. 린디 보그스의 직원들은 환자들을 시트째 들어서 여러 줄의 계단을 내려왔다. 소방관들은 안전에 대한 우려 때문에 해가 지기 전에 귀환하라는 명령을 받은 상태였다. 결국 이들은 중환자며, 호스피스 환자며, 장기 급성 환자 등을 그대로 남겨놓고 떠난 뒤 돌아오지 않았다. 소수의 의료진과 기타 구조자들이 9월 1일 목요일에 돌아와서, 작고 바닥이 납작한 배에다 생존자들을 태워서 나르기 시작했다. 다른 환자들은 금요일이 되어서야 병원을 벗어날 수 있었다.

뉴스 보도는 결정 과정에서 존슨이 겪은 고뇌, 외부에서의 도움이 없는 것에 대한 그의 분노, 약품을 공급하는 과정에서 그가 발휘한 기지, 치명적이고 진을 빼는 더위 속에서 업무의 격렬함 등에 초점을 맞추고 있었다. 그는 8월 31일 수요일에 헬리콥터로 그곳을 벗어난 뒤에도, 안전한 곳으로 가는 대신 자기 환자들과 함께 10번 주간 고속도로의 네잎 클로버 모양 교차로에 줄곧 머물렀다.

애너 포는 〈데이트라인〉 프로그램이 놀랍다고 생각했다. 고립된 장소에 갇힌 의사가 그런 어려운 결정을 내리는 것이 어떤 기분인지 대중에게 생생히 전달해주었다. 그녀의 자매를 비롯한 많은 사람이 전화를 걸어와서, 그 프로그램을 보기 전까지는 포가 어떤 일을 겪었는지 제대로 이해하지 못했다고 말했다. 이 보도는 의료 전문가들에 관해서 동정적인 그림을 보여주었다. 진짜 적(敵)은 홍수 그 자체였다.

그 보도에서는 주 검찰청에서 린디 보그스의 사건에 관해서도 살펴보고 있다고 언급했다. 버지니아 라이더도 원래는 이에 대한 수사를 돕고 있었는데, 이 과정에서 〈데이트라인〉이 묘사한 것보다 훨씬 더 심란한 이야기가 밝혀졌다.[60]

여기서 범죄 수사의 초점은 175명의 직원이 거의 모두 탈출한 직후 그 안에서 무슨 일이 일어났느냐 하는 것이었다. 소방 공무원들의 제안에 따라, 직원들은 군용 헬리콥터로 손쉽게 대피할 수 있도록 환자복을 걸치고, 환자 분류 기호인 'C'라는 글자를 자기네 몸에 적어 넣었다. 일부는 서로 사진까지 찍어주었는데, 이들은 수술복 위에 환자복을 대강 걸친 다음, 가슴과 손과 이마에 새빨간색의 환자 분류 기호를 적은 채씩 웃고 있었다.

어떤 호흡기 치료사는 뒤에 남은 환자들이 어떻게 되는 것이냐고 물었다. 그러자 누군가가 이렇게 대답했다. "때가 되면 누군가가 그들을 안락사시켜야겠죠." 마취과 의사인 제임스 리오펠은 누군가가 환자를 안락사시키는 것에 관한 이야기를 꺼내자마자, 말도 안 되는 소리라고 일축했다. 여기는 '타이타닉'호가 아니지 않느냐고 그는 생각했다. 런디 보그스는 침몰 중인 배가 아니었다. 단지 마른 땅에서 1.5킬로미터밖에 떨어져 있지 않았으며, 마실 물도 얼마든지 있었다. 공식 구조 노력은 물론 느리게 이루어졌지만, 그는 결국 모두 이송될 수 있으리라고 생각했다. 비록 공무원들이 보안 우려 때문에 보트를 가지고 시 경계로 몰려드는 민간 구조대를 돌려보낸다는 소문이 돌고 있었지만 말이다.

그 주(州)의 인도주의 단체 연합회의 대표를 역임한 바 있는 리오펠은, 그날 일찍 윗선의 지시에 불복하고 계속 거기 남아 있기로 결심했다. 병원에는 자기 애완동물을 비롯해서 60마리 내지 70마리의 애완동물도 남아 있었는데, 단지 슈리브포트에서 온 스무 살짜리 소방관이 떠나라고 명령했다는 이유로 순순히 떠날 수는 없었다. 그는 몇 년 전에 홀로코스트의 현장인 다하우 수용소를 둘러본 다음, 그 어떤 잘못된 지시에도 순응하지 않기로 작정한 바 있었다. 병원 직원 중에서 역시 애완동물을 데려온 2명(한 명은 간호부장이었고, 한 명은 호흡기 치료사였다)도 뒤에 남기로 작정했다.

리오펠은 설마 구조대가 환자를 모두 데려가지 않는 상황이 실제로 벌어지겠느냐고 반신반의했지만, 결국 그와 다른 동료 둘은 수많은 애완동물들이며 약 25명의 (극도로 허약하고 상당수가 DNR 요청 상태인) 환자들과 함께 그곳에 남게 되었다. 의사는 일부 환자가 사망하는 것을 보았으며, 혹시 약탈자가 들어오는 것을 방지하기 위해서 시신 세 구를 병원 출입구에 가져다두었다.

첫날 저녁에 리오펠은 간 이식 수술을 기다리던 스물여덟 살 여자 환자를 살펴보러 갔다. 그녀의 어머니 역시 떠나라는 명령을 거부하고 환자 옆에 남아 있다가, 딸이 고통스러워한다고 말했다. 약제실은 문이 잠겨 있었지만, 앞서 다른 직원이 그에게 모르핀을 건네주면서, 혹시 애완동물을 안락사시켜야 할 때 쓰라고 한 적이 있었다.

다른 방법이 없는 상태다보니, 리오펠은 환자의 보호자인 일레인 바이어스에게 10밀리그램을 건네주면서 언제든 사용하라고 말했다. 그러나 약품의 효과를 늦추기 위해서는 간 기능이 필수적이기 때문에, 이 약품은 자칫 간 질활을 앓고 있는 당신 딸을 죽일 수도 있다고 했다. 그는 안전한 투여량이 정확히 얼마인지 몰랐으며, 따라서 바이어스에게도 따님에게 약을 주사할 때는 아주 조심해야 한다고 말하면서, 그래도 그 약을 주사하면 따님이 잠을 자는 데 도움이 될 거라고 말했다.

그런데 바이어스의 회고는 오히려 정반대였다. 즉 그녀는 리오펠이 자기더러 딸을 '잠들게' 하라고 말했다고, 그리고 딸의 IV 주사선에 모르핀 주사하는 방법을 시범으로 보여주기까지 했다고 주장했다. 그래서 바이어스는 의사의 제안을 거부했다. 자신의 이런 반응은 이전의 대화로부터 영향을 받은 것이었다고 그녀는 수사관에게 말했다. 즉 직원회의 직후 한 직원으로부터 '특정 환자들은 대피하지 못할 것'이라는 이야기를 들었다고 했다. 그 여자 직원은 바이어스에게 이렇게 말했다고 했다. "결국 모르핀을 투여해서 잠을 자게 할 거예요."

간 이식 수술을 마친 직후였던 어느 젊은 환자의 아내인 제시 린 라살 역시 리오펠이 거듭해서 자기한테 모르핀을 건네주었다고 회고했는데, 정작 이 의사는 그런 기억이 없다고 훗날 말했다. 환자의 아내가 주장하는 바에 따르면, 이 의사는 어느 누구도 당신 남편을 구하러 오지 않을 거고, 따라서 남편을 '편히 가시게' 모르핀을 주사하도록 부인께서 허락하셔야 한다고 말했다. 하지만 아내는 격분한 나머지 리오펠

재난, 그 이후

을 병실 밖으로 쫓아냈다. 그녀의 주장에 따르면, 이 의사는 혹시라도 마음이 바뀌면 위층 애완동물 있는 곳으로 오라고 말했다.

전력이 차단된 상태다보니, 라살의 남편이 사용하던 인공호흡기는 이제 단지 병원에서 공급하는 산소를 전해주는 역할만 할 뿐이었다. 나중에 리오펠이 지적한 바에 따르면, 모르핀은 (비록 그가 제안하기는 했지만) 이 환자의 호흡을 억누르거나, 위험을 제기하지는 않았을 것이다.

이 의사는 환자 가운데 누군가를 안락사시키거나, 모르핀을 건네주었다는 주장을 부인했으며, 바이어스와 라살이 버림받았다는 느낌을 받은 나머지 자기 의도를 잘못 이해했을 것이라고 수사관들에게 해명했다. 당시 병원에 남아 있던 환자 몇 명은 생명 유지 장치에 연결되어 있었으며, 압축 가스로 가동되는 인공호흡기의 도움으로 호흡을 하고 있었다. 바이어스의 주장에 따르면, 그녀는 이런 장치들의 전원이 꺼진 것도 보았고, 보호자가 없는 상태에서 모르핀으로 추정되는 뭔가를 주사로 맞은 환자들이 죽어나가는 것도 보았다.

린디 보그스에서는 대략 27구의 시신이 수습되었는데, 그중에는 이곳과 별개인 장기 급성 환자 전문 병원인 '제네시스 스페셜티(Genesis Specialty)'의 환자도 상당수 포함되어 있었다(물론 그중 몇 명은 폭풍 이전에 사망한 경우였다). 이 건물 내에서 발생한 사망자의 총수는 메모리얼보다 적었지만, 애초에 이곳에는 환자가 더 적었기 때문에 비율로 따지면 엇비슷했다. 독물학 검사 결과, 검사 대상인 21명의 시신 중 4분의 1에서 모르핀이 확인되었다. 하지만 그 수치가 이례적으로 높은 환자는 단 한 명에 불과했다.

젊은 이식 수술 환자 2명은 모두 다음 날 보트를 타고 병원을 빠져나갔지만 불과 몇 주일 만에 사망했으며, 가족들은 고인이 그 당시 병원에서 방치되고 간호를 받지 못한 까닭에 그렇게 되었다고 믿었다. 이들은 의료 과실 혐의로 리오펠과 이식 수술 담당 의사를 모두 고소했으며(양쪽 모두 나중에 혐의가 기각되었다), 나아가 병원과 그 소유주인 테닛도 고소했다. 이 소송에서는 환자들이 안락사당했다는 '강력한 암시'가 언급되었다.

◇ ◇ ◇

주 검찰청 수사 팀은 투로 병원에서 죽도록 내버려진 환자가 나중에 산 채로 발견된 사건도 다루고 있었다.[61] 이 환자는 익명의 누군가가 투로의 CEO에게 보낸 (그리고 주 검찰청에도 사본을 보낸) 편지에서도 언급된 바 있는데, 거기에는 이런 예측이 나와 있었다. "언젠가는 진실이 드러나게 될 겁니다." 문제의 환자는 당당한 얼굴을 한 오둔 아레차가라는 일흔 살 남자 노인이었으며, 허리케인 이전에 심장 발작을 일으킨 상황에서 구조대가 그의 집을 찾아내기까지 시간이 걸리는 바람에, 결국 무의식 상태에 빠지고 두뇌 손상까지 입었다. 신경과 의사들은 그의 딸에게 "그냥 돌아가시게 두시라"고 조언했다. 그녀는 이 제안을 거절했으며, 폭풍이 오기 며칠 전에 환자는 독자적으로 숨 쉬는 능력을 되찾았고, 외부 자극에도 이전보다 더 잘 반응을 보였다.

1960년대에 아레차가는 시카고에서 '사바 종교 수도회'라는 오컬트를 창립한 바 있었다. 여기서 그는 고대 철학과 신비주의를 접목시켰으며, 이른바 감춰지고 깊은 존재인 아믄의 사제로 자처했다. NPR의 기자인 마고트 애들러의 저서 『달을 내리다(Drawing Down the Moon)』를 보면, 1975년에 그의 신전에서 벌어진 환상적인 '사바'의 결혼식은 펠리니의 영화 〈사티리콘(Satyricon)〉의 한 장면에 비견할 만하다고 나와 있다. 이에 아레차가는 "우리와 달리 그거야 단지 영화에 불과하지 않느냐"면서 그녀에게 장난스럽게 항의하기도 했다.[62] 그는 본래 뛰어난 이야기꾼으로, 평소에도 갖가지 재난에 매료되어 있었다. 그는 휴일 축제를 위한 정교한 연극을 집필하고 연출했는데, 자기네 수도회에 소속된 아이들이 등장해서 수메르의 지진과 베수비오 화산 폭발로 인해 파괴된 도시들을 재건하는 내용이었다.

수사관들이 목격자들로부터 들은 바에 따르면, 아레차가는 9월 2일 금요일에 투로의 3층에 있는 지저분한 바퀴 달린 들것 위에서 발견되었는데, 그의 양쪽 귀에는 어째서인지 스티로폼 커피 컵이 테이프로 부착되어 있었고, 그의 발치에는 진료 기록이 놓여 있었다. 주 방위군 병사들이 그의 들것을 밀어서 투로에서 데리고 나온 다음, 도움이 필요한 환자가 있다고 소리 질러 길 건너편의 더 작은 병원에서 의료진을 불러왔다. 구조대가 검사해보니, 그의 기도는 거의 막혀 있었고, 그의 목 주위에 있는 기관절개 개구부 고정장치에는 초록색과 노란색 가래가 딱딱하게 말라붙어 있었다. 그의 심장은 천천히 뛰었고, 사지는 차가웠으며, 산소 농도는 낮았고, 몸은 쇠약해지고 있었다.

구조대는 그의 기도에 막힌 이물질을 제거하고, 개구부 고정장치를 교체했으며, 더러워진 그의 옷을 벗겼다. 아레차가는 구급차에 실리는 과정에서 결국 눈을 떴다.

투로 병원의 직원들은 물이 과연 어느 정도 높이까지, 그리고 얼마나 빨리 차오를지 몰라, 더위 속에서 (그나마 비상 전력이 아직 작동 가능한) 1층에 있던 아레차가와 비슷한 중환자 18명을 3층으로 옮겨놓았다. 그러다가 결국 병원의 발전기가(무려 수십 년이나 된 것도 있었다) 말썽을 일으키자, 3층의 전력이 완전히 차단되고 말았다. 보조 발전기는 이렇게 오랜 기간 동안 작동이 가능한지 여부를 검사조차 받지 않은 상태였으며, 정부에서 배급받는 까닭에 어쩌면 순도가 떨어질 수도 있는 연료를 이용했고, 완벽한 연결까지는 아니다보니 일부 구역에서는 에어컨 시스템을 가동할 수 없었다(아울러 그 냉각기는 이미 문제가 터진 시의 상수도 시스템에 의존하고 있었다). 인공호흡기의 보조 배터리도 소진되자, 이제는 수동 인공호흡기를 손으로 눌러 사용할 수밖에 없었지만,

상당수의 환자는 기계에서 떨어지는 것을 견디지 못해 결국 사망하고 말았다.

일부 직원이 나중에 설명한 바에 따르면, 이곳에서는 독특하면서도 섬뜩한 환자 분류 시스템이 사용되었다. 예를 들어 자기 이름을 말하지 못하는 환자들에게는 정맥주사도 놓아주지 않았다. 파킨슨병 말기라서 차마 말을 할 수도 없고, 급기야 이 병원에서 갑작스럽게 사망한 한 환자의 유족은 이런 사실을 거듭 머리에 떠올릴 수밖에 없었다. 상당수의 환자는 '검은색' 꼬리표를 달게 되었으며(이는 '너무 위중해서 이송이 불가능하다'는 의미였다) 결국 헬리콥터 착륙장으로 운반되지도 않았다.

메모리얼이나 린디 보그스와 달리, 투로 병원은 카트리나 직후에도 육로로 접근이 가능했지만, 이곳의 직원들 역시 시내에서 폭력 사태가 벌어졌다는 잘못된 보도를 듣고 겁을 집어먹었다. 투로의 의료진은 물론, 이 병원 내에 있는 별도의 장기 급성 요양 시설인 '뉴올리언스 스페셜티 병원'의 의료진이 입을 모아 수사관에게 전한 이야기에 따르면, 자기네 동료의 상당수는 영웅적으로 쉬지 않고 환자를 구조했으며, 심지어 그러기 위해 다시 병원으로 돌아오기까지 했지만, 일부 근무조에서는 구성원 전체가 자신들의 환자를 남겨놓고 병원 주차장에서 자동차를 몰고 떠나버렸다. 폭풍 직후 간호사 몇 명은 해고당했으며, 주(州) 간호협회에 환자 유기로 신고당했다.

환자 분류를 담당했던 투로의 응급실 담당 간호사가 훗날 말한 내용에 따르면, 주 방위군 병사들이 결국 찾아와서 아직 남은 직원들에게 각자의 안전을 위해 떠나라고 명령하면서, 자기들이 뒤에 남아서 나머지 20여 명의 환자의 안전을 돌보겠다고 했다. 저격수가 맨 앞에 선 차량 대열이 병원 앞에 늘어섰다. "어느 순간쯤 되면, 사람은 자기 자신을 구해야만 하는 거죠." 브렌트 베크넬이라는 이 간호사는 이렇게 말했다. 비록 전문가들은 화를 내면서 떠나지 않으려 했지만, 결국 상황에 굴복하고 말았다. "만약 당신이 다치기라도 한다면, 그래서 나중에 병원이 다시 문을 열었는데 당신만 거기 없다고 치면, 그렇게 해서 당신한테 무슨 이득인가요?"

투로의 한 의사(그가 바로 주 검찰청에 익명의 편지를 보낸 장본인이었다)의 말에 따르면, 투로의 대피를 감독하는 군 지휘관은 아레차가를 비롯한 14명의 환자가 "지나치게 위중하다"고 말했다. 그리하여 의료진은 "그들에게 모르핀을 잔뜩 주사하고, 그들을 놓아두고 떠났다."

투로와 스페셜티 병원에서 발견된 시신 일부에 대한 독물학 검사에서는 높은 수준의 모르핀과 미다졸람이 검출되었는데, 메모리얼에서 사용된 바로 그 약품 혼합제와 똑같은 성분이었다.

◇ ◇ ◇

메모리얼과 린디 보그스와 투로 같은 병원에서 나온 이야기들은 뉴올리언스의 공립 채리티 병원에서 직원들이 보여준 대응과 상당히 대조적이었다.[63] 채리티 역시 홍수를 겪었다. 전력도 끊어지고, 상하수도와 컴퓨터와 전화와 엘리베이터도 작동하지 않았다. 헬리콥터 착륙장도 없었다. 뒤늦게나마 이들을 지원해줄 본사의 감독관들조차 없었다. 9월 2일 금요일 오후가 되어서야 이곳에 있던 모든 환자를 이송할 수 있었는데, 메모리얼에서 비슷한 일이 일어났던 9월 1일 목요일보다 하루가 더 늦은 것이었다. 이 공립병원이 자리한 두 군데 부지에 있는 환자의 숫자는 메모리얼의 두 배 정도 됐으며, 환자 대 직원의 비율은 메모리얼보다 더 낮았다. 하지만 이곳에서 사망한 환자는 겨우 3명뿐이었다.

의사들의 말에 따르면, 직원들은 끝까지 병실에 있던 환자들에게 계속 의료 처치를 제공했으며, 여러 가지 실존적 위협들이 다른 병원들과 유사하거나 심지어 더 심각한 상황에서도 마찬가지였다. 예를 들어 근처의 어느 건물 지붕 위에서 총을 든 남자를 봤다는 소문이 돌면서 대피에 혼선이 빚어지기도 했을 뿐 아니라 이 병원 안에는 정신병 환자가 무려 100명 이상이나 있다는 것도 만만찮은 위협이었다. 사람들은 계단참에 소변을 보았다. 물을 건너서 이 병원까지 오려던 구조대가 총격과 약탈을 당했다는 소문도 돌았다. 이 병원은 아직 대피하지 못했는데, 정작 뉴스에서는 대피가 완료되었다는 잘못된 보도가 나갔다.[64] 인공호흡기에 의존하는 환자들을 군인들이 발견해서 '추가로' 이 병원에 데려오기도 했다.

기사와 대화에서 드러난 바에 따르면, 병원 직원들은 자신들이 발휘한 탄력성의 원인으로 몇 가지 요소를 꼽았는데, 그중 하나는 바로 사기 진작이었다. 이곳 지도자들은 네 시간에 한 번씩 로비에서 회의를 가졌으며, 이때는 의사부터 미화원까지 모두가 참석했다. 이들은 플래시 불빛을 이용해 장기자랑을 벌이기도 했다. 이들은 분장을 하고 웃기도 했다.

병원 직원들은 평소에 3등급 허리케인과 제방 파손을 가정한 대비 훈련을 했으며, 9·11 공격 이후에 이용 가능해진 연방 준비 기금의 도움을 받아 이동식 발전기와 산소 동력 인공호흡기, 아마추어 무선 장비를 구입했다. 병원 경비원들 역시 평소부터 재난 대비 특별 훈련을 받았다.

채리티의 직원들은 시내의 정부 소유 병원에 근무하며 비교적 스파르타적이고, 혼란스럽고, 때때로 위협적인 환경에 적응해 심지가 굳은 사람들이었다. 직원들 가운데 응급실 담당 의사 몇 명은 특히 배짱과 호기로 유명한 베트남 전쟁 참전용사 출신이었다. 거의 모두가 늘 겪는 자원 부족 상황에서 나름대로 창의력을 발휘한 경험이 있었다.

채리티에서는 직원들이 각자의 승용차에서 기름을 뽑아와 이동식 소형 발전기 열 대에 연료를 공급했다. 여기서 생산된 전기로 ICU의 인공호흡기와 심장 박동 측정기에 동력을 공급했고, 결국 상태가 위중한 사람들과 미숙아들을 살아 있게 만들었다. 이와 상당히 대조적이었던 메모리얼에서는 전력이 차단되자 환자들에게 수동 인공호흡기를 사용했으며, 두 대의 유사한 발전기는 더 나중에 가서야 사용했고, 그때 가서도 의료 장비를 가동하는 데가 아니라 오로지 공용 구역과 헬리콥터 착륙장에서 조명과 선풍기를 가동하는 데만 사용했을 뿐이다.

채리티의 직원들은 힘든 상황에서도 병원의 평소 일정을 그대로 유지했으며, 물리 및 직업 치료 같은 서비스를 제공하고, 직원들에게도 근무 교대를 유지하며 평소와 같은 취침 시간표를 지키도록 지시했다. 이는 결국 상황이 어느 정도 통제되고 있었으며, 공황이 최소한도로 저지되었음을 보여준다. 아울러 헛소문을 최대한 억누르려는 적극적인 노력이 병행되었다. "직접 본 사실이 아니면 아무 말도 하지 마세요." 직원들은 이런 엄명을 받았다.

어쩌면 가장 중요한 차이는, 채리티의 지도자들이 환자들 가운데 상태가 너무 위중해서 구조가 불가능한 부류를 굳이 골라내지 않았다는 점이었을 것이다. 오히려 가장 위중한 환자는 맨 마지막이 아니라 맨 처음 내보냈다.

◇ ◇ ◇

애너 포를 위한 변론을 구성하려는 리처드 시먼스의 노력은 지칠 줄 모르고 계속되었지만, 검찰 측이 확보한 증거를 아직 얻지 못한 것이 결점일 수밖에 없었다. 9월 중순에 그는 지방검사보 마이클 모랄레스에게 편지를 보내, 앞서 여러 번 요청한 것처럼 시신들에 대해서 수행한 법의학적 검사 결과 사본을 보내달라고 다시금 요청했다.[65] 시먼스는 마치 정당한 거래라도 하는 것처럼 생색을 냈다. 즉 검사 및 부검 결과를 받는 대가로, 자기는 이번 사건에 관한 자기네 측 전문가들의 의견을 제공하겠다는 것이었다.

지방검사보 모랄레스는 이 제안을 거절하면서, 포는 아직 기소되지 않은 상태임을 시먼스에게 상기시켰다. 따라서 그녀의 변호사는 실제로 기소가 이루어진 다음에야, 루이지애나 주 법률에 의거해 지방검찰청에서 수집한 증거를 열람할 수 있을 것이었다. 하지만 아직까지는 절차상 그 지점까지 가지 않은 상태였다. 만약 시먼스가 자기 패를 보여주고 싶다고 하면, 모랄레스도 기꺼이 들여다보았을 것이다. 하지만 지방검사보는 자기 패를 보여주고 싶은 생각이 아직 없었다.

시먼스는 이 사건에서 지방검찰청이 '절대적인 재량권'을 갖고 있음을, 즉 이 사건을 완전히 거부할 수도 있으며, 거부 표시로 주 검찰총장에게 돌려보낼 수도 있음을, 모랄레스에게 거듭 상기시켰다. 그러면서 이 검사보가 재난 상황에서의 진료에 관해 벼락치기 공부를 하는 동안, 이 변호사는 언제라도 자기가 가진 정보를 제공할 준비가 되어 있는 듯한, 즉 이 사건에 대한 변론 요지를 공유할 준비가 되어 있는 듯한 암시를 보냈다.

낯선 용어를 워낙 많이 접하다보니, 모랄레스는 아예 단어장을 하나 만들어두었다. 임종 호흡, 부대작용, 안락사, 완화 치료, 부상자 선별 등. 특별 검사들이며, 부서장들이며, 주 검찰총장 역시 회의 때 증거를 논의하고, 앞으로 남은 일을 논의할 때마다 저마다 참고 도서를 가까이 놓아두고 있었다. 일반적인 사건에서는 한 가지 기소 협의가 나오게 마련이었다. 하지만 메모리얼 사건에서는 한 가지가 아니라 무려 다섯 가지가 나오려는 과정에 있었다.

모랄레스는 '전쟁 지역'에 민간 형법을 적용하기가 어렵다는 사실을 절감하는 동시에, 루이지애나 주에서 살인을 입증하기 위해 필요한 '구체적인 범죄 의도'라는 법적 개념이 이른바 부대작용이라는 의료 윤리의 개념과 잘 맞아떨어진다는 사실에 대해서는 깊은 인상을 받았다. 과연 그 주사는 환자를 해치거나 죽이려는 것이었을까, 아니면 그냥 고통을 완화시키려는 것이었을까? 그는 이 사건을 이러한 관점에서 바라보기 시작했다.

506

시먼스는 포가 카트리나 직후에 테닛의 변호사 및 언론홍보본부장과 나눈 대화 내용을 공개하지 못하게 하려고 여전히 공격적으로 움직이고 있었다. 9월 말에 루이지애나 주 항소법원에서는 그의 편을 들어주었고, 하급 법원의 판결을 유지하도록 해주었다. 이제 그 정보는 계속 공개되지 않고 보호된 채 남아 있을 것이었다.

시먼스는 또한 이미 언론에 대해서 커다란 증오를 품고 있는 포를 잘 설득해서, 영향력 있는 CBS의 시사고발 프로그램인 〈60분〉과 인터뷰를 시켰다.[66] 촬영 팀과 프로듀서는 두 번이나 찾아와서 그녀를 찍어 갔다. 포는 신경이 곤두선 나머지 처음에는 이들을 만나지 않겠다고 고집했다.

시먼스는 그녀와 몰리 세이퍼의 인터뷰 전체를 녹음해두었는데, 이는 혹시나 나중에 〈60분〉에 소환장이 발부될 경우 그 내용이 문맥을 무시한 채 법정에서 인용되는 것을 막으려는 의도였다. 방송 날짜가 다가오자 그는 이 인터뷰가 자기 의뢰인에게 유리하게 작용할 것이라고 확신했으며, 방송이 나간 직후에는 전문 의료 기관들로부터 지지 발언이 나오도록 조직하는 일을 돕기까지 했다. 포의 변론에서 담당한 배후 조종자로서의 역할에 걸맞게, 시먼스는 영향력 있는 의사들의 회원제 조직인 미국의학협회에도 시비를 걸었다. 왜냐하면 미국의학협회에서는 방송이 나간 다음 날인 월요일에 가서야 관련 성명을 발표하기로 계획했기 때문이다.[67] 마침 월요일에는 모두가 고대해온 뉴올리언스 세인츠의 홈구장 슈퍼 돔에서 열리는 복귀전 중계방송이 예정되어 있어서, 자칫 이 지역의 뉴스 프로그램들이 시선을 그쪽에 빼앗길 수도 있었다.

그 와중에 주 검찰총장 포티의 공보실장인 크리스 워텔은 자기 상사의 인터뷰를 주선하는 일을 도우면서, 방송이 나가기만 하면 이 사건에서 검찰 측 이야기를 공정하게 제시함으로써 핵심을 찌르는 탐사 보도가 될 것이라고 확신하고 있었다. 그녀는 일찍이 자기네 주 검찰청과 공조한 〈60분〉의 기자 에드 브래들리로부터 좋은 인상을 받았다. 이때 그는 뉴올리언스와 인접한 소도시 그레트나 교외의 (대부분 백인인) 경찰관들이, 카트리나 직후 비교적 안전한 그곳으로 가려는 (대부분 흑인인) 뉴올리언스의 난민을 다리에서 막아섰던 사건을 보도한 바 있었다. 하지만 방송국 내에서 일종의 내부 다툼(으로 보이는 것)이 벌어진 직후, 결국 브래들리가 아니라 몰리 세이퍼가 메모리얼 보도를 담당하게 되었다는 사실을 알고 워텔은 깜짝 놀랐다. 세이퍼와 함께 일하는 젊은 프로듀서는 자기네 보도에서 여전히 포티를 영웅으로 묘사할 것이라면서 공보실장을 안심시켰다.

세이퍼가 인터뷰를 수행하기 위해서 찾아왔다. "몰리는 지금 기분이 별로예요." 프로듀서가 워텔에게 넌지시 말해주었다.

밝은 조명 아래에서 기자가 포티에게 질문을 던지기 시작하자마자, 이 보도가 오히려 주 검찰총장에게는 비판적인 내용이 될 것임이 점차 뚜렷해졌다. 포티는 워텔에게 화를 냈고, 워텔은 인터뷰 직후 한 시간 가까이 세이퍼와 말다툼을 벌였으며, 급기야 CBS 방송국의 최고위층에게 항의 편지를 보냈다. 그녀는 이 기자의 의도에 관해서 방송국이 자기를 속였다고 믿었다.

방송은 2006년 9월 24일 일요일 밤에 나갔다. 포의 등장은 그야말로 센세이션을 일으켰다.

카메라는 그녀의 매력적인 얼굴을 가까이에서 보여주었다. 입술을 약간 떨고, 입가를 아래로 내린 고통스러운 듯한 표정으로, 그녀는 세이퍼를 유심히 바라보았다. "저는 살인자가 아니라는 사실을 모든 사람이 알아주었으면 합니다." 이렇게 말하면서, 포는 천천히 이야기를 이어갔고, 마치 자기 말을 강조하려는 듯 고개를 끄덕였다. 마치 어린아이에 불과한 미국의 대중에게 뭔가 중요한 사실을 납득시키려는 듯한 태도였다.

세이퍼의 얼굴에는 동정과 공감이 나타나 있었다. 그는 존경받는 의사에서 범죄 피의자가 된 기분이 어떠냐고 물었다. "한마디로 가슴이 갈기갈기 찢어지는 듯한 느낌이었죠." 이렇게 말하는 포는 마치 눈물을 터뜨릴 것처럼 보였다. "저는 평생 동안 착하게 살려고 노력했어요." 그녀는 당시 완전히 내버려짐으로써 비롯된 끔찍한 상황에서 자기는 최선을 다했을 뿐이라고 주장했다. 자기는 안락사의 신봉자가 아니며, 다만 환자가 고통을 겪지 않게 해주는 안락 치료의 신봉자라고 밝혔다. 혹시 한 번이라도 희망을 잃은 적이 있느냐고 세이퍼가 묻자, 포는 도리어 화를 냈다. 암 전문의인 그녀는 이렇게 말했다. "제가 바로 희망이에요."

반면 주 검찰총장은 뻣뻣한 태도에, 두꺼운 안경을 끼고 있어서 뭔가 거리감이 있어 보이는 모습이었으며, 조명을 옆으로 받아 얼굴이 번들거리고 주름살이 부각되었다. 세이퍼가 그에게 물었다. "주 검찰총장께서 생각하시기에도, 살인의 경우에는 그 행위자가 자기 행동을 감추려 노력하는 것이 일반적이지 않나요?"

"어쩌면 누군가가 그걸 알아낼 수 있다는 생각까지는 못했던 모양이지요." 이렇게 퉁명스럽게 대답하는 포티의 갈라진 입술 사이로 보기 흉한 이빨이 드러났다.

전국 각지의 의사들이 격분했다. "감히 전문가들을 기소하다니, 당신네 주 검찰총장 포티 씨는 완전히 바보 멍청이요." 버지니아 주의 의사인 존 M. 켈럼은 방송 도중에 주 검찰총장의 웹사이트에 이런 이메일을 보냈다.

대변인 워텔은 켈럼이 재직하는 의학대학원 학장에게 항의 서한을 보내, 그의 이메일이 "무례하고 전문가답지도 않다."고 지적했으며, 나아가 켈럼에게도 다음과 같은 답장을 보냈다. "문제의 추정 범죄가 수사되는 것을 원하지 않으신다면, 우리가 면담한 수백 명의 목격자를 직접 만나보시기 바랍니다. (……) 우리가 차마 증거를 공개적으로 들먹

일 수 없는 상황이다보니, 이 사건에 관한 증거라고는 한 톨도 갖고 있지 않은 시청자들이 도리어 우리를 비난하는 터무니없는 일이 펼쳐지고 있군요."

시먼스가 관여해 조직한 대로, 미국의학협회에서는 자기네 단체의 훌륭한 일원인 포에 대한 혐의는 복잡한 동시에 논란의 여지가 다분하다는 내용의 성명서를 (비록 월요일이기는 했지만) 발표했다. 이 조직의 고위층 가운데 한 명은 포와 마찬가지로 두경부외과 전문의였기 때문에, 그녀 대신 이 조직의 배후에서 활동하고 있었다. "미국의학협회는 허리케인 카트리나 직후 자신을 희생하고 두각을 나타냈던 여러 영웅적인 의사 및 여타 보건의료 전문가들을 매우 자랑스럽게 생각합니다." 그 성명서에는 이렇게 나와 있었다.

그 와중에 '루이지애나 주 의학협회' 이사회의 일원인 한 의사도 포를 어린 시절부터 잘 알고 있었던 까닭에, 이 조직 내에서 그녀를 위해 각별히 로비를 벌이고 있었다.[68] 여러 회원이 포의 지원 기금에 기부금을 내도록 협회에 압력을 행사했으며, 법적 제한 때문에 직접 기부가 불가능해지자, 대신 이 조직의 웹사이트에 포의 변론 기금 관련 공지를 올렸다. 아울러 이 웹사이트에는 그녀의 텔레비전 인터뷰가 심어준 강렬한 인상을 토대로 무죄를 추정할 수 있다고 주장하는 성명서가 올라와 있기도 했다.

〈60분〉에서 애너 포 선생의 인터뷰를 방영한 직후, 루이지애나 주 의학협회(LSMS)는 포 선생이 가장 힘들고 공포스러운 상황에서 용감하게 행동했음을, 그리고 자기 환자의 최선의 이익을 위해 결정을 내렸음을 확신하게 되었다. 그 사건에 관한 그녀의 최근 발언은, 모든 희망이 사라진 것 같은 상황에서도 자기 환자들에게 치료와 희망을 제공하려는 그녀의 헌신을 명백히 보여주었다.

510

재난, 그 이후

그러면서 이 성명서는 카트리나 도중과 이후에 나타난 그녀의 '영웅적인 노력들'을 언급하면서 마무리 지었다.

◇ ◇ ◇

그녀의 떨리는 입술 때문이었을까? 그녀의 호소하는 듯한 눈빛 때문이었을까? 아니면 검시관 프랭크 미냐드가 소속된 의료계 전체가 마치 그녀를 지지하는 것처럼 보였다는 사실 때문이었을까?

〈60분〉의 방영과 관련된 어떤 이유 때문인지, 미냐드는 갑자기 이 여성을 직접 만나보고자 하는 충동을, 즉 커피를 마시며 대화를 나누어 그녀가 어떤 사람인지 알아보고 싶은 충동을 느꼈다. 그는 이전에도 여러 번 자기가 수사 중인 범죄를 저질렀다고 기소된 사람들을 상대로 이런 일을 한 적이 있었다.

한 사건을 다루다보면, 그는 어느 시점에 가서 과학 너머로 반드시 가봐야 한다는, 즉 과학 대신 자기 육감을 따라야 한다는 느낌을 받곤 했다. 그리고 이런 느낌은 어떤 정치적 이익이라든지, 동료들의 이익과 딱 맞아떨어지는 경우가 간혹 있었다. 예를 들어 1990년에 미냐드의 친구인 한 경찰관이 구금 중이던 범죄자 한 명이 심하게 얻어맞아 사망한 사건이 있었는데, 이때 이 검시관은 사망자의 부상이 "바닥에서 미끄러져 넘어져서" 생겼다고 주장했다.[69]

미냐드는 이제 일흔여섯 살이었고, 선출직 검시관으로 31년간 일해왔으며, 최근에 또 한 번의 임기를 시작했지만(그는 법정에 출두해 자신의 유일한 경쟁자를 자격 정지 시켜버렸다) 평소에도 지역사회의 의견과 자기 이미지를 매우 중요하게 여겼다. 본래 산부인과 의사였던 미냐드는 가톨릭 수녀 한 명으로부터 영감을 얻어, 자기 말마따나 "고통받는 인류에게 봉사하는 사업"에 평생을 바쳤다. 그는 개업의로서의 월급을 포기하는 대신, 공적 찬사의 수단을 얻었다. 수십 년 동안 그는 주랑(柱廊)이 있는 형사 법원 지하의 사무실에서 시신을 들여다보았으며, 카우보이 부츠 차림으로 그곳을 나와 시(市)의 자선행사에서 재즈 트럼펫을 연주했다. 제방 위에서 흰 정장을 입고 트럼펫을 연주하는 자신의 젊은 시절 모습이 담긴 사진을 여러 장 갖고 있다가, 찾아오는 기자들에게 서명을 해서 나눠주었다.

미냐드는 자기 직업과 이력을 자랑스러워했으며, '검시관'이라는 단어는 본래 '왕실 재무관'이라는, 즉 누군가가 부자연스러운 이유로 죽었을 때 왕실을 대신해 사건을 수사하고 벌금을 징수하는 사람이라는 뜻이었다고 즐겨 말하곤 했다.* "심지어 이 단어는 『마그나 카르타』에도 들어 있다고." 그는 이렇게 말하곤 했다. 이 검시관은 자기 업무가 단순히 "눈가리개를 하고 순수한 과학만" 사용해서 수상한 죽음의 원인과 방식에 관해서 결론을 이끌어내는 법의관이나 병리학자의 업무와는 전혀 다르다고 간주했다. 미냐드는 선출직 공무원이었기 때문에, 곧 대중을 위한 사람이었다. 따라서 그는 자기 판정이 지역 사회에 끼칠 잠재적인 영향에 대해서 고려하는 것 역시 자기 임무라고 생각했다.

미냐드는 〈60분〉이 방송된 직후 수많은 전화를 받았다. 왜 당신이 이 사건을 수사하고 있느냐, 왜 주 검찰총장은 '그 착한 여자'한테 그런 짓을 하느냐는 항의가 대부분이었다. 또한 그는 가까운 친구이며, 한때 자기 밑에서 일했던 존 코키머가 〈60분〉과 다른 매체에 등장해서 포와 병원의 명예를 옹호하는 것도 지켜보았다.

미냐드는 포의 변호사에게 의뢰인과 함께 자기 사무실을 한 번 방문해달라고 요청했다.

두 의사는 마주보고 앉았다. 미냐드의 책상 위에는 성서가 놓여 있

---

* '검시관(coroner)'에 관한 최초의 기록은 12세기 영국으로 거슬러 올라가는데, 이때는 왕실을 위해 일하는 재무 담당 관리였으며, 훗날 그 역할이 소송 및 범죄 수사 등으로 확장되었다.

었고, 사무실 벽에는 십자가의 예수상이 걸려 있었다. 또한 주위에는 이들의 고향인 도시의 생활을 보여주는 사진들을 담은 액자가 걸려 있었다. 머지않아 '귀향주간'인 관계로 이들은 공동의 친구들을 몇 사람 찾아냈으며, 가톨릭 신자인 포의 대가족 가운데 미냐드와도 가까운 몇 사람에 관해서 이야기를 나누었다. 두 사람은 한때 가정의로 활동했으며 이미 고인이 된 그녀의 아버지에 관해서도 회고했다. 포의 아버지는 과거에 미냐드에게 각별히 친절했다. 산부인과를 개업한 이 후배 의사에게 환자를 연결해주기도 했었다.

두 사람은 한 시간쯤 이야기를 나누었다. 포는 미냐드를 완전히 사로잡아버렸다. 그는 그녀가 '매우 숙녀다운 숙녀, 진짜배기 남부의 멋진 숙녀'라고 생각했다. 포는 자기가 고통과 괴로움을 경감시키기 위해서 노력했다고 미냐드에게 말했다. 그녀의 변호사도 동석했는데, 검시관은 그 자리에서 포가 한 일에 관해서 직접적인 질문을 던지지 않으려고 조심할 수밖에 없었다. 그녀가 묘사한 메모리얼의 상황을 듣자, 미냐드는 자기가 카트리나 직후 형사법원에 갇혀서 보낸 며칠 동안을 떠올릴 수밖에 없었다. 그가 차를 몰고 일터로 가는 도중에 시내에 홍수가 닥쳤다. 미냐드는 결국 차에서 내려 물을 건너고, 헤엄을 치고, 보트를 얻어 타고서야 목적지에 도착했다. 그는 이후 나흘 동안이나 그곳에 갇혀 있었다. 당시 식량과 식수가 얼마나 귀중해 보였던가. 밤만 되면 사방에서 들리는 총소리에 얼마나 잠들기 힘들었던가.

하지만 미냐드의 실제 감정은 포 앞에서 드러낸 것보다 오히려 덜 동정적이었다. 자기 같았으면 에밋 에버릿을 구하기 위해 최소한 노력은 해보았을 것이었다. 체중 170킬로그램의 남자를 아래층으로 내려보낼 방법이 분명히 있었을 것이다. 미냐드가 또 찜찜하게 생각하는 점은, 포에게 주사를 맞고 사망한 나이 많은 환자들 가운데 그 이전부터 진통제를 처방받았거나, 필요로 했던 것으로 보이는 사람은 소수에 불과했다는 것이다.

10월 첫 주에 전문가 자문단은 메모리얼과 라이프케어의 사망 사건에 관한 자기네 보고서를 제출했다.[70] 이들이 작성한 편지에서, 법의병리학자 웨크트와 베이든은 지난 8월에 미냐드의 사무실에서 표명한 바 있었던 강력한 의견을 공식화했다. 즉 라이프케어의 사망 사건은 약품 주사 결과라는 것이었다. 미냐드는 나름의 판정을 내리는 데 도움이 될 만한 추가적인 정보를 찾기 위해, 이 환자들의 진료 기록과 부검 기록과 독물학 검사 기록을 다른 3명의 전문가에게 더 보내 별도의 검토를 부탁하기도 했다.

"살인." 종양학자이며 완화 치료 전문가인 프랭크 브레시아는 아홉 건 모두에 대해서 이렇게 결론을 내렸다. "살인." 일찍이 캐나다 온타리오 주의 선임 검시관을 역임하고, 당시 '미국 법의학교' 교장으로 재직하던 제임스 영도 이렇게 썼다. "이 모든 환자는 이전 날들의 불리한 사건들에서도 살아남았는데, 불과 한 시간 반 동안 한 층의 환자 모두 약물의 독성으로 사망했다는 것은 단순한 우연의 일치를 넘어섭니다."

그 지역의 내과 의사 한 명이 내린 결론에 따르면, 몇몇 환자의 경우에는 진료 기록과 부검 결과, 이들의 죽음의 원인이 되었다고 합리적으로 추측할 만한 의학적 문제가 드러난 반면, 나머지 대부분의 환자의 기록에서는 이런 문제를 찾아볼 수 없었다. 미냐드에게 보낸 보고서에서 그 의사는 에밋 에버릿이 "안정적인 의학적 상태에 있었으며, 그에게 죽음이 임박했다거나, 가까웠다는 것을 보여주는 뚜렷한 증거는 전혀 없었던" 것이 "명백하다"고 썼다(하지만 포의 변호사는, 에버릿이 과도한 약물 투여 때문이 아니라 오히려 심장 비대 때문에 사망한 것이 거의 확실하다고 주장했다).

10월 말 어느 날, 법의학 보고서 가운데 맨 마지막 것이 도착했다. 바로 다음 날 포의 변호사인 리처드 시먼스는 두 시간 반 가까운 시간과 360달러라는 비용을 미냐드의 사무실에서 소비했다고 기록했다.[71] 아마도 그는 동정적인 검시관으로부터 자료 복사를 허락받은 모양이었다. 그리하여 자기가 주 검찰청으로부터 얻어내려고 그토록 노력했던 검사 결과물을 얻을 수 있었을 것이다. 그로부터 2주일 뒤 포의 오빠인 마이클은 누이를 위한 변론 기금에서 3300달러짜리 수표를 발행했고(공공기관인 대학에서 이 기금을 운영할 수 없다는 LSU의 경고 이후 그가 수탁자 역할을 담당하고 있었다), 그 돈을 독물학자 윌리엄 J. 조지에게 건네면서 이 증거를 분석해달라고 요청했다.

자기 의뢰인을 보호하기 위한 시먼스의 끈질긴 노력은 11월 초에 들어서 더 많은 성공을 거두었다. 폭풍 직후 테닛 측 변호사 및 언론홍보본부장과 나누었던 포의 최초 대화 내용을 비공개 조치한 하급 법원의 판결에 대한 주 검찰총장의 항소를 루이지애나 주 대법원이 기각했던 것이다. 이제 이 방면의 논란은 끝나버렸다. 사건이 발생한 지 시간이 별로 많이 흐르지도 않았고 검찰 측의 압력도 없었던 바로 그 시점에 포가 테닛의 직원들에게 말한 내용이 무엇이었든 간에(아마도 자신의 결정과 행동에 관한 정직한 설명이었을 것이다), 이제는 영원히 감춰진 상태로 남아 있을 것처럼 보였다.[72]

◇ ◇ ◇

미냐드의 사무실을 찾아온 또 다른 방문객은 호러스 볼츠였다. 11월 중순 어느 날, 그는 이 검시관으로부터 한 번 만날 수 있겠느냐는 전화 연락을 받고 찾아왔다. 볼츠는 병원에서의 안락사 추정 사건을 계속 수사하라고 독려하는 내용의 편지를 주 검찰청 수사관들에게 보냈으며, 미냐드는 그 편지 사본을 보았던 것이다.

두 사람은 우선 밤마다 잠을 못 이룬다는 서로의 걱정을 공유했다. 볼츠 역시 포의 아버지와 안면이 있었다. 고등학교 시절 약국 배달원으로 일하던 그는 그 의사를 위해 처방약을 가져다주곤 했다. 볼츠가 보기에, 미냐드 역시 포의 아버지에게 감사하는 마음을 갖고 있기는 했지만, 그녀의 혐의인 사망 사건에 대해서 5명의 개별 법의학 전문가 모두 살인이라고 결론 내렸다는 사실 때문에 마음이 갈팡질팡한 상태였다. 이 사건은 대배심에 회부될 예정이었고, 그 이후에는 아마도 재판이 열릴 것이고, 현재 이 사건과 관련해서 전 세계로부터 매일같이 검시관실로 걸려오는 전화의 수로만 미루어보아도, 어마어마한 언론의 관심을 받을 것이 분명해 보였다. "이 사건이야말로 뉴올리언스에서 개최된 슈퍼볼 이후 가장 큰 사건이 될 거야." 볼츠가 보기에, 이 검시관은 마치 뜨거운 감자를 갖고 곡예를 하는 듯했다. 정치적으로 미냐드는 논란거리를 다루는 일을 매우 싫어했다. 하지만 지적으로는 (볼츠와 마찬가지로) 이 사망 사건이 살인이라고 생각하는 것 같았다. 검시관이 어떤 사건에 관해서 이처럼 많은 세부사항을 외부인과 공유하는 일은 뭔가 좀 기묘해 보였다. 다음 날 볼츠는 메모리얼에 관한 기사 하나를 스크랩해서 미냐드에게 보내면서 감사 편지를 덧붙였다.

지난 몇 달 동안이나 (마치 광야에서 외치는 자의 소리처럼) 메모리얼의 상황에 관해서 이야기하면서, 저는 직업상의 동료들로부터 동떨어진 듯한 기분이었습니다. 마치 유명한 크리스마스 노래의 가사처럼 (……) 저는 이렇게 물었습니다. "내가 듣는 걸 당신도 듣나요? 내가 보는 걸 당신도 보나요?" 저는 스스로의 도덕적 가치와 윤리에 대해 의문을 제기하기 시작했습니다. 하지만 어제의 방문은 무척이나 유익했으며, 제 판단에 대한 확신을 회복시켰으며, 저의 결의를 강화시켰습니다. 감사합니다. 어젯밤에는 정말 처음으로 숙면을 취했습니다.[73]

볼츠 역시 미냐드와 마찬가지로 자기가 사는 도시에 대해서, 그리고

516

이곳에서 자기의 위치에 대해서 깊이 주의를 기울였다. 그는 높은 도덕적 가치를 고수함으로써 이를 표현했고, 설령 때때로 충돌을 감수해야 하는 경우에도 마찬가지였다. 그 지역의 비영리 병원 체인인 오크즈너 보건의료 시스템에서 메모리얼 매입을 완료하고, 뱁티스트라는 이름으로 부분 재개장을 단행하자, 리처드 다이크먼은 메모리얼의 직원 모두에게 감사 편지를 보냈다. 볼츠는 이런 행위에 격분해 마지않았는데, 다른 무엇보다 자기는 기념행사 초대장을 받지 못했기 때문이다. 그가 다이크먼에게 보낸 두 페이지짜리의 격분한 답장은 직원 모두를 향한 상대방의 치하를 "친절하지만 부적절한" 것으로 비판하는 내용으로 시작되었다. 볼츠는 허리케인 때마다 뱁티스트에서 일해왔으며, 마침 어느 고등학교에 마련된 의료지원본부에 나가 있던 허리케인 베치 때만 예외였다. 그가 보기에 재난 상황에서 근무한다는 것은 '당연한 일'이었으며, 결코 "용감하거나 이례적인" 일까지는 아니었다.

진정한 용기란 차라리 안락사에 반대하는 것이었겠지. 진통제와 진정제를 제대로 간수하는 것이었겠지. 'DNR' 요청서를 모두 지우는 것이었겠지. 평소 같았으면 거부했을 법한 명령을 실행하기 위해 동원된 고지식한 간호사들을 설득해 그러지 못하게 만드는 것이었겠지. 대피자를 내보내기 전에 목적지가 어디인지 미리 확인해두는 것이었겠지. 직원들의 터무니없는 행동을 방지하는 것이었겠지. 최고경영자와 직원 모두에게 책임감 있고 확실하게 행동하라고 명령하는 것이었겠지. 그리고 판단력과 평온함과 침착함을 내려주십사고 거룩하고 인도하시는 은혜를 향해 기도하는 것이었겠지.[74]

메모리얼에서의 시나리오는 한마디로 공포였다고, 하지만 이 공포의 사례를 멕시코 만 중부 전역에서는 다들 잘 견뎠다고 그는 썼다. "우리의 상황은 특출한 것까지도 아니지만, 어째서인지 우리의 행동과 대응은 후회 막심할 정도로 특출해지고 말았지." 그는 이렇게 썼다. "이와 유사한 스트레스를 겪은 다른 병원들은 우리보다 더 성공을 거두었네. 우리의 지도력에 뭔가 본래적인 결함이 있었던 건가? 우리 자신을 돌아보고, 우리 행동을 돌아보게. 정부가 우리를 방치했다고만 비난하고, 본사가 우리를 외면한 사실을 깡그리 무시하지는 말게. 병원 주위를 둘러싼 무법 행위의 공포만 이야기하지도 말게. 정작 병원 내부에서는 법과 윤리를 아랑곳하지 않는 끔찍한 일이 모두에게 묵인된 정책이 되고 말았지 않은가."

그해 마지막 날, 볼츠는 그 지역의 한 식당에서 ICU 간호사 캐시 그린과 (자기도 역시 잘 알고 있는) 그녀의 자매를 만났다. 이들은 바로 옆 테이블에 앉아 있었다. 당신의 동료 간호사들이 했다고 비난받는 바로 그 일 때문에 무척이나 심란하다고 그가 말을 꺼내자, 그린은 흥분한 표정으로 아니라고 받아쳤다. 그들은 옳은 일을 했다는 것이었다. 그린은 저 동료 간호사들을 위한 후원 행사를 돕고 있었다. 그가 보기에 그녀는 이미 맹신자가 되어 있었다.

◇ ◇ ◇

새해가 시작될 무렵, 널리 보도된 두 건의 살인 사건 때문에 뉴올리언스 전체가 떠들썩했다.[75] 유명한 재즈 음악가 겸 교사인 디네럴 셰이버스는 아직 20대이지만 벌써 자녀를 둔 아버지였으며, 총기 폭력에 반대하는 목소리를 내는 한편, 불우한 청소년을 돕기 위한 고등학교 밴드부를 조직했다. 그런 그가 도움을 요청한 의붓아들을 데리러 갔다가 총에 맞아 사망했다. 그런가 하면 하버드를 졸업한 독립 영화 제작자인 헬렌 힐은 카트리나로 자기 집을 잃은 이후 뉴올리언스로 돌아와 있었다. 그녀 역시 어느 침입자로부터 총을 맞고 사망했는데, 거기서 불과 몇 미터 떨어진 곳에는 아직 걸음마쟁이인 아들과 의사인 남편이 있었으며, 남편 역시 총에 맞았지만 다행히 목숨을 건졌다. 힐의 피살 사건은 24시간 사이 이 도시에서 일어난 여섯 번째 살인 사건이기도 했다. 양쪽 사건 모두에서 범인들은 모두 법의 심판을 피해 달아났다. 셰이버 사건에서는 목격자 몇 명이 불리한 진술을 거부하는 바람에, 결국 용의자가 무죄 방면되고 말았다.

이 2명의 사망 사건으로 인해, 대중의 관심은 지방검찰청과 경찰청 사이의 극단적인 기능 장애로 쏠렸고, 급기야 개혁을 위한 호소가 나오게 되었다.[76] 2006년에 이 도시의 살인 사건 발생률은 인구 10만 명당 72.6명으로 미국 내에서도 가장 높았다. 2위인 인디애나 주 게리의 인구 10만 명당 48.3명이라는 수치와 현격한 격차를 보였다. 그해에 일어난 162건의 살인 가운데 범인이 체포된 사건은 겨우 3분의 1에 불과했으며, 거기서 유죄가 확정된 경우는 극소수뿐이었다. 거의 3천 명에 달하는 중범죄 용의자가 주 법률상 60일로 정해진 기소 가능 일자를 넘겨 자동 석방되었다. 그 이유는 대개 지방검사와 검사보들의 업무가 가뜩이나 과중했기 때문이고, 때로는 경찰로부터 넘어오는 증거가 불충분했기 때문이다. 그리하여 뉴올리언스에서는 심각한 범죄를 저지른 용의자조차 겨우 두 달 동안 구치소에서 수감 생활을 하면 그만인 경우가 흔했다. 그러다보니 "60일만 버티면 나간다"는 말까지 나왔다. 심지어 이른바 '경범죄 살인'의 경우도 간혹 있었다.*

지방검사 조던은 그 직위에 오르기 전까지만 해도 형사 사건을 한 번도 다뤄본 적이 없다는 소문이 있었다. 그의 휘하에 있는 살인 전담반은 살인 관련 사건을 다루는 과정에서 애를 먹었다. 그곳 직원들이 더 보수가 좋은 일자리를 찾아서 종종 한꺼번에 자리를 옮기곤 했기 때

---

* '경범죄 살인'이란 살인 용의자가 있음에도 불구하고 범죄를 입증할 만한 증거가 충분하지 못해 무죄 방면되거나 경범죄에 해당하는 형량만 선고받는 경우를 일컫는 표현이다. 특히 미국 루이지애나 주와 텍사스 주가 '경범죄 살인'의 온상으로 악명이 높다.

문이다.

이 도시의 길거리에는 한 목사가 '십계명'에서 가져온 구절을 다음과 같은 간판으로 만들어 설치해두기도 했다.

너희는

살인

하지

말라

이런 사실 때문에 메모리얼 사건의 주무 검사인 마이클 모랄레스는 짜증이 치밀 수밖에 없었다. 이처럼 많은 강력 범죄자가 대중을 위협하는 상황에서, 그보다 경미한 범죄자인 메모리얼의 의사와 간호사들을 기소하기 위해 과도한 노력과 관심이 들어간다고 생각해보면 더더욱 그럴 수밖에 없었다.

◇ ◇ ◇

12월 말 어느 안개 자욱한 날, 애너 포는 뉴올리언스에 있는 한 병원으로 가던 중 교통체증을 만났다.[77] 그녀는 브렌다 오브라이언트에게 전화를 걸었다. "병원에서 남편 분을 수술하기 전에 제가 도착할 수 있을지 모르겠네요."

제임스 오브라이언트는 또다시 안면암 재발로 인한 대수술을 받을 예정이었다. 포가 체포된 지 거의 6개월이 다 된 상황이었고, 이 사건에서는 아무런 진전이 없어 보였지만, 그녀는 아직 진료와 수술을 재개할 엄두를 내지 못했다. 대신 포는 배턴루지에서 강의와 행정 업무에 몰두했으며, 뉴올리언스의 주요 대학 부속병원들이 문을 닫은 상황에서, 루이지애나 주립대학 내에 두경부외과 훈련 프로그램을 개혁하는 일을 일부나마 돕고 있었다.

그녀는 병원에 도착하자마자 오브라이언트 부부가 기다리고 있으리라 짐작되는 곳으로 달려갔다. 포가 모퉁이를 돌아서자마자 제임스가 이동식 들것에 누워서 복도를 지나 수술실로 향하고 있었다. "선생님이 오셨어!" 그가 이렇게 외치더니, 들것 위에서 몸을 일으켜 앉아서 그녀를 맞이했다. 그러자 포도 그를 끌어안았다.

"수술을 마치고 나올 때까지 여기서 기다릴게요." 그녀가 말했다. 그리고 실제로도 브렌다며 다른 가족과 함께 대기실에 앉아 있었다. 몇시간 두에 이들은 제임스의 수술이 무사히 끝났다는 소식을 듣고 기뻐했다.

이들 부부는 포보다도 훨씬 더 큰 문제들을 겪고 있었음에도 불구하고, 그녀를 바라보며 감탄과 감사와 존경을 보냈다. 이들은 포가 메모리얼에서 있었던 일에 관해 자기들에게 한 번도 이야기한 적이 없었다는 사실에 대해서도 전혀 개의치 않는 것처럼 보였다. "제 변호사가 그이야기는 아무한테도 하지 말라고 신신당부하더군요. 하지만 이것 하나만큼은 말씀드릴 수가 있어요." 그녀가 그들에게 말했다. "저는 제가 맡은 환자들 모두를 사랑했어요. 그중 어느 누구라도 다치게 하는 일은 결코 하지 않을 거예요."

오브라이언트 부부는 포의 말을 믿었고, 그녀에 관한 혐의를 믿지 않았다. 주 검찰총장은 이들 부부가 신뢰하는 이 의사를 하필이면 꼭 필요한 순간에 데려가버림으로써, 결국 이들 부부까지도 처벌한 셈이 되었다. 브렌다 오브라이언트는(밝은 성격에 언변도 좋았지만, 정작 자기는 어느 쪽도 아니라고 생각했다) 자기가 일하는 레이스 공장의 동료들 앞에서 이렇게 말했다. 즉 설령 포가 직접 환자를 죽였다고 자백한다 하더라도, 자기는 그녀가 그렇게 했으리라고 결코 믿지 않겠다는 것이었다. 자기가 아는 포는 하느님께 길을 인도해달라고 간청하는 기독교인이었으며, 그런 사람은 결코 남의 목숨을 해치지 않기 때문이라는 이유였다.

만약 범죄자 취급을 받고 체포된 일 때문에 포의 가슴이 갈기갈기 찢어졌다 하더라도, 오브라이언트 부부를 비롯한 그녀의 다른 친구들과 그녀의 가족은 여전히 그 찢어진 가슴을 아물게 하려고 노력하고 있었다.

포는 이 불확실한 겨울 동안 남들의 지지를 필요로 하고 있었다. 훗날 그녀가 줄리 셀포 기자에게 말한 바에 따르면, 앞으로 무슨 일이 벌어질지 모른다는 것이야말로 "가장 효과적인 고문의 형태"였다. 2007년 초의 며칠 동안은 새로운 드라마가 펼쳐졌다. 한 "스포일러 전문 블로그"에 따르면, 그 당시에 인기 있던 텔레비전 드라마 〈보스턴 리걸〉에서는 뉴올리언스에서 허리케인 카트리나 당시에 환자를 죽인 혐의로 기소된 의사가 등장하는 에피소드가 방영될 예정이라고 했다. 포는 이제 드라마 작가들로 이루어진 배심으로부터 재판을 받을 처지에 있었다.

리처드 시먼스는 그 에피소드가 방영되기 이전부터 제작자들을 물고 늘어졌다. 자기가 그 대본에 영향을 끼칠 수 없다고 생각한 나머지, 대신 그런 에피소드를 방영하기로 한 발상 자체가 감각이 둔한 것이라고, 즉 포 선생에게만 모욕이 아니라 고인의 유가족들에게도 모욕이 되는 짓이라고 주장했다.[78] 그 시기도 부적절하다고 했다. 그 추정 사건이 벌어진 때로부터 겨우 1년이 조금 지났을 뿐이며, 이제 대배심의 수사가 진행될 예정이었기 때문이다.

하지만 제작자들은 드라마 속의 평결을 미리 공개하지 않았고, 다만 이 드라마의 주인공인 변호사들은 '패소하는 경우가 드물다'고만 밝혔다. 시먼스는 잠재적인 배심원에게 부정적인 영향을 끼칠 수 있다면서, 자기네 지역에서 이 에피소드가 방영되지 못하도록 권리 포기 각서를 쓰라고 종용했다.

막판에 가서는 (영향력 있는 이비인후과 의사이며, 주 의학협회의 회장을 역임한 바 있는) 마이클 엘리스 선생을 비롯한 포의 지지자들이 직접 나서서, 방송국이 이 에피소드를 방영하지 못하도록 하는 운동에 나섰다. 엘리스는 동료들을 동원해서 루이지애나 주의 의학 소식지에 인터뷰를 게재하려 했다. 또한 그는 이즈음에 2부작 텔레비전 특집 프로그램인 〈O. J. 심슨: 내가 만약 했다고 치면, 그 일은 이렇게 일어났다(O. J. Simpson: If I Did It, Here's How It Happened)〉의 방영과 관련 서적 한 권의 출간이 대중의 압력으로 결국 취소되었다는 사실에 주목했다. 심슨은 아내와 그 친구를 살해한 혐의로 체포되었다가 형사 재판에서 무죄 방면되었지만, 많은 대중은 그가 이 살인 사건에 책임이 있다고 보았다.

"의료계에 속한 우리 모두에게는, 우리의 가장 존경받는 동료 일부가, 즉 우리 가운데 상당수와 개인적으로 잘 아는 누군가가, 그토록 악의적이고 부적절한 방식으로 그토록 끔찍하고도 부당한 공격을 받을 수 있다는 사실이, 정말로 혐오스럽게만 느껴질 뿐입니다."[79] 엘리스는 〈루이지애나 메디컬 뉴스〉의 기자에게 이렇게 말했다. 그는 포의 스승일 뿐만 아니라, 그녀를 어린 시절부터 잘 알던 사람이지만, 그 신문에서는 이런 사실이 전혀 언급되지 않았다. "그런 졸렬한 행위가 벌어지게 내버려둔다는 것은 우리 법조계 전체의 치욕입니다."

〈보스턴 리걸〉의 에피소드가 방영되기 바로 전날, 시먼스는 몇 시간에 걸쳐 전화를 걸고 이메일을 썼다. 방영일에 그는 그 지역의 ABC 지국으로 찾아가 인터뷰를 했다. 그 프로그램을 직접 보고 나서야 시먼스는 비로소 그 결말을 알 수 있었다.

드라마에 등장한 의사는(이름은 애너가 아니라 도나였고, 포와 비슷한 헤어스타일을 한 중년의 백인 여성이었다) "5명의 환자를 담당하고 있었는데, 그녀가 뭔가 조치를 취하지 않으면 이들은 조만간 매우 고통스러운 죽음에 직면할 수밖에 없었다."[80] 이 드라마의 한 변호사는 이렇게 설명했다. "일단은 내 의뢰인을 일종의 희생자로 보이게 만들고(물론 쉽지는 않겠지, 왜냐하면 그 사람은 의사니까) 그런 다음에 그 사람을 감옥에 가지 않게 만드는 거야." 이것이야말로 딱 시먼스가 하려는 일이었다.

약탈자들이 약품을 훔쳐갔다. 시신들은 썩어갔다. "병원은 마치 죽음의 수용소 같았습니다." 최후 변론에서 TV 속의 변호사 앨런 쇼어는 카트리나 직후의 뉴올리언스야말로 그 순간만큼은 미국의 일부가 결코 아니었다고 주장했다. 그곳에서는 전혀 다른 규범이 적용되었다는 것이었다. "그 무시무시한 한 주 동안, 어디에서도 미합중국을 찾아볼 수 없었습니다." 오로지 그 의사만이, 환자들을 편안하게 떠나도록 도와줌으로써, 자신의 '타고난 인간성'을 유지했다는 것이다.

이 프로그램을 보고 난 시먼스는, 이 드라마에서 사용되지 않은 결말을 담고 있던 대본의 사본을 들고 있다가 갈기갈기 찢어버렸다. 텔레비전 속의 배심은 그 의사의 1급 살인 혐의에 대해서 무죄를 선고했다.

방송 직후 의학 전문가 단체에서는 포와 2명의 간호사를 지지하는 성명을 더 많이 발표했는데, 마치 그 허구의 드라마가 이들의 결백을 입증하기라도 했다는 듯한 투였다. "이들의 행동은 결국 영웅적 행동이었다."[81] 미국외과대학은 이렇게 주장했다. 이 성명서를 쓴 사람은 포가 훈련을 받은 학과의 대표인 동시에, 그녀를 매우 좋아하는 할아버지뻘 되는 인물이기도 했다. 심지어 포가 자발적으로 수술을 중단했는데도 불구하고, 이 성명서는 그녀가 "진료 금지 조치를 당했으며, 그렇게 해서 기록을 검토하지도 않은 상태에서 마치 유죄인 듯한 인상을 주게 되는 상황에 처했다"고 주장하면서, 그로 인해 정당한 재판을 받을 헌법적 권리를 부정당했다고까지 했다.

◇ ◇ ◇

유잉 쿡 선생은 〈보스턴 리걸〉의 그 에피소드를 보고 의기양양해 했다. "이것 봐, 저 내용이 그녀에게는 좋은 효과를 끼칠 거야." 그는 텔레비전을 보면서 큰 소리로 말했다. "뉴올리언스에서 열리는 대배심에서 딱 저런 일이 벌어졌으면 좋겠군." 드라마 작가들은 쿡이 느낀 감정을 정확히 포착했다. 뱁티스트에 있지 않았던 사람은 어느 누구도 짐작할 수 없는 감정이었다.

이 의사도 여전히 메모리얼에서 보낸 시간의 영향을 느끼고 있었다. 쿡은 신장결석 수술을 받았는데, 본인은 그 당시의 탈수가 원인이라고 믿었다. 그는 무더운 병원에서 화장실에 가는 것을 피하기 위해 가급적 물마시기를 피했었다.

쿡의 변호사들은 그를 곤경에서 벗어나게 하려 노력하고 있었다. 소환장을 받은 이후에도 그는 면담에 출석하지 않았다. 쿡은 이제 하루에 두 시간씩 두 군데 지역 병원에서 근무했다. 그는 아내와 함께 뉴올리언스 서쪽으로 더 멀리 이사했고, 해발 30미터가 넘는 곳에 집을 얻어서, 이후의 허리케인 때 또다시 땅을 덮치게 될지도 모를 폭풍 해일에서 벗어날 수 있게 대비했다.

◇ ◇ ◇

메모리얼의 사망 사건에 관한 여러 개의 법의학 보고서를 의뢰해서 받아본 이후로도, 프랭크 미냐드는 여전히 윤리학자의 견해가 더 필요하다고 보았다. 즉 이 보건의료 전문가들의 추정 범죄 행위를, 역사와 철학과 법률과 늘 변화하는 사회 규범의 파노라마 속에서 자리매김할 수 있는 누군가가 필요했던 것이다. 이것이야말로 미냐드가 원한 관점이었다. 물론 법률에 의하면 그의 임무는 단순히 그 사망 사건이 전문가의 관점에서 살인인지(즉 인간의 간섭에 의해서 일어난 죽음인지) 여부를 결정하는 것뿐이었다. 하지만 미냐드는 대배심 전에 자기 나름대로 불필요한, 그리고 누군가에게 지시받지도 않은 (하지만 본인이 생각하기에는 중요한) 수사를 직접 수행하고 있었다.

우선 그는 저명한 생명윤리학자 아서 캐플런에게 연락을 취했는데, 이 학자는 추정 범죄 이야기가 부상한 직후 CNN에 출연해서 재판관이 "아주, 정말 아주 정상 참작이 가능한 상황"[82]을 고려해야 한다는 의견을 내놓은 바 있었다. 캐플런은 7층에 있던 라이프케어의 환자 9명의 기록을 검토한 다음, 모두가 안락사당했다고, 그리고 이들에 대한 투약 방식은 "현재 미국에서 일반적으로 이루어지는 완화 치료의 윤리적 기준에 맞아떨어지지 않는다"[83]고 결론을 내렸다. 그의 글에 따르면, 이 기준에서는 환자의 사망이 의사의 치료 목표가 될 수 없다는 사실을 명확히 밝히고 있다는 것이었다.

캐플런이 알기로, 사망을 원조하는 사상과 법률과 정책의 역사는 두 가지 축 위에 배열할 수 있었다. 하나는 환자가 죽기를 먼저 요청했느냐 하는 것으로, 이때 환자는 자발적이거나 비자발적인 참여자가 된다. 또 하나는 사망의 원조가 적극적인 형태로(예를 들어 '투약'의 경우처럼) 나타났느냐, 아니면 이른바 '소극적'인 형태로(예를 들어 생명 유지 치료를 제거하거나, 실시하지 않은 경우처럼) 나타났느냐 여부였다. 이 두 가지 축에서의 양극단은 자발적 및 비자발적, 그리고 적극적 및 소극적 안락사였다.[84]

살해되기를 원하는 사람을 살해하는 것이 과연 자비 행위냐 살인 행위냐 하는 것은 고대부터 인류의 입장을 가른 한 가지 문제였으며, 중환자 의학이 생겨나서 현대인의 관심이 이에 집중되기 수천 년 전부터 그러했다. 성서에 나오는 이야기 가운데 사울 왕은 전투에서 부상을 당하자 무기 담당 시종에게 자기를 끝내달라고 부탁한다. 하지만 시종은 "너무나 두려운 나머지"[85] 이를 거절했다. 그러자 사울은 자기 칼 위에 엎어진 다음, 지나가는 젊은이를 불러서 이렇게 말한다. "내 옆에 와서 나를 죽여다오! 나는 죽음의 고통에 처했지만, 아직 살아 있구나."[86] 그러자 젊은이는 시키는 대로 한 다음, 나중에 사울의 후계자이며 경쟁자인 다윗 왕에게 그 이야기를 전하며 이렇게 말한다. "저는 그분이 쓰러지신 뒤에, 결코 살아나지 못하실 것임을 알았습니다."[87] 하지만 다윗은 그 젊은이의 행동을 비난하며 그를 사형에 처한다.

살인에 의사가 관여하는 것에 관한 견해 역시 오래전부터 입장이 갈렸으며, 심지어 고대 그리스와 로마로 거슬러 올라가서도 그러했다. 그러다가 결국 히포크라테스의 생각이 압도적 지지를 얻게 되었으며, 지금도 많은 의과대학원이 이 전통을 준수해 졸업하는 의사에게 (그로부터 유래했다고 전해지는) 선서를 시킨다. "나는 설령 부탁을 받은 경우에도 치명적인 약품을 아무한테도 주지 않을 것이며, 그런 계획을 조언하지도 않을 것이며……."[88]

이것이야말로 의료에서는 중요한 이행이었다. "우리 전통에서 사상 처음으로 살인과 치료 사이에 완전한 분리가 일어난 것이었다."[89] 인류학자 마거릿 미드는 저명한 정신의학자 모리스 레빈에게 이런 말을 했고, 레빈은 훗날 두 사람이 나눈 대화를 (널리 인용되는) 1961년의 자기 강의에서 언급했으며, 더 나중에는 저서인 『정신의학과 윤리(Psychiatry & Ethics)』에도 수록했다. "원시 세계에서 의사와 주술사는 똑같은 사람인 경향이 있었다. 살인하는 능력을 가진 사람이 치료하는 능력도 가졌으며, 특히 자기가 한 살인 행위를 원래 상태로 돌려놓는 능력도 갖고 있었다. 치료하는 능력을 가진 사람은 본질적으로 살인하는 능력도 가지고 있었으며 (……) 그리스에 와서 이 두 가지의 구분이 명백해졌다. 치료의 신 아스클레피오스의 추종자들로 이루어진 한 가지 직업은 그 어떤 상황에서도, 즉 지위나 나이나 지성과 무관하게 오로지 생명에만 헌신했다. 노예의 생명과 황제의 생명과 외국인의 생명과 장애가 있는 아이의 생명을 똑같이 여겼다."

미드는 이렇게 덧붙였다. "이것이야말로 우리가 감히 손상시킬 수 없는 귀중한 재산이지만, 사회는 항상 의사를 살인자로 만들려고 시도한다. 즉 장애가 있는 아이는 태어나자마자 살해하고, 암 환자의 침대 옆에 수면제를 놓아두려고 시도하는 것이다." 레빈의 말에 따르면, "이런 요청으로부터 의사를 보호하는 것은 사회의 의무"라고 미드는 믿었다.

인간의 고통을 속죄로 받아들인 기독교의 입장은 히포크라테스의 입장을 더욱 강화했다. 주목할 만한 역사적인 사례를 보면, 심지어 전장의 위급 상황도 생명을 구하고자 하는 의사들의 전적인 헌신을 흔들지는 못했다. 1799년 5월에 나폴레옹 1세의 군대가 오늘날의 텔아비브 인근 야파에서 전염병의 습격을 받자, 황제는 육군의 수석 군의관인 르네니콜라 뒤프리슈 데주네트를 부른 다음, 만약 자네가 의사라면 전염병 환자의 고통은 물론 이 질병이 부대에 제기하는 위협도 끝내버려야 하는 것 아니냐고 말했다. 그러면서 자기라면 환자들에게 아편을 과다 복용시키겠다고 제안했는데, 양귀비에서 생산되는 바로 이 물질에는 진통제 모르핀이 함유되어 있었다. 아울러 보나파르트는 필요한 경우 자기한테도 그렇게 해주면 좋겠다고 말했다. 이 군의관이 훗날 회고록에 적은 바에 따르면, 그는 황제의 이런 제안에 반대했는데, 한편으로는 원칙 때문이었고, 또 한편으로는 환자의 일부가 결국 이 질병을 이겨냈기 때문이었다. "나의 임무는 생명을 보전하는 것이다."[90] 데주네트의 말이다.

그로부터 2주일 뒤 투르크 군대가 이들의 진지를 포위하며 들어왔다. 보나파르트는 병원의 환자들 가운데 후퇴에 참여할 수 있을 만큼 강하지 않은 사람들에게는 아편제를 투여하라고 지시했다. 데주네트는 이 지시를 거부했다. 결국 50여 명의 환자가 병원에 남았는데, 이들은 마치 사망할 날이 머지않은 것 같았다. 군의관 대신 수석 약사가 이들에게 지시받은 약품을 투여했지만, 충분하지 않은 양이었던 것이 분명했다. 투르크군은 병원에서 살아 있는 몇 명을 발견하고 도리어 보호해 주었다.[91]

전시에 부상병을 안락사시키는 이야기는 소설이며 영화에 자주 등장하지만, 실제로 기록된 사례에서 의사가 관여한 경우를 찾아보기는 극도로 힘들다.[92] 하지만 19세기에 생명 보전에 대한 의사들의 절대주의적 견해에 도전하는 운동이 시작되었다. 미국과 유럽에서 일부 비(非)의료인이 그 어떤 대가를 치르더라도 생명을 연장시키고자 하는 의사들의 기호를 비판했던 것이다. 이들은 1800년대에 개발된 마취제 사용을 옹호했는데, 단순히 임종의 고통을 경감시키는 용도뿐만 아니라, 임종을 재촉하는 용도로도 마찬가지였다. 이들은 자기네 제안을 '안락사(euthanasia)'라고 불렀고, 스스로를 '안락사 지지자(euthanasiasts)'로 자처했다. '좋다(eu)'와 '죽음(thanatos)'이라는 그리스어에서 유래한 이 단어는 이미 여러 세기 동안 영어에서는 "감미롭고 조용한 죽음, 또는 이 세상에서 편안하게 벗어나는 것"[93]을 의미했다.

많은 의사는 자기네 기술을 이용해서 임종을 도모하라는 이들의 제안에 반대했으며, 자칫 대중이 자기네 직업에 대한 신뢰를 잃을까 두려워했다. 죽음이 환자를 데려가도록 허락하는 것과, 자신이 환자의 죽음을 야기하는 것은 이들이 보기에 완전히 다른 이야기로 들렸다. "더 높은 힘에 굴복하는 것은 자기 친구를 습격하는 적의 공격을 이끄는 것과 전혀 다른 이야기이다."[94] 〈보스턴 내과와 외과 저널〉 편집부는 1884년에 이런 의견을 내놓았다.

하지만 안락사 운동은 미국과 유럽에서 점점 발전했으며, 점차 형태를 갖추었다. 일부 옹호자들은 병자와 정신질환자와 임종자가 그 가족과 사회에 부과하는 커다란 부담에 주목했다. 이들을 죽게 도와주는 것은 자비로운 일인 동시에 더 커다란 공동선에 기여하는 일일 것이었다. 어떤 사람들은 이렇게 물었다. 아픈 동물의 경우, 그놈들이 죽고자 하는 소망을 표현할 수 있거나 없거나 간에 사람들은 개의치 않고 안락사시킨다. 그런 조치를 말기 환자에게까지 연장하면 왜 안 된단 말인가?

경제적 빈곤, 고통, 굶주림이 만연하던 제1차 세계대전 직후의 독일에서는 이런 생각이 특히 반향을 일으켰다.[95] 나이 많고, 장애가 있고, 정신질환을 앓는, 그리고 누군가에게 의존해야만 하는 여타의 사람들을(이런 사람들은 대개 교회에서 운영하는 정신병원에 들어가 있었다) 돌보는 데 들어가는 비용에 초점이 맞춰진 것이다(또한 공중보건이라는 용어 속에는 유전학에 대한 국제적 지지가 점점 늘어만 간다는 현실도 숨어 있었다. 사회의 유전자 풀을 개선하자는 이 운동 입장에서는, 이런 사람들이야말로 게르만 인종의 순수성과 우월성에 대한 위협이 아닐 수 없었다).

1940년 초에 나치는 전시의 돈과 자원을 줄이려는 노력의 일환으로, 이 발상을 논리적 극단까지 몰고 가서 '비자발적' 안락사 프로그램을 실시했다. 어떤 집계에 따르면 정신질환이나 물리적 장애를 가진 사람 20만 명이 처형되었으며, 이른바 '적자생존'이라는 다윈의 개념이 이런 살인을 정당화하는 데 동원되었다. 이 프로그램이 폐지된 이후, 이 행정가들은 폴란드의 전멸 수용소로 자리를 옮겨 유대인과 다른 사람들에 대한 대량 학살을 지휘했다.

의사와 간호사가 대량 살인을 범하는 경우는 더 최근에야 나타난 현상이며, 그중 일부는 수십 명의 환자를 죽인 이후에야 비로소 적발되었다. 예를 들어 하워드 시프먼, 마이클 스왕고, 아른핀 네셋 등이 그렇다.* 이들은 상태가 매우 위중하고 나이가 많은 환자들을 표적으로 삼았으며, 특히 의사소통이 불가능하고 가족이 방치한 사람들을 대상으로 했다는 점도 유사했다. 체포 직후 그중 일부는 역시나 유사한 정당화를 내놓았으며, 고통받는 환자들을 그 고난에서 벗어나게 해주기 위

---

* 영국의 의사 하워드 시프먼(1946~2004)은 (경찰 추정에 따르면) 무려 250명 이상의 환자를 독살한 혐의로 무기징역을 선고받았다. 미국의 의사 마이클 스왕고(1954~)는 최소 수 명에서 최대 수십 명의 환자 및 동료를 독살한 혐의로 무기징역을 선고받았다. 노르웨이의 간호사 아른핀 네셋(1936~현재)은 요양원에 근무하며 22명의 환자를 살해한 혐의로 22년간 복역하고 풀려났다.

재난, 그 이후

해서 안락사시켰다고 주장했다.

정신의학자들이 이 살인자들을 심리 분석한 결과를 보면, 이들은 과대한 자기애를 가졌으며, 남들의 비판에 민감한 경향이 있었다.[96] 또한 자기야말로 잘못을 범할 수 없는 구원자나 신이나 마찬가지라고 간주했다. 또한 이들은 누군가의 고통을 끝내주고, 누군가가 죽어야 하는지 여부를 결정하는 등의 일에서 짜릿함을 얻었다.

제2차 세계대전 이후 수십 년 동안, 유럽 여러 나라에서는 자발적 안락사를 합법화하자는 주장이 또다시 힘을 얻었다. 1973년에는 네덜란드 법원이 특정한 환경에서의 안락사는 물론 의사 조력 자살조차(즉 누군가가 복용하고 자살을 범할 수 있는 약품을 의사가 제공하는 경우조차) 처벌이 불가하며, 오로지 상징적인 차원에서의 집행유예만 내릴 수 있다는 판결을 내렸다.[97] 1980년대에 와서는 이런 행위가 범죄 분류에서 제외되었으며, 2001년에는 네덜란드 의회에서 표결로 인해 정식으로 입법되었다. 2002년에 벨기에에서도, 2009년에 룩셈부르크에서도 이와 유사한 법률이 통과되었다. 벨기에에서는 한 약국 체인점이 가정용 안락사 용품 세트를 판매했는데, 그 가격은 약 45유로였으며, 그 안에는 메모리얼에서 사용된 진정제 미다졸람이 들어 있었다.[98] 또한 메모리얼에서 유잉 쿡이 애완동물을 안락사시키는 데 사용한 마취제 티오펜탈 나트륨(펜토탈)도 들어 있었다. 그리고 호흡을 멈추게 하는 마비제도 들어 있었다. 이 용품 세트는 어디까지나 환자의 자택에서 의사의 동석 하에 사용하도록 되어 있었다. 그리고 의사들은 최소한 1개월 전에 안락사 요청서에 서명한 특정 환자에 대해서만, 그리고 2명의 다른 의사와 이 문제를 논의한 다음에만, 이 용품의 사용을 처방했다. 네덜란드와 벨기에 법률에서는 안락사 요청이 허가되기 위해서는 반드시 말기 질환 상황이어야 한다고 정해두지도 않았다.

각 나라마다 합법성은 여러 가지 지침에 근거하고 있는데, 처음에는 이것이 중요한 안전망을 제공하는 것처럼 보였다. 예를 들어 네덜란드에서 안락사는 개선 가능성이 전혀 없는 상태에서 차마 견딜 수 없는 고통을 겪는(최소한 2명의 의사가 이 사실을 확인해야 했다), 그리하여 거듭해서 죽고 싶다고 요청하는 사람에게만 제한하기로 했다. 하지만 이 프로그램에 관한 연구에서 드러난 바에 따르면, 이런 규칙이 항상 준수되는 것까지는 아니었으며, 따라서 매년 명백한 요청 없이도 이 방법으로 사망하는 사람들이 소수나마 있었다.[99] 이런 사건에 대해서는 기소도 많지 않았다. 그렇다면 네덜란드 사람들이 단지 자기네 관습에 대해서 더 정직하기 때문에 이런 부작용이라 할 만한 결과가 나온 것뿐일까? 아니면 안락사의 한 형태를 합법화했기 때문에, 결과적으로 또 다른, 그리고 더 어두운 종류의 안락사로도 번지게 된 걸까?

질병을 앓거나 부상당한 일부 환자가 이 프로그램에 참여할 수 있는 선택지 자체가 아예 없다는 점도 문제였다. 이들은 직접 말할 수가 없기 때문에 자기 소원을 알릴 수도 없었다. 그리하여 캐플런이 라이프케어의 사망 사건을 검토하던 그 시점까지만 해도, 이처럼 비자발적이고 적극적인 안락사는 세계 어디에서나 불법이었다. 죽고자 하는 소망을 표현하지 않은 누군가의 생명을 거둔다는 것은, '환자의 몸에 의사가 어떤 일을 할 수 있는지 결정할 권리가 환자에게 있다'는 원칙을 위반하는 일이었다. 또한 이로 인해 의사나 다른 결정권자는, 졸지에 또 다른 인간에게 어떤 성질의 삶이 받아들일 만한지 판단하는 위치에 서게 되는 셈이었다. 이때는 (예를 들어 유족에 대한 보험급 지급 등에서) 남용 가능성이 너무 컸다.

하지만 이론상으로는 비록 합법적이지는 않았어도, 실제상으로 네덜란드에서 용인 가능하다고 간주되는 안락사의 범위가 결국 이와 같은 유형의 적극적 안락사로까지 확장되었다. 네덜란드의 주도적인 의학 권위자들이 고안한 2002년의 '흐로닝언 신생아 안락사 규약(Groningen

Protocol for Euthanasia in Newborns)'에서는 매우 위중한 질병을 앓거나, 두뇌가 손상된 아기들의 경우, 그 부모의 대리 동의를 거쳐서 생명을 거둘 수 있는 조건이 명시되어 있었다.[100] 이런 규약 자체가 비록 명백하게 합법적이지는 않았지만, 이 지침을 따르는 의사들이 기소되는 일은 없었다. 또다시 유럽에서는 아기들이 (제아무리 아프고, 장애를 지녔다 하더라도 어디까지나 '아기들'인데도) 공공연히 안락사당한 셈이었다.

네덜란드의 주된 안락사 및 임종 선택 옹호 및 상담 조직인 NVVE는 (비록 아직은 합법이 아니지만, 언젠가는 합법이 될 수 있으리라는 희망으로) 안락사에 대한 사회적 용인을 추진했다. 비록 지금은 충분히 건강하지만, 날이 갈수록 가족에게 의존하는 짐이 되어가는 (특히 나이 많은) 사람들의 경우, 심하게 감소된 '삶의 질'을 경험하고, "지상에서의 여러 해를 보내며, 이제는 인생을 모두 살았다고"[101] 느꼈다고 치면, 이들은 임종을 맞이하도록 조력을 받을 자격이 있다는 것이 이 단체의 주장이었다. 따라서 치매나 완치가 어려운 만성 정신질환을 겪는 사람도 마찬가지라는 것이었다. 네덜란드 법원은 중증 치매를 앓는, 그리고 평소에도 거듭해서 죽고 싶다는 소망을 밝힌, 한 여성에 대해서 안락사를 승인했다.

21세기의 처음 10년 사이 안락사를 정식으로 합법화한 유럽 여러 국가와 달리, 미국에서는 고통을 경감하기 위해서 의도적으로 생명을 끊는 행위는 여전히 불법으로 남아 있었다. 미국의학협회의 영향력 있는 간행물인 『의료 윤리 규약(Code of Medical Ethics)』에서는 여전히 적극적 안락사를 금지하고 있었다.

미국에서의 논란은 오히려 이른바 소극적 안락사라고 부를 법한 일에, 즉 생명 유지 장치를 제거하고 의학적 치료를 중지하는 일에 초점을 맞추고 있었다.[102] 1975년, 그러니까 최신 기술로 무장한 집중치료 의학이 널리 채택된 지 얼마 되지 않아, 그리고 예루살렘에서 벌어진 나치 지도자 아돌프 아이히만에 대한 재판 당시 대량 안락사의 공포가 다시 한 번 주목을 받은 때로부터 불과 15년 뒤, 뉴저지 주에서 혼수상태로 있던 젊은 여성 캐런 앤 퀸런의 부모가 딸의 인공호흡기를 제거해 달라고 의사에게 요청했다.[103] 그녀는 진정제인 발륨을 복용한 이후 친구들과 함께 진 토닉을 몇 잔 마시고 나서 호흡을 멈추고 두뇌 손상을 입은 바 있었다. 따라서 회복이 결코 기대되지 않았으며, 친구와 가족의 증언에 따르면 그녀는 평소에도 이런 식으로는 살고 싶지 않다는 말을 했었다. 의사들은 생명 유지 장치를 제거하라는 부탁을 거절했지만, 뉴저지 주 대법원은 (그녀의 아버지가 주장한 것처럼) 사생활과 자유에 관한 퀸런의 헌법적 권리에 근거해 이 요청을 받아들여야 한다고 판결했다. 결국 인공호흡기 가동은 중지되었다.

퀸런은 자기 혼자 힘으로 숨을 쉬면서 이후 9년이나 더 생존했지만, 그녀의 사례는 획기적인 사건이 아닐 수 없었다. 이후 여러 주 법원에서는 사생활, 자유, 자기 결정, 사전 동의 같은 기존의 여러 가지 확립된 권리들에 의거해 치료를 거절할 수 있는 권리에 대한 판결을 줄줄이 내놓았다. 치료를 거절할 권리는 이전에도 이미 확립된 바 있었는데, 예를 들어 일부 여호와의 증인 신도는 종교의 자유를 근거로 그렇게 하고 있었다.

미국 의료계의 분위기 자체가 바뀐 또 다른 사건은, 메모리얼에서 볼츠가 동료들과 함께 이야기할 때 등장했던 1980년대의 클레런스 허버트 사건이었다.[104] 혼수 상태인 허버트 씨를 치료하던 의사들이 생명 유지 장치와 정맥주사제를 제거한 행위 때문에 살인죄로 기소되었는데, 이들은 단지 환자의 이전 소망을, 그리고 환자를 '기계'에 의존하게 놓아두고 싶지 않다는 가족의 요청에 따른 것뿐이라고 주장했다. 캘리포니아 주의 한 항소법원에서는 이 사건을 기각하면서, 환자의 "상태의 뚜렷한 향상 가망성이 사실상 없는" 상황임을 고려할 때, 허버트 씨의 지속적인 치료로 인한 부담이 (제아무리 최소한이라 하더라도) 결국에는 치료로 인한 이익을 상회할 것이기 때문이라고 설명했다. 아울러 법원에서는 대통령윤리위원회의 의견을 인용하면서, 치료를 중단하는 것은 애초에 치료를 전혀 시작하지 않은 것과도 크게 다르지 않다고, 따라서 이 사건은 적극적인 안락사와는 다르다고 판결했다.

이 사건은 캘리포니아 주의 일부 지역에서만 구속력 있는 선례를 설정했지만, 카트리나 당시에는 이 개념이 널리 받아들여졌다. 1990년에 미국 연방 대법원은 당시 서른한 살의 낸시 크루잔 사건을 다루었는데, 그로부터 여러 해 전에 미주리 주에서 교통사고를 당해 심각한 두뇌 손상을 입은 그녀의 부모는 딸에게 영양을 공급하던 급식 튜브를 제거해 달라고 요청했다. 법원은 생명 유지 치료를 거부하고 죽을 수 있는 권리도 자유의 권리 내에 포함된다며 5대 4로 동의하는 판결을 내렸다. 하지만 이 판결은 단순히 환자에게 최선의 이익이라 여겨지는 이유만이 아니라, 오히려 치료를 중단하고자 하는 환자의 소망을 입증하는 명백하고도 설득력 있는 증거를 각 주가 요구할 수 있도록 허락했다. 미주리 주의 한 판사는 이것이 크루잔의 소망이었음을 보여주는 증거를 그 지인들로부터 얻은 뒤에야 비로소 그녀에게 영양 공급을 중단하도록 허락했다. 이 사건 이후, 재난 이전에 자기가 받고 싶은 치료를 서면으로 작성해두는 사망 선택 유언과 사전 유언 채택이 늘었다.

그다음 전장(戰場)은 조력 자살이었다. 특정 환자가 복용함으로써 생명을 끊을 수 있는 약품을 의사가 조제하는 것이 과연 합법적이냐 아니냐 하는 것이었다. 누군가가 죽음을 선택해야 할 때 고통 없는 죽음의 선택지를 갖게 될 경우, 전이성 암 같은 위중한 진행성 질환 환자들이 경험하는 공포와 통제 상실과 실존적 고통도 누그러진다는 것이 옹호자들의 주장이었다. 이들은 어째서 제거가 가능한 생명 유지 장치나 의학적 치료에 의존하는 사람들만이 의학적 지원 없이 존엄사를 선택할 자유를 갖고 있느냐고 의문을 제기했다.

반대자들은 생명 유지 장치를 제거하는 것은 결국 자연스럽게 정해진 귀결로 가도록 허락하는 것인 반면, 조력 자살은 생명을 단축하려는 의도일 뿐이며, 오랫동안 비윤리적인 행위로 간주되었고, 사실상 적극적 안락사와 유사하다고 반박했다. 마법과 의학이 분리된 지 수백 년이 흘렀지만, 미국인은 여전히 의사를 이용해서 죽음을 불러내려고 하는 것인가? 말기 환자나 장애인에 대한 자살이 사회적으로 수용될 경우, 결국 이런 집단에 속한 사람들은 자기가 더 가치 없고, 저열하고, 버려졌다는 느낌을 받게 되지 않을까? 결국 죽음의 도래에 수반되게 마련인 가족의 재결속, 통찰, 그리고 영적 풍요와 개인적 성장의 여러 가지 형태로부터 비롯되는 의미를 모두 격하시키는 것은 아닐까?

1990년대에 오리건 주에서는 의사 조력 자살이 합법화되었지만 (그리고 나중에는 워싱턴 주와 버몬트 주에서도 합법화되었고, 몬태나 주에서는 이를 법적으로 금지하지 않았다는 대법원 판결에 따라 사실상 합법화되었지만) 메모리얼 사건에 대한 캐플런의 검토가 이루어질 때까지만 해도, 미국의 의사 대부분은 여전히 이런 행위를 비윤리적이라 간주하고 거부했다. 치명적인 질환의 마지막 단계에서 겪는 고통과 괴로움의 매우 실제적인 쟁점에 대응하기 위해서, 병원들과 의사들은 완화 치료와 호스피스 치료 프로그램을 제안했다. 여기에는 여러 가지 의학적 치료, 상담, 그리고 환자를 치료하려고 시도하기보다는 오히려 증상에 대응하고 편안하게 해주려는 지원 등이 포함되어 있었다. 호스피스는 말기 환자와 그 가족을 돌보는 철학이자 운동으로 간주되었으며, 그 기원은 1970년대에 미국으로 거슬러 올라가며, 그 이전에는 영국에서 발전한 것이었다. 환자는 자기 생명을 연장하는 것을 의도한 치료를 그만두기로 반드시 동의해야 하기 때문에, 이들에 대한 간호는 더 저렴하다고 여겨졌고, 1982년부터는 노인 의료보험인 메디케어에서 호스피스 간호 비용을 부담해주었다.

아울러 고통을 치료하고자 하는 가장 확고한 노력에도 불구하고 경감이 이루어지지 않은 소수의 환자들을 위해서는 또 다른 전략이 나타났다. 즉 말기 진정 치료였다. 이 발상은 환자를 사망할 때까지 무의식 상태로 만들어놓는 것이었다. "치명적인 부상이나 질환을 앓는 사람"의 요청에 따라 이런 행위를 명백하게 합법화하는 법안은 1900년대의 처음 10년 사이 오하이오 주 입법부에서 이미 상정되었다가 부결되었지만, 1990년대에 와서 다시 한 번 이에 대한 관심이 급등했다.[105]

말기 진정 치료는, 치명적인 질환을 앓는 환자를 죽이려는 의도가 없는 상태에서, 환자의 불편을 줄인다는 목표를 마치 달성한 것처럼 보였지만, 여기에서도 윤리적 논란은 아주 없지 않았다. 진정 상태의 환자는 먹거나 마실 수 없으므로 결국 죽음을 맞이하게 되는 것인데, 문제는 투약을 중지하고 환자를 깨워 직접 물어보지 않는 한, 이 증상이 실제로 경감되었는지 아닌지 알 방법이 없다는 것이었다. 하지만 의사 원조 자살은 헌법적 권리가 아니라는 1997년의 판결에서, 미국 연방 대법원은 말기 진정 치료의 합법성을 오히려 지지했다. 미냐드가 메모리얼 사건에 관해서 숙고하고 있는 동안에도, 미국의학협회의 윤리 관련 최고 결정권자들은 말기 진정 치료를 이른바 '완화 진정 치료'라는 더 그럴듯한 명칭으로 바꾼 다음, 최후의 수단으로서 실시하자는 제안을 숙고 중이었다(결국 이 단체에서는 2008년에 이 시술을 지지했다).

일부 관찰자들은 메모리얼의 보건의료 전문가들이 설령 기소된다 하더라도, 완화 진정 치료를 주장하며 각자의 입장을 변론할 수 있으리라고 보았다. 하지만 포의 변호사인 리처드 시먼스는 자기 의뢰인을 끌고 연명 중지 치료 관련 쟁점에 관한 토론으로 들어가는 일을 당분간 삼가기로 작정했다. 그가 생각하기에 루이지애나 주는 워낙 근본주의 기독교가 강하기 때문에, 이와 같은 종류의 토론이 어울리지 않았다.

즉 지나치게 위험 부담이 컸고, 지나치게 뜨거운 논제였다.

시먼스는 미국의학협회로부터 재난 시의 안락 치료와 관련한 유용한 지침을 찾을 수 없다는 사실 때문에 짜증을 냈다. "저는 이 단체 소속 의사를 변호하고 있습니다만, 정작 기준을 찾을 수가 없군요." 그는 이 단체의 지도자들에게 말했다. "그러니까 제가 법정에 나가서 '제 의뢰인은 어디까지나 이 기준을 따랐을 뿐입니다.' 하고 내세울 만한 게 전혀 없다는 겁니다." 물론 미국의학협회에 완화 치료에 대한 지침이 있긴 했지만, 가족과의 의논, 투여한 약품의 기록 등만 언급해놓았다. 하지만 포는 어느 것도 하지 않은 상태였다. "그렇다면 서류철에 기록할 수도 없고, 환자의 친지와 이야기할 수도 없는 상황에서라면, 결국 아무 일도 하지 말아야 한다는 것인데, 도대체 어째서입니까?" 시먼스가 물었다.

윤리학자 아서 캐플런이 내린 결론에 따르면, 메모리얼에서 일어난 일이 완화 진정 치료 범위에 들어맞지 않는 이유도 바로 이런 지침 때문이었다. 만약 체포된 의사와 간호사들이 9월 1일 목요일에 단지 환자의 고통과 불편을 경감시키려 의도했을 뿐이었다면, 이들은 최소한 환자에게 조금씩, 그리고 주의해서 투여한 약품에 대해서 정확히 기록해놓는 것이 당연했다. 포를 비롯한 여러 의사가 목요일 정오 이전까지는 재난 기간 내내 각자의 투약 지시를 자필로 기록해두었다는 사실을 고려해보면, 이는 비록 어렵기는 하더라도 결코 불가능한 일까지는 아니었다. 심지어 급박하게 돌아가는 야전 병원에서도 이런 기록을 남긴다. 치명적이라고 알려진 약품을, 그것도 이전까지는 전혀 투여하지 않았던 환자에게, 다량으로 신속히 주입했다는 정황을 캐플런은 우려하지 않을 수 없었다. 아울러 그는 최소한 환자의 일부는 말기 질환 상태가 아니었다는 사실 때문에 마음이 불편했다. 게다가 의사와 간호사들은 당시 메모리얼에 있던 환자 가족 가운데 어느 누구와도 상의하려는 노력조차 없어 보였다.

아울러 고통이나 괴로움을 경감시키는 유일한 선택지가 죽음뿐이었는지에 대해서도 이 윤리학자는 확신할 수가 없었다.

캐플런이 과거에 CNN에 출연해서 말한 바대로, 의사나 비(非)의사가 어디까지나 동정심을 동기로 사용해서 죽음을 재촉했다고 볼 만한 근거가 있을 경우, 재판관과 배심원이 이들에게 유죄를 선고하는 경우는 드물게 마련이었다. 1973년부터 1987년까지의 안락사 추정 사건 20건에 대해서 이루어진 연구에 따르면, 이 가운데 징역형이 선고된 사건은 겨우 3건에 불과했으며, 하나같이 희생자가 말기 질환이나 고통을 겪지 않았을 수 있다는 이례적인 상황을 특징으로 삼고 있었다.[106] 이와 유사하게 공기 색전이나, 염화칼륨 치사량 주사나, 유통기한이 지난 아미탈 소듐 진정제를 투여해서 의도적으로 환자를 살해한 의사들을 배심이 (때로는 절차상의 문제를 근거로 삼아) 무죄 방면한 경우도 있었다. 그나마 감옥에 간 소수의 의사 중에는 잭 키보키언도 있었다. 그는 이른바 '사망 기계'를 이용해 100명 이상의 자살 환자를 도왔음에도 불구하고, 1990년대에 이미 여러 차례 1급 살인 혐의에서 선고를 피해갔었다. 그러다가 루게릭병 환자인 토머스 유크에게 직접 약품을 주사해 환자가 잠들게 만들고, 환자의 근육을 마비시키고, 환자의 심장을 멈추게 만들었으며, 그런 자기 모습을 비디오테이프에 담아서 판사를 자극한 끝에 2급 살인죄로 감옥에 들어가게 되었다. 이전까지만 해도 이 의사 본인이 아니라 환자 스스로 그의 기계에 달린 단추나 손잡이를 작동함으로써 치사량의 약품이나 일산화탄소 가스를 방출하는 방법을 사용했다. 키보키언은 훗날 자기가 감옥에 들어가고 싶었던 이유는, 자기 신념이 옳음을 입증하기 위해서이며, 나아가 공개적인 토론의 방향을 조력 자살 쪽에서 안락사 쪽으로 옮기고 싶었기 때문이라고 설명했다.

◇ ◇ ◇

2007년 2월 1일 화요일, 뉴올리언스의 일간지 〈타임스 피커윤〉의 헤드라인에는 검시관 프랭크 미냐드가 메모리얼 사건에 관한 견해를 밝혔다는 이야기가 올라와 있었다. "뉴올리언스 검시관, 살인 증거 못 찾아."[107]

버지니아 라이더는 출근길에 라디오를 통해 이 뉴스를 듣고는 믿을 수 없어 했다. 그녀는 차를 세우고 신문을 구입했다. 내용을 읽다보니 라이더는 눈물이 나왔다. 올리언스 패리시에서 살인 혐의 기소가 성공을 거두려면, 일단 검시관이 의심의 여지없는 살인이라고(한마디로 또다른 인간의 행위에 의해서 야기된 죽음이 확실하다고) 의학적 결정을 내리는 것이 필수적이었다. 그래야만 형사상의 살인 판결로 향하는 한 걸음이 되며, 루이지애나 주 법원이 살인에 대한 과실을 적용할 수 있었다. 지방검찰청 사람들은 검시관으로부터 살인 판정이 나지 않는 한 이 사건을 진행하지 않겠다며 이미 여러 차례 라이더에게 말했었다.

사무실에 도착한 라이더는 몸을 떨면서 동료인 부치 섀퍼에게 이 신문 기사를 건네주었다. "가방 챙겨." 그가 말했다. "지금 당장 뉴올리언스로 가자고."

라이더는 미냐드의 책상 위에 신문을 패대기쳤다. 그녀는 눈물이 가득한 채 그와 마주보고 앉았다. 지금까지 그로부터 들은 모든 이야기를 근거로, 라이더는 이 검시관 역시 살인을 확신한다고 믿어 의심치 않았다. "어떻게 이러실 수가 있어요?" 그녀가 물었다. "어떻게 이런 말을 하실 수가 있어요?"

이 지역에서는 포를 지지하는 사람이 너무 많기 때문이라고 미냐드가 해명했다. 공개적으로 살인이라고 발표하다보면, 언론이 미쳐 날뛸 가능성이 있다는 것이었다. 결국 이 도시의 체면에도 좋지 않으리라는 것이었다.

재난, 그 이후

이 모든 일이 세상에 알려지면, 그러니까 이 모든 진실을 결국 덮어 버렸다는 사실이 전 세계에 알려지면, 그때 가서 뉴올리언스의 체면은 어떻게 되는 건가요? 라이더가 물었다. 검시관의 임무는 진실을 발견해 서 보고하는 거잖아요!

미냐드는 이 도시에 무엇이 최선인지 자기가 고려해야만 했다고 말했다. 이 도시의 평판으로 말하자면 이미 워낙 많은 손상을 입지 않았느냐고도 했다.

하지만 그가 정말로 신경 쓴 것은 본인의 평판 아니었을까?

라이더는 이번 사건에서 목격한 것과 유사한 정도의 정치적 입김을 이전에는 한 번도 경험한 적이 없었다. 기껏해야 그녀가 수사하던 어느 연줄 좋은 의사를 두둔하기 위해서 국회의원 한 명이 그녀에게 전화를 건 정도가 최대치였다.

메모리얼 살인 혐의자의 체포 직후 라이더는 미냐드의 주선으로 이루어진 포티 주 검찰총장과 조던 지방검사의 회동에 참석했었다. 이때 참석자 가운데 한 명은, 만약 이번 사망 사건이 보건의료 전문가 각자의 의도적인 행위에서 비롯된 것으로 밝혀질 경우, 민사 소송에서 생존자들이 테닛 같은 피고측 기업으로부터 보상을 얻어낼 기회에 자칫 악영향을 줄 수 있다는 발언을 했다.

라이더는 이미 유족들과 면담을 가졌으며, 그로 인해 에버릿 여사 같은 사람들은 이번 일에서 돈을 문제시하지는 않는다고 믿게 되었다. 그녀는 다만 남편을 위한 정의를 원할 뿐이었다. "그러면 그분을 직접 만나보시겠어요?" 라이더는 에버릿 여사를 언급하며 물었다. "제가 직접 가서 그분을 이리로 모셔오면, 우리 모두 그분을 만날 수 있을 거예요." 하지만 그녀가 말을 다 끝내기도 전에, 그 자리에 있던 공직자들은 한목소리로 대답했다. "아니요!" 만약 그렇게 했다면 희생자가 실제 인물로 변했을 것이다. 반면 실제 인물이 아니라 단지 이름만 있는 희생자의 경우, 정당한 일을 회피하기는 더 쉬웠다.

라이더는 이 사건을 이미 개인적인 일처럼 받아들이고 있었다. 물론 그래서는 안 된다는 사실을 잘 알면서도 말이다. 정치인이 기회 있을 때마다 부패를 범하는 주에서 자라난 까닭에, 그녀는 학교에서 선생님이 설명했던 것과 같은 미국의 사법 체계의 화려한 모습에 철저한 믿음을 갖고 있었다. 그녀는 정말로 믿었다. 심지어 40대 초반이라는 원숙한 나이에도 불구하고, 결국에는 선이 악을 이길 것이라고 믿었다. 그리하여 이런 이상을 위해 너무 많은 것을 바쳤다.

이 사건은 단순히 공공자금을 편취하는 메디케이드 사기 범죄와는 차원이 달랐다. 이 사건은 오히려 사람의 생명과 희생자들을 위한 정의 구현과 관련이 있었다. 이 정도면 동기가 되고도 남지 않을까? 이 정도면 정치보다 우위에 설 수 있지 않을까?

사무실 바깥의 흡연 구역에서 벌어진 잡담 중에, 한번은 새퍼가 라이더를 가리켜 '순진한 아가씨'라고 부른 적이 있었다. 그의 지적처럼, 이제껏 그녀의 업무란 요양원 한 곳으로 쳐들어가서 남의 돈을 훔치는 사람을 찾아내 체포하면 끝나는 것이었다. 하지만 이번 사건은 단순히 수사하고, 체포한다고 끝나는 것이 아니었다. 여기서 전체적인 그림을 바라봐야 해. 새퍼는 라이더에게 조언했다. 물에 잠긴 도시가 있고, 그 배후의 정치가 있고, 수백만 달러의 기업 이익이 있고, 재판을 받는 의료 전문가가 있었다. 그녀는 단지 2 더하기 2의 결과는 4가 되기를 원했다. 그녀는 2 더하기 2의 결과가 5도 될 수 있다는 사실을 생각조차 해본 적이 없었다. 하지만 실제로 라이더가 얻은 결과는 바로 그거였다. 그녀는 이를 받아들이지 않을 생각이었다. 즉 계속 더 파고들어 추가의 '1'을 찾아낼 생각이었다. 새퍼는 이 사건에 감정적으로 연루되지 말라고 그녀에게 경고하려 애썼다. 그랬다가는 가슴이 찢어질 것 같은 기분이 들 것이기 때문이었다. 지금 라이더는 딱 그런 기분이었다.

재난, 그 이후

실제로 섀퍼는 그녀를 대단히 존경하고 있었다. 그는 라이더가 우는 모습을 보았다. 경찰학교에도 다녀왔고, 권총을 두 정이나 차고 다니고, 수사관으로서 오랜 경험을 쌓았고, 이번 사건에서 보여준 일솜씨만 하더라도 차마 비길 데 없이 훌륭한 그녀가 말이다.

라이더는 살인 증거를 압도적으로 많이 수집해놓았다. 그러니 실망할 만한, 망연자실할 만한 자격이 충분히 있었다.

그녀는 새로운 일자리를 알아보기 시작했고, 불과 일주일 만에 열댓 가지를 알아보았다. 밸런타인데이에 라이더는 꽤나 유망한 자리에 면접을 보았고, 결국 일자리를 제안받았다. 섀퍼는 그녀의 퇴직 배후에 놓인 감정을 제대로 알아보지 못했으며, 단지 더 많은 돈을 버는 동시에 CPA(공인회계사)가 될 기회를 얻으려 한다고만 생각했다. 라이더는 야심이 있었다. 섀퍼는 그녀의 경력을 위해서도 이 경력이 이치에 닿는다고 보았다. 라이더는 주 정부라는 좁은 물에 갇혀 있어서는 안 되었다. 결국 섀퍼는 〈그의 여인 프라이데이〉라는 영화에 나오는 캐리 그랜트가 아니었으므로, 그녀가 여전히 사랑하는 것이 분명한 일을 향한 열정을 다시 부추기려 노력하지도 않았다. 그는 라이더를 떠나게 해주었다.

결국 그녀는 새로운 일자리 제안을 받아들여 주 검찰청을 떠났다.

◇ ◇ ◇

검시관 미냐드는 신문 기사가 나간 직후 격분한 동료들로부터 항의 전화를 여러 통 받았다. 〈뉴욕 타임스〉의 기자가 이 결정과 관련해 인터뷰할 때 그는 잔뜩 풀이 죽어 있었다.[108] 자기는 이 사건들이 살인이라는 증거를 '아직' 찾지 못했으며, 다만 이 사건들을 분류하기 전에 더 많은 증거와 전문가 보고서를 기다리고 있을 뿐이라고 말했다. 사실 대배심으로 가기 직전까지는 미냐드가 살인이라고 재차 결정을 내릴 기회가 여전히 있었다. 이 절차는 비공개로 예정되어 있었다. 거기서 그가 한 말은 지금보다 여파가 덜할 것이었다. 하지만 이 이야기의 〈타임스 피커윤〉 버전은 현재 지배적이었다. 포의 변호사와 그녀의 지지자들은 검시관이 살인 증거를 전혀 찾아내지 못했다고 거듭 주장했다.

미냐드는 그래도 여전히 대배심에 뭐라고 말할 것인지를 놓고 고심 중이었다. 그는 또 한 명의 전문가 스티븐 B. 카치와 상의했다.

이 새로운 전문가가 자기 경력을 걸고 내놓은 주장에 따르면, 시신에서 발견된 약의 수준은 사망 직전의 수준과 아무 상관 없을 수도 있다는 것이었다.[109] 미냐드는 약물로 인한 사망의 징후를 다룬 유명한 교과서의 저자인 카치의 이름을 우연히 발견하게 되었다.[110] 또한 포의 가장 적극적인 지지자 가운데 한 명인 존 코키머로부터 바로 이 사람을 추천받기도 했다(코키머는 이전에 미냐드의 밑에서 부검시관으로 일했으며, 메모리얼에서는 존 틸과 함께 응급실 경사로에서 시가를 피우던 '갈색 잎사귀의 형제'이기도 했다. 그리고 최근에는 이 병원의 재개장을 돕고 있었다).

카치는 비행기 편으로 뉴올리언스로 왔는데, 원래 그는 이곳에서 의학을 공부했으며, 학생 때 미냐드의 집에서 열린 파티에도 참석한 적이 있었다. 그는 증거를 살펴본 다음, 섭씨 37도에서 무려 열흘이나 방치되어 있던 시신의 사망 원인을 결정하려 한다는 것 자체가 부조리한 일이라는 결론을 내렸다. 이 모든 사건에서는 의학적 사망 원인이 결국 미정으로 남아야 마땅하다고 카치는 조언했다.

그가 보기에, 미냐드는 다른 모든 전문가의 주장을 잠식해버리는 이런 주장에 납득하는 것 같았다. 그는 한 가지 사례를 제외한 다른 모든 사례에 대해서는 카치의 주장을 납득하는 것 같았다.

실제로 미냐드는 상대방의 의견을 대단히 신뢰하고 있었으며, 이는 포의 변호사가 확보한 이 지역의 유명한 독물학자와도 공통된 견해였다. 하지만 마이클 베이든은 저들이 내놓은 주장에 논란의 여지가 있다고 보았다. 환자에게 투여된 약품의 분량을 추론하는 것이 가능한지 아닌지 여부는 제쳐두고, 적어도 그런 약품이 시신에 들어 있다는 사실 하나만큼은 의심의 여지가 없었다. "이 사람들은 죽기 바로 직전에 버스드와 모르핀을 투여받았습니다."[111] 그는 미냐드에게 설명했다. "그리고 이것 말고 다른 사망 원인은 전혀 없어요."

시릴 웨크트도 한 걸음 더 나아가 카치에게 반박했다. 시신의 일부에서 검출된 약품의 수준은 단순히 아슬아슬하게 높은 게 아니라, 그야말로 어마어마하게 높다고 그는 미냐드에게 말했다. 부패한 조직 내에서는 약품의 수준이 달라질 수 있다는 카치의 이론 자체를 검증하기 위해서, 웨크트는 약물 과다 복용으로 사망한 환자에게서 채취한 샘플을 덥고 습한 조건에 며칠 동안 노출시켰다.[112] 그런 다음 이 샘플과 냉장고에 보관되던 다른 샘플에서 각각 검출된 약물의 수준을 비교해보았는데, 양쪽에는 현저한 차이가 전혀 없었다. 물론 소규모 연구였으며, 결정적인 연구와는 거리도 멀고, 다른 과학자들로부터 심사를 받거나 정식으로 간행되지도 않은 연구였지만, 그래도 또 하나의 고려할 만한 쟁점을 만들어낸 것만큼은 사실이었다.

미냐드는 이 사건이 재판에 회부되는 것을, 그리고 이 법의학 전문가들 사이에서 대격전이 야기되는 것을 상상해보았다. 그랬다가는 결국 패리시 측이 패배하리라는 것이 거의 확실해 보였다. 그가 생각하기에는 이런 상황이야말로 이 도시에도 좋지 않고, 이 도시의 회복에도 좋지 않은 일이었다. 사망 사건에 관해 암시하는 순수하고 기본적인 과학 너머에서, 이 검시관이 반드시 고려해야 할 더 큰 그림이 있다면 바로 이것이었다.

미냐드는 고심했다. 그는 가톨릭 신앙을 고수하는 사람이었다. 의도적으로 누군가의 목숨을 빼앗는 일은 아주 나쁜 일이었다. "우리가 언제 죽을지는 오로지 하느님만 아신다네." 이 검시관은 제자들에게 이렇게 말하곤 했다.

이 사건은 미냐드의 생활과 생각을 모두 장악했고, 그는 종종 잠을 자다가 악몽을 꾸고 깨어나곤 했다. 이 검시관은 거듭해서 여러 전문가에게 지지와 조언을 부탁했다.

◇ ◇ ◇

2007년 2월, 뉴올리언스에는 마디그라 축제 철이 돌아왔다. 이 축제 분위기는 보험금 지급을 요청하고, 정직한 도급 계약자를 찾아내고, 종종 사라져버리는 '로드 홈' 공공 재건축 기금의 신청서를 제출하고 또 제출하느라 애를 먹는 과정에서 저조해진 사람들의 사기를 올리는 기회가 되었다. 마디그라 참가 단체들이 저녁마다 행진을 하고, 참가자들이 무도회를 위해 옷을 차려입었지만, 애너 포는 축하하기가 힘들었다. 그녀의 사건이 다시 뉴스에 등장했기 때문이다.

〈타임스 피커윤〉의 그웬 필로사는 새로운 특별 대배심의 선출에 관해서 보도했다.[113] 이전 배심원은 허리케인 카트리나 이후 잔뜩 밀려 있던 사건들을 처리했다. 그리고 이번의 새로운 배심원은 메모리얼 사망 사건 하나만 다루기로 되어 있었다. 젊은 주무검사인 지방검사보 마이클 모랄레스는 대배심을 '수사 도구'로 사용할 의도였는데, 이는 매우 이례적인 행보라고 필로사는 보도했다. 평소에 하던 것처럼 단순히 증거를 배심원에게 제시하고 기소를 도모하는 대신, 지방검사보는 지방 검찰청과 공조해 수사관 역할을 해달라고 배심원에게 부탁할 생각이었으며, 검토하고 싶은 증거를 배심원이 자체적으로 결정하라고 부탁할 생각이었다. 모랄레스는 이 사건이 매우 복잡하기 때문이라고 그 이유를 밝혔다.

검시관의 공개적 발언과 리처드 시먼스의 로비에도 불구하고, 기소의 톱니바퀴가 멈추지는 않았다. 이제는 대중의 일원인 배심원이 포의 운명을 결정하게 되리라는 사실이 명백해졌다. 시먼스와 홍보 전문가

재난, 그 이후

와 기타 지지자들은 포를 향한 더 우렁찬 지지를 조직하기 시작했으며, 혹시나 역풍을 야기하지 않도록 최대한 선별적으로 조직했다. 두경부 외과 분야의 전국적인 전문가 조직의 지도자들이 내놓은 언론 보도 자료에서는, 검시관의 공개적인 발언에도 불구하고 이 사건을 대배심에 가져가려는 검찰 측을 비판했다. "포 선생의 영웅주의는 처벌이 아니라 오히려 보상을 받아야 마땅하다."[114] 거기서는 이렇게 말하면서, 이러다가는 향후의 위기 상황 때마다 의사들과 기타 보건의료 전문가들이 자원봉사를 거절하게 될 것이라고 주장했다. "이런 고발은 익히 알려진 그녀의 성격이며, 예외적으로 뛰어난 치료를 실시했던 그녀의 이력과도 완전히 불일치한다."

이런 친절한 단어에 포는 감정적으로 의기양양해졌지만, 대배심이 열리기 직전 며칠 동안은 자기도 "정말 혼자이고, 정말 내버려지고, 정말 배신당한"[115] 기분을 느꼈다고 나중에 회고했다. 한번은 4반세기 만에 우연히 한 친구를 맞닥뜨리기도 했다. 친구는 포에게 실로 신부님네에 가보자고 초대했다. "실로 신부님네가 뭔데?" 포가 친구에게 물었다. 그러자 상대방은 치유를 위한 장소라고 대답했다. "일단 내 차에 타." 친구가 제안했다.

친구는 포를 태우고 차를 몰아 뉴올리언스의 콘스턴스 스트리트에 있는 아이리시 채널이라는 지역의 황폐화된 어느 길모퉁이로 갔다. 그곳에는 붉은 벽돌로 지은 '세인트 메리스 어섬션(성모 승천)' 성당이 있었다.

그곳 구내에는 '쾌활한 금욕주의자'로 통하는 프랜시스 사비에르 실로스 신부를 기념하는 사당이 있었다. 그는 19세기에 이곳에서 구속주회(救贖主會) 소속 수도사로 재직했으며, 가난하고 버림받은 사람들에 대한 관심으로 유명했다. 실로는 황열병 희생자를 돌보다가 이 도시에 온 지 1년 만인 1867년에 결국 그 병으로 사망했다. 요한 바오로 2세가

2000년에 그를 시복(諡福) 했다.

그때부터 포는 뉴올리언스에 있을 때면 매일같이 이곳을 찾았다. 이 사당의 봉사자들은 그녀가 신앙을 회복하도록 가르쳤다. 하느님께서는 포를 돕기 위한 사람들을 보낸 셈이었고, 그녀는 육체와 영혼을 모두 치유하는 실로 신부의 능력을 믿게 되었다. 자기는 "영혼과 심장에 대한 치유를 아주 많이" 필요로 한다고 포는 말했다. 우울해질 때도 있었고, 일을 계속하기 힘든 순간도 있었으며, 때로는 친구들이 먼저 "누군가에게 이야기해야" 되겠다고 부드럽게 조언해주는 때도 있었다. 강철 목련 같은 그녀의 어머니조차 하느님이 너를 돌봐주실 것이라고 딸에게 말했다. 포는 사당의 봉사자들과 함께 기도했고, 덕분에 계속 나아갈 힘을 얻었다. "가장 뛰어난 치유자이신 하느님의 은혜 덕분"이라고 그녀는 말했다.

포는 거의 매일같이 리처드 시먼스와 이야기를 나누었다. 그녀는 자신의 불안을 공유했고, 다른 누구와도 차마 이야기할 수 없는 내용을 자세하게 이야기했으며, 종종 눈물까지 보여가며 긴 대화를 나누었다. 포는 변호사의 조언대로 뉴스를 보지 않았으며, 언론의 질문을 비롯해 수많은 인터뷰며 출판 제안을 그에게 완전히 위임했다. 시먼스는 아직 이런 제안 가운데 어떤 것도 허락하지 않았다. 대신 그녀에게는 일단 기소되고 나면 당신 이야기를 마케팅할 선택지를 생각해보라고 조언했다. 법률 비용이 막대하게 들 것이라는 거였다.

포는 이 지역 대중이 자기와 다른 2명의 간호사를 지지하고 있음을 잘 알고 있었다. 시먼스가 재판 장소를 옮기는 것이 좋을지 여부를 결정하는 데 참고하기 위해, 잠재적인 배심원 후보자들을 대상으로 설문 조사를 의뢰했는데, 그 결과 그의 말마따나 올리언스 패리시의 주민 가운데 76퍼센트가 보건의료 전문가를 지지하고 기소에 반대하는 것으로 드러났다.[116] 이들이 기소되어야 한다는 의견은 겨우 8퍼센트에 불과했으며, 나머지는 모르겠다는 답변을 내놓았다.

이런 지원은 셰리 랜드리와 로리 부도를 위해 개설된 우체국 사서함에 도착하는 편지에서도 알 수 있었는데, 하나같이 친절한 위로가 가득했다. 나는 거기 없었지만, 나 역시 간호사이다. 또는 내 친척이 간호사이다. 또는 나는 예전에 환자였기 때문에, 또는 동료였기 때문에, 또는 의사였기 때문에, 당신이 최선을 다했다는 사실을 잘 안다는 등의 이야기들이었다. 간호사들의 후원 기금 웹사이트에 ICU 간호사 캐시 그린은 부도와 랜드리를 위한 기부금만 요청한 것이 아니라, 이 간호사들을 위로하기 위한 "격려의 엽서와 편지와 말"도 요청했다.

이 사건의 피의자들은 서로를 격려하기도 했다. 랜드리의 자택이 홍수로 인해 철거해야 하는 상황이 되자, 부도는 그곳으로 찾아가 진창에서 몇 가지 물건을 꺼낸 다음, 자기 집으로 가져가서 씻고 소독해서 친구에게 돌려주었다. 랜드리가 평생 보관한 물건 중에서 그렇게 건져낸 물건은 상자로 두 개 정도 분량이었다.

랜드리가 그린에게 한 말에 따르면, 자기가 가진 모든 것을 잃어버린 것보다 더 끔찍한 일은 바로 일자리를 잃은 것이었다. 그녀는 과연 자기들이 다시 간호사로 일할 수 있을지 모르겠다고 말했다.

일을 하지 않는다는 것은 직업적으로나 실존적으로나 어려운 일이 아닐 수 없었다. 물론 테닛에서는 이 간호사들의 법률 비용을 계속 지불했지만, 여러 가지 면에서 체포 이후 이들의 입장은 애너 포보다 훨씬 더 어려웠다. 이 의사와 달리, 이 간호사들은 병원에서 일하지 않을 경우 차선으로 택할 수 있는 대학에서의 일자리가 없었다. 랜드리는 카트리나로 자택을 잃었고, 병든 어머니를 혼자 간호해야 하는 형편이었다. 부도는 가족의 생계를 책임졌고, 대학에 다니는 자녀가 둘이나 있었다. 이 간호사들은 중산층이었기 때문에, 대출금과 월세와 자동차 할부금을 갚아야 하는 처지였다.

메모리얼 ICU의 동료들은 두 간호사를 돕기 위해 플라스틱 팔찌와 자동차용 자석을 판매해서 기금을 마련했다. 이들에게 식품을 공급하고, '여타의 친절 행위'를 베풀기 위한 위원회도 조직했다. 친구들의 요청에 따라 랜드리와 부도는 필요한 예산을 정한 다음, 후원 기금에서 매달 용돈을 받아서 각자의 청구서와 식품과 의복에 들어가는 비용을 충당했다. 그 지역의 매체인 〈갬빗 위클리(Gambit Weekly)〉의 기자를 만난 랜드리는 한편으로 고마움을 느끼지만, 또 한편으로는 이런 식으로 청구서를 지불한다는 것이 매우 굴욕적이고 이상하다고 말했다. "마치 다른 누군가의 삶 같아요."[117] 기자의 말에 따르면, 부도는 합동 인터뷰 도중에 울었다고까지 했다.

이 간호사들의 지지자들은 3개월은 버틸 수 있는 기금을 마련해 은행에 예치했다. 특히나 관대한 기부자 한 명은, 만약 돈이 부족하면 자기가 나머지를 채워주겠다고 제안했다. 병원 의료진도 이들에게 각각 1만 달러씩을 주었다.

부도나 랜드리와 함께 있을 때면 그린은 마치 장례식에 참석한 기분이 들었다. 어느 순간에는 나지막이 이야기를 주고받다가, 다음 순간에는 누군가가 울기 시작했기 때문이다. 이들은 이렇게 물었다. "왜 하필 나지?" 그린은 자기 친구 로리가 매일 아침 눈을 뜨자마자 이렇게 생각한다는 걸 알고 깜짝 놀랐다. '어쩌면 남편과 아이들을 잃어버리게 될지도 몰라. 어쩌면 병원에 머물러 있었던 죄로 남은 평생 감옥에서 썩을지도 몰라.' 그린은 두 간호사의 삶이 결코 이전처럼 멀쩡해지지 않을 것이라고 생각했다. 그녀는 이 곤경이 두 사람의 가족에게 요구한 대가가 무엇인지 똑똑히 보았다.

반면 애너 포는 계속 자기 일자리를 유지했고, 조용히 수술도 재개했지만, 그녀의 홍보 담당자는 지난번의 체포로 인해 루이지애나에서 가장 뛰어난 외과 의사 가운데 한 명이 여전히 손을 놓고 있다는 대중의 잘못된 인식을 굳이 바꾸려고 노력하지는 않았다. 그녀는 일을 줄여서 배턴루지의 공립병원인 '얼 K. 롱' 메디컬 센터 한 곳에서만 근무했다(이 병원의 이름은 루이지애나 주지사와 상원의원을 역임한 휴이 롱의 동생이며, 역시나 전직 주지사였던 사람의 이름에서 따온 것이었다). 어쩐지 기운 없어 보이는 이 건물의 양옆에는 두 개의 알루미늄으로 덮인 원통 모양의 구조물이 있었는데, 어떤 의사들은 이것을 가리켜 '쌍둥이 쓰레기통'이라고 불렀다. 리처드 시먼스가 다른 무엇보다 더 우려한 점은, 혹시나 개인 비보험 환자들이 '경솔한 소송'[118]을 제기할 위험이 있지 않느냐는 것이었다. 뉴올리언스의 가난한 환자들이야, 애초에 의사를 고소할 만한 경제적 능력 자체가 없으니까.

LSU는 카트리나 이후에도 뉴올리언스의 채리티 병원을 재개장하지 않았으며, 대신 오랫동안 고대해온 병원 신축을 위한 주 정부와 연방 정부의 지원을 위해 로비를 벌였다. 얼 K. 롱 병원은 그 덕분에 약간이나마 반사적 이득을 보고 있었다. 하지만 이곳은 수술실의 에어컨도 종종 고장 났고, 때로는 머리에 쓰는 사냥용 플래시에 의존해서 수술을 해야 하는 경우도 있었다. 포는 자기네 의과대학에서 굳이 해외로 의사들을 파견하는 이유가 뭔지 의문이 들었다. 그녀가 생각하기에는 이곳 루이지애나 주야말로 "우리가 가려는 그 어디보다 더 제3세계 같았기"[119] 때문이다.

주 의사협회에서는 포를 징계하거나 조사하지 않았다. 그녀는 오히려 일종의 승진을 한 셈이 되었다. 루이지애나 주립대학교의 레지던트 훈련 프로그램에서 자기 전공 분야를 담당하게 된 것이다. 이 직위를 얻기 위해서는 전국적인 의료 관련 조직에서 승인을 받는 것이 필수적이었다.

◇ ◇ ◇

2007년 5월 19일, 한때 텍사스 주에서 포와 함께 일한 적 있는 비서들과 간호사들과 의사들이 휴스턴 소재 하얏트 리젠시 호텔 지하의 창문 없는 전시실에 모였다.[120] 그곳의 콘크리트 벽에는 판지를 오려서 만든 뉴올리언스의 상징인 백합 문장을 걸고, 열댓 개의 보기 흉한 금속제 의자 위에는 검은 비닐 덮개를 씌우고, 유리잔 안에는 키가 큰 촛불을 켜놓았다. 이들이 굳이 이곳까지 와서 재난 대비 세미나와 아울러 포를 위한 기금 마련 디너 댄스 파티를 개최한 까닭은, 뉴올리언스에서는 그녀를 위해 화려한 행사를 개최하는 것이 부적절해 보였기 때문이다.

친구들이 일하는 동안, 포는 예전에 가던 라울의 미장원을 다시 찾아가서 특유의 부풀린 머리를 다시 단장했다. 또 다른 미용사가 그녀의 여든세 살인 어머니도 단장해주었다. 어머니는 다른 형제자매들과 함께 이 행사에 참석하러 온 것이었다. 이들은 호텔에 머물렀고, 일부는 한 침대에서 같이 자기도 했다.

재난 관련 세미나가 열리기 직전에, 여전히 지속되는 법적 고통에 관해서 물어보고 싶어 하는 지지자들이 포를 에워쌌다. 그녀는 현재의 자기 상황을 연옥에 비유했다. "이제는 가톨릭 학교에 다닐 때 수녀님들이 하신 이야기가 무슨 뜻인지 알겠네요." 포는 이렇게 말하며 씁쓸하게 웃었다. "이제는 그게 어떤 기분인지 알겠어요." 그녀의 회고에 따르면, 당시 수녀님들은 영혼을 상징하는 작고 새하얀 눈사람을 그린 다음, 거기다 검은색으로 죄를 상징하는 표시를 그려 넣었다. 이전까지는 포도 자기 영혼이 그렇게 새하얗다고 생각했다. "하지만 아닌 것 같아요." 그녀는 지지자들에게 말했다. "제가 미처 몰랐던, 어떤 검은 표시를 제가 갖고 있는 듯한 기분이 들어요."

포의 주위에는 형제자매들이 늘어서 있었으며, 참석자 중 상당수는

재난, 그 이후

이 체구가 작은 여성들의 놀라우리만치 비슷한 외모를 주목했다. 이 자매들은 심지어 서로의 말을 받아서 마무리해줄 수 있을 정도로 친밀한 사이였다. 대화의 주제가 허리케인 쪽으로 갈 경우에는 자매들이 곧바로 가볍게 이야기를 끊어버렸다. "우리는 아예 그쪽으로 가지도 않아요." 포가 말했다. 그녀의 언니 지니도(17번 스트리트의 제방이 터지고, 투석 전문 간호사인 그녀가 근무하던 레이크뷰 지역이 카트리나의 홍수가 들어차면서부터, 포는 언니와의 전화통화가 끊어진 바 있었다) 거듭해서 말했다. "우리는 갈 수가 없어요. 절대 그쪽으로는 다시 가지 않을 거예요."

그날 오후 이들이 재난 대비에 관해 이야기하는 동안, 리처드 시먼스는 카트리나에서 입증된 것처럼 중앙집권적이고 상명하달식인 명령이 가장 효과 있다는 주장을 펼쳤다. 그러면서 해안경비대의 사례를 그 증거로 들었지만, 실제로는 사실과 다른 주장을 한 셈이었다. 해안경비대원의 상당수는 카트리나 당시 자기들이 거둔 성공 요인이 오히려 지상 대원들의 솔선수범에 있다고, 즉 이들이 즉흥적으로 문제를 해결할 권한을 지니고, 또한 대단한 자율성을 발휘하며 행동했기 때문이라고 보았다.

"음, 사실은 해안경비대도 문제가 하나 있었어요." 포가 주장했다. "해안경비대에서는 야간에 비행을 안 하더라고요. 재난이 있을 경우에는 야간에도 비행을 하는 사람들이 필요한데 말이죠. 그럴 수가 없다는 건 이상한 일이에요. 제 생각에는 말이에요."

물론 그녀의 이런 주장은 사실이 아니었다. 카트리나 이후 며칠 동안 해안경비대의 항공 요원은 야간 투시 장비를 이용하고, 혹시나 전선에 걸릴 위험까지 무릅쓰면서 여러 곳의 지붕에 내려앉았고, 다락방을 뚫고 들어가서 사람들을 구했으며, 그중에는 물론 메모리얼의 환자들도 포함되어 있었다. 해안경비대는 야간 비행을 위한 구체적인 정책과 절차도 보유하고 있었다.[121]

포라는 사람은 거뜬히 이런 생각을 떠올리고, 절대적으로 확신하고, 심지어 아무런 증거도 없이 다른 사람들에게 이를 납득시킬 수 있었다. "진짜예요, 그들은 야간에 비행하지 않아요." 그녀는 청중에게 이렇게 말했다. "빈스에게도 물어보세요." 취미 삼아 비행기를 조종하는 약사인 자기 남편이 그런 이야기를 들었다는 것이었다.

"카트리나 당시 진짜로 사람들을 구조한" 사람들은 바로 '군대'였다고 포는 주장했다. 마치 해안경비대를 군대의 일부로 깎아내리는 듯한 발언이었다. "바로 나이트호크 헬기였죠." 그녀는 아마도 '블랙호크'를 잘못 말했던 것이리라. "그 크고 거대한 블랙호크 군용 헬리콥터가 와서 모두를 태워갔어요."

"야간에 비행을 하는 것은 위험할 수밖에 없는 게, 불빛이 없는 건물이 많기 때문이죠." 빈스 파네핀토가 말했다. 그는 포의 친구들 사이에서 영웅이 되어 있었다. 왜냐하면 카트리나로 인한 물이 차오른 뒤에도 거기서 북쪽에 있는 루이지애나 주 해먼드까지 찾아가서, 이후 헬리콥터를 몰고 사람들을 구조했다는 이야기 때문이었다.

세미나의 발표자 가운데 한 명인 닐 워드는 해안경비대가 실제로는 야간 비행을 했다고 주장하는 보고서를 인용했다. "그쪽에서는 자기들이 분명히 비행을 했다고, 즉 야간 투시경을 이용해서 구조 활동을 일부나마 했다고 밝혔습니다."

포는 다른 문제들에 대해서도 이와 유사하게 뚜렷한 선악 이분법적 견해를 드러냈다. 자기와 함께 배턴루지의 다 쓰러져가는 공립병원에서 빈민을 위해 봉사하는 LSU 메디컬 센터 직원들은 영웅적이라고 말했다. "분명히 말하건대, 용감한 사람들입니다. 그들은 정말 용감해요." 그녀가 말했다. "그런 이타주의는 이제껏 한 번도 본 적이 없어요."

반면 자기네 학교의 경쟁자인 툴레인 의과대학원은 보험에 들지 않은 빈민을 위한 "빈민 치료를 모두 포기했다"고 그녀는 주장했다. 하지

재난, 그 이후

만 당시 카트리나 이후 툴레인의 의사들이 뉴올리언스에 설립한 병원 시스템에서는 여전히 수천 명의 환자를 무료로 치료해주고 있었다.

포는 지금까지 겪은 일 때문에 결코 다시는 뉴올리언스로 돌아가서 진료하지 않을 것이라고 많은 친구에게 말했지만, 정작 세미나에서는 다른 의사들이 그곳에 머무르며(그녀는 그곳이 "남북 전쟁 직후 재건 시대"에 맞먹는 상황이라고 표현했다) 그 도시를 재건하는 데 도움을 주었으면 좋겠다고 말했다.

"우리는 그곳 사람들에게 희망을 심어주어야만 합니다." 그녀는 정색한 표정으로 말했다.

세미나가 끝나기 전에, 갤버스턴에서 포의 예전 상사였던 사람이 감사의 뜻을 표했다.[122] "우리 부서에는 애너 포보다도 더 열렬하게 환자를 옹호한 사람이 이제껏 없었습니다." 그의 말이었다. 아울러 그는 현재 루이지애나 주립대학에서 그녀가 레지던트 프로그램을 재조직하려고 하는 일을 칭찬했다. "우리 모두가 당신을 위해 기도하고 있습니다." 그가 말했다.

포는 세미나 자리에서 자기가 시련을 헤쳐나가도록 도와주는 친구들에게 감사를 표했다. "이 일로 인해서 결국에는 놀라운 선(善)이 찾아오리라 생각합니다. 저는 마음속의 아주 어두운 장소를 지나왔습니다. 여러분 모두가 없었다면 저는 여기 있지 못할 겁니다. 여러분 모두의 용기와 힘이야말로 저에게는 하느님이 주신 선물이나 다름없습니다."

◇ ◇ ◇

그로부터 몇 시간 뒤, 아까와는 모습이 많이 달라진 호텔 지하의 무도회장에서는, 포를 돕고자 최대 2천 달러씩 기부하고 이 자리에 참석한 200여 명의 손님에게 그녀의 옛 동료 한 명이 환영 인사를 보냈다. "옳은 일을 한다는 것이 때로는 가장 인기 있는 일까지는 아닐 수 있습니다." 그는 마이크에 대고 이렇게 말했다. "하지만 그건 물론 범죄가 아닙니다. 그래서 저는 우리 모두가 옳은 일을 하는 것을 축하하기 위해서 오늘 여기 모였다고 생각합니다. 제가 강조하려는 것도 바로 그겁니다. 오늘 저녁은 축하 행사가 될 거라고 말이죠."

포는 마이크를 건네받고는 눈물을 흘렸다. "여러분이 아니었다면," 그녀는 지지자들을 향해 말했다. "저는 오늘 이곳에 서 있지 못했을 겁니다." 포는 마음속으로부터 이들에게 감사를 표했으며, 이들의 사랑과 지지 덕분에 자기가 매일 아침 자리에서 일어날 힘을 얻는다고 말했다. "저 자신이야말로 지금껏 만난 어느 누구보다도 더 운이 좋은 사람입니다. 사람들이 이처럼 고맙게 도와주니까요."

주최자들은 포에 관한 가사를 붙인 컨트리 송을 불러서 흥을 돋우었다. 일부러 조율하지 않은 기타에 맞춰 엉터리로 부른 이 노래를 만들고 녹음한 사람은, 일찍이 그녀에게 후두 재건 수술을 받은 환자이기도 했다. 웨이터들이 스테이크를 가져오고 와인을 따라주었다. 이 지역 밴드인 다단스(DarDans)가 크리던스 클리어워터 리바이벌(CCR)의 노래 〈강어귀에서 태어나(Born on the Bayou)〉를 부르면서 뉴올리언스 사람들, 즉 '강어귀 사람들'에게 춤을 추자고 권했다. 포와 주변의 열댓 명은 이에 따랐고, 술을 마시면서 밤새도록 무도회장을 지배했다.

포는 깊은 브이넥에 허리 라인이 높고 속이 비치는 드레스 차림이었고, 분홍색의 가슴을 상당 부분 드러내고 있었다. 그녀의 모습은 전형적인 남부 숙녀, 파티 참가자였으며, 진주 목걸이에 매달린 작은 금 십자가로 인해 더욱 돋보였다.

심지어 리처드 시먼스까지 땀이 흠뻑 밴 드레스셔츠와 넥타이 차림으로 무도회장에 나섰다. 덩치 큰 이 변호사는 얼마 안 남은 머리카락으로 벗겨진 머리를 감추고 있었다. 포의 한 친구는 '디스코 딕'이 이처럼 눈에 띄게 파티를 즐기는 모습을 보고 뭔가 부적절하다고 생각했다.

556

어쨌거나 이날 저녁은 그에게 지불하기 위한 돈을 모으는 행사였으니까. "차라리 새 변호사를 구하라고 이야기해줘야겠어." 그녀가 말했다.

포는 여자다운 면모를 한껏 드러냈으며, 가짜 풀잎 치마를 걸치고 〈마가리타빌(Margaritaville)〉에 맞춰 춤까지 추었다. 그녀는 높은 비명을 지르면서, 자기 머리를 뒤로 넘기고, 보그 스타일로, 양팔을 번갈아가면서 흔들었다.

남편 빈스 파네핀토는 자기 아내가 예전 동료들이며 변호사와 함께 춤추는 모습을 지켜보았다. "저 변호사 친구가 아는 걸 나도 모조리 좀 알았으면 소원이 없겠네." 그가 중얼거렸다. 포와 시먼스는 이 사건이 진행되는 내내 매일같이 만나서 서로 이야기했지만, 파네핀토는 그 대화의 세부사항을 아내에게 굳이 물어보지 않았다고 말했다. "변호사와 의뢰인의 특권이지. 두 사람은 그걸 진지하게 생각하니까."

그는 시내에 홍수가 시작되자마자 메모리얼로 다시 걸어서 돌아가려고 시도했다. 하지만 저 앞에 위협적으로 보이는 남자 둘이 나타난 것을 보자 다른 길을 택할 수밖에 없었다. 총이 없는 상태이다보니, 파네핀토는 매우 취약해진 느낌이었다. 병원에 머물지 않았기에 무슨 일이 벌어졌는지는 목격하지 못했지만, 그는 아내가 결코 누군가를 죽이지 않으리라는 것을 알았고, 포티가 아내를 체포하고 노인을 죽였다는 혐의를 씌운 것은 어디까지나 다른 노인들에게(즉 포티가 오랫동안 밀월 관계를 맺은 유권자들에게) 잘 보이려는 술책일 뿐이라고 확신했다. 이제 파네핀토는 자기네 부부의 미래가 과연 어떻게 될지 자기도 모르겠다고 말했다.

무도회장에서는 포가 키 크고 잘생긴 자기 남편을 손짓해서 부르고 있었다. 그는 싫다는 뜻으로 손짓을 하고 계속 가장자리에 남아서 지켜보기만 했다. 그녀도 굳이 계속 권하지는 않았다.

참석자들은 경매 물품이 놓인 탁자를 살펴보았다. 거기에는 고급에서 저급까지 종류도 다양한 물건들이 놓여 있었다. 한편에는 샤넬 핸드백, 온천 여행권, 사냥 여행권이 있었고, 또 한편에는 한 친구의 어머니가 만든 털실 깔개, 엉성해 보이는 금속제 벽걸이 장식품, 그리고 (경매 물품 설명서에 따르면) 몸이 아픈 어떤 소녀가 직접 만든 커다란 나무 십자가 등도 있었다. 포의 동생 페기 페리노는 마르가리타 칵테일 만드는 재료가 가득 들어 있는 커다란 바구니를 하나 낙찰받았는데, 급기야 이튿날 가족이 타는 자동차에 그걸 싣는 문제로 말썽을 피웠다. "페기가 결국 사고를 치는군." 포가 한숨을 쉬며 말했다.

◇ ◇ ◇

포는 이 행사로 10만 달러 가까운 기금을 모았고, 이것 말고도 다른 여러 가지 면에서 이득을 보았다. 재난 대비 관련 세미나 도중 그녀는 (공책을 잃어버린 까닭에) 자기 수표책에 가끔 메모를 했다. 한 발표자가 제2차 세계대전 이후 의사를 위한 윤리 지침을 만들기 위해 설립된 조직인 '세계의학협회(WMA)'의 인용문을 읽었다.[123] 즉 이 조직의 발표에 따르면, 재난 시 "이용 가능한 치료 자원을 초과하는 상태인 환자가 있을 경우," 이들은 "응급 치료를 넘어선" 것으로 분류되어야 한다는 주장이었다. 즉 어떠한 대가를 치르더라도 이들의 생명을 유지하기 위해 노력하는 대신, "의사는 반드시 이런 환자들의 존엄성에 대한 동정과 존경을 보여야 하는데, 예를 들어 이들을 다른 환자들에게서 격리하고, 적절한 진통제와 안정제를 처방하는 것이다".

포는 이 인용문을 기록할 만한 다른 종이를 찾아 핸드백을 샅샅이 뒤졌다. 이날 행사 뒤에 그녀는 인터넷으로 재난 시 의료 윤리에 관한 WMA의 정책 전문을 찾아내 리처드 시먼스에게 이메일로 보냈다.

변호사는 신났다. 재난 시 의사는 일부 환자를 구제 불가능으로 분류할 수 있고, 나아가 이들에게 진통제와 안정제만을 처방할 수 있으

재난, 그 이후

며, 이 모두는 충분히 윤리적이라는 단언을 널리 존경받는 의료 조직으로부터 얻은 셈이었기 때문이다. 여기서 말하는 행위야말로 애너 포가 메모리얼에서 내렸던 바로 그 결정처럼 들렸다.

하지만 양쪽 사이에는 중대한 차이가 있었다. 이 정책에서 말하는 "응급 치료를 넘어선"이라는 문구는 본래 "극도로 심각한 부상"을 입은 환자에게만 적용되는 것이었다. 예를 들어 방사능 화상을 입어서 생존이 불가능한 환자나, 긴 수술이 필요한 (따라서 의사의 입장에서는 이 사람 하나를 치료하느냐, 아니면 그 시간에 다른 여러 사람을 치료하느냐 사이에서 양자택일을 해야 하는) 환자의 경우가 그러했다. 또한 이 정책에서는 설령 이런 쪽으로 분류된 환자가 있다 하더라도, 이 결정은 "정기적으로 재검토되어야" 한다고 명시하고 있었다. 혹시나 자원이 다시 이용 가능해지거나(예를 들어 목요일 오전에 메모리얼 메디컬 센터에 헬리콥터가 여러 대 날아온 경우가 그러했다), 환자의 상태가 달라질 수 있기 때문이었다.

하지만 시먼스는 이것이야말로 자기들로선 충분히 이용 가능한 뭔가라고 생각했다. 그는 일단 시카고로 가서 WMA의 대표단을 만났다. "응급 치료를 넘어선"이라는 개념을 배심원 역시 쉽게 이해할 수 있다고 생각해, 시먼스와 포는 이후의 모든 홍보 자료와 공개 선언문에서 이를 언급할 예정이었다.

만약 이 사건이 재판에 회부된다면, 변호사와 의뢰인은 메모리얼에서 이루어진 결정 중에서도 논란의 여지가 더 큰 결정 가운데 하나를 정당화할 필요도 있었다. 바로 건강한 환자들을 더 위중한 환자보다 먼저 돕기로 한 결정이었다. 시먼스와 포는 이른바 "전장의 부상자 선별"이라는 용어를 동원했다. 이들은 이 모두를 일반인에게 설명할 것이고, 그 상황을 마치 이 의사가 이를 인식한 것처럼 묘사하는 한편, 실제로는 이런 종류의 선별 방법이 전장에서도 그리 전형적인 방식까지는 아니라는 사실은 무시해버릴 것이었다.

이들은 또한 이 개념을 '역 부상자 선별'이라고 부르기도 했는데, 왜 냐하면 이는 일반인이 흔히 기대하는 내용과 정반대이기 때문이었다. 드물게나마 사용된 이 용어는 몸이 가장 멀쩡한 사람을 맨 먼저 치료하 는 이론적인 전시 상황을 가정했는데, 그 배후에는 가벼운 부상자들이 도로 전장에 나가야만 모두의 생존 보장에 도움이 된다는 논리가 깔려 있었다.

시먼스는 이 사건 내내 대배심이 포를 기소하지 못하도록 만드는 목 표에 집중했으며, 이 사건에 대해서 대단한 자신감을 표현했다. 그는 부상자 선별과 연명 중단 관련 쟁점에 관해서 독학했고, 100명 이상의 잠재적인 증인과 면담을 하거나 진술서를 얻어냈고, 증거를 보호하는 한편으로 테닛의 중역에게 내놓은 그녀의 진술을 비밀로 유지해달라고 신청했고, (비록 그녀의 지지자 웹사이트에서 흘러나오는 자금이며, 루이지애 나 주립대학에서 지불하는 돈이 넉넉했음에도 불구하고) 만약 포가 기소되 지 않는다면 변호사 비용을 주 정부가 대신 지불하도록(그녀는 엄밀하게 말해서 공립대학의 직원 신분이었으므로, 사실상 주 정부의 피고용인이나 다 름없었다) 언제라도 소송을 걸 태세가 되어 있었다. 그는 여전히 시급제 로 일하고 있었다. 몇 주일이 흐르는 동안, 시먼스는 포의 기소가 대배 심에서 거부될 경우를 대비해, 그녀의 기록을 완전히 깨끗하게 만드는 법적 신청을 초안하기도 했다.

이 변호사는 여러 전문가 조직의 이름으로 발표된 애너 포 지지 성 명의 일부를 자기가 대신 썼다는 사실을 자랑스럽게 생각했다. 그는 또 한 세인트리타스 요양원 소유주의 변호사인 제임스 코브와 공조해, 자 기네 의뢰인들을 체포하도록 만든 장본인의 이미지를 깎아내리는 홍보 캠페인에 돌입했다.[124] 비난에 직면한 주 검찰총장 포티는 이들의 노력 을 가리켜 '극악무도한 음모'[125]라고 불렀으며, 코브조차 훗날 이런 사실

재난, 그 이후

을 기꺼이 인정했다. 세인트리타스 담당 변호사는 포 측 변호사가 지닌 '넉넉한 주머니'를 보며 감탄했으며, 이들과 번갈아가면서 포티에 관한 부정적인 이야기를 언론에 제공했다. 요양원 소유주들은 몇 달 뒤 요양원 거주자들의 익사로 인한 방조 살인 혐의로 재판을 받을 예정이었다. 아이러니하게도 이 요양원의 이름은 주인인 메이블 망가노의 할머니 리타의 이름에서 따온 것이었는데, 또다시 이 할머니의 이름은 '잃어버리고 불가능한 대의'의 수호성인인 '카시아의 성(聖) 리타(St. Rita of Cascia)'에게서 따온 것이었다.

코브와 그의 동료들은 내친김에 캐슬린 바비노 블랑코 주지사도 증인으로 소환하려는, 그리하여 제방 파괴는 물론 가장 취약한 거주자에 대한 대피 계획의 실패를 정부의 잘못으로 떠넘기려는 계획도 세웠다. 결함이 있는 제방이며, 그 관리 책임 기관인 육군 공병대 때문에 무려 2천억 달러로 집계되는 손실이 생겼는데, 어떻게 감히 주 정부가 자기네 의뢰인 같은 무고한 시민을 희생양으로 삼을 수 있단 말인가?[126] 그것도 포티가 망가노 부부에게 사용했던 것과 똑같은 무책임한 말들을 (즉 의도적이고, 터무니없고, 무모하다는 등의 발언을) 사용해서 그럴 수 있단 말인가?

시먼스는 또한 메모리얼의 다른 직원들을 대리하는 20여 명의 변호사로 이루어진 공조 팀에서 조정 업무를 맡았는데, 이들은 서로 정보를 공유하는 중이었다. 4월 말에 대배심이 메모리얼 사건에 대한 증언을 청취하려 준비하면, 이 변호사들도 언론 대응 공동 전략을 짜기 위해 모일 것이었다.[127] 이들은 만약 기소가 이루어질 경우, 이후 뉴올리언스에는 그 어떤 보건의료 종사자들도 남아 있지 않을 것임을 단언하기로 작정했다.

이들의 계획은 향후의 재난에 대해서도 보건의료 종사자의 면책 특권을 밀고 나가자는 것이었다. 시먼스는 이 분야 종사자에 대한 법적 보호를 원했다. 포는 이로써 새로운 삶의 목표를 얻은 셈이었다. 즉 메모리얼에서 자기와 다른 사람들에게 일어났던 일을 두 번 다시는 일어나지 못하게 보장하려는 것이 그 새로운 목표였다. 허리케인의 계절이 다가오면서, 이들은 점점 더 눈에 띄게 홍보 활동을 펼쳤다. 지금이야말로 한 해 중에서 의사들을 기소하기에 특히 좋지 않은 때였기 때문이다.

◇ ◇ ◇

포를 위한 기금 마련 행사가 열리고 일주일 뒤, 지방검사는 셰리 랜드리와 로리 부도, 그리고 메모리얼의 간호실장 메리 조 다미코의 변호사에게 소환장을 보냈다. 동봉된 편지에는 좋은 소식이 하나 들어 있었는데, 지방검사가 이들을 기소하지 않기로 작정했다는 내용이었다. 또한 나쁜 소식도 하나 들어 있었는데, 지방검사는 이 여성들에게 변호인 없이 대배심에 출석해서 증언하라고, 그렇게 해서 애너 포에 관해서 이들이 아는 바를 자기들도 알게 하라고 압력을 넣고 있었다.

그가 제시한 거래는 이런 내용이었다. 수정헌법 제5조에 규정된 자기 고발 불가 특권에 의거해, 이들의 증언은 물론이고 이들의 증언에서 비롯된 모든 정보조차 형사 소송에서 이들에게 불리하게 사용될 수는 없었다(다만 이들이 거짓 주장을 하거나, 다른 측면에서 이 거래를 이행하지 못했을 경우에는 예외로 쳤다). 올리언스 패리시 형사 지방법원의 판사 캘빈 존슨은 일찍이 간호사 2명의 체포 영장에 서명한 인물인 동시에, 이제는 간호사 2명의 증언 명령서에 서명한 인물이었다. 이 간호사들의 변호사들은 이 소환장에 이의를 제기해 결국 주 대법원까지 갔다. 살인에 대한 공소시효가 없는 상황에서, 이 여성들은 향후 언제라도 기소될 가능성이 있었다. 이들에 대한 소송은 다른 증거에 의존해서 이루어질 수도 있었다. 변호인들은 현재 진행 중인 소송 가운데 메모리얼과 유사한 사건을 지목했다.[128] 예를 들어 폭풍 직후 댄지거 다리에서 비무장 민간인을 향해 총격을 가해 4명에게 중상을 입히고 2명을 죽인 혐의로 기소된 뉴올리언스의 경찰관 7명이 있었다. 경찰은 이후에 사건을 은 폐하려고 시도한 바 있었다. 기소된 경찰관 7명 가운데 3명은(그중 한 명은 지방검사보 마이클 모랄레스의 재판업무보조원이며 야간 대학원생이었 다) 이와 유사한 면책 조건 하에서 증언을 강요받은 바 있었다. 하지만 결국 7명 모두, 이들의 증언을 청취한 특별 대배심에 의해(즉 이번 사건 바로 직전의 특별 대배심에 의해서) 기소되고 말았다. 이와 똑같은 일이 메모리얼의 간호사들에게도 벌어질 수 있다는 것이 그 변호사들의 주 장이었다.

이른바 '댄지거 다리 7인'의 지지자들은 (이른바 '메모리얼 3인'의 지지 자들과 마찬가지로) 이들의 행동을 평소에 적용하는 기분과 분명히 다른 기준에서 판단해야 마땅하다고, 왜냐하면 이 사건은 재난이라는 혼란 스럽고 위험천만한 상황에서 벌어진 것이기 때문이라고 주장했다. 지 지자들의 이런 주장은 드라마 〈보스턴 리걸〉에서 애너 포에 해당하는 등장인물의 담당 변호사가 내놓은 주장과도 유사했다. 즉 카트리나 당 시의 뉴올리언스는 미국이 아니었으므로, 피의자 역시 미국의 법률과 직업적 규범을 적용받아서는 안 된다는 것이었다. 기소된 경찰관들의 동료들은 특히나 강력한 지지를 보냈다. 살인 및 살인 미수 혐의로 입 건되어 구치소까지 걸어가는 이들의 모습을 지켜보면서, 언론사 기자 들이 보는 앞에서 대놓고 "영웅들!"이라고 칭찬하며 박수를 보내는가 하면, 심지어 경찰 내부의 자체 조사까지 면제해주었다.[129] 〈타임스 피 커윤〉의 로라 매기와 브렌던 매카시의 보도에 따르면, 이 지역의 경찰 유관 단체에서는 후원 행사 때 자체 제작한 유인물을 사람들에게 나눠 주었는데, 거기에는 그 가족들을 위해서 당신의 월급 가운데 일부를 기 부해달라는 내용의 호소문이 들어 있었다.

2007년 6월 13일, 루이지애나 주 대법원 판사들은 로리 부도와 셰리 랜드리와 메리 조 다미코에 대한 소환장에 이의를 제기한 항소를 기각했다.[130] 이 간호사들은 결국 특별 대배심에 출석해 증언해야 할 것이었다.

◇ ◇ ◇

또 다른 메모리얼의 간호사 한 명도 자기 변호사를 통해 조만간 증언 요청이 들어올 것이라는 이야기를 전해 들었다. 그녀는 바로 메모리얼에서 부도와 랜드리의 상사였던 간호실장 캐런 윈이었다. 주 검찰청 수사관들이 이 간호실장의 동료 가운데 한 명으로부터 들은 증언에 따르면, 그녀는 당시 7층에서 사람들이 안락사되고 있다는 이야기를 꺼냈다는 것이었다. 윈은 이를 부정하지는 않을 것이었다. "설령 그게 안락사였다 하더라도, 그건 사실상 우리가 매일 하는 일이나 다름없어요." 그녀는 이렇게 말할 것이었다. "다만 이름만 다를 뿐인 거죠."[131]

2층에서 환자들에게 주사하는 것을 도와준 다음에, 그녀는 자기들이 환자들에게 한 일에 대해서 확신을 품은 채 재난에서 벗어났다. "우리는 할 수 있는 한도 내에서 최선을 다했어요." 윈은 이렇게 말할 것이었다. "그 상황에서는 그거야말로 옳은 일이었어요."

그녀가 의문을 제기한 유일한 결정은, 메모리얼을 빠져나가는 헬리콥터에다 열여섯 살짜리 자기 딸을 혼자 태운 게 과연 잘한 일이었나 하는 것뿐이었다. 이 아이는 어려운 여행을 경험한 끝에 안전한 곳에 도착했으며, 이 당시 하느님에 대한 자기 믿음에 대해 의문을 품게 되었다고 다른 사람에게 말했다. 딸의 말을 우연히 들은 윈은 가슴이 아팠다.

그녀는 또한 자기 밑에서 일하다가 체포된 2명의 간호사에 대해서도 걱정했다. 변호사들은 각자의 의뢰인에게 서로 만나서 이야기를 나

564

뉘서는 안 된다고 신신당부했지만(자칫 공모 혐의로 기소될 수 있기 때문이다) 원과 다른 사람들은 이런 조언을 무시하고, 종종 이들이 어떤지 확인하러 찾아오곤 했다.

대배심에 출석해야 할지도 모르는 날짜가 다가오자, 변호사가 원에게 증언 예행 연습을 시켰다. 우선 어떤 종류의 질문이 예상되는지 설명한 다음, 간호실장의 메시지를 분명하면서도 일관성 있게 만들려고 최대한 노력했다. 이 변호사는 인내심이 많았으며, 법적 절차에 관해서 계속 그녀에게 새로운 상황을 알려주었다. 그는 워낙 다혈질이고 의뢰인을 적극적으로 보호했기에, 원도 이 변호사를 마음에 들어 하게 되었다. 하지만 그녀로선 이 사건에 관해서 이야기하는 것이, 오히려 충격을 다시 겪는 것처럼 느껴졌다. 그리하여 증언 예행연습이 끝나고 나서, 원의 기분이 다시 괜찮아지기까지 무려 몇 주일이나 걸렸다. 그러고 나서야 그녀는 다른 방향으로 움직일 수 있었고, 과거를 넘어 나아갈 수 있었다.

원은 이게 아마 외상 후 스트레스성 장애일 거라고 추정했다. 그녀는 자기 자신은 물론 다른 동료들 사이에서도 이런 증상을 알아보았으며, 아마도 이런 증상이 평생 동안 그들을 따라다닐 거라고 생각했다.

바로 그 순간, 이 헌신적인 간호사는 더 이상 그런 상태에 있고 싶지 않다고 생각했다. 원은 애써 이 일을 가볍게 여겼고, 자기는 나중에 색스 5번 애버뉴에서 신발 가게나 했으면 좋겠다고 농담으로 말했다. 하지만 그녀는 자기 영혼의 일부를 이 병원에 바쳤다고, 즉 희생시켰다고 느꼈다. 4반세기 동안 일하는 과정에서, 자기가 가족과의 시간보다 오히려 환자들이며 간호실장이라는 자기 경력을 더 앞세운다는 생각도 여러 차례 했었다. 원은 일주일에 50시간 내지 60시간씩 일했던 것이며, 폭풍 당시에 자기가 직접 셰리 랜드리며 로리 부도에게 전화를 걸어서 근무 일정을 확인시켰던 것을 기억하고 있었다. 그녀는 더 이상

이와 같은 종류의 책임을 맡고 있지 않았다. 이런 기분은 카트리나 이전부터 이미 생겨나고 있었다. 윈은 지친 기분이었다.

그 닷새 동안 겪은 모든 일 이후, 자기네 고결성에 대한 의문에 직면하는 것이며, 동료 한 명을 살인죄로 조사하는 형사 대배심에 출석할지도 모른다는 가능성에 직면하는 것이 캐런 윈에게는 차마 견딜 수 없는 일이었다. 그녀는 증언하러 나오라는 연락을 기다렸다. 하지만 윈에게나 다른 사람에게나, 그런 연락은 끝내 오지 않았다.

◇ ◇ ◇

다른 간호사들이 증언하기로 예정된 바로 그날, 애너 포의 환자인 제임스 오브라이언트는 한 가지 선택을 앞두고 있었다. 스캔 결과 그의 암은 얼굴의 뼈를 지나 그의 두뇌까지 도달해 있음이 드러났다. 포는 여전히 공립병원에서만 근무하고, 이 환자가 치료를 받는 개인병원에서는 근무하지 않고 있었다. 그녀는 자기 동료이며, 최근에 오브라이언트에게 또 한 번의 대수술을 실시했던 대니얼 너스로부터 이런 사실을 전해 들었다. 이 의사가 이 사실을 환자에게 알려주다가 급기야 눈물을 쏟자, 당시 겨우 쉰세 살이던 오브라이언트는 오히려 너스의 어깨를 붙잡고, 당신이 최선을 다했음을 자기도 안다고 위로했다. 그다음 날은 환자 부부의 결혼 31주년 기념일이었다. 오브라이언트가 내려야 하는 결정은 화학요법을 받을 것이냐, 아니면 항암 치료를 완전히 중단하고 호스피스로 갈 것이냐였다. 전자의 경우, 너스는 오로지 환자가 더 아파지기만 할 것이라고 생각했다. 후자의 경우, 오브라이언트는 사망할 때까지 오로지 자기 증상을 통제하고 최대한 몸을 편안하게 만들어주는 데 초점을 맞춘 치료만 받게 될 것이었다. 환자 본인의 선택은 호스피스였다.

포는 그의 아내에게 전화를 걸었다. "그가 어떻게 받아들이던가요?"

재난, 그 이후

의사가 물었다. 브렌다는 자기들 모두 행복한 것까지는 아니지만, 그래도 괜찮다고 대답했다. 포는 이제부터 자기한테 아침이건 저녁이건, 주중 어느 때건, 하루 24시간 언제라도 전화하라고 그녀에게 권했다. 그리고 포는 이후로도 거듭해서 이들에게 전화를 걸어 상태를 확인했다. 심지어 자기가 한 번 찾아가겠다고 브렌다에게 말했다.

◇ ◇ ◇

포우가 체포된 지 딱 1주년이 되는 날이 다가오자, 미국의학협회에서는 재난의학에 관한 새로운 학술지의 첫 호를 간행했다.[132] 그 표지에는 카트리나 직후의 대피소 사진이 나와 있었고, 폭풍 직후에 뉴올리언스의 사망률이 극적으로 치솟았음을 보여주는 예비 보고가 수록되어 있었다. 몇 가지 논문에서는 포의 사건을 새로운 재난의학 정책을 위한 근거로 언급했다.

6월 말에 전국의 저명한 의사들이 시카고에 모여서 미국의학협회의 연차 총회를 개최했다. 애너 포의 사건에서 영감을 얻어, 미국의학협회의 윤리위원회는(이곳에 지명된 위원들은 의료를 위한 이 조직의 윤리 규약을 관리하는 역할을 담당했다) 일반적인 의학적 기준이 재난 시에는 과연 바뀔 수 있는지, 그리고 바뀔 경우에는 과연 어떻게 바뀔 수 있는지에 대한 공개 토론을 개최했다. 미국의학협회의 정책 결정권자들은 또한 재난 시 의사들의 자동 면책을 가능하게 하는 주 법률 제정을 위한 캠페인 제안을 놓고 표결을 실시할 예정이었다(물론 의사들이 악의적으로 행동했을 경우에는 예외라고 했지만, 문제는 의사들의 치료가 매우 태만하더라도 면책으로 두었다는 점이었다). 미국의 의사 가운데 미국의학협회의 회원인 사람은 겨우 소수에 불과했으며, 상당수는 오히려 이곳의 정책에 반대하는 입장이었지만, 이 전문가 조직은 풍부한 자금을 이용한 로비와 정치 후원금 제공을 이용해 입법 과정에서 상당한 영향력을 행사했다.[133]

리처드 시먼스는 시카고 힐튼 호텔에 나타나서 두 가지 제안 모두에 찬성하는 이야기를 늘어놓았다.[134] 검은 정장과 커프스단추와 사파이어 색 넥타이를 입고, 왼쪽 가슴팍의 주머니에는 이에 어울리는 손수건을 꽂은 채, 그는 이 호텔의 국제 회의장에 장식된 커다란 샹들리에 아래에서 마이크를 잡았다. 시먼스는 의학적 자원이 턱없이 부족할 때는 일부 환자들이 치료를 받지 못하고 사망할 수밖에 없을 수도 있고, 이들의 생명은 더 커다란 이익을 위해서 희생될 수도 있는데, 예를 들어 DNR 요청서와 의사 본인의 안전에 대한 우려 등을 포함한 여러 가지 요인이 그 근거가 될 수 있다고 주장했다. 이때 환자 가족이 십중팔구 고소하면, 결국 전국 어디서나 의사들은 위험에 빠질 것이며, 사실상 자연재해나 테러리스트에 의한 갖가지 위기 상황이 벌어질 때마다 늘 그럴 거라고 했다. 만약 의사들이 이런 상황에서 '부름에 응답하기'를 원한다면, 우선 의사들이 보호받을 필요가 있다고 했다. 그러면서 시먼스는 의사의 의학적 판단을 겨냥한 유죄 판정에 반대하는 미국의학협회의 오랜 입장을 사람들에게 상기시켰다.

이 변호사는 연명 중단 치료에 관한 국가의 지침이(즉 환자나 그 대리인에게 동의를 구하는 것이며, 그런 결정과 활동을 기록하는 것처럼, 나치의 대량 학살이 전한 충격 이후에 나온 안전 조치들이) 이런 시시콜콜한 단계들을 '이용할 수 없는' 재난 상황에는 적절하지 않다고, 그리고 재난 상황에서는 의사들이 선의로 각자의 판단을 실행하는 것이 최선이라고 주장했다.

시먼스는 휴스턴에서의 심포지엄 직후 포가 보내준 세계의학협회의 지침을 예로 들었다. 즉 의사들이 '응급 치료를 넘어선' 환자들을 다른 환자들과 분리한 다음, 이들을 진정시키는 것이 윤리적으로 가능하다는 것이었다.

공무원들은 판단 착오의 경우 종종 기소 면책 처분을 받는다고 그는

재난, 그 이후

지적했다. 그렇다면 재난 시 의료 종사자들을 위해서도 똑같은 면책권을 법제화하는 것이 왜 안 된단 말인가?

시먼스는 주 검찰청을 제어하고 환자 가족을 억제할 수 있는 연방 법률을 제안했는데, 그 내용인즉 재난 시 어떤 의사의 행동에 관한 불만이 제기될 경우에는, 단순히 변호사나 판사만이 아니라 다른 의사의 검토를 의무적으로 거쳐서 판단을 내리자는 것이었다. 마치 자기 이익처럼 보이는 외양을 경감시키기 위해서, 그는 이때 사망자의 가족을 만족시키기 위한 희생자 보상 기금도 포함시키자고 제안했다.

시먼스는 포 선생을 대신해 미국의학협회에 감사드린다고 말하면서, 자기네 바람은 더 이상 다른 의사들이 그녀와 같은 고난을 겪지 않았으면 하는 것뿐이라고 덧붙였다.

미국의학협회 대표단은 재난 시 의사들을 민사 및 형사 고발로부터 보호해주는 법안 모델을 만들자고 표결했다.[135] 향후 전국의 회원들에게도 새로운(즉 유죄 선고를 위해서는, 의사가 애초에 악의를 가지고 환자에게 해를 입혔음을 반드시 먼저 입증해야만 한다는) 유죄 기준을 위해 로비를 하라고 독려할 예정이었다. 또한 미국의학협회는 의사에 대한 형사 소송에 반대하는 기존의 노력을 강화해, 응급 상황에서 활동하는 의사에 대한 내용을 강조할 것이었다.

아직까지 포의 사건이 배심이나 재판관의 판결을 받지도 않은 상황에서, 그리고 포가 자기 행동을 공개적으로 설명하지도 않은 상황에서, 메모리얼에서의 추정 살인에 대해 의료계가 조직적으로 내놓은 주된 답변이란, 자기들끼리 결속하고 서로를 옹호하는 것뿐이었다.

◇ ◇ ◇

포의 체포 1주년 바로 전날, 시먼스는 주 검찰총장을 겨냥한 공격을 시작했다. 즉 그녀를 대신해 악담 가득한 고소장을 제출하면서, 그 사본을 언론에 배포했던 것이다.

LSU 소속 의사로서 포는 곧 주 정부의 피고용인 신분이었으므로, 이 고소장에서는 에밋 에버릿의 가족을 비롯한 여러 사망자 유가족이 제기한 몇 가지 민사 소송에서 그녀의 변호를 위한 법률 비용을 주 정부가 부담해야 한다고 주장하고 있었다. "루이지애나 주는 일찍이 허리케인 카트리나 때도 포 선생과 다른 사람들을 내팽개친 바 있었는데, 이제는 주가 민사 소송 관련 변호를 거부함으로써 또다시 이들을 내팽개쳤습니다." 시먼스는 이렇게 쓰면서, 주 정부가 카트리나 당시 의사들을 향해 "구할 수 있는 사람을 구하라"고 강요했다며 비난했다.

시먼스의 고소장은 일종의 떠보기에 불과했으며, 외관상 법적 주장이었지만, 실제로는 주 검찰총장 포티를 인신공격하는 내용이었다. 여기서는 포와 2명의 간호사를 체포한 그의 행위를 가리켜 부적절하고 비윤리적이라고 지적하면서, 또 다른 주에서 벌어진 한 가지 선정적인 사건과 병행 관계에 있다고 보았다.

며칠 전 뉴스캐롤라이나 주의 지방검사 마이클 B. 니퐁은 듀크 대학교의 라크로스 선수 몇 명을 스트리퍼 강간 혐의로 기소했다. 하지만 그가 자기 사건을 언론에 이야기하고, 심지어 대중을 오도하는 데 사용한 증거가 결국 허위로 밝혀지면서, 급기야 법조계에서 추방 조치되기에 이르렀다.

이 사건은 "검찰의 법정 밖 발언의 위험을 보여주었다." 포의 고발장에는 이런 지적과 함께, 니퐁에 대한 혐의 가운데 여러 가지가 포티에게도 적용될 수 있다고 주장했다. 즉 주 검찰총장은 자기가 체포한 여자들을 격렬히 비판했으며, 그의 기자회견 당시 나온 단서들은 뉴스 보도에서 편집되었기 때문이라는 것이다.

포의 고소장에서는 포티가 (니퐁과 마찬가지로) 가뜩이나 주목받는 이 사건을 이용해서 머지않은 재선에서 유리한 고지를 점령하려 한다

재난, 그 이후

고 주장했다. 이에 대한 증거로 시먼스는 그녀가 체포된 지 사흘 뒤 뉴올리언스의 호화로운 윈저 코트 호텔에서 포티를 위해 열린 1인당 500달러짜리 칵테일 기금 마련 파티의 초대장 사본을 첨부했는데, 이것이야말로 체포 당시 포티가 직원들을 재촉했던 이유에 대한 설명인지도 몰랐다.

주 검찰총장의 공보실장인 크리스 워텔 입장에서는, 상대가 굳이 니퐁의 사례를 들지 않아도 충분히 두려워할 만한 이유가 있었다. 그녀는 언론과 이야기할 때마다 각별히 입조심하고 있었다. 그러면서 워텔은 종종 기자들에게 푸념하곤 했다. 즉 포 쪽 사람들은 메모리얼에서의 사건에 관해 자기들이 원하는 대로 아무렇게나 말할 수 있고, 또 실제로도 그렇게 말하는 반면, 검찰 측은 이미 확보한 증거에 관해서 아무 말도 못하게 되었다는 것이다.

리처드 시먼스는 검시관 프랭크 미냐드나, 주 검찰청 및 지방검찰청 소속 검사들과 수사관들에게 정기적으로 전화를 걸어 꾸준히 압력을 가했다. 그는 이들에게 얻은 정보를 이용해서 자신의 변론 전략을 발전시켰다. 시먼스가 초빙한 독물학자와 병리학자도 증거에 대한 법의학적 논전에 기꺼이 뛰어들 채비가 되어 있었다.

◇ ◇ ◇

미냐드는 변호사들과 상호작용하기를 좋아했으며, 그중에서도 리처드 시먼스를 특히 좋아했다.[136] 시먼스의 나이가 어렸지만(물론 대부분의 사람은 이 검시관보다 더 어리게 마련이었지만) 두 사람 다 뉴올리언스 시내 출신이어서 친구가 되었다. 미냐드는 예전부터 변호사들이 원하는 것을 주고, 변호사들이 원하는 행동을 하려고 노력했다. 그는 결코 자기가 경찰이나 지방검찰청을 위해서 일하는 의사라는 말을 듣고 싶어하지 않았다. 대신 자기가 진실을 위해서 일하는 의사라는 말을 듣고 싶어 했다. 그는 자기 사무실이야말로 진실의 궁전이라고 자처했다. 몇 년 전 〈60분〉과의 인터뷰에서 만난 마이크 월리스에게도 이런 이야기를 했으며, 심지어 지칠 줄 모르고 반복하곤 했다.

이러다보니, 고민스러운 여러 달을 거치고 결정의 날을 맞이하게 되자 미냐드로선 더욱 고역이 아닐 수 없었다. 대배심에서는 그를 증인으로 불러냈다. 주 검찰청 소속으로 이 사건을 함께 담당하는 간호사들이며, 검시관실 직원 몇 명이 이 70대 노인을 도와 파워포인트로 프레젠테이션을 준비했다.

미냐드는 청중을 대하는 것을 좋아했다. 자기야말로 뉴올리언스에서 유일하게 무려 35년 동안이나 대배심에서 증언한 사람이라며 자랑스러워했다. 그러면서 자기가 대배심에 출석한 횟수만 놓고 보면, 잭 더 리퍼보다 더 많다고 농담 삼아 말하기를 좋아했다.* 미냐드는 대배심 때마다 먹게 되는 커피와 도넛에 대한 기대를, 느슨한 즉문즉답을, 대부분의 시민이 시민으로서의 임무를 수행하는 동안 드러내는 자부심과 우려의 분위기를 점차 즐기게 되었다. 그는 여러 명의 증인 가운데 겨우 한 명에 불과할지도 모르지만, 살인 사건의 경우에는 그 죽음의 방식에 관한 자신의 의견이 결정적이라는 사실을 알고 있었다.

하지만 오늘만큼은 미냐드도 출석하고 싶지 않았다. 이번 사건은 영 달랐다. 그는 포의 기소에 반대하는 가족과 친구로부터 압력을 느꼈다. 이 도시가 얻고 있는 나쁜 평판으로부터 압력을 느꼈다.

다른 한편으로는 종교적 확신이 있었다. 검시관으로 일하던 여러 해 동안, 그는 죽을 이유가 전혀 없는 상황에서 사람이 죽는 것도 보았고, 살아남은 사람이 전혀 없을 것 같은 상황에서 사람이 살아남는 것도 보

---

* '잭 더 리퍼(난도질 잭)'는 19세기 말 영국 런던에서 활동한 연쇄 살인범으로, 그 정체는 예나 지금이나 수수께끼로 남아 있다.

재난, 그 이후

왔다. 젊은이가 금방 죽고, 늙은이가 예상 외로 오래 사는 것도 보았다. 하느님의 계획이 무엇인지는 아무도 알 수 없었다. 다만 그 계획에 맞추기 위해 노력할 뿐이고, 이는 물이 그릇에 따라 모습을 변화시키는 것과도 유사했다. 미냐드는 젊은이들에게 이런 이야기를 즐겨 했다. 삶의 비결은 나를 위한 하느님의 계획이 무엇인지 알아내는 것이었다.

그는 특히 좋아하는 찬송가를 한두 소절 부르곤 했다. "나팔 불 때 나의 이름, 부를 때에 잔치 참여하겠네."* 삶을 존중하는 것이야말로 가장 중요한 일이었다. 천국으로 가는 길은 하느님의 은혜에 의해서만 가능하기 때문이었다.

이 사건의 경우, 미냐드를 심란하게 만드는 증거가 너무 많았다. "살아 있는 환자를 아무도 남겨두지 않는다." 수전 멀더릭은 이런 지시를 내렸다는 증언이 있었다. 이 말은 도대체 무슨 뜻일까? 그로선 전혀 알 길이 없었지만, 적어도 이 정도면 영화 제목으로는 그럴듯하다는 생각이 들었다.

누군가의 말에 따르면, 메모리얼에 있던 다른 의사들도 포가 한 일과 똑같은 일을 했었다. 세상에! 미냐드는 차마 이런 주장을 추적해서, 추가적인 사망 사건과 그 혐의자들을 수사할 엄두가 나지 않았다. 지금이 여자 의사 한 명을 둘러싼 논란을 겪는 데만도 그의 모든 에너지를 소비하는 까닭이었다.

누군가가 미냐드에게 물었다. "만약 당신이 그 병원에서 근무 중인데 그런 상황에 닥친다면, 당신은 어떻게 했겠습니까?" 그는 여기서 말하는 '그런 상황'이 무엇인지 정확히 알고 있었다. 더위 속에서 법원에 나흘이나 갇혔던 경험을 통해 충분히 상상할 수 있었다. 당시 미냐드는

---

* 예수의 재림과 죽은 자의 부활에 관해 노래한 〈하나님의 나팔소리〉(168장)라는 찬송가의 후렴이다.

식수와 식량을 찾아 돌아다녔고, 소변 냄새가 진동하는 가운데에서 살았고, 축축한 바닥에서 맨발로 죽죽 미끄러졌고, 부츠는 물에 잠긴 트럭에 벗어두고 다녔으니까.

그러면 어떻게 했을까? 미냐드라면 각각의 사람에게 최선이라고 생각하는 대로 했을 것이다. 그리고 그가 신봉하는 윤리에 따르면, 아픈 사람이 아프지 않은 사람보다 더 먼저였다. 또한 미냐드가 절대로 하지 않았을 법한 일도 있었다. 예를 들어 병원에서 떠나라는 명령이 내려졌을 때, 즉 오후 5시를 기점으로 병원이 폐쇄된다는 이야기가 돌았을 때, 모두가 나간 상황에서 자기 혼자 주사기 두 개를 들고 돌아다니면서, 단지 7층에서 아래로 데리고 내려올 방법이 없다는 이유만으로, 9명의 환자를 죽여버리는 일이 바로 그러했다. "저라면 그런 일을 절대 하지 않으리라고 확신합니다." 그가 말했다. 하지만 포가 바로 그런 일을 했다고 말하는 것은 아니었다.

그는 가슴이 찢어질 듯했다. 그랬다. 환자들이 죽었다. 또한 그랬다. 그녀는 환자들에게 약품을 투여했다. 하지만 병리학자 카치는 사후에 시신에 들어 있는 모르핀이 재분배되었다고 설명했고, 그리하여 살인을 입증하기가 더 어려워졌다.

정말로 포는 이들을 죽이려고 했던 걸까? 미냐드는 살인과 과실 가운데 어느 쪽에 대해서도 강력한 증거를 갖지 못하고 심증만 있을 뿐이었다. 그로선 차마 믿을 수가 없었다. 그로선 차마 믿고 '싶지 않은' 일이었다. 그녀는 해럴드 프레더릭 시프먼이 아니었다(극도로 악명을 떨친 이 영국인 의사는 모르핀이나 헤로인을 주사하는 방법으로 환자를 비밀리에 살해했으며, 훗날 검찰 측의 결론에 따르면 희생자가 무려 수백 명에 달했다). 미냐드는 포의 의도가 원래는 환자를 진정시키려는 것뿐이었다고 믿어야만 했다. 즉 어떤 사람에게는 그녀의 행위가 정말로 도움이 되었을 것이다. 또 어떤 사람에게는 그녀의 행위가 오히려 해를 끼쳤을 것이다. 결국에 가서는 모두 사망하고 말았다. 포가 애초부터 누군가를 죽이려는 계획을 가졌다고는 믿지 않지만, 결국에 가서는 "마치 그녀가 그렇게 한 것처럼 보일 뿐"이라고 그는 말하곤 했다.

그렇다면 이렇게 해서 미냐드는 어떤 입장에 서게 된 걸까? 라이프 케어 층에서 발생한 아홉 건의 사망 가운데 예닐곱 건은 그조차 손쉽게 살인이라고, 즉 투여된 약품이 사실상 사망의 원인이라고 판정할 수 있었다. 하지만 다른 건 가운데 일부에서는 원래 사망자의 상태가 극도로 위중했기 때문에, 그의 입장에서는 이를 가리켜서 사망이라고 단언할 수 없어 보였다. 대신 이 환자들은 워낙 상태가 위중했기 때문에 모르핀에도 더 수용력이 있었고, 그리하여 더 빨리 사망했을 뿐이라고 말하는 또 다른 의사의 모습을 상상할 수 있었다. 이와 같은 종류의 생각, 이런 주장은 대중의 머릿속에서와 마찬가지로 미냐드의 머릿속에서도 뱅글뱅글 맴돌았으며, 이 의사가 생각하기에는 앞으로도 여러 해 동안 계속 그럴 것만 같았다. 그가 평소에 다룬 사건들은 100퍼센트 명확했다. 하지만 메모리얼 사건은 여전히 수수께끼로 남아 있었다.

에버릿 씨, 특히 그가 문제였다. 이 환자의 경우는 전적으로 살인이었다. 미냐드는 자기 생명을 걸고서도 그렇다고 주장할 수 있었다. 그는 대배심에 출석해서 에버릿의 사망 원인이 그 약품이라는 데는 논의의 여지가 없음을 말해볼까 하는 생각도 했다. 하지만 다른 사망 사건에 대해서는 좀 더 모호한 태도를 취했다. 예를 들어 로즈 사부아 같은 일부 환자는 살인일 '가능성'도 있다고, 하지만 자기도 확신하지는 못하겠다고 말할 수 있었다. 만약 대배심이 에비릿에 관한 건만 가지고 포를 기소해서 재판까지 가게 된다면, 그때는 시먼스가 손쉽게 포를 변호할 수 있으리라고 미냐드는 상상했다. 즉 이 의사는 단지 모든 환자를 진정시키려 했을 뿐이라고, 다만 에버릿 씨는 덩치가 워낙 큰데, 이 의사는 애석하게도 마취 전문의나 약리학자가 아니어서 그에게 필요한 진정제의 양을 과도하게 계산했을 뿐이라고 변명할 수 있었다.

이것이야말로 미냐드가 도달한 해결책이었다. 이는 그의 갈등하는 확신과 충성을 모두 화해시키는 과제에 가장 근접한 결론이기도 했다.

배심원들을 바라보는 동안, 미냐드는 이들의 눈에 반영된 더 많은 대중의 감정을 자기가 보았다고 상상했다. 즉 포는 곧 테레사 수녀라는 것이었다. 또는 플로렌스 나이팅게일이라는 것이었다. 그는 이 시민들의 마음속을 들여다보며, 이들은 그녀를 기소하는 일에 관심이 없다는 사실을 깨달았다. 적어도 이 검시관이 나중에 설명한 바에 따르면 그러했다.

◇ ◇ ◇

배턴루지에 있는 주 검찰청은 여전히 절망에 감염된 상태였다. 버지니아 라이더가 그만둔 지 몇 달이 지났지만, 그녀를 대신하던 다른 직원들은 메모리얼의 사망 사건에 워낙 열중했고, 이 사건에 관한 대배심의 수사 방향 때문에 매우 심란해했다. 차장검사 줄리 컬렌의 감독 하에, 주 검찰청은 급기야 찰스 포티의 명의로 "이 사건의 핵심 증거들이 무시되고 있다"는 내용의 항의 편지를 써서 뉴올리언스 지방검사에게 보냈다.

이들이 생각하기에, 대배심의 증거 확인은 철저한 수준과 거리가 멀었다. 문제는 처음부터 대두했다. 포의 선전 문구 가운데 하나는 분명히 그 표적에 명중했다. 부치 섀퍼가 이 사건을 요약하기 위해서 배심원을 만났을 때, 이들은 마치 라이프케어의 직원들이 자기네 환자를 돌보는 데 실패했고, 또한 환자를 대피시키려 노력하지 않았던 것이 사건의 전부인 양 말했다. "대배심 상당수는 이 사건이 단순히 라이프케어 입장에서 만들어낸, 즉 자기들이 환자를 내버린 것에 대한 책임을 회피하려고 만들어낸 음모론에 불과하다고 믿는 듯합니다." 주 검찰총장의

재난, 그 이후

편지 초안에는 이렇게 나와 있었다.

이 편지에 따르면, 오히려 반대임을 보여주는 증거가 차고 넘쳤는데도, 정작 대배심은 라이프케어의 직원들이 당시 병원 안팎에서 대피를 준비하려고 어떻게 일했는지, 그리고 이들이 메모리얼로부터 받은 상충되는 메시지가 얼마나 혼란스러웠는지 보여주는 이메일과 문자 메시지를 아예 구경도 못했다. 지방검사들도 라이프케어의 증인들이 이 사건을 자발적으로 신고했으며, 면책 없이도 증언을 제공했음을 대배심에 확실히 알리지는 않고 있었다. "라이프케어의 직원들과 행정가들은 생명을 구하고, 환자를 대피시키려 한 자기네의 노력과 MMC 직원들로부터 (포, 멀더릭, 기타 등등으로부터) 받은 지시/명령에 관해서 증언할 준비와 의향을 모두 지니고 있습니다. 하지만 이런 증인 가운데 어느 누구도 소환되지 않았습니다."

대신 배심원들은 수사 초기에 메모리얼 간호사들의 증언만 청취했다. 증인이 무슨 말을 할지 알기도 전에 검사가 면책을 부여하는 것은 이례적인 일이었다.

이 편지에 따르면, 2명의 간호사 가운데 키가 더 작은 편이었던 (그리고 재난 초기에 영웅적이었던 ICU의 대피를 소재로 한 영화가 제작된다면, 캐시 베이츠가 자기 역할을 담당할 것이라고 상상하기도 했던) 셰리 랜드리는 자기가 7층에 있던 라이프케어 환자 가운데 최대 4명에게 주사를 놓았다고, 그리고 2층에 있던 환자 가운데 2명에게도 주사를 놓았다고 배심원에게 말했다. 그녀는 자기가 7층에 있던 환자들의 의학적인 상태에 관해서 친숙하지 않았고, 이들의 투약에 관해서 미리 물어보지도 않았으며, 다만 이들이 조만간 사망할 것이라고만 생각했음을 인정했다. 랜드리는 자기가 주사를 놓은 환자들이 DNR 요청서를 갖고 있다고 넘겨짚었다. 그녀는 대부분 숨을 헐떡였으며, 마치 자동인형 비슷한 임종 호흡의 패턴이 나타났다고 넘겨짚었다.

랜드리는 증언을 마치고 나오면서, 배심원들이 자기에게 친절한 말을 건넸다는 사실에 감격했다. 심지어 이들이 자기편이라는 걸 감지했다고 변호사에게 말했다. 그중 한 명은 어딘가 낯익기까지 했다.

로리 부도의 이야기도 이와 상당히 비슷했다. 편지에 따르면, 그녀는 7층에 있던 환자들의 의학적 상태라든지, DNR 요청 상태에 관해서는 전혀 몰랐지만, 그들은 임종을 맞이한 것처럼 보였다고 배심원에게 말했다. 부도는 그들 가운데 2명에게 모르핀과 미다졸람을 주사했다고 밝혔다.

이 공문서에 따르면, 이 간호사들의 증언으로 미루어볼 때, 이들은 진정제 투여에 관한 메모리얼의 정책을 여러 면에서 위반한 셈이었다. 즉 진정제 투여를 위해서는 우선 의사가 환자의 상태를 판정해야 하며, 사전 동의를 받아야 하며, 환자의 진료 기록에 치료 지시가 기록되어야 하며, 혹시나 소생이 필요한 경우에 대비해 응급 장비를 갖춰놓은 상태에서 지속적인 감시가 이루어져야 했다. 만약 환자를 진정시키는 것이 목표였다면, 재난 중에 이런 단계를 밟는 것 전체가 불가능한 것은 아니었다. 하지만 편지에 따르면, 배심원들은 이런 정책이 있다는 사실조차 알지 못했다.

편지에 따르면, 수술실 간호실장이며, 포와 함께 라이프케어 층에 올라갔던 메리 조 다미코는 대배심 출석을 라이프케어에 대한 비방의 기회로 삼았으며, 그곳의 간호사들이 화요일 밤에 2층에서 "근무 중에 잠을 자고 있었다"고 주장했다.

주 검찰청 수사 팀은 자칫 대배심이 라이프케어 측 증인으로부터 아예 증언을 청취하지 않을지도 모른다고, 그리하여 환자들의 상황은 물론 라이프케어 직원들의 행동을 잘못 추정한 메모리얼 간호사들의 일방적인 주장을 바로잡을 기회가 전혀 없을지도 모른다고 우려했다. "도대체 그들은 언제쯤 그들 입장에서 이야기할 수 있겠습니까?"

뿐만 아니라 주 정부에서는 병리학자와 독물학자와 검시관과 의료 윤리학자가(즉 프랭크 미냐드의 법의학 분야 '올스타'가)[137] 수행한 전문가 분석을 위해서 '상당한 자금'을 이미 소비한 상황이었다. 포의 지지자들과 같은 지역 사회에서 살아가는 한편, 그녀의 아버지로부터 빚진 마음을 갖고 살아가던 미냐드는 악역을 맡기 힘들어 하면서도, 대배심에 이 모든 전문가의 증언을 청취하라고 특별히 추천했다. 이 전문가들은 대부분 이 사망 사건이 살인이라고 믿고 있었다. 급기야 이들에게도 증언에 출석할 준비를 하라는 통보가 나가기는 했지만, 어느 누구도 실제로 출석하라는 통보는 받지 못했다.

에밋 에버릿의 아내 캐리라든지, 사망자의 딸들인 (그리고 환자들이 주사를 맞기 직전에 라이프케어를 떠날 수밖에 없었던) 앤절라 맥마너스와 캐스린 넬슨의 경우에도 사정은 마찬가지였다. "최대 9월 1일까지 그곳에 머물러 있었던 이들 가족 구성원의 증언이야말로, 당시의 상황과 제공된 치료의 현실에 관한 정확한 그림을 제시하기 위해서 필수적입니다."

이 편지의 초안 가운데 하나에서는 메모리얼의 의사들도 소환해서 면책 없이 증언하도록 해야 한다고 촉구했다. "어떤 사람을 대피시키고, 어떤 사람을 대피시키지 않을 것인지 여부는 그 병원에 있던 누군가가 결정한 것입니다. 7층에서 사망한 환자들은 바로 그 결정의 결과로 사망한 것입니다."

대배심은 일부 의사들이 이 사건에서 검찰 측을 지지하며 연락을 취해왔다는 사실을 미처 모르고 있는 듯했다. 예를 들어 호러스 볼츠 역시 대배심에 나오지 않았다. 주 검찰총장의 편지 초안은 이 쟁점을 제기하면서 이렇게 말했다. "대배심원 가운데 상당수는 이미 이 사건에 관한 결정을 내린 것이 아닌가 하고, 저는 크게 우려하고 있습니다." 줄리 컬렌 역시 지방검사보 모랄레스와 여러 차례 가진 격앙된 만남에서 이런 견해를 드러낸 바 있었다.

대배심에서는 풍문조차 증거로 인정될 수 있었다. 그리고 주무 수사 요원이 배심원 앞에서 증거를 요약하는 것도 흔히 있는 일이었다. 하지만 이 사건을 속속들이 알고 있던 버지니아 라이더는 끝내 소환되지 않았다.

◇ ◇ ◇

2007년 7월 17일, 뉴올리언스에서 가장 인기 있는 라디오 쇼 진행자 가운데 하나인 WWL의 갈런드 로비넷은 그날 저녁 시티 공원에서 열리는 포 후원 행사에 참여하라고 청취자들에게 촉구했다. "주 검찰총장과 지방검사에게 말합시다. '이 사건을 기각하라. 이 도시의 우리에게는 더 중요한 일들이 있으니까!'" 로비넷이 촉구했다.

7월 중순에 로비넷이 진행하는 쇼 〈싱크탱크〉에 포티가 전화상으로 출연하자, 감정이 북받친 이 진행자는 당신이 간호사들과 의사들을 이 주에서 쫓아내고 있다며 비난을 퍼부었다. 급기야 포티는 중도에 전화를 끊어버렸다. "당신이 그 의사와 2명의 간호사에게 저지른 일 때문에 온 도시가 분노하고 있습니다." 로비넷이 말했다. 그의 굵은 목소리조차 울먹임으로 인해 갈라지고 있었다.

카트리나 당시 연속 방송으로 일종의 영웅이 되었으며, 폭풍 이후에도 책임 소재 규명을 위한 십자군 활동으로 명성을 떨친 로비넷은 라디오 분야에서 비교적 신참자였지만, 이 재난 덕분에 대중을 선동하는 매체의 힘을 확실히 배웠다. 만약 어떤 문제가 대중에게 어떤 영향을 끼칠 수 있는지 보여줄 수만 있다면, 사람들은 그 문제에 당연히 관심을 갖게 될 것이라고 그는 믿었다. 로비넷은 포와 랜드리와 부도가 "생명을 구하려고 노력하다가" 어떤 일을 당했는지를 보고 격분했다. 그는 포티도 끌어내려야 한다고, 즉 듀크 대학교 사건의 담당 검사인 니퐁과 마찬가지로 만들어야 한다고 생각했다.

이날은 먹구름이 햇빛을 가려주어 여름치고는 비교적 선선한 편이었다. 매미가 울어대고, 머스커비오리들이 헤엄을 치는 연못 앞에 있는 시티 파크의 열주랑에는 수백 명의 사람이 모였다. 거기에 들어가지 못해서 주위로 넘쳐난 사람들은 내렸다 그쳤다는 반복하는 비를 막으려고 우산을 쓰고 있었다. 이날 내린 비는 마침 같은 장소에서 1926년 5월 초에 열렸던 축제를 중단시켰던 비와는 달리 적당한 수준이었다. 이곳에는 여전히 이끼 낀 느릅나무들이 수백 년 동안 뿌리를 내리고 서 있었다.

그 옆에서는 포티 주 검찰총장에 대항하는 후보자 가운데 한 명인 버디 콜드웰의 선거운동원 몇 명이 유세용 스티커를 가지고 서 있었다. 몇몇 참석자들은 이런 문구가 적힌 피켓을 들고 있었다. "그들은 남아 있었다." 그리고 이런 피켓도 있었다. "포티는 니퐁과 똑같다."

ICU 간호사 캐시 그린이 파란색 수술복 차림으로 연단에 올라가서, 자기가 준비해온 연설문을 꺼냈다. "여러분의 상당수는 폭풍 당시 포와 함께 뱁티스트 병원에서 일한 바 있습니다. 제 생각에 여러분은 우리의 구조 임무가 끝났다고 생각하셨을 겁니다. 그 폭풍은 벌써 2년 전에 지나가버렸으니까요. 하지만 우리는 이 병원 전체에 쏟아진 부담을 혼자 짊어지고 있는 이 사람, 바로 애너 포 선생을 위해서 정의와 무죄 판결을 추구해야만 합니다."

이날의 연사는 간호사 한 명, 성직자 한 명, 포의 형제 가운데 한 명, 그리고 대니얼 너스였다. 그중 일부는 (이미 격리 상태에 있기 때문에 뉴스 보도조차 마음대로 볼 수 없는 입장이었던) 대배심 구성원들을 향해 직격탄을 날렸다. 연사들은 이미 카트리나로 인해서 의료 전문가들의 지위가 격하되었다고 지적하며, 만약 그런 재난 당시 봉사한 의사가 기소된다면 결국 이들 모두가 루이지애나 주에서 도망쳐버릴 것이라고 경고했다. 이들은 미국의학협회와 미국간호학협회에서 내놓은 공동 선언문을 큰 목소리로 낭독했다. 그 내용은 "이 사건의 기소를 계속할 경우 생길 수 있는 유해한 반향을 염두에 둔 강력한 고려"를 촉구하는 것이었다.

◇ ◇ ◇

이날 군중 속에 서 있던 존 틸은 그 유해한 반향이 무엇일지 아주 잘 알고 있었다. 그는 포보다 훨씬 더한 처벌을 받으며 한 해를 보냈다. 당시 틸은 그녀 옆에서 주사를 놓은 바 있었지만, 메모리얼의 사망 사건에서 그가 담당한 역할이 무엇인지 아는 사람은 극소수에 불과했다.

3명의 여성이 체포된 직후, 틸은 자기 변호사로부터 이런 조언을 들었다. "혹시 누가 초인종을 누르거든, 마음의 준비를 하고 계세요." 작은 사무실에서 그와 마주보고 앉은 변호사는 네 가지 가능한 혐의를 요약했다. 1급 살인죄, 2급 살인죄, 의도 없는 살인죄, 살인 방조죄. 이 모두가 중죄에 해당했다. 이 가운데 어느 하나만이라도 유죄 선고를 받는다면, 틸은 의사 자격증을 잃을 수밖에 없었다. "이제부터 겪을 일에 대해서 마음의 준비를 하고 계세요." 변호사가 조언했다.

"맞서 싸워야지요." 처음에는 이렇게 말했지만, 만약 배심원이 유죄 사실을 발견할 경우, 그는 감옥에 가게 될 것이고, 자유는 물론 가족마저 잃을 것이었다. 틸은 감옥 안에서 살아갈 자신이 없었다. 그는 가족이 무엇보다 중요하다고 여겼으며, 친구와 친척도 무척 많았다. 변호사는 유죄 인정 협상을 통해 살인 방조만 인정되도록 혐의를 축소하는 방안에 대해서 틸의 의견을 물어보았다. 그렇게 하더라도 의사 자격증을 잃는 것은 마찬가지였다. 만약 그런 일이 일어난다면, 내 평생의 직업을 잃고 내가 어떻게 살아갈 수 있을까? 그는 이런 의문이 들었다. 틸의 소명은 다른 사람을 돌보는 것이었고, 다른 사람을 돕는 것이었으며,

다른 사람의 삶에 변화를 가져다주는 것이었다.

한 해 내내 초인종이 울릴 때마다, 그의 머릿속에는 이런 생각이 맨 먼저 떠올랐다. '결국 감옥에 가는구나.' 한편으로는 이 혐의에 맞서 싸우자는 생각도 들었지만, 만약 변호사의 능력을 이용해서 더 작은 혐의를 인정하고 감옥에 가지 않을 수만 있다면, 그 기회라도 기꺼이 잡을 것이었다. 의사 자격증 없이도 살아갈 수는 있지만, 자유 없이는 살아갈 수 없다는 것이 틸의 결론이었다. 대신 그는 의사 노릇의 대안으로 뭔가를 찾아야 할 것이었다.

때로는 틸조차 폭풍에 관해 이야기하면서 웃곤 했다. 예를 들어 메모리얼의 동료들 가운데 몇 명 만나서 밤새도록 술을 마시며 예전 일을 회고할 때가 그랬다. 폰차트레인 호수와 이어지는 어느 운하에 설치된 한 동료의 선착장에 앉아서, 그는 마치 데이비드 레터먼의 심야 텔레비전 코미디 쇼에 나오는 것과 유사하게 작성한 '나의 10대 기억'의 목록을 큰 목소리로 읽어주었다. 6위, 한 간호사가 연주하는 바이올린 소리를 들으며, 촛불 옆에서 땅콩 버터와 잼을 바른 샌드위치를 먹던 일. 또 다른 기억으로는 자기 친구가 기르던 개를 끌고 다층식 주차장에 가서 오줌을 누게 만들면서 자기도 거기다 오줌을 눈 일, 그리고 병원 사무실의 카펫에 누워 개를 쓰다듬고 빤히 바라보며 "우리 둘 다 '완전 개판이군'이라고 생각하던" 일도 있었다.

틸은 친구들을 교대로 자기 차에 데려가서 에어컨을 틀어주고, 클래식 음악을 틀어주고, 시동을 걸고 자동차 배터리를 이용해서 휴대전화를 충전해주던 일을 회고했다. 그 와중에 이들은 저격수가 쏘는 총에 맞지 않을 만한 명당이 어디인지 궁리했다. 폭풍 이후 주유소에 가서 확인해보니, 허리케인 직전의 토요일부터 그 직후의 목요일까지, 그의 자동차는 연료 1리터당 겨우 350미터의 거리를 달린 것으로 나와 있었다.

틸이 작성한 10대 사건 중에서도 1위는 감사의 표현이었다. "이 끔찍한 시련에 직면했을 때, 그토록 훌륭하고 특별한 사람들이 내 주위에 있었다는 사실에, 거듭 하느님께 감사드린다."

그의 삶은 여전히 스트레스로 가득한 상태였다. 틸이 테닛의 변호사에게 건넨 발언이 주 검찰청에 넘어가지 않도록 그의 변호사가 계속 싸우는 동안, 법률 비용은 산처럼 쌓여갔고, 급기야 의료진을 위한 별도 자금의 총액을 상회했다(보통은 회식용으로 비축해두는 돈이었지만, 지난 12월 의료진 회의 때 틸이 지원을 호소하자, 카트리나와 관련된 몇몇 의사들을 돕기 위해서 떼어둔 돈이었다). 테닛의 고위층은 그의 변호를 위한 지원을 거절하면서, 틸은 본래 자기네 직원이 아니므로, 폭풍 당시에도 굳이 거기 머물러 있을 필요까지는 없었다고 주장했다. 폭풍이 닥친 이후 연락이 닿지 않았던 의사들을 대신해 메모리얼의 환자를 치료하라며 부름받았던 그로선 부조리함을 느낄 수밖에 없었다. 틸은 이러다가 자기 집을 저당 잡혀야 하는지 모른다며 걱정했다. 혹시라도 자기 이야기를 폭로하겠다고 위협하더라도, 과연 회사가 돈을 내도록 설득할 수 있을지 불확실했다.

그는 메모리얼을 떠난 직후에 겪은 뇌졸중에서는 회복되었지만, 한 해가 지나가는 동안 체중이 크게 줄었다. 그 원인은 수사에 대한 스트레스 때문인 듯했다. 틸은 자기 나이 또래의 남성에게 추천되는 결장내시경 검사도 건너뛰었다.

2월, 그러니까 대배심이 선출된 바로 그 달에 그는 며칠 동안 복부의 왼쪽 아래에서 통증을 느꼈다. 처음에는 아마도 탈장이나 게실염인 모양이라고 생각했다('게실염'이란, 대장 내벽의 주머니에 생기는 고통스러운 감염 증세를 말한다). 틸은 병원을 찾아갔다.

"혹시 암이 있는 것 아닐까?" 그의 아내 퍼트리샤가 물었다.

"뭐든지 간에, 우리는 충분히 감당할 수 있을 거야." 틸은 이렇게 대답한 다음, 침대에 누워서 수술 시범 강의실로 들어갔다.

메모리얼 시절부터 알고 지내던 외과 의사 존 월시는 그의 몸 속에서 종양을 발견했다. 바로 그놈이 내장을 막아서 상당 부분을 못 쓰게 만들어버렸고, 간과 비장에도 번진 상태였다. 전이성 대장암 말기였다. 월시는 자기와 마찬가지로 의사인 틸이 본인의 몸 상태조차 깨닫지 못하게 되었다는 사실에 깜짝 놀랐다. 그 역시 틸이 겪은 스트레스가(즉 주 검찰청의 수사 대상자로서, 자칫하면 애너 포 다음으로 표적이 될지도 모른다고 생각하던 것이) 병의 원인이라고 지목했다.

그는 수술 당일 의식을 회복하지 못했다. 복부에서 생명을 위협하는 감염 증세가 나타나 혈액으로까지 번졌던 것이다. 틸은 무려 다섯 번이나 수술실로 실려갔고, 수혈을 받고, 진정 작용을 위해 계속 프로포폴이라는 우윳빛 수면제를 맞은 상태에서 몇 주일 동안이나 대부분 무의식 상태로 누워 있었다.

이것이야말로 끔찍한 아이러니가 아닐 수 없었다. 폐 전문가인 틸이 심각한 호흡 문제를 겪는 바람에, 기관절개술로 자기 목과 연결한 인공 호흡기에 의존해 ICU에 누워 있었으니 말이다.

폭풍이 오기 오래 전에, 즉 어머니가 아들 집에서 호스피스 상태로 있다가 평화롭게 눈을 감은 이후, 그는 삶의 막바지에 이른 환자들을 돌보겠다는, 그리고 '그때가 언제인지'(여기서 '그때'란 치료가 불가능하고 더 이상의 검사나 절차도 무의미하다고 여겨지는 때를 말했다) 환자 가족에게 조언해주겠다는 열의를 품게 되었다. 그런데 이제는 틸의 아내가 남편의 위중한 상태에 관해서 경고를 들었고, 연명 중단 의향에 대한 질문을 받는 처지가 된 것이다.

어느 면으로 보나, 틸이 생존할 가능성은 극히 적었으며, 설령 생존한다 하더라도 두뇌와 다른 주요 장기에는 상당한 손상이 불가피해 보였다. 그의 건강 문제가 말기 암을 제치고 전면으로 대두함에 따라, 이제는 강도 높은 치료를 계속할 것인지 여부를 고려할 때였다.

틸의 아내가 남편을 위해 원하는 바는 두말할 여지가 없었다. 최대한 강도 높은 치료를 받는 것이었다. 원래부터 그를 잘 알고 있던 의사와 간호사들 역시 같은 의견이었다.

틸이 반의식 상태의 림보에서 몇 주일 동안 머무는 사이, 심지어 건망증을 일으킨다는 약품조차 차마 지우지 못한 어떤 일이 벌어졌다. 즉 나중에 그가 묘사한 바에 따르면, 마치 악몽 같은 감각의 왜곡이며, 괴물들로 이루어진 환각이 나타났던 것이다. 물에 빠진 그가 수면 위로 올라오려고 애썼지만, 다른 누군가가 계속 그를 아래로 밀어 넣는다는 느낌을 받을 때도 여러 번 있었다.

이 진정 기간 동안 틸은 주위 사람들과 거의 의사소통을 할 수 없었다. 호러스 볼츠의 간호사 조카딸이 ICU에서 그를 돌봐주었다. 그녀는 폭풍 때도 메모리얼에서 일한 바 있었다. 간호사가 보기에 틸은 뭔가에 겁을 먹은 것 같았다. 그가 입원해 있는 동안, 두 사람은 메모리얼에서 있었던 일들이며, 그 당시 이 의사가 했던 역할에 대해서 대화를 나누었다. 그녀의 말에 따르면, 이때 틸은 후회막심해하는 듯했으며, 과거에 주사를 놓았을 때는 자기가 환자들에게 동정적인 어떤 일을 하고 있었다고 생각했지만, 지금은 그런 일 말고 다른 일을 했어야 했다고 아쉬워하는 듯했다.

나중에 가서 이 의사는 그녀의 이런 주장이 사실과 다르다고 말했다. 자기는 이런 감정을 느낀 기억이 나지 않는다는 것이었다. 아니라고, 자기가 한 일에 대해서는 확신을 품고 있다고, 그는 말했다. 죽음의 그늘 속에서 한 달을 보낸 다음에도, 틸은 메모리얼에서 주사를 놓았던 사람들과, 이들을 도왔던 자기 자신 사이에 분명한 차이가 있다고 생각했다. 실제로 집중치료실에서 25년간이나 일하는 동안, 그가 겪은 것과 같은 일을 겪은 환자가 살아나는 일을 본 경우는 (설령 있다 하더라도) 극히 드물었다. 틸은 ICU에서 생존 가능성이 낮음을 보여주는 징후를 거의 모두 드러냈다. 하지만 여기서 중요한 점은, 그가 겪은 문제는 잠재적인 역전 가능성도 분명히 있었다는 것이다.

만약 틸이 겪은 것과 유사한 상황에 놓인 환자의 가족이 의사의 조언을 구했을 경우, 의사는 온갖 좋지 않은 이야기를 꺼내 이들에게 전달한 다음, 현실적으로 회복 가능성이 없다고 말해주었을 것이다. 하지만 그라면 자기와 같은 상황의 환자를 계속 살려두면서 치료했을 것이다. 행운과 하느님의 은혜를 통해 치료될 가능성이 있기 때문이었다. 잠재적인 역전 가능성이야말로 핵심이었다. 메모리얼에 있던 환자 가운데 일부의 질환과, 그가 겪은 여러 가지 질환의 차이는 바로 그것이었다.

"그래도 당신은 특별 관리를 받았겠지요." 누군가가 주장했다. "당신은 의사니까요."

"하지만 이건 사람의 손에 달린 게 아니었습니다." 틸은 이렇게 대답했다. "이건 하느님의 손에 달린 일이었어요. 저는 여기 없었을 수도 있습니다. 제 신장이 멀쩡하고, 제 두뇌가 멀쩡하고, 어느 정도까지는 정상으로 돌아올 수 있었다는 것이야말로 기적이었습니다. 이것 말고 다른 말은 필요 없습니다."

아이러니는 이뿐만이 아니었다. 재난 당시 메모리얼의 암 연구소에는 조명과 선풍기와 전기가, 그리고 편안한 화학요법용 안락의자가 멀쩡하게 남아 있었지만, 그곳은 단지 병원 고위층의 휴게실로만 이용되었다. 그런데 이번에는 다른 병원의 암 센터에 있는 화학요법실이 그를 살려준 셈이었다.

대배심의 절차가 진행되는 가운데 틸이 회복되자, 연줄이 좋은 담당 변호사는 와병 사실을 이용해 이 의사를 이 사건에 관련시키려는 모든 시도를 저지하기에 나섰다. "망할, 좋습니다." 틸은 변호사에게 이렇게 말했다. "그렇게 해서라도 내가 기소되는 걸 막을 수만 있다면요."

틸은 의사로서의 활동에 대단한 헌신을 품고 있었다. 급기야 그는 완쾌되지 않은 상태에서도 일하러 돌아왔고, 화학요법 약주머니를 달고 있는 상태로 회진을 돌기까지 했다.

나중에 틸은 여자 간호사 가운데 한 명이 대배심에서 그에 관해 질문을 받았다는 사실을 알게 되었다. 틸이 들은 바에 따르면, 그녀는 자기가 그를 잘 알고 있으며, 그가 좋은 의사라고만 말했다. 즉 비밀을 누설하지는 않은 것이었다.

틸의 변호사는 혹시나 그가 공모죄로 기소되지 않을까 두려워 포나 다른 간호사들과 연락하지 말라고 미리 경고해두었다. 틸은 포를 안타깝게 생각했으며, 배심원이 그녀의 운명을 숙고하는 동안 그녀의 고통을 자기가 함께 나누지 못한다는 사실에 크나큰 죄의식을 느꼈다. 그리하여 그는 그녀를 위한 후원 행사만큼은 기꺼이 참석한 것이었다.[138]

◇ ◇ ◇

호러스 볼츠는 자기가 '안락사 후원 행사'라고 부르기 시작한 것의 부추김을 지켜보며 분개했다. 만약 기소가 이루어진다면 의료 전문가들이 뉴올리언스를 떠나는 일이 발생할 것이라고 경고함으로써, 결국 포의 지지자들은 이번 쟁점에서 자기들이 만족할 만한 결과가 나오지 않는다면 환자를 버려두겠다고 위협하는 셈이었다. 이것이야말로 우스꽝스럽고도 터무니없는 주장이었다. 이는 의료 전문직에 대한 사회의 신뢰를 잠식하는 일이기도 했다. 교육을 받은 전문가들이라는 사람들이, 어떻게 감히 지역 사회의 머리에 총을 겨누고 이렇게 말할 수 있단 말인가. "우리가 원하는 일을 해!" 그는 이처럼 심각한 혐의에 대해서 이처럼 체계적이고 히스테리컬한 반응이 일어나는 것을 한 번도 본 적이 없었다.

애너 포는 비록 후원 행사에 직접 참석하지는 않았지만, 그래도 행사장에는 그녀의 존재감이 잔뜩 깃들어 있었다. 친구들은 이번 사건으로 인해 포의 결혼 생활이 "큰 대가를 치르고 말았다"고 추측했지만, 정작 그녀의 남편 빈스 파네핀토는 이전에 휴스턴에서 열린 모금 행사 때와 마찬가지로 아내를 돕기 위해 참석해 있었다. 그가 비디오카메라를 들고 군중 속에 서 있는 동안, 어떤 면에서 포는 남편을 통해 현장을 지켜보는 셈이었다. 또한 그녀는 오빠 마이클이 낭독한 성명서를 통해 자신의 충실한 지지자들에게 말을 건넸고, 이때 「이사야」를 인용하기까지 했다. "'나 야훼가 너의 하느님, 내가 너의 오른손을 붙들어주며 이르지 않았느냐? 두려워하지 마라. 내가 너를 도와주리라.'* (……) 그리고 하느님께서 저에게 해주신 일이 딱 이랬습니다."

그날 포는 배턴루지의 공립병원에서 수술을 집도했는데, 복잡한 수술이 두 건이다 되다보니, 아침부터 시작해 이튿날 정오가 되어서야 끝났다. 그날 밤에 환자 가운데 한 명이 합병증을 나타내자 그녀는 다시 병원으로 돌아왔다.

포는 예전 환자인 제임스 오브라이언트도 염두에 두고 있었다. 이전 주에 그녀는 브렌다와 이야기를 나누었는데, 아내의 말로는 남편이 더 이상 잘 먹지도 않고, 점점 몸이 허약해져서 걷는 것도 힘들 지경이며, 잠도 잘 이루지 못했다는 것이었다. 호스피스 간호사는 그의 남은 수명을 개월 수가 아니라 일수로 계산하고 있었다.

포는 후원 행사 계획이며 다른 업무로 너무 바빠 병문안 갈 시간을 내기가 힘들겠다고 말했다. 대신 그녀의 동료인 대니얼 너스가 병문안을 다녀왔다. 후원 행사 직전에 포는 전화로 오브라이언트 부부가 사는 집의 위치를 물었다. "오늘 저녁에는 갈 수 있겠어요." 그녀는 이렇게 말한 다음, 뉴올리언스에서 배턴루지로 가는 도중에 일부러 멀리 돌아

---

* 구약성서 「이사야」 41장 13절.

가면서까지 오브라이언트 가족이 사는 강어귀의 작은 붉은색 집으로 찾아갔다.

"포 선생님이 오셨어!" 브렌다가 제임스에게 말했다. 포는 침대에 걸터앉아서 환자를 끌어안고 입을 맞추었다. 그는 멀쩡한 오른쪽 눈을 떴다. 왼쪽 눈구멍은 아래쪽으로 뻥 뚫려 있었으며, 그 아래로 재건된 뺨은 그의 다른 피부보다 색깔이 더 옅었다. 더 아래에는 그의 코가 있던 부분에 시커먼 구멍만 남아 있었다.

"지금 얼굴에 미소를 짓고 있는 것 맞죠?" 포가 물었다.

제임스가 뭐라고 말했지만, 그녀는 제대로 알아듣지 못했다. 가뜩이나 모르핀에 취한 웅얼거리는 목소리인 데다, 얼굴이 망가지면서 더욱 알아듣기가 힘들었다. 브렌다는 남편이 미소 짓는 것을 보고는 들뜬 기분으로 통역을 해주었다. "어떻게 지내셨어요? 좀 괜찮으세요?"

"내 걱정은 하지 말아요." 포가 말했다. "나는 괜찮을 거예요. 나는 '정말' 괜찮을 거라고요."

그녀는 항상 이런 말을 했다. 하지만 제임스는 포를 걱정했으며, 심지어 그녀의 상황을 딱하게 생각하며 울기까지 했다. "이건 공정하지가 않아요." 그는 이렇게 말하곤 했다. 브렌다의 가장 큰 소원이 있다면, 제임스가 사망하기 전에 포와 관련된 불확실성이 끝났음을 알게 되는 것뿐이었다.

브렌다는 빈스의 안부를 물으면서, 댁의 남편 역시 자기와 마찬가지로 힘든 시간을 보내고 있을 거라고 말했다. 그러자 포는 자기들에게도 나름대로 좋은 날과 나쁜 날이 있다고, 하지만 자기들은 그저 잘 지내고 있다고 대답했다.

◇ ◇ ◇

후원 행사가 있던 바로 그 주에 대배심이 다시 소집되었는데, 마침

재난, 그 이후

이 도시에 또다시 폭풍이 불어닥쳤고, 폭우와 번개가 어찌나 요란한지 마치 땅이 떨리고 판잣집이 흔들릴 정도였다. 뉴올리언스 사람들은 마치 저주라도 받은 느낌이었다.

재난 직후에 반짝했던 낙관주의와 결속에 불가피하게 뒤따르는 불안감에 사로잡힌 사람들에게는, 이런 날씨야말로 또 한 번의 처벌이 아닐 수 없었다. 재건과 수리를 하려면 앞으로도 몇 년 더 소요될 것이라는, 그리고 이미 잃어버린 것은 결코 다시 얻을 수 없으리라는 증거가 산더미처럼 늘어나는 상황에서, 사람들의 분투는 그만 사그라들고 말았다. 미국의 나머지 사람들은 대부분 이미 앞으로 나아갔는데도, 뉴올리언스 사람들은 여전히 매일같이 카트리나 이야기를 하고 있었다. 〈타임스 피커윤〉의 1면에는 한때 순진했던 그 소녀의 이름이 나오지 않는 날이 하루도 없었고, 공권력의 터무니없는 남용이나 실패에 관한 이야기가 종종 곁들여졌다.

한자리에 모인 대배심의 구성원들은 증언 청취를 중단하고, 자기들은 이미 결정을 내릴 준비가 되었다고 신호를 했다. 이들은 "모든 기소 가능한 위반 행위를 재판에 부치도록"(즉 근거가 있다면 기소해서, 재판이 이루어지도록) 하겠다고, 그리고 이곳에서 벌어진 일에 관해서는 비밀을 지키겠다고 맹세했다. 지방검사보는 이미 배심원들 앞에서 증인들을 신문한 바 있으며 법률 고문 노릇을 하고 있었지만, 표결은 대배심 구성원들끼리 협의를 통해 이뤄졌다. 마지막 당부에서 지방검사보는 이들에게 각자가 믿는 바에 따라 행동하라고 촉구했다. 만약 당신들이 이런 사실들을 믿는다면, 이것이야말로 당신들이 해야 할 일입니다. 반면 당신들이 실제로는 다른 일이 벌어졌다고 믿는다면, 그쪽에 따르기 바랍니다.

기소에는 대배심원 9명의 동의가 필요했다. 전원 참석할 경우에는 모두 12명이었다. 이들의 판단에는 편차가 심했다. 만약 혐의를 뒷받침하는 증거가 있다고 믿을 경우에는 기소할 수 있었다. 일단 대배심이 기소하면 파기되는 경우는 극히 드물었다.

대배심의 재소집 예정일 바로 전날, 한때 뱁티스트라는 이름이었지만 지금은 오크즈너의 소유가 되어 부분 재개장한 그 병원의 의료진은 뉴올리언스 컨트리클럽에 모여서 카트리나 이후 처음으로 의료진 회식을 가졌다. 이 회식을 위한 별도 자금은 마치 다시 차오른 것 같았다. 〈타임스 피커윤〉의 사교 칼럼니스트가 보도한 바에 따르면 푸아그라 카나페, 거북 수프와 삶은 새우, 비프스테이크와 게살을 올린 송어로 만든 메인 요리, 그리고 미니 프렌치 페이스트리가 나왔다.[139]

다음 날인 2007년 7월 24일 아침, 10명의 대배심원은 뉴올리언스 형사법원 건물에 도착했다. 이곳은 바로 미냐드가 카트리나 당시 머물렀던 장소이기도 했다. 이 건물의 높은 야심과 수수한 유지비는, 폭풍 이후 어마어마한 FEMA 자금 지원이 이루어진 뒤에도 뚜렷했다. 천장이 높고 대리석으로 장식된 2층에서, 배심원들은 E구역 법정에 모였다. 그 안에는 둥근 천장과 커다란 창문이 있었으며, 전구가 몇 개 빠져 있는 아르데코풍의 샹들리에가 에어컨 바람에 흔들거리고 있었다. 출입문 옆의 높은 곳에는 검은 대리석 기둥 사이에 빛바랜 글자가 적혀 있었는데, 18세기 영국의 법학자 윌리엄 블랙스톤의 말을 인용한 것이었다. "인간의 법률은 오로지 하느님의 법률의 낭독일 뿐이며, 또한 하느님의 법률에 종속되어 행해진다."

8명의 여성과 2명의 남성이 표결에 참여했다. 6명은 백인이고 4명은 흑인이었다. 대배심원 가운데 한 명은 사망해서 다른 사람으로 교체되었다. 참관인들이 모여 있는 마치 교회 같은 걸상 맞은편에는 루이지애나 주의 표어가 있었다. "단합, 정의, 자신감."

지방검찰청에서는 대배심이 고려할 수 있도록, 포에 대한 열 건의 기소장을 준비해놓고 있었다. 이 가운데 에밋 에버릿 사건에 관해서는

2급 살인죄가 한 건, 그리고 이보다 경미한 2급 살인 범행 공모죄가 아홉 건이었는데, 에버릿을 비롯해 7층에 있던 라이프케어 환자 한 명당 한 건씩이었다.

이는 결국 당신들이 청취한 증거로 미루어, 포가 "살해하려는 구체적인 의도"를 지녔다고(루이지애나 주에서는 이 '의도'의 여부가 2급 살인의 정의 가운데 일부였다) 확신할 수 있는지 여부를 결정하라며 대배심원들에게 요청했다는 의미였다.

캘빈 존슨 판사는 열 건의 기소 내역을 큰 목소리로 읽어주었다. 곧이어 그는 문서를 뒤집어서 대배심의 배심장(陪審長))이 손으로 쓴 내용을 읽었다. "기소 부적절." 다시 말해 대배심은 모든 혐의에 대해 포를 기소하지 않겠다며 거부 의사를 표한 것이었다.

◇ ◇ ◇

당시 법원에 잔뜩 몰려와 있던 기자들은(원래는 카트리나 직후 어떤 사람을 두들겨 패던 모습이 비디오에 찍히는 바람에 기소된 전직 경찰관에 대한 무죄 방면을 보도하기 위해서였다) 평결 직전에 이와 관련된 정보를 입수했다. 이들은 법원 계단을 걸어 내려오는 차장검사 줄리 컬렌을 에워쌌다. "우리의 입장은 살인이 분명하다는 것입니다." 그녀가 말했다.

기자들은 얼룩진 카펫을 밟고 지방검사 에디 조던의 임시 사무실을 찾아가서, 그의 상반된 견해를 들으려 했다. "우리는 대배심의 결정을 존중합니다." 지방검사는 기자회견에서 이렇게 말했다. "저는 대배심의 의견에 동의합니다." 이로써 적어도 뉴올리언스에서 이 사건은 완전히 끝난 셈이었다.

그날 저녁, 마이클 모랄레스 검사는 자신의 좁은 사무실 한쪽 구석에 놓인 상자에 담긴 이 사건 관련 증거들을 바라보았다. 이 사건이야말로 그가 뉴올리언스에서 기소할 뻔했던 마지막 살인 사건이 되었다.

모랄레스가 담당하던 조가 해체되면서, 다른 사람이 그 업무를 맡게 되었다. 그는 다른 중범죄를 다루는 쪽으로 파견될 예정이었다. 모랄레스는 이 사건의 결과에 대해서 아무런 느낌도 없다고, 자기는 전혀 신경쓰지 않는다고 주장했다. 이 사건으로부터 그가 얻은 지속적인 교훈이 있다면, 앞으로 또다시 폭풍이 몰려오면 미리 대피할 필요성이 있다는 것뿐이었다.

모랄레스의 사무실에는 포에게 불리한 사건을 담당하는 것에 대한 비난 편지가 매일같이 날아왔다. 훗날 시인한 바에 따르면, 모랄레스 지방검사보와 조던 지방검사는 이 사건의 기소를 위해서 "열심이지는 않았던" 것이 사실이었다. 그의 직속 상관인 통명스러운 지방검사보 파뮬라로 역시 본인의 양가감정을 굳이 숨기지 않았다. "우리는 피고에게 약간의 경의를 표할 예정이었습니다. 우리는 곧바로 달려들어서 그녀를 기소할 예정까지는 아니었습니다." 모랄레스의 말이다. 왜냐하면 포는 일반적인 경력의 살인 용의자는 아니었기 때문이다. 다만 이미 판사가 포의 체포 영장에 서명했으며, 다수의 증인이 증언할 의향을 드러냈기 때문에, "우리의 의무를 회피하고 일부러 져줄 생각은 없었다."는 것이 그의 설명이었다.

모랄레스는 메모리얼에서 일어난 일을 자기가 정확히 알고 있었다고, 그리고 특별 대배심 역시 마찬가지였다고 믿고 있었다. 그렇지 않았다면, 왜 그들이 굳이 더 이상 증거가 필요 없으며 표결할 채비가 되었다는 신호를 보냈겠는가?

역사학 전공자로서 그가 바라는 것이 있다면, 대배심이 수집한 정보들이 대중에게 공개되지 않은 채 비밀로 남아 있지 않는 것뿐이었다. 어쩌면 진실을 밝히는 데는 차라리 의회 청문회가 더 나을지도 모른다고 모랄레스는 생각했다. 그는 사건의 진상에 관한 공개적인 토론 같은 것은 결코 없을 것이라고 생각했다.

재난, 그 이후

◇ ◇ ◇

주 검찰총장 포티는 바로 그날 배턴루지에서 기자회견을 열었다. 그의 부하들은 메모리얼의 사망 사건이 살인이라고 결론 내린 법의학 전문가들의 보고서 사본을 건네주었다. 포티는 이 전문가들의 증언을 청취하지도 않고, 고인의 가족들의 증언을 청취하지도 않은 상태에서 내린 대배심의 결정을 비판했다.

그리고 며칠 뒤 그는 〈USA 투데이〉에 공개 기고문을 게재했다.[140]

여러분은 포 선생이 어마어마한 압박을 받고 있었다고 주장할지 모르겠지만, 과연 그것이 그녀의 추정 행위에 대한 변명이 될 수 있을까? 나로선 이런 주장을 받아들일 수가 없다. 인간 생명의 가치란 과연 무엇일까? 인간 생명을 빼앗는 것이 정당화되는 상황은 과연 무엇일까? 이 사건은 바로 이런 질문들을 제기한다.

나는 앞으로도 계속 인간의 생명을, 그리고 범죄의 희생자를 위해 노력할 것이다.

그로부터 몇 주일 지난 9월에 루이지애나 주 세인트프랜시스빌의 판사는 세인트리타스 요양원의 소유주인 샐과 메이블 망가노 부부를 무죄 방면했다. 포티가 이들에게 적용한 살인 방조 혐의 35건과 박약자 학대 혐의 24건 모두가 인정되지 않았던 것이다. 그로부터 6주일 뒤, 포의 지지자들이 낙선 운동을 벌인 끝에, 포티는 결국 재선 가도에서 패배를 맛보고 말았다. 3명의 후보자가 나선 예비 선거에서 꼴등을 차지한 까닭이었다.

포티가 주 검찰청을 떠나기 전에, 메디케이드 사기 단속반은 카트리나 이후 보건의료 시설 관련 수사를 모두 종료했다. 가장 위중한 환자를 애완동물들이며 3명의 의료 전문가와 함께 뒤에 남겨놓았던 린디 보그스 메디컬 센터 사건이며, 사망자와 함께 내버려진 오둔 아레차가가 뒤늦게야 생존 상태로 발견되었던 투로 병원 사건 등도 마찬가지로 종료되었다. "성공적인 기소 가능성은 없어 보인다." 종료 관련 기록 두 건에는 이렇게 나와 있었다. 연방 공무원들 역시 병원 및 요양원에 관한 합동 수사에서 자기들의 역할을 그만두면서, 메모리얼과 세인트리타스 사건의 '성공적이지 못한 결과'를 지적했다.

◇ ◇ ◇

대배심의 재소집 당일에 있었던 기자회견 때, 한 기자가 포에게 주 검찰총장에 대한 견해를 물었다. "저는 포티 씨를 하느님의 손에 맡기는 바입니다." 그녀는 마치 순교자와 비슷한 우아함을 드러내며 말했다. "저는 매일 그렇게 기도하고 있습니다."

기자들은 호텔의 회의실로 찾아와서, 포가 1년 가까운 침묵을 깨고 무슨 말을 할지 궁금해하며 귀를 쫑긋 세웠다. 그녀의 뒤에는 가족이 벽을 따라 늘어서 있었다. 언론 대리인 그레그 뷰어먼과 변호사 리처드 시먼스가 포의 양옆에 서 있었다.

옅은 복숭아색 정장 차림의 그녀는 마치 천사와도 같은 모습이었다. 포는 남편 빈스와 함께 집에 있다가, 대배심으로부터 나온 소식을 전해 들었을 때의 상황을 이렇게 묘사했다. "저는 무릎을 꿇고, 저를 도와주신 하느님께 감사를 드렸습니다."

그녀는 눈물을 흘리면서 가족에게 감사의 말을 전하며, 자신의 희망을 이렇게 표현했다. "보건의료 전문가들이 성급한 판단에 의해서 비난당하는 일은 없었으면 좋겠습니다."

하지만 기자들이 정말로 알고 싶어 하는 일에 관해서는 포도 공개를 거절했다. 즉 자기가 환자들에게 주사를 놓았는지 아닌지, 또는 자기의 행동 동기가 무엇이었는지 여부에 대해서는 말하지 않을 것이었다. 그

596

녀의 변호인들은 현재 진행 중인 민사 소송을 마치 방패처럼 치켜들어 이런 질문들을 막았다. 뿐만 아니라 또 다른 대배심이 살인 혐의를 재고할 가능성은 항상 있었다. 따라서 포가 자기 행동과 그 이유를 정확히 이 세상에 말할 날이 올지는 불분명하다.

기자들로부터 멀리 떨어지자, 그녀는 브렌다 오브라이언트에게 전화를 걸어 이 소식을 전했다. 제임스는 여전히 버티고 있지만 줄곧 잠만 잘 뿐, 더 이상은 눈에 띄게 의식을 회복하지 못했다. 의료진은 그가 계속 살아 있다고 볼 마땅할 이유까지는 없다고도 말했다. 그리하여 브렌다는 남편을 가리켜 "생물학적 의미에서만 인간"이라고 불렀다.

"귀에다 직접 입을 대고 말해봐요." 포가 말했다. "그러면 남편분도 알아들을 거예요."

그녀는 제임스가 자기를 위해서 기도해준 덕분이라며 브렌다에게 감사를 표했다. "이제는 제가 그를 위해서 기도한다고 전해주세요."

포는 계속 수술을 했으며, 이른바 재난의학에서 '윤리적 고려'에 관한 강사로서 전국적인 인기를 얻었다.[141] 강연 때마다 그녀는 기존의 역사를 새로 쓰다시피 했다. "FEMA에서 우리에게 전화를 해서 이렇게 말하더군요. 우리가 정오에 에어보트를 타게 될 거라고요."[142] 포는 캘리포니아 주의 병원 중역진과 보건의료 전문가가 무려 천 명 가까이 모인 어느 대회에서 기조 강연자로 나서서 박수갈채를 받았다. "그러니까 병원에서 가지고 나올 수 있는 것은 뭐든지 가지고 나오라고 했어요. 더이상은 거기 머물 수 없으니까요." 여러 달 동안 버지니아 라이더와 부치 섀퍼는 메모리얼에서 일어난 사건을 조사했으며, 여러 해 동안 많은 언론인이 이 재난에 관해서 글을 썼지만, 어느 누구도 그런 주장을 한 적은 없었다.

무대에 서서, 커다란 연회장이 쩌렁쩌렁 울리는 커다란 목소리로, 포는 재난 당시 메모리얼에는 수돗물이 없었을 뿐만 아니라 "깨끗한 물도 전혀 없었다"고 말했다(하지만 수사관들은 대피 이후에도 어마어마한 양의 생수병이 여전히 남아 있음을 발견했었다). 그러면서 마지막 한 병의 물을 과연 누가 마셔야 할지(직원인가, 아니면 환자인가? "누가 마셔야 할까요? 단 한 병의 물을 누가 마셔야 할까요?") 결정해야 하는 입장에 서 있다고 상상해보라며 청중에게 권하기까지 했는데, 사실 메모리얼에서는 그런 결정 자체가 필요하지 않았다.

"해안경비대의 헬리콥터가 도착한 것은 목요일 오후의 일이었습니다." 포는 이렇게 말했다. 그러면서 마치 목요일 오전의 이른 시간에는 헬리콥터가 전혀 오지 않은 것처럼 말했다. 하지만 실제로는 그 시간에 헬리콥터가 도착했고 이 사실은 조종사들의 요란스러운 소리로 입증되었다. 또한 그녀가 환자들에게 주사를 놓기 위해 약품이며 물품을 챙기는 동안 함께 있었던 라이프케어의 직원들도 훗날 회고했다.[포의 변호사 리처드 시먼스는 편지에서 다음과 같은 반박을 내놓았다. "그와 같은 유형의 주장에서 비롯되는 분명한 결론은, 헬리콥터가 환자를 대피시킬 채비를 하고 바로 바깥에서 기다리고 있었다는 것이겠지요. (……) 우리는 오전 시간 동안 '시끄러운 헬리콥터'가 있었다는 새로운 주장을 한마디로 부정하는 바입니다."]¹⁴³ 포는 홍수가 불어나던 바로 화요일 오후부터 화요일 밤까지, 그리고 수요일 오전까지도 해안경비대가 환자들을 구조하러 왔다는 사실조차 이야기하지 않았다. 하지만 당시 메모리얼 직원들은 어둠 속에서 대피를 시도하는 것은 너무 위험하다는 이유로, 또한 직원들도 휴식이 필요하다는 이유로 구조 중단을 결정한 다음, 헬리콥터를 거듭해서 오지 않게 하려고 시도한 바 있었다. "제가 그때는 미처 몰랐던 이야기를 하나 덧붙여야겠네요. 헬리콥터는 야간에 날 수가 없어요." 포는 청중에게 이렇게 말했다. 수년 전 휴스턴에서 있었던 모금 행사에서도 그녀가 이런 헛소리를 하자, 그녀의 한 동료가 최대한 점잖게 반박하려 시도한 바 있었다.

재난, 그 이후

하지만 포가 직접 경험한 심각한 고난에 그럴싸한 장식을 덧붙였다는 사실은 그리 중요한 사실도 아니었다. 오히려 정말로 중요한 사실은, 그녀가 미국 전역에서 온 의료인들에게 강연하는 과정에서 이런 이야기들을 (그리고 자기가 체포되었던 사실까지 곁들여) 늘어놓음으로써, 결국 향후의 위기 상황에서 의료 전문가들의 고소와 기소를 방지할 면책 법률을 위한 캠페인의 필요성을 청중에게 납득시키려 했다는 점이었다. 이야기 도중에 포는 때때로 자기가 찍은 피의자 사진을 스크린에 보여주었지만, 당시 자기가 현재 논의 대상인 (그리고 어렵고도 논란의 여지가 있는) 부상자 선별 결정 때문에 체포된 것이 아니라, 오히려 환자 살해 혐의로 체포된 것이었다는 이야기는 굳이 하지 않았다. 실제로 그녀는 환자에게 주사를 놓았다는 이야기도 완전히 빼버렸다. 새크라멘토에서 병원 중역진을, 시카고에서 재난 대비 계획가들을, 텍사스에서 의사들을, 뉴올리언스에서 변호사들을 앞에 놓고 강연할 때도, 포는 자기와 동료들이 9월 1일 목요일에 최소한 19명의 환자에게 투약하기로 한 결정에 관해서는 결코 논의도 설명도 하지 않았다. 당시 헬리콥터와 보트가 메모리얼에서 사람들을 실어 나르는 동안, 이들 환자는 구출되기는커녕 모두 사망하고 말았는데도 말이다.

그녀는 이른바 위기 중에는 "평소보다 더 큰 위험에 직면해서라도" 계속 근무하라고 의사들에게 권고한 미국의학협회의 윤리 명령에 대해 이의를 제기했다. 포는 이렇게 주장했다. "환자를 돌본다는 임무는 손쉬운 일처럼 들린다. 좋다. 하지만 항상 그런 것은 아니다. 문서상으로만 낭만적일 뿐이다." 그녀는 새크라멘토에서의 강연 결론에서, 재난 시 언론을 다루는 방법에 관한 자신의 견해를 이렇게 공유했다. "여러분의 능력 한도 내에서 최대한 이들을 제한하고, 이들을 이용하십시오."

주 검찰총장 찰스 포티가 법의학 전문가들의 발견 내용을 언론에 공개한 이후 소송이 줄줄이 제기되었으며, 이에 수십 명의 병원 직원은

(저마다 '모 씨'의 명의로) 각자의 사생활이며 대배심의 비밀주의를 근거로 삼아, 메디케이드 사기 단속반의 사건 수사 기록 수천 페이지 가운데 나머지의 공개를 막기 위해서 싸웠다. 〈타임스 피커윤〉과 CNN은 자기들이 공공 기록이라고 간주하는 것을 주 정부가 만들어내도록 압박하기 위해 여러 해 동안 노력했다. 애너 포는 이 기록이 비밀로 유지되어야 한다는 '모 씨'들의 입장을 지지하는 짧은 성명서를 내놓았다. 하급 법원은 이 기록을 공개해야 한다는 판결을 내놓았지만, 항소 법원에서는 이 판결이 뒤집혔고 (여러 차례 소송으로 결국 루이지애나 주 대법원은 이 사건을 심리한 결과) 2012년에 이르러 '모 씨'들이 승소했다. 그리하여 이 파일들은 이후 대중의 시선을 피해 줄곧 봉인된 상태이다.

2009-2010 회계연도에 루이지애나 주 정부는 애너 포의 신청에 따라 그녀의 성공적인 변호에 사용된 45만 6979달러 41센트의 법률 요금 및 비용을 일반 기금에서 지불했다.[144] 즉 이 금액을 LSU 보건의료 네트워크와 애너 포 변론 기금에 상환한 것이다.

테닛 보건의료 및 메모리얼 메디컬 센터를 상대로 한(즉 메모리얼의 전력 시스템, 대비 태세, 대피 계획에서의 불충분으로 인해 발생한 사망 및 부상에 관한) 소송은 집단 소송으로 인증을 받아서, 2011년에 배심원 선정에 도달했다. 카트리나 이후 여러 병원에 대한 소송은 약 200건에 달했으며, 손상을 능가한 의료 사고 소송이 아니라, 오히려 전반적인 부주의 소송으로 진행하도록 허락된 바 있었다. 메모리얼과 테닛을 상대로 한 집단 소송은 재판까지 가기 전에 범죄 사실에 대한 시인 없이 2500만 달러로 합의가 이루어졌다.[145] 이 합의금은 카트리나 당시와 이후 병원에 있었던 환자, 방문객, 가족, 그리고 기타 사람들(그중에는 라이프케어 직원들도 포함되어 있었지만, 메모리얼의 직원들은 루이지애나 주의 근로자재해보상법의 규정에 따라 배제되었다) 가운데 이 소송에 참여하고자 하는 사람들에게 분배될 예정이었다. 분배는 2013년이 되어서야 완료되었으며, 이는 카트리나가 끝난 지 무려 7년이 더 걸린 일이 되었다. 그리하여 어떤 사람들은 이를 가리켜 재난을 당한 뉴올리언스의 변호사들을 위한 '완전 고용 소송'이라고 지칭하기도 했다.

자격 요건이 되는 사람들조차, 돈을 받기 위해서는 자기가 겪은 신체적이거나 정서적인 부상을 설명하는 사유서를 작성하고 공증을 받아서 제출해야만 했다. 이 기금은 세 가지 범주에 따라 분배되었다. 사망한 환자, 생존한 환자, 그리고 환자 아닌 피해자. 신청이 하나 들어올 때마다, 결국 같은 범주에 속한 다른 신청자의 몫은 더 줄어들게 마련이었다.

LSU의 직원이었던 애너 포조차 이 합의금 가운데 자기 몫을 얻어갔다. 분배 지침에 따르면 그녀는 메모리얼에서 보낸 하루당 2090달러 37센트를 받을 자격을 갖추고 있었다.[146]

◊ ◊ ◊

2007년의 특별 대배심 결정은 의외의 부분에서 사기를 고취시켰다. 라이프케어의 일부 간호사들이 결정을 매우 반긴 것이다. 포에게 드리워졌던 먹구름이 걷히면서, 결과적으로 자기들에게 드리워졌던 먹구름도 걷힌 셈이 되었다. 만약 그녀가 살인죄에 대해서 무죄라고 한다면, 그들 역시 자기네 환자들을 그녀에게 맡긴 행위에 대해서 무죄인 셈이었다.

간호학교 시절의 친구 가운데 한 명이 지나 이스벨에게 전화를 걸어서 이 소식을 알려주었다. 당시 그녀는 전직 라이프케어 간호사 한 명과 함께 근무 중이었다. 두 사람은 비명을 지르고, 환호했으며, 너무나 기쁜 나머지 펄쩍펄쩍 뛰었다.

이스벨은 허리케인을 상징하는 모양의 펜던트가 달린 목걸이를 했다. 그녀는 여전히 악몽 속에서 카트리나 당시 자기 환자들의 얼굴을 보았으며, 여전히 화가 나고 씁쓸해 하는 상태였다. 하지만 포를 향한 원망은 아니었고, 어디까지나 도움의 손길이 너무 느리게 도착했다는 사실에 대한 원망이었다. 이스벨은 자기가 폭풍을 겪고 나서 이전과 전혀 다른 사람이 되었다고, 즉 그 며칠 간의 외상이며 그 마무리로 인해서 완전히 바뀌었다고 간주했다.

때때로 그녀는 메모리얼의 헬리콥터 착륙장에서 보낸 마지막 몇 시간에 관한 추억으로 위안을 삼았다. 당시 로이 컬로타의 할머니인 여든일곱 살의 노인이 손을 뻗어 간호사의 한 팔을 잡았다. 그러고는 이스벨에게 이렇게 말했다. "내가 만약 내일까지 살아 있다면, 그건 모두 당신 덕분이에요."

이스벨은 자기와 라이프케어 및 메모리얼의 동료들이 그 당시 최선을 다했다는 믿음에 매달렸다. 만약 요청을 받기만 한다면, 이 간호사는 또다시 폭풍 속에서 근무할 것이었다. 그건 바로 그녀의 직업이고, 또한 그녀의 맹세였으니까.

◇ ◇ ◇

캐시 그린은 여전히 맹신자였다. 그 무엇도 피의자가 된 동료들에 대한, 그리고 서던 뱁티스트 병원과 간호 및 의료 전문직에 대한 이 ICU 간호사의 믿음을 흔들지는 못했다. 그녀는 대배심의 결정에 대해 기뻐하면서도, 그걸로 충분하다고는 여기지 않았다. 그린은 포티가 대중에게 심어놓은 생각, 즉 보건의료 종사자가 환자에게 해를 끼칠 수 있다는 생각을 자기가 깡그리 지워버렸으면 하고 바랐다.

메모리얼의 직원들은 하느님 흉내를 냈다는 이유로 비난을 받았다. 하지만 그린이 알기로 자기들은 ICU에서 매일같이 하느님 흉내를 내라는 요청을 받고 있었다. 그녀는 사람 죽이는 것을 신봉하지는 않았지만, 진통제를 투여하지 않음으로써 고통을 연장시키는 것에는 아무런 가치가 없다고 생각했다. 메모리얼의 ICU에서 유잉 쿡 같은 의사들이 작성하는 지시서를 보면, 그린 같은 간호사들에게 "모든 물건이 들어찬 병기고"를 다룰 자유재량권을 상당한 정도로 부여하고 있었다. 이것이 바로 이곳의 문화였다. 그녀는 기꺼이 이런 문화를 포용했다. 왜냐하면 경력 초기에 '질질 끄는 죽음'으로 사망한 여성 환자를 지켜본 경험이 있기 때문이었다. 메모리얼의 오랜 휴업 때문에 그린은 다른 여러 병원에서 일하게 되었는데, 가만 보니 다른 병원에서는 접근법이 전혀 달랐다. 즉 환자들에게 그리 많은 안정제를 투여하지 않는 것이었다.

그린 입장에서는 환자들의 임종 호흡의 가쁜 수축을 지켜보는 것이 고통스럽기만 했다. 이 단계에 이른 환자는 고통을 느끼지 못한다는 어느 젊은 의사의 말에, 그녀는 어디 한 번 당신이 직접 저렇게 숨을 쉬어보라고, 그리고 과연 편안한지 아닌지 확인해보라고 대꾸해주었다. 의사의 말에서 핵심은, 그 단계에서 환자는 두뇌 기능이 거의 없기 때문에 불편을 느끼지도 못한다는 것이었지만, 그린은 '생각이 젊은 의사들'과 '생각이 젊은 간호사들'이 제대로 이해를 못한다고만 생각했다.

그린은 질질 끄는 임종을 맞이하고 싶지 않았다. 그래서 때가 되면 "나를 네덜란드로 데려가라"고 미리 딸에게 말해두었다.

왜 미국에서는 죽음을 이렇게 대하는 걸까? 왜 미국인은 죽음을 맞을 때 그토록 준비가 안 된 상태인 것처럼 보이는 걸까? 그녀는 ICU에서 일하면서 이런 상황을 거듭해서 보았다. 죽어가는 사람들과 죽음에 관해 이야기하기를 원치도 않거나, 죽음이 일어났을 때 친척과 함께 있으려 하지도 않았다.

왜 우리는 삶의 모든 이정표를 축하하면서도, 유독 이것 하나만큼은 제외하는 걸까? 그린은 궁금한 생각이 들었다. 삶의 시작을 보기 위해서는 모두가 참석하고 싶어 하지만, 출생과 사망의 비율은 정확히 1대 1이었다. 우리 모두는 작별을 고하는 법을 배워야만 하고, 사랑하는 가족이 떠나가는 것을 우리가 알고 있음을 인정함으로써 그들에게 존엄을 부여하는 법을 배워야만 했다. 그녀는 이렇게 물어볼 것이었다. "만약 당신의 가장 소중한 사람이 먼 여행을 떠나는 배에 몸을 싣는다면, 당신은 선착장에 나가서 작별 인사를 하지 않을 겁니까?"

그린은 한때 몸이 너무 아파 ICU에서 인공호흡기에 의존한 경험이 있었다. 그녀는 자기처럼 세심한 간호사가 제공하는 부드러움이야말로 의미심장하다는 것을 알고 있었다. 하지만 그린이 자기 직업에서 각별히 싫어하는 부분이 있다면, 본인과 그 동료들이 약품과 기계를 동원해 가면서까지 가뜩이나 고통스러워하는 환자들을 여러 달 동안 살려두어야 한다는 점이었다. ICU의 치료를 선택한 사람은 이런 일이 생겨날 수 있음을 미처 깨닫지 못하고 있다고 그녀는 믿었다. 죽음이 항상 적이기만 한 것은 아니며, 나이 많은 환자의 경우에는 특히 그렇다고 느꼈다. 환자의 가족이 원하는 첨단기술의 치료를 정작 환자 본인은 원하지 않는다는 것이 그녀의 생각이었다. ICU의 치료가 삶의 질에 끼치는 영향도 반드시 고려되어야 했다. 비록 이번의 전투에서는 자기 동료들이 이겼지만, 그린은 다음에 자기가 싸워야 할 전투가 무엇인지 이미 알고 있었다.

"우리는 '안락사'를 지나치게 두려워하고 있습니다." 그녀는 이렇게 말할 것이었다. "이건 의료 분야의 기피 용어니까요. 즉 '집단폭행'과도 유사한 단어니까요." 그녀는 이런 현실을 바꾸고 싶어 했다.

◇ ◇ ◇

훗날 프랭크 미냐드는 자기가 약간 배신당한 기분이었다고, 그리고 약간 상처받은 기분이었다고 말했다. 그가 어떤 사망 사건을 살인이라고 말했는데도 대배심이 기소를 하지 않은 경우는 흔치 않았다. 미냐드가 생각하기에, 대배심의 결정은 포티 주 검찰총장이 그 여자들을 다룬 방식이 가혹했기 때문에, 그리고 언론의 설득하는 위력 때문에 나온 것에 불과했다. 그러면서 자기가 언론에서 한 발언의 역할은 전혀 고려하지 않았다.

그는 누군가가 이 사건을 다시 수사했으면 하고, 특히 이번에는 연방 검사가 그렇게 했으면 하고 바랐다. 미냐드는 이 이야기가 여기서 끝났다고는 믿지 않았다. 단지 휴면 상태에 불과했으며, 언젠가는 다시 요란한 소리와 함께 돌아올 것이었다.

◇ ◇ ◇

법의학 전문가 시릴 웨크트는 포가 처벌을 받는지 마는지 여부에는 관심이 없었다. 그는 오로지 진실에만 관심이 있었고, 그 진실로부터 배울 수 있는 바에만 관심이 있었다. 이런, 젠장. 웨크트는 생각했다. 메모리얼은 적군의 포탄이 펑펑 떨어지는 빌어먹을 놈의 전장이 아니었다. 거기는 뉴올리언스 한복판이었고, 헬리콥터와 보트가 와서 사람들을 실어나르고 있었다. 게다가 그들은 환자들을 7층에서 아래로 데리고 내려올 수 없었다고 말했던가? 만약 양자택일을 하라고 했다면, 불편하게나마 창밖으로 운반되어 계속 살아가는 것 대신 차라리 고통 없는 죽음을 선택할 사람이 과연 있었겠는가? 기소 불가 결정으로 의료 분야에서 어마어마한 과실이 벌어진 것이 분명했다. 그 원인은 실제로 무슨 일이 벌어졌는지도 제대로 모르는 상태에서 관련자들이 이 사건을 덮는 데만 급급했고, 의료계 지도자들이 감정적으로 대응했기 때문이었다. 이제 이 사건에서 얻을 수 있는 교훈이란, 결국 재난 당시에는 의사의 결정이 곧 법이라는 것뿐인 셈이었다. 만약 의사가 모르핀과 버스드를 과도하게 투여하는 것조차 적절하다고 생각한다면, 그렇게 해야 한다는 것이었다. 그게 의사의 사명이라는 것이었다. "우리가 과연 젊은 의사들에게 가르쳤으면 하는 내용이 이것인가?" 웨크트는 이렇게 의문을 제기했다. "이것이야말로 빌어먹을 놈의 선례이고, 아주 위험하고도 나쁜 선례이다."

◇ ◇ ◇

윤리학자 아서 캐플런은 공식적인 분석조차 없는 상태에서 이 사건이 "해결되지 않은 도덕적 치통"으로 남게 되지 않을까 우려했다. 보통 수줍어하는 성격은 아닌 생명윤리학자들조차, 이 사건에 관해서만큼은 각자의 견해를 드러내기를 꺼렸다. 이미 미국에서는 조력 자살과 안락사의 관습이 암암리에 존재하는 듯했기 때문에, 굳이 이제 와서 어느 누구도 그 사건을 정면으로 부각시키고 싶어 하지 않은 듯했다. 또 상당수의 윤리학자들은 메모리얼의 상황이 워낙 끔찍했기 때문에, 그곳에서 일어난 일에 관해서는 도덕적 판단이 불가능하다고 느꼈다.

하지만 캐플런은 전혀 다르게 느꼈다. "왜 거기서는 안 된단 말인가?" 그는 이렇게 묻곤 했다. 하지만 본인도 이 질문에 대해서는 결코 만족스러운 답변을 얻지 못했다.

◇ ◇ ◇

버지니아 라이더와 부치 섀퍼는 이 사건의 결말에 가서 정의가 실현되었다고는 결코 믿지 않았다. 정의란 궁극적인 유죄 선고를 반드시 필요로 하는 것은 아니었다. 법원의 절차를 통해 사건을 다시 이야기하는 것만으로도 충분한 의의가 있었다.

포와 부도와 랜드리는 몸이 아플 때마다 모든 사람이 자기 생명을 내맡기는 사람들을 상징했다. 그러니 이들이 압력 아래에서 어떻게 반응하는지 아는 것은 반드시 필요했으며, 단순히 이들이 의료 전문가라는 사실만으로는 이들이 항상 환자의 이익을 위해 행동한다고 볼 수 없음을(예를 들어 이기적인 동기라든지, 생각의 혼란을 겪을 경우에는 그렇게

재난, 그 이후

행동하지 않을 수도 있음을) 아는 것이 반드시 필요했다.

이 사건은 라이더가 세계를 바라보는 방식을 바꿔놓았으며, (그녀의 아이들을 예외로 치고 나면) 그 어떤 요소보다 더한 변화를 그녀의 삶에 가했다. 급기야 라이더는 자신의 사전 요청서에 연명 중단 의향을 매우 명확하게 작성해놓기에 이르렀다. 예를 들어 그녀의 생명 유지 장치를 제거하기 위해서는, 반드시 의사 2명과 본인이 보건의료 대리인으로 지명한 자매 한 명이 동의해야만 하도록 되어 있었다. 아울러 라이더는 자기가 진통제를 필요로 할 경우에도, 그렇다고 해서 고통에 필요한 것 이상의 분량까지는 원하지 않으며, 자칫 목숨을 잃을 위험이 큰 정도의 분량도 원하지 않는다고 명시해두었다. 그녀가 생각하기에 대중은 이 이야기를 알 자격이 있으며, 그렇게 함으로써 이 이야기의 교훈을 이용해서 더 현명한 선택을 내릴 수 있어야 했다.

대개의 경우, 희생자들은 각자의 이야기를 세상에 전할 만한 자격이 있었다. 얼마 뒤에는 포에 대한 라이더의 감정이 약간 누그러지기도 했다. 암 환자인 그녀의 친척 한 명을 이 외과 의사가 하루 온종일 수술해 주었기 때문이다. 어쩌면 사람을 성급하게 판단하지는 말라고 하느님께서 말씀하신 것인지도 몰랐다.

섀퍼도 이 사건에 대한 라이더의 감정을 충분히 이해할 수 있었지만, 그는 좀 더 낙천적이었다. 섀퍼는 메모리얼에서 실제로 무슨 일이 벌어졌는지 알고 있었다. 다른 사람들이 이 사실을 알고 있는지 여부는 그의 관심사가 아니었다. 검사로서 섀퍼는 자기가 고생 끝에 재판까지 끌고 간 피의자 상당수가 결국 무죄로 풀려난다는 것을 잘 알고 있었다. 그러니 평생 동안 그 일 때문에 부루퉁하며 살 수는 없었다.

여러 해 뒤 그가 폐 감염 가능성 때문에 치료를 받으러 동네의 작은 병원에 입원해 있을 때, 유잉 쿡 선생이 그의 병실로 걸어 들어왔다. 여러 가지 측정기와 약품 주입기에 연결되어 병상에 힘없이 누워 있던 섀퍼는 문득 이 상황의 아이러니를 실감하며 놀라워했다. 이제 그의 생명이 쿡의 손에 달려 있게 된 셈이었다. 다행히도 이 의사는 섀퍼를 알아보지 못한 것 같았다. 이 환자로 말하자면, 라이더가 쿡의 집에 찾아가서 소환장을 건네주던 바로 그날, 이 의사의 집 앞에 서 있던 자동차 안에 앉아 있던 사람인데도 말이다. 병원에서 만난 쿡은 온화하고, 친절하고, 건조한 유머 감각을 발휘하는 사람이었다. 한마디로 훌륭한 사람이라고 섀퍼는 생각했다. 의사는 이 환자의 상태가 전혀 이상 없다고 말했다. 결국 섀퍼는 회복되었다.

가뜩이나 소규모에 가용 자원도 많지 않았던 메디케이드 사기 단속반이 이 사건을 담당하는 동안, 섀퍼는 자기들이 나름대로 최선을 다했다고 믿었다. 그는 단속반 전체에 대해 자부심을 느꼈다. 이들은 부정행위를 하지 않았다. 여론과 반대로, 이들은 부끄러워할 일이 전혀 없었다. 이들은 훌륭했다. 섀퍼는 앞으로도 이런 의견을 고수할 것이었다.

◇ ◇ ◇

앤절라 맥마너스는 대배심의 재소집이 있던 날 하루 온종일 울기만 했다. 그녀는 가족들에게 전화를 걸어서 이 소식을 알려주었다. "이제 어쩌지?" 가족들이 물었다. 맥마너스 역시 답을 알지 못했다. 그녀는 대배심이 자기를 불러서 증언을 시켰으면 하는 바람뿐이었다. 맥마너스는 여전히 포가 자기 어머니를 죽였다고 믿고 있었다.

◇ ◇ ◇

일레인의 딸 캐스린 넬슨은 화를 내지 않았다. 그녀는 반드시 포가 감옥에 가는 꼴을 봐야겠다고 생각하지는 않았지만, 저 여자가 계속 의사 면허를 유지해야 한다고도 생각하지 않았다. 저 의사는 환자를 살리겠다는 최우선의 맹세를 깨뜨렸던 것이다. 저 간호사들도 마찬가지였다.

그렇다면 두 번 다시는 그 직업에 종사하지 못하게 막아야 하지 않을까?

캐스린은 바다 건너 이라크와 아프가니스탄에서 진행 중인 전쟁을 생각해보았다. 미군은 죽은 전우를 아무도 뒤에 남겨두지 않았으며, 제 아무리 상황이 참을 수 없는 지경이라 해도 마찬가지였다. 하지만 그들의 모국은 자연과의 전쟁에서 패배한 꼴이 되었다. 일부 사람들을 살해하고 심지어 뒤에 남겨두었다.

그녀의 오빠 크레이그는 민사 소송을 줄기차게 추진 중이었다.

◇ ◇ ◇

캐리 에버릿은 정의가 실현되는 것을, 즉 포가 본인의 행동에 대한 책임을 인정하는 모습을 보고 싶어 했다. 물론 그녀의 남편 에밋은 다리 사용 능력과 방광 조절 능력을 잃은 상태로 무려 9년 동안이나 아내의 보살핌에 의존하며 힘들게 살아야 했던 것이 사실이다. 하지만 캐리는 여전히 남편을 목욕시키고, 남편의 기저귀를 갈아주며, 다른 모든 부부와 마찬가지로 웃기도 하고 놀리기도 하고 말다툼도 하며 살고 싶어 했을 뿐이다. 그녀는 여전히 남편을 애초에 그곳에 맡기는 게 아니었다고 후회했다.

캐리는 여전히 알고 싶어 했다. 도대체 무슨 이유에서였으며, 도대체 무슨 목적 때문이었던 걸까? 그녀는 무슨 일이 벌어졌는지 알지 못했다. 캐리는 거기 없었기 때문에, 포를 보자마자 양손으로 상대방을 붙들고 "이러지 마세요."라고 말하지 못했다. 만약 자기가 거기 있었다면(즉 홍수가 일어난 제9지구에 남아 있다가 자녀와 손자손녀와 함께 갇힌 상황만 아니었다면) 포가 결코 남편의 병실에 들어오지 못했을 거라고 그녀는 확신했다. 그랬다면 그곳에서 실제로 벌어진 일은 결코 벌어지지 않았을 것이었다. 그랬다면 캐리는 여전히 남편을 데리고 있었을 것이었다.

◇ ◇ ◇

　한때 유잉 쿡이 사망자로 착각한 적도 있었던 로드니 스콧은 결국 무사히 집에 돌아갔다. 그는 재난 동안에 고통을 겪었으며, 무려 150킬로그램 넘는 체중 때문에 맨 마지막에 운반되도록 분류된 바 있었다. 스콧은 겁이 났고, 더위와 불편에 시달렸다. 헬리콥터에서 머리를 부딪쳤으며, 오물과 고통 속에서 이틀 동안이나 종이 가운을 입은 채 뉴올리언스의 공항에 방치되었다. 이때의 외상은 이후로도 오래 지속되었다. 이후 또다시 입원하자, 그는 입고 있던 옷을 벗지 않겠다고 우겼다. 그래도 (의학적 문제가 지속되고 크게 나아지지 않아서, 결국 '장애인'으로 분류될 수밖에 없는 상황임에도 불구하고) 그 모든 고초를 겪고도 결국 살아남아 가족과 재회한 것은 충분히 좋은 일이라고 생각했다.

　스콧은 사람들이 메모리얼의 불운으로부터 뭔가 교훈을 배우기를 원했고, 다른 것은 몰라도 딱 한 가지만큼은 반드시 배웠으면 하고 바랐다. "언제라도 생명을 구할 수만 있다면 구해야 합니다." 만약 그들이 그를 데리고 나갈 수 있었다면, 그들은 모든 사람을 데리고 나갈 수 있었다. 그곳에서 실제로 벌어진 일은 굳이 벌어질 필요까지는 없었다. "세상만사에는 길이 있게 마련입니다." 스콧은 이렇게 말하곤 했다. 모든 선택지를 탐색해야 마땅한 것이었다.

　더 젊고 더 건강했을 때만 해도, 그는 간호사로 근무한 바 있었다. 메모리얼에서 안락사가 실제로 일어났는지 여부는 그도 알지 못했지만, 만약 실제로 그랬다고 한다면 바로 그날 누구를 죽게 할지 결정하는 문제를 놓고 의사들과 간호사들이 무슨 생각을 했을지 스콧은 궁금하지 않을 수 없었다. "어떻게 감히 안락사가 대피보다 낫다고 말할 수 있겠습니까? 만약 환자가 생명 징후를 보인다면, 당연히 환자를 대피시켜야죠. (……) 그들을 데리고 나와야죠. 그리고 그런 결정은 하느님이 하시게 내버려둬야죠."

610

◇ ◇ ◇

원목이었던 존 마스 신부는 문제의 추정 행위가 벌어졌을 때 자기가 그 자리에 없었다고, 사람들에게 신중한 해명을 내놓곤 했다. 게다가 그는 생명윤리학자가 아니었다. 신부가 내놓은 말은, 사람들이 나쁜 상황에 직면할 경우, 자기 자신에게가 아니라 환자와 그 가족에게 최선의 이익인 선택을 내려야 마땅하다는 것이었다. 그는 위안을 믿었으며, 메모리얼 직원들은 위안을 제공하기 위해서 최선을 다했다고 생각했다. 신부는 하느님이 자비롭고도 용서가 많으시다는 사실을 믿어 의심치 않았다.

◇ ◇ ◇

브라이언트 킹 선생은 여전히 뉴올리언스에서 멀찍이 떨어져 지냈으며, 더 나중에도 안전에 대한 우려를 이유로 CNN의 인터뷰 요청을 거절했다. 한 친구는 그의 주장을 반박하려 시도하는 돈 많은 사람들이 여차하면 쥐도 새도 모르게 매장해버릴 수도 있다고 경고했다. "그러니 입도 뻥끗하지 마." 친구가 말했다. "차라리 다른 곳으로 떠나 있어. 숨을 곳이 있으면 숨어 있고, 최대한 몸을 낮춰. 모든 사람이 너를 뒤쫓는 일이 벌어지게 하고 싶지 않으면 말이야."

킹은 재난 기간 내내 포와 가깝게 지내며 일했고, 서로 번갈아 가면서 2층에 있던 환자들을 돌보았다. 그는 당시 그녀가 용감하게 일했다고 생각했다. 하지만 더 나중에 가서 킹이 매우 심란해했던 이유는, 그렇게 따뜻한 관계를 맺었던 누군가가 그렇게 무시무시한 일을 하게 되었다는 점이었다. 제아무리 지치고 피곤한 상태라 하더라도, 의사라면 누군가가 그런 제안을 했을 경우 재빨리 한 걸음 뒤로 물러나며 이렇게 말해야 하는 법이었다. "지금 농담하시는 거죠? 음, 아뇨, 그건 결코 옳은 이야기가 아니에요." 그가 생각하기에, 포와 다른 사람들의 입장은 다음과 같은 한마디로(물론 실제로 누군가가 한 말까지는 아니었지만) 요약이 가능할 듯했다. "물론 이건 우리가 평소에 하던 일이 아니지만, 어쨌거나 오늘은 그 일을 할 거고, 그런 다음에는 그 일이 결코 일어나지 않았던 것처럼 시치미를 뗄 거예요." 킹은 차마 이런 입장을 받아들일 수가 없었다. 그리고 포가 계속 의사로 활동할 수 있도록 허락되었다는 것도 차마 믿을 수가 없었다.

◇ ◇ ◇

호러스 볼츠 선생은 기자회견에 나온 포의 발언을 듣는 순간 고개를 저을 수밖에 없었다. 그는 여전히 안락사 때문에 격하게 화가 나 있었으며, 이것이야말로 전적으로 비윤리적이고 불필요한 일이라고 생각했다. 볼츠의 머릿속에서는 이 일에 관한 생각이 떠나지 않았다. 포의 추정 행위야말로, 사회의 기반이기도 한 의료 전문직에 대한 신뢰를 파괴한 셈이라고 그는 생각했다. 그리고 의료계의 융통성 없는 옹호로 인해서, 이 신뢰는 더욱 부식되고 말았다고 생각했다.

자기가 감옥에 가지 않게 된 것에 대해 하느님께 한쪽 무릎을 꿇어가면서 감사드렸다고? 그로선 차라리 포가 양쪽 무릎을 모두 꿇고 뭔가 다른 말을 하기를 바라 마지않았다. 즉 "살인하지 말라"는 계명을 어긴 것에 대한 용서를 구하기를 고대했던 것이다.

카트리나 직후 영국의 타블로이드 신문 〈메일 온 선데이〉에서는 한 의사가 실제로 그런 말을 했다고 보도했다. 이 의사의 말은 익명으로 인용되어 있었다. 그런데 이 의사는 다름 아닌 애너 포였고, 그녀의 말은 평소의 다른 발언에 비하면 좀 더 참회하는 것처럼 들렸다.

제가 옳은 일을 한 것인지는 저도 모르겠어요. 하지만 제게는 시간이 없었죠. 저는 가장 섬뜩한 상황에서 신속한 결정을 내려야만 했고, 그래서 저는 스스로 생각하기에 옳다고 여겨지는 행동을 했어요.

저는 죽어가며 고통스러워하던 그 환자들에게 모르핀을 주사했어요. 한 번이 충분하지 않으면 두 번 투여했죠. 그리고 밤이면 제 영혼에 자비를 베풀어달라고 하느님께 기도했어요.

◇ ◇ ◇

"그들이 뭔가 실수를 했다고 느끼시는 분은 없으신가요?" 2007년 7월, 최종 표결이 있기 직전 특별 대배심에 있던 한 남자가 동료 배심원들에게 이렇게 물었다. 하지만 어느 누구도 그렇다고 대답하지는 않았다. 메모리얼의 간호사들은 증언 내내 매우 슬픈 표정으로 울어댔다. 검시관은 한 배심원의 말마따나 조용조용 이야기하는 '귀여운 노인네'였고, 그의 의견은 상당 부분 그가 초빙한 전문가들의 의견과 달랐다.

이 배심원이 차마 이해할 수 없어 한 점은, 2005년 9월 1일 목요일에 라이프케어 환자들이 약품을 투여받는 상황에서 라이프케어 직원들이 도대체 어디 있었느냐 하는 점이었다. 대배심의 마지막 모임 때에야 비로소 라이프케어의 지도자 2명(부분원장 다이앤 로비쇼와 간호이사 테레즈 멘데즈)이 소환되어 증언을 했다. 검사는 이 여자들에게 아주 구체적인 질문을 던지지는 않았다. 멘데즈의 설명에 따르면, 당시 라이프케어 층으로 올라온 포는 이제부터 자기가 환자들에 대한 책임을 인수하겠다고, 그리고 환자들에게는 치사량의 약품을 제공할 것이라고 통보했다. 하지만 멘데즈와 로비쇼 모두 그 이후에 벌어진 일을 목격하지는 못했다. 이들은 그 층에서 자기네 직원들을 내려보내러 떠났기 때문이다.

하지만 실제로는 포와 다른 간호사들이 환자들에게 주사 놓는 모습을 병상 옆에 서서 똑똑히 본 목격자가 한 명 있었다. 그 사람은 바로 라이프케어의 물리치료실장 크리스티 존슨이었다. 그녀와 가까웠던 두 사람이 훗날 회고한 바에 따르면, 존슨은 원래 동료들과 같은 날 특별 대배심에 출석하기로 예정되어 있었다. 어쩌면 그날 더 늦게였는지도 모르는데, 아마도 근무 일정의 상충 때문이었을 것이다. 하지만 그녀는 결국 시간이 날 때도 검찰 측으로부터 출석 요청을 받지 못했다.

배심원 가운데 한 명이 이 사건을 유심히 생각해본 까닭은, 어느 누구도 배심에 출석해서 애너 포가 환자에게 주사 놓는 모습을 실제로 보았다고 증언하지는 않았기 때문이다. 이 배심원의 의견에 따르면, 이 사건에서는 기소장에 이름이 나와 있는 바로 그 여성이 사망 사건의 범인이라고 지목하기 위해서 필요한 기본적인 증거조차 결여되어 있었다.

이 여성 배심원은 법의병리학자 마이클 베이든이 출연하는 텔레비전 다큐멘터리 시리즈인 〈부검(Autopsy)〉의 열혈 시청자였다. 그녀가 특히 놀랍게 생각한 점은, 오전에는 멀쩡히 살아 있던 그토록 많은 환자가 오후에는 모두 죽어버렸다는 사실이었다. 그리고 에밋 에버릿의 경우, 그는 이후로도 계속 그녀의 머릿속을 떠나지 않을 것이었다. 여러 해가 지난 뒤에도, 이 배심원은 그 목요일 오전에 아침식사를 하면서, 직원들을 향해 '언제쯤 신나게 흔들 예정이냐'고 물어보던 그의 모습을 상상해보곤 했다. 그녀는 메모리얼의 사망 사건이 곧 살인이라고 결론 내린 전문가들의 보고서를 믿었다.

이 배심원은 메모리얼의 다섯 번째 날에 범죄가 발생했다고 확신했다. 그리고 자신의 동료 배심원들 역시 마찬가지로 확신했다고 믿었다.

에필로그

2012년 8월 29일, 그러니까 허리케인 아이작의 뉴올리언스 도착 예상 시간으로부터 몇 시간 전, 나는 스테인드글라스로 장식된 창문이 달려 있는 나무 문을 열고 작은 예배당 안으로 들어갔다. 그로부터 거의 7년 전, 바로 이곳에서는 홍수에 포위된 채 덥고 어둡고 전력마저 끊어진 병원에서 사망한 남녀의 시신이 안치된 바 있었다.

지금은 '오크즈너 뱁티스트'로 알려진 이 병원의 조용한 복도를 걸어가는 동안, 나는 이번의 폭풍에 대한 대비 태세에 관해 물어볼 만한 사람을 찾아보았다. 사람 목소리가 들리는 곳으로 따라가니 어느 병실이 나왔다. 문이 열려 있고, 불이 켜져 있었으며, 병상에는 둘둘 뭉쳐놓은 시트가 여기저기 흩어져 있었다. 높은 금속제 거치대에 달린 정맥주사용 펌프 옆에는 손수레가 있었고, 그 위에는 먹다 만 식사를 담아놓은 쟁반이 놓여 있었다. 하지만 병실은 텅 비어 있었다. 내가 들은 대화는 그저 텔레비전에서 흘러나온 것뿐이었다.

오래전에 복구된 유리창 달린 구름다리를(한때 간호실장 캐런 윈이 코드 블루 상황에서 샌들을 신고 뛰어 지나갔던 바로 그 장소이며, 애너 포가 가족과 비장한 심경으로 통화한 직후 폭풍에 흔들리는 와중에도 조심스럽게 건너갔던 바로 그 장소를) 건너가면 외과 병동이 나왔는데, 현재는 바로 이곳에 ICU가 있었다. 간호사 셰리 랜드리와 로리 부도는 다시 이곳에서 환자들을 돌보고 있었다. 직원실의 게시판에 붙어 있는 사진에도 이들의 미소 짓는 얼굴이 나와 있었다.

ICU는 빛과 측정기로 이루어진 벌집과도 유사했지만, 이제 이곳에는 오로지 유령만 남아 있을 뿐이었다. 몇 초에 한 번씩 연결이 끊어진 기계로부터 귀에 거슬리는 경고음이 나타났다. 이 건물은 다가오는 허리케인 무리로부터 날아오는 강한 바람 때문에 삐걱거리고 있었다. 환자들이 있던 구획은 텅 비어 있었고, 간호사들도 떠나버렸다. 병원 전체가 폭풍 직전에 대피한 것이다. 전력 변환 개폐기는 여전히 지하실에 자리하고 있었지만, 그래도 카트리나 덕분에 한 가지 교훈은 확실히 배운 까닭이었다.[1]

◇ ◇ ◇

그런 교훈은 단지 뉴올리언스 사람들만 배운 것일까? 그로부터 2개월 뒤인 10월 29일 월요일 밤, 나는 롱아일랜드 주에 자리한 '노스쇼어 LIJ 보건의료 시스템'*의 지휘본부에서 열린 의사들의 회의 도중에 어느 보건의료 중역이 뛰어들어오는 모습을 지켜보았다.[2] 바람 때문에 지붕 타일이 덜그럭거렸고, 텔레비전에는 초대형 폭풍 샌디가 뉴욕 시를 덮치는 모습이 나왔다.

"뉴욕 대학교에서 연락이 왔어." 중역이 말했다. "대피하고 싶다는군.

---

* 1997년에 '노스 쇼어 보건의료 시스템'과 '롱아일랜드 유대인(LIJ) 메디컬 센터'의 합병으로 생겨난 보건의료 서비스업체로, 미국 내에서 열네 번째로 규모가 크며 주로 뉴욕 주 전역에 18개의 계열 병원을 보유하고 있다.

지금 당장은 그쪽을 어떻게 도와야 할지 모르겠어. 완전히 공황 상태던데." 뉴욕 대학교 부설 랭곤 메디컬 센터의 직원들이 폭풍 와중에 신생아 집중치료실의 상태가 위중한 아기들을 옮겨야 한다며 구급차를 요청한 것이었다.

카트리나 직전의 뉴올리언스 시장 레이 네이긴과 마찬가지로, 뉴욕 시장 마이클 블룸버그는 폭풍 직전의 대피 명령에서 그 도시의 저지대인 'A구역'에 있는 병원들은 제외하고 말았다. 만약 바람에 밀려온 높이 치솟은 파도가 해안을 덮칠 경우, 이런 병원들의 보조 발전 시스템의 상당수가 고장 날 우려가 있음을 시와 주 공무원은 모두 알고 있었지만, 시장은 결국 이런 결정을 내리고 말았던 것이다. 뉴올리언스의 저 무시무시한 며칠로부터 배워 마땅했을 법한 저 모든 교훈에도 불구하고, 미국의 대도시에 있는 또 다른 병원이 결국 전력 두절 신세가 되었으며, 그곳의 직원들은 가장 상태가 위중한 환자들을 살리려고 애쓰는 상황이 되었던 것이다.

노스 쇼어 LIJ의 이 중역은 자사 계열 병원들의 처지 때문에 벌써부터 걱정거리가 있었다. 그 가운데 16개소는 뉴욕 주와 롱아일랜드 주에 흩어져 있었다. 그로부터 몇 분 뒤, 그의 팀원 가운데 한 명이 그중 한 곳인 뉴욕 주 베이쇼어 소재 지역 병원에 관해서 한 가지 놀라운 보고를 전해주었다.

"사우스사이드에서는 물이 여전히 올라오고 있답니다." 그 회사의 안전 담당자가 말했다. "밀물 때까지는 아직 한 시간이나 남았는데도 말이에요." 그로부터 몇 시간 전에, 본사 지도자들은 계열사 가운데 하나인 사우스사이드 병원과 스테이튼 아일랜드 대학교 병원에 전화를 걸어, 만약 보조 시스템이 고장 나서 시설의 일부 또는 전부에 전력 공급이 중단되면 어떻게 되는 건지 알아보라고 했다.

중역들은 스피커폰 주위에 모여들었다. "그런 일이 일어날 가능성이 아주 큽니다." 스테이튼 아일랜드 대학교 병원 관계자가 경고했다. 그의 말에 따르면, 전력 시스템의 일부가 지하층에 있다는 것이었다. "만약 홍수가 일어나면 사용할 수 없습니다."

의사들은 화이트보드에 우선순위를 다음과 같이 적어놓았다. "병원 내 지휘 체계 수립." "부상자 선별 실시."

카트리나 이후 허리케인에 대응하는 의료계의 반응이 어떻게 발전했는지를 확인하러 간 나로선, 가만히 앉아서 이들을 지켜보는 내내 뭔가 못마땅한 기분이 들었다. 이 비영리 모회사에는 고도로 조직된 지역 지휘본부가 있어서, 자사의 병원에 대해서뿐만 아니라 그 지역의 다른 병원에 대해서도 사전적이고 튼튼한 지원을 제공하고 있었다. 이것만 보면 카트리나 당시에 테닛과 라이프케어의 본사들이 자사의 계열 병원에 내놓은 지원과는 완전히 달랐다.

하지만 놀랍게도, 한 가지 부분만큼은 카트리나 직전의 상황과 똑같았다. 즉 일부 직원들은 (예를 들어 전력의 완전한 차단이라는 경우처럼) 대체 계획의 대체 계획마저 실패할 경우에는 과연 무엇을 할지 미처 생각해본 적도 없고, 미처 계획해본 적도 없다고 말했던 것이다. 이것은 단지 그곳에서만이 사실이 아니라, 내가 카트리나 이후 보도한 다른 여러 지역에서도 사실이었다. 긴급 상황은 의료 및 그 너머의 일상적이고 느리게 타오르는 문제들을 보유하고 밝혀주는 호된 시련이 아닐 수 없었다. 이 문제들은 곧 우리의 약점이었다. 또한 이 문제들은 (우리가 어떻게 죽는지, 그리고 가장 귀중하고 필수적이고 제한적인 것들을 우리가 어떻게 우선순위 매기고 나누는지 하는 것들과 관련된) 불확실성과 맞서 싸우는 과정에서 우리가 겪는 곤란이었다. 심지어 우리의 편견과 맹목이기도 했다.

다행스럽게도 밀물 때가 다가오는 동안 근무자들은 모래주머니를 쌓고 펌프를 작동시키는 등의 방법으로 전력 개폐기를 보호했으며, 그리하여 노스쇼어 LIJ 병원 가운데 해안에 위치한 두 곳은 간신히 재난을 피할 수 있었다. 하지만 같은 시간 맨해튼에서 25킬로미터쯤 떨어진, 미국에서 가장 오래된 공립병원에서는 심지어 메모리얼보다도 자칫 더 심각해질 뻔했던 부상자 선별 과정에서의 재난이 무르익고 있었다. 벨뷰 병원 센터의 중환자 의학실장인 로라 에번스는 병원의 위기 상황 지휘본부로부터 연락을 받았다.[3] 초대형 폭풍 샌디로 인해 이스트강을 거슬러 폭풍 해일, 즉 거대한 물의 벽이 거슬러 오고 있으며, 결국 병원 인근 지역에 떨어질 예정이라는 것이었다. 병원 지도자들이 에번스에게 전한 경고에 따르면, 홍수가 일어나면 병원에 산소와 진공 흡입 장치를 공급하던 펌프가 고장 날 것이고, 보조 발전기에 연료를 공급하는 거대한 지하 탱크의 펌프도 마찬가지로 고장 날 것이었다. 연료 펌프가 사라진다는 것은, 오로지 병원 13층에 있는 발전기에 연결된 작은 탱크에 들어 있는 연료가 돌아가는 한도 내에서만 보조 발전이 가능하리라는 이야기였다. 만약 폭풍 동안 시 전력이 끊어질 경우, 이 연료는 불과 두 시간 만에 소진될 것이었다.

에번스가 근무하는 병상 56개 규모의 성인 ICU의 환자는 거의 모두 전기로 작동하는 장비에 의존하고 있었다. 그중 상당수는 생명 유지 장치에 연결되어 있었거나, 각자의 심박과 혈압을 조정해주는 정맥주사 약품을 투여받고 있었다. 일부는 혈액이 계속 흐르게 도와주는 대동맥내 풍선 펌프를 장착하고 있었다.

에번스는 겁에 질렸지만, 지휘본부에서는 좋은 소식을 굳이 꺼내놓지 않고 있었다. 바로 옆 건물에 있는 발전기는 보호 상태가 더 나은 별도의 연료 펌프로부터 연료를 공급받기 때문에, 재난 중에도 계속 가동할 것으로 예상되었다. 그러면 ICU에 있는 콘센트 여섯 개를 통해 그 전기를 사용할 수도 있었다. 병원 지도자들은 에번스의 의견을 청취하려 했다. 그렇다면 매우 위중한 환자들 가운데, 저 귀중한 여섯 개의 콘센트 가운데 하나에 접근할 수 있는 사람은 과연 누구일까?

"로라." 병원 중역 가운데 한 명이 말했다. "우리한테 명단을 보내줘요."

◇ ◇ ◇

환자는 56명인데, 콘센트는 겨우 여섯 개였다. 어떻게 결정할 것인가? 하지만 에번스는 메모리얼의 의사들이 접근할 수 없었던 뭔가에 접근할 수 있었다. 2008년에 뉴욕의 계획가들은 인공호흡기의 배급에 관한 규약을 발표했기 때문이다(이 과정에서 이들은 메모리얼의 보건의료 전문가들의 체포 사건을 언급하는 한편, 심각한 독감이 발병할 경우 보건의료 제공자들이 또다시 환자들을 대상으로 삶과 죽음을 가르는 선택을 강요받게 될지도 모른다는 두려움을 언급하기도 했다).[4] 재난의학, 생명윤리학, 공공정책 전문가들이 고안한 이 지침은 만약 미국이 1918년의 에스파냐 독감 발병에 버금가는 전염병의 습격을 받았을 경우에 곧바로 효력을 발휘하도록 되어 있었다. 최근의 역사상 가장 치명적이었던 에스파냐 독감에 걸린 사람은 당시 미국 인구의 4분의 1 이상이었고, 환자가 너무 많아 병원도 사실상 기능이 마비되었고, 전 세계에서 5천만 명이 사망한 것으로 추산된다.

주 보건 당국 공무원들이 H5N1 조류 독감에 관한 시나리오에 근거한 훈련을 하는 동안('조류 독감'의 변종인 이것은 이미 전 세계 각지에서 인간의 목숨을 위협했으며, 전문가들의 우려에 따르면 사람과 사람 사이에서도 쉽게 전파될 수 있는 형태로 향후에 돌연변이를 일으킬 가능성마저 있었다) 생명 유지 장치에 대한 대량의 수요를 뉴욕 주의 병원들이 과연 어떻게 다룰 수 있을지에 관한 의문이 대두했다.

"병원마다 인공호흡기가 항상 부족한 실정입니다." 이 문제에 대한 대응을 요청받은 '뉴욕 주 정부 산하 생명법률특별대책반'의 실무국장을 역임한 티아 파월은 이렇게 말했다. "병원들은 이것이야말로 우리가 상상한 상황 중에서도 최악이라는 것을 인식했습니다. 도대체 우리가 어떻게 해야 할까요?"

우선 전문가들은 병원들이 전력 공급을 조절하는 방안을 추천했는데, 예를 들어 심각한 전염병이 유행하는 기간 동안에는 응급 이외의 수술을 모두 취소하는 방안이 그러했다. 뉴욕 주 정부는 또한 인공호흡기를 추가로 구매해 보유했는데, 그 양만 놓고 보면 웬만한 전염병에는 충분히 대처할 수 있을 정도였지만, 1918년의 규모에 버금가는 심각한 발병에 필요한 정도보다는 훨씬 아랫길이었다.

공무원들은 이 두 가지 방법만으로는 가장 심각한 시나리오에서 비롯되는 수요를 충족시키기에 한참 모자란다는 것을 깨달았다. 인공호흡기는 가격도 비쌌고, 고도로 훈련된 운용 담당자가 필요했으며, 다른 무엇보다도 산소를 이용해야만 했는데, 재난 시에는 산소의 공급 역시 제한적일 수밖에 없었다. 그러므로 공무원들은 배급 계획을 고안해야만 했다. 참가자들의 말에 따르면, 그 목표는 윤리적 틀을 고수하는 한에서 최대한 많은 생명을 구하는 것이었다. 이는 환자 하나하나의 생명을 살리기 위해서 가능한 모든 일을 시도한다는 평상시의 의료 기준에서 이탈하는 것을 암시했다. 재난 이전에 지침을 마련해놓는 것이야말로, 가뜩이나 소모적이고 스트레스가 심한 최전선의 보건의료 전문가가 (일찍이 허리케인 카트리나 직후에 메모리얼 메디컬 센터의 지친 직원들이 했던 것처럼) 재난 한가운데에서 무척 힘든 결정을 내리기 위한 판단 기준까지 고안해야만 하는 이중고 상황에 처하는 일을 방지하는 방법이었다.

뉴욕 주 공무원들이 계획에서 부분적인 근거로 삼은 것은 2006년에 캐나다 온타리오 주의 보건의료 공무원들이 고안한 배급 계획안이었는데, 이는 중증 급성 호흡기 증후군(SARS)이라는 전염병에 대처하기 위해 만든 것이었다. 캐나다에서는 의사들이 ICU 환자들의 경과 진척을 추적하기 위해 사용하던 도구를 [이른바 '순차적 장기 부전 판정(SOFA)' 점수라는 도구를] 이용해서, 심각한 위기 상황에서 어떤 환자를 ICU 치료에 배정할 것인지 결정할 때 지침으로 삼는다.

SOFA 점수는 생존을 예측하기 위해서 고안된 것까지는 아니며, 어린이의 건강 상태를 판정하는 데도 유효하지는 않지만, 적당한 대안이 없는 관계로 전문가들은 이를 차용하는 실정이다.

뉴욕 주의 규약에서는 인공호흡기가 부족한 상황에서 가장 높은 점수가 매겨진 가장 위중한 환자의 일부가 배제되도록 했다. 또한 병원들은 중증 만성 상태에 있는 환자들로부터 인공호흡기를 제거해야 하는데, 예를 들어 신장 질환 환자라든지, 이미 전이되어서 예후가 좋지 않은 암 환자라든지, 치명적일 가능성이 있는 '심각하고, 역전 불가능한 신경증적' 상태에 있는 환자가 그러했다.

뉴욕 주의 계획은 여기서 한 걸음 더 나아갔다. 즉 예비 관찰 기간 동안에 상태가 더 나아지지 않은 환자들의 경우, 가족의 동의와 무관하게 인공호흡기를 제거하는 절차도 포함되어 있었기 때문이다. 뉴욕 주의 공무원들은 환자 본인이나 위임을 받은 보건의료 대리인의 분명한 동의가 없는 상태에서 의사들이 생명 유지 장치를 제거하지 못하도록 금지하는 주 법률을 주지사가 유보할 수 있도록 해줄 법적 근거에 대해서 연구했다.

"뭔가 오늘 당장 꼭 가동하지 않아도 되는 것으로 간주하다가, 밤사이 스위치를 켜고 나면 졸지에 엄중한 뭔가로 바꿔버리는 거죠." 파월 선생의 말이었다.

이처럼 과감한 보건의료 수단이 순식간에 적용될 수 있다는 그의 의견은 옳았다. 예를 들어 콜로라도를 비롯한 일부 주에서 정한 실행 명령에 따르면, 위기 상황에서 주지사의 서명이 있을 경우 병원들은 환자를 거부할 수 있으며, 제한적인 치료에 직면한 의사들을 보호할 수 있고, 보건의료 공무원들이 약품을 압류하고 주민들을 격리하는 것도 가능했다. 인디애나와 루이지애나를(여기서는 애너 포의 주장 덕을 보았다) 비롯한 다른 주들은 이런 쟁점에 대해서 입법으로 대응했다.

대배심이 기소를 거부한 직후 포는 자기가 누린 주 전체의 지원을 자본으로 삼아, 재난 시 봉사하는 의료 근로자를 보호하기 위해 나서겠다는 약속을 실천에 옮겼다. 2008년에 나는 배턴루지 소재 루이지애나 주 의회당에서 열린 한 청문회에 참석했다가, 역시 방청석에 앉아 있던 포를 직접 보았다. 그녀는 자기가 작성에 일조한 재난 시 면책 법안 세 건 가운데 한 건을 지지하기 위해 발언할 기회를 기다리고 있었는데, 언제나처럼 헌신적인 의사여서 무릎 위에 환자 진료 기록을 여러 개 올려놓고 있었다. "여러분이 그곳에 있어보지 않은 이상, 법안을 만들어 내기는 어려울 겁니다." 포는 청문회 뒤에 이렇게 말했다. "제가 그걸 직접 겪었다는 사실 때문에, 저는 딱 어울리는 입장에 있는 셈이지요." 그녀는 이렇게 덧붙였다. "저는 재난으로 인해 발생한 상황, 즉 의료 용품과 의료계도 속수무책인 상황을 여러분이 이해해야만 한다고 말씀드리고 싶습니다. 이런 상황이야말로 끔찍스럽고 예외적인 상황일 수밖에 없습니다." 포는 '대안적인 진료 기준'을 이용하는 의료 제공자들을 위해서 "재난 시 우리가 내린 결정 때문에 사후 비판과 기소를 당하지 않을 안전 기준"이 필요하다고 말했다. 하지만 입법가들은 그녀가 지칭하는 '결정'에 단순한 부상자 선별 이상의 조치가, 예를 들어 환자의 사망을 의도적으로 재촉하는 조치가 포함되는지 여부를 굳이 물어보지 않았다.

물론 이 질문에 대한 답변은 아니라는 것이었다. 미국국립과학아카데미의 산하 기관으로, 매우 존경받는 독립적인 자문 조직인 미국의학회에서 배포한 보고서에 따르면 그러했다.[5] 포의 캠페인으로부터 1년이 지난 뒤, 그리고 미국 전역의 위기 대응 전문가들과 무려 3년간의 인터뷰를 한 끝에, 미국 의학회에서 초빙한 재난 전문가 집단은 재난 시의 진료에 관해서 정책 결정권자 및 대중이 참고할 수 있는 안락사 문제 관련 지침을 만장일치로 내놓았다. "법률상으로든 윤리상으로든 간에, 의도적인 사망의 재촉은 지지를 얻지 못하며, 심지어 재난 상황에서도 마찬가지이다." 이들은 이렇게 썼다.

이 집단에 관여하지 않은 또 다른 생명윤리학자 역시 유사한 견해를 공유했다.[6] "예외적인 도덕적 상황에서는 예외적인 도덕적 규범에 관해 생각할 것이 아니라, 오히려 그 예외적인 도덕적 상황이야말로 우리의 가장 깊은 도덕적 가치에 대한 우리의 예외적으로 깊은 헌신을 보여줄 기회라고 보아야 맞을 것이다." 완화 치료 전문의인 하버드 대학교의 래클런 포로의 말이다.

루이지애나의 입법가들이 포의 경험에 의거해 주 법률을 변경하는 문제를 고려하는 동안, 이들 중 어느 누구도 2005년 9월 1일 실제로 무슨 일이 있었는지에 대해서는 굳이 묻지 않았다. 그녀 역시 이 문제를 결코 공개적으로 거론한 적이 없었다. 대신 입법가들은 카트리나 당시의 봉사 기록을 제공해주어 고맙다며, 번갈아가면서 포에게 감사를 표하기만 했다. 그중 한 명은 그녀에 대한 전직 주 검찰총장의 조치가 "결코 용서할 수 없는" 것이었다고 말하기도 했다.

포와 변호사 리처드 시먼스가 일조해 작성한 법안은 만장일치로 의회를 통과했다. 그 내용은 루이지애나 주의 보건의료 전문가들이 "재난 의학의 규약에 따라서" 행한 업무의 경우, 대부분의 민사 소송을(다만 의도적인 부정행위만은 예외로 두었다) 면책하는 것이었다. 아울러 검찰 측은 어떤 사건을 형사 기소할 것인지 여부를 결정하기 전에, 우선 의료 자문단의 의견을 청취하는 것을 우선시해야 하는 것으로 되어 있었다. 포는 다른 여러 주에서도 이와 유사한 법률이 통과될 수 있도록 지지자들을 도왔다.

그렇다면 이제 보건의료 종사자들이 합법적으로 써먹을 수 있는 '재난 의학의 규약'이란 도대체 무엇을 말하는 걸까? 과연 그렇게 하면 의학적 필요에 따라 '먼저 온 사람을 먼저 치료한다'는 일반적인 기준에 비해서도 환자를 도와줄 수 있는 기회가 더 많아지기는 하는 것일까? 포와 시먼스는 이런 규약 자체가 생겨나기도 전에 다만 그런 문구를 집어넣었을 뿐이라고, 즉 그런 규약이 하나쯤 만들어지기를 바라고 미리 그런 것이라고 대답했다.

카트리나가 일어난 지 몇 년 뒤, 연방 기관들은 미국 전역의 주 및 지역 보건의료 부서들을 향해, 재난 시 환자의 우선순위 설정에 관한 지침을 만들라고 (그래야만 그걸 가지고 일부 대비 태세 보조금의 자격 요건으로 삼겠다고) 요구하기 시작했다. 일부 주에서는 심각한 유행병 같은 재난 시 '심폐소생술 거부' 요청을 한 환자들, 나이 많은 환자들, 투석이 필요한 환자들, 또는 신경적 장애가 있는 환자들의 인공호흡기 사용이나 병원 입원을 거부했다.[7] 유타 주의 독자적인 계획에서는 전염병을 두 가지로 구분했다. 처음에만 해도 병원들은 환자 선별 규칙을 오로지 정신질환 시설, 요양원, 교도소, '장애인' 시설의 거주자에게만 적용했다. 만약 전염병이 악화될 경우, 이 규칙들은 일반 사람들에게도 적용되었다(나중에 이 내용이 언론에 보도되자 유타 주에서는 이 구분법을 없애버렸다).

계획 가운데 상당수는 온타리오 주와 뉴욕 주의 인공호흡기 사용 지침을 근거로 삼았다. 미국 전역에 144개소의 병원을 보유한 보훈처에서도 이와 유사한 규약의 초안을 작성했다.

하지만 수많은 증거에 따르면, 이 계획은 (종종 예상되는 결과인) '치료가 이루어지면 가장 생존 가능성이 높은 환자에 대한 진료'를 정확히 지시하지는 않을 것이었다.[8] 몇몇 연구자들은 ICU 환자 집단들이 이런 비상 규약 아래에서 어떻게 대우받을지 연구해보았다. 이들은 비교적 가벼운 수준이었던 H1N1 '돼지 독감' 유행병의 경우를 위기 상황이라고 가정한 다음, 각 병원 ICU의 환자들에게 배급이 필요하다고 가정하고 의사들에게 분류해보도록 요청했다. 그런데 그 결과는 심란하기 짝이 없었다. 왜냐하면 '예상'이라는 꼬리표를 붙여야 마땅하다고(즉 현재의 가용 자원만 가지고는 사망할 가능성이 있거나, 구제가 불가능한 환자로서, 대략 메모리얼의 '3등급' 환자라고) 분류된, 따라서 ICU의 치료와 인공호흡기 지원을 중지해야 한다고 분류된 환자의 상당수는 결국 지속적인 치료를 통해 생존했으며, 심지어 퇴원했기 때문이다. 몇 가지 사례에서는, 이들이 사용하던 인공호흡기를 재배정받은 다른 환자들의 생존율이 오히려 더 낮은 것으로 나타났다. 비록 명확한 지침을 참고할 수 있는 상황에서조차, 부상자 선별 담당자들은 종종 의견이 서로 불일치했으며, 자기들이 내리는 분류 결정에 대한 확신이 결여되어 있었다.

달리 말하자면, 부상자 선별에서 우선권이 더 낮은 환자들로부터 인공호흡기나 기타 자원을 박탈하는 조치가 더 많은 생명을 살릴 것임을 보여주는 증거란 (설령 있다 하더라도) 매우 희박하다는 것이었다. 뿐만 아니라, 일부 사례에서는 오히려 이런 예상과 정반대 결과가 나타나는 듯했다. "부상자 선별의 새로운 모델을 개발할 필요가 있다."[9] 이런 규약들 가운데 한 가지 버전을 시험해본 영국 연구자들은 2009년에 한 의학 학술지에 게재한 논문에서 이렇게 썼다.

새로운 모델들은 이미 제안된 바 있으며, 그중에는 일부 집단의 구성원을 범주 상으로 배제하는 것이 아니라, 오히려 척도를 이용해서 차례대로 탈락시키는 방식으로 우선순위를 정하는 방안도 있었다.[10] 이때 낮은 우선순위에 해당되는 환자들은 오로지 치료가 이용 가능할 때만 치료를 받기로 되어 있었다. 하지만 그로부터 4년 뒤인 2013년에도 미국 전역의 재난 계획에는 아무런 수정이 없었다.

영국에서 이와 유사한 부상자 선별 규약에 관해 이루어진 한 가지

626

작지만 특히 심란한 연구가 있었다.[11] 그 내용에 따르면, 만약 이 계획이 사용된다고 가정했을 경우, 기계식 인공호흡을 필요로 하는 환자 가운데 어느 누구도 생존에 충분할 정도로 오랫동안 그런 치료를 받지는 못할 것이었다. 결국 아픈 환자들은 끝도 없이 반복해서 인공호흡기를 사용하다가 말다가 할 것이었다. 그러다보면 몸이 더 나아지기에 충분한 시간을 얻지는 못할 것이었다.

환자들로부터의 동의가 없는 상태에서 치료를 중지하는 행위 그 자체만으로도 충분히 심란했다. 게다가 생명을 더 많이 구할 가능성조차 없어 보이는 규약을 굳이 따라야 한다는 것은 차마 옹호조차 불가능했다. 하지만 이처럼 좋지 않은 규약이 증거와 조화의 부족을 덮어버리고, 유해한 관습을 확립시킨다고 한다면, 결과적으로는 규약이 있어봤자 좋을 것이 전혀 없는 셈이다.

◇ ◇ ◇

위기 상황에서 생명을 구제하는 치료를 중지하는 지침을 고안한 전문가들의 경우, 이런 지침을 실천에 옮기기가 얼마나 어려운지 직접 경험해본 적은 아마 없을 것이다. 2010년 1월에 나는 파괴적인 지진이 일어난 직후의 아이티를 방문했고, 미국연방 재난의료지원 팀에 '묻어서' 활동했다. 팀원 가운데 일부는 카트리나 직후의 마치 악몽 같던 뉴올리언스 공항에서도 활동한 바 있었다. 나는 이들이 무엇을 배웠는지, 그리고 미국 내의 또 다른 재난 시에 지원할 준비가 얼마나 잘되어 있는지 알아내서 보도하는 한편, 치명적인 부상자의 숫자가 의료 체계의 최초 역량을 훨씬 웃도는 상황에서 전문가들이 부상자 선별을 다루는 방식을 연구할 계획이었다.[12] 비록 개발도상국의 상황은 독특한 도전을 제기했다 하더라도, 환자에 대한 실제 치료는 이론상 국내에서나 국외에서나 유사해야 마땅했다.

미국 지원 팀은 아이티의 수도인 포르토프랭스의 한 대학교 캠퍼스에 천막으로 이루어진 야전 병원을 만들었다. 이들은 익숙하지 않은 이름을 기록하는 과정에서 어려움을 겪었기 때문에, 결국 환자들에게 고유번호를 부여했다.* 지진 이후 그 주에 야전 병원을 찾은 한 여성은 진료 기록에서 단지 '여성 326번'으로만 표기되었다. 그녀의 실제 이름은 나탈리 르브룅이었다. 나이는 서른여덟 살이었으며, 가장자리에 레이스가 장식된 흰색 잠옷을 입고 있었다. 통역을 통해 내가 직접 들은 바에 따르면, 그녀는 지진 이전부터 의학적 문제를 갖고 있었다. "숨을 제대로 쉴 수가 없었답니다." 통역이 말했다. "그리고 몸이 부었다네요. 한동안 그런 상태였는데, 지진 이후로는 상태가 더 심해졌답니다."

미국 의료 지원 팀은 산소통을 가져다가, 그녀의 호흡을 돕기 위해서 코에 튜브를 연결했다. 그런데 밤사이 통이 텅 비어버렸다. 르브룅의 혈액 속 산소 수준이 위험할 정도로 낮아졌다. 아침 일찍, 한 간호사는 환자가 죽어가는 모습을 자기가 속수무책으로 지켜보고 있다고 생각하며 앉아서 울기만 했다. 산소가 더는 없다는 이야기를 들었기 때문이었다. 도움 요청을 들은 의사들이 달려오고, 직원들이 산소통을 또 하나 찾아냈다. 이들이 다시 한 번 나탈리 르브룅에게 산소를 공급하자 환자의 호흡은 더 편안해졌다.

하지만 미국 재난 의료 지원 팀의 물품 조달 경로는 카트리나 직후와 마찬가지로 차질을 겪고 있었다. 또 다른 아이티인 환자의 경우, 그 형제라는 사람이 그 도시의 다른 어디에선가 커다란 산소통을 어찌어찌 구해왔다. 그 와중에 미국 지원 팀은 르브룅을 도울 수 있는 또 다른 생각을 떠올렸다. 이들은 그녀를 이동식 산소 농축기에 연결해주었는

---

* 아이티는 한때 프랑스 식민지였기 때문에 지금도 주민 가운데 상당수가 프랑스식 이름을 갖고 있다는 사실에서 비롯된 문제인 것으로 보인다.

재난, 그 이후

데, 공기 중에서 산소를 추출하는 이 장치는 거듭 과열되고 작동이 중지되었다. 뿐만 아니라 이 장치는 전기로 작동했는데, 발전기를 가동하는 데 필요한 연료 역시 공급이 부족했다.

망고나무 아래에서 열린 오전 회의 때, 한 보급 담당자가 의료진 동료들에게 그 소식을 전해주었다. "현재 디젤유 공급이 위험한 수준까지 떨어졌어요. 발전기 한 대당 한 통씩밖에 안 남았거든요. 그마저 다 써버리면 모두 멈춰버릴 거예요. 그래서 오늘은 정말 겁이 나네요. 농담이 아니라 진짜로 겁이 난다고요."

지원 팀은 더 많은 연료를 찾아내긴 했지만, 그로부터 24시간 뒤에는 통에 담긴 산소가(즉 나탈리 르브룅을 위한 예비용 산소의 원천이) 여전히 부족한 상태였다. 야전 병원의 연락 담당자는 남성 간호사였다. 그의 임무는 병원을 거쳐 가는 환자들의 대열을 관리하는 것이었는데, 자기야말로 곤경에 빠져 있다고 내게 말했다. 나탈리 르브룅을 어떻게 해야 할지 모르겠다는 것이었다.

그녀의 호흡 곤란은 마치 만성적인 심장 문제로부터 야기되는 것 같았고, 따라서 끝도 없이 산소를 필요로 하는 것 같았다. 이처럼 산소 공급이 제한된 상황에서는, 차라리 일시적으로만 산소를 필요로 하는(예를 들어 지진으로 인해 부상을 입어서, 수술 동안 산소를 필요로 하는) 다른 환자들에게 사용하는 편이 더 나을 것이라고 간호사는 추론했다. 그는 결국 나탈리 르브룅에게 산소 공급을 중단하기로 결정을 내렸다. "이것이야말로 사실상 이 여성에게는 사형 선고나 다름없지만요." 간호사가 내게 말했다.

그는 자기 결정을 선임 의사와도 논의했다. 의사도 간호사의 결정이 맞다고 동의했다. 이 계획은 더욱 발전했다. 르브룅에게 공급하던 산소를 점차 양을 줄여나가 완전히 중단할 것이고, 그다음에는 그녀를 이전에 다녔던 (그리고 지금은 반쯤 파괴된) 아이티 병원으로 보낼 것이었다.

하지만 그 병원에는 산소 자체가 없을 것이라고 모두들 짐작했다.

르브룅은 이에 관해 아무런 상담도 통보도 받지 못했다. 단지 아이티 병원으로 옮겨질 것이라는 이야기만 들었을 뿐이다. 그날 오후에 그녀는 내 앞에서 환한 미소를 보이며, 자신의 미래에 관해 희망 섞인 이야기를 해주었다.

그날 오후 늦게, 어느 누구도 르브룅을 산소 농축기에서 떼어놓지 않았다. 직원들은 뼈가 부러지거나, 복합적인 상처를 지닌 환자를 돌보느라 바빴고, 마침 산모 둘이 거의 동시에 아이를 낳기까지 했다.

그러다가 오후 5시가 조금 지나, 병원 직원 한 명이 르브룅의 산소 농축기 플러그를 뽑았고, 미국 육군 제82항공사단 소속 의무병들이 그녀를 이송하러 왔다. 앞으로의 계획에 대해서는 전혀 모르는 상태로, 이들은 그녀를 안심시키려 노력했다. "잘 치료될 거라고 환자에게 말해주세요." 의무병들이 통역에게 말했다. "단지 또 다른 장소로 가게 되는 것뿐이라고요." 그러더니 이들은 험비 구급차의 뒤칸에 그녀를 실었다. 구급차가 출발하기도 전에, 군의관 한 명은 르브룅이 호흡 곤란을 보이기 시작했다는 사실을 깨달았다. 마침 구급차에는 이용 가능한 산소통이 있었지만, 야전 병원의 지휘부 가운데 하나인 어느 간호사가 르브룅의 문제는 만성이라고 설명했다. 부상자 선별 결정에 따라, 그녀에게는 산소를 공급하지 않는다는 것이었다.

문을 닫고 나니 구급차 뒤칸은 무덥고 어두웠다. 병원까지 가는 길은 험했다. 나는 르브룅 옆에 앉아 있었고, 그녀는 험비의 금속제 옆구리 가운데 한 곳에 기대어 앉아, 기침을 하고 숨을 쉬려고 발버둥 쳤다. 미국의 야전 병원에 있던 누군가가 그녀에게 천식 흡입기를 주었는데, 그녀는 그 안에 산소가 들어 있으리라 넘겨짚었는지, 그 안에 들어 있는 이 약품을 자기 입안에 거듭해서 뿌렸다. "산소!" 그녀가 헐떡이며 말했다. "산소!" 르브룅은 자기가 필요한 것이 무엇인지 정확히 알고 있었다.

오로지 공리주의적인 계산에만 근거할 경우, 르브룅에게서 산소 공급을 제거하는 것은 논리적이었다. 하지만 이 결정에 관여한 보건의료 전문가는 그녀를 마주보며 그 사실을 이야기해주지도 않았고, 이 결정을 실행에 옮길 때 거기 있지도 않았다. '사형 선고'를 내리는 일은 쉽지만, 그걸 실행하는 일은 더 어려웠다.

아마도 르브룅에게 이 사실을 통보한 다음, 모르핀의 구름 속에서 그녀를 편안하게 떠나보내는 일은 결코 더 나은 선택지까지는 아니었을 것이다. 우리가 파괴된 아이티 병원에 도착했을 때, 마침 응급의학 전문가이며 나의 의과대학원 시절 은사 가운데 한 분인 폴 오어바크 선생님이 거기서 자원봉사를 하고 계셨다. 그분은 내용물이 약간 남아 있는 산소통을 하나 찾아낸 다음, 그날 밤에 비용이 저렴한 이뇨제를 가지고 그녀의 폐에 고인 액체를 일부 제거함으로써 환자를 적극적으로 치료했다. 덕분에 그녀는 적어도 한동안은 산소를 필요로 하지 않을 정도로 상태가 안정되었다.

◇ ◇ ◇

아이티에서건 미국에서건 간에 재난은 항상 똑같은 도전을 제기한다. 즉 생명을 구제하는 자원을 마음껏 사용할 수 없는 상황에서, 의식이 있는 환자나 환자 가족에게 어떻게 이 사실을 알리고 관여시키느냐(그리고 과연 그렇게 알리고 관여시키기는 해야 하느냐) 하는 문제이다. 이에 관한 지침은 거의 없다. 일반적인 경우에는 일부 환자들이 필요로 하는 치료에 접근할 수 없다는 사실을 인정하기를 회피하는 쪽이, 그리고 해결책을 위한 포괄적인 탐색에 참여하기를 삼가는 쪽이 더 쉽다. 재난은 배급에 대해 인식하지 않을 수 없게 만든다. 지진이 일어난 지 몇 년 뒤, 벨뷰 병원 바깥에서는 초대형 폭풍 샌디가 점점 더 기세를 높이고 있었다. 중환자 의학실장 로라 에번스는 이와 똑같은 문제의 일종에 직면한 상태였다. 그녀는 전력 부족이 예상된다는 소식을 자기 밑의 ICU 직원들에게 알려주었다. 이제는 다른 전력 콘센트가 죽어버린 이후에도 계속 가동할 것으로 예상되는 여섯 개의 전력 콘센트에 과연 어떤 환자를 연결할 것인지 반드시 결정해야만 했다. 에번스가 살펴본 뉴욕 주의 지침에 따르면, 심각한 호흡기 유행병이 있을 경우에는 환자의 질병 정도를 추산하는 점수 체계를 이용해서 인공호흡기를 배치하기로 되어 있었다. 결정에 지침이 될 만한 절차를 찾으려는 필사적인 상황에서, 그녀는 카트리나로부터 영감을 얻은 이 미검증 계획을 자발적으로 전용하기로 작정했다.

에번스는 결정을 위한 임시 위원회를 구성했다. "이건 단 한 사람의 역할이 아니에요." 에번스는 병원 지도자들에게 말했다. 그녀가 구성한 위원회는 그 당시 담당 환자가 전혀 없는 보건의료 전문가들로만 이루어져 있었다. 이렇게 함으로써, 현재 환자를 보유한 의료진이 각자의 윤리적 의무의 요구에 따르지 않아도 되도록 배려했던 것이다. "주치의가 되고 나면, 담당 환자를 옹호하는 것이 곧 본인의 임무가 되기 때문이죠." 반면 이 위원회는 좀 더 폭넓은 요인들을 고려해, 분명하게 정의된 점수 지침에 철저하게 의거해서만 결정을 내릴 수 있었다. 위원회에는 의사들만이 아니라 원내 의료윤리학자와 간호사도 포함되었다. 하지만 환자나 환자 가족의 대리인은 포함되지 않았다.

여섯 개뿐인 콘센트에 어떤 환자를 연결할 것인지에 관한 결정과 그 이유는 다른 직원들에게도 통보되었다. 일부 직원들은 이 결정에 이의를 제기했지만, 결국 받아들일 수밖에 없었다. 이 모든 일은(즉 환자 명단을 작성하는 것에서부터, 환자의 병상을 콘센트 쪽으로 옮기는 것까지) 불과 두 시간도 안 되어 이루어졌다.

계획을 준비하는 과정에서 에번스는 만약 이 모든 일을 실행에 옮기고 나면, 다음 날 자기 기분이 과연 어떨지 생각했다. 본인의 말에 따르면, 그녀는 모든 환자에게도 똑같이 적용될 수 있는 "우리가 설명할 수 있는, 즉 투명한 절차를 갖고" 싶어 했으며, "최대한 공정하고 형평성 있게" 만들고 싶어 했다. 에번스는 포 선생과 허리케인 카트리나에 관한 이야기를 이미 알고 있었다. 그녀는 나중에 이 사건을 회고할 경우에도 자기와 동료들이 내린 결정을 정당화할 수 있기를, 즉 나중에 조사를 당하더라도 더 큰 사회의 신뢰를 여전히 유지할 수 있기를 바랐다. 심지어 그녀는 혹시나 환자가 사망할 경우, 저 악명 높은 타블로이드 신문 〈뉴욕 포스트〉에 실릴 만한 자기 이름의 말장난 헤드라인까지도 상상해보았다['맙소사(heavens)'와 '에번스(Evans)'는 운율이 딱 맞았기 때문이다].

그날 밤 에번스와 동료들이 명단 작성을 마무리하는 동안, 조명이 깜박거리다가 결국 나가버렸다. 시립 공공 회사의 전력 공급이 중단된 것이었다. 그로부터 무시무시한 7초가 지나고 나서야 비상 전력이 가동되기 시작했고, 그제야 기계들도 다시 작동하기 시작했다. 그 직후 에번스는 병원의 지휘본부로부터 연락을 받았다. 이들은 여섯 개의 콘센트를 제외한 다른 모든 전력이 앞으로 60분 내지 90분 이내에 모두 끊어질 것이라고 예측했다. 수백 갤런의 홍수가 25층 병원 건물 지하를 채우고 있었다. 엘리베이터 통로 안으로도 물이 들어오고 있었는데, 어찌나 그 힘이 센지 엘리베이터 문을 열어젖힐 정도라고 했다.

에번스와 동료들은 인공호흡기에 의존하는 환자마다 보건의료 전문가를 2명씩 병상 옆에 배치해, 여차하면 신축성 있는 수동 인공호흡기를 직접 눌러서 환자의 폐에 산소를 공급할 채비를 갖추도록 했다. 보조 발전 시스템에 연결한 밝은 오렌지색의 연장선이 환자가 있는 층 복도에 마치 뱀처럼 이리저리 늘어졌다. 간호사들은 정맥주사용 펌프에서 떨어지는 주사액의 방울 수를 세었고, 여차하면 '옛날' 방식으로 돌아가서 혈관수축제를 분당 몇 방울씩으로 조절할 수 있게 했다.

에번스의 말에 따르면, 그날 밤 가장 어려웠던 일은 환자와 그 가족에게 부상자 선별 결정을 통보하는 일이었다. 그녀와 동료들은 전력 콘센트와 연결되지 않은 환자들에게 이 사실을 어떻게 알려야 할지 상상조차 할 수 없었고, 차마 그렇게 하기가 두려워서 그만 이 과제를 미뤄두었다. 지금 와서 그때를 생각해보면, 환자의 가족들은 그 사실을 알아야 할 권리가 있었다고 에번스는 생각했다. 또한 직원들은 이미 선발된 환자나 그 가족에게 혹시 전력 콘센트를 다른 환자에게 양보할 의사가 있는지 물어보자는 생각조차 하지 못했다. "그 생각은 제 레이더에 잡히지조차 않았습니다." 에번스의 말이다.

샌디가 다가오는 가운데 서둘러 대피한 브랜퍼드 소재 코네티컷 호스피스에서는 직원들이 미리 환자와 그 가족과 이 문제를 상의한 바 있었다.[13] 그리고 이들은 깜짝 놀랄 만한 사실을 발견했다. 호스피스 지도자들은 가장 위중한 환자들을 맨 먼저 대피시킬 예정이었다. 하지만 정작 환자들과 그 가족들은 더 건강한 환자들을 먼저 대피시키라고 순순히 허락했다.

환자와 그 가족을 이런 결정에 참여시키는 경우는 무척이나 드물게 마련이었다. 부상자 선별은 의료 전문가들만의 몫으로 간주되는 것이 일반적이었다. 당시 미국 전역에서 고안되었던 인공호흡기의 배급 규약은 아직 대중에게 알려지지 않았는데, 이유는 이에 대한 대중의 반응에 대한 두려움 때문이었을 것이다. 심지어 상당수의 의료 전문가들도 자기네 주나 병원이 그걸 갖고 있는지 여부를 알지 못하고 있었다.

이 계획이 대중의 시선을 끄는 일을 마뜩찮아하는 것도 충분히 이해할 만하다. 그 내용은 (아무리 좋게 이야기하려 해도) 사실상 사망심사위원회라고 부를 만한 것의(즉 여러 명의 의사가 모여서 어떤 환자에게 더 높은 생존 기회를 부여할지 결정하는 위원회의) 구성을 다루고 있기 때문이었다. 미국의 보건의료 개혁을 놓고서도 이와 유사한 우려가 없지 않았

재난, 그 이후

다. 즉 보험 혜택이 더 많은 사람에게 확장될 경우, 과연 어떤 사람들에 대해서, 과연 어떤 서비스를 줄여야 할 것인가? 재난 대응 규약이 더 많은 대중의 가치를 반영하는지 여부는 쉽게 말해 아무도 몰랐다. 보건의료 배급에 대해서 극도로 민감한 시대에는, 사실상 어느 누구도 이를 굳이 알아보려 들지 않았다.

로라 에번스가 나중에 전용한 인공호흡기 관련 계획을 처음 발표할 때만 해도, 뉴욕 주의 공무원들은 "투명성과 올바른 지침을 권장하기 위한 윤리적 의무를 수행하는 과정에서의 중요한 요소"[14]로서 대중의 검토가 필요하다고 언급했다. 이들은 "환자, 노인, 장애인, 유색인 등 다양한 지역 사회 구성원"으로부터의 논평을 구하기 위해 평가단의 사용을 구상했다. 하지만 이런 평가단은 결코 구성되지 않았다. 그리고 이 계획은 결코 변화되지 않았다.

2009년에 내가 뉴욕 주 공중보건국 부국장인 거스리 버크헤드를 만났을 때만 해도, 그는 이 계획을 받아들이도록 대중을 설득하는 일이 과연 가능한지 의문을 제기했다. "극단적인 위기 상황이 부재한 경우다 보니, 저도 모르겠습니다. 이 일을 대중에게 설명하기 위해서, 일단 어떻게 해야만 그들이 이 일에 관심을 갖게 만들 수 있을까요?"

◇ ◇ ◇

버크헤드의 질문에 대한 답변은 메릴랜드 주에서 찾을 수 있었다.[15] "지옥문이 열렸다고 쳐보는 겁니다." 엘리자베스 리 도허티는 2013년 6월 어느 월요일 오후, 부상자 선별에 관한 논의를 위해서 모인 자원참가자들을 방 안 가득 모아놓고 이렇게 말했다. "지금 우리가 이야기하는 시나리오는 바로 그런 겁니다. 모든 노력을 동원했다고, 우리가 할 수 있는 모든 일을 했다고, 그런데도 환자가 너무 많아서 완전히 일손이 달린다고 쳐보는 겁니다."

그녀가 묘사한 유행병의 사례 시나리오는 메모리얼에 있던 의사들이 직면했던 상황과 유사했다. 이들은 홍수가 차오른 가운데 어떤 환자를 대피 우선순위에 놓을 것인지 선택해야만 했다. 기계에 생명을 의존하는 가장 위중한 환자를 택할 것인가? 아니면 직접적인 질환으로부터 생존할 가능성이 가장 큰 환자를(왜냐하면 이들을 구한다는 것은 결국 선을 행하는 더 효과적인 방법이기 때문이다) 택할 것인가? 아니면 (마찬가지 이유에서) 배후의 건강 문제를 따져보아, 장기 생존 가능성이 더 많은 환자들을 선택할 것인가? 모든 사람은 삶의 모든 단계를 살아나갈 권리를 동등하게 지니고 있다는 원칙에 의거해, 나이를 중요한 요소로 간주해야 할까? 아니면 사회적 가치라든지, 당면한 상황에서의 도구적 가치를(예를 들어 재난 중에 사람들을 돕는 데 반드시 필요한 사람인 보건의료 전문가를 우선순위에 올리는 것이 그렇다) 중요한 요소로 집어넣어야 할까? 의료진은 그렇다고 치면, 일반 병원 직원은 어떻게 해야 할까? 과연 어디에서 선을 그을 것인가?

아니면, 가장 좋은 원칙은 비상 아닌 상황에서 일반적으로 사용하는 원칙일까? 즉 '먼저 온 사람을 먼저 치료한다'는 방식이거나, 특정한 시점에 몸이 아픈 모든 사람에게 똑같은 기회를 제공할 수 있는 제비뽑기 방식일까? 이와 유사한 질문이라면(예를 들어 전국적인 약품 부족 상태 같은) 다른 여러 가지 어려운 문제에 대해서도 제기할 수 있었다.

도허티는 참여자들에게 선택지를 내놓으면서, 토론도 이들에게 완전히 맡겨버렸다. "여러분이 생각하는 가치는 어떤 겁니까?" 그녀가 물었다. 전문가들이 부상자 선별 방안을 고안한 뉴욕 주에서와 달리, 메릴랜드 주의 보건의료 전문가들은 2년이라는 기간 동안 주 전역에서 소규모 모임을 개최함으로써 폭넓은 표본 자료를 얻으려고 시도했다. "메릴랜드 주는 우리가 아는 한 이 문제를 이런 방식으로 공략하는 최초의 주입니다." 도허티는 자원 참가자들에게 말했다. "제 말이 무슨 뜻인가 하면, 우리가 결정을 내리기 위한 틀을 고안하기 이전에도, 이와 같은 종류의 토론이 여러 번 있었다는 겁니다."

서른아홉 살의 중환자 의학 전문의인 도허티는 대학 시절부터 의료 자원의 부족 문제에 관해 생각하기 시작했는데, 당시 의사였던 아버지를 따라 콜롬비아의 보고타에 의료 선교 여행을 다녀온 까닭이었다. 가난한 지역에서 의사로 근무한 본인의 해외 경험 덕분에 이 문제에 대한 관심이 더욱 깊어졌다. 병상 1059개 규모의 3차 진료 병원이며, 65억 달러 규모의 '존스 홉킨스 의료 회사'의 주춧돌인 '존스 홉킨스 병원' 부설 재난 관리국에서 의료 통제실장으로 근무하면서, 그녀는 유행병 관련 계획을 고안하라는 지시를 받았다. 이처럼 훌륭한 병원 시스템의 공급조차 예상되는 수요와 비교하자면 턱없이 부족하다는 사실을 발견하자, 지금 상황이야말로 자기가 다른 여러 나라에서 목격했던 만성적인 자원의 딜레마와 뚜렷한 유비관계가 있음을 인식하게 되었다.

도허티는 유행성 독감 환자들을 집중치료 병동에 들어오지 못하게 거부하고 돌려보내야 되느냐는 (그리하여 이들의 운명을 그대로 결정해버려야 되느냐는) 질문과 씨름했다. 의사가 한 환자의 인공호흡기를 빼앗아 회복 가능성이 더 많은 또 다른 환자에게 생존의 길을 열어주는 일은 정말로 가능한가? 보건의료 전문가들은(예를 들어 장기처럼) 제한된 물품을 분배하는 과정에서 공리주의적 효율성을 선호하는 경향이 있으므로, 삶과 죽음을 가르는 가치 판단을 오로지 이들 혼자서만 해서는 안 된다고 도허티는 생각했다. 특히 존스 홉킨스 병원이 있는 지역에는 저소득자들이 살았기 때문에, 의료에 대한 대중의 신뢰는 제아무리 좋을 때조차 낮은 수준이었고, 이는 윤리적으로 의문의 여지가 있는 연구조사와 역사적 차별의 유산이라 할 만했다.

도허티와 동료들은 병원 인근의 지역 주민들에게 미묘한 윤리적 질문을 던져보고 싶었지만, 한편으로는 지역 주민들이 이런 문제를 한 번도 고려해본 적 없을 것이라는 사실 때문에, 또 한편으로는 제한적인 진료를 계획 중이라는 사실 자체만으로도 지역 주민들이 분노할지 모른다는 우려 때문에, 과연 이 질문을 어떻게 던져야 할지 고심하고 있었다. 대중의 참여를 위한 시도를 고안하기 위해서, 이들은 카네기 멜런 대학 부설 '신중한 민주주의를 위한 프로그램'에 도움을 요청했다. 이 프로그램의 작업은 철학자 위르겐 하버마스와 존 롤스의 이론적 작업에서 비롯된 개념을 모범으로 삼고 있었으며, 이른바 "신중한 여론조사"를(즉 정책 선택에 대해서 알게 될 기회나, 또는 신중하게 고려할 기회를 얻은 시민의 경우, 어떻게 의견 변화가 일어나는지를 포착하기 위한 방법을) 고안한 스탠퍼드 대학 교수 짐 피슈킨이 고안한 것이었다.

메릴랜드 주의 실험은 초창기부터 뭔가 중요한 것을 입증했다. 즉 볼티모어 도심의 판자로 지은 연립주택이 자리한 지역의 자이온 뱁티스트 교회에서나, 가장 부유한 사람들이 사는 하워드 카운티의 '건강 센터'에서나, 일반 시민은 자기들이 이 문제를 고려하고, 참여하고, 토론하며, 서로에게서 배울 수 있음을 입증했던 것이다. 이들은 윤리적 개념을 손쉽게 파악했는데, 일부 보건의료 공무원들은 그런 개념이야말로 오로지 전문가들의 영역이라고 넘겨짚은 바 있었다.

자이온 뱁티스트 교회의 지하층에서 열린 토요일 오후의 모임에서, 그곳의 책상 앞에 둘러앉은 자원 참가자들에게 진행자가 질문을 던졌다. 재난 시 자원을 분배하는 과정에서 '나이'를 주된 기초로 삼는 것에 대한 의견을 묻는 질문이었다. "지금부터는 이 생각이 좋거나 나쁜 이유에 대해서 토론해보겠습니다." 진행자가 말했다.

젊은 남자가 자기 의견을 내놓았다. "만약 내일 당장 이런 일이 일어난다면, 그리고 제가 인공호흡기를 이용하는 대신 열두 살짜리 아이가 그걸 이용할 수 없다면, 또는 네 살짜리 아이가 그걸 이용할 수 없다면, 저는 그거야말로 이 세상에서 가장 슬픈 일이라고 생각할 겁니다."[16]

재난, 그 이후

아이를 둔 어머니라고 밝힌 한 여자는 이 의견에 동의하지 않았다. "단순히 그들이 저보다 더 어리다는 이유로, 그걸 그들에게 그걸 줘버리라고 말하는 게 저로선 정말 어려울 것 같아요. 제 개인적인 생각으로는 저 역시 뭔가 책임이 있기에 계속 여기 남아 있어야 할 것 같거든요."[17]

그녀의 이웃은 이 생각을 좀 더 확장시켰다. "이 모든 젊은이의 생명을 일단 구해놓고 나면, 과연 무슨 일이 벌어질지에 관해서는 여러 가지 사회적 결과가 있을 거예요."[18] 그녀가 말했다. "만약 중요한 세대가, 즉 만약 시민 가운데 성인이 절반으로 줄어든다고 치면, 결국 우리 사회가 바뀔 거예요. 다시 말해서, 왜, 있잖아요, 우리 모두가 내 아이는 죽지 말기를 당연히 바라는 것처럼, 어떤 사람은 할머니 없이 사는 걸 바라지 않을 수도 있고, 또 어떤 사람은 할아버지 없이 사는 것을 바라지 않을 수도 있다는 거죠. 제 말이 무슨 뜻인지 아시겠어요? 그래서 저는 젊은 사람들에게 무조건 양보한 이후의 일이 약간 걱정되네요." 또한 그녀는 생명을 건진 아이들에게 일어날 일에 대해서도 걱정했다. "과연 누가 그 아이들을 키우고, 과연 누가 그 아이들을 가르치고, 과연 누가 그 아이들을 돌보게 될까요?"

노인의 생명이 지닌 가치에 관한 토론에 귀를 기울이고 있자니, 문득 내 머릿속에는 최근에 있었던 작은할아버지의 장례식이 떠올랐다. 90대의 나이에 파킨슨병 말기였던 작은할아버지는 사전 유언에서 생명 유지 장치의 사용을 원치 않으신다고 말씀하셨다. 하지만 당신은 평소에 담당한 의사가 마침 자리에 없는 상황에서 폐렴에 걸려 병원에 입원하게 되셨다. 이 과정에서 다른 의사가 당신을 소생시키고, 당신의 사전 요청과 반대로 인공호흡기를 장착했다. 그로부터 며칠 뒤 당신은 침대에 일어나 앉아, 인공호흡기가 내뿜는 산소를 들이마시며 신문을 읽고 계셨다. 그로부터 일주일 뒤 당신은 인공호흡기를 제거했고, 이제는 살아나게 되어서 안심이라고 말씀하셨다. 이 사건은 연명 중단 결정의 복잡성을, 그리고 우리가 결코 직면하지 않은 상황에 우리가 무엇을 원할지 미리 예견하는 일의 복잡성을 부각시킨다. 작은할아버지는 DNR 요청을 없애라고 부탁하셨고, 몇 달 동안 더 사시다가 돌아가셨다. 대학생인 스물한 살 손녀의 추모사에 따르면, 그 시간은 두 사람 모두에게 큰 의미가 있었다. 손녀는 여름방학을 이용해서 병원으로, 재활 병동으로, 그리고 숙련된 요양 시설로 할아버지를 계속 문병했다. "우리는 정치, 경제, 시사, 뒷이야기, 책, 영화, 그리고 과거와 미래에 관해서도 이야기했습니다. 할아버지는 사회적 책임에 관해서, 그리고 당신의 과거에 관해서 제게 말씀해주셨습니다. 저는 오페라와 음악에 관해서 할아버지께 가르쳐드렸습니다. 우리는 심지어 남자들이며 관계에 대해서도 이야기를 나누었습니다. 할아버지께서 주시는 조언은 언제나 좋은 내용이었으며, 더 중요한 내용이었고, 현명한 내용이었습니다. (……) 저는 앞으로도 계속 할아버지께 말씀을 드리겠다는 자세로, 남은 제 삶을 살아가도록 하겠습니다."[19]

때로는 개인의 의학적 선택이 (마치 부상자 선별 선택과 마찬가지로) 과학에 관한 질문이라기보다는, 오히려 가치에 관한 질문이 되기도 한다. 재난 시 부상자 선별이란 더 많은 인구를 대상으로 한 자원 분배라는 목표가 과연 어떻게 되어야 하는지 결정하는 문제가 된다. 즉 여러 가지 요소들(예를 들어 구제한 생명의 숫자, 생명의 연구, 삶의 질, 공평성, 사회적 신뢰, 또는 다른 요인들) 가운데 과연 무엇을 극대화해야 하느냐는 것이다. 더 큰 공동체의 경우, 의료 전문가로 구성된 작은 집단의 생각과 전혀 다른 생각을 제시할 수도 있다.

역시 대중 참여 행사가 열린 시애틀과 킹 카운티의 경우에는 확실히 그러했다.[20] 참가자 중 상당수는 의료 전문가들이 이른바 (이 계획 가운데 상당수에서 사용한 명칭대로) '생명 유지 치료'를 중단한다는 것이야말

재난, 그 이후

로 받아들일 수 없다고 생각했다. 그렇게 하는 것 자체가 의료 체계에 대한 대중의 신뢰를 부식할 것이기 때문이었다.

이 참여 행사에 자금을 지원하는 미국 질병통제예방센터(CDC)의 선임 고문인 로저 버니어의 말에 따르면, 이런 토론에서 비전문가들의 참여는 가능할 뿐만 아니라 필수적이기도 했다. "그들이야말로 우리의 공공 가치의 보유자인 동시에, 상충되는 가치의 무게를 견주기 위한 가장 좋은 위치인 동시에 가장 불편부당한 위치에 있기 때문입니다."

하지만 이와 같은 유형의 참여가 추구되는 경우는 드물다. "미국에 사는 우리가 과연 민주주의를 신봉하는지 의문입니다." 버니어의 말이다. "우리는 대중을 선용하지 않고 있으니까요. 우리는 공공 정책의 선택에 관해서 대중의 지혜에 접근하기 위해 열심히 노력하지는 않습니다."

시애틀에서는 생존 통계를 이용해 자원에 대한 접근을 결정하는 것에 대해서, 전체 대중 가운데 일부가 우려를 나타냈다. 즉 그런 행위는 "차별 가능성이 있다"고 이 프로젝트의 보고서에는 나와 있었다.[21] "왜냐하면 보건의료 체계 내부의 제도적인 인종 차별주의 때문이다. 일부 집단이(예를 들어 흑인과 이민자가) 똑같은 품질의 치료를 받지 못하는 상황에서, 이들의 완치율이라든지 다른 생존 가능성 판정 수단은 공평하지 않다고 봐야 한다."

대중의 의견을 유도해내는 것보다 더 어려운 일은 그것을 이용하는 일이었으며, 가뜩이나 모순되고 서로 다른 의견들인 경우에는 특히나 그러했다. 다수의 견해와 소수의 견해를 어떻게 저울질해야 할까? 그리고 정책 결정권자들이 결정에 대한 권한을 순순히 양보할까? 2009년에 질병통제예방센터(CDC)는 새로운 독감 변종을 위한 비상 백신 접종 프로그램 안건에 대한 피드백을 수집했다.[22] 이때 대중의 전반적인 의견은 전문가의 의견과 크게 달랐다. 하지만 정보 수집이 완료된 시점에, 백신 정책은 사실상 이미 결정된 상태였다.

2012년에 '미국의학회'에서는 재난 시 의료 자원 분배에 관한 지침 고안 과정에 대중을 참여시켜야 한다는 의견을 뒷받침하는 방대한 보고서를 배포했다.[23] 이 보고서에서는 카트리나와 다른 사례에서 이미 드러난 것처럼, 재난 상황에서는 부족한 치료법에 대한 접근 제한이 정당화될 수 있는 한편, 의료 제공자들은 위기 상황에서 환자를 돌보아야 하는, 환자를 공정하게 대우해야 하는, 그리고 자원을 잘 관리해야 하는 책임을 갖고 있다고 주장했다. 더 앞서 나온 보고서에서도 DNR 요청서를 언급하면서, 이것만으로는 재난 시 부상자 선별 결정 과정에서 유용한 변수로 사용할 수 없다고 말했다. 이 요청서는 "생존에 관한 정확한 추산 이상의"[24] 것으로서, 연명 중단 계획에 관한 근시안적이고 개인적인 선호만을 반영한 것뿐이라고 지적했다. 재난으로 인해 부족한 치료법에 대한 접근 제한이 이루어지는 상황에서는 투명하고, 일관적이고, (부족에 대해서) 비례적이고, 설명 가능한 방식으로 결정이 내려져야만 한다고, 전문가들은 말했다.

캘리포니아 대학교 어바인 캠퍼스의 응급의학 담당 교수 겸 재난의료 지원대의 대표를 맡고 있는 칼 슐츠는 재난 시 진료 기준을 변경하는 것에 반대하는 소수의 공개적인 비판자 가운데 하나였다. 그는 이런 발상이 정부와 기업 입장에서는 "금전적이고 규제적인 면 모두에서 매력을" 갖고 있다면서, 이는 더 나은 진료를 제공하기 위해 분투해야 하는 부담을 감면하기 때문이라고 지적했다. "진료 기준을 낮추는 일에서의 문제는 이것이다. 과연 어디서 멈춰야 하는가? 과연 얼마나 낮춰야 하는가? 만약 우리가 재난 대응을 위해서 더 많은 자원을 넣고 싶지 않을 경우, 방법은 기준을 계속 낮추는 것뿐이다." 아울러 일단 더 낮은 기준이 법제화될 경우, 일부 정책 결정권자들과 보건의료업체의 고위층들과 의료인들은 이런 기준을 비상이 아닌 상황에도(즉 비용에 대한 우려 때문에 자원이 빠듯한 상황에도) 적용하려는 유혹을 느끼지 않을까 의문을 느끼게 되는 것도 당연하다.

다른 사람들은 이런 비판에 동의하지 않는다. "우리의 목표는 언제나 상황에 따라서 최고 수준의 진료를 제공하는 것이다." 2009년에 내가 직접 만난 해군 소장 앤 크네벨은 이런 말을 했는데, 당시 그녀는 보건복지부 산하 위기준비대응차관실에서 준비 계획 담당 부국장으로 재직 중이었다. "우리가 계획을 하지 않는다면, 우리가 사용할 수 있는 자원을 재사용하고 재배치해서 극대화할 가능성도 적어지게 됩니다. 단지 우리가 그런 상황에 어떻게 대응할지에 관해 한 번도 생각해 본 적이 없다는 이유만으로 말이에요."

슐츠와 크네벨은 중요한 사실을 지적하는 셈이었다. 단순히 일정한 숫자만큼의 환자를 선별하는 방법을 정렬하는 것만 놓고 보면, 압도적인 위기 상황에서 가장 많은 생명을 구제하는 방법이라고까지 말할 수는 없었다. 이는 사실상 한 벌의 카드를 다르게 섞어서 다른 숫자와 문양을 맨 위에 올라오게 하는 것과 매한가지 방법이었다. 반면 실제로 더 많은 생명을 구할 수 있는 방법이란, 당면한 문제를 회피하기 위해서 가능한 모든 일을 하는 것뿐이었고, 기준을 변경시켜야 하는 필요성을 최소화하고, 정상 상태로의 회복 능력을 최대한 빨리 도모하기 위해 필요한 조치를 하는 것이었다. 메모리얼에서 벌어진 일에서 가장 큰 비극 가운데 하나는, 마침내 헬리콥터가 여러 대 도착함으로써 이용 가능한 자원이 늘어나는 과정인데도, 환자들에게 치사량의 약품을 주사하려는 계획이 무조건 실시되었다는 점이다.

재난 대응 과정에서 상황에 대한 자각을(즉 재난의 와중에 상황을 '직시하는' 능력을 계속 유지하는 것을) 강조하지 못한 문제점에 대해서 일부 전문가들은 우려를 표했다. 그중에는 프레더릭 '스킵' 버클 2세도 있었다. 2001년 9월 11일의 공격 직후 그는 대규모의 생물학 테러 상황에서 희생자를 다루는 방법에 관한 자신의 발상을 제시했다. 그가 학술

논문에서 설명한 규약은 훗날 캐나다의 유행병 발생 시 부상자 선별 지침의 핵심 요소가 되었으며, 궁극적으로는 다른 재난 시 진료 계획 기준 대부분에도 포함되기에 이르렀다.[25] "저는 아내에게 종종 말하곤 했습니다. '내가 여기에 괴물을 하나 길러낸 것 같아.'" 버클이 내게 직접 한 말이다. 그의 우려에서 핵심은, 이 지침들이 종종 딱딱하며, 위기 상황의 가혹한 국면들 전체를 통틀어 적용되기 위해 고안된 표준이 단 하나뿐이라는 점이었다. 배급이 필요하지 않은 상황에서 이루어지는 배급은 인구에 해를 끼칠 수 있었다. 반면 버클은 "때로는 매일, 또는 매시간 단위로" 보급품의 수량에 대한 재평가의 중요성을 강조했다. 즉 이런 끊임없는 노력을 통해, 가능한 한 최상의 진료를 제공하는 한편, 왜곡된 결정을 내려야 하는 필요성을 최소화한다는 것이었다.

2010년에 나는 인도의 푸네를 방문했다. 한 해 전에 H1N1 독감이 발생했을 때, 보건의료 공무원들은 공황 상태가 되었다. 이 질병의 전파를 우려한 나머지, 이들은 독감 증상이 있는 환자들을 소수의 지역 병원에서 꼼짝 못하게 조치했다. 이 병원들은 금세 인원이 넘쳐버렸다. 소아과 의사 아르티 키니카르는 인공호흡기를 사용할 수 없어서 아기들이 죽어나가는 모습을 지켜보아야만 했다.[26]

더 나은 부상자 선별 작업만으로는 충분하지 않았다. 그녀는 여러 해 동안 공립병원에 있는 아이들을 치료해왔는데, 여기서는 값비싼 자원이 종종 부족하게 마련이었다. "신께서는 여러분에게 두뇌를 주셨으니까, 그냥 그걸 사용하세요." 키니카르는 학생들에게 즐겨 말하곤 했다. "그냥 계속 생각하세요." H1N1이 창궐하는 동안 인공호흡기가 부족해지자, 그녀는 생각 끝에 임기응변을 발휘했다. 과거에 키니카르는 풍선형 CPAP['지속적이고 적극적인 기도 압박(continuous positive airway pressure)'의 약자]라는 요법을 이용해서 미숙한 폐를 가진 신생아의 호흡을 돕는 데 효험을 본 경험이 있었다. CPAP 장비는 가격이 수천 달러나 하지만, 키니카르 휘하의 직원들은 병원에 널려 있으며 가격도 불과 몇 달러에 불과한 플라스틱 튜브와 식염수 통을 이용해서 일종의 대용품을 만들어냈다. 이 기구가 미숙아들에게 상당히 효과가 있어 보이자, 그녀는 H1N1 재난 와중에 독감에 걸린 더 나이 많은 아기들에게 이 기구가 어떤 효과를 보이는지 알아보기로 했다. "저는 과학적 뒷받침조차 별로 없어 보이는 이런 기술을 사용하도록 사람들이 저를 지지해줄지 말지 여부를 알지 못했습니다." 키니카르가 내게 한 말이다. 하지만 이 기구를 사용하지 않을 경우의 결과가 그녀에게는 오히려 더 나빠 보였다. "결국 아무것도 하지 않고 아기들이 죽게 내버려두느냐, 아니면 뭐라도 하고 나서 부디 효험이 있기를 간절히 기도하느냐, 이 둘 중 하나를 골라야 하는 결정이었습니다."

독감을 앓는 한 아기가 인공호흡기를 사용해서 상태가 더 나아진 징후가 나타나자, 키니카르는 이 아기를 일찌감치 그 기계에서 떼어낸 다음, 대용품 풍선형 CPAP 기구를 이용해서 호흡을 도와주었다. 아기의 어머니는 걱정스러운 듯 바라보았지만, 정작 그녀의 아들은 임시변통으로 만든 기구를 이용해서도 숨을 잘 쉬었다. 결국 이 인공호흡기는 또 다른 아이가 사용하게 되었다. 이 유행병 창궐 당시 일주일이 넘도록 키니카르는 풍선형 CPAP를 이용해서 자기네 병원에 있던 어린이 수백 명의 호흡을 도와주었다. 동료들은 그녀의 재빠른 생각이 생명을 구했다고 입을 모았다.

어쩌면 첨단기술 장비에 의존하는 미국의 보건의료 전문가들도 키니카르로부터 뭔가 배울 수 있을 것이다. 첨단기술도 아니고 값비싸지도 않은 재난 대비용 의료용품을 개발하는 경우, 시장에서 경제적 유인이 거의 없기 때문에, 미국 정부는 일부나마 투자를 하고 있다. 최근의 연방 지원금은 가격도 더 저렴하고, 사용도 더 손쉬운 인공호흡기를 만든 회사가 받아갔다. 이미 하나 이상의 회사가(즉 세인트루이스에 본사를 둔 '얼라이드 보건의료 회사'가) 재난 시 사용을 위해서 특별 제작한 일련의 인공호흡기를 판매하고 있다.

뉴욕 주 소재 벨뷰 병원에서 발전기의 연료 펌프가 고장 난 직후 일어난 일에서도, 결국 키니카르와 유사한 발상이야말로 가장 중요한 생명 구제의 측면이었던 것으로 판명되었다. 자원봉사자들은 인간 사슬을 만들어 무려 열세 줄의 계단을 지나서 연료를 운반함으로써 수동으로 발전기에 연료를 공급했다. 재빠른 임기응변 덕분에 비상 전력이 끊어지는 사고가 방지되었고, 결과적으로는 자칫 일어날 뻔했던 무시무시한 선택도 방지되었다. 로라 에번스의 환자들은 병원의 대피가 진행되는 와중에 비상 전력으로 모두 생명을 유지했다.

그로부터 몇 시간 뒤, 벨뷰의 긴 계단 가운데 하나를 올라가면서, 나는 파란색 수술복 셔츠 차림의 한 직원이 아기 하나를 이동식 인큐베이터에 실어 아래층에서 기다리는 구급차로 데려가는 모습을 보았다. 다른 직원들은 헉헉 숨소리를 내면서 물품을 가지고 오르고 있었다. 병실 복도에는 디젤유 냄새가 진동했다. 이 상황은 간신히 통제 가능한 선을 넘지 않고 있었다.

엘리베이터가 고장 났기 때문에, 이 거대한 병원의 대피에는 (메모리얼 때와 마찬가지로) 며칠이란 시간이 걸렸다. 마지막까지 남은 환자는 2명이었다. 한 명은 심하게 비만이었다. 체중이 무려 270킬로그램에 달했기 때문이다(메모리얼 때의 에밋 에버릿보다도 훨씬 더 많은 셈이다). 엘리베이터가 고장 난 까닭에, 직원들은 그를 옮기는 문제로 크게 걱정했다. 또 한 명의 환자는 (역시 메모리얼의 환자들과 마찬가지로) 극도로 위중하고 허약한 환자였다. 담당 의사들은 이 환자가 이동 중에 사망할 가능성이 있다며 우려했다.

하지만 어느 누구도 희망을 버리지는 않았다. 다른 환자들이 모두 대피한 다음, 엘리베이터가 다시 가동될 때까지 주 방위군 병사들이 며칠 동안 연료를 가지고 열세 줄의 계단을 지나 올라왔고, 덕분에 환자의 생존을 위해 보조 발전기를 계속 돌릴 수 있었다. 운영이 이미 정지된 병원 안에서 몇몇 의사가 허약한 환자에게 심장 수술을 실시했고, 결국 이 환자와 비만 환자 모두 다른 병원으로 무사히 옮겨졌다.

이와 비슷하게 극적인 장면들은 자주 나타나는 것이 아니다. 하지만 초대형 폭풍 샌디가 닥쳤을 때 뉴욕 주에 머문 경험이야말로, 부상자 선별이라는 끔찍한 수수께끼는 언제 어디서나 일어날 수 있음을, 그리고 역전 불가능한 방식으로 삶을 변화시킬 힘을 가지고 있음을 상기하는 계기가 되었다. 미국 전역의 홍수 지대에 있는 병원의 상당수는 보조 발전 시스템이 지하에 자리하고 있다. 다른 병원들 중에도, 예를 들어 지진 지대에 있는데도 불구하고 현대식 건축 규제가 나오기 전에 건설된 건물들이 있다. 또 어떤 병원들은 한마디로 토네이도 경로에 자리하고 있다. 카트리나 이후 어느 정도까지는 보호책이며 계획이 도입되었다고 하지만, 최근의 여러 가지 사건을 보면 그중 상당수가 부적절하거나 오도된 상태이다. 재난 직후 삶과 죽음의 차이는 당시 현장에 있던 사람들의 대비 태세과 수행과 의사 결정에 따라 좌우되는 경우가 종종 있다.

이런 끔찍한 압력 하에서 우리가 어떻게 행동하게 될지, 우리 가운데 누군가가 알기란 어려운 일이다.

하지만 우리는 최소한 그런 상황에서 어떻게 결론을 내리고 싶은지 미리 한번 생각해보는 사치를 누릴 수는 있다.

감사의 말

인터뷰를 통해 각자의 경험과 지식을 공유해주신 모든 분께 가장 깊은 감사를 드리는 바이며(그분들의 이름은 각 장의 '후주'에 열거했다) 특히 그 닷새 동안의 외상을 다시 회고로 떠올려주신 분들께 감사드린다. 그리고 자신의 행동과 이유를 허심탄회하게 설명해주신 몇 분에게도 각별히 감사드리는 바이다. 이들은 무척이나 용감했으며, '침묵의 구역' 바깥에다 이야기를 해준 다른 분들도 마찬가지로 용감했으니, 그 덕분에 이 책에 묘사된 것과 같은 중대한 선택에 아직까지는 직면하지 않은 우리들이 그 사건으로부터 뭔가를 배울 수 있기 때문이다. 또한 이 책을 만드는 과정에서 이 사건을 취재한 다른 언론인들에게 크나큰 빚을 졌다(그분들의 이름도 '후주'와 본문의 해당 부분에서 소개했다). 나아가 메모리얼의 직원들, 그리고 이 사건에 관여한 경험을 회고록과 기사로 작성한 다른 여러 분은 독특한 세부사항과 통찰을 보여주었다.

이 책은 「메모리얼의 치명적인 선택(The Deadly Choices at Memorial)」이라는 잡지 기사에서 시작되었다. 이는 프로퍼블리카와 〈뉴욕 타임스 매거진〉의 공동 작업의 산물이었으며, 이 과정에서 한 명이 아니라 3명의 편집자로부터 도움을 얻었다. 맨 먼저 수전 화이트는(지금은 〈인사이드클라이미트 뉴스(InsideClimate News)〉를 지휘하고 있다) 이 기사의 구조와 서술을 책으로 옮기는 과정 초기에 현명한 길로 인도해주었다. 〈뉴욕타임스 매거진〉의 일레나 실버먼의 제안과 편집은 항상 정곡을 찔렀고, 내 원고를 향상시켜주었다. 뉴스 분야의 천재인 스티브 엥겔버그는 프로퍼블리카의 편집장으로 일하는 와중에 마치 두 사람 몫의 에너지를 발휘하며 〈치명적인 선택(Deadly Choices)〉을 편집했다. 프로퍼블리카의 동료들 역시 영감의 원천 노릇을 해주었다. 그 기사를 읽어주고 향상시켜준 폴 스타이거, 제럴드 마조라티, 질 에이브럼슨, 빌 켈러, 알렉스 스타 같은 편집자들께도 감사드린다. 찰스 윌슨, 데이비드 퍼거슨, 에런 레티카는 사실 관계 확인을 모두 담당해주었고, 리처드 토펠, 데이비드 맥크로, 로레타 민스도 내 등 뒤를 든든히 지켜주었다. 프로퍼블리카의 크리스타 셸만 슈미트, 제프 라슨, 댄 응구옌, 마이크 웨브, 리사 슈워츠, A. C. 톰슨, 로빈 필즈 모두가 중요한 공헌을 해주었다. 〈타임스〉의 클린턴 카길, 조애나 밀터, 패티 러시, 패트리샤 아이스먼, 맷 퍼디도 마찬가지였다. 파올로 펠레그린, 매콜리 캠벨, 스탠 앨콘, 브루스 샤피로도 빼놓을 수 없다.

또 다른 편집의 마술사 데이비드 배런은 퍼블릭 라디오 인터내셔널의 〈더 월드〉를 함께 만드는 저 예외적으로 탁월한 직원들과 함께 만들면서, 2010년 지진 직후 아이티를 배경으로 저 끔찍스러웠던 부상자 선별 관련 딜레마에 관해 보도할 기회를 제공해주었고, 패트릭 콕스는 남아프리카의 대중 투석 프로그램에서 매주 이루어지는 불가능한 선택을 비롯해 전 세계 각국과 문화의 의료 배급 현황에 관해 취재할 기회를 제공해주었다.

2012년의 허리케인 철 동안 〈뉴욕 타임스 매거진〉의 데스크와 프로퍼블리카, 그리고 〈타임스 피커윤〉에서는 카트리나 이후 변한 것과 변하지 않은 것에 관해 보도할 지면을 제공해주셨다. 이 책의 원고를 거의 마무리할 즈음에는 줄리 테이트가 사실 관계 확인과 추가 정보 출처를 확인하기 위해 먼 곳에서 지칠 줄 모르고 도와주었다.

『재난, 그 이후』를 원고 상태에서 읽고 정교한 통찰로는 물론이고 때로는 따끔한 유머로도 그 내용을 크게 향상시켜줌으로써, 수많은 여백을 메우는 데 도와주신 분들도 있다. 특히 남 레, 수전 버턴, 에드워드 브부턴, 허셸과 애드리언 루비 핑크, 랜디 코언 선생, 크리스틴 케닐리, 폴 스타이거, 매리언 모저 존스에게 감사드린다. 우정과 후원 모두를 제공해주신 해리엇 워싱턴에게도 감사드린다.

여러 도서관, 기록보관소, 언론매체의 직원 여러분도 역사적 자료를 찾아내는 과정에서 특히 많은 도움을 주셨다. 기록물 전문가 태프니 홀, 테네시 주 내슈빌 소재 '서던 뱁티스트 역사 도서관 및 기록보관소'의 관장 빌 섬너스, '엔터컴 뉴올리언스'의 제작국장 짐 매커천, 텍사스 주 휴스턴 소재 '카트리나와 리타 생존담 수집 프로젝트'의 공동 대표 칼 린달, 의회도서관 부설 '미국 민속 센터'의 앤 호그, 스토리코프의 기록보관소 인턴 나디아 윌슨과 선임 기록보관실장 테일라 쿠퍼, 뉴올리언스 공립도서관의 아이린 웨인라이트와 그 동료들, 루이지애나 주립박물관의 컬렉션 실장 그레그 램부시, '우드로 윌슨 센터' 도서관의 재닛 스파이크스와 대그니 기조와 미셸 카말리크, NBC 유니버설 기록보관소의 제이미 세베리노와 루이스 아리스톤도와 샤데이 크레이그, ABC 기록보관소의 리디아 M. 과다라마와 조이 S. 할러웨이, CBS의 앤 포티아데스와 맷 대노스키, 캘리포니아 주 반누이스 소재 '헬리넷 항공사'의 J. T. 앨포, 턱없이 많은 공공 기록물 열람 신청에 응답해주고, 인터뷰 요청을 허락해준 루이지애나 주 검찰청, 미국 보건복지부, 미국 해안경비대의 직원 여러분께도 감사드린다. 아울러 그 의뢰인과의 연락을 원활하게 해주고, 맥락 관련 정보를 제공하기 위해서 각자의 시간을 투입하며 도움을 주신 수많은 변호사와 홍보 전문가에게도 감사드린다.

앤드리스 마르티네트와 '뉴 아메리카 재단(NAF)'의 '버나드 L. 슈워츠와 미래 시제' 프로그램에도 감사드린다. NAF의 부(副)연구원 레베카 라비노위츠는 WWL 라디오 방송에서 카트리나 관련 보도를 하나하나 추출해주었다. 의회도서관의 올리비아 왕은 나와 함께 1926년과 1927년으로 거슬러 올라가주었다. 그 외에도 페이스 스미스, 캐롤라인에서, 레이첼 화이트, 스티브 콜, 섀넌 브라운리, 니콜 토시, 레베카 세이퍼, 앨리슨 라자러스, 그리고 다른 여러 직원 및 연구원이 지난 3년 이상 내 작업을 지원해주었다.

'우드로 윌슨 국제 학자 센터'에서는 2010년에 무척이나 고마운 작전 기지를 제공해주었으며, 이는 루시 질카와 그 동료들 덕분이었다. 이 센터와 의회도서관의 관계 덕분에 내 작업을 훨씬 더 원활하게 할 수 있었다. 아울러 전 세계의 보건의료 배급 사례를 발굴해준 필립 윌콕스, 안락사에 관한 소규모 도서관을 보유하고 있는 아메나 유사프자이, 그리고 여러모로 도움을 준 테드 마일스도 마찬가지였다.

이 책을 쓰기 시작했을 무렵, 나는 툴레인 보건의료대학원에서 프리랜서로 파트타임 강의를 맡고 있었으며, 연구 초기에는 페니 더컴이 이끄는 '카이저 가족 재단'의 보건의료 관련 언론 후원금의 지원 혜택을 입었다.

그보다 이전에는 '하버드 인문학 운동'과의 공조로 카트리나 직후에 일할 수 있는 기회가 있었다. 이 당시 마이클 밴루엔 선생, 제니퍼 리닝 선생, 빈센조 볼레티노, 그리고 다른 여러 동료는 재난 상황에서의 진료를 향상시키기 위해서 열심히 일했다. 아울러 이 기회 덕분에 나로선 하버드 대학교 도서관 컬렉션에 접근하기가 한결 용이해졌다.

'맥도웰 예술인 마을'과 그곳의 '드윗 월리스/리더스 다이제스트 창작 기금'의 셰릴 영과 데이비드 메이시와 여러 직원 및 후원자 여러분, '야도 예술인 마을'과 그곳의 '도로시 앤드 그랜빌 힉스 문학인 주거지'의 일레이나 리처드슨과 캔디스 H. 웨이트와 여러 직원 및 후원자 여러분, 록펠러 재단, '벨라지오 예술 센터'의 로브 개리스와 필라 팔리샤와 직원 여러분께도 깊이 감사드리는 바이다.

여러 해가 걸린 작업 기간 동안 지원을 아끼지 않은 가족과 친구들에게도 감사드린다. 특히 뉴욕의 독립 언론 단체인 '인비지블 인스티튜트'는 10년 가까이 사상의 세계에서 훌륭한 동반자가 되어주었다.

이 책을 만드는 과정에서 가장 중요했던 마법사들은 마지막에 소개하기 위해 남겨두었다.

티나 베넷은 한마디로 기적이었다. 에이전트이자, 옹호자이자, 날카로운 눈을 가진 독자이기도 했다. 그녀는 내가 거둔 성공 하나하나를 마치 어머니 같은 자부심으로 축하해주었으며, 내가 어려움을 겪을 때마다 나타나주었다. 그리고 이 주제에 관한 내 작업을 2007년 초의 어느 점심 식사 때 가볍게 언급했던 바로 그 순간부터 줄곧 옹호해주었다. 나는 그녀가 아는 것보다 훨씬 더 그녀에게 감사드리는 바이며, 차마 비길 데 없는 그녀의 조수 스베틀라나 카츠에게도 마찬가지이다.

나는 『재난, 그 이후』를 이 세상에 내보내준 크라운 출판사의 업무 방식에 관해서도 깊이 감사드린다. 이 출판사에 가득한 유능한 직원들은 책의 제작을 후원하고 독자들이 그 책을 발견하게 도움으로써 전통적인 출판의 가치를 입증했다. 발행인 몰리 스턴은 압도적인 힘을 보유한 인물로서 차마 불가능한 일을 가능하게 만들었다. 마야 마브지, 데이비드 드레이크, 제이콥 루이스, 크리스틴 에드워즈, 캔디스 채플린, 그리고 저 탁월한 영업부 직원들에게도 감사드린다. 제이 손스, 제시카 프루돔, 캐리사 헤이스, 앤슬리 로스너, 마이클 젠타일, 레일라 리와 여러 동료들로 이루어진 탁월한 홍보 및 마케팅 팀에도 감사드린다. (원서) 표지에 물에 젖은 종이의 효과라는 기발한 발상을 제안한 크리스 브랜드에게도 감사드린다. (원서) 내지 디자인을 완벽하게 만들어준 엘리자베스 렌드플라이스에게도 감사드린다. 차마 관리가 불가능한 선에 가까웠던 것을 관리해준 레이첼 마이어, 에이미 부어스틴, 루이자 프랑카빌라에게도 감사드린다. 극도의 인내심과 정확성을 보여준 테리 딜과 레이첼 맨디크에게도 감사드린다. 웨이드 루카스, 켈리 길디아, 커스틴 포터, 린다 캐플런, 다이앤 살바토레, 티나 콘스터블의 대단한 지원에도 감사드린다. 타의 추종을 불허하는 홍보 담당자로서 대단한 노력과 진정한 열정을 보여준 레이첼 로키츠키에게도 각별히 감사드린다. 내용과 관련해 신중한 법적 조언을 해준 매슈 마틴에게도 감사드린다. 편집 보조로서 탁월한 솜씨를 보여준 클레어 포터에게도 감사드리고, 그녀가 따른 모범이 된 탁월한 일 솜씨 를 보여준 것뿐만 아니라, 부(副)편집자로 승진한 이후까지도 계속 도움을 주신 미리엄 코티너가드너에게도 감사드린다. 그야말로 방향을 상실할 수밖에 없는 상황에서 독자가 방향을 잃지 않게끔 멋진 지도를 만들어준 제프리 워드에게도 감사드린다.

마지막으로 이 세상의 모든 형용사를 동원한다 하더라도, 내가 바네사 모블리에게 느끼는 감사의 마음은 제대로 표현하지 못할 것이다. 자기가 담당한 저자가 책을 제대로 쓸 수 있도록 돕기 위해, 한겨울에 대도시의 안락을 뒤로하면서까지 눈 내리고 얼음 어는 뉴햄프셔 주로 찾아오는 편집자는 아마 이 세상에 그녀 한 명뿐일 것이다.

바네사, 당신이 내게 선물한 시간과 관심과 편집자로서의 통찰, 그리고 당신의 어마어마한 후원과, 나 자신과 나의 작품 모두에 대한 당신의 결코 줄지 않은 신뢰라는 관대한 선물에 정말 감사드리는 바입니다.

왜 이 사람들과 이 장소에 관한 이야기가 중요한지 이해해준 것에 감사 드리는 바입니다. 그리고 이 책을 모든 면에서 더 나은 책으로 만들어 주신 것에 감사드리는 바입니다.

이들의 소속은 책에 서술된 사건 당시의 소속이다. 친지는 이 책에 등장한 경우에만 열거했다.

의사(이중 다수는 메모리얼 메디컬 센터와 라이프케어 양쪽 모두에서 근무함)

빌 아밍턴(Dr. Bill Armington): 신경방사선과 의사.

호러스 볼츠(Dr. Horace Baltz): 내과 전문의. 폭풍 당시에 근무하던 의료진 중 가장 오랜 기간 근무한 사람 중 하나.

루벤 크레스트먼(Dr. Reuben Chrestman): 진료부원장. 허리케인 당시 휴가 중이었음.

유잉 쿡(Dr. Ewing Cook): 최고의료책임자. 중환자 의학에 경험이 많은 전직 호흡기내과 전문의.

　미니 쿡(Minnie Cook): 유잉의 부인. 전직 외과 집중치료실 간호사.

　스테파니 메이봄(Stephanie Meibaum): 유잉의 딸. 현직 외과 집중치료실 간호사.

로이 컬로타(Dr. Roy Culotta): 호흡기내과 및 중환자 의학 전문의. 허리케인 당시 할머니를 라이프케어에 대피시킴.

리처드 다이크먼(Dr. Richard E. Deichmann): 내과 과장.

캐슬린 푸르니에(Dr. Kathleen Fournier): 내과 전문의.

후안 호르헤 헤르샤니크(Dr. Juan Jorge Gershanik): 신생아 전문의.

브라이언트 킹(Dr. Bryant King): 내과 전문의.

존 코키머(Dr. John Kokemor): 내과 전문의. 한때 검시관 프랭크 미냐드 박사의 조수였음.

애너 마리아 포(Dr. Anna Maria Pou): 이비인후과 의사. 두경부외과 암 전문의.

　빈센트 "빈스" 파네핀토(Vincent Panepinto): 애너의 남편.

　페기 페리노(Peggy Perino): 애너의 동생.

　프레더릭 포(Dr. Frederick Pou): 애너의 아버지.

　프레더릭 포 2세(Frederick Pou Jr.): 애너의 형제.

　지넷 포(Jeanette Pou): 애너의 어머니.

　지니 포(Jeannie Pou): 애너의 언니.

　마이클 포(Michael Pou): 애너의 오빠.

폴 프리모(Dr. Paul Primeaux): 마취과 의사.

존 스키너(Dr. John Skinner): 병리학자.

존 틸(Dr. John Thiele): 호흡기내과 의사. 중환자 의학 경험이 많음.

존 J. 월시 2세(Dr. John J. Walsh Jr.): 외과 과장.

메모리얼 메디컬 센터

간호사

로리 부도(Lori Budo): 외과 집중치료실(ICU) 담당 간호사.

캐시 그린(Cathy Green): 외과 집중치료실 담당 간호사.

타오 람(Thao Lam): 내과 집중치료실 담당 간호사.

셰리 랜드리(Cheri Landry): 외과 집중치료실 담당 간호사.

환자 및 가족(폭풍 당시의 나이와 위치)

헬렌 브레킨리지(Helen Breckenridge): 77세. 8층 집중치료실 환자.

재니 버지스(Jannie Burgess): 79세. 8층 집중치료실 환자.

　리넷 버지스 기디(Linette Burgess Guidi): 재니의 딸.

　자니 클라크(Johnny Clark): 재니의 형제.

　글래디스 클라크 스미스(Gladys Clark Smith): 재니의 자매.

　버사 미첼(Bertha Mitchell): 재니의 조카딸.

에시 캐벌리어(Essie Cavalier): 79세. 4층 내과 병동 환자.

도나 코섬(Donna Cotham): 41세. 4층 내과 병동 환자.

테스팔리데트 에왈레(Tesfalidet Ewale): 66세. 8층 집중치료실 환자.

멀 래거스(Merle Lagasse): 76세. 4층 의학 병동 환자.

　카렌 래거스(Karen Lagasse): 멀의 딸.

로드니 스콧(Rodney Scott): 64세. 8층 집중치료실 환자.

병원 행정직, 관리직, 기타 직원

프랜 버틀러(Fran Butler): 간호실장. 4층 서쪽과 남쪽의 내과 및 외과 병동 담당.

샌드라 코드레이(Sandra Cordray): 지역 홍보실장. 허리케인 카트리나 대응 연락관.

메리 조 다미코(Mary Jo D'Amico): 수술실 간호실장.

커티스 도시(Curtis Dosch): 최고재무책임자(CFO).

숀 파울러(Sean Fowler): 최고업무책임자(COO).

L. 르네 구(L. René Goux): 최고경영자(CEO).

데이비드 하이캠프(David Heikamp): 검사실장.

존 마스 신부(Father John Marse): 원목.

수전 멀더릭(Susan Mulderick): 간호부장. 재난 대비 위원회 위원장 겸 허리케인 카트리나 당시 사고 대응 지휘관.

캐런 윈(Karen Wynn): 집중치료실 간호실장 겸 병원 윤리위원회 위원장.

에릭 얀코비치(Eric Yancovich): 발전실장 겸 비상 지도부의 일원.

테닛 사(社) 중역진

마이클 아빈(Michael Arvin): 텍사스 및 멕시코 만 연안 지역 사업 개발 본부장.

트레버 페터(Trevor Fetter): 대표 겸 최고경영자.

밥 스미스(Bob Smith): 텍사스 및 멕시코 만 연안 지역 사업 담당 부사장.

라이프케어(메모리얼 메디컬 센터 7층)

환자 및 가족

홀리스 앨포드(Hollis Alford): 66세.

윌머 쿨리(Wilmer Cooley): 82세.

에밋 에버릿(Emmett Everett): 61세.

　캐리 에버릿(Carrie Everett): 에미트의 아내.

캐리 메이 "마디어" 홀(Carrie Mae "Ma'Dear" Hall): 78세

조르주 위아르(George Huard): 91세.

앨리스 허츨러(Alice Hutzler): 90세.

엘비라 르블랑(Elvira LeBlanc): 82세.

　마크&샌드라 르블랑(Mark and Sandra LeBlanc): 엘비라의 아들과 며느리.

　윌다 맥마너스(Wilda McManus): 70세.

　앤절라 맥마너스(Angela McManus): 윌다의 딸.

일레인 넬슨(Elaine Nelson): 90세.

　크레이그 넬슨(Craig Nelson): 일레인의 아들.

　캐스린 넬슨(Kathryn Nelson): 일레인의 딸.

존 러셀(John Russell): 80세.

로즈 사부아(Rose Savoie): 90세.

　더그 사부아(Doug Savoie): 로즈의 손자.

　루 앤 사부아 제이콥(Lou Anne Savoie Jacob): 로즈의 딸.

아이리타 왓슨(Ireatha Watson): 89세.

라이프케어 간호사 및 치료사

신디 채틀레인(Cindy Chatelain): 공인 간호사.

앙드레 그레미용(Andre Gremillion): 공인 간호사.

테렌스 스테힐린(Terence Stahelin): 호흡기 치료사.

라이프케어 소속 병원 행정직, 실장, 기타 직원

팀 버크(Tim Burke): 라이프케어 뉴올리언스 샐멧 분원장. 폭풍 당시 부재중이었음.

스티븐 해리스(Steven Harris): 약사.

지나 이스벨(Gina Isbell): 라이프케어 셸멧분원의 간호부장. 폭풍 직전에 메모리얼로 옮겨 옴.

크리스티 존슨(Kristy Johnson): 물리치료실장.

테레즈 멘데즈(Therese Mendez): 간호이사.

다이앤 로비쇼(Diane Robichaux): 부(副)분원장. 사고 대응 지휘관.

존 와이즈 선생(Dr. John Wise): 진료부장. 폭풍 당시 부재중이었음.

라이프케어 중역진

로비 뒤부아(Robbye Dubois): 루이지애나 주 슈리브포트 소재 라이프케어의 진료 담당 수석 부사장.

수사진

루이지애나 주(州) 검찰청

찰스 포티(Charles Foti): 주 검찰총장.

줄리 컬렌(Julie Cullen): 주 검찰청 차장검사 겸 형사부장.

버지니아 라이더(Virginia Rider): 특별수사관. 메디케이드 사기 단속반 소속. 메모리얼 사건 담당 주수사관.

아서 "부치" 섀퍼(Arthur "Butch" Schafer): 주 검찰청 차장검사. 메디케이드 사기 단속반 소속. 메모리얼 사건 담당 주무 검사.

크리스 워텔(Kris Wartelle): 공보실장.

미국 보건복지부 산하 감찰국

아르티 들라뇌비유(Artie Delaneuville): 특별 수사관.

올리언스 패리시 지방검찰청

에디 J. 조던 2세(Eddie J. Jordan Jr.): 지방검사.

마이클 모랄레스(Michael Morales): 지방검사보. 메모리얼 사건 주 담당 검사.

크레이그 파물라로(Craig Famularo): 지방검사보. 모랄레스의 선임자.

올리언스 패리시 검시관실

프랭크 미냐드(Dr. Frank Minyard): 검시관.

법의학 자문위원들

마이클 베이든(Dr. Michael Baden): 법의병리학자. 뉴욕 시 소속.

프랭크 브레시아(Dr. Frank Brescia): 종양학자 겸 완화 치료 전문가. 사우스캘리포니아 의과대학.

아서 캐플런(Arthur Caplan): 생명윤리학자. 펜실베이니아 대학교 의료윤리학과 대표 겸 의료윤리센터 대표(2012년까지 이곳에 재직했고, 현재는 뉴욕 대학교에 재직 중).

재난, 그 이후

스티븐 B. 카치(Dr. Steven B. Karch): 심장병리학자. 전직 캘리포니아 주 샌프란시스코 차석 법의관.

로버트 미들버그 선생(Dr. Robert Middleberg): 내셔널 메디컬 서비스 사의 연구소장.

시릴 웨크트(Dr. Cyril Wecht): 법의병리학자. 펜실베이니아 주 앨러게니 카운티 담당 검시관(2006년까지).

제임스 영(Dr. James Young): 캐나다 정부 산하 재난 관리 특별 고문. 미국 법의학교 교장(2006-2007년). 전직 캐나다 온타리오 주 선임 검시관.

그밖의 인물들

정부 공무원들

캐슬린 바비노 블랑코(Kathleen Babineaux Blanco): 루이지애나 주지사(2004-2008년).

메리 랜드루(Mary Landrieu): 루이지애나 주 상원의원(1997-2015년).

레이 C. 네이긴(Mayor Ray C. Nagin): 뉴올리언스 시장(2002-2010년).

위기 대응 인력 및 전문가들

녹스 앤드리스(Knox Andress): 보건자원서비스행정국(HRSA)의 루이지애나 주 북서부 지역 담당 조정실장 겸 '크리스투스 슘퍼트 보건의료 시스템' 소속 공인간호사.

셸리 데커(Shelley M. Colbert): 해군 중위(현재 대위), 미국 해안경비대 소속. 루이지애나 주 알렉산드리아 소재 비상지휘본부.

신시아 매선(Cynthia Matherne): HRSA의 루이지애나 주 남동부 (뉴올리언스 포함) 지역 담당 조정실장.

마이클 리처드(Michael Richard): 미국 해안경비대 보조요원. 루이지애나 주 알렉산드리아 소재 비상 지휘본부 소속.

로버트 와이즈(Dr. Robert Wise): '보건의료 기구평가합동위원회(JCAHO)' 산하 '표준 및 조사 방법 개발부'의 차장.(현재는 '합동 위원회'로 개명된 이 조직의 '보건의료 품질 평가부' 의학 고문).

애너 포의 동료 및 환자

대니얼 너스(Dr. Daniel Nuss): 이비인후과 과장 겸 두경부외과 전문의. 루이지애나 주립대학교 보건과학 센터 소속.

제임스 오브라이언트(James O'Bryant): 53세. 애너 포의 환자.

　브렌다 오브라이언트(Brenda O'Bryant): 제임스의 아내.

　제임스 로런스 오브라이언트(James Lawrence O'Bryant): 제임스의 아들.

　타바타 오브라이언트(Tabatha O'Bryant): 제임스의 딸.

변호사

에디 카스탱(Eddie Castaing): 로리 부도의 변호사

리처드 T. 시먼스 2세(Richard T. Simmons Jr.): 애너 포의 변호사

주

이 주석은 본문에서 명확히 드러나지 않은 출처 표기를 명료히 하려는 의도로, 그렇게 함으로써 중요한 핵심에 관한 더 자세한 세부사항을 제공하고, 추가 정보를 원하는 독자를 안내하기 위한 의도로 작성되었다. 줄거리에 참고하기 위해 필자가 직접 수행한 인터뷰는 각 장별로 모아놓았으며, 일일이 각주로 작성하지는 않았다.

애너 포에 관한 정보는 여러 가지 출처에서 나온 것들이며, 그 자세한 내역은 다음과 같다. 보도 과정에서 필자는 포와 관련된 몇 가지 행사에 직접 참석했는데, 그중에는 그녀를 위한 기금 마련 행사가 두 번, 학술대회가 두 번, 그리고 루이지애나 주 입법부에 출석한 일이 몇 번 포함되어 있었다. 포는 또한 저자와 긴 인터뷰를 했지만, 환자의 사망과 관련된 세부적인 사항을 논의하길 거듭 거절했는데, 그 이유는 잘못된 살인 소송과 자기를 고소하지 않은 사람들과 관련된 민감한 문제 때문이라고 밝혔다.

제1부 치명적인 선택
프롤로그

인터뷰 대상자

호러스 볼츠, 에시 캐벌리어의 가족(과 손자 존 하자드[John Hazard]), 도나 코섬 가족(어머니 로즈마리 피주토 코섬[Rosemary Pizzuto Cotham]), L. 르네 구, 캐리 홀 가족(과 손녀 킴벌리 리버스 로버츠), 마사 하트 가족(과 사촌들인 제임스 해리스 '저드슨' 하디, 스티븐 캘러런 하디, 제인 몰로니), 페이스 주베르, 존 코키머, 대니얼 G. 러플리(Daniel G. Rupley), 존 틸, 퍼트리셔 틸, 캐런 윈.

간행물

Meitrodt, Jeffrey, "Katrina Nurses Called Victims of Justice; 'Their Performance Has Always Been Exemplary,'" *Times-Picayune*, July 23, 2006.

미간행 문서

존 틸이 호러스 볼츠에게 보낸 2006년 12월 22일 자 편지; 메모리얼 메디컬 센터 재난 대비 대량 중상자 발생 (사린 가스 시나리오) 훈련 설문조사, 2005년 4월 8일; 테닛 보건의료 회사의 헬리콥터 임대 계약서 및 애비에이션 서비스사와의 이메일 내역; 조종사 근무일지 사본; 뉴올리언스 지방법원 기록; 마사 하트의 유언 검증 신청, 사건번호 2007-06959; '혼, 케빈 (외) 대 메모리얼 메디컬 센터 (외)'(Hall, Kevin, et al v. Memorial Medical Center, et al) 소송, 사건번호 2006-00127.

기타
2층 로비와 의사 사무실 사진들; 에어보트 구조 당시의 상황을 촬영한 비디오; 수전 멀더릭의 변호사와 필자가 주고받은 2009년 8월 자 이메일.

인터넷 자료
존 틸의 부고(Daily Comet; Times-Picayune)와 이와 관련된 온라인 댓글, 유족의 페이스북 페이지, 추모 사이트(Lake Lawn Metairie Funeral Home website, http://lakelawn.tributes.com/our_obituaries/John-Stephen-Thiele-M.D.-90423470; www.legacy.com); 기타 바이털스닷컴(www.vitals.com)의 '존 틸' 관련 페이지; 해리 톰슨 센터 웹사이트(Harry Tompson Center, www.harrytompsoncenter.org); FDA 웹사이트(www.FDA.gov)의 미다졸람('버스드') 관련 문서들, 특히 라벨 및 상자의 경고 표시 변천사.

주석
1. 틸은 필자와 여러 차례 가진 인터뷰에서는 물론, 2008년과 2009년의 사실 관계 확인 인터뷰에서도, 당시 코키머가 자기 앞에서 이런 몸짓을 했다고 회고했다. 하지만 코키머는 2009년 인터뷰에서 이렇게 말했다. "분명히 말하지만, 그런 일은 결코 없었습니다." 그는 당시 틸과 함께 응급실 경사로에 있었던 사실을 기억했으며("그는 마지막으로 남은 시가 두세 개를 저에게 주더군요"), 2013년 인터뷰에서는 당시 의사들이 끝까지 남아 있어야 한다고 자기가 생각했던 까닭을 이렇게 설명했다. "그건 마치 배의 선장과도 같기 때문에, 즉 그들은 먼저 떠나는 게 아니라, 맨 마지막에 떠나기 때문입니다."

1장

인터뷰 대상자
유잉 쿡, 미니 쿡, 커티스 도시, 캐시 그린, 페이스 주베르, 에릭 얀코비치.

간행물
Greene, Glen Lee. The History of Southern Baptist Hospital, revised edition (New Orleans: Southern Baptist Hospital, 1976, and original 1969 edition).

다음 매체에 수록된 허리케인 베치 관련 기사. The Triangle, Southern Baptist Hospital, September 1965. 특히 다음 기사. Raymond C. Wilson, "Thinking Out Loud"; J. Doak Marler, "How We Rode Betsy Out"; "Baptist Bears Betsy's Brunt."

"Ivan Knocked, Memorial Stood Ready," Connections, September 2004.

"Baptist Hospital Admits First Patient, Mrs. Cotey," Item-Tribune, March 9, 1926.

"Baptist Hospital Gives Treatment to First Patient," *Times-Picayune*, March 9, 1926.

다음 매체에 수록된 기사 및 광고. *Item-Tribune*, March 14, 1926. 특히 다음 기사 및 광고. "Hospital Is Ready for Use"; "Facts About Baptist Hospital"; "Hospital Head Directs Work"; "Hospital Staff Comprises 127"; "Baptist Hospital Will Not Differ in Charity Cases."

"Ideal of Christian Healing Voiced at Formal Opening of New Baptist Hospital," *Times-Picayune*, March 14, 1926.

"Report of General Superintendent." 그리고 다음 매체의 다른 여러 부분들. *Semi-Annual Report of the Sewerage and Water Board of New Orleans, La.*, December 31, 1908. 그리고 이 매체의 1926-1930년 간행분.

"City Park Is Gaily Garbed for Great Festival Sunday," *New Orleans States*, May 2, 1926.

다음 매체의 1926년 5월 전반 허리케인 및 그 이후 관련 기사들. *Times-Picayune* (May 3, 4, 7, 9; August 26; September 12); *New Orleans Item* (May 3-5, 8, 11, 14); *Item-Tribune* (May 9); *New Orleans States* (May 3).

다음 매체의 1927년 4월 15-16일 자 허리케인 및 그 이후 관련 기사들. *New Orleans Item* (April 16 and 23); *Times-Picayune* (April 16-21, 23-24, 26-29).

Barry, John M. *Rising Tide: The Great Mississippi Flood of 1927 and How It Changed America* (New York: Simon & Schuster, 1997).

문서

"The 1927 Great Mississippi Flood: 80-Year Retrospective" (Newark, CA: Risk Management Solutions, Inc., 2007).

서던 뱁티스트 역사 도서관 및 기록보관소(Southern Baptist Historical Library and Archives) 소장 소책자 및 보고서. 특히 다음 자료들. Marvin W. Johnson, "Report of the Baptist Hospital at New Orleans," 1925; Louis J. Bristow, "Southern Baptist Hospital," 1926; "Proposed Program Structure, Southern Baptist Hospitals," 간행일 불명; Louis J. Bristow, "The Heart of Healing, Unto the Least," ca. 1930s; Louis J. Bristow, "Hospital Stories: Indicating How the Southern Baptist Hospital Is Fulfilling Its Task of Healing Humanity's Hurt," ca. 1930s. 또한 다음 연간 자료에 수록된 병원 업무, 철학, 재정 관련 보고도 참고함. *Annual of the Southern Baptist Convention* (1928, '29, '36, '42, '43, '62, and '68).

Maygarden, Benjamin D., Jill-Karen Yakubik, Ellen Weiss, Chester Peyronnin, Kenneth R. Jones. *National Register Evaluation of New Orleans Drainage System, Orleans Parish, Louisiana*, 1999. Chapter 4, "History of the New Orleans Drainage System, 1893-1996."

주석

1. Tenet Healthcare Corporation, "Tenet to Create New Health Network in New

Orleans," October 24, 2005.

2. Greene, G. *The History of Southern Baptist Hospital*, p. 60.

3. Ibid., p. 29-30.

4. 이 금액은 이 지역 신문에 인용된 것이지만, 어쩌면 지나치게 높았을 가능성도 있다. 1936년 5월에 이 병원 운영위원회에서 간행한 『서던 뱁티스트 총회 연감(Annual of the Southern Baptist Convention)』에는 이렇게 나온다. "1926년과 1927년의 홍수 피해로 인한 재산 손실로 그 수리 및 대체에 4만 3220달러가 소요되었다."

5. 2013년 5월 13일, 다음의 '화폐 현재 시세 계산기'에서 얻은 결과에 의거함. Minneapolisfed.org. "What's a Dollar Worth" calculator — $528,000 to $792,000.

6. 필자는 2010년 9월에 미국 해양대기국(National Oceanic and Atmospheric Administration, NOAA)의 로버트 릭스(Robert Ricks)에게 의뢰해, NOAA의 데이터베이스에서 1871년 이후 뉴올리언스 지역 측정소(Audubon station 166664)의 역대 최고 강우량 1위부터 10위를 집계했다. 이 가운데 1937년 10월 2일의 허리케인 당시 강우량은 33.22센티미터였고, 이는 1927년 4월 16일의 강우량 33.00센티미터와 비견할 만하다.

7. *City of New Orleans, Louisiana: Basic Financial Statements December 31, 2011.* "루이지애나 주 입법부는 1994년의 법령 1조에서, 시의 일반 보증 채권의 부채 한계를 5천만 달러 또는 시의 전체 평가 가치의 35퍼센트 가운데 더 커다란 쪽과 똑같은 정도까지로 늘렸다."

8. 1928 Flood Control Act. Seventieth Congress, session I, chapter 596; 1928, chapter 569, "An Act for the Control of Floods on the Mississippi River and Its Tributaries, and for Other Purposes"; http://www.mvd.usace.army.mil/Portals/52/docs/MRC/Appendix_E._1928_Flood_Control_Act.pdf.

2장

인터뷰 대상자
지나 이스벨, 로비 두보이스.

간행물
Landphair, Juliette, "'The Forgotten People of New Orleans': Community, Vulnerability, and the Lower Ninth Ward," *Journal of American History*, no. 94 (December 2007): 837-45.

미간행 문서
"Tenet Healthcare Corporation to Acquire Mercy✝Baptist Medical Center," May 17, 1995, Mercy✝Baptist Medical Center (보도자료); 병원 평면도; 샬멧의 모든 환자가 이송되었음을 알리는 라이프케어의 2005년 8월 28일 자 이메일.

주석

1. 뉴올리언스 지역을 포함한 허리케인 주의보는 그 지역 시간으로 토요일 오전 10시(국제표준시 15시 00분)에 발령되었다. "Hurricane Katrina Advisory Number 17," NWS/TCP National Hurricane Center, Miami, FL, ten a.m. CDT Saturday, August 27, 2005; http://www.nhc.noaa.gov/archive/2005/pub/al122005.public.017.shtml. 또 다음을 보라. Richard D. Knabb, Jamie R. Rhome, and Daniel P. Brown, "Tropical Cyclone Report—Hurricane Katrina," NWS TPC/National Hurricane Center, 2005; http://www.nhc.noaa.gov/pdf/TCR-AL122005_Katrina.pdf.

   여기서 '주의보'란 주의 지역에서 '보통 36시간 이내에' 허리케인 상황이 가능함을 의미하며, 당시의 "카트리나는 4등급 허리케인이 될 가능성도" 있었다. 카트리나 이후, 메모리얼 메디컬 센터를 포함한 병원 측 피고들을 위해서 작성된 전문가 증인 보고서에 따르면, 기상학자 랜돌프 J. 에번스는 그 허리케인이 "상륙 사흘 전부터 급격히 강력해졌다"고, 'NHC(국립 허리케인 센터)'의 경보와 예보에도 "누락, 불확실성, 부정확성"이 엿보였는데 예를 들어 뉴올리언스의 제방 너머로 물이 넘칠 것이라는 경고가 뒤늦게 나왔다고 지적했다. 에번스의 주장에 따르면, 금요일 저녁이 되어서야 처음으로 NHC에서도 예상 경로에 뉴올리언스 지역이 포함된다고 확신했다. NHC는 2010년에는 허리케인 철 직전에 감시(36시간 내지 48시간)와 경보(24시간 내지 36시간)에 걸리는 예보 기간에 12시간을 더했으며, 2013년에는 예상되는 열대성 허리케인의 강풍에 앞선 대비 시간을 더 늘리도록 바꾸었다.

2. "Hurricane Katrina Discussion Number 17" (NWS/TCP National Hurricane Center, Miami, FL, ten a.m. CDT, Saturday August 27, 2005; http://www.nhc.noaa.gov/archive/2005/dis/al122005.discus.017.shtml). 이는 이번 허리케인이 상륙 직전에 5등급으로까지 강해질 가능성이 "의문의 여지없이 확실한 것까지는 아니다"라는 경보와 동시에 발령되었다. 또한 공식 예보는 "48시간 내지 60시간 내에 루이지애나 남동부에 상륙"할 것이라고 알렸는데, 즉 8월 29일 월요일에 상륙한다는 뜻이었다.

3. 뉴올리언스 지역에 대한 허리케인 경보는 지역 시간으로 토요일 오전 10시(국제표준시 03시 00분)에 발령되었다. 다음을 보라. Knabb, et al.

4. Oremus, Will, "tornado possible. might kill you . . . might not," *Slate*, April 2, 2012; http://www.slate.com/articles/health_and_science/explainer/2012/04/new_tornado_warnings_why_national_weather_service_storm_alerts_weren_t_scary_enough_.html.

5. "Hurricane Katrina Discussion Number 19" NWS TPC/National Hurricane Center, Miami, FL, eleven p.m. EDT, Saturday, August 27, 2005.

3장

인터뷰 대상자

호러스 볼츠, 조앤 카다로, 유잉 쿡, 미니 쿡, 리처드 다이크먼, 배리 포스트, 페이 가비, 재니 버

재난, 그 이후

지스의 가족(리넷 버지스 기디, 버사 미첼, 글래디스 스미스, 자니 클라크), 지나 이스벨, 존 코키머, 리처드 랍 전직 주지사, 그레이슨 러빅, 제프리 N. 마이어스, 대니얼 W. 너스, 애너 포, 캐런 윈, 존 짐머먼.

간행물

"NOAA Hurricane Katrina Advisory Archive," National Hurricane Center, 2005; http://www.nhc.noaa.gov/archive/2005/KATRINA.shtml?.

간행 문서

Johnson, Brig. Gen. David L. "Service Assessment: Hurricane Katrina August 23-31, 2005" (Silver Spring, MD: NOAA's National Weather Service, 2006); http://www.weather. gov/os/assessments/pdfs/Katrina.pdf; 뉴올리언스 대피 명령서; 2004년 4월 2일 자로 애너 포가 서명한 재배치 계약서, 제안 승낙서, 그리고 고용 제안 편지 사본.

주석

1. "urgent-weather message," NWS, New Orleans, LA, eleven a.m. CDT, Sunday August 28, 2005; http://celebrating200years.noaa.gov/events/katrina/side_katrina.html. 또한 허리케인이 상륙하기 약 24시간 전 NHC의 공식 경보에서는 높이 6~7미터의 허리케인 해일(즉 정상적인 천문조석의 조위를 넘어서는 물을 말한다)을 예상하기 시작했다(그리고 허리케인의 중심이 상륙한 곳에서는 최대 9미터까지도 가능하리라고 예상했다).

2. 루이지애나 주 제퍼슨 패리시의 자치단체장 애런 브루사드의 기자회견 영상, WDSU 11:00 a.m. CDT; http://www.youtube.com/watch?v=Mk64s3xT8W8.

3. US Congress, Senate Committee on Homeland Security and Governmental Affairs, *Hurricane Katrina: A Nation Still Unprepared*, Chapter 16, "Pre-Storm Evacuations," footnotes 59-60, pp. 264-265. (Washington, DC: 109th Congress, 2nd session, S. Rept. 109-322 GPO, 2006,i); http://www.gpo.gov/fdsys/pkg/CRPT-109srpt322/pdf/CRPT-109srpt322.pdf.

4. 오전 10시에 열린 기자회견에 관한 녹스 앤드리스의 메모는 카트리나 당시 메모리얼에서 사망한 일흔 살 환자 리온 프레스턴의 가족이 테닛을 상대로 제기한 민사 소송에서 증거물로 포함되었다. *Elmira Preston, et al v. Tenet Health System Memorial Medical Center, Inc. D/B/A, Memorial Medical Center, et al.* 2:06-cv-03179-EEEF-KWR document 74-6 filed October 24, 2006, US District Court Eastern District of Louisiana, civil action no. 06-3179. 그 내용은 '법원 전자 기록 공개 열람실'(PACER; http://www.pacer.gov)에서 확인 가능하다(이 사건은 훗날 민사 지방법원으로 환송되어, 집단 소송으로 승인되었다. 따라서 이 사건에서 더 나중에 이루어진 신청과 판결은 비록 다른 곳에서 언급하기는 했지만, 정작 PACER에서는 확인할 수 없다). 기자회견 참가자 한 명은 오로지 어린이 병원과 메소디스트 병원만 발전기와 전력 개폐기가 지상에 올라와 있다고 말했다. 하지만 시내에 홍수가 일어나자 메소디스트 병원 역시 전력이 차단되었으

며, 카트리나가 일어나기 무려 3년 전에 이곳의 전직 원장은 병원의 주 발전기와 연료 공급 설비가 홍수 수위 아래에 놓여 있으며, 이를 재배치하기 위해서는 750만 달러의 비용이 든다고 뉴올리언스 보건국장에게 알린 바 있다(다음을 보라. Fink, Sheri, "The New Katrina Flood: Hospital Liability," *New York Times*, January 1, 2010). 메소디스트 병원에서 사망한 중환자의 가족이 제기한 소송에서 증언한 CEO 래리 모건 그레이엄의 설명에 따르면, 발전기 가운데 한 대는 홍수 수위보다 한참 위에 있었지만, 이 발전기에 디젤유를 공급하는 펌프가 침수된 것이 문제였다. 결국 이 병원은 18시간 동안 전력이 두절된 상태였다가, 직원들이 "옥상까지 디젤유를 직접 들어 나르는" 방법으로 발전기를 재가동했다(*Stephen B. Lacoste, et al v. Pendleton Methodist Hospital, LLC*, Civil District Court for the Parish of Orleans, case no. 2006-2347, deposition taken May 2, 2008). 홍수 지역의 다른 병원들에서도 취약한 연료 펌프가 문제가 되었다. 2012년 10월의 초대형 허리케인 샌디 당시에는 뉴욕 시의 벨뷰 병원 지하에 있던 연료 펌프가 고장 나, 직원들이 직접 계단을 통해 연료를 옮겨 발전기를 계속 가동했다.

5. Louisiana Hospital Association, data on Hospital Preparedness Program grants from the US Department of Health and Human Services to the Louisiana Department of Health and Hospitals, 2002-2005; http://www.lhaonline.org/displaycommon.cfm?an=1&subarticlenbr=138

6. US Senate. *Hurricane Katrina: A Nation Still Unprepared*. Chapter 24, "Medical Assistance," p. 399, p. 427 (reference 7): Philip Navin, e-mail to EOC Report, August 29, 2005, 6:58 a.m., provided to Committee; filed as Bates nos. CDC 747-749.

7. 재니 버지스의 아들 루벤 앤서니 버지스는 1948년 12월 9일 태어나 1968년 2월 23일 전사했으며, 사망 당시 미국 해병대 일병이었다. 다음을 보라. "The Virtual Wall: Vietnam Veterans Memorial," http://www.virtualwall.org/db/BurgessRA03a.htm.

8. 다음을 보라. Baker, Robedt B., Harriet A. Washington, et al, "African American Physicians and Organized Medicine, 1846-1968," *JAMA*, vol. 300, no. 3 (July 16, 2008): 306-314. 남부 여러 병원의 인종 차별은 예를 들어 '플레시 대 퍼거슨(*Plessy v. Ferguson*)' 소송에서 나온 "별개이지만 평등하다(separate but equal)"라는 1896년의 연방 대법원 판결이라든지, 백인과 흑인 환자의 차별을 의무화하는 남부 여러 주의 조례 같은 것들에 근거를 두고 있다. '1946년의 힐 버턴 조례(Hill-Burton Act of 1946)'로 인해 인종 차별적인 병원의 건립과 개선에 연방의 자금이 투입되기도 했다. 이런 관습은 '브라운 대학교 교육위원회' 소송에서 "별개지만 평등하다"는 원칙이 무너진 이후에도 지속되었다(Quadagno, Jill and Steve McDonald. "Racial Segregation in Southern Hospitals: How Medicare 'Broke the Back of Segregated Health Services'" in Green, Elna C., ed., *The New Deal and Beyond: Social Welfare in the South Since 1930*. [Athens, GA: University of Georgia Press, 2003]). '1964년의 민권 조례(Civil Rights Act of 1964)' 제6조에서는 연방 재정 지원을 받는 사설 기관에서의 인종 차별을 금지했다. 하지만 이 당시에는 오로지 연방 자금을 받는 병원들만 차별 금지 규정에 속박되는 것으로 간주되었다. 노인 의료보험인 메디케어 법안이 1965년에 통과되고 나서야, 차별하지 않는

재난, 그 이후

다는 사실을 입증하지 못한 병원은 연방 자금을 받지 못하게 되었다.

9. 서던 뱁티스트 병원의 원장 레이먼드 C. 윌슨의 칼럼("Thinking Out Loud," *The Triangle*, May 1967)에 따르면, 당시 미국 내에서 300개가 약간 못 되는 병원이 정부의 지원 없이 운영하기로 선택했다. 아울러 그는 "'독자적으로 나아가기로' 한 집단 중에서도 서던 뱁티스트가 가장 크다는 의견"을 자기가 미국 정부로부터 공식 전달받았다고 밝혔다. 윌슨에 따르면, 메디케어에 참여한 뉴올리언스의 병원들은 정부의 '평등보건의료기회 추진국(office of Equal Health Opportunity)'이라는 정부 기관에다 각 병원의 의사별로 진료한 환자의 명단을 제출해야 했다(인종 차별을 단속하기 위해서였을 것이다). "이런 방법은 개별 환자에게 어떤 병원이 가장 적절한지 결정하는 의사의 특권을 심각하게 저해할 수 있다"고 윌슨은 주장했다.

10. 윌슨의 한 칼럼("Thinking Out Loud," *The Triangle*, September 1966)에 수록된 인용문이다. 또한 그는 캘리포니아 주 샌린드로가 "빈곤 퇴치 프로그램, 연방 도시 재개발, 주택 및 미화 프로그램 등을 통해 이용 가능한 수백만 달러"를 거부하면서까지 "자기네 지역사회의 일에 대한 통제권"을 연방 정부에 순순히 양보하지 않은 것에 박수를 보냈다. 1966년의 성명서는 윌슨의 또 다른 칼럼("Thinking Out Loud," *The Triangle*, July 1966)에 전재되었다.

11. 윌슨은 한 칼럼("Thinking Out Loud," *The Triangle*, June 1969)에서 이렇게 썼다. "우리 병원의 신조와 실천은 우리의 서비스를 인종이나 신조나 피부색이나 국적이나 치료비 지불 능력과 무관하게 모든 사람에게 제공하는 것이다." 같은 달에 뉴올리언스에서 열린 남부 침례교 총회에서는 "뉴올리언스 병원의 인종통합에 관한 결의안(Resolution on New Orleans Hospital Integration)"을 채택했는데, 여기서는 병원 운영위원회 이사들을 향해 "지체 없이 이 문제를 추구함으로써, 실제 행동을 명시된 정책과 일치"시키라고 요구했다(http://www.sbc.net/resolutions/amResolution.asp?ID=888). 인종통합 정책은 그로부터 1년 전에, 즉 1968년 6월에(마침 로버트 F. 케네디 상원의원의 피격 사건이 있던 바로 그 주에) 있었던 연례 총회에서 채택되었다. 이 회의에서 결국 대체된 서던 뱁티스트 병원 원칙의 구절은 다음과 같았으며, 원래 1962년에 채택된 내용이었다. "인간의 존엄과 가치를 보전하기 위한 방법에 비용을 지불하기가 어려운 사람들에게도 이 병원의 모든 자원을 이용할 수 있도록 한다." 또한 이 병원은 총회에서 개정된 프로그램 선언문을 실천에 옮김으로써, 흑인 환자들을 받아들이기 시작했다. 이에 관해서는 글렌 리 그린(Greene, Glen Lee)의 다음 책을 보라. *The History of Southern Baptist Hospital* (New Orleans: Southern Baptist Hospital, 1976, and original 1969 edition). 뱁티스트의 소식지에 따르면, 총회에 제출하는 이 병원의 연례 보고서에는 "뉴올리언스의 병원은 올해 최초로 흑인 환자를 받았다"고 나온다(*Baptist Message*, June 13, 1968). 1960년대 중반부터 이 병원에서 일해왔던 백인 내과 의사 호러스 볼츠가 필자에게 한 말에 따르면, "그 일은 매우 조용히 이루어졌다". 또한 볼츠와 같은 세대인 흑인 외과 의사이지만 이 병원의 직원은 아닌 윈저 데니스(Windsor Dennis)의 말에 따르면, 자기가 알기로 그 이전까지만 해도 이 병원에서 치료를 받은 흑인은 어느 학교의 유명한 교장 선생 딱 한 명뿐이었다고 한다("그 사실은 이후로도 비밀이었습니다"). 볼츠의 지적에 따르면, 뉴올리언스에서 가장 적극적인 인종 차별주의자였던 에밋 리 어윈

(Dr. Emmett Lee Irwin)도 이 병원의 정책으로부터 영향을 받은 주도적인 의료진이었다고 한다(그는 1965년에 교통사고로 사망했다). 그린의 책에서는 어윈이 1926년의 서던 뱁티스트 병원 의료진 가운데서도 창립 구성원 소속이며, 또한 다음 책에 따르면 어윈은 '뉴올리언스 및 근교 시민위원회(Greater New Orleans Citizens' Council)'의 창립자이며 초기 지도자이기도 했다(McMillen, Neil R. *The Citizens' Council: Organized Resistance to the Second Reconstruction 1954-64* [Champaign, IL: Illini Books, 1994]). 이 조직은 학교에서의 인종통합에 반대하는 활동을 펼쳤으며, 어윈은 1950년대 중반에 그 위원장을 역임하면서 "남부군 깃발을 흔드는 군중 수천 명을 뉴올리언스의 시립 공연장으로 불러 모아, 인종통합은 공산주의자의 음모라고 비판하며, 인종 차별 전쟁이 임박했다는 섬뜩한 예언을 내놓는 연설을 듣게 했다"(Mohr, Clarence L. and Joseph E. Gordon. *Tulane: The Emergency of a Modern University, 1945-1980* [Baton Rouge, LA: Louisiana State University Press, 2001]). 어윈은 그보다 먼저 루이지애나 애국단체연합회의 창설과 주도에서도 적잖은 역할을 담당했다. 학교에서의 인종통합에 반대하는 어윈의 전술 중에는 백인 학생들을 흑인으로 분장시켜 행사 무대에 올린 다음, 이들에게 서로 입을 맞추는 연기를 시켰다는 내용도 있었다. 곧이어 그는 청중에게 이렇게 말했다. "이건 단지 인종통합이 무슨 뜻인지 보여주는 작은 예시에 불과합니다."(*Bush v. Orleans Parish School Board and the Desegregation of New Orleans Schools.* Federal Judicial Center; http://www.fjc.gov/history/home.nsf/page/tu_bush_narrative.html.) 서던 뱁티스트 병원의 역사에서 더 이른 시기에 나온 성명서는 이보다 더 포용적인 태도를 보이고 있는데, 적어도 문서상으로는 그러했다. 예를 들어 1935년의 병원 보고서에는 이렇게 나와 있다. "지난 수년간 일관성 있게 따른 우리의 정책은, 인종이나 신조나 삶의 지위와 무관하게 우리에게 오는 병자를 보살피며, 우리가 제공할 수 있는 보살핌을 제공하는 것이었다." 어쩌면 '인종'이 언급된 반면에 '피부색'이 언급되지 않았다는 점은 의미심장할지도 모른다.

1969년에 당시의 병원장 윌슨이 한 칼럼에서 이와 유사한 메시지를 내놓았지만, 서던 뱁티스트 병원은 여전히 메디케어에 참여하지 않고 있었다. "민권 관련 쟁점을 의식하는 일부 사람들의 생각에, 메디케어에 대한 우리의 입장이 갈팡질팡해 보인다는 사실에 대해서는 본인도 우려하는 바이다." 윌슨은 말했다. "매우 실제적인 관점에서, 내가 우리의 비판자들에게 상기시키고 싶은 바는, 우리 병원이 이토록 가치 있는 노력을 하도록 유지되기 위해서는 어쩔 수 없다는 것이다. (……) 만약 우리가 궁핍한 사람들만을 선호한다면, 우리는 금세 운영이 불가능해질 것이다." 그는 연방 정부가 메디케어의 치료비 상환에서 2퍼센트의 감축을 발표했다고 지적했다. "메디케어에 관한 우리의 정책은 '기다리면서 지켜보자'는 것이었고, 우리가 더 오래 기다릴수록, 더 많은 문제가 부각된 것처럼 보입니다."

12. "SBH Joins Medicare," *The Triangle.* 이 병원은 1969년 11월 1일자로 이 프로그램에 가담했다. 윌슨은 11월 3일에 노인 환자가 31명, 11월 10일에 52명, 11월 18일에 86명이었다고 적었다. 다음 자료에 따르면, 1970년 1월에 이르러 노인 환자는 123명이었다. Greene, p. 209.

13. *Johnie Montgomery v. Southern Baptist Hospital*, EEOC charge no. 062-79-1208; *Sheila Bass v. Southern Baptist Hospital*, EEOC charge no. 062-79-1282; *Issac*

Frezel v. Southern Baptist Hospital, EEOC charge no. 062-79-1905 and 062-80-0316; *Tyronne Smith v. Southern Baptist Hospital*, EEOC charge no. 062-80-0819; *Rita Robertson v. Southern Baptist Hospital*, EEOC charge no. 062-80-0845; *Dorothy Nelson v. Southern Baptist Hospital*, EEOC charge no. 062-80-1464. 병원 측은 1980년에 EEOC(평등고용기회위원회)와 그 위원장인 엘리너 홈스 노턴과 다른 관계자들을 고소하면서, 이 일곱 가지 소송에 대한 수사 자료의 사본을 요구했다 (*Southern Baptist Hospital v. Equal Employment Opportunity Commission, et al*, US District Court, Eastern District of Louisiana, 80-3972). 이에 EEOC 변호사들은 이 자료를 공개할 경우, "고용주가 피고용인을 위협하고, 괴롭히고, 보복할 수 있다"고, 그리고 이 병원을 상대로 진행 중인 소송 절차에 방해가 될 수 있다고 주장했다. 이에 대해서는 후자를 근거로 들어 병원 측에 패소 판결이 내려졌다. 보건의료 분야에서의 통합 실시와 관련된 지속적인 도전에 관한 간략한 에세이는 다음을 보라. Smith, David Barton, "Racial and Ethnic Health Disparities and the Unfinished Civil Rights Agenda," *HealthAffairs*, 24, 2 (2005): 317-324. http://content.healthaffairs.org/content/24/2/317.full.

14. *Issac E. Frezel v. Southern Baptist Hospitals, Inc.*, US District Court, Eastern District of Louisiana, 80-4603 (1980).

15. 예를 들어 다음을 보라. "The History of Flint-Goodridge Hospital of Dillard University," *Journal of the National Medical Association*, 61, no. 6 (November 1969): 533-536; "Medicine: Negro Health," *Time*, April 8, 1940; http://www.time.com/time/magazine/article/0,9171,763801,00.html (구독자만 열람 가능).

16. 재니 버지스의 가족이 기꺼이 제공해준 고인의 진료 이력과 기록에 의거함.

17. 리넷 버지스 기디의 증언에 의거함.

18. '허리케인 카트리나: 2005년 8월 28일'이라는 제목이 붙은 메모리얼 메디컬 센터의 미간행 메모에 의거함.

19. 애너 포의 이력에 관한 부분은 포 본인과 위에 열거한 다른 여러 사람과의 인터뷰에 의거했다. 또한 그 외의 가족, 의료계 동료, 그리고 2007년 5월에 텍사스 주 휴스턴에서 열린 '애너의 친구들(Friends of Anna)'이라는 강연회 겸 디너/모금 파티에 참석한 포의 친구들로부터 얻은 정보도 참고했다. 포의 변호사 리처드 시먼스는 필자가 처음 만난 자리에서부터 그녀에 관한 기사를 쓰고 싶다는 관심을 표현하자 곧바로 이 행사에 관해 알려주었다. 필자 역시 주최자들로부터의 허락을 받아서 이 행사에 참여했으며, 언론 윤리 기준에 따라 본인의 식대는 자비 부담했다. 포의 지지자 가운데 상당수는 그녀에 관한 이야기를 기꺼이 공유해주었으며, 당시 화제가 된 텔레비전 드라마를 뛰어넘는 뭔가를 필자가 써주었으면 하는 바람을 드러냈다. 그 드라마는 그녀가 어떤 의사이고 어떤 사람인지에 대해서는 깊은 이해도 없이, 단지 그녀의 혐의라고 알려진 행위에만 전적으로 초점을 맞추었다고 생각했기 때문이다.

20. 놀라닷컴(nola.com)의 웹블로그에 다음과 같은 제목으로 올라온 글이다. "Tim Ballein of Westwego," July 31, 2006. 글쓴이는 자기가 세인트리타 학교 시절 포의 친구라고 밝혔다.

21. 다음을 보라. Kolb, Carolyn, "Life Along St. Claude Avenue," *New Orleans Magazine* (August 2008); http://www.myneworleans.com/New-Orleans-Magazine/August-2008/Life-Along-St-Claude-Avenue.

22. 얕은 물에 빠진 사람을 구한 포의 일화는, 사고 당사자이며 지금은 완쾌한 존 짐머먼으로부터 2007년 7월 23일 필자가 직접 들은 내용에 의거했다.

23. US Drug Enforcement Administration New Orleans Most Wanted Fugitives listing for Frederick Anthony Pou Jr., NCIC# W603770132; http://www.justice. gov/dea/fugitives/no/24B099BA-E9B1-4EDA-982C-C01C8C83D102.shtml. 프레더릭 포 2세는 앨라배마와 루이지애나 주 연방 대배심에서 기소되었다. 앨라배마 주의 기소는 코카인 약 1만 2000킬로그램을 콜롬비아에서 밀수한 혐의에 관한 것이다. 또 다음을 보라. *USA v. Pou, et al* 1:89-cr-00072-BH, US District Court Southern District of Alabama, May 9, 1989; *USA, et al, v. Land Baton Rouge*, 2:89-cv-02289-MLCF, US District Court Eastern District of LA (New Orleans), May 22, 1989; *United States v. Ricou Deshaw*, 974 F.2d 667 (5th cir.), no. 91-3131, October 14, 1992.

24. Wysocki Jr., Bernard, "Hospital Sets Strict Rules to Limit Costs," *Wall Street Journal*, January 12, 2004; Kinonen, Judie, "A Tale of 'Rational Rationing,'" *UTMB Magazine* (Spring 2005); http://www.utmb.edu/utmbmagazine/archive/05_ spring/pog.

25. 2004년 4월 2일 자로 애너 포가 서명한 재배치 계약서, 제안 승낙서, 그리고 고용 제안 편지의 사본.

26. 부동산 관련 기록은 넥시스닷컴(nexis.com)을 참고함.

27. 다음에 인용된 윌슨 병원장의 발언에 의거함. "Hospital Adds New Lifesaver," *The Triangle* (March 1967). 원래는 1967년 2월 16일 자 〈타임스 피커윤〉에 게재된 기사를 전재한 것이다. 또 다음을 참고함. Wilson, Raymond C., "Thinking Out Loud," *The Triangle* (June 1967). 여기서 윌슨은 병원의 확장과 아울러 '내일의 병원'에 걸맞은 최신 기술을 도입했다고 설명하는데, 그중에는 산소 공급용 배관과 비상 발전 시스템 도입도 포함되었다.

28. "Dr. Baltz: Excellence Is Our Strength," *The Triangle* (February 1984).

29. 예를 들어 다음을 보라. Lo, Bernard, "The Death of Clarence Herbert: Withdrawing Care Is Not Murder," *Annals of Internal Medicine*, no. 101 (1984): 248-251.

30. "The Ethics of Life and Death," *Spectrum* (Spring 1985): 23.

31. 1984년 3월 27일의 '콜로라도 보건의료변호사협회'에서의 발언 중 일부, 〈덴버 포스트〉가 보도한 녹취록에 의거함. 아울러 리처드 D. 람 전직 주지사로부터 필자가 직접 받은 녹취록도 참고함. 그리고 다음을 보라. Kass, Leon R., "The Case for Mortality," *The American Scholar* vol. 52, no. 2 (Spring 1983): 173-191. 당시에 가장 많은 발행부수를 자랑하던 일간지 〈뉴욕 데일리 뉴스〉에서는 람의 발언을 가지고 "늙은이는 죽어라. 콜로라도 주지사, 그게 의무라고 발언"(Aged Are Told to Drop Dead: Colo. Gov Says It's Their Duty," *New York Daily News*, March 29, 1984)이라는 선정적인 헤드라인을 뽑았다. 이후에 람 주지사는 악담 가득한 전보를 잔뜩 받았는데, 이는 오늘날의 항의성

재난, 그 이후

이메일 세례와 유사한 것이었다. 이 기사는 〈덴버 포스트〉의 원래 기사에 있던 '우리'를 '여러분'으로 바꾸었으며, 마치 람이 나이가 많거나 매우 위중한 환자는 죽어야 마땅하다고 말한 듯 부정확한 내용을 암시했다. 훗날 람은 〈뉴욕 타임스〉를 통해 정정 보도를 내보냈는데, 이에 따르면 지금까지 그의 인용문을 왜곡한 기사가 무려 여덟 개나 되었다("Correction," *New York Times*, November 23, 1993). 람은 졸지에 전국적인 관심을 받게 된 기회를 이용해서, 자신의 주장을 더 밀고 나갔다. 즉 차도가 별로 없는 환자들을 종종 '산송장'으로 만들어버리는 '최신 기술의 절차와 기계'에 너무 많은 돈을 투자하는 까닭에, 정작 보건의료를 필요로 하는 사람들이 그 혜택을 누리지 못한다는 주장이었다(Lamm, Richard D., "Long Time Dying: When 'Miracle Cures' Don't Cure," *New Republic* [August 27, 1984]). 필자는 2010년의 한 학술대회에서 람을 직접 만나, 무려 4분의 3세기 동안이나 주장해온 그 견해를 여전히 주장하고 있느냐고 물어보았다. 그러자 그가 미소와 함께 내놓은 대답은, 자기도 치료가 필요할 경우에는 엉금엉금 기어서라도 병원에 가겠다는 것이었다. "제 생각에는 그럴 것 같네요." 2011년 10월 7일에 있었던 좀 더 격식을 갖춘 후속 인터뷰에서도 그는 이렇게 말했다. 즉 병자가 치료를 고대하는 것은 자연스러운 일이라는 것이었다. "보건의료 시스템이 인간적인 필요에 대해서 건전함을 주장하는 것은 지당한 일입니다."

32. 벤저민 와이저가 〈워싱턴 포스트〉에 연재한 주목할 만하고, 여전히 신선한, 연명 치료 중단 딜레마 관련 5부작 연재 기사를 보라. "'Orchestration' of a Death," *Washington Post*, April 19, 1983; "A Final Judgment on Quality of Life," *Washington Post*, April 20, 1983. 또 다음을 보라. Kleiman, Dena, "Uncertainty Clouds Care of the Dying," *New York Times*, January 18, 1985.

33. "Welcome New Members"&"Save the Date" *Medical Staff Newsletter, Memorial Medical Center Tenet Louisiana Health System*, November 2004. 또 포의 모습도 보이는 2005년 1월 15일 자 '취임 축하 연회(Installation Banquet)' 참석자들의 기념사진을 참고함.

34. "Tenet Announces Major Restructuring of Operations," 보도자료, *Tenet Healthcare Corporation*, January 28, 2004. 또 다음을 보라. Klaidman, Stephen. *Coronary* (New York: Scribner, 2007).

35. Goux, L. R., "Memorial Achieves 'Full Compliance' in JCAHO Survey," *Connections* (July 2004); "Memorial Shines in JCAHO Survey," *Connections* (June 2005); "You're Tops, and We Have the Stats to Prove It!," *Connections* (October 2004). 또 다음을 보라. "Birthplace of New Orleans Cuts Ribbon on Renovation," *Connections* (November 2004); "New Orleans Cancer Institute Celebrates Opening, Health Fair," *Connections* (February 2004); "New Orleans Cancer Institute Building Nears Completion," *Connections* (August 2003).

36. 이 숫자는 환자 명단 사본과 병원 지도자들의 이메일 통신 내역에 근거한 최대한의 추정치이다. 환자들의 입원, 퇴원, 사망으로 인해 재난 중에 이 수치는 줄곧 변하게 되었다.

37. WWL은 친절하게도 자기네 방송의 디지털 오디오 파일을 제공해주었으며, 필자와 레베카 라비노위츠가 함께 녹취록을 작성했다. 실제 작업 분량은 레베카가 더 많았는데, 그녀는 2011년부터 뉴 아메리카 재단의 부연구원으로 근무하면서 대단한 녹취록 작성

실력을 터득하게 되었다. 이 녹취록은 이 책에 인용된 2005년 8월 29일부터 9월 1일까지의 WWL 방송 발췌문의 토대가 되었다.

38. 수전 멀더릭은 '프레스턴 (외) 대 테닛' 집단 소송의 증언조서에서 병원과 자신의 이력을 설명한 바 있었다(*Elmira Preston, et al v. Tenet Health Systems Memorial Medical Center, Inc.*, Orleans Parish Civil District Court, 2005-11709). 재난 시를 대비해 의도된 지도부 시스템에 관해서는 다음 규정을 참고하라. Memorial Medical Center Policy Number E-19, "Incident Command System," dated June 21, 2002. 하지만 직원 인터뷰 결과, 이 계획은 지침 그대로 준수되지 않았다는 암시가 있어서, 이 책에서도 각자의 임무에 대한 직원들의 견해를 반영했다.

39. Diane Loupe, "5 Lucky Women Were Bumped from Plane," *Times-Picayune*, July 11, 1982.

40. Harrell, Byron R. and Sister Barbara Grant, "Memorandum to: Employees of Southern Baptist Hospital and Mercy Hospital," September 1, 1993; "Mercy and Baptist Hospitals Announce Plans to Merge," 보도자료, Peter A. Mayer Advertising, Inc., September 1, 1993; Pope, John, "Baptist, Mercy Joining Forces," *Times-Picayune*, September 2, 1993; Rubinow, Marisa, "The Merger," *Healthcare New Orleans*, October 1993; "Mercy†Baptist Joins Tenet Louisiana Health System," *Tenet Louisiana Health System*(격월간 사내 소식지), November 1995. "Another Shift Toward Tomorrow," *Collaborations*(머시 뱁티스트 메디컬 센터에서 간행한 보건의료 및 복지 잡지), Summer 1995.

41. *The Triangle*(January 1971). 1970년의 경연대회 우승자의 작품은 은박지로 만든 성모상과 "적당한 색깔의 양탄자 실"로 장식한 그림이었다. 신앙은 병원 소식지에서 항상 언급되는 주제였으며("때로는 기도가 진정제만큼이나 마음을 가라앉히기도 합니다." *The Triangle*, May 1967) 그야말로 기본이었다. 1962년에 채택된 서던 뱁티스트 병원의 강령에는 다음과 같이 나와 있다. "침례교 병원은 상황이 허락하는 대로 직접적이고 개인적인 간증을 통해 예수 그리스도에 대한 믿음을 심어줌으로써, 그리고 질병과 장애와 죽음이라는 경험에 대한 적극적인 기독교적 해석을 이용해서, 하느님과 구원의 관계로 인간을 이끌기 위해서 존재한다." 하지만 그런 결론에 대한 우려는 심지어 그 당시에도 있었다. 즉 의료적으로 빈곤한 사람들이며, 침례교 종파 신도들을 치료하는 경우에도, 병원들은 "기관의 재정적 건전성을 위협하지 않을 한계 안에서만" 행했다(*Annual of the Southern Baptist Convention*, 1962, pp. 61-62). 비록 '남부 침례교 총회'가 1970년 6월 자로 연계를 끊었지만(Wilson, Raymond C. "Thinking Out Loud," *The Triangle* [July 1970]), 이 병원은 이후에도 계속 "독립적인 기독교 기관으로서" 운영되었으며, 플로리다 주 잭슨빌 소재 '뱁티스트 메모리얼 병원'을 관리하는 단체 산하에 종속되어 있었다.

42. 존 코키머를 말함.

43. 메모리얼의 약제과장 커티스 히버트가 2005년 8월 28일 일요일 오후 7시에 발송한 이메일에 의거함.

44. 2005년 8월 29일 월요일 오전 9시 3분에 발송한 이메일에 의거함.

45. 담당 간호사는 이 내용을 에버릿의 진료 기록에 적어두었다.

인터뷰 대상자

녹스 앤드리스, 호러스 볼츠, 베티 베넷 소령, 캐멀 바우라라(Kamel Boughrara), 키스 브리스부아, 셸리 M. 콜버트 대위(LT Shelley M. Colbert), 유잉 쿡, 미니 쿡, 마크 크레스웰, 리처드 다이크먼, 레베카 드라살(Rebecca DeLasalle), 윈저 데니스, 휴 엘리(Hugh Eley), 존 페레로(John Ferrero), 페이 가비, 후안 호르헤 헤르샤니크, 캐시 그린, 캐서린 그로스 중위, 러셀 홀 소령(LCDR Russell Hall), 로버트 헨들러(Dr. Robert Hendler), 지나 이스벨, 브라이언트 킹, 스콧 랭엄 중령(CDR Scott Langum), 웨인 레시(Wayne Leche), 존 마스 신부, 윌리엄 F. 맥미킨 (예비역) 중령(CDR [ret.] William F. McMeekin), 테레즈 멘데즈, 숀 무어 대위(LT/O3E Sean Moore), 수전 넬슨, 폴 프리모, 앤절라 레지넬리(Dr. Angela Reginelli), 마이클 리처드, 랜덜 리플리(AMT2 Randal Ripley, 해안경비대 항공기관사), 캐런 샌퍼드, 로드니 스콧, 마이크 소니어(Mike Sonnier), 케빈 스티븐스, 로버트 와이즈, 캐런 윈, 에릭 얀코비치.

주석

1. 이 당시의 상황에 관한 자세한 내용은 다음을 보라. Moody, Reginald F., "Radio's Role During Hurricane Katrina: A Case Study of WWL Radio and United Radio Broadcasters of New Orleans," PhD diss., University of Southern Mississippi; Ann Arbor, Mich.: UMI Microform, 3268460, 2006.

2. 루이지애나 주 제퍼슨 패리시의 자치단체장 에런 브루사드의 발표였다. WWL, during the eleven p.m. CDT, August 29, 2005.

3. WWL 11:13 p.m., CDT, August 28, 2005.

4. WWL 4:22 a.m., CDT, August 30, 2005.

5. 이 대목의 묘사는 재난 중에 촬영한 방 사진에 의거함.

6. Lindzy Louis IV, recorded June 23, 2007 for the oral history project "Surviving Hurricanes Katrina and Rita in Houston Collection" (AFC 2008/006), Archive of Folk Culture, American Folklife Center, Library of Congress, Washington, DC (Interview SR012, Accession # SKR-CJ-SR02).

7. 예를 들어 다음을 보라. "Tropical Storm Allison, June 2001: RMS Event Report" (Newark, CA: *Risk Management Solutions*, 2001); "Lessons Learned from a Hospital Evacuation During Tropical Storm Allison," *Suburban Emergency Management Project*, Biot Report #216, May 21, 2005 (이 자료에는 다음과 같은 내용이 나온다. "교훈 1: 홍수는 범람원에서 발생할 것이다. 따라서 그런 일이 일어나더라도 놀라지 말아야 하며, 여러분이 근무하는 병원이 범람원에 지어졌을 경우에는 더더욱 그래야 한다."). 앨리슨 이후 병원을 상대로 몇 건의 소송이 진행됐는데, 그중에는 병원에서 치료받던 도중에 전력이 단절되어 사망한 찰스 브렁켄호퍼(Charles Brunkenhoefer)의 가족이 낸 것도 있었다 (172nd District Court, Jefferson County, TX, no. E-169,673). 또 다른 소송에서는 텍사스 여성 대학이 메소디스트 병원을 고소했는데, 병원이 지표수를 터널로 흘려보내 결국 다른 병원의 부지로 들어가게 했다는 주장이었다(151st District Court, Harris

County, Texas, no. 2003-31948).

8. 이 조직의 이름은 2007년에 '합동위원회'로 바뀌었다. Memorial's JCAHO hospital accreditation program and home care program survey, May 17-19, 2005, organizational ID no: 8778.

9. 로버트 와이즈와 필자의 2010년 개인적인 연락 내용에 의거함.

10. 루이지애나 주에서 JCAHO의 인증을 받으면, 보건국에서도 연례 재조사를 받은 것에 상응하는 조치로 인정해주었다("9309. Exceptions," Louisiana Register, vol. 29, no. 11, November 30, 2003, p. 2404).

11. "Hospitals Rising to the Challenge: The First Five Years of the U.S. Hospital Preparedness Program and Priorities Going Forward," UPMC Center for Biosecurity(현재는 다음으로 명칭 변경. UPMC Center for Health Security), March, 2009; http://www.upmchealthsecurity.org/website/resources/publications/2009/2009 -04-16-hppreport.html. 생물학 테러 대비 예산은 2002년에 1억 3500만 달러, 2003 년과 2004년에 5억 1500만 달러였다.

12. 2013년 7월 현재, '미국 메디케어&메디케이드 서비스 센터(US Centers for Medicare& Medicaid Services, CMS)'에서는 위기 준비 태세에 관한 규정안을 여전히 발표하지 않고 있다. 이는 본래 2010년 가을에 '연방 공보(Federal Register)'에 나왔으며, CMS에서는 "2012년 초에 간행 예정"이라고 했는데, 그 이유는 "미국 전역 보건의료 제공자들의 위기 계획 및 대응 능력에 대한 우려 때문"이라고 했다(CMS Spotlight, "Emergency Preparedness Requirements for Medicare and Medicaid Participating Providers and Suppliers: CMS-3178"; http://www.cms.gov/Regulations-and-Guidance/Legislation/ CFCsAndCoPs/Spotlight.html). 한참 뒤늦은 셈인 이 규정에서는 (한편으로 허리케인 카트리나 당시의 준비 태세 실패를 염두에 둔 까닭에) 병원을 비롯한 보건의료 시설이 노인 및 저소득층 의료보험인 메디케어와 메디케이드 사업에 참여하기 위해서는 준비 태세 기준을 충족시키는 것이 의무화되어 있다. 이 과정을 지켜본 관계자의 말에 따르면, 자칫 비용이 많이 들어갈 수 있는 새로운 의무 조항에 대한 반대 여론이 쏟아지면서, CMS도 이 규정의 채택을 연기하게 되었다고 한다. 그리하여 보건의료 대비 태세의 '구조적 간극'은 여전히 메워지지 않았다.

13. 메모리얼의 비상계획은 2011년에 '케이저 보건의료 계획 재단(Kaiser Foundation Health Plan, Inc.)'이 간행한 다음의 위험 취약성 분석 도구와 기본적으로 똑같았다. "Kaiser Permanente: Medical Center Hazard and Vulnerability Analysis"; http:// www.calhospitalprepare.org/sites/main/files/file-attachments/kp_hva_ template_2010.xls.

14. '프레스턴 (외) 대 테닛' 집단 소송 관련 마이클 아빈의 2010년 8월 26일 자 구두 증언에 의거함. .

15. Greene, Glen Lee. *The History of Southern Baptist Hospital*, revised edition (New Orleans: Southern Baptist Hospital, 1976, and original 1969 edition), p. 24.

16. "Hospitalists Now on Staff," *Connections* (May 2005).

17. 쿡의 설명(2007, 2008, 2009, 2013년에 이루어진 필자와의 인터뷰 내용)에 의거함. 킹 역시

2009년과 2013년의 인터뷰에서 이 회고를 다시 확인해주었다. 그의 말에 따르면, 당시 그는 환자에게 원격 심전도 측정이 필요하다고 생각했다. "그런 조치를 필요로 하는 환자의 경우, 우리가 이를 제공할 수만 있다면 충분히 살 수 있습니다." 아울러 그는 이 사건이 재난 중에서도 더 초기에 일어났을 수 있다고 덧붙였다.

18. 직원들은 서던 뱁티스트 병원의 헬리콥터 착륙장 평면도를 해안경비대원에게 보내주었다. 다음 자료에는 1985년에 '헬리스톱'과 기타 '프로젝트 2000' 건설 프로젝트가 진행 중이라는 내용이 나와 있는데, 6층짜리 클라라 병동이며 발전실 건물을 짓는 내용도 포함되어 있다. "Growing to Serve You Better," *Spectrum* (Spring 1985), p. 19.

19. 헬리콥터의 자체 무게는 다음 자료를 비롯한 여러 가지 제품 명세서에 나와 있다. http://www.sikorskyarchives.com/S-70A%20(UH-60M%20Black%20Hawk,%20HH-60M).php. 메모리얼에 착륙한 제이호크 헬리콥터 한 대의 무게는 1만 8500파운드였으며, 당시의 부조종사 캐서린 그로스 중위(LT Catharine Gross)의 증언에 따르면 연료가 절반 이하였다고 한다.

20. 숀 무어 대위를 말한다(2013년 7월 현재의 계급임).

21. 이름을 알 수 없는 한 간호사의 남편이 아기를 안고 있는 사진은 다음 자료에 나온다. Bernard, Marirose and Pamela R. Mathews. "Evacuation of a Maternal-Newborn Area During Hurricane Katrina," *MCN* (July/August 2008). NICU(신생아 집중치료실)에 있던 아기의 구조에 관한 설명은 위의 자료, 그리고 다음의 여러 가지 자료를 참고했다. 패멀라 매슈스(Pamela Mathews), 그녀의 남편 에드윈 '로이' 매슈스(Edwin "Roy" Mathews), 간호사 조 링크스(Jo Lincks)의 '스토리코프스'(StoryCorps) 인터뷰(고유번호 MBX006447, March 18, 2010, Library of Congress's Folklife reading room); 메모리얼 직원들이 촬영한 구조 당시의 사진들; Gershanik, Juan, "EVACUATE! My Katrina Experience," December 27, 2005 (후안 헤르샤니크가 작성한 4페이지짜리 팩스 자료); Feiler, Alan, "God's Hands in the World," *Baltimore Jewish Times*, September 9, 2005; 헤르샤니크를 비롯한 여러 직원들과의 인터뷰.

22. 필자와 인터뷰한 USCG(미국 해안경비대) 조종사 여러 명은 메모리얼의 위치를 알아내는 과정에서 어려움이 있었다고 설명했으며, 이는 2005년 8월 28일부터 9월 4일까지 스콧 랭엄 소위의 비행 작전 보고서인 USCG의 미간행 자료("Summary of Action for the Distinguished Flying Cross: LCDR SCOTT LANGUM")에도 반영되어 있다. "랭엄은 어둠 속의 장애물을 헤치고 지시된 좌표까지 능숙하게 비행했지만, 막상 도착해보니 병원의 위치가 부정확했다. 적극적인 유도가 없는 상황에서, 랭엄 소위는 저공 비행을 하면서 어둠 속의 전선(電線) 사이로 수색을 실시했고, 각 건물의 간판을 읽는 방식으로 병원을 찾아냈다."

23. 2013년 6월에 다이크먼에게 이 대목을 확인시켰을 때, 그는 헤르샤니크가 회고한 장면이며 대화, 또는 '공허한 시선'을 기억하지 못했다.

24. Gershanik, Juan, "EVACUATE! My Katrina Experience."

25. 플래시 관련 일화는 로리 부도가 다음 저서에서 밝힌 것이다. Budo, Lori. *Katrina Through Our Eyes: Stories from Inside Baptist Hospital* (Lexington, KY: CreateSpace, 2010). 이 책의 서두(p. 9)에서 그녀는 자기 책이 "ICU 직원들과 그 가족들의 허리케인

카트리나 이후 경험을 소설화한 작품"이라면서 이렇게 덧붙였다. "내가 아는 사람들에 관한 이야기를 썼다. 이것이 바로 우리의 이야기이다." 이 책에 나온 사람들의 이름 역시 부도와 캐시 그린(맨 마지막 장인 '뱁티스트'에 나온다)을 제외하면 모두 상상의 산물이지만, 그래도 세부사항은 다른 여러 자료와 인터뷰를 잘 참고했으며, 따라서 그중 일부 내용을 (이 '후주'에 설명한 것처럼) 이 책에서도 사용했다. 필자는 이 사건에 관한 취재 도중 부도 씨에게 여러 차례 인터뷰를 신청했으며, 이 책이 간행되기 이전에 접촉해서 그녀의 이야기를 듣고, 기타 세부사항에 대한 사실 관계 확인을 받으려 시도했다. 하지만 그녀는 변호사인 에드워드 J. 카스탱 2세를 통해 인터뷰 요청을 거절했다.

26. 헬렌 데니스 브레킨리지(Helen Dennis Breckenridge)의 사망에 관한 묘사는 그녀의 형제 및 ICU 직원들과의 인터뷰에 근거했다. 직원들은 브레킨리지 씨의 이름을 직접 거론하지는 않았지만, 재난 도중에 사망한 ICU의 여성 환자는 2명뿐이었으므로, 사망 기록 및 환자 명단과의 대조를 통해 신분을 쉽게 추론할 수 있었다. 또 다음 자료들을 참고했다. 환자의 형제인 원저 S. 데니스가 '올리언스 패리시 민사 지방법원'에 제출한 "일시 및 차후 영구 금치산 선고 요청" 진정서 및 기타 기록, 위임장, 진술서, 약정서, 판결문 등(사건번호 2005-11439); '헬렌 버킨리지(Helen Buckenridge)'로 이름이 잘못 표기된 독물학 검사 보고서(January 13, 2006, National Medical Services Inc.); 올리언스 패리시 검시관실의 검시 보고서(October 20, 2005., #KAT-J-0322-05); 고인의 부고 기사(*Times-Picayune*, October 27, 2005).

27. "Louisiana Advance Directives: Legal Documents to Assure Future Healthcare Choices," Peoples Health. 수전 넬슨을 비롯한 여러 전문가와의 인터뷰를 참고했다(수전 넬슨은 내과 의사 면허 보유자이고, 노인병 전문가며, 호스피스 및 완화 치료를 주로 담당하는 의사로서, 루이지애나 주에서 의학적 사전 유언에 대한 관심을 일깨우려고 노력하는 '라포스트 연합(LaPOST Coalition)'의 대표로 활동한 바 있다).

28. 공군 예비대 소속의 (현재는 '소령'인) 베티 베넷(MAJ Betty Bennett)을 말한다.

29. 이 대화에서 이 인용문은 다음 기사에서 가져왔다. Bernard and Mathews, "Evacuation of a Maternal-Newborn Area During Hurricane Katrina." 2013년에 필자가 다이크먼에게 확인했지만, 그는 이 대화 내용을 기억하지 못했다.

30. 다음의 합의 허가 청원서 내용을 참고함. *Evelina Barnes and Jeffrey Blackmore o/b/o Samuel Barnes v. LifeCare Hospitals, Inc.*, Civil District Court, Orleans Parish, Louisiana, December 3, 2008.

31. 포의 발언은, 라이프케어의 호흡기 치료사 찰스 린델의 2005년 11월 10일 주 검찰청 수사관과의 면담 당시 회고에 의거함.

32. '프레스턴 (외) 대 테닛' 소송 당시 멀더릭의 증언(2010년 8월 16일)에 따르면, 당시에 샌드라 코드레이는 라이프케어 측에 지원이 필요한지 물어보았다. "이들은 본사, 또는 운영진과 공조해 자기네 환자의 대피를 도모하고 있다는 암시를 보냈다. 애초에 그들이 우리의 도움을 요청하지 않았던 것이다." 2013년 6월에 있었던 필자와의 인터뷰에서 '어케이디언 구급차 회사'의 키스 브리스부아(Keith Brisbois)가 회고한 바에 따르면, 그는 대피 결정 직후 라이프케어로 가서 어케이디언 측을 대표해 도움을 제공하려 했다. 그의 말에 따르면, 라이프케어는 이송 계약업체와의 연락 여부에 관해 본사 중역의 확

재난, 그 이후

담을 기다리고 있다고만 대답해서 본인도 깜짝 놀랐다고 했다(왜냐하면 그의 생각에는 어케이디언이 바로 '그' 업체인 듯했기 때문이다). 그날 더 늦게 오간 문자와 이메일을 보면, 라이프케어 직원들은 실제로도 메모리얼과 테닛과 어케이디언 측에 대피 지원을 요청한 바 있었다.

33. 연방법원 기록에 나온 '프레스턴 (외) 대 테닛' 집단 소송 당시 앤드리스의 증언, 그리고 앤드리스와 필자의 인터뷰 내용에 근거함.

34. US Senate, *Hurricane Katrina: A Nation Still Unprepared*, Chapter 24, "Medical Assistance." 카트리나 당시 의료 대비 태세와 대응에서의 실패에 관한 탁월하고도 개략적인 개관은 다음을 보라. Bergal, Jenni, "Health Care," *City Adrift: New Orleans Before and After Katrina* (Baton Rouge, LA: Center for Public Integrity, Louisiana State University Press, 2007).

35. WWL, during the seven p.m. broadcast hour, August 30, 2005.

36. WWL, during the ten p.m. broadcast hour, August 30, 2005.

37. 마이클 아빈이 2005년 8월 30일 오후 10시 39분에 샌드라 코드레이와 기타 메모리얼 및 테닛 중역에게 보낸 이메일 내용에 의거함.

38. 이 사건은 관련자들이 잘 기억하고, 또한 잘 기록해두었다. 당시 루이지애나 주 알렉산드리아 소재 해안경비대 지휘본부에 있었던 몇 명이 2013년 필자와의 인터뷰에서 회고한 바에 따르면, 그들은 밤새도록 대피를 지속하기 위해 메모리얼 직원들을 설득하려 했다. 폴 프리모의 2008년에 필자와의 인터뷰에 따르면, 그가 지휘본부에 소속되었을 때 해안경비대에서 온 전화를 받았으며, 밤새도록 대피를 지속할 수 있다는 전망에 신나서 그 이야기를 헬리콥터 착륙장에 전했지만, 리처드 다이크먼은 대피를 지속하는 것이 바람직하다고는 생각하지 않았다는 것이다. 다이크먼은 프리모와 나눈 대화를 기억하지 못했지만, 다음 저서의 제5장에서는 그날 더 늦게 본인이 그런 결정을 내렸다고 시인했다. *Code Blue: A Katrina Physician's Memoir* (Bloomington, IN: AuthorHouse, 2006).

39. 마크 크레스웰(Marc Creswell)을 말한다(2011년과 2013년에 인터뷰함). 당시 루이지애나 주 라파예트에 자리한 어케이디언 본사에서는 다른 여러 직원들이 조정 업무를 담당하고 있었다. 카트리나 재난 당시 어케이디언의 업무에 관한 흥미로운 설명으로는 다음을 보라. Judice, Ross, *The Katrina Diaries: First Hand Accounts from Medics and Miracle Workers* (2011); http://www.scribd.com/doc/101037393/Ross-Judice-Acadian-Ambulance-The-Katrina-Diaries. 병원의 대피를 도와준 여러 시설 헬리콥터업체에 관한 설명으로는 다음을 보라. "Air Medical Community Response to Hurricane Katrina Disaster: Hospital Evacuation and Patient Relocation by Helicopter and Fixed Wing Aircraft," *Association of Air Medical Services*, January 9, 2006.

40. 캐서린 그로스 중위(현재 '대위')의 2005년 8월 30-31일 자 비행(HH60J aircraft no. 6017) 수색 및 구조 일지에 의거함.

인터뷰 대상자

빌 아밍턴, 프레더릭 '스키프' 버글 2세, 셸리 M. 콜버트 대위, 유잉 쿡, 미니 쿡, 리처드 다이크먼, 로비 두보이스, 존 페레로, 린다 갈리아노(존 러셀의 의붓딸), 캐서린 그로스 대위, 러셀 홀 소령, 에드먼드 G. 하우 3세 선생(Dr. Edmund G. Howe, III), 지나 이스벨, 윌리엄 라코트(Dr. William LaCorte), 래리 라파예트(Larry Lafayette)와 새뮤얼 라파예트(Samuel Lafayette)(제임스 라파예트의 아들들), 제이슨 마이클 리어(AST2 Jaason Michael Leahr, 해안경비대 수상구조요원), 마크 르블랑, 샌드라 르블랑, 웨인 레시, 존 마스 신부, 윌리엄 F. 맥미킨 (예비역) 중령, 테레즈 멘데즈, 스테파니 무어, 숀 무어 중위(현재는 '대위'), 앤절라 맥마너스, 미셸 피터라이얼스, 셰리 피자니(Cheri Pizani), 애너 포, 마이클 리처드, 랜덜 리플리(해안경비대 항공기관사), 캐런 샌퍼드, 마크 바이슬레이 중령(CDR Mark Vislay) 스텔라 라이트(Stella Wright), 캐런 윈, 에릭 얀코비치.

주석

1. ICU 간호사 데이비드 패칭어(David Fatzinger)의 2006년 1월 11일 주 검찰청 수사관들과의 면담 내용에 의거함. 그와 또 한 명의 간호사는 그날 밤 아직 살아 있던 DNR 요청 환자 2명을 돌보았다. 2007년 필자와 인터뷰한 ICU 간호사 캐런 샌퍼드 역시 이 이야기를 꺼냈다.

2. 자기네 이야기를 텔레비전 영화로 만들 때 어떤 배우가 누구 역할을 했으면 좋겠는지에 관한 대화, 그리고 그다음에 나오는 고양이 이야기는 모두 다음 책을 참고했다. Budo, Lori. *Katrina Through Our Eyes: Stories from Inside Baptist Hospital* (Lexington, KY: CreateSpace, 2010), pp. 73-76.

3. Deichmann, Richard. *Code Blue: A Katrina Physician's Memoir* (Bloomington, IN: AuthorHouse, 2006), pp. 61-62. 다이크먼은 이 일이 오전 1시 30분에 일어났다고 회고했다. 수전 멀더릭이 2006년 주 검찰청 수사관들과의 면담에서 내놓은 증언에 따르면, 오전 1시 30분쯤에 (하지만 전력이 두절되기 이전에) 라이프케어의 직원들이 4층의 메모리얼 지휘본부로 찾아와, 해안경비대의 대피 가능성에 관해서 물어보았다. 그녀가 내놓은 대답은, 그 시점에서 환자들을 옮기는 데 필요한 인력을 모으는 일이 "모두가 이미 흩어져버려 어려울 것"이라고 대답했으며, 병원 내부의 통신도 어렵다고 대답했다. 라이프케어의 다이앤 로비쇼가 2005년 주 검찰청 수사관들과의 면담 시 증언에 따르면, 그녀는 이 대화가 이보다 더 이른 시간인 오후 11시 30분쯤에 이루어졌다고 회고했는데, 이는 라이프케어의 지도자들이 재난 직후 작성한 사건일지에 근거한 내용이었다.

4. 병원에 있던 사람들 가운데 상당수는 이와 유사한 수수께끼의 사건을 겪었다고 회고했다. 그 사람(또는 '사람들')은 아마도 밤새도록 항공 대피를 실시하기 위한 임무를 띠고 해안경비대에서 파견된 인력이었을 가능성이 크다(하지만 보트 이야기는 이상하다. 어쩌면 쿡 부부가 잘못 기억하는 것일 수도 있다).

5. 발전기를 사수하기 위한 전투는 여러 가지 자료를 이용해서 재구성했다. 메모리얼의 발전실 직원들이 필자와의 인터뷰에서, 또는 주 검찰청 수사관들과의 면담에서 내놓은

증언(스위치를 움직이면서 기도했다고 묘사된 사람은 COO 숀 파울러였다), 메모리얼의 발전기 관리 및 수리 기록, 발전기 관련 사진, 그리고 '프레스턴 (외) 대 테닛' 집단 소송 관계자들을 위해 준비된 여러 전문가의 보고서와 도해, 그리고 환상적인 비디오 도해 등이 그런 자료들이었다. 전력 두절의 궁극적인 원인에 대해서는(즉 홍수가 이 문제에서 뭔가 역할을 했는지 아닌지에 대해서는) 전문가들 사이에서도 의견이 나뉜다. 다음을 보라. Fink, Sheri, "Trial to Open in Lawsuit Connected to Hospital Deaths After Katrina," *New York Times and ProPublica*, March 20, 2011; http://www.nytimes. com/2011/03/21/us/21hospital.html. 원고 측이 고용한 전문가 제리 와츠(Jerry Watts)는 홍수로 인해서 (발전실장이 예견한 내용 그대로) 메모리얼의 전력 변환 개폐기와 여러 개의 배전반에 단락이 일어났다는 결론을 내렸다. 하지만 테닛 측이 고용한 전문가인 엔지니어링 컨설턴트 업체 CCRD 파트너스(ccrd Partners)의 그레고리 거트(Gregory Gehrt)는 전력 차단 원인이 (홍수의 수위보다 훨씬 높이 위치해 있던) 이 병원의 750킬로와트짜리 디젤 발전기 3개의 기계적인 문제라고 주장했다. 이 당시의 규정과 표준에 따르면, 전력 시스템 설계 과정에서 홍수 및 기타 그 지역의 재해 위험 가능성은 '신중한 고려'가 필요한 것으로만 규정되어 있었기 때문이라는 것이다. 반면 2012년의 '미국화재방지협회(National Fire Protection Association, NEPA)'의 기준은 이 부분이 개선되어서, 재난에 대처할 수 있는 시스템을 '설계해야 한다'고 규정했지만, 2013년 6월 현재 병원을 규제하는 기관들에서는 이 규정을 채택하지 않고 있다(예를 들어 다음을 보라. Fink, Sheri, "NYU Hospital's Backup System Undone by Key Part in Flooded Basement," *ProPublica*, November 1, 2012; http://www.propublica.org/article/nyus-backup-system-undone-by-key-part-in-flooded-basement). 병원의 발전기는 원래 매월 규정상 가동 검사를 받아야 하지만, 시험 가동 시간이 짧은 편이었다. NEPA에서 간행하는 전국 전력 규정에는 보건의료 시설을 위한 구체적인 의무 사항도 나와 있다. NEPA 99, '보건의료 시설에 관한 기준'은 대부분의 보건의료 부서와 인증 기관에서 채택했다. NEPA 110, '비상 및 예비 전력 시스템에 관한 기준'은 비상 전력 시스템에 관한 내용이다("Compendium of Health Care Electrical References," *Nash Lipsey Burch*, LLC, Nashville, TN, 작성 날짜 없는 미간행 문서임). 카트리나 발생으로부터 1년 뒤에 JCAHO에서 펴낸 간행물도 이 문제를 다루었다("Preventing Adverse Events Caused by Emergency Electrical Power System Failures," *Sentinel Event Alert* 37 (September 6, 2006); http://www.jointcommission.org/sentinel_event_alert_issue_37_preventing_adverse_events_caused_by_emergency_electrical_power_system_failures/). 여기서는 NEPA의 규정과 기준을 충족시키는 것이야말로 "어디까지나 시작"에 불과하며, "최근의 경험들은 이 기준을 충족시키는 비상 전력 시스템조차 대규모 재난 때는 충분하지 않음을 보여주었다"고 경고했다. 이에 대응해 2007년에 이 조직에서는 비상용 발전기를 36개월에 한 번씩은 최소한 4시간 연속 가동 검사를 하도록 의무화했다(즉 1년에 12회, 매번 30분 가동이라는 의무 사항에다, 이 새로운 조항을 덧붙인 것이다). 하지만 허리케인 구스타브(2008년), 아이작(2012년), 샌디(2012년)를 비롯해서, 최근의 장기간 전력 공급 중단 사태 때 발생한 병원과 요양원의 발전기 고장을 보면, 이런 시스템 가운데 상당수가 여전히 불충분하다는 사실을 알 수 있다.

6. Budo, *Katrina*, p. 76.

7. 참고한 자료는 다음과 같다. 미셸 피터라이얼스, 러셀 홀 소령, 셸리 M. 콜버트(원래 성은 '데커') 대위, 보조요원 마이클 리처드 등과의 인터뷰; Michelle Pitre-Ryals, "Fair Treatment Process Dispute Resolution Form," October 22, 2005 (허리케인 직후의 상황이 일기 형식으로 작성되었다); Shelley Decker, "Katrina AAR"(두 가지 버전이 있는데, 하나는 날짜 기록이 없고, 또 하나는 2005년 10월 3일로 되어 있다); 미국 해안경비대에서 제출한 2005년 10월 3일 자 수기 '근무일지(Unit Logs)'. 이 모든 문서에 따르면, 작성자들은 그 당시에 메모리얼의 헬리콥터 착륙장에서 누군가가 헬리콥터를 향해 (사람에 따라서 해안경비대 헬리콥터 세 대라고, 또는 해군 헬리콥터 다섯 대라고 서로 다르게 말했다) "오지 말라고 신호했다"는 이야기를 들었다. 2013년의 인터뷰 대상자들도 이 사건을 또렷이 기억하고 있었다.

8. 2008년과 2009년에 필자와 인터뷰한 캐런 윈의 회고에 근거함. 타오 람은 인터뷰를 거절함.

9. Zimmerman, J. L., Hanania NA. Chapter 111, "Hyperthermia," in: Hall, J. B., G. A. Schmidt, L. D. Wood, eds., *Principles of Critical Care*, 3rd ed. (New York: McGraw-Hill, 2005); http://www.accessmedicine.com/content.aspx?aid-2282701.

10. 마크와 샌드라 르블랑 부부는 여러 해에 걸쳐 몇 차례 있었던 필자와의 인터뷰 때마다 인내심 있게 자리를 지켜주었다. 본문의 내용은 '프레스턴 (외) 대 테닛' 집단 소송 관련 이들의 진술서, 그리고 라이프케어에 대한 이들 부부의 개별 소송에 포함된 이들의 진술서 역시 참고했다. 부부의 기억은 상당히 일관성 있었지만, 간혹 차이가 날 경우에는 보다 이전에 나온 진술에 좀 더 무게를 두었다. 엘비라 르블랑의 간병인 질 윌슨(Jill Wilson)은 인터뷰를 거절했지만, '프레스턴 (외) 대 테닛' 집단 소송의 합의에 대한 이의 제기 차원에서 2012년 10월 10일 자로 올리언스 패리시 민사 지방법원에 자기 경험에 대한 간략한 설명을 제출했다. 그녀의 설명 역시 르블랑 부부의 설명과 일치한다. 르블랑 가족이 애초에 대중의 주목을 받게 된 것은 여러 번에 걸친 언론 보도 덕분이었다. Kathleen Johnston and Drew Griffin, "Family Blames Hospital for Mother's Death," *CNN*, May 25, 2006; http://www.cnn.com/2006/US/05/25/johnston. memorialdeath/. 더 나중의 보도로는 다음 5부작 연재 기사가 대표적이다. Jeffrey Meitrodt, "For Dear Life: How Hope Turned to Despair at Memorial Medical Center," *Times-Picayune*, August 20-24, 2006; http://www.nola.com/katrina/index.ssf/memorial_medical_center/for_dear_life/.

11. 참고한 자료는 다음과 같다. 수전 멀더릭의 2006년 1월 6일 자 주 검찰청 수사관과의 면담 내용; 해안경비대 항공기관사 랜딜 리플리와의 2013년 7월 인터뷰 내용; 캐서린 그로스 중위의 2005년 8월 30-31일 자 비행(HH60J aircraft no. 6017) 수색 및 구조 보고서. 멀더릭의 회고는 리플리의 회고와 상당 부분 일치하며, 사건 직후 그로스가 작성한 보고서 내용과도 상당 부분 일치한다. 따라서 비록 이들이 서로의 이름을 언급하지는 않았지만, 실제로는 똑같은 대화를 회고하고 있다고 볼 수 있다. 그런데 멀더릭이 수사관들에게 한 말에 따르면, 자기가 항공 이송을 중지시킨 이유 가운데 하나는, 환자들을 결국 배턴루지의 어느 들판에 내려놓게 될 것이라는 이야기를 (자기로선 이름을

알 수 없는 어느 승무원으로부터) 들었기 때문이라고 한다. 하지만 리플리는 물론 알렉산드리아에서 조정 업무를 보조하던 보조요원 마이클 리처드 역시, 그날 밤 환자들을 들판에 내려놓은 경우는 없었을 것이라고 말했다. 오히려 리처드는 환자들을 수용할 병원을 알아보는 업무를 돕기도 했다.

12. 찰스 린델이 2005년 11월 주 검찰청 수사관들과 면담에서 내놓은 증언에 의거함.

13. 존 러셀에 관한 설명은 그의 진료 기록과 [자료를 기꺼이 제공해주신 의붓딸 린다 갈리아노(Linda Gagliano)에게 감사드린다] 그의 치료에 관여한 의료 전문가들 및 갈리아노의 회고를 참고했다.

14. 당시 병원에 있던 사람들 가운데 일부는 산소가 없다고 확신했다는데, 그 이유가 무엇이었는지는 정말 수수께끼이다. 다른 사람들은 당시에 비록 산소통이 부족하기는 했지만, 완전히 바닥나지는 않았다고 주장한다. 한 가지 가능성은, 상황이 워낙 혼란스럽고 역할도 워낙 헷갈리는 바람에, 산소통이 어디 있는지 아는 사람이 있었다 하더라도, 정작 남들이 그걸 찾고 있다는 사실까지는 미처 몰랐으리라는 것이다. 일부 직원들은 병원에 착륙한 헬리콥터가 여분의 산소통을 놓아두고 갔다고 말했지만, 다른 증언에 따르면 그 산소통을 헬리콥터 착륙장 밑으로 가지고 내려온 적이 없었다고, 또는 (차마 믿을 수 없는 이야기이지만) 메모리얼과 라이프케어 직원 가운데 어느 누구도 "렌치나 다른 연장을 갖고 있지 않은" 까닭에 산소통의 밸브를 열 수 없었다고 한다[앙드레 그레미용도 2005년 12월 30일에 수사관들과의 면담에서 이렇게 말했다. 급기야 그는 자기 시계를 이용해서 산소통의 밸브를 열려다가 그냥 시계만 망가뜨리고 말았다고 설명했다. 또한 찰스 재로(Charles Jarreau)도 2008년 10월 29일에 필자와의 인터뷰 당시, 렌치가 없었다고 말했다]. 메모리얼의 산소 부족 문제에 관해 EMS(응급의료출동본부)로 연락이 온 시각은 오전 11시 15분이었으며, 한 EMS 팀에서 어케이디언 구급차의 관계자의 연락을 받아서 이 정보를 전달해준 것이었다.

15. 애너 포와 필자의 2008년 7월 인터뷰 내용에 의거함.

16. 에드윈 '로이' 매슈스의 '스토리코프스' 인터뷰(MBX006447)를 비롯해, 여러 사람의 증언에 의거함.

17. US Senate, *A Nation Still Unprepared*, Chapter 22, p. 366; "Post-Landfall Evacuation," pp. 368-9 (footnotes 13-19); 또 다음을 보라. p. 270 (footnote 173).

18. WWL, August 30, 2005, noon hour.

19. EMS 통화 내역 사본. 크래머는 여러 차례에 걸친 필자의 인터뷰 요청에도 응답하지 않았다.

20. 케이즌 특유의 억양이 궁금한 사람은 '유튜브'에서 '케이즌 영어(Cajun English)'로 검색해보면 된다. 한 가지 사례를 들면 다음과 같다.http://www.youtube.com/watch?v=7tMIkTUmtTA.

21. 여기에는 몇 가지 가능성이 있다. 하나는 자원봉사자를 병원마다 배치한 그 여자가 구조 당국을 공식적으로 대변하는 것까지는 아니었거나, 르블랑 부부가 그 여자의 말을 잘못 이해했거나 잘못 기억했을 가능성이다. 또 하나는 공무원들이 병원 중에서도 중환자 모두가 아직 대피하지 않은 곳을 우선순위에서 맨 앞에 놓았을 가능성이다. 마지막 가능성은 EMS 공무원들이 전날 저녁 칼 크래머를 파견하는 한편, 해안경비대와의

의사소통 과정에서 야간 구조작업을 실시하려고 시도 중이라는 답변을 얻은 까닭에, 메모리얼의 위기 상황이 이미 끝난 줄로 착각했을 가능성이다. 이 책의 뒷부분에서도 논의했지만, 여러 기관들 사이의 의사소통이 원활하지 못했던 것이야말로, 서로 다른 우선순위 도식이 나올 수 있었던 이유일 가능성이 있다. 지역 및 연방 자원의 조정을 시도하는 과정에서 주(州) 재난관리작전본부가 겪은 의사소통의 문제에 관한 자세한 내용은 다음 자료를 참고하라. "DHS/FEMA Initial Response Hotwash: Hurricane Katrina in Louisiana, DR-1603-LA," FEMA, February 13, 2006. 또 다음을 보라. "State of Louisiana-Hurricanes Katrina and Rita: After-Action Report and Improvement Plan," US Department of Homeland Security/State of Louisiana, 2006.

22. 베라 르블랑이 원고로 거명된 '프레스턴 (외) 대 테닛' 집단 소송의 기록에 따르면, 르블랑은 비록 음식물을 삼키는 데 어려움을 겪기는 했지만, 급식용 튜브를 달고 있었기 때문에 액체를 섭취할 수는 있었다. 하지만 허리케인 이전부터 그녀는 탈수 문제를 겪고 있었다.

23. 의사 몇 명이 훗날 회고한 바에 따르면, 당시에 상태가 매우 위중한 환자(3등급)와의 구분을 위해서 DNR 환자에게는 4등급이라는 분류를 이용했다. 환자들을 아래층으로 운반하기 전에 종종 병동별로 분류했으며, 일부 환자는 재난 도중 여러 차례 재분류되었다. 왜냐하면 유사하지만 아주 똑같지 않은 임시방편의 평가 시스템이 사용되었기 때문이다.

24. 부상자 선별에 관한 탁월한 분석으로는 특히 다음 자료를 보라. Sztajnkrycer, Matthew D., Bo E. Madsen, and Amado Alejandro Báez, "Unstable Ethical Plateaus and Disaster Triage," *Emergency Medicine Clinics of North America* 24, no. 3 (2006): 749-68; Veatch, Robert M., "Disaster Preparedness and Triage: Justice and the Common Good," *The Mount Sinai Journal of Medicine* 72, no. 4 (July 2005): 236-241; Iserson, Kenneth V. and John C. Moskop, "Triage in Medicine, Part I: Concept, History, and Types," *Annals of Emergency Medicine* 49 (2007): 275-281; Moskop, John C. and Kenneth V. Iserson, "Triage in Medicine, Part II: Underlying Values and Principles," *Annals of Emergency Medicine* 49 (2007): 282-287; Baker, Robert and Martin Strosberg, "Triage and Equality: An Historical Reassessment of Utilitarian Analyses of Triage," *Kennedy Institute Ethics Journal* 2 (1992): 103-123.

25. Sanders, David and Jesse Dukeminier Jr., "Medical Advance and Legal Lag: Hemodialysis and Kidney Transplantation," *UCLA Law Review* 15 (1968): 366-80.

26. Alexander, Shana, "They Decide Who Lives, Who Dies: Medical Miracle and a Moral Burden of a Small Committee," *LIFE* (November 9, 1962); http://books.google.com/books?id=qUoEAAAAMBAJ&lpg=PA1&dq=life%20magazine%20nov%201962&pg=PA101#v=onepage&q&f=false.

27. Fink, Sheri, "Life and Death Choices as South Africans Ration Dialysis Care," *ProPublica*, December 15, 2010; http://www.propublica.org/article/dialysis-

south-africa. 또 라디오 연속 방송인 다음 보도를 보라. Sheri Fink, David Baron, and Patrick Cox, "Rationing Health," *PRI's The World*, http://rationinghealth.org. 이 시리즈의 첫 번째 에피소드("South Africa: Rationing by Committee," December 14 방송, 2010)는 다음 웹사이트에서 들을 수 있다. http://www.theworld.org/2010/12/entire-program-%e2%80%93-december-14-2010/.

28. 그 아홉 가지의 명칭은 다음과 같다. 스타트(START), 점프 스타트(Jump START), 홈부시(Homebush), 부상자 선별용 체(Triage Sieve), 소아과 선별용 테이프(Pediatric Triage Tape, PTT), 캐어플릿(CareFlite), 사코 부상자 선별법(Sacco Triage Method, STM), 군용 부상자 선별법(Military Triage), 케시라(CESIRA). 또 다음을 보라. Lerner, Brooke E., et al, "Mass Casualty Triage: An Evaluation of the Data and Development of a Proposed National Guideline," *Disaster Medicine and Public Health Preparedness*, vol. 2, supplement 1 (September 1, 2008): S25-34. 이 논문의 저자들은 여러 가지 시스템을 서로 비교한 다음, 새로운 전국 기준인 '솔트(SALT)'를 제안했으며, 나중에는 서로 다른 시스템을 이용하는 조직들이 위기 상황에서 공조할 수 있도록 도와주는 기술도 개발했다. 또 다음을 보라. Lerner, E. Brooke, David C. Cone, Eric S. Weinstein, et al., "Mass Casualty Triage: An Evaluation of the Science and Refinement of a National Guideline," *Disaster Medicine and Public Health Preparedness*, 5 (2011): 129-137.

29. Larrey, Dominique-Jean. *Memoirs of Military Surgery, and Campaigns of the French Armies*, vol. 2, trans. Richard Willmott Hall (Baltimore, MD: Joseph Cushing, 1814); 1st American ed. trans. from the 2nd Paris ed., p. 123; http://babel.hathitrust.org/cgi/pt?id=hvd.hc2l2t#view=1up;seq=8.

30. 새로운 상업적 부상자 선별법의 공동 개발자가 작성한 미간행 보고서에 나온 내용이다. Navin, Mick. "Pennsylvania Triage Program Demonstrates Profound Inconsistencies of Current Protocols and Advantages of the Sacco Triage Model" (Bel Air, MD: ThinkSharp, Inc., January 30, 2004). 이 연구는 또한 다음 자료에서도 언급된 바 있다. Navin, Mick and Bob Waddell II, "Triage Is Broken," *EMS Magazine* 34, no. 8 (2005): 138-142; http://www.emsworld.com/article/10323785/triage-is-broken.

31. 애너 포가 2008년 5월 12일, 갈란드 로비넷이 진행하는 WWL의 〈싱크 탱크〉 쇼에 출연해서 한 말이다.

32. Rawls, John. *A Theory of Justice* (Cambridge, MA: Harvard University Press, 1971).

33. 이 논쟁을 촉발시킨 글은 다음과 같다. Taurek, John M. "Should the Numbers Count?," *Philosophy and Public Affairs* 6, no. 4 (Summer 1977): 293-316.

34. Lewis, C. S. *The Problem of Pain* (London: Centenary Press, 1940 and New York: HarperCollins, 2001).

35. 다음 자료를 참고했다. Veatch, "Disaster Preparedness and Triage."

36. 이 환자의 딸은 결국 익명으로 남기를 원했다. 5층에서 일하던 간호사 몇 명도 그녀의 이야기를 확인해주었으며, 더 자세한 내용도 설명해주었다. 이 이야기는 피터라이얼스의 "Fair Treatment Process"에도 등장한다. 제임스 라파예트 관련 설명은 그의 진료

기록에 의거했으며(자료를 기꺼이 제공해주신 가족께 감사드린다) 병원까지 아버지와 동행한 아들 새뮤얼의 증언조서와(이 증언조서는 2008년 5월 15일에 작성된 것으로, '프레스턴 (외) 대 테닛' 집단 소송 관련 자료로 포함되었다), 이 환자의 치료에 참여한 메모리얼의 직원 몇 명의 회고도 참고했다. 응급실 담당인 캐런 코커럼의 설명에 따르면 (2013년 7월에 필자와의 인터뷰가 있었지만, 이때는 라파예트를 구체적으로 거명하지는 않았다) 일반적으로 응급실 직원들은 허리케인 직전에 가급적 최소한의 환자만 받아들이려 노력했고, 비록 아프지만 비교적 안정적인 환자들은 대피하라고 강력히 권고했다. 라파예트와 그의 아들은 구급차를 타고 왔기 때문에, 대피할 수 있는 방법이 없었다. 게다가 증언조서에서 새뮤얼 라파예트가 주장한 바에 따르면, 어떤 여자 의사가 그들에게 와서는 허리케인이 지나갈 때까지 로비에서 기다리라고 조언했다고 한다.

37. ICU의 간호사들 역시 수요일 오후에 떠나라는 이야기를 들었지만, 당시까지도 거기에는 DNR 환자가 1명 남아 있었다.

6장

인터뷰 대상자

J. T. 앨포, 호러스 볼츠, 마크 르블랑, 샌드라 르블랑, 키스 브리스부아, 유잉 쿡, 미니 쿡, 마크 크레스웰, 커티스 도시, L. 르네 구, 캐시 그린, 밥 헨들러, 프랜시스 헤이들(Frances Haydel, 환자 줄리어스 헤이들의 아내), 커티스 허버트, 지나 이스벨, 브라이언트 킹, 존 코키머, 캐런 래거스, 제이슨 마이클 리어(해안경비대 수상구조요원), 존 마스 신부, 신시아 매션, 애너 포, 폴 프리모, 수딥 레디, 로드니 스콧, 캐런 윈.

주석

1. 멀 래거스에 관한 설명은 진료 기록과(자료를 기꺼이 제공해주신 그녀의 딸 캐런에게 감사드린다) 사진, 그의 치료에 참여한 (본문에도 언급된 바 있는) 의료 전문가들과 캐런의 회고에 의거했다.

2. Danna, Denise and Sandra E. Cordray. *Nursing in the Storm* (New York: Springer Publishing Company, 2010), p. 128.

3. 멀더릭의 2008년 6월 7일 자 '프레스턴 (외) 대 테닛' 집단 소송 관련 증언조서에 의거함. 어케이디언의 키스 브리스부아가 2013년 필자와의 인터뷰에서 회고한 바에 따르면, 원래는 남아 있는 중환자 2명을 그날 오전에 데려가기 위해서 비행기를 한 편 더 배치했지만, 메모리얼에서 중환자 모두를 옮긴 것처럼 보이는 상황이 되고 나서는 곧바로 우선순위가 바뀌었다. 헬리네트 항공사가 촬영한 항공 영상 중에는 (어케이디언의 자회사인) '에어메드(Air Med)' 소속의 초록색 헬리콥터 한 대가 헬리콥터 착륙장에 착륙해 있는 모습이 나오는데, 햇빛과 그림자의 패턴으로 추정하건대 대략 정오에 가까운 시간이었던 것으로 보인다(언론사 자료실[www.abcnewsvsource.com]에서 일련번호 VSKATRINA0007로 검색이 가능하다. 여기에는 시간이 오전 7시 28분으로 되어 있지만, 태양의 위치를 고려해보면 틀린 것이 분명하다. 추가 영상을 기꺼이 제공해준 헬리네트의 J. T. 앨포에게 감사드린다). 앨포는 이 비디오를 근거로 다음과 같이 추론한다. "이 병원은 당시

재난, 그 이후

에도 여전히 운영되고 있는 것처럼, 즉 뭔가 정상적으로 운영되고 있는 것처럼 보였다." 이 비디오에는 메모리얼에서 길 건너편에 있는 주차장에 놓여 있는 자동차 지붕까지 물이 차오른 모습이며, 본문에서 묘사한 다른 여러 가지 세부사항이 고스란히 나와 있다.

4.   이 주장이 사실이라고 확신하는 자료도 몇 가지 있지만, FOIA(정보공개법)에 근거한 요청에 따라서 연방 항공국(Federal Aviation Administration)이 제공한 '일시 비행 규제' (notices to airmen, NOTAM)' 사본을 필자가 검토한 결과에 따르면 이 주장에 대한 확인은 불가능했다. 당시 어케이디언의 현장 훈련 담당자로 근무하면서, 카트리나 직후의 항공 의료 대응 업무의 조정을 도운 바 있는 마크 크레스웰은, 2011년 필자와의 인터뷰에서 당시 영공이 실제로 폐쇄 조치되었던 기억이 난다고 말했다. "의료용 항공기의 경우, 대통령이 이 지역에 있었던 시간 전부에다, 그 이전 30분, 그리고 그 이후 몇 분 동안 꼼짝하지 못했습니다." 실제로 이 사건 이후 여러 해가 지나고 나서 일부 증인과 인터뷰하는 과정에서 필자가 깨닫게 된 점은, 부시 대통령이 수요일에 상공을 지나갔던 사건과 9월 2일 금요일에 루이지애나 주를 방문했던 사건을 종종 사람들이 혼동했다는 점이다. 후자의 경우, 대통령이 그 지역에 있는 시간 동안 실제로 모든 항공편이 일시 중단되었다(예를 들어 다음을 보라. Krupa, Michelle. "Bush Visit Halts Food Delivery," *Times-Picayune*, September 3, 2005; http://www.nola.com/katrina/index. ssf/2005/09/bush_visit_halts_food_delivery.html).

5.   본문의 묘사는 당시의 사진을 참고했다.

6.   본문에 묘사된 환자는 줄리어스 헤이들 말한다.

7.   본문에 설명한 사건은 캐런 원과의 인터뷰 내용이며, 로리 부도의 저서(Budo, *Katrina*)에 (가명으로) 나온 ICU 간호사들의 설명을 참고했다.

8.   다음 미간행 원고를 참고했다. Horace Baltz. *The Kat's Paw: Memorial Medical Center—Katrina*. 그리고 볼츠와 유잉 쿡과 미니 쿡의 인터뷰도 참고했다.

9.   버지스를 돌본 간호사가 작성한 진료 기록을 보면, 쿡이 오후 2시 15분에 그곳에 있었다.

10.   버지스의 진료 기록에 나온 간호사의 기록을 보면, 전력 차단이 이 환자의 치료에 끼치는 영향이 언급되어 있다.

11.   버지스의 담당 간호사가 그날 오전 8시경에 이런 내용을 적어놓았다.

12.   캐시 그린은 이 여자 환자의 이름을 몰랐다고 하지만, 아마도 멀 래거스였을 가능성이 있다. 메모리얼의 환자 명단을 보면(라이프케어의 환자는 포함되지 않았다) 폐암으로 진단받은 다른 환자는 딱 한 명뿐이다(중피종 환자도 한 명 있었지만, 이 여자 환자는 2층에서 사망했던 것으로 보인다). 이 다른 환자는 결국 메모리얼에서 항공 이송되었고, 게다가 나이는 겨우 일흔 살에 불과하기 때문에, 그린이 굳이 그녀를 보면서 '나이 많은' 사람이라고 여겼을 가능성은 희박하다. 그린은 이 이야기를 2007년 필자와의 인터뷰 때 공유했으며, 그중 일부를 다음 책에서 ('케이트'라는 가명으로) 다시 언급했다. Budo, Lori. *Katrina Through Our Eyes: Stories from Inside Baptist Hospital* (Lexington, KY: CreateSpace, 2010), pp. 115-116.

13.   Budo, *Katrina*. 하지만 다른 간호사들은 이 일에 대해서는 어렴풋한 기억만 있을 뿐이었다.

14.   날씨와는 무관하게 바깥은 상당히 어두웠을 가능성이 있다. NASA의 달 위상(位相) 도표에 따르면, 9월 3일에 초승달이 떴기 때문이다. http://eclipse.gsfc.nasa.gov/

phase/phases2001.html.

15. 다음 문서의 사본을 참고함. "MHCNO: Disaster Preparedness Committee," Friday, August 26, 2005, 12-2 p.m.

16. 다음 문서의 사본을 참고함. "Subcommittee: Region 1—Affected Area."(원래는 다음 문서의 일부임. "Louisiana Catastrophic Planning, 2005 Workshop," August 23-24, 2005). 이 계획은 허리케인의 영향을 받은 지역 외부에 일시적인 의료 집결지를 만든다는, 그리고 (예를 들어 10번 주간 고속도로의 네잎 클로버 모양 교차로 같은) SARBOO에 모아놓은 환자들을 그곳으로 옮겨서 치료한다는 발상에 초점을 맞추고 있다.

17. 다음 문서의 사본을 참고함. "Concept Paper."(원래는 다음 문서의 일부임. "Louisiana Catastrophic Planning, 2005 Workshop.")

18. 다음 구술사 프로그램에 나오는 해안경비대 소속 뉴올리언스 비행장(Air Station New Orleans)의 지휘관 브루스 존스 대령(Capt. Bruce Jones)의 증언을 참고함(Interviewed by PA3 Susan Blake, Katrina Archival and Historical Record Team, October 20, 2005, http://www.uscg.mil/history/katrina/oralhistories/JonesBruceoralhistory.asp). 다른 카트리나 구술사 컬렉션에 나오는 기록들 또한 이와 유사한 점을 지적하고 있으며, 필자가 인터뷰한 해안경비대원들 역시 마찬가지였다.

19. '프레스턴 (외) 대 테닛' 집단 소송 관련 마이클 아빈의 증언조서(2010년 8월 26일 자)와 밥 스미스의 증언조서(2008년 4월 14일 자)에 따르면, 이때가 수요일 오전이었다. 또한 밥 스미스가 샌드라 코드레이에게 보낸 2005년 8월 30일 화요일 오후 5시 55분 자 이메일에도 "내일 아침까지는 우리도 지휘본부가 생길 것"이라고 나와 있다.

20. '프레스턴 (외) 대 테닛' 집단 소송 관련 밥 스미스의 증언조서(2008년 4월 14일 자)에 의거함.

21. 텍사스 주 프리스코 소재 '애비에이션 서비스사'를 말한다.

22. US Senate. *A Nation Unprepared*, p. 423.

23. 짐 셸턴(Jim Shelton)이 로비 뒤부아에게 보낸 2005년 8월 31 수요일 오후 1시 45분 자 이메일에 의거함. 본문의 이 문단은 이날 하루 종일 라이프케어의 중역진이 보낸 이메일에 들어 있는 사건들을 요약한 것이다.

24. 스미스는 그 지역 시간으로 오후 9시 3분에 동료들에게 보낸 이메일에서, 자기가 "메모리얼과의 HF 무선 통신을 방금 전에 수립했다"고 말했다. 하지만 그가 이런 연계를 수립하기 위해서 정확히 어떤 시스템을 이용했는지는 불분명하다. 왜냐하면 다음 자료에 따르면, 원래 뉴올리언스에서 작동되어야 마땅한 '병원 응급 지역 무선(HEAR)' 네트워크 시스템(The Hospital Emergency Area Radio [HEAR] Network System)은 "한 마디로 작동하지 않았기" 때문이다. US Congress's February 2006 report, *A Failure of Initiative*, p. 291.

7장

인터뷰 대상자

애스터 에이브러햄(Aster Abraham, 테스팔리데트 에왈레의 딸), 빌 아밍턴, 호러스 볼츠, 캐멀 바

재난, 그 이후

우라라, 프랜 버틀러, 조앤 카다로, 캐서린 채틀레인, 캐런 코커럼, 유잉 쿡, 미니 쿡, 줄리 쿠비용, 리처드 다이크먼, 커티스 도시, 존 페레로, L. 르네 구, 앙드레 그레미용, 지나 이스벨, 찰스 재로, 재니스 젠킨스, 페이스 주베르, 브라이언트 킹, 존 코키머, 캐런 래거스, 웨인 레시, 존 마스 신부, 앤절라 맥마너스, 테레즈 멘데즈, 앨프리드 리 모제스, 캐스린 넬슨, 로즈마리 피주토(도나 코섬의 어머니), 애너 포, 폴 프리모, 수딥 레디, 캐런 샌퍼드, 로드니 스콧, 존 틸, 존 월시, 마크 윌로 경위, 스텔라 라이트, 캐런 윈, 에릭 얀코비치.

주석

1. 앤절라 맥마너스와 필자의 인터뷰(2007, 2013년) 내용, 테레즈 멘데즈와 필자의 인터뷰(2013년) 내용, 그리고 주 검찰청 수사관들과의 면담(2005년) 내용에 의거함. 앤절라 맥마너스의 회고에 따르면, 그녀는 다른 환자들에게 가족 전화번호 붙여주는 일을 도와주기도 했다. 딸이 적은 메시지는 월다 맥마너스의 검시 도중에 발견되었다.

2. 감염성 질환 전문의인 페이스 주베르(Dr. Faith Joubert)가 2008년 필자와의 인터뷰에서, 그리고 2005년 12월 9일 주 검찰청 수사관들과의 면담에서 말한 내용에 의거함. 맥마너스의 진료 기록에서 "의사의 지시(Physicians' Orders)" 항목에는 아무런 서명 없이 다음과 같은 기록만 들어 있었다. "05/08/31, 불안/동요 증세로 황모르핀 1~4밀리그램을 정맥주사/근육주사로 1시간마다, 불안/동요 증세로 아티반 1~2밀리그램을 정맥주사 주입구/근육주사로 1시간마다, 필요한 경우 1시간마다 투여."

3. 2005년 8월 16일 자, 루이지애나 주 간호협회의 승인 명령 사본에 의거함. 2005년 5월 자, 신디 채틀레인에 관한 '프리체크(PreCheck)' 직원 이력 보고서도 참고함. 그녀의 남편 앨프리드 리 모제스(Alfred Lee Moses)와 딸 캐서린 채틀레인(Catherine Chatelain)과의 인터뷰도 참고함.

4. 맥마너스의 진료 기록에는 이렇게 나와 있다. "23시 40분, 불안 및 고함 증세로 아티반 2그램을 정맥주사 주입구로 투여함." 신디 채틀레인은 수요일 오후 4시에 맥마너스에 대한 간호를 인수하며 이렇게 적었다. "재난 대피 명령이 떨어져서, 다른 시설로 이송되기를 기다리고 있음. 에어컨, 조명, 물, 화장실 시설 모두 (끊어짐)."

5. 경찰 SWAT 팀이 메모리얼에 나타난 것에 관해서는 여러 사람이 인터뷰 도중에 이야기한 바 있다. 예를 들어 병원의 열쇠 담당자 웨인 레시(2013년 6월 2일 자)는 그 보트가 다가오던 당시 불침번을 서고 있던 사람 가운데 하나였다. 또한 당시 뉴올리언스 경찰서에 근무하던 마크 윌로 경위(Capt. Mark Willow)가 필자와의 인터뷰(2008년 7월 18일)에서 회고한 바에 따르면, 그는 재난 당시에 약제실 도난 사고에 대한 우려 때문에 메모리얼에 부하들을 파견했지만, 결국 도난 사고에 대한 소문은 사실이 아니라는 보고를 받았다.

6. 포는 2007년 〈뉴스위크〉의 줄리 셸포 기자와의 인터뷰 당시, 자기가 깨끗한 수술복으로 갈아입었던 일이며, 어두운 병원 안을 돌아다니기 위해 사용한 기술 모두에 대해 설명했다.

7. 포는 2008년 7월에 필자와의 인터뷰에서 이런 이야기를 내놓았고, 다른 여러 직원들도 필자와의 인터뷰며 주 검찰청 수사관들과의 면담에서 마찬가지 이야기를 내놓았다. 또 포는 2007년 〈뉴스위크〉의 줄리 셸포 기자와의 인터뷰 당시 이런 배경을 설명했다.

"'Everybody May Not Make It Out,'" August 24, 2007; http://www.thedailybeast.com/newsweek/2007/08/24/everybody-may-not-make-it-out.html.

8. 주 검찰청 수사관들과의 면담에서 나온 한 간호사의 증언에 따르면, 당시 자원봉사자들을 물리친 장본인이 바로 포였다. 또 다른 직원도 포, 또는 캐스린 푸르니에 둘 중 한 사람이 간호진 이외의 나머지 모두를 내보냈다고 증언했다.

9. 2005년 9월 1일 목요일 자 조종사 근무 일지 사본에 의거함.

10. 유잉 쿡과 미니 쿡은 2007년부터 시작된 필자와의 여러 인터뷰에서 이 장면을 회고했다. 이 내용은 다음 책에서도 묘사된다. Budo, Lori. *Katrina Through Our Eyes: Stories from Inside Baptist Hospital* (Lexington, KY: CreateSpace, 2010), pp. 108-111. 부도는 바닥에 누운 상태에서 셔츠 뒷자락을 치켜 올려, 차가운 타일 바닥에 맨살을 갖다 댔다고 썼다. 또한 남자 간호사 한 명이 침입자를 막기 위해서라면서 창틀에다가 오줌을 누는 장면도 묘사했다. 여자들은 방 안에 갖다 놓은 양동이를 이용해서 용변을 보았다.

11. 이 일화는 포의 지시대로 모르핀을 주사한 간호사와 주 검찰청 수사관들과의 면담을 비롯한 여러 가지 자료에 의거했다. 간호사는 그 환자의 이름을 기억하지는 못했지만, 그 환자에 관한 간호사의 설명은 약제실의 기록과 일치했다. 그 기록에 따르면 포 환자의 동료가 원래 담당하던 암 환자에게 2밀리그램에서 10밀리그램 사이의 모르핀이 여러 번 투약되었다. 포는 수요일과 목요일에 동료 대신에 이 환자를 돌보았다. 이 환자는 결국 메모리얼에서의 시련을 극복하고 살아남았다. 하지만 이후 결국 사망했으며, 필자가 그 유족과 접촉하지 못한 관계로 이 책에서는 실명을 밝히지 않았다.

12. 포와 〈뉴스위크〉의 줄리 셸포 기자와의 인터뷰(2007년)에 의거함. "우리는 서로를 돌아보면서 이렇게 말했습니다. '다들 알다시피, 우리가 이 사람들을 위해서 해줄 수 있는 것은 많지가 않아요.'"

13. 포와 〈뉴스위크〉의 줄리 셸포 기자와의 인터뷰(2007년)에 의거함.

14. 캐멀 바우라는 2006년 1월 6일 주 검찰청 수사관들과의 면담에서, 그날 자기가 밤새도록 정기적으로 홀에게 흡입 처치를 해주었다고 회고했다. "저라면 그분의 상태가 위중했다고 말했을 겁니다. 그분에게는 산소가 필요했어요. 하지만 그 시점에는 남은 산소가 전혀 없었기 때문에, 그분에게 연결하지 않았죠. 그분은 또한 '부패성'이었는데, 이건 환자에게 현재 진행 중인 감염이 있다는 의미였어요. 그분은 뭔가 중대한, 중대한 수술을 받은 직후였고, 확실히 많이 아팠어요. 저는 그분이 끝까지 싸운다는 사실에 깜짝 놀랐습니다. 그분은 대단히 끈질기게 싸우셨고, 저는 그분하고 눈을 맞추면서, 계속 그렇게 열심히 싸우시라고 말씀드렸어요. 만약 어떤 환자가 손을 뻗어서 지나가는 사람을 붙들어 세우고 그런 사실을 알린다면, 그 환자는 정말 열심히 싸우고 있는 셈이니까요."

15. 간호사 베티 베넷과 필자의 2009년 8월 14일 자 인터뷰 내용에 의거함.

16. 간호사 2명과 킹이 주 검찰청 수사관들과의 면담에서 회고한 내용에 의거함.

17. 킹은 이 환자의 이름을 기억하지는 못했지만, 의사의 설명과 메모리얼의 병리학자 존 스키너가 기록한 시신의 위치 등으로 추론해 신원 확인이 가능했다. 고인의 아내의 체험담("Notice of Objection of Valencia Richards")은 고인의 딸이 친필로 작성해서 '프

재난, 그 이후

레스턴 (외) 대 테닛' 집단 소송 관련 증거물로 2012년 10월 17일에 법원에 제출했다. 고인의 딸인 발렌시아 리처즈(Valencia Richards)는 이 문서에 서명 대신 이렇게 썼다. "가슴이 미어지는 한 여자(A Heart Broken Woman)". 그녀는 집단 소송의 합의금 가운데 자신의 몫인 4만 1807달러 43센트에 대해 이의를 제기했으며, 자기 아버지의 사망 원인이 열탈진 때문이라고 주장했다. "제 아버지는 아직 정정하셨으며, 가족의 품에서 갑작스레 떠나셨을 때의 연세가 겨우 예순두 살에 불과했습니다. 우리는 아직도 이야기할 것이며, 해야 할 일이 많이 남아 있었습니다. 저는 지금도 계속 아버지께서 그 더위 속에서 고통받으시는 장면을 상상하면서 (……) 그 어떤 의사나 병원에 대해서도 믿음이나 신뢰를 줄 수 없습니다. 저는 정의가 실현되었다는 느낌을 받지 못하고, 아버지의 사망 사건과 관련해 그 무엇도 종결되었다는 느낌을 받지 못합니다."

18. 폴 프리모가 2007년 필자와의 인터뷰에서 회고한 내용에 의거함. 존 월시는 2013년에 필자로부터 확인 요청을 받았을 때 이 발언을 직접 상기하지는 못했지만, 그렇다고 해서 굳이 이의를 제기하지는 않았다.

19. 커티스 도시는 당시의 상황을 본문에 나온 그대로 회고했으며, 어쩌면 일부 직원은 회의 종료 직전에 나온 이 소식을 듣지 못했을 수도 있다며 가능성을 열어놓았다. 하지만 수전 멀더릭은 주 검찰청 수사관들과의 면담 때, 자기는 회의 이전에 헬리콥터에 관한 이야기를 도시로부터 들어서 알게 되었다고, 그래서 구조대가 온다고 말하기는 했지만 정확히 언제 오는지는 자기도 몰랐다고 주장했다. 캐런 윈이 필자와의 인터뷰에서 내놓은 회고와 수요일 밤에 네테트의 중역진이 보낸 이메일을 모두 보면, 병원에 있던 사람 가운데 일부는 헬리콥터 이야기를 전날 밤부터 알고 있었음이 암시된다. 하지만 직원 대다수가 과연 언제쯤 이 소식을 전해 들었느냐 하는 문제는 재난 이후 논란의 여지를 만들었다. 왜냐하면 그중 일부가 (특히 존 코키머가) 목요일 오전 회의 때 직원들은 구조와 관련해서는 병원이 혼자 알아서 해야 한다고 믿었으며, 그로 인해서 낙담했다고 기자들에게 말했기 때문이다.

20. 데커의 AAR(사후행동평가서) 내용에 의거함. 더 자세한 내용은 기록되어 있지 않다. 테닛사 중역들이 루이지애나 주의 선출직 공무원들에게 보낸 호소가 결국 대통령에게까지 도달했으리라 추정된다.

21. 수전 멀더릭은 필자의 정식 인터뷰 요청을 거부하면서, 카트리나 직후 며칠 동안에 관해서 단지 이렇게만 말했다. "우리는 대비가 잘 되어 있었다. 우리는 상황을 잘 관리했다." 그녀는 심지어 이 책에 나온 내용의 사실 여부를 확인해달라는 요청에도 응답하지 않았지만, 이 책의 근간이 된 필자의 다음 기사의 경우, 2009년에 그녀의 변호사가 사실관계를 확인해준 바 있다(Fink, Sheri, "The Deadly Choices at Memorial," *ProPublica*, http://www.propublica.org/article/the-deadly-choices-at-memorial-826; 같은 기사가 다음 매체에 동시에 게재되었다. *New York Times*, http://www.nytimes.com/2009/08/30/magazine/30doctors.html). 이 외에도 '프레스턴 (외) 대 테닛' 집단 소송 당시 멀더릭의 방대한 증언조서(2008, 2010년), 그리고 2006년에 있었던 그녀와 주 검찰청 수사관들의 면담 내용, 병원에서 그녀와 함께 일했던 여러 사람의 관찰 등의 여러 가지 자료도 참고했다.

22. 멀더릭이 2009년에 자기 변호사를 통해 필자에게 알린 바에 따르면, 그녀는 인간을 상

대로 '안락사'라는 말을 사용한 적이 없으며, 메모리얼에서 나온 그녀의 발언 가운데 어떤 것도 환자를 안락사시키기 위한 '규약'으로 의도된 것은 없었다고 한다. 멀더릭과 가까웠던 몇 사람은 동물에 대한 처우를 인간에 대한 처우와 대조한 그녀의 이런 발언이 남들에게 오해되거나, 심지어 그녀가 의도하지 않은 방식으로 실천되었을지도 모른다는 이론을 내놓았다.

23. Deichmann, Richard. *Code Blue: A Katrina Physician's Memoir* (Bloomington, IN: AuthorHouse, 2006), p. 78.

24. 약사 필립 J. 덕트 2세(Philip J. Duct Jr.)는 '영구 통제 대상 약품 목록'에 이 약품의 지급 내역을 기록해두었다. 2005년 10월 25일, 주 검찰청 수사관들과의 면담에서 그는 처음에만 해도 자기가 다량의 모르핀을 지급하라는 요청을 받았는지 여부를 기억하지 못하겠다고 대답했다. 하지만 기록부의 사본을 보여주자, 그는 자기가 처방대로 약품을 내주었다고 확인했다. 그러면서 자기 생각에는 젊은 여자 의사 2명이 약품을 가지러 왔던 것 같다고, 그리고 다량의 약품이 환자들과 함께 이송되었을 수 있다고 말했다.

25. 2006년 2월 27일, 주 검찰청 수사관들과의 면담에서 푸르니에는 자기 생각에 이 대화가 밤에 이뤄졌던 것 같다고 말했다. 멀더릭은 이때가 목요일 아침이었다고 회고했는데, 이쪽이 더 가능성이 커 보인다.

26. 수전 멀더릭의 2006년 1월 1일 주 검찰청 수사관들과의 면담 내용에 의거함. 다음 달에 캐슬린 푸르니에도 주 검찰청 수사관들과의 면담에서 유사한 회고를 내놓았는데, 이에 관해서는 제8장에서 더 자세히 설명했다. 푸르니에는 필자의 인터뷰 요청에 대해서는 물론이고, 이 책의 내용에 대한 사실 관계 확인을 해달라는 요청에도 전혀 응답하지 않았다. 따라서 필자는 이 후주에 설명한 것처럼, 다른 증언을 토대로 본문 내용을 검증하려 시도했다.

27. 푸르니에는 주 검찰청 수사관들과의 면담에서 자기와 다이크먼의 대리 근무 계약에 대해서 설명했으며, 자기가 일요일 늦게 도착해서 회진을 시작했다는 사실도 설명했다. 안대와 다이크먼의 걱정에 관한 세부사항은 다음 책에 나와 있다. Deichmann, *Code Blue*, pp. 10-12, 107. 그런데 여기서 푸르니에는 가명으로(즉 초판본[AuthorHouse, 2006]에서는 '리즈 포스터[Liz Foster]'로 나오고, 재판본[iUniverse Star, 2008]에서는 '래리 오닐[Larry O'Neil]'로) 나온다. 하지만 2013년의 사실 관계 확인 과정에서 다이크먼은 자기 책에 나오는 등장인물이 "한 인물을 나타내는 것이 아니라, 오히려 복합적"이라고 말했다. 그러면서 푸르니에가 눈병을 앓고 있었던 것은 기억이 난다고 말했다(흥미로운 점은 애너 포 역시 눈을 약간 다치고, 심지어 한쪽에 멍까지 들었다는 것이다). 2013년 6월, 캐슬린 푸르니에에 관해서 필자가 다이크먼과 주고받은 편지에 따르면, 그는 "그 시련 동안에 그녀가 보여준 믿을 수 없는 용기와 헌신"을 감소시키지 않는 게 중요하다고 생각했다. "케이트(캐슬린)는 끔찍한 환경에서 아주 오랫동안 근무하면서, 다른 많은 사람이 환자를 버리고 간 이후에도 이들을 돌보았다. 나는 그녀를 절대적으로 존경한다."

28. 버틀러는 주 검찰청 수사관들과의 면담에서, 이 대화가 목요일 오전 7시에서 9시 사이 언젠가, 즉 자기가 부채질 당번을 마친 직후부터 오전 회의가 열리기 직전까지 사이에 일어난 것 같다고 회고했다. 하지만 푸르니에는 주 검찰청 수사관들과의 면담에서 버

틀러와의 대화를 언급하지 않았다.

29. 푸르니에가 주 검찰청 수사관들과의 면담에서 내놓은 설명과, 틸이 2009년 7월 26일에 필자와 인터뷰하면서 내놓은 설명은 내용이 사실상 일치한다. 그의 회고에 따르면, 그녀는 자기가 그럴 수도 없고, 그러고 싶지도 않다고 말했다. 두 사람 모두의 회고에 따르면, 이 대화는 2층에서 이뤄졌다. 틸의 말에 따르면, 이 대화는 두 사람이 고양이들을 안락사시키는 도중에 일어났지만, 푸르니에는 그 일에 대해서는 구체적으로 언급하지 않았다.

30. 브라이언트 킹이 2005년 10월 주 검찰청 수사관들과의 면담에서 내놓은 설명에 의거함. 푸르니에가 2006년 2월 주 검찰청 수사관들과의 면담에서 내놓은 설명에 따르면, 킹은 그녀가 한 말 때문에 화가 난 것처럼 보였으며, 그녀는 그가 떠난 이유도 그것 때문이라고 생각했다. 그녀는 이 대화가 수요일 저녁에 있었다고 생각한 반면, 킹은 목요일 아침에 있었다고 생각했다.

31. 브라이언트 킹이며, 그의 누이 레어첼(Rachelle)이며, 그와 가장 친하다는 에릭 그릭스(Dr. Eric Griggs)며, 심지어 그날 그릭스와 인터뷰한 NPR 기자 조앤 실버너조차 그 메시지 사본을 지금은 갖고 있지 않다고 말했다. 이 메시지에 대한 설명은 킹이 2005년 10월 주 검찰청 수사관들과의 면담에서 내놓은 회고에 의거했다.

32. 이 내용은 '애비에이션 서비스사'의 조정관 돈 베리(Don Berry)가 작성했으며, 2013년의 그가 회고한 바에 따르면 작성 시간은 오전 10시부터 정오 사이였다.

33. 라이프케어 지원들의 회고에 의거함.

34. Smith, Stephen and Marcella Bombardieri, "Power Gone, Food Low, Doctors Focused on Life," *Boston Globe*, September 14, 2005. 코키머 역시 필자에게 이 내용이 맞다고 확인해주었다.

35. 캐스린 넬슨이 2005년 10월 3일 주 검찰청 수사관들과의 면담에서 말한 내용, 그리고 2007년 11월 28일 필자와의 인터뷰 당시 말한 내용에 의거함. 테레즈 멘데즈의 (2013년 7월 1일의 인터뷰 당시) 증언에 따르면, 캐스린 넬슨은 목요일에 그곳을 떠나라는 지시에 강하게 반발했다. 멘데즈는 자기가 상대방에게 매우 엄격하게 말했다고 회고했는데, 이는 어디까지나 이곳을 떠날 기회를 놓치지 않도록 상대방을 최대한 빨리 내려보내려는 의도였다고 말했다.

36. 넬슨의 담당 간호사인 신시아 채틀레인은 주 검찰청 수사관들과의 면담(2006년 1월 6일) 당시 자기가 넬슨에게 모르핀 1밀리그램과 아티반 1밀리그램을 투약했다고 회고했다.

37. 메모리얼의 직원들은 허리케인 이후 주 검찰청 수사관들과의 면담에서 이런 믿음을 자주 언급했고, 라이프케어의 직원들이 특히나 그랬다. 이 잘못된 주장이 라디오에서 너무나도 자주 반복되었고, 누군가가 그 내용을 듣고 있었음을 고려하면, 이런 믿음이 널리 퍼진 것도 크게 놀랄 만한 일은 아니다. 테레즈 멘데즈는 (2013년 7월에) 이 소식이 마치 '수증기'처럼 병원 곳곳으로 퍼져나갔다고 말했다.

38. 브라이언트 킹이 2005년 주 검찰청 수사관들과의 면담에서 한 말에 의거함. 이 최초의 회고는 더 나중의 회고들과(즉 2008년에 일레인 넬슨의 아들 크레이그가 병원을 상대로 제기한 소송 때 나온 증언조서라든지, 2007년에 필자와의 인터뷰 때 나온 회고와) 일치한다.

"애너가 그 모든 주사기를 한 손에 들고 있는 걸 보자, 저는 이랬어요. 애너, 이건 졸라 미친 짓이야, 이럴 수는 없는 거라고."(필자: "정말로 그런 말을 하셨어요?") "그게 아니라, 마치 제 머릿속에서 누군가가 계속 그런 말을 하는 것 같았어요." 빌 아밍턴은 필자와의 인터뷰 때 자기도 킹이 흥분하며 떠나는 것을 보았다고 회고했고, 푸르니에 역시 2006년 주 검찰청 수사관들과의 면담에서 똑같은 회고를 내놓았다. "그는 그 일 때문에 흥분하고 화가 난 상태였어요. 제가 받은 인상은 딱 그랬죠. 그러면서 그는 떠났어요. 저 역시 그 일 때문에 흥분하고 화가 난 상태였어요. 하지만 저는 남아 있었죠." 킹이 병원을 떠난 시점이 언제였느냐는 논란의 여지가 있는데, 나중에 가서 병원에 있던 사람 가운데 일부는 그가 수요일에 떠난 것 같다고, 따라서 목요일에 2층에서 벌어진 일을 목격했을 가능성은 없다고 말했다. 하지만 목요일에 있었던 일에 관한 킹의 회고가 구체적이라는 점, 그리고 수많은 직원들이 바로 그날 그를 보았고, 심지어 그와 함께 일하기도 했다고 회고한 점을 볼 때, 그는 당시 병원에 남아 있었던 것이 분명하다.

39. 도시가 2014년 6월 4일 필자와의 인터뷰에서 말한 내용에 의거함. 구 씨는 이 책에 나온 내용의 사실 관계 확인을 해달라는 필자의 요청에 응답하지 않았다. 하지만 2009년의 인터뷰 당시에 필자가 7층에서의 주사에 관해서 질문을 던지자 (필자가 구체적으로 2층에 관해서 질문했던 것은 아니었다) 구 씨는 이렇게 대답했다. "저는 그런 일이 일어나고 있다는 걸 전혀 몰랐습니다." 2005년 주 검찰청 수사관들과의 면담 때, 그는 자기가 메모리얼을 떠난 직후에야 비로소 안락사가 이루어지고 있다는 소문을 들었다고 주장했다. "사방에서 그러더군요. 그 이야기를 처음 들었을 때는 솔직히 말해서 정말 충격적이었습니다."

40. 2013년 5월 25일, 재니스 젠킨스 씨와 필자의 인터뷰에 의거함.

41. 필자가 받은 익명의 이메일에 의거함. 테레즈 멘데즈가 주 검찰청 수사관들과의 면담에서 회고한 바에 따르면, 포는 라이프케어로 올라갈 때 주사 용품을 요청했다.

42. 간호사 제프리 카폴(Jeffrey Caffall)이 2006년 3월 6일 주 검찰청 수사관들과의 면담에서 한 말에 의거함.

43. 줄리 쿠비용이 2005년 10월 26일 주 검찰청 수사관들과의 면담에서 한 말에 의거함. 쿠비용의 회고에 따르면, 그녀는 직속상관인 (그리고 그 일에 관여하지 않았던) 간호부장으로부터 환자들이 염화칼륨, 모르핀, 버스드 주사를 맞았다는 이야기를 들었다. 쿠비용은 통로 근처의 벽에 붙여 놓은 상자 안에서 염화칼륨 주사약 병을 보았다. 이 상자는 나중에 수사관들이 병원을 수색할 때까지도 거기 남아 있었으며, 그 안에는 대부분 봉인된 병들이 들어 있었고, 그 광경을 찍은 사진도 남아 있다. 염화칼륨은 애완동물을 안락사시킬 때 사용했다. 하지만 필자와 인터뷰한 관계자 중 주사 놓는 일에 참여했던 사람들 가운데, 염화칼륨이 인간의 죽음을 재촉하는 데 사용되었다고 회고한 사람은 아무도 없었다. 이 약품은 부검 독물학 검사에서도 감지되지 않는다.

44. 원은 에왈레의 이름을 직접 거론하지는 않았지만, 그녀의 회고는 다른 증언들과 일치했다. 이 환자에게 투여된 모르핀과 아티반의 양은 확인되지 않았지만, 간호사 리 부드로(Leah Boudreaux)가 오전 10시에 에왈레의 진료 기록에 작성한 내용은 그의 마지막에 대한 요약인 것으로 보인다. "환자(Pt)는 여전히 무반응이고, 분비물 때문에 목이 막히지만, 현재 상황에서는 흡입 처치가 불가능하다. 편안하게 해주려고 모르핀을 투여했

다." 그런데 이 설명에서 몇 가지 부분은 좀 이상하다. 당시 병원의 다른 구역에서는 이 동식 흡입기를 사용하고 있었다. 그리고 투약 지시가 전혀 없었다. 원이 필자와의 인터뷰 때 한 말에 따르면, 그녀는 이 환자가 도움을 요청했다는 이야기를 들었다고 하지만, 다른 간호사들의 기록에는 그가 무반응이라고 나온다. 부도의 책에는 '팰(Pal)'이라는 가명으로 나오는 간호사가 수요일 밤에 어떤 ICU 환자 곁에 머물러 있었다고 나온다. "그는 매우 위중했으며, 죽음이 가까워 있었다. 그의 입가에는 거품이 부글거렸다. 전날 밤에 병원 시스템이 망가져버렸다. 나로선 환자에게 흡입 처치를 해줄 방법이 없었다. 편안하게 해주려고 진정제를 약간 투여하라는 지시가 내려졌다. 내가 투약했다. 그는 눈을 뜨고 나를 바라보고 있었다. 나는 다만 그의 손을 잡아주었다. 바라보고 있자니 끔찍했다. 설령 내가 그에게 흡입 처치를 해주더라도, 그가 살아남을 수 있을 것 같지는 않았다."(Budo, *Katrina*, p. 79).

45. 이 간호사는 익명 유지를 조건으로 당시의 사건들에 관해 설명했다. 본문의 이 대목은 허리케인으로부터 몇 달 뒤 주 검찰청 수사관들과의 면담에서 나온 그녀의 증언, 함께 일했던 다른 간호사들과 필자의 인터뷰, 그리고 2010년과 2013년에 이루어진 그녀와 필자의 인터뷰 때 나온(그녀는 기억이 매우 혼란스럽다고 말했다) 당시 상황에 대한 더 나중의 회고에 의거했다.

46. 로이 컬로타의 2005년 11월 28일 주 검찰청 수사관들과의 면담 내용에 의거함. 그의 설명은 멀 래거스의 가족이 제기한 민사 소송 당시에 나온 더 나중의 증언조서(2010년 2월 23일 자)와도 일치했다.

제2부 응보

8장

인터뷰 대상자

호러스 볼츠, 재니 버지스의 가족(리넷 버지스 기디, 버사 미첼, 글래디스 클라크 스미스, 자니 클라크), 토니 칸스, 캐서린 채틀레인, 제임스 코브 2세, 유잉 쿡, 미니 쿡, 커티스 도시, 에밋 에버릿의 가족(캐리 에버릿, 에밋 에버릿 2세), 린다 갈리아노(존 러셀의 의붓딸), L. 르네 구, 캐시 그린, 로버트 헨들러, 지나 이스벨, 캐런 래거스(멀 래거스의 딸), 월다 맥마너스의 가족(앤절라 맥마너스), 테레즈 멘데즈, 로버트 미들버그, 헬렌 밀러(Dr. Helen Miller), 프랭크 미냐드, 숀 무어 대위, 스테파니 무어, 앨프리드 리 모제스, 봉 무이, 일레인 넬슨의 가족(크레이그 넬슨, 캐스린 넬슨), 대니얼 W. 너스, 브렌다와 타바타 오브라이언트 부부, 셰리 피자니, 애너 포, 미셸 피터라이얼스, 아서 섀퍼, 리처드 T. 시먼스 2세, 존 스키너, 존 틸, 존 월시, 시릴 웨크트 박사, 토니 줌바도.

(필자의 주: 수사 당시의 면담이나 다른 사건 가운데 그 출처가 본문에 명시된 것들은 대부분 후주에서 다시 언급하지 않았다).

주석

1. Anita Vogel, correspondent, "Hurricane Katrina's Aftermath," Fox News Network,

On the Record with Greta Van Susteren, September 1, 2005, ten p.m. 또 패멀라 매슈스, 에드윈 매슈스, 조 링크스의 '스토리코프스' 인터뷰(MBX006447)를 참고했다.

2. 메리로즈 버나드는 2006년 6월 26일 주 검찰청 수사관들과의 면담에서 이렇게 말했다. "제가 폭스 뉴스에다 부탁했더니만, 그 사람들이 이랬어요. '음, 당신 가족을 찾아내기 위해서 저희가 최선을 다하겠습니다. 만약 당신이 인터뷰에 동의하신다면요.'"

3. Gross, Gregory Alan, "S.D. Guardsmen Find Life, Death in Waters," *San Diego Union Tribune*, September 7, 2005; http://legacy.utsandiego.com/news/nation/katrina/20050907-9999-1n7guard.html.

4. 토니 칸스(Tony Carnes)의 메모리얼 예배당 사진은 〈뉴욕 타임스〉에 실렸으며, 결코 쉽게 잊을 수 없는 모습이었다. http://www.nytimes.com/imagepages/2005/09/18/national/19victimsCA01ready.html.

5. 하이 맥너리 목사(Chaplain Hy McEnery)가 2005년 9월 16일, CNN에 출연해서 배턴루지의 텔레비전 기자 한 명과 인터뷰하면서 한 말이다.

6. 이 내용은 2005년 9월 12일에 WBRZ에서도 방영되었고, 그중 일부분은 나중에 CNN에서 다시 방영되었다.

7. 세인트리타스에 관한 더 자세한 내용은 다음을 보라. Cobb, James, Jr. *Flood of Lies: The St. Rita's Nursing Home Tragedy* (Gretna, LA: Pelican Publishing, 2013); Junod, Tom, "The Loved Ones," *Esquire* (September 2006); http://www.esquire.com/features/ESQ0906NEWORLEANS_216; Mead, Robert A., "St. Rita's and Lost Causes: Improving Nursing Home Emergency Preparedness," *Marquette Elder's Advisor* (Spring 2006).

8. Hirsch, Les, "'We had to Evacuate Soon,'" *Modern Healthcare* (September 12, 2005); http://www.modernhealthcare.com/article/20050912/NEWS/509120323.

9. 의학박사 애너 포의 사건진술서(2006년 1월 13일 자)와 심리(審理) 녹취록. "In re: Doctor Anna Maria Pou," Orleans Parish criminal district court, the Honorable Calvin Johnson.

10. 포의 변호사가 펠프스 게이(Phelps Gay)와 로렌 맥휴(Lauren McHugh)에게 보낸 다음 편지를 참고함. "Re: Dr. Anna Pou's Claim for Reimbursement of Legal Fees." Attachment A, "Memorandum from Richard T. Simmons Jr. counsel for Dr. Anna Pou," 4. 루이지애나 주 입법부 산하 '변호사비용검토위원회(Attorney Fee Review Board, Louisiana State Legislature)'에 보관되어 있던 문서는 필자가 공공 기록물 공개 요청을 통해 입수했다.

11. 포의 말에 따르면, 그녀는 2005년 9월 19일 자로 시먼스를 고용했다. 그런데 이 날짜는 그녀가 테닛의 중역진과 비용 검토 문제로 처음 대화를 나눈 때일 뿐이며, 시먼스가 루이지애나 주에 신고한 내용에 따르면, 그가 그녀를 대리하기 시작한 것은 정확히 2005년 10월부터였다.

12. 필자의 FOIA(정보공개법)에 의거한 요청에 따라서 미국 보건복지부 산하 감찰국(HHS OIG)이 제공한 수사 기록에도 이 사실이 반영되어 있다.

13. Cobb, *Flood of Lies*.

14. 다음 수사 기록을 참고함. Investigative memorandum, Ferncrest Manor Living Center, HHS OIG case 6-05-00497-9, September 17, 2007.

15. US Senate, *Hurricane Katrina: A Nation Still Unprepared*, Chapter 16, p. 248. 이 자료에 따르면, 네이긴 시장의 대피령 초고에는 실제로 요양원이 빠져 있었다. 그러다가 뉴올리언스 시 안보 및 공공안전국장이었던 테리 에벗 대령이 요양원의 취약성을 지적 하면서 내용이 바뀌었던 것이다.

16. Hull, Anne and Doug Struck, "At Nursing Home, Katrina Dealt only the First Blow," *Washington Post*, September 23, 2005; http://www.washingtonpost.com/wp-dyn/content/article/2005/09/22/AR2005092202263.html.

17. 샤토에서의 사망 사건에 관한 소송에서, 양로원 측 대리인들은 한 개인 회사에서 버스 제공을 거절한 이후, 양로원 측이 대피를 위해 직접 그레이하운드 버스를 고용하려 시 도했지만, 고속도로가 폐쇄되고 이 지역에 강풍이 불어오면서, 너무 때가 늦고 말았다 고 주장했다. 더 이전의 HHS OIG 수사 기록(2006년 9월 25일 자)에는 이렇게 나와 있 다. "버스 회사가 이 시설의 대피 의도를 때맞춰 통보받았는지, 아니면 버스 회사가 이 시설에 이송 수단을 제공해야 하는 의무의 이행을 때맞춰 하지 못한 것인지 여부를 놓 고 상충되는 증거들이 있다." 이 사건 관련 수사는 더 나중에 종결되고 말았다.

18. 다음 직무집행명령소송에서 아서 섀퍼의 증인 신문 내용을 참고함. *John and Jane Does v. Charles Foti, et al*, 19th Judicial District Court, Parish of East Baton Rouge, State of Louisiana, case 558,055, August 28, 2007. 섀퍼의 말에 따르면, 어떤 혐의 가 적용 가능한지 여부에 대한 결정은 이 당시에도 내려지지 않았다.

19. Nossiter, Adam and Shaila Dewan, "Patient Deaths in New Orleans Bring Arrests," *New York Times*, July 19, 2006; http://www.nytimes.com/2006/07/19/us/19patients.html. 사부아 제이콥 씨의 회고는 어머니인 로즈 사부아의 진료 기록으 로도 뒷받침된다. "실제로 더 나아졌다"(2005년 8월 25일 자)거나 "새로운 의료적 불편은 없다"(2005년 8월 27일 자. 의사의 경과 기록으로는 마지막이었다)고 나왔기 때문이다.

20. 캐스린 넬슨 씨와 오빠 크레이그가 필자와의 인터뷰에서 내놓은 회고는, 캐스린이 주 검찰청 수사관들과의 면담을 위해 준비한 2006년 10월 26일 자 친필 사건 설명서라든 지, 그녀가 제기한 2008년 7월 8일 자 소송(*Elaine Nelson, et al v. Memorial Medical Center, et al*, Orleans Parish Civil District Court)의 증언조서를 통해 보충된다.

21. 자세한 내용은 다음 자료를 보라. Wecht, Cyril H. and Dawna Kaufmann. *A Question of Murder* (New York: Prometheus Books, 2008), pp. 248, 271-2.

22. 본문의 내용은 2008년 7월, 필자의 방문 경험에 의거했다.

23. 샐멧 메디컬 센터에서 있었던 일에 관한 본문의 짧은 설명은 봉 무이(Dr. Bong Mui)가 2011년 8월 3일 필자와의 인터뷰에서 내놓은 회고에 의거했다. 아울러 그가 아들 응구 엔(Nguyen)과 베트남어로 나눈 다음 구술사 인터뷰 내용의 부분 번역도 참고했다. "Surviving Hurricanes Katrina and Rita in Houston Collection" (AFC 2008/006), Archive of Folk Culture, American Folklife Center, Library of Congress, Washington, DC (interview SR05, accession no. SKR-SNU-SR05). 필자는 공공 기록 물 공개 요청을 통해, 샐멧 메디컬 센터에 대한 루이지애나 주 메디케이드 사기 단속반

의 수사 기록을 약간 편집한 버전으로 입수했는데, 여기에는 병원 지도자들이 병원을 계속 운영하고 직원을 계속 근무시키기로 결정했음이 드러나 있다(즉 단순히 환자를 이송할 구급차가 돌아오지 않아서 머물러 있었던 것은 아니었다는 뜻이다). 허리케인 이전에 샬멧 메디컬 센터를 떠난 일부 환자는 뉴올리언스 지역에 있는 이 병원의 자매기관(페들턴 메모리얼 메소디스트 병원)으로 갔는데, 이곳 역시 홍수와 발전기 고장으로 정상적인 운영이 어려운 실정이었다.

24. Hamm, L. Lee, "Personal Observations and Lessons from Katrina." *The American Journal of the Medical Sciences*, vol. 332, no. 5 (2006): 245-50; 툴레인에서는 카트리나 당시 자기네 병원의 경험에 관한 책의 저술을 위탁해서 다음과 같이 간행했다. Carey, Bill. *Leave No One Behind: Hurricane Katrina and the Rescue of Tulane Hospital* (Nashville, TN: Clearbrook Press, 2006). 툴레인 병원의 소유주인 HCA의 신입 직원들은 종종 자화자찬이 가득한 이 책을 한 권씩 선물 받곤 했다.

25. *Hurricane Katrina: A Nation Still Unprepared*, p. 11.

26. 숀 무어 중위(현재는 '대위')는 해안경비대에서 차출한 상업용 헬리콥터에 올라타고, 이 지역의 수로를 오가며 침수되거나 고장 난 선박을 수색하는 해병대 구조반의 작전을 돕고 있었다. 그가 필자와의 인터뷰(2013년 6월 3일)에서 말한 바에 따르면, 당시 헬리콥터 조종사는 무어 중위의 아내 스테파니가 병원에 있다는 사실을 알고는 이렇게 말했다. "어서 그분을 구하러 갑시다." NOLA(루이지애나 주 뉴올리언스) 지구의 지휘관인 프랭크 파스케위치 대령(Captain Frank Paskewich)은 당시에 자기가 이 요청을 기꺼이 받아들였다고 대답했다. "제가 이랬습니다. '당연하지, 어서 가서 아내를 구해오게나.'" US Coast Guard Oral History interview (October 18, 2005; http://www.uscg.mil/history/katrina/oralhistories/PaskewichFrankoralhistory.asp).

27. "Euthanasia Performed in Aftermath of Hurricane Katrina?," CNN, *Newsnight with Aaron Brown*, October 12, 2005, ten p.m.; http://transcripts.cnn.com/TRANSCRIPTS/0510/12/asb.01.html.

28. "Accusations of Mercy Killing in New Orleans," CNN, *Newsnight with Aaron Brown*, October 12, 2005, eleven p.m.; http://transcripts.cnn.com/TRANSCRIPTS/0510/12/asb.02.html.

29. Ibid.

30. "Louisiana AG Orders Autopsies of 50 Memorial Medical Patients," CNN, *Nancy Grace*, October 14, 2005; http://transcripts.cnn.com/TRANSCRIPTS/0510/14/ng.01.html.

31. "In Depth: Officials Are Looking Into Allegations of Euthanasia in a New Orleans Hospital for Gravely Ill Patients as Hurricane Katrina's Floodwaters Rose," NBC News, October 17, 2005; http://www.nbcuniversalarchives.com/nbcuni/clip/5117065625_s09.do.

32. Graham, Caroline and Jo Knowsley, "We Had to Kill Our Patients," *Mail on Sunday*, September 11, 2005; http://www.dailymail.co.uk/news/article-361980/We-kill-patients.html.

33. Innocence Project, Inc., "Reevaluating Lineups: Why Witnesses Make Mistakes and How to Reduce the Chance of a Misidentification," (Benjamin N. Cardozo School of Law, Yeshiva University, July 16, 2009); http://www.innocenceproject.org/docs/Eyewitness_ID_Report.pdf.

34. 테닛 보건의료사가 2009년 8월 18일에 내놓은 답변은 다음과 같다. "귀하의 주장은 정확하지가 않습니다. 테닛은 요청받은 진료 기록 가운데 본사가 보유한 것 모두를(즉 인쇄본과 전자본 양쪽 모두를) 루이지애나 주 검찰청에 제출했습니다. 메모리얼 메디컬 센터 역시 이미 여러 차례에 걸쳐 요청이 있을 때마다 본원이 보유한 기록 전부를 이용 가능하도록 했으며, 수사관들이 본원 시설에 얼마든지 접근할 수 있도록 해주었습니다."

35. Griffin, Drew and Kathleen Johnston, "Dozens Subpoenaed in Hospital Deaths," CNN, October 26, 2005; http://www.cnn.com/2005/US/10/26/katrina.hospital.

36. 카스탱은 2009년에 필자가 관련 기사("Deadly Choices")를 작성하면서 사실 관계 확인을 하던 중에도 이런 말을 했다. 그는 2013년 필자와의 두 차례 전화통화와 이메일에서도 역시 이런 말을 반복했다. 그는 당시 회의의 목적은 메모리얼 직원과의 면담 일정을 조정하려는 것이었으며, 그가 메모리얼의 간호사들 모두에 대해서 포괄적 불기소, 또는 면책 합의를 요청했다는 것은(물론 그는 이런 목적을 달성하지 못했다) 사실이 아니었다고 말했다. 회의가 있고 나서 며칠 뒤에 수사관들이 이에 관한 기록을 작성해두었더라고 필자가 지적하자, 그는 자기도 '성실하게' 기록을 작성해두었다고 대답했다. 하지만 필자가 그 기록을 보여달라고 요청하자, 그는 다시 확인해보더니 실제로는 기록을 작성해두지 않았다고 실토했다.

37. 뉴올리언스 연방 검사인 레튼의 전임자는 올리언스 패리시 지방검사인 에디 조던 2세였다. 그런데 뉴올리언스 연방 검찰청의 선임 검사들이 한창 시끄러운 어떤 형사 사건에 관해 〈타임스 피커윤〉의 웹사이트에 익명으로 발언했다는 사실이 밝혀지면서, 급기야 2012년 12월에 레튼이 사임하고 말았다. 당시 그는 연방 검사 가운데 가장 오래 근무한 인물로 알려졌다. Robertson, Campbell, "Crusading New Orleans Prosecutor to Quit, Facing Staff Misconduct," *New York Times*, December 6, 2012; http://www.nytimes.com/2012/12/07/us/jim-letten-new-orleans-us-attorney-resigns.html.

38. Williams, C. J., "Making a Federal Case out of a Death Investigation," *United States Attorneys' Bulletin*, vol. 60, no. 1 (January 2012); http://www.justice.gov/usao/eousa/foia_reading_room/usab6001.pdf.

39. 수전 멀더릭(의 변호사)가 L. 르네 구는 모두 언제까지 병원을 비우라는 최후통첩을 받은 일이 없었다고, 그리고 대피 당시에 자기들의 목표는 지친 동료들에게 초점을 맞추는 것이었다고 말했다. "우리는 헬리콥터들이 우리에게 더 이상 날아오지 않는 상황을 이미 한 번 경험했기에, 저는 그런 일이 또다시 일어나기를 원치 않았습니다." 구가 필자와의 인터뷰(2009년 8월 17일)에서 한 말이다.

40. Sanford, Christopher, "Nine Days at the Airport" (미간행 원고); Sanford, Christopher, Jonathan Jui, Helen C. Miller, and Kathleen A. Jobe, "Medical

Treatment at Louis Armstrong New Orleans International Airport After Hurricane Katrina: The Experience of Disaster Medical Assistance Teams WA-1 and OR-2," *Travel Medicine and Infectious Disease 5* (2007): 230-235; Klein, Kelly R. and Nanci E. Nagel, "Mass Medical Evacuation: Hurricane Katrina and Nursing Experiences at the New Orleans Airport," *Disaster Management and Response>* vol. 5, no. 2 (2007): 56-61; "Hurricane Katrina—After Action Report: OR-2 DMAT," September 25, 2005; Dentzer, Susan, "Hurricane Hospital Challenges," *PBS NewsHour*, September 8, 2005; http://www.pbs.org/newshour/bb/weather/july-dec05/hospitals_9-8.html; Barringer, Felicity and Donald G. McNeil Jr., "Grim Triage for Ailing and Dying at a Makeshift Airport Hospital," *New York Times*, September 2, 2005; http://www.nytimes.com/2005/09/03/national/nationalspecial/03hospitals.html; Smith, Stephen, "Patients Evacuated in Massive Airlift: LA Airport Used as Field Hospital," *Boston Globe*, September 4, 2005; Allison, Cody, "Untitled," Hurricane Digital Memory Bank, object no. 39470; http://www.hurricanearchive.org/items/show/39470. 허리케인 카트리나 관련 미국 하원 의회 보고서에서는 이런 '혼란'이 의료 지원 팀의 지휘 구조에서 비롯되었다고 지적했다(*A Failure of Initiative: The Final Report of the Select Bipartisan Committee to Investigate the Preparation for and Response to Hurricane Katrina*, February 15, 2006, p. 269; www.c-span.org /pdf/Katrinareport.pdf). DMAT의 모(母)조직인 '국립 재난 의료 시스템 (National Disaster Medical System, NDMS)'은 카트리나 이전에 HHS(보건복지부)에서 떨어져 나와서 FEMA와 국토안보부(Department of Homeland Security) 산하로 편입되었는데, 이는 2001년 9월 11일의 테러 공격 이후 이루어진 대대적인 부서 개편의 일환이었다. 카트리나 이후에 NDMS는 HHS 산하로 재편입되었는데, '국가 위기 대응 체계 (National Response Framework)'의 규정("Emergency Support Function-8")에 따르면 위기 상황에서는 HHS가 연방 보건복지 자원을 조정하는 업무를 담당하기로 되었기 때문이다. 하원 의회의 보고서에서 '의료' 부분(pp. 267-309)을 보면, 특히 연방의 의료 대응 실패에 관한 비판이 나와 있다. 여기서는 공항에서의 의료 지원을 한 마디로 "혼돈스러웠다"고 지적한 다음, 수많은 사람이 죽어가는 상황에서 (틸의 경우처럼) 연방 의료 지원 팀이 아니라는 이유로 푸대접받은 의사가 적지 않았다고 했다. 지원 팀은 상태가 가장 위중한 환자에게 "검은색 꼬리표를 부착"한 다음, 이들을 다른 환자들로부터 멀리 떨어진 곳에 옮겨서, "이들이 별도 장소에서 죽을 수 있게 했다"는 한 의사의 증언도 인용되어 있다(p. 288). 카트리나 이후에 "배운 교훈들"에도 불구하고, 보급 체계의 문제와 엄격한 조달 정책은 2010년의 아이티 지진 당시에 또다시 NDMS의 대응에서 생명 구제 임무를 저해하는 요인이 되었다(물론 카트리나에 비해 아이티는 물류 면에서 훨씬 더 힘든 상황이었지만 말이다). 물품함 가운데 일부는 에어컨이 아니라 히터 설비가 된 컨테이너에 담겨서 도착했다. 산소통과 연료, 그리고 수술에 필요한 일부 장비도 부족했다. 이 가운데 한 가지 사례는 이 책의 「에필로그」에서도 소개했다. 보건복지부 산하 위기 준비 대응 차관실의 그레첸 마이클(Gretchen Michael) 실장의 설명(2013년 8월의 이메일)에 따르면, 최근 몇 년 사이에 NDMS는 "그 보급, 재보급, 물류 과정을 현저하

게 개선"했으며, 여기에는 전국 곳곳에 물품을 보관함으로써 그 어떤 지원 팀이라도 사용할 수 있게 하고, (예를 들어 과다 비만 환자를 위한 특수 비만용 병상 같은) 구체적인 필요를 예견하는 것도 포함되어 있었다. DMAT는 2012년의 초대형 허리케인 샌디 때 소규모의 대응 팀을 이용해서 더 유연하게 대응했으며, HHS의 행동 보건의료 팀도 2012년과 2013년의 대규모 총기 및 폭탄 사고 때마다 구조대와 미국 전역의 지역 사회를 지원했다.

41. Baltz, Horace. *The Kat's Paw: Memorial Medical Center—Katrina* (미간행 원고). 그리고 필자와의 인터뷰 내용도 참고했다.

42. 볼츠 역시 자기가 담당했던 환자의 사망 사건이 진실을 찾기 위한 동기로 작용했다는 코키머의 추정을 한 마디로 일축해버렸다.

43. 채틀레인의 알코올과 진통제 사용이 늘어난 원인은 (그리고 결국 간호사 면허가 취소되었으며, 50대 초에 급성 췌장염으로 끝내 사망하게 된 원인은) 자기가 담당한 환자 에밋 에버릿의 사망 당시 상황에 대한 좌절감 때문이라는 것이, 그녀의 남편 앨프리드 리 모제스와 딸 캐서린 채틀레인의 설명이다. "제 생각에는 우리 엄마가 오늘 여기 없는 주된 이유가 바로 그것인 것 같아요. 왜냐하면 엄마는 그 일 이후로 곧장 우울증의 나락으로 떨어져버렸거든요." 캐서린 채틀레인은 2013년 필자와의 인터뷰에서 이렇게 말했다.

44. 수사관이 동료들과 공유한 논문은 다음과 같다. Perkin, R. M. and D. B. Resnik, "The Agony of Agonal Respiration: Is the Last Gasp Necessary?," *Journal of Medical Ethics*, 28 (2002): 164-169 (수사관이 확보한 자료는 2005년 11월 28일에 다음 출처에서 가져왔다. http://jme.bmjjournals.com/cgi/content/full/28/3/164); *Whonamedit? A Dictionary of Medical Eponyms*, "Cheyne-Stokes Respiration." (수사관이 확보한 자료는 2005년 11월 29일에 다음 출처에서 가져왔다. http://www.whonamedit.com/synd. cfm/1159.html); "Central Sleep Apnea: Details," (수사관이 확보한 자료는 2005년 11월 29일에 다음 출처에서 가져왔다. www.apneos.com/csa.html).

45. Perkin and Resnik, Ibid.

46. 이 건물의 출입자 명부와 경비 일지, 그리고 2008년 4월 21일에 필자가 딘코프 본사의 중역과 행한 인터뷰 내용에 근거했다. 그 중역의 말에 따르면, 자기네 근무조의 첫 번째 임무는 테닛 계열 병원에서 "혹시라도 뒤에 남아 있거나, 또는 의도하지 않은 상태에서 미처 대피하지 못한 생존자가 발견될 경우에는 지원을 제공하는 것"이었다. 테닛에서 딘코프의 근무조에게 물어본 한 가지 수수께끼의 사건은, 샌디에이고에서 온 주 방위군 병사들과 뉴스 취재진이 메모리얼에서 봤다는 수수께끼의 시신에 관한 것이었다. 이 사건은 다음 책에서 부분적으로 설명된 바 있다. Brinkley, Douglas. *The Great Deluge: Hurricane Katrina, New Orleans, and the Mississippi Gulf Coast* (New York: Harper Perennial, 2007), p. 606. 위의 책에 따르면, NBC에 고용된 프리랜스 기자들이 WWL 라디오 소리를 듣고 따라가보니, 병실 안에 여자 한 명이 피투성이가 된 채 죽어 있더라는 것이었다. 필자는 NBC의 도움으로 앤서니 '토니' 줌바도가 촬영한 영상의 원본을 확인해보았지만, 여기에는 시신 한 구가 들것에 누워 있는 모습뿐이었고, 피라고는 전혀 없고 시트에 부분적으로 덮인 상태였다. 리온 프레스턴의 가족을 대리하는 변호사는 이 시신이 '프레스턴 (외) 대 테닛' 집단 소송의 실명 원고인 프레스턴

씨라고 필자에게 확인해주었다. 필자는 이 영상을 촬영한 앤서니 '토니' 줌바도와도 이 야기를 나눠보았는데, 그로서도 더 자세한 내용을 제공하지는 못했다. 주 방위군 병사들은 이 여성이 성폭행을 당했다고 주장했지만, 그런 사실을 어떻게 확인했는지 여부에 대해서는 아무런 설명을 내놓지 못했다. 필자와 인터뷰한 딘코프사의 중역은 자기네 근무조가 응급실 안에서도 시신을 발견했는데, 거기에도 시트가 덮여 있었으며, "우리는 시신이 누워 있는 모습에서 뭔가 이상한 것은 전혀 발견하지 못했다"고 말했다. 아울러 그는 성폭행을 확인하기 위해서는 체내 삽입 검사가 반드시 필요하다는 타당한 지적을 내놓았다. 즉 이 병원 근처를 우연히 지나가다 들른 주 방위군 병사들이 이런 검사를 실제로 수행했으리라 상상하는 것 자체가 힘들다는 것이었다. 다만 실제로 있었던 성폭력 사건은 '프레스턴 (외) 대 테닛' 집단 소송의 합의 심리 때 비로소 빛을 보게 되었다. 이곳에 입원했던 한 여성 환자가 이 병원의 미화원에게 병실에서 성폭행 당했다고 주장했던 것이다. 그녀의 변호사인 앤서니 어피노(Anthony Irpino)가 필자에게 말한 바에 따르면, 판사도 합의금을 더 많이 달라는 그녀의 요청을 허락했다고 한다.

47. 경비원의 근무 일지에는 이들 일행을 따라다니며 경호했다고 나와 있었다. 이날의 출입자 명부 서명란에는 다른 사람들의 이름도 적혀 있었다. 흥미로운 점은 포와 시먼스가 서명란에 각자의 이름을 적어놓지 않은 반면, 이들 일행은 '의사 선생님네'로 지칭되었다는 것이다. 다른 사람들도 포와 시먼스가 바로 그날에 바로 거기에 있었다고 회고했다. 시먼스는 본문에 묘사된 장비들을 보존해야 한다면서 법원에 요청하기도 했다.

48. "New Orleans Hospital Murders?," *CNN, Anderson Cooper 360°*, December 21, 2005, ten p.m.; http://transcripts.cnn.com/TRANSCRIPTS/0512/21/acd.01.html. 약간 다른 버전들도 이보다 더 먼저, 또는 더 나중에 방영되었다.

49. 포와 필자의 2008년 7월 23일 인터뷰 내용에 의거함.

50. 본문의 이 장에서 묘사된 오브라이언트의 진료 기록과 포의 치료 과정에 관한 내용은, 그의 아내 브렌다 및 딸 타바타와 필자의 2007년 및 2013년 인터뷰에 의거했다. 아울러 너스와 필자의 2007년 인터뷰 내용을 본인으로부터 허락을 받아 참고했다. 또한 제임스의 상황에 대한 배경 조사는 다음 책을 참고했다. Watkinson, John C. and Ralph W. Gilbert. *Stell and Maran's Textbook of Head and Neck Surgery and Oncology*, 5th ed., (London: Hodder Arnold, 2012).

51. Randall C. Baselt. *Disposition of Toxic Drugs and Chemicals in Man*, 6th ed. (Foster City, CA: Biomedical Publications, 2002). 더 최근의 판본도 있기는 하지만, 수사관들은 이 판본을 참고했다.

52. 수사관들은 포가 7층에 머물렀을 당시, 또 한 명의 외과 ICU 간호사가 7층에 올라갔다고 믿었다. 하지만 당사자인 간호사는 필자와 인터뷰를 거절했다.

53. Johnson, Kevin, "Post-Katrina Inquiry Likely to Need New Expert," *USA Today*, January 23, 2006. 하지만 이 모든 혐의는 2009년에 이르러 모두 기각되고 말았다. 이 검시관에 관한 흥미로운 설명은 다음을 보라. Kalson, Sally, "The Wecht Indictment," *Pittsburgh Post-Gazette*, July 20, 2009; http://www.post-gazette.com/stories/life/sally-kalson/the-wecht-indictment-494225. "그의 판정, 반목, 화려한 언변은 항상 좋은 뉴스 헤드라인 소재를 제공해주었으며, 자기가 받은 냉대에 반박하는 그의

편지 폭격은 한마디로 전설적이었다. (……) 그가 검시관실에 없는 이 지역의 풍경은 어딘가 황량해 보인다."

54. 존 스키너와 필자의 2013년 5월 3일 인터뷰 내용에 의거함.

55. 예를 들어 테렌스 스테힐린은 2005년 11월 9일 주 검찰청 수사관들과의 면담에서 이렇게 말했다. "저는 그 결정이 우리 의사들 가운데 누군가에 의해 내려졌다고는 믿지 않습니다." 포 역시 줄리 셸포와의 인터뷰(*Newsweek*, September 2, 2007) 당시, 환자에게 주사를 놓으라고 그녀에게 지시한 사람이 누구냐는 질문에 이렇게 대답했다. "그건 집단 결정이었습니다. 사실 저는 그 어떤 일에도 자원해서 나서지는 않았어요."

56. 테닛 보건의료사는 2009년 8월 18일에 필자에게 다음과 같은 서면 답장을 보냈다. "이런 추정은 허위입니다. 이런 주장을 뒷받침하는 증거는 전혀 없습니다. 허리케인 카트리나와 제방의 파괴 속에서 의사들과 직원들이 보여준 영웅주의와 헌신이 이처럼 근거 없는 추정 때문에 계속 빛을 잃는다는 것은 참으로 불행한 일입니다."

57. "Tenet Healthcare Agrees to $395 Million Settlement of Lawsuit Filed Over Alleged Unnecessary Heart Surgeries," *California Healthline*, December 22, 2004; http://www.californiahealthline.org/articles/2004/12/22/tenet-healthcare-agrees-to-395-million-settlement-of-lawsuit-filed-over-alleged-unnecessary-heart-surgeries.aspx.

58. Shields, Gerard, "Shareholders ask Landrieu to Give up Tenet Contributions," *The Advocate*, March 18, 2006, A23.

59. Kahn, Carrie, "New Orleans Hospital Staff Discussed Mercy Killings," National Public Radio, *All Things Considered*, February 16, 2006.

60. 라이프케어는 메모리얼과의 임대 계약은 물론, 루이지애나 주 케너에 있는 테닛 계열 병원 또 한 군데와의 임대 계약 역시 갱신하지 못했다. 라이프케어 측 직원 가운데 일부는 자사가 포티 주 검찰청장의 수사에 협조적이었다는 이유로 이런 보복을 당했다고 생각했다.

61. Baltz, *The Kat's Paw*. 그리고 볼츠와 필자의 인터뷰 내용도 참고함.

62. The Associated Press, "Tenet in $900 Million Settlement," *New York Times*, June 30, 2006; http://www.nytimes.com/2006/06/30/business/30tenet.html.

63. 예를 들어 다음을 보라. Fink, Sheri, "Lost in the Wave: A New Scientific Mystery: Why Haven't Sophisticated DNA Techniques Identified More of the Dead Killed in Last Year's Tsunami? And What Will It Mean for New Orleans?," *Discover Magazine* (November 2005); http://discovermagazine.com/2005/nov/lost-in-the-wave.

9장

인터뷰 대상자

제임스 에이킨, 로더릭 '리코' 알벤디아, 마이클 베이든, 호러스 볼츠, 브렌트 베크넬, 돈 베리, 일레인 바이어스, 릭 블랙, 조지프 브루노, 대니얼 캘러핸(Daniel Callahan), 아서 캐플런, 데이비드 카사렛(Dr. David J. Casarett), 제임스 코브 2세, 유잉 쿡, 미니 쿡, 베티 크리거(Bette

Crigger), 월버그 드 종(Walburg de Jong), 레니 C. 폭스(Renee C. Fox), 찰스 포티 주 검찰총장, 페이 가비, 후안 호르헤 헤르샤닉크, 마크 P. 글라고, 시몬 글리크, 캐시 그린, 지어 힌슨 신부(Father Jere Hinson), 에드먼드 G. 하우 3세, 앤서니 어피노, 지나 이스벨, 제임스 제임스, 조 제프리스(Joe Jeffries), 페이스 주베르, 스티븐 카시(Dr. Steven Karch), 게리트 킴스마(Dr. Gerrit Kimsma), 케네스 키프니스(Kenneth Kipnis), 키어스타 커츠버크, 캐런 래거스, 로레인 르블랑, 제시 린 라살, 니나 리바이, 크리스틴 맥마혼, 앤드루 J. 맥워터, 존 마스 신부, 로버트 미들버그, 스티븐 H. 마일스, 낸시 밀러, 프랭크 미냐드, 마이클 모랄레스, 유진 마이어스, 크레이그와 캐스린 넬슨, 대니얼 너스, 브렌다와 타바타 오브라이언트, 도널드 팔미사노, 에이미 필립스, 애너 포, 제임스 리오펠, 갈란드 로비네트, 캐런 샌퍼드, 아서 새퍼, 다이애나 A. 솅크, 로드니 스콧, 토드 R. 슬랙, 더들리 M. 스튜어트 2세(Dr. Dudley M. Stewart Jr.), 데이브 타버(Dave Tarver), 존 틸, 리처드 빈루트, 존 월시, 크리스 워텔, 시릴 웨크트, 에릭 판 베일리크(Eric van Wijlick), 매슈 K. 와이니아(Dr. Matthew K. Wynia), 스텔라 라이트, 캐런 윈, 제임스 영(Dr. James Young).

주석

1. 본문의 이 장에서 묘사된 오브라이언트 씨의 진료 기록과 포의 치료 과정에 관한 내용은, 그의 아내 브렌다 및 딸 타바타와 필자의 2007년 및 2013년 인터뷰 내용에 근거함. 아울러 대니얼 너스와 필자의 2007년 인터뷰 내용을 본인으로부터 허락을 받아 참고함.

2. 대니얼 너스와 필자의 인터뷰(2007년 7월 25일 자)에 의거함.

3. Berry, Jason, "Charles Foti and the Memorial Three," *Gambit Weekly*, October 31, 2006.

4. 리처드 시먼스의 2006년 7월 18일 자 기자회견 당시 발언. 다음 웹사이트에서 영상으로도 볼 수 있다. CNN ImageSource; http://footage.net/VideoPreviewPop.aspx?SupplierID=cnn2&key=20240979&type=Global.

5. Berry, Jason, "Charles Foti and the Memorial Three." 아울러 에디 카스탱이 필자에게 한 발언(2013년)도 참고함. 인터뷰 당시 부치 셰퍼의 회고 내용은 세 여성의 담당 변호사들의 회고와 일치했다.

6. Berry, Jason, "Charles Foti and the Memorial Three." 아울러 재산 기록 수색 내역도 참고함.

7. Chapple, Charlie, "Paying for Their Pain: As Bogalusa Residents Receive Their Share of a $50 Million Settlement Stemming from a 1995 Chemical Leak, Emotions Range from Joy to Disappointment," *Times-Picayune*, May 29, 2005.

8. 2006년도 루이지애나 법전, 제14부 '형법,' 수정조항 14:30, '일급살인'(2006 Louisiana Laws, title 14, criminal law, RS 14:30, first degree murder; http://law.justia.com/codes/louisiana/2006/146/78397.html).

9. Ibid., 수정조항 14:31, '의도 없는 살인[故殺]'(RS 14:31, manslaughter; http://law.justia.com/codes/louisiana/2006/146/78399.html).

10. 애너 포의 체포에 관한 세부사항은 당시 체포를 담당한 수사관들의 기록을 참고했다.

재난, 그 이후

11. 서명을 하지 않은 체포영장 및 사건진술서 원본은 〈타임스 피커윤〉 웹사이트에서 볼 수 있다. http://www.nola.com/katrina/pdf/072006_nolacharges.pdf.

12. 당시 포와 통화했던 앤드루 맥워터(Dr. Andrew J. McWhorter)와의 인터뷰(2007년 7월 25일) 내용에 의거함.

13. 애너 포와의 인터뷰(2008년 7월) 내용에 의거함.

14. 애너 포와의 인터뷰(2008년 7월)와 페이 가비와의 인터뷰(2007년 7월) 내용에 의거함.

15. 포와 〈뉴스위크〉의 줄리 셸포 기자와의 인터뷰(2007년)에 의거함. 포가 서류상에 나온 자기 혐의를 보고 충격을 받은 것이며, 가족들로부터 받은 조언과 지원에 관한 내용 역시 셸포와의 인터뷰에 나온다.

16. 존 마스 신부와의 인터뷰(2009년 7월 27일)에 의거함. '신속한 구원의 성모' 사당 (National Shrine of Our Lady of Prompt Succor)의 웹사이트는 다음과 같다. http://www.shrineofourladyofpromptsuccor.com/.

17. 주 검찰총장 찰스 포티의 기자회견(2006년 7월 18일) 녹화 영상은 다음 사이트에서 볼 수 있다. CNN ImageSource ID# 4371920, http://www.footage.net/VideoPreviewPop.aspx?SupplierID=cnn2&key=20255362&type=Global.

18. 변호사 리처드 시먼스의 기자회견(2006년 7월 18일) 녹화 영상은 다음 사이트에서 볼 수 있다. CNN ImageSource ID# 4372124, http://footage.net/VideoPreviewPop.aspx?SupplierID=cnn2&key=20240979&type=Global.

19. 예를 들어 공공청렴센터(Center for Public Integrity)에서 간행한 저 탁월하고도 간략한 폭로 내용을 보라. Bergal, Jenni, et al. *City Adrift: New Orleans Before and After Katrina* (Baton Rouge, LA: Louisiana State University Press, 2007). 또 다음을 보라. US House of Representatives, *A Failure of Initiative*, www.katrina.house.gov; US Senate, *Katrina: A Nation Still Unprepared*; the White House, *The Federal Response to Hurricane Katrina: Lessons Learned*, February 2006; http://george w bush-whitehouse.archives.gov/reports/katrina-lessons-learned.

20. Thevenot, Brian and Gordon Russell. "Rape. Murder. Gunfights," *Times-Picayune*, September 26, 2005; http://www.pulitzer.org/archives/7087.

21. McQuaid, John and Mark Schleifstein, "Washing Away" series, *Times-Picayune*, June 23-27, 2002; http://www.nola.com/washingaway.

22. Beriwal, Madhu, "Preparing for a Catastrophe: The Hurricane Pam Exercise," statement before the Senate Homeland Security and Governmental Affairs Committee, January 24, 2006; www.hsgac.senate.gov/download/012406beriwal.

23. 미국의 취약성에 관한 자세한 검토는 다음 자료를 참고하라. Flynn, Stephen. *The Edge of Disaster: Rebuilding a Resilient Nation* (New York: Random House, 2007).

24. 재난과 인간 행동에 관한 흥미로운 읽을거리로는 다음을 보라. Ripley, Amanda. *The Unthinkable: Who Survives When Disaster Strikes — And Why* (New York: Crown Publishers, 2008).

25. *Times-Picayune*, July 2006; 다음 웹사이트에서 검색이 가능하다. http://www.nola.com.

26. "Dr. Anna Pou, Hurricane Katrina, and euthanasia," KevinMD.com, July 26, 2006; http://www.kevinmd.com/blog/2006/07/dr-anna-pou-hurricane-katrina-and.html.

27. Griffin, Drew and Kathleen Johnston, "Siblings Defend Doctor Accused in Hospital Deaths," CNN, July 20, 2006; http://www.cnn.com/2006/LAW/07/20/hospital.deaths.

28. 쿡과의 인터뷰(2007-2009년) 내용에 의거함.

29. Baltz, Horace. *The Kat's Paw: Memorial Medical Center — Katrina* (미간행 원고). 그리고 필자와의 인터뷰 내용에 의거함.

30. "Daniel Nuss, MD — Supervisor of Katrina Doctor Anna Pou, MD," October 28, 2007, dailyinterview.net. "저는 우리 학과의 학과장 신분으로, 수많은 졸업생 및 후원자 의료인들과 접촉하는 만큼, 제 지위를 이용해서 그녀에 대한 지원에 나서야 옳다고 결심했습니다." 같은 인터뷰에서 너스는 "대학에 대한 저의 책임을 고려할 때, 이 변론 기금을 제가 조직하는 것은 적절하지가 않다는 이유로, 학교 당국으로부터 질책을 받았다."고, 그리하여 포의 오빠이며 은행원인 마이클이 그 시점에서 이 기금의 운영을 담당하게 되었다고 말했다.

31. 다음 블로그 내용에 의거함. "Heroic in the Wake of Hurricane Katrina," July 24, 2006; http://rauterkus.blogspot.com/2006/07/heroic-in-wake-of-katrinia-and-fallout.html.

32. Zigmond, Jessica, "Accused Doc Gets Defense Fund," *Modern Healthcare*, vol. 36, issue 30 (July 31, 2006): 4.

33. Hillyer, Quin, "Post-Katrina Heroes," *American Spectator*, August 30, 2006; http://spectator.org/archives/2006/08/30/post-katrina-heroes/.

34. Miller, Virginia, "Crisis Communications: Planning, Training and Response," PowerPoint presentation, Greater New Orleans Business Roundtable, February 24, 2011.

35. 다음 자료에 인용된 테닛의 대변인 해리 앤더슨(Harry Anderson)의 발언에 의거함. Zigmond, Jessica, "Accused Doc Gets Defense Fund."

36. Tenet Healthcare Corporation, "Tenet Response to Action by Louisiana Attorney General." (Dallas, TX, July 18, 2006); http://www.tenethealth.com/News/Documents/2006%20Press%20Releases/Tenet%20Response%20to%20Action%20by%20Louisiana%20Attorney%20General.pdf.

37. "Ochsner to Buy 3 N.O. Hospitals," *The Advocate*, July 19, 2006; "Tenet Agrees to Sell Three New Orleans Hospitals to Ochsner Health System," *Business Wire*, July 18, 2006; "Tenet Selling Three Hospitals," *Dallas Morning News*, July 18, 2006; "Tenet in $900 Million Settlement," The Associated Press/*New York Times*, June 30, 2006. 매각 금액은 더 나중에야 밝혀졌다.

38. 테닛이 노인 의료보험인 메디케어 사기 혐의에 대해서 합의에 도달하는 사이, 라이프케어 홀딩스사(LifeCare Holdings, Inc.)는 이와 별개의 문제에서 비롯된 더 작은 상환

관련 쟁점을 해결했다. 2006년 6월에 이 회사는 보건복지부 산하 감찰국과 '준수 합의서(Compliance Agreement)'를 작성했는데, 이는 그 이전 건물주인 테닛의 연간 비용 계산과 관련된 (그리하여 메디케어 과다 지급을 야기했던) 문제를 해결하기 위한 약 260만 달러짜리 합의의 일환이었다.

39. 캐시 그린과의 인터뷰(2007년 2월 26일) 내용에 의거함. 변호사 카스탱 씨 역시 당시의 만남에 대한 그녀의 회고가 맞다고 확인해주었다.

40. 이 회의와 그 발견 내용에 대한 설명은 다음 자료에 의거했다. 웨크트, 베이든, 미들버그, 마이클 모랄레스, 미냐드과의 인터뷰 내용; 웨크트가 회의 때 친필로 작성한 메모 내용; 회의 때 배포된 법의학 도표와 목록; 검사 대상인 41구의 시신 각각에 대해서 작성된 내셔널 메디컬 서비스사에서 제출한 독물학 검사 보고서; 환자 각각의 검시 보고서와 사망 진단서. 이 회의에 관한 설명은 웨크트의 저서에도 제시되어 있다. Wecht, Cyril H. and Dawna Kaufmann. *A Question of Murder* (New York: Prometheus Books, 2008), pp. 283-285.

41. 글렌 R. 피터슨(Glen R. Petersen)이 루이지애나 주 법무부에 보낸 2006년 3월 17일 자 편지 내용에 의거함.

42. 예를 들어 다음을 보라. Filosa, Gwen, "Jordan: N.O. Needs to Bail Out DA," *Times-Picayune*, October 23, 2007; http://blog.nola.com/updates/2007/10/jordan_no_needs_to_bail_out_da.html.

43. 에디 조던은 필자의 인터뷰 요청에 아무런 반응도 보이지 않았다.

44. "Military Due to Move in to New Orleans," CNN, September 2, 2005.

45. 예컨대 다음의 탁월한 영상물 요약판을 보라. "Behind the Danziger Bridge Shooting," PBS, *Frontline*, June 28, 2011, http://video.pbs.org/video/2029672776/. 이 영상물은 카트리나 이후의 경찰 폭력에 관해서 '프로퍼블리카,' 〈타임스 피커윤〉, '프론트라인'이 수년간 공동 탐사 보도를 통해 만들어낸 작품이다. 여러 명의 언론인(A. C. Thompson, Tom Jennings, Gordon Russell, Brendan McCarthy, Laura Maggi)이 주도한 이 프로젝트에 관한 자세한 내용은 다음을 보라. ProPublica's "Law and Disorder" page: http://www.propublica.org/nola/case/topic/case-one.

46. 다음 자료에 인용된 편지에 의거함. Drew Griffin and Kathleen Johnston, "Report Probes New Orleans Hospital Deaths," *CNN*, December 5, 2007. 그 맥락에 관한 추가 설명은 마이클 모랄레스와의 인터뷰를 참고함.

47. Meitrodt, "For Dear Life."

48. Baltz, *The Kat's Paw*. 그리고 필자와의 인터뷰 내용도 참고함. 볼츠의 비난에 대해서 도시는 필자와의 인터뷰(2013년 6월 4일 자)에서 다음과 같은 해명을 내놓았다. 즉 볼츠 일행이 길에서 사망자 추모식을 가질 때 자기가 외면하고 지나갔다는 주장에 대해서는, 자기가 "아마도 뭔가를 깊이 생각하며" 걷느라 그랬던 모양이라고 설명했다. 또 카트리나 기념행사에 볼츠가 초대되지 못했던 것은 어디까지나 업무상의 실수일 뿐이며, 애초에 의도된 결과까지는 아니라고 설명했다.

49. 예를 들어 다음을 보라. Mitchell, Jeffrey A., "A Guide to Medical Malpractice: An Overview of Louisiana Law," *Avvo*; http://www.avvo.com/legal-guides/ugc/

a-guide-to-medical-malpractice-an-overview-of-louisiana-law-1. 아울러 2007
년과 2008년에 루이지애나 주 환자 보상 기금(Patient's Compensation Fund, PCF)의
사무국장 로레인 르블랑(Lorraine LeBlanc)과 루이지애나 주 행정부(Louisiana Division
of Administration)의 다이애나 A. 솅크(Dianna A. Schenk)와 가진 인터뷰를 통해서도
추가 정보를 얻었다. 르블랑에 따르면, 2007년 6월 12일 현재 사설 병원과 요양원을 대
상으로 PCF에 제기된 의료 사고 소송은 196건에 달한다(공립 보건의료 기관의 경우, 이
런 업무를 담당하는 별도의 기관이 있다).

50. 태미 홀리가 '프레스턴 (외) 대 테닛' 집단 소송에 참여한 변호사들에게 보낸 이메일에
의거함. 그녀의 이메일 가운데 또 하나에는 이렇게 나와 있다. "나는 '대단한' 수완가야.
의뢰인들은 나를 사랑하지. (……) 나는 광고는 물론이고 '심지어' 마케팅에도 타고났
어. 마케팅은 원고 측 변호사의 명성에 어느 정도까지는 해를 끼치지. 나는 전혀 신경
안 써."["향후 사건의 %(future cases %)"라는 제목으로 보낸 2008년 2월 28일 자 이메일. 2013년
2월, ('프레스턴 (외) 대 테닛' 집단 소송 관련 '베스트 코펠' 법률 회사에서 작성한 약식 판결 요청
증거물 19번)]. 이 이메일이 세상에 알려지게 된 계기는, 집단 소송 합의 이후에 변호사
들 사이에서 금액의 배분을 둘러싸고 법적 소송이 일어났기 때문이었다.

51. '프레스턴 (외) 대 테닛' 집단 소송의 증거물(2:06-cv-03179-EEEF-KWR)은 PACER(법
원 전자 기록 공개 열람실)에서 열람이 가능하다. 주(州) 법원과 연방법원 사이에서 사건
이 오가게 된 상황의 요약은 다음을 보라. "Local Controversy and Home State
Exceptions in the Class Action Fairness Act Sent this Hurricane Katrina Case
Back to State Court," *CAFA Law Blog*, January 24, 2007.

52. "Petition for Damages," *Karen Lagasse, individual, and on behalf of her deceased
mother, Merle Lagasse v. Tenet Healthsystem Memorial Medical Center, Inc., René
Goux, Roy J. Culotta, Richard Deichmann, and Jane Doe*, Civil District Court for
the Parish of Orleans, case no. 06-8505, August 25, 2006.

53. "Petition for Wrongful Death and Damages," *Carrie R. Everett, Emmett E. Everett
Jr., and Delfina V. Everett, individually and on behalf of the Estate of Emmett E.
Everett Sr. v. Tenet Healthsystems Memorial Medical Center, Inc., d/b/a Memorial
Medical Center, LifeCare Management Services, L.L.C., et al*, Civil District Court
for the Parish of Orleans, case no. 2006-7948, September 1, 2006.

54. Mike Von Fremd, "Katrina Murder or Mercy? Doctor and Nurses Charged,"
ABCNews, *Good Morning America*, July 19, 2006; http://abcnews.go.com/GMA/
LegalCenter/story?id=2210689.

55. Callimachi, Rukmini, "Doctor, 2 Nurses Accused of Killing Patients with Drug
Injections in Katrina's Aftermath," The Associated Press, July 19, 2006.

56. Ibid.

57. *LaCoste v. Pendleton Methodist Hosp., L.L.C.*, La. 07-0008, 966 So. 2d 519 (La.
2007).

58. 보험회사 '아이언쇼어'의 계열사인 '아이언헬스'(Iron Health)의 크리스틴 맥마혼(Kristin
McMahon)의 설명이다.

재난, 그 이후

59. Hoda Kotb, "No Way Out; Doctors and Staff of Lindy Boggs Medical Center Taking Care of Patients Without Electricity, Water or Phone Service After Hurricane Katrina," *Dateline NBC*, August 25, 2006.

60. 이 대목에서는 루이지애나 주 '메디케이드 사기 단속반(MFCU)'과 연방 보건복지부 산하 감찰국(HHS OIG)에서 가볍게 편집한 버전인 수사 기록, 면담 보고서, 법적 서신, 수색 개요서, 검시 및 독물 검사 보고서, 진료 기록, 병원 명단에 의거했다. 그리고 린디 보그스 메디컬 센터와 관련된 슈리브포트 소방서 대원들의 방대한 '사후행동평가서'와 개별 서면 진술서를 참고했다. 이 자료들은 루이지애나 주 법무부와 미국 보건복지부에 대한 공공 기록 공개 요청을 통해 입수했다. 이를 뒷받침하는 다른 정보들은 일레인 바이어스(2008년 5월 10일), 제시 린 라살(2008년 5월 8일), 제임스 리오펠(2013년 5월 5일)과의 인터뷰, 재난 당시 촬영된 사진, 린디 보그스 메디컬 센터에 대해 제기된 소송 관련 법원 기록 등을 통해 얻었다.

61. 이 대목에서도 MFCU와 HHS OIG에서 가볍게 편집한 버전인 수사 기록, 면담 보고서, 법적 서신, 진료 기록, 부검 보고서, 독물 검사 보고서, 소환장 등을 참고했다. 추가 정보는 니나 리바이와의 인터뷰(2008년 11월 4일), 브렌트 베크넬과의 인터뷰(2011년 9월 28일, "어느 순간쯤 되면, 사람은 자기 자신을 구해야만 하는 거죠"), 리처드 빈루트 2세(Dr. Richard Vinroot)와의 인터뷰(2008년 5월 2일), 병원 중역 및 직원의 증언조서, 그리고 투로를 상대로 한 민사 소송에 포함된 청원서, 판결문, 기타 자료를 참고했다. 하지만 투로의 대표 겸 CEO 레스 허시, 그리고 주 정부에 익명의 폭로 편지를 보낸 의사, 이렇게 두 사람은 필자의 인터뷰 요청을 거부했다. 카트리나 당시 투로 병원에서의 경험에 관한 다른 기록 중에는 그곳의 기록물 관리 담당자가 작성한 다음의 자료도 있다. Catherine C. Kahn, "Touro Infirmary: A Katrina Success Story," http://katrina.jwa.org/content/vault/SJHS%202006%20Panel%20talk_ee79c0ef25.pdf. 이 기록에 따르면, 당시에 소방서장은 자기네가 한 시간 뒤에는 떠나야 한다고, "설령 환자를 뒤에 남겨두고 가야 하더라도" 반드시 그래야 한다고 말했고, 직원들은 그때부터 열심히 일하기 시작해서 모두를 구했다. "[케빈] 조던(Dr. [Kevin] Jordan)은 이 광경이야말로 〈미스 사이공〉이란 영화의 한 장면 같다고 말했다. 결국 환자는 단 한 명도 뒤에 남지 않았다." 하지만 기록물 담당자는 카트리나 당시에 실제로 그 병원에 있었던 것은 아니었으므로, 아레차가에 관한 이야기는 전혀 몰랐던 모양이다.

62. Adler, Margot. *Drawing Down the Moon: Witches, Druids, Goddess-Worshippers, and Other Pagans in America* (New York: Penguin, 2006; Viking Press, 1979), 265-274. 오둔 아레차가에 관한 추가 정보는 그의 오랜 친구인 니나 리바이로부터 얻었다. 카트리나 이후에 그녀는 일리노이 주에 있는 자기 집 근처 요양원으로 그를 옮겼다. 아레차가는 그로부터 무려 5년이 더 지난 뒤인 2011년 1월 13일에 사망했다.

63. 이 대목에 관한 정보는 다음 자료를 참고했다. 비상 상황에서 WWL에 걸려온 청취자 전화 내용; Berggren, Ruth, "Unexpected Necessities—Inside Charity Hospital," *NEJM*, 353, 15 (October 13, 2005): 1550-1553; Van Meter, Keith, "Katrina at Charity Hospital: Much Ado About Something," *The American Journal of the Medical Sciences*, 322, 5 (November 2006): 251-254; Berger, Eric, "Charity Hospital and

Disaster Preparedness," *Annals of Emergency Medicine*, 14, 1 (January 2006): 53-56; 날짜가 표시되지 않은 벤 드부아블랑(Dr. Ben deBoisblanc)의 인터뷰, "The Katrina Experience: An Oral History Project," http://thekatrinaexperience.net/?p=16#more-16; 키어스타 커츠버크(Dr. Kiersta Kurtz-Burke)과 저스틴 룬드그렌(Justin Lundgren)의 '스토리코프' 인터뷰(MBY001596, May 28, 2006); Duggal, Anshu, Janis G. Letourneau, and Leonard R. Bok, "LSU Health Sciences Center New Orleans Department of Radiology: Effects of Hurricane Katrina," *Academic Radiology*, 16, 5 (May 2009): 584-592; Barkemeyer, Brian M., "Practicing Neonatology in a Blackout: The University Hospital NICU in the Midst of Hurricane Katrina: Caring for Children Without Power or Water," *Pediatrics* 117 (2006): S369-374. 그리고 키어스타 커츠버크와의 인터뷰(2009년 11월 6일)와 제임스 에이킨(Dr. James Aiken)과의 인터뷰(2007년) 내용, 그리고 채리티 병원의 여러 관계자와의 비공식 대화에서 얻은 정보도 참고했다. 다만 카트리나 당시에 이 병원에 있었던 환자의 숫자는 필자가 참고한 자료마다 다르게 나왔기 때문에, 어디까지나 추정치일 뿐이다.

64. 예를 들어 2005년 8월 31일에 CNN 〈뉴스나이트〉에서는 루스 버그렌(Dr. Ruth Berggren)과의 인터뷰를 내보냈는데, 인터뷰 말미에 앵커 아론 브라운(Aaron Brown)은 이 의사가 채리티 병원에서 "대피가 완료될 때까지" 있었다고 말했다. http://transcripts.cnn.com/TRANSCRIPTS/0508/31/asb.01.html.

65. Mandamus Hearing, *Does v. Foti*, transcript (September 11, 2007), pp. 43-44.

66. 〈60분〉의 해당 에피소드("Was It Murder?" CBS, *60 Minutes*, September 24, 2006)의 제작에 관한 회고는 포, 시먼스, 워텔과의 인터뷰 내용에 의거했다. 〈60분〉의 대외업무실장 케빈 테데스코(Kevin Tedesco)가 (2014년 6월과 7월에 이메일을 통해) 내놓은 설명에 따르면, CBS는 자사의 관습상 시먼스에게 인터뷰 사본을 제공하지는 않았지만, 인터뷰 대상자가 본인의 발언 내용을 직접 녹음하는 것은 얼마든지 허락했다. 또한 테데스코는 이런 설명도 내놓았다. 에드 브래들리는 "애초부터 이 에피소드에 관여한 적이 없었는데, 왜냐하면 처음부터 몰리 세이퍼의 담당 프로듀서가 제안한 주제였기 때문이었습니다. 하지만 〈60분〉의 기자들은 서로 경쟁이 치열한 것으로 유명하기 때문에, 무대 뒤에서 어떤 주제를 놓고 자기들끼리 다툼을 벌이는 것은 일상이나 다름없습니다. 실제로도 〈60분〉의 직원 모두가 이 주제를 직접 다루고 싶어 했습니다."

67. 유진 마이어스(Dr. Eugene Myers)와의 인터뷰(2007년 7월 10일과 11월 29일) 내용에 의거함.

68. LSMS(루이지애나 주 의학협회)의 법률 자문위원인 에이미 필립스(Amy Phillips)와의 인터뷰(2007년 12월), 그리고 도널드 팔미사노(Dr. Donald Palmisano)과의 인터뷰(2008년) 내용에 의거함.

69. 체포 이후에 사망한 피의자의 이름은 아돌프 아치(Adolph Archie)였다. 이 사건, 그리고 미냐드의 이력에 관한 다른 이야기들의 배경은 다음을 보라. Baum, Dan. *Nine Lives: Death and Life in New Orleans* (New York: Spiegel and Grau, 2009). 미냐드의 약력을 호의적으로 설명한 글은 다음을 보라. Shaila Dewan, "For Trumpet-Playing Coroner, Hurricane Provides Swan Song," *New York Times*, October 17, 2005.

2010년 6월 17일 〈프론트라인(Frontline)〉에서 수행한 이보다 더 비판적인 인터뷰는 다음을 보라. http://www.pbs.org/wgbh/pages/frontline/post-mortem/interviews/frank-minyard.html. 미냐드는 2007년부터 2010년 사이에 열댓 번 가까이 필자와의 인터뷰에 응해주었다.

70. 이듬해 형사 소송이 마무리되자, 주 검찰청에서는 기자회견을 열어 이 문서들의 약간 편집된 버전을 (필자를 포함한) 소수의 기자들에게 배포했다. 이에 메모리얼의 직원들은 익명("Jane and John Does")으로 소송을 제기해 추가 배포를 막았지만, 이 보고서는 결국 CNN 웹사이트에 올라오게 되었다(http://i.a.cnn.net/cnn/2007/images/08/27/memorial.medical.center.pdf). 아울러 이에 대한 애너 포의 반응도 역시나 올라왔다(http://i.a.cnn.net/cnn/2007/images/08/26/pou.statement.pdf). 여기서는 검찰총장이 이 문서를 배포한 것이야말로 "2007년 10월의 선거 직전에 포를 체포한 행위를 정당화하기 위한 노력"이라는 비판이 들어 있다.

71. 리처드 시먼스가 루이지애나 주 입법부 산하 '변호사비용검토위원회'에 제출한 서류 내용을, 필자가 공공 기록 공개 요청을 통해 입수해 참고함.

72. 다음과 같이 영장 신청이 기각되었다. 2006-KK-2408, writ application denied, in re: "A Matter Under Investigation" (Parish of Orleans).

73. 호러스 볼츠가 프랭크 미냐드에게 보낸 2006년 11월 17일 자 편지 사본에 의거.

74. 호러스 볼츠가 리처드 다이크먼에게 보낸 2006년 10월 28일 자 편지 사본에 의거함.

75. 예를 들어 다음을 보라. Erin Moriarty, "Storm of Murder," CBS, *48 Hours*, October 13, 2007 (updated August 14, 2008); http://www.cbsnews.com/8301-18559_162-3348928.html.

76. 예를 들어 다음을 보라. Brown, Ethan, "New Orleans Murder Rate for Year Will Set Record: Prosecutions Are so Lax in Post-Flood City That Criminals Speak of 'Misdemeanour Murder,' Ethan Brown Reports," *The Guardian*, November 6, 2007; http://www.guardian.co.uk/world/2007/nov/06/usa. 또 다음 자료에서는 이 문제를 신설 폭력범 단속반의 성공과 대조하고 있다. Webster, Richard A., "Getting Tough," *City Business*, July 2, 2007; McCarthy, Brendan, "Draft Is Rare Portal into NOPD," *Times-Picayune*, November 17, 2007; http://blog.nola.com/times-picayune/2007/11/draft_is_rare_portal_into_nopd.html; Court Watch NOLA quarterly reports from 2007 (www.courtwatchnola.org). 3

77. 브렌다와 타비타 오브라이언트와 필자의 인터뷰(2007년과 2013년)에 의거함.

78. 리처드 시먼스와의 인터뷰(2007년 5월 2일) 및 그가 필자에게 보낸 사실 관계 확인 답장 편지("Re: Fact Check Reply," August 14, 2009) 내용에 의거함.

79. Jeter, Lynne, "Anna Pou Case Takes Unexpected Turns: Louisiana Medical Community Rallies to Support New Orleans Physician Accused of Killing Four Patients Post-Katrina," *Louisiana Medical News* (March 2007).

80. Turk, Craig, Janet Leahy, and David E. Kelley, "Angel of Death," *Boston Legal*, season 3, episode 11, January 9, 2007. 아울러 이 드라마 웹사이트에 올라온 대본도 참고함. boston-legal.org/script/bl03x11.pdf, version updated February 4,

2007.

81. "American College of Surgeons Calls for Fair Investigation in New Orleans Case," *USNewswire*, January 11, 2007. 유진 마이어스는 필자와의 인터뷰(2007년 11월 29일)에서 이렇게 말했다. "그들은 제가 쓴 편지를 베꼈습니다."

82. "Accusations of Mercy Killing in New Orleans," CNN, *Newsnight with Aaron Brown*, October 12, 2005; http://transcripts.cnn.com/TRANSCRIPTS/0510/12/asb.02.html.

83. Caplan, Arthur L., PhD. "Report for New Orleans, Coroner's Office, Dr. Frank Minyard, State of Louisiana," January 26, 2007.

84. '소극적'이라는 분류는 때때로 '직접적'(즉 사망을 야기하려는 의도가 있는) 형태와 '간접적' 형태라는 추가 분류로 더 나뉜다.

85. 구약성서 「열왕기(상)」 10장 4절(King James Version).

86. 구약성서 「사무엘(하)」 1장 9절(New International Version).

87. 구약성서 「사무엘(하)」 1장 10절(New International Version).

88. 예컨대 다음을 보라. History of Medicine Division, National Library of Medicine, "Greek Medicine"; http://www.nlm.nih.gov/hmd/greek/greek_oath.html. 그리고 이 '선서'를 둘러싼 현대의 논쟁에 관해서는 다음을 보라. Peter Tyson, "The Hippocratic Oath Today," PBS, *NOVA*, March 27, 2001; http://www.pbs.org/wgbh/nova/body/hippocratic-oath-today.html.

89. Levine, Maurice. *Psychiatry & Ethics* (New York: George Braziller, 1972), p. 325.

90. Cited by Herold, J. Christopher. *Bonaparte in Egypt* (Tuscon, AZ: Fireship Press, 2009; previous ed.: New York: Harper & Row, 1962), p. 332. 또 다음을 보라. Harris, James C., "Art and Images in Psychiatry: Napoleon Bonaparte Visiting the Plague-Stricken at Jaffa," *Archives of General Psychiatry*, vol. 63, issue 5 (May 2006).

91. Herold. *Bonaparte in Egypt*, pp. 331, 338.

92. 캐나다에서 발생한 로버트 셈로(Robert Semrau) 사건에서는 (의무병이 아닌) 캐나다 군인이 중상을 입은 탈리반 전사 한 명을 총으로 쏴서 안락사시킨 까닭에 전장(戰場)에서의 살인 혐의로 기소되었다. 또 예를 들어 다음을 보라. Michael Friscolanti, Michael, "A Soldier's Choice," *Maclean's*, 123, 19 (May 24, 2010): 20-25; Carlson, Kathryn Blaze, "'An Act of So-Called Mercy': Semrau Case Hinges on 'Soldier's Pact,'" *National Post*, July 7, 2010.

93. Harris, John. *Lexicon Technicum: Or, An Universal English Dictionary of Arts and Sciences*, vol. 1, 4th ed. (London, 1725). 『옥스퍼드 영어 사전』에 따르면, 이 단어가 "부드럽고도 편안한 죽음"이라는 의미로 맨 처음 언급된 문헌은 다음과 같다. Hall, Bishop Joseph. *Balme of Gilead: Or, Comforts for the Distressed* (London, 1646). "그렇다면, 젊은이, 나는 자네의 행복한 안락사(Euthanasia)를 위한 진정으로 고상한 이 수단을 처방하고 추천하는 바일세."

94. 다음을 보라. "Permissive Euthanasia," *Boston Medical and Surgical Journal*, CX,

재난, 그 이후

1 (January 3, 1884): 19-20 ('구글북스'에서 열람이 가능하다). 이 놀라운 사설은 첨단기술의 의학 시대가 도래한 때보다 훨씬 오래전인 19세기에도, 의사들이 21세기의 의사들이 겪는 것과 똑같은 딜레마 가운데 일부를(예를 들어 죽어가는 사람을 살리기 위해서 계속 노력해야 하는지 여부도 그중 하나이다) 파악하고 있었음을 보여준다. 이 사설의 필자는 만약 안락사가 언젠가는 "의학의 공인된 한 분야"가 된다고 치면 (그는 재치 있게도 이런 일이 무려 40세기에 일어날 것이라고 예견한다) 어떻게 될지 궁금해한다. 필자는 전이성 암 환자의 사례를 내놓는다. "여러 주 동안 의사들은 죽음과 전투를 벌였지만 (……) 과연 무엇을 위해서였던가? 결국 힘을 소진하고, 자칫 원내의 나머지 환자들의 생명을 위험에 빠뜨릴 뻔 하지 않았는가. 결국 원내에는 모든 감각을 거부하는 몸뚱이와, 더 이상은 그 친구들의 것이 아니며 (설령 발광한 것까지는 아니어도) 흐릿해진 정신만아 남지 않았는가. 설령 고통받는 사람이 의식을 갖고 있다 하더라도, 괴로움을 연장시키는 것에 대한 환자의 쓰디쓴 책망밖에 없지 않겠는가. 그렇다면 이런 상황에서 의사는 싸움을 포기하고, 흥분제의 박차를 치우고, 지친 몸이 편히 누워 안식하도록 해야 하지 않겠는가?" 이 사설의 필자는 에드거 앨런 포의 단편 소설 「발데마르 씨의 사건에 관한 사실(The Facts in the Case of M. Valdemar)」(1850)이 일종의 상징성을 띠고 있다고 보는데, 이 섬뜩한 소설은 죽은 사람이 최면에 걸린 까닭에 몸이 썩어가는 과정에서도 계속 살아 있는 이야기를 다루고 있다. 또 다음을 보라. Emanuel, Ezekiel J., "The History of Euthanasia Debates in the United States and Britain," *Annals of Internal Medicine*, 121 (1994): 793-802.

95. 예를 들어 다음을 보라. Burleigh, Michael. *Death and Deliverance: 'Euthanasia' in Germany c. 1900-1945* (London: Pan Books, 2002; 1st ed., Cambridge University Press, 1994); Gesundheit, Benjamin, Avraham Steinberg, Shimon Glick, et al, "Euthanasia: An Overview and the Jewish Perspective," *Cancer Investigation*, 24 (2006): 621-629. 또 시몬 글리크(Dr. Shimon Glick)와의 인터뷰(2010년 5월 16일) 내용을 참고했다.

96. Kaplan, Robert M., "The Clinicide Phenomenon: An Exploration of Medical Murder," *Australian Psychiatry*, 15, 4 (2007): 299-304.

97. 예를 들어 다음을 보라. Sheldon, Tony, "Andries Postma," *BMJ* 334, 7588 (February 10, 2007): 320; http://www.ncbi.nlm.nih.gov/pmc/articles/PMC1796690/.

98. '멀티파마(Multipharma)' 약국 체인점을 말한다. 이에 관한 정보는 에릭 다시(Dr. Eric Dachy)와 필자 간의 2013년 5월 5일 자 개인 연락에 의거함.

99. 본문에서 말한 연구는 다음 자료에 언급되어 있다. Pereira, J., "Legalizing Euthanasia or Assisted Suicide: The Illusion of Safeguards and Controls," *Current Oncology*, 18, 2 (April 2011): e38-e45.

100. Verhagen, Eduard and Pieter J. J. Sauer, "The Groningen Protocol—Euthanasia in Severely Ill Newborns," *NEJM* 352 (2005): 959-962.

101. Peters, Marleen, "Completed Life: What Are We Talking About? Questions and Answers," trans. Maarten Pennink, Amsterdam, NVVE/Right to Die Netherlands, February 2010.

102. 예를 들어 다음을 보라. Cahill, Lisa Sowle, "Richard A. McCormick, S.J.'s 'To Save or Let Die: The Dilemma of Modern Medicine'" in Walter, Jennifer K. and Eran P. Klein, eds., *The Story of Bioethics* (Washington, DC: Georgetown University Press, 2003).

103. 예를 들어 다음을 보라. Lepore, Jill, "The Politics of Death: From Abortion to Health Care — How the Hysterical Style Overtook the National Debate," *The New Yorker* (November 30, 2009).

104. 예를 들어 다음을 보라. Lo, Bernard, "The Death of Clarence Herbert: Withdrawing Care Is Not Murder," *Annals of Internal Medicine*, no. 101 (1984): 248-251.

105. "An Act Entitled an Act Concerning Administration of Drugs, Etc., to Mortally Wounded and Diseased Persons," *The St. Louis Medical Review*, 54 (January 27, 1906). '구글북스'에서 열람이 가능하다.

106. 다음 자료에 그 내용이 요약되어 있다. Gostin, Lawrence, "Drawing a Line Between Killing and Letting Die," *The Journal of Law, Medicine & Ethics*, 21 (Spring 1993).

107. Meitrodt, Jeffrey, "N.O. Coroner Finds No Evidence of Homicide," *Times-Picayune*, February 1, 2007, A1.

108. Nossiter, Adam and Shaila Dewan, "New Orleans Coroner Sees No Evidence Yet for Indictments," *New York Times*, February 2, 2007.

109. 예를 들어 다음을 보라. Karch, Steven B., "Is Post-Mortem Toxicology Quackery?" *Journal of Clinical Forensic Medicine* 10 (2003): 197-198; Drummer, Olaf, A. Robert W. Forrest, Bruce Goldberger, and Steven B. Karch, "Forensic Science in the Dock: Postmortem Measurements of Drug Concentration in Blood Have Little Meaning," *BMJ* 329 (September 18, 2004): 636-7.

110. Karch, Steven B. and Olaf Drummer. *Karch's Pathology of Drug Abuse* (Boca Raton, FL: CRC Press; 5th ed. available August 2013).

111. 마이클 베이든과의 인터뷰(2008년 1월 22일) 내용에 의거함.

112. Wecht and Kaufmann, *A Question of Murder*, 278-9. 아울러 시릴 웨크트와 필자의 인터뷰(2008년) 내용에 의거함.

113. Filosa, Gwen, "Memorial Evidence to Be Reviewed; Murder of 4 Patients After Katrina Alleged," *Times-Picayune*, February 16, 2007.

114. "AAO-HNS Statement on the Continuing Prosecution of Dr. Anna Pou," *American Academy of Otolaryngology Head and Neck Surgery*, February 24, 2007; http://www.newswise.com/articles/view/527596.

115. 애너 포와의 인터뷰(2008년 7월 23일) 내용에 의거함. 또 실로 신부 기념 사당의 웹사이트를 보라. National Seelos Shrine & The Seelos Center, New Orleans: www.seelos.org.

116. 리처드 시먼스와의 인터뷰(2007년 5월 2일) 내용 및 그가 필자에게 보낸 편지(2009년 8월 14일 자) 내용에 의거함.

117. Berry, Jason, "Charles Foti and the Memorial Three," *Gambit Weekly*, October 31, 2006.

118. 애너 포와 필자의 인터뷰(2008년 7월 23일) 당시에 리처드 시먼스의 발언에 의거함.

119. 2007년 5월 19일, 휴스턴에서 열린 재난 대비 태세 세미나 당시 애너 포의 발언에 의거함.

120. 텍사스 주 휴스턴에서 열린 '애너의 친구들'이라는 강연회 겸 디너/모금 파티에 필자가 참석했던 것은 제3장의 주석에서 이미 설명했다.

121. 메모리얼에서의 야간 작전 당시 조정이나 실무를 담당한 열 명의 USCG(미국 해안경비대) 대원 및 보조요원과의 인터뷰 내용에 의거함. 필자의 FOIA(정보공개법) 의거 요청에 USCG가 제공한 비행 기록 스프레드시트(일명 '블루시트')에는 카트리나 이후의 비행 작전 가운데 상당수가 야간에 이루어졌음이 나와 있었다. 카트리나 이후 상당한 위험을 무릅쓰고 이루어진 야간 수색 및 구조 작전에 관한 기록은 무척이나 풍부하기만 하다. 예를 들어 다음을 보라. "The U.S. Coast Guard and Hurricane Katrina: Historical Index": http://www.uscg.mil/history/katrina/katrinaindex.asp.

122. 바이런 베일리(Dr. Byron Bailey)를 말한다.

123. "World Medical Association Statement on Medical Ethics in the Event of Disasters" (1994년 9월에 채택되고, 2006년 10월에 개정되었다); http://www.wma.net/en/30publications/10policies/d7/.

124. Cobb, James Jr. *Flood of Lies: The St. Rita's Nursing Home Tragedy* (교정쇄 버전). 그리고 제임스 코브 2세와의 인터뷰(2013년 5월 4일) 내용도 참고했다.

125. 다음 자료에 따르면, 이 주장은 법정 문서에서도 나왔다. Rioux, Paul, "Judge Refuses to Remove Foti From St. Rita's Prosecution," *Times-Picayune*, August 1, 2007; http://blog.nola.com/times-picayune/2007/08/judge_refuses_to_remove_foti_f.html.

126. Cobb, *Flood of Lies* (교정쇄 버전). 그리고 제임스 코브 2세와의 인터뷰(2013년 5월 4일) 내용도 참고했다. 코브는 포티 관련 자료를 더 이상 갖고 있지 않았기 때문에, 필자는 이 책의 출간 이전에 그 내용물을 객관적으로 검토하지는 못했다.

127. 리처드 시먼스와의 인터뷰(2007년 5월 2일) 내용에 의거함.

128. 댄지거 다리 총격 사건에 관해서는 제9장 45번 주석을 보라.

129. Maggi, Laura and Brendan McCarthy, "Cheers, Jeers Greet Jail-Bound Officers in Danziger Bridge Shooting," *Times-Picayune*, January 3, 2007; http://www.nola.com/crime/index.ssf/2007/01/cheers_jeers_greet_jail-bound.html.

130. Supreme Court of Louisiana No. 2007-OK-1197 in Re: Special Investigation; http://www.lasc.org/opinions/2007/07OK1197.pfc.dip.pdf; "Application for Supervisory Writs Filed on Behalf of Applicants Witness #1, Witness #2, and Witness #3" (undated); "Motion and Order to Compel Testimony" and "Order," State of Louisiana in Re Special Investigation, Criminal District Court, Parish of Orleans, Special Grand Jury, May 17, 2007; Maggi, Laura, "Immunity Offered to Memorial Nurses to Testify," *Times-Picayune*, June 19, 2007; http://blog.nola.

com/times-picayune/2007/06/immunity_offered_to_memorial_n.html.

131. 캐런 원과의 인터뷰(2008 12월 7일) 내용에 의거함.

132. *Disaster Medicine and Public Health Preparedness*.

133. AMA는 현재 회원 숫자를 공개해달라는 필자의 요청에 아무런 반응도 내놓지 않았다. 하지만 다른 여러 필자들이 지적한 바에 따르면, 최근 이 조직의 회원은 미국의 개업의 가운데 약 15퍼센트에 불과하다. 예를 들어 다음을 보라. Roger Collier, "American Medical Association Membership Woes Continue," *CMAJ*, 183, 11, E713-E714, August 9, 2011; http://www.ncbi.nlm.nih.gov/pmc/articles/PMC3153537/.

134. 리처드 시먼스가 제공한 당시의 발언 녹취록에 의거함. 또 다음을 보라. Sorrel, Amy Lynn, "AMA Meeting: Doctors Who Give Disaster Aid Seek Liability Shield," *American Medical News* (July 16, 2007).

135. D-435.976 "Protection From Liability Arising from Care Rendered to Patients During Officially Declared Disasters"; http://www.ama-assn.org/resources/doc/PolicyFinder/policyfiles/DIR/D-435.976.HTM.

136. 이 대목은 미냐드와 가진 열댓 번의 인터뷰(2007-2010년)와, 그로부터 이 발견에 관한 조언을 요청받았던 여러 동료와의 인터뷰에 의거했다. 언젠가 미냐드는 대배심에서 고려 중인 9건의 사망 사건 가운데 4건은 살인이라고 필자에게 말했고, 그의 이런 발언은 2009년에 필자가 작성한 관련 기사("Deadly Choices")에도 수록되었다. 하지만 그가 포티 주 검찰청장을 대신해 작성하고 (날짜는 2007년 6월과 7월로 되어 있는) 지방검사 조던에게 보낸 편지 초고를 보면 이렇게 나와 있다. "미냐드는 여전히 에밋 에버릿과 로즈 사부아라는 두 환자의 사망만이 살인과 연관되어 있다고 주장합니다. 2005년 9월 1일에 7층에서 사망한 다른 환자 7명의 사망 원인에 대한 그의 판정은 오늘까지도 '미확정'으로 남아 있습니다." 이 편지가 작성된 시점에 미냐드가 이미 대배심에 출석해 증언을 마쳤는지, 또는 만약 증언을 마쳤다면 위의 초고에서 '미확정' 사건 가운데 다른 두 건도 '살인'으로 바꿔서 편지를 보냈는지 여부는 불분명하다. 인터뷰 당시에 미냐드는 자기가 대배심에서 내놓은 발언을 공개하기 거부하면서, 그건 어디까지나 비밀이기 때문이라고 주장했다. 하지만 미냐드는 검시관으로서 검시 보고서에 대상자의 사망을 분류해야 하는 의무가 있으며, 루이지애나 주 법률상 검시 보고서는 공공 기록물로 간주된다. 다른 언론인들이 카트리나 사망자에 관한 검시 보고서를 찾아 나서자, 미냐드는 한마디로 자기 나름의 법률을 만들었으며, 처음에는 검시 보고서의 배포를 거부했다. 그러다가 〈타임스 피커윤〉과 A. C. 톰슨 기자(A. C. Thompson)가 각각 소송을 제기해 결국 그 기록물을 손에 넣었다. 하지만 미냐드가 내놓은 검시 보고서에는 '사망 분류'란이 텅 비어 있었다(예를 들어 다음을 보라. Maggi, Laura, "Autopsy Reports Aren't Complete: Deaths at Memorial Weren't Classified," *Times-Picayune*, October 23, 2007). 메모리얼과 라이프케어의 사망자 가족 역시 사망 확인서를 받을 자격이 있었다. 하지만 최근 수년 동안 이를 요청한 사람들에게는 앞서와 유사하게 불완전한 내용이 전달되었고, 일부의 경우에는 "수사 중이므로 미결"이라고 나와 있기도 하다. 로즈 사부아의 손자인 더그는 가족을 대표해 할머니의 사망 확인서 사본을 거듭해서 요구했다. 카트리나로부터 무려 5년이 흐른 2010년에도 그는 검시관이 아직 작업을 끝내지 못했다

재난, 그 이후

는 통보를 받았다. 사부아는 검시관에게 직접 편지를 보내서 부탁했지만 소용이 없었다. 그는 '국제 검시관/법의관 협회(International Association of Coroners and Medical Examiners)'에도 도움을 요청했다. 하지만 2010년에 사부아 가족이 받은 가장 최근의 사망 확인서에는 할머니의 사망 원인이 전혀 나와 있지 않고, 단지 '수사 중'이라는 스탬프만 찍혀 있었다. 2013년 8월 현재, 사부아 가족은 여전히 완전한 사망 확인서를 받지 못한 실정이다.

137. Wecht and Kaufmann, *A Question of Murder*, p. 286.

138. 존 틸은 2010년 12월 31일에 자택에서 사망했다. 전이성 암 치료를 받은 지 4년째였지만, 그는 여전히 질료를 했으며, 심지어 화학요법 약주머니를 달고 있는 상태로 회진을 돌기까지 했다.

139. Nolan, Nell, "Common Concerns Celebrated," *Times-Picayune*, July 24, 2007.

140. Foti, Charles, "Katrina Was No Excuse: No Circumstances Can Justify the Taking of Innocent Human Lives," *USA Today*, July 27, 2007, 10A; http://usatoday30.usatoday.com/printedition/news/20070727/oppose27.art.htm.

141. 예를 들어 다음을 보라. Conde, Crystal, "Ethics in Crisis Care: Dr. Anna Pou Addresses Texas Medical Association's 2012 General Session," *Louisiana Medical News* (July 31, 2012; first published in *Texas Medicine*); http://www.louisianamedicalnews.com/ethics-in-crisis-care-dr-anna-pou-addresses-texas-medical-association-s-2012-general-session-cms-2120. "저는 마치 '타이타닉'호에 타고 있는 듯한 느낌이었습니다." 포는 2012년 텍사스 의학 협회(Texas Medical Association)에서 기립 박수를 받고는 이렇게 말했다. 그녀는 메모리얼에서 일어난 일이며, 이후가 자기가 체포된 일을 가리켜 "개인적 비극"이라고 표현했다. 이런 모임 때마다 포는 카트리나에 관한 자기 강연에 기자들이 참석하지 못하도록 주최 측과 협의하곤 했다.

142. Anna Pou, "Legal and Ethical Considerations in Crisis Care," lecture at the California Hospital Association's Disaster Planning for California Hospitals Conference, September 23, 2010, Sacramento, California.

143. 리처드 시먼스가 필자에게 보낸 2009년 8월 9일 자 편지에 의거함.

144. Morris, Tim, "Senate Approves Payment for Dr. Anna Pou's Legal Bills," *Times Picayune*, June 16, 2009; http://www.nola.com/politics/index.ssf/2009/06/senate_approves_payment_for_dr.html.

145. 집단 소송 과정에서 원고(the class)를 대리하는 변호사 여러 명[조지프 브루노(Joseph Bruno), 마크 P. 글라코(Mark P. Glago), 앤서니 어피노, 토드 R. 슬랙(Todd R. Slack), 로더릭 "리코" 알벤디아(Roderick "Rico" Alvendia)]과의 인터뷰에 의거했다. 또한 (당시) 테닛 보건의료사의 홍보본부장이었던 릭 블랙(Rick Black)으로부터 받은 정보도 참고했다. 또 다음을 보라. Fink, Sheri, "Trial to Open in Lawsuit Connected to Hospital Deaths After Katrina," ProPublica and the *New York Times*, March 20, 2011; http://www.propublica.org/article/trial-to-open-in-lawsuit-connected-to-hospital-deaths-after-katrina/; Fink, Sheri, "Lawsuit Against New Orleans

Hospital Settles Shortly After Trial Begins," ProPublica, March 23, 2011; http://www.propublica.org/article/lawsuit-against-new-orleans-hospital-settles-shortly-after-trial-begins; Fink, Sheri, "Class-Action Suit Filed After Katrina Hospital Deaths Settled for $25 Million," ProPublica, July 21, 2011; http://www.propublica.org/article/class-action-suit-filed-after-katrina-hospital-deaths-settled-for-25-millio.

146. "Special Master's Report and Recommendation on Allocation Model," *Preston, et al v. Tenet*, September 19, 2012. 사망한 환자의 가족 가운데 일부는 메모리얼을 상대로 한 집단 소송과 (집단 소송에서 빠져나간 가족들이 제기한) 개별 소송 모두에서의 합의금에 만족하지 못했는데, 자기들이 감내해야 했던 기나긴 법적 분쟁을 생각하면 더더욱 그러했다. '프레스턴 (외) 대 테닛' 집단 소송에서는 사망 환자의 가족이 16만 7229달러 73센트를 받게 되었는데, 이를 모든 유족이 균등하게 나누어야 했다(그런데 사망자 가운데 일부는 자녀를 무척 많이 두고 있었다). 캐런 래거스가 어머니 멀을 대신해 제기한 소송의 합의금은 (변호사 비용으로 33과 1/3퍼센트를 제하기 전의 금액이) 27만 달러였는데, 이는 테닛의 변호사가 법원 기록에 제출한 합의금 수표 사본으로 확인된다. 비록 중재를 통해 합의에 도달하기는 했지만, 래거스는 이에 대해서 격분해 마지않았는데, 왜냐하면 정의가 실현되었다는 생각은 들지 않았고, 이 정도 금액만으로는 향후에도 병원이나 의사의 진료 습관을 바꾸는 데 역부족이라고 생각되었기 때문이다. "누구는 살 가치가 있고 누구는 없다고, 누구는 대피할 것이고 누구는 대피하지 못할 것이라고, 누구는 남을 것이고 누구는 데리고 나갈 것이라고, 이 모두를 의사들이 결정한다는 거잖아요. 그게 도대체 무슨 도덕이란 말인가요?" 그녀는 2013년 1월에 이렇게 물었다. "마치 저 자신이 이렇게 말하는 작은 목소리 같아요. '그게 당신 부인일 수도 있다는 걸 모르시겠어요? 그게 당신 아이일 수도 있다는 걸 모르시겠어요?' 하지만 그들은 처벌을 모면했죠. 그러니 이런 일은 중단되지 않을 거예요."

에필로그

인터뷰 대상자

조지프 앤드루스, 로저 버니어, 거스리 버크헤드, 프레더릭 '스키프' 버클 2세, 엘리자베스 리 도허티, 카렌 드살보, 로라 에번스, 토머스 A. 팔리, 로버트 갤러허, 하워드 권(Howard Gwon), 모니카 권(Monica Gwon), 아티 키니카르, 앤 R. 크네벨 해군 소장(RADM Ann R. Knebel), 앤 뉴전트, 티아 파월, 니라브 R. 샤(Dr. Nirav R. Shah), 유진 탱니(Eugene Tangney); 워너 토머스, 에릭 토너, 재클린 토너.

주석

1. '오크즈너 보건의료 시스템'의 CEO 워너 토머스(Warner Thomas)와의 인터뷰(2012년 8월 28일)에 의거함. 또 다음을 보라. Fink, Sheri, "Hospitals, Nursing Homes Are Better Prepared for Hurricane Isaac Than Earlier Storms," *Times-Picayune*,

재난, 그 이후

August 28, 2012. http://www.nola.com/hurricane/index.ssf/2012/08/hospitals_nursing_homes_better.html. 2013년의 허리케인 철이 찾아왔을 무렵, 카트리나 이후 '오크즈너 뱁티스트 메모리얼 센터'에서는 여러 가지 개선 작업이 완료되었다. 이 가운데에는 "신형 및 수리가 끝난 발전기와 전력 개폐기, 중앙 발전 기반시설을 받침대 위에 높이 올려놓은 것, 지하수 공급장치를 만들어서 시의 수도가 끊어질 경우에도 냉방 시스템을 유지하게 한 것, 헬리콥터 착륙장에 추가로 엘리베이터 승강장을 설치해 새로운 NICU에서 헬리콥터 착륙장로 곧바로 갈 수 있게 한 것" 등이 포함되었다. 위의 내용은 '오크즈너 보건의료 시스템'의 홍보실장 스태퍼드 스콧 마이스트리(Stafford Scott Maestri)가 보낸 이메일(2013년 8월) 내용에 의거했다.

2. Fink, Sheri, "In Hurricane's Wake, Decisions Not to Evacuate Hospitals Raise Questions," ProPublica, November 1, 2012; http://www.propublica.org/article/in-hurricanes-wake-decisions-not-to-evacuate-hospitals-raise-questions/.

3. 로라 에번스(Dr. Laura Evans)와의 인터뷰(2013년 3월) 내용에 의거함. 또 다음을 보라. Fink, Sheri, "Beyond Hurricane Heroics: What Sandy Has to Teach Us All About Preparedness," *Stanford Medicine Magazine* (Summer 2013); http://stanmed.stanford.edu/2013summer/article5.html; 또 다음을 보라. Uppal, Amit, Laura Evans, Nishay Chitkara, et al, "In Search of the Silver Lining: The Impact of Superstorm Sandy on Bellevue Hospital," *Annals of the American Thoacic Society*, vol. 10, no. 2 (2013), pp. 135-142; http://www.atsjournals.org/doi/abs/10.1513/AnnalsATS.201212-116OT.

4. Fink, Sheri, "Flu Nightmare: In Severe Pandemic, Officials Ponder Disconnecting Ventilators from Some Patients," ProPublica. September 23, 2009; http://www.propublica.org/article/flu-nightmare-officials-ponder-disconnecting-ventilators-from-some-pat-923. 이 계획은 다음 웹사이트에서 열람 가능하다. http://www.health.ny.gov/diseases/communicable/influenza/pandemic/ventilators.

5. Altevogt, Bruce M., Clare Stroud, Sarah L. Hanson, Dan Hanfling, and Lawrence O. Gostin, eds. *Guidance for Establishing Crisis Standards of Care for Use in Disaster Situations: A Letter Report* (Washington, DC: The National Academies Press, 2009); http://www.nap.edu/openbook.php?record_id=12749; Institute of Medicine, *Crisis Standards of Care: A Systems Framework for Catastrophic Disaster Response*, vols. 1-7 (Washington, DC: The National Academies Press, 2012); http://www.nap.edu/openbook.php?record_id=13351.

6. '베스 이즈레이얼 디콘니스 메디컬 센터(Beth Israel Deaconess Medical Center)'의 의료 윤리 및 완화 치료 프로그램 실장인 래클런 포로는 필자에게 보낸 이메일(2009년 11월 12일)에서 이렇게 말했다. "예외적인 도덕적 상황에서는 예외적인 도덕적 규범에 관해 생각할 것이 아니라, 오히려 그 예외적인 도덕적 상황이야말로 우리의 가장 깊은 도덕적 가치에 대한 우리의 예외적인 깊은 헌신을 여겨줄 기회라고 여겨야 맞을 것이다. 설령 우리가 (제아무리 비극적이고도 불가피하게) 핵심 가치를 위반하는 일에 관여하게 되더라도, 우리 스스로를 도덕적으로 책임감 있고, 동정심 있고, 그런 한편으로 여전히 확고하게 유지하는 일도 여기에 포함된다." 오리건 주 포틀랜드 소재 '프로비던스

보건윤리센터(Providence Center for Health Ethics)'의 지역본부장인 존 F. 투이 신부(Father John F. Tuohey)도 2009년 시카고에서 포와의 패널 토론에서 다음과 같이 말했다. "재난 못지않게 나쁜, 어쩌면 더 나쁜 일은, 생존자들이 서로를 신뢰하지 못하는 것입니다."

7. Fink, Sheri, "Preparing for a Pandemic, State Health Departments Struggle with Rationing Decisions," ProPublica and the *New York Times*, October 24, 2009. http://www.propublica.org/article/preparing-for-a-pandemic-state-health-departments-struggle-rationing-1024/.

8. Fink, Sheri, "Worst Case: Rethinking Tertiary Triage Protocols in Pandemics and Other Health Emergencies," *Critical Care*, 14:103 (2009); http://ccforum.com/content/14/1/103.

9. Guest, T., G. Tantam, N. Donlin, K. Tantam, H. McMillan, A. Tillyard, "An observational cohort study of triage for critical care provision during pandemic influenza: 'clipboard physicians' or 'evidence based medicine'?" *Anaesthesia*, vol. 64, no. 11 (2009): 1199-1206; http://onlinelibrary.wiley.com/doi/10.1111/j.1365-2044.2009.06084.x/pdf.

10. 예를 들어 다음을 보라. White, Douglas, Mitchell Katz, John Luce and Bernard Lo, "Who Should Receive Life Support During a Public Health Emergency? Using Ethical Principles to Improve Allocation Decisions," *Annals of Internal Medicine*, vol. 150 (2009): 132-138; http://chpe.creighton.edu/events/images/life_support.pdf.

11. Khan, Z., J. Hulme, N. Sherwood, "An assessment of the validity of SOFA score based triage in H1N1 critically ill patients during an influenza pandemic," *Anaesthesia*, vol. 64, no. 12 (2009): 1283-1288; http://onlinelibrary.wiley.com/doi/10.1111/j.1365-2044.2009.06135.x/pdf.

12. Fink, Sheri, "Doctors Face Ethical Decisions in Haiti," *PRI's The World*, 2010; http://media.theworld.org/audio/022320107.mp3.

13. 조지프 앤드루스(Dr. Joseph Andrews)와 앤 뉴전트(Ann Nugent)와의 인터뷰(2013년 2월) 내용에 의거함.

14. New York State Workgroup on Ventilator Allocation in an Influenza Pandemic/NYS DOH/ NYS Task Force on Life and the Law, "Allocation of Ventilators in an Influenza Pandemic: Planning Document" (March 15, 2007, draft for public comment); http://www.health.ny.gov/diseases/communicable/influenza/pandemic/ventilators.

15. 본문에 설명한 프로젝트, 그리고 주관 및 협조 기관과 주관 인력에 관한 정보는 다음과 같다. "Too Many Patients, Too Few Resources," sponsored by the Hospital Preparedness Program 2012, US Department of Health and Human Services. Principal investigator: Dr. Elizabeth Lee Daugherty, also led by Howie Gwon, Dr. Eric Toner, Alan Regenberg, and Chrissie Juliano. Cosponsored by the

Johns Hopkins Berman Institute for Bioethics; Johns Hopkins University School of Medicine Department of Pulmonary and Critical Care Medicine; Johns Hopkins Office of Emergency Management; Program for Deliberative Democracy, Carnegie Mellon University; RESOLVE, INC.; The Center for Ethics and Policy, Carnegie Mellon University; University of Pittsburgh Medical School Department of Critical Care Medicine; UPMC Center for Health Security.

16. 알렉스 브레크트(Alex Brecht)의 발언, 2012년 5월 5일, 메릴랜드 주 볼티모어에서 열린 "환자가 너무 많아서" 포럼 중에서.

17. 시에라 브라운(Cierra Brown)의 발언, Ibid.

18. 티파니 잭슨(Tiffany Jackson)의 발언, Ibid.

19. 2011년 9월 6일, 어빈 젤리츠키(Irvin Zelitzky)의 장례식에서 마얀 보스 드 베탕쿠르(Maayan Voss de Bettancourt)의 추도사 가운데 일부.

20. Fink, Sheri, "Rationing Medical Care: Health Officials Struggle with Setting Standards," ProPublica and MinnPost.com, December 21, 2009; http://www.propublica.org/article/rationing-medical-care-health-officials-struggle-with-setting-standards-122.

21. "Public Engagement Project on Medical Service Prioritization During an Influenza Pandemic," Public Health — Seattle and King County, September 29, 2009; http://s3.amazonaws.com/propublica/assets/docs/seattle_public_engagement_project_final_sept2009.pdf.

22. 로저 버니어(Roger Bernier)와의 인터뷰(2009년) 내용에 의거함.

23. Institute of Medicine, *Crisis Standards of Care*, 2012, volume 6, pp. 347-463.

24. Altevogt, et al, *Guidance for Establishing Crisis Standards*, 2009.

25. Burkle, F. M. Jr., "Mass Casualty Management of a Large-Scale Bioterrorist Event: An Epidemiological Approach That Shapes Triage Decisions," *Emergency Medicine Clinics of North America*, vol. 20 (2002): 409-36.

26. Fink, Sheri, "India: Rationing Health in Disasters," *PRI's The World*, December 17, 2010; www.rationinghealth.org.

옮긴이 박중서

한국저작권센터(KCC)에서 근무했고, 출판기획가 겸 번역가로 활동하고 있다. 옮긴 책으로는 『1936년 그들은 희망이 되었다』, 『대구』, 『무엇 What?』, 『언어의 천재들』, 『빌 브라이슨의 유쾌한 영어 수다』, 『프루스트가 우리의 삶을 바꾸는 방법들』, 『아주 짧은 세계사』, 『모뉴먼츠 맨』, 『생각의 완성』, 『선택의 과학』, 『무신론자를 위한 종교』, 『거의 모든 사생활의 역사』, 『런던 자연사 박물관』 등 다양하다.

재난, 그 이후

1판 1쇄 발행 2015년 7월 3일
1판 2쇄 발행 2022년 8월 16일

지은이 셰리 핑크
옮긴이 박중서

발행인 양원석 **편집장** 김건희
디자인 남미현, 김미선 **영업마케팅** 윤우성, 박소정, 백승원

펴낸 곳 ㈜알에이치코리아
주소 서울시 금천구 가산디지털2로 53, 20층 (가산동, 한라시그마밸리)
편집문의 02-6443-8902   **도서문의** 02-6443-8800
홈페이지 http://rhk.co.kr
등록 2004년 1월 15일 제2-3726호

ISBN 978-89-255-5633-8(03300)